Kohlhammer

Der Autor

Prof. Dr. phil. Jens Jürgen Clausen ist Erziehungswissenschaftler und lehrt in Bachelor- und Masterstudiengängen der Heilpädagogik sowie in Fort- und Weiterbildungen. Nach Tätigkeiten in Hamm/Westf., Münster und Bochum leitete er zuletzt den BA-Studiengang Heilpädagogik/Inclusive Education an der KH Freiburg.

Jens Jürgen Clausen

Studienbuch Heilpädagogik

Grundlagen und Handlungsfelder einer
inklusiven und partizipativen Pädagogik

Verlag W. Kohlhammer

Dieses Werk einschließlich aller seiner Teile ist urheberrechtlich geschützt. Jede Verwendung außerhalb der engen Grenzen des Urheberrechts ist ohne Zustimmung des Verlags unzulässig und strafbar. Das gilt insbesondere für Vervielfältigungen, Übersetzungen, Mikroverfilmungen und für die Einspeicherung und Verarbeitung in elektronischen Systemen.

Die Wiedergabe von Warenbezeichnungen, Handelsnamen und sonstigen Kennzeichen in diesem Buch berechtigt nicht zu der Annahme, dass diese von jedermann frei benutzt werden dürfen. Vielmehr kann es sich auch dann um eingetragene Warenzeichen oder sonstige geschützte Kennzeichen handeln, wenn sie nicht eigens als solche gekennzeichnet sind.

Es konnten nicht alle Rechtsinhaber von Abbildungen ermittelt werden. Sollte dem Verlag gegenüber der Nachweis der Rechtsinhaberschaft geführt werden, wird das branchenübliche Honorar nachträglich gezahlt.

Dieses Werk enthält Hinweise/Links zu externen Websites Dritter, auf deren Inhalt der Verlag keinen Einfluss hat und die der Haftung der jeweiligen Seitenanbieter oder -betreiber unterliegen. Zum Zeitpunkt der Verlinkung wurden die externen Websites auf mögliche Rechtsverstöße überprüft und dabei keine Rechtsverletzung festgestellt. Ohne konkrete Hinweise auf eine solche Rechtsverletzung ist eine permanente inhaltliche Kontrolle der verlinkten Seiten nicht zumutbar. Sollten jedoch Rechtsverletzungen bekannt werden, werden die betroffenen externen Links soweit möglich unverzüglich entfernt.

1. Auflage 2023

Alle Rechte vorbehalten
© W. Kohlhammer GmbH, Stuttgart
Gesamtherstellung: W. Kohlhammer GmbH, Heßbrühlstr. 69, 70565 Stuttgart
produktsicherheit@kohlhammer.de

Print:
ISBN 978-3-17-033808-1

E-Book-Formate:
pdf: ISBN 978-3-17-033809-8
epub: ISBN 978-3-17-033810-4

Einleitung

Die *Heilpädagogik* ist eine moderne Wissenschaft und Praxis der Inklusion und Partizipation, die ihren Fokus nicht mehr auf spezifische Beeinträchtigungen mit entsprechenden Förderungen in separierenden Einrichtungen richtet, sondern die Gefährdungen aller Menschen in den Blick nimmt, die aufgrund unterschiedlicher Differenzen benachteiligt werden und von Ausgrenzung bedroht sind. Die *Heilpädagogik* ist in ihrer Orientierung an den Menschenrechten und in ihren Bezügen zur UN-Behindertenrechtskonvention und zur UN-Kinderrechtskonvention eine angewandte Wissenschaft, die sich folgenden Leitgedanken verpflichtet fühlt:

- der rechtlichen Gleichstellung aller Menschen;
- der Wertschätzung der Unterschiedlichkeit und Vielfalt menschlichen Lebens und Erlebens sowie der Anerkennung der Bildungs- und Entwicklungsfähigkeit eines jeden Menschen;
- der inklusiven und partizipativen Gestaltung der Bereiche Bildung und Beschäftigung, Wohnen und Gesundheit, Kultur und Freizeit sowie der politischen Teilhabe;
- der Selbstbestimmung sowie der Ressourcen- und Sozialraumorientierung bei der Entwicklung angemessener Formen der Assistenz und Unterstützung.

Damit erweitern sich der Aufträge an heilpädagogische Fachkräfte: Sie begleiten Kinder und Jugendliche mit ihren Familien, aber auch erwachsene bzw. ältere Menschen in ihrem sozialen Umfeld und orientieren sich an deren Kompetenzen und Stärken. Sie erkunden Mechanismen der Exklusion, die Menschen benachteiligen, und analysieren die Widersprüche, Bedingungen und Barrieren der Teilhabe. Auf der Basis ihrer Studien- und Praxiserfahrungen über individuelle Beeinträchtigungen und strukturelle Gefährdungen gestalten sie professionelle und solidarische Beziehungen: »Komplexe Wechselwirkungen eines Behinderungsgeschehens werden nicht als grundsätzliche Barriere für Selbstbestimmung verstanden, sondern als Ausgangslage für individuelle Selbstbestimmungsmöglichkeiten« (BHP 2022, S. 8). Zu ihren Stärken gehört es, als Individualpädagogik darauf zu achten, dass die Möglichkeiten der gesellschaftlichen Teilhabe jeder einzelnen Person gesichert werden.

Der Begriff *Heilpädagogik* hat sich von seiner ursprünglichen Bedeutung entfernt (Lotz 2020). Er ist nicht selbsterklärend und vor dem Hintergrund des sich wandelnden Verständnisses hin zur menschenrechtlich-orientierten Profession nicht leicht zu vermitteln (Kronenberg 2016). Einige Hochschulen ergänzen den Titel des Heilpädagogik-Studiengangs um Begriffe wie *Inclusive Education, Inklusive Bildung und Begleitung* oder *Inclusive Studies*. Eine Ersetzung des Begriffs *Heilpädagogik* wird immer wieder diskutiert, doch keine Alternative (Rehabilitationspädagogik, Förderpädagogik, Integrationspädagogik, Inklusionspädagogik) hat sich bislang durchgesetzt. Und die Aufspaltung in die *Heilpädagogik* mit außerschulischen Handlungsfeldern einerseits und die *Sonderpädagogik* mit ihren Schulen für Kinder mit spezifischem Bildungsbedarf andererseits ist für Außenstehende kaum nachvollziehbar und international nicht anschlussfähig (Bürli 2020).

Eine Zusammenführung von Heilpädagogik und Sonderpädagogik zu einer Wissenschaft der Inklusion und Partizipation ist nicht in Sicht. Daher hat der Begriff der *Heilpädagogik* Bestand, und die Verbände wie auch die Studien- und Ausbildungsgänge bauen darauf, dass sich ihr Verständnis des Wortes *Heil* aus einer ganzheitlichen (holistischen) und einer umweltbezogenen (ökologischen) Perspektive und Tradition durchsetzen möge. Bisweilen mit dem Vorwurf konfrontiert, als Disziplin der ›Besonderung‹ den Inklusionsgedanken nicht gerade zu befeuern (Schäper 2020), versteht sich die *Heilpädagogik* heute als lebenswelt- und sozialraumorientierte Wissenschaft und Praxis bei Beibehaltung ihrer speziellen Kompetenzen (Ondracek 2020b).

Diskutiert wird auch die Frage, ob die *Heilpädagogik* die Zuschreibung von *Behinderung* als Fokus ihres Auftrags benötigt (Moser & Sasse 2008), ob sie damit die binäre Ordnung (Nicht-Behinderung versus Behinderung) festschreibt (Lindmeier 2019) und ob sie so ins Abseits des Diskurses um die Anerkennung von Diversität gerät. Mit Blick auf die UN-BRK, die *Behinderung* als Kernbegriff nutzt, aber nicht als medizinische Diagnose oder sozialrechtliches Erfordernis, sondern als interaktionelles und kulturelles Konstrukt, sieht die *Heilpädagogik* ihren Auftrag darin, für die Rechte aller Menschen auf Anerkennung und Wertschätzung, Selbstbestimmung und Teilhabe in der Bildung, der Arbeit, der Kultur und Freizeit einzutreten und die Bedingungen dafür zu reflektieren. Heilpädagoginnen und Heilpädagogen arbeiten auch an Veränderungen des gesellschaftlichen Bewusstseins im Sinne inklusiver und partizipativer Strukturen, damit Kinder, Jugendliche und erwachsene Menschen, die beeinträchtigt sind oder mit chronischen Erkrankungen bzw. psychosozialen Benachteiligungen leben, die Hilfsmittel, Leistungen und Formen der Unterstützung erhalten, die sie für ihre soziale, gesellschaftliche und politische Teilhabe benötigen.

Eine *Heilpädagogik*, die als Wissenschaft und Praxis der Inklusion und Partizipation den Anforderungen des 21. Jahrhunderts entsprechen will, muss bisherige Gewissheiten hinterfragen und neue Ansätze erproben. Sie muss das Verhältnis zwischen einer Pädagogik der Vielfalt (Prengel 2019a) mit der Anerkennung und Wertschätzung von Diversität und einer Pädagogik der Differenz (Lindmeier 2019), die sich der Gefahr separierender Ansätze bewusst ist, kritisch reflektieren und den Umgang mit Differenz neu durchdenken. In ihren Studiengängen hat sie die Kompetenzen zu stärken, die benötigt werden, um »der Unterschiedlichkeit ihrer Klientel, der Kinder, Jugendlichen und Erwachsenen, die unter erschwerten Bedingungen leben, gerecht zu werden und sie durch ein differenziertes und passgenaues Angebot personal-, situations- und familienbezogen mit Blick auf den Sozialraum zu begleiten« (BHP 2022, S. 5/6). Sie hat sich in den Institutionen und Organisationen, im gesellschaftlichen Raum und im Alltag von Menschen mit Beeinträchtigungen mit diesen gemeinsam für die konsequente (Weiter-)Entwicklung inklusiver und partizipativer Strukturen, Kulturen und Praktiken einzusetzen.

In diesem aktuellen Selbstverständnis sieht sich die *Heilpädagogik* in der Pflicht, theoriegeleitet und praxisnah zum Aufbau neuer Strukturen und angemessener Assistenzformen bei der Sicherung von Teilhabe beizutragen. Dabei ist sie sich der Tatsache bewusst, dass sie erheblich an den Prozessen der Separierung von Menschen mit Beeinträchtigungen beteiligt war, die zum Ausschluss aus Lern- und Lebenszusammenhängen geführt haben. Auf der anderen Seite setzte sie sich für die Unterstützung derjenigen Personen ein, die pädagogisch und gesellschaftlich ausgegrenzt wurden, auch wenn sie die Gefährdungen und Gefahren der Exklusion durch ihr fachliches Wirken nicht aufheben konnte. Die Umsetzung der UN-BRK und der UN-KRK sowie die Anerkennung einer menschrechtsbasierten Pädagogik bedeutet für die *Heilpädagogik*, ihre Konzepte auf die Anforderung der Konventionen hin zu transformieren. Das Aufgabenfeld von Heilpädagoginnen und Heilpädagogen ändert sich, die Rollen der Begleitung von Bildungs- und Entwicklungsprozessen, der Mediation in heterogenen Gruppen und des Brückenbauens in das Gemeinwesen werden angenommen (Stein 2011). Damit ist nicht aufgegeben, was diese Profession schon lange und weiterhin auszeichnet:

- Das Wissen um die Einzigartigkeit und Unverwechselbarkeit jedes Menschen, das sich in dem Bemühen um das Verstehen des Gegenübers zeigt.
- Die Orientierung an den positiven Entwicklungsmöglichkeiten des Menschen mit dem Blick auf die Entfaltung von Fähigkeiten und Potentialen und die Absage an defizitäre Sichtweisen.
- Der ganzheitliche Zugang, also die Betrachtung der körperlich-seelischen und geistigen Einheit der Person in ihrem Umfeld sowie die ökologische Ausrichtung und die Einbeziehung sozialer Kontexte in die heilpädagogische Arbeit.
- Die Gestaltung von dialogischen Beziehungen, die unabhängig von Fähigkeiten des sprachlichen Ausdrucks und der Symbolbildung das Verhalten (oder: Nicht-Verhalten) einer Person als mögliche intentionale Mitteilung begreifen und individuelle Interaktionsmuster reflektieren.

Verstehen ist immer begrenzt, aber gerade in der Heilpädagogik notwendig, um ein Denken in vorgefertigten und kategorisierenden Einteilungen zu vermeiden: »Zentrale Voraussetzung für gelingende inklusive Prozesse ist der kontinuierliche Versuch des Fremdverstehens; die eigene Perspektive zu verlassen, um sich in den anderen hineinzufühlen und die Welt aus seinen Augen zu betrachten« (Traxl 2014, S. 73).

Das Studium der *Heilpädagogik* zielt darauf ab, die personalen und fachlichen Kompetenzen zu stärken und die Fachkräfte in den verschiedenen Handlungsfeldern zu befähigen, den Kindern, Jugendlichen, ihren Familien sowie den erwachsenen und älteren Menschen, deren Teilhabe behindert wird, passgenaue Formen der Begleitung in ihrem Sozialraum anzubieten. Und genau dazu dient dieses Buch: Es macht sich zur Aufgabe,

- aktuelle Begriffe, Grundlagen, Konzepte und Methoden vorzustellen, um Menschen mit Ausgrenzungserfahrungen fachlich gut zu begleiten;
- die Beiträge der Bezugswissenschaften der Heilpädagogik vorzustellen und Positionen der Heilpädagogik in Wissenschaft und Forschung zu skizzieren;
- zur Reflexion und Weiterentwicklung der Perspektiven dieser Wissenschaft anzuregen und die notwendigen Analyse- und Reflexionskompetenzen dafür bereitzustellen;
- die Formen und Inhalte der Begleitung unterschiedlicher Personengruppen zu differenzieren und kritisch zu reflektieren;
- die Vielfalt der heilpädagogischen Verfahren und die möglichen Vertiefungsbereiche des Studiums zu erkennen.

Das Buch beleuchtet die *Heilpädagogik* aus unterschiedlichen Blickwinkeln: Modulhandbücher und Studienordnungen der Hochschulen, die ein Heilpädagogik-Studium anbieten, wurden berücksichtigt; allerdings weisen sie unterschiedliche Schwerpunktsetzungen auf, so dass die Strukturierungen der Themen hier zusammengeführt werden. Der *Fachqualifikationsrahmen Heilpädagogik* mit den Kernkompetenzen ist nicht als Schablone, aber als Orientierung integriert. Einen *Kanon* heilpädagogischen Grundwissens gibt es nicht, jede Auswahl ist subjektiv, jede Darstellung von eigenen Erfahrungen geprägt. Es geht nicht um fixierte Lernstoffe, sondern um Anregungen zu Diskussionen in Vorlesungen, Seminaren, Projekt- und Arbeitsgruppen. Von Studierenden wie von Lehrenden ist zu prüfen, welche Wissensbestände Gültigkeit besitzen und welche fachlichen Erkenntnisse oder gesellschaftlichen Dynamiken zu diskutieren sind. Dieses Buch gibt nicht *die* Heilpädagogik vor, sondern fächert die Materialien so auf, dass Studierende ihr Verständnis von Heilpädagogik entwickeln und überprüfen können. Die Fähigkeit zu Kritik und Selbstkritik sollte nicht nur eine persönliche Kompetenz sein, sie gilt auch für die akademische Disziplin der Heilpädagogik, die sich als reflexions- und diskussionsfähig erweisen muss.

Reflexionsfähigkeit ist auch bei der Verwendung angemessener Ausdrücke gefragt: Zentrale Begriffe der Heilpädagogik werden in Kapitel 1.2 (▶ Kap. 1.2) vorgestellt und durchziehen das ganze Buch. Das gilt auch für die Frage, wann von *Behinderung* zu sprechen ist und wann von *Beeinträchtigung* – und ob Begriffe wie *Menschen mit Handicap* oder *Menschen mit besonderen Bedürfnissen* angemessene Alternativen sein könnten. Entsprechend den Argumentationslinien der Disability Studies wird hier *Beeinträchtigung* immer dann verwendet, wenn die Erschwernisse der realen Lebensgestaltung gemeint sind; der Begriff Menschen mit *Behinderung* wird hingegen dann verwendet, wenn soziale Dimensionen und Barrieren eines selbstbestimmten Lebens im Fokus stehen. Behinderung ist keine Eigenschaft einer Person, sie entsteht, wenn Funktionen und Strukturen des Körpers in Wechselwirkung mit Barrieren der Umwelt die Möglichkeiten zur Teilhabe an der Gesellschaft einschränken.

Beeinträchtigungen können durch passende Formen der Assistenz erleichtert werden, Barrieren hingegen behindern und schließen aus. Nicht angemessen sind Formulierungen wie: *der/die Behinderte*; sie reduzieren den Menschen auf die Behinderung, die aber nur eine von vielen Eigenschaften der betreffenden Person ist, die auch durch Ausdrücke wie *besonders* oder *andersfähig* einer stigmatisierenden Zuschreibung nicht entkommt. Die englischen Variante *people with special needs* und ihre Übersetzung mit *Menschen mit speziellen Bedürfnissen* trifft es auch nicht, denn weder die Bedürfnisse noch die Fähigkeiten von Menschen mit Beeinträchtigungen sind in der Summe *besonders*, sondern genauso vielfältig wie die nicht behinderter Menschen.

Traditionelle Einführungen in die Heilpädagogik beginnen meist mit dem historischen Überblick. Eine Einordnung aktueller Positionen in die Geschichte, in die fachlichen und gesellschaftlichen Diskurse ist wichtig und sollte im Studium unbedingt erfolgen. Dazu liegen lesenswerte Werke (Buchka et al. 2002; Möckel 2007; Rohrmann 2011; Mürner & Sierck 2013; Kremsner 2017; Ellger-Rüttgardt 2019) vor, deren Erkenntnisse sich nicht auf ein paar Seiten komprimieren lassen. Ideen und Konzepte, Theorieentwürfe und Methodenvorschläge, die in der Entwicklung der Heilpädagogik zu einer Wissenschaft der Inklusion und Partizipation eine wichtige Rolle in ihrer jeweiligen Zeit gespielt haben, sind Bestandteile der einzelnen Kapitel und im Kontext der aktuellen Überlegungen zu diskutieren.

Zwei weitere Beschränkungen sind zu erwähnen: 1. Das Buch ist in seinen Ausführungen auf die deutschsprachige Heilpädagogik ausgelegt; nur punktuell werden internationale Studien und Impulse aus der weltweiten Behindertenbewegung thematisiert. Das ist ein Manko, gerade vor dem Hintergrund, dass Studierende gern Praxissemester im Ausland absolvieren und genauso wie die Lehrenden von dem Austausch auf internationaler Ebene profitieren. Aber – ähnlich wie bei der Geschichte der Heilpädagogik – wäre auch dafür ein eigenständiges Buch und kein kurzes Kapitel angemessen. 2. Der Text dieses Buches hat keine Abschnitte in Leichter oder in Einfacher Sprache und verzichtet auf didaktische Komponenten wie Leit- oder Merksätze, Kästchen mit Zusammenfassungen und Hervorhebungen. Was Studierende sich merken oder Lehrende für wichtig (oder: unwichtig) erachten, liegt ganz in deren Ermessen. Es handelt sich nicht um ein Lehrbuch, dessen Aussagen eindimensional gelernt werden; es soll vielmehr das Studium mit Hintergründen und Anregungen zum Mit- und Nach-Denken begleiten.

Ich bedanke mich bei den Studierenden der Heilpädagogik, mit denen ich in an verschiedenen Orten unter vielfältigen Umständen arbeiten durfte und die zur Idee des Buches entscheidend beigetragen haben; oft fragten sie zu Beginn des Studiums nach passender Basisliteratur. Ob dieses Werk den Anspruch erfüllt, wird sich zeigen – kritische Rückmeldungen nehme ich gern entgegen! Ein Dank gilt allen Kolleginnen und Kollegen, mit denen ich zusammengearbeitet habe: dem Team und allen Mitarbeitenden an der Katholischen Hochschule Freiburg, deren vielfältige Kompetenzen hier eingeflossen sind; allen Beteiligten im Studiengang Heilpädagogik an der Evangelischen Hochschule Bochum, die mir die Tür zur akademischen Lehre geöffnet haben; den Kolleginnen und Kollegen in Münster, Hamm und Bielefeld, deren Überlegungen zur Gestaltung von Ausbildungen und Studiengängen in dieses Buch eingeflossen sind. Wertvoll sind die Treffen des Fachbereichstags Heilpädagogik und die Begegnungen im Berufs- und Fachverband Heilpädagogik. Aber ohne eine Verbindung zu den realen Praxisfeldern und den Menschen, die dort wirken und ihre Erfahrungen und Wünsche mitteilen, wäre alles Dargestellte nur »graue Theorie«. So möge das Buch den Weg zur menschenrechtsbasierten Heilpädagogik erweitern und die vielfältigen Bemühungen um Inklusion und Partizipation konstruktiv begleiten.

Abschließend bedanke ich mich beim Kohlhammer-Verlag und vor allem bei Dr. Burkarth für die wunderbare Begleitung, die Zuversicht und die große Geduld auf dem Weg zur Fertigstellung dieses Buches.

Freiburg i. Br. im Frühjahr 2023

Inhalt

Einleitung 5

Kapitel 1: Aktuelle Dimensionen 17
1.1 Die aktuelle Heilpädagogik im Kontext internationaler
    Konventionen 17
    1.1.1 Zur Bedeutung der UN-Kinderrechtskonvention 17
    1.1.2 Die Bedeutung der UN-Behindertenrechtskonvention 18
    1.1.3 Die menschenrechtsbasierte Heilpädagogik im
          Kontrast zu vorherigen Ansätzen 21
1.2 Relevante Grundbegriffe der Heilpädagogik 23
    1.2.1 Ableismus und Capabilities 24
    1.2.2 Anerkennung und Menschenrechte 28
    1.2.3 Assistenz und Empowerment 32
    1.2.4 Autonomie und Selbstbestimmung 36
    1.2.5 Barriere und Handicap 39
    1.2.6 Beeinträchtigung und Behinderung 43
    1.2.7 Deinstitutionalisierung und Dezentralisierung 48
    1.2.8 Diskriminierung und Stigmatisierung 52
    1.2.9 Diversität und Heterogenität 55
    1.2.10 Entwicklung und Sozialisation 59
    1.2.11 Förderung und Therapie 64
    1.2.12 Fürsorge und Selbstfürsorge 68
    1.2.13 Ganzheitlichkeit und Kohärenz 72
    1.2.14 Inklusion und Exklusion 76
    1.2.15 Integration und Normalisierung 81
    1.2.16 Interkulturalität und Intersektionalität 85
    1.2.17 Kompetenz und Kreativität 89
    1.2.18 Lebensqualität, Lebenslage und Lebenswelt 94
    1.2.19 Macht und Gewalt 99
    1.2.20 Partizipation und Teilhabe 102
    1.2.21 Personen(en)zentrierung und Ressourcenorientierung 107
    1.2.22 Prävention und Rehabilitation 111
    1.2.23 Vulnerabilität und Resilienz 115
    1.2.24 Zukunftsplanung und Sozialraumorientierung 118

Kapitel 2: Beiträge der Grundlagenwissenschaften für die Heilpädagogik **123**
    2.1   Pädagogische Grundlagen der Heilpädagogik 123
            2.1.1   Erziehung 124
            2.1.2   Bildung 124
            2.1.3   Lernen 125
            2.1.4   Autoritäre und repressive Pädagogik 126
            2.1.5   Reformpädagogische Konzepte 128
    2.2   Psychologische Grundlagen der Heilpädagogik 134
            2.2.1   Sozialpsychologie 135
            2.2.2   Klinische Psychologie 136
            2.2.3   Pädagogische Psychologie 137
            2.2.4   Entwicklungspsychologie 138
    2.3   Medizinische Grundlagen der Heilpädagogik 142
    2.4   Soziologische Grundlagen der Heilpädagogik 145
    2.5   Ethische Grundlagen der Heilpädagogik 150
    2.6   Rechtsgrundlagen der Heilpädagogik 154

Kapitel 3: Kompetenzen heilpädagogischer Professionalität **160**
    3.1   Heilpädagogisches Diagnostizieren und Fallverstehen 160
            3.1.1   Entwicklungsbeobachtung und Förderdiagnostik..... 163
            3.1.2   Rehistorisierende Diagnostik 164
            3.1.4   ICF-Diagnostik 164
            3.1.5   Inklusive Diagnostik 165
            3.1.6   Diagnostik als heilpädagogische Aufgabe 166
    3.2   Beratung und Gesprächsführung, Supervision und Coaching   167
            3.2.1   Gespräche führen und aktiv zuhören 168
            3.2.2   Die personzentrierte Beratung 171
            3.2.3   Weitere Beratungsansätze auf der Basis der
                       Humanistischen Psychologie 173
            3.2.4   Systemische Beratung 175
            3.2.5   Lösungsorientierte Beratung......................... 176
            3.3.6   Kollegiale Beratung 178
            3.2.7   Peer-Beratung (Peer-Counseling) 179
            3.2.8   Supervision 181
            3.2.9   Coaching, Counseling und Consulting 183
    3.3   Krisen und Krisenintervention 185
            3.3.1   Krisenintervention 188

Kapitel 4: Konzepte und Methoden der Heilpädagogik **191**
    4.1   Die Vielfalt der Konzepte und Methoden in den
          Handlungsfeldern der Heilpädagogik 191
    4.2   Didaktische Planung heilpädagogischen Handelns 196
            4.2.1   Die Bildungstheoretische Didaktik 197
            4.2.2   Die Konstruktivistische Didaktik 198
            4.2.3   Die Inklusive Didaktik 199

		4.2.4 Didaktik in der Heilpädagogik	200
4.3		Projektorientiertes Arbeiten und Projektmanagement	201
	4.3.1	Der Aspekt der Projektpartner*innen	203
	4.3.2	Der Aspekt der Teamarbeit	204
	4.3.3	Berichtswesen und Dokumentation des Projektes	205
	4.3.4	Der Abschluss eines Projektes	205
4.4		Praxisprojekte, Praxisphasen und Praxissemester	206

Kapitel 5: Heilpädagogisches Handeln in unterschiedlichen Feldern 210

5.1	Frühförderung und Frühe Hilfen	210
	5.1.1 Strukturelle und konzeptionelle Aspekte der Frühförderung	211
	5.1.2 Interdisziplinarität	213
	5.1.3 Strukturelle und konzeptionelle Ansätze der Frühen Hilfen	215
5.2	Kindertagesstätten und Heilpädagogische Praxen	216
	5.2.1 Kindertagesstätten	216
	5.2.2 Heilpädagogische Praxen	221
5.3	Schulische Bildung	223
5.4	Kinder- und Jugendhilfe/Kinder- und Jugendpsychiatrie	229
	5.4.1 Handlungsfeld Kinder- und Jugendhilfe	231
	5.4.2 Handlungsfeld Kinder- und Jugendpsychiatrie und -psychotherapie	233
5.5	Sozialpsychiatrische Einrichtungen	235
5.6	Berufliche Bildung, Arbeit und Beschäftigung	239
5.7	Wohnen und Assistenz	245
	5.7.1 Blick in die Geschichte	246
	5.7.2 Der innovative Schub der UN-BRK	247
	5.7.3 Neuerungen durch das BTHG	248
	5.7.4 Aufgaben der Heilpädagogik im Kontext des Wohnens	249
	5.7.5 Unterschiedliche Angebote des Wohnens und der Begleitung	249
5.8	Offene Hilfen/Familienunterstützende Dienste	252
	5.8.1 Familienunterstützende Dienste	253
	5.8.2 Heilpädagogische Familienhilfe	254
	5.8.3 Sozialpädiatrische Zentren	255
5.9	Teilhabe am kulturellen Leben, an Erholung, Freizeit und Sport	257
	5.9.1 Beispiel 1: Inklusive Theatergruppen	260
	5.9.2 Beispiel 2: Die Band *Station 17*	261
	5.9.3 Beispiel 3: Magazin Ohrenkuss	261
	5.9.4 Beispiel 4: Inklusion im Sport – das Projekt ›Baskin‹	262
	5.9.5 Beispiel 5: Projekt *Wheelmap*	262

Kapitel 6: Begleitung von Menschen mit spezifischem Unterstützungsbedarf **264**
6.1 Begleitung von Menschen im Autismus-Spektrum 264
    6.1.1 Zur Autismus-Diagnostik 266
    6.1.2 Heilpädagogische Arbeitsfelder im Kontext von Autismus 268
6.2 Begleitung von Menschen mit komplexen Beeinträchtigungen 271
6.3 Begleitung von Menschen mit herausforderndem Verhalten 274
    6.3.1 Begriffsklärung 275
    6.3.2 Theoretische Hintergründe 276
    6.3.3 Abgrenzung zu psychiatrischen Störungsbildern 278
    6.3.4 Biografische Einordnung 280
    6.3.5 Methodisches Vorgehen 281
6.4 Begleitung von schutzsuchenden und traumatisierten Menschen 282
    6.4.1 Kinder mit Fluchterfahrungen 284
    6.4.2 Schutzsuchende Menschen mit beeinträchtigten Familienangehörigen 284
    6.4.3 Trauma und Traumatisierung 286
6.5 Begleitung von Kindern in spezifischen Belastungssituationen 288
    6.5.1 Kinder in Trauer 288
    6.5.2 Kinder onkologisch erkrankter Eltern 289
    6.5.3 Kinder psychisch erkrankter Eltern 290
    6.5.4 Kinder aus suchtbelasteten Familien 292
    6.5.5 Junge Mütter (und Väter) und ihre Kinder 293
6.6 Begleitung von Eltern mit Beeinträchtigungen 294
6.7 Begleitung von älteren Menschen mit Beeinträchtigungen .. 298
    6.7.1 Das Bild vom Alter – die Bewältigung des Alterns ... 299
    6.7.2 Methodische Ansätze: 301

Kapitel 7: Mögliche Vertiefungsbereiche der Heilpädagogik/ Inclusive Education **304**
7.1 Bewegungsorientierte Verfahren, Psychomotorik und Rhythmik 304
7.2 Heilpädagogische Spielbegleitung und Spieltherapie 307
    7.2.1 Spielentwicklung 308
    7.2.2 Ansätze der Spieltherapie 310
    7.2.3 Das Kinderpsychodrama 311
    7.2.4 Das therapeutische Sandspiel 312
7.3 Heilpädagogische Kunsttherapie 313
7.4 Musiktherapie und Konzepte der Inklusion im Tanz 318
    7.4.1 Musiktherapie 318
    7.4.2 Tanztherapie und Konzepte der Inklusion im Tanz ... 320

7.5		Unterstützte Kommunikation	322
	7.5.1	Basale Kommunikationsmittel	324
	7.5.2	Handzeichen, Gesten und Gebärden	324
	7.5.3	Greifbare und grafische Symbole	325
	7.5.4	Elektronische Hilfen	326
	7.5.5	Unterstützte Kommunikation und der Abbau von Teilhabe-Barrieren	327
	7.5.6	Gestützte Kommunikation	327
7.6		Sexualpädagogische Bildung und sexuelle Selbstbestimmung	329
7.7		Inklusive Quartiersentwicklung	333

Kapitel 8: Die Wissenschaft der Inklusion und Partizipation und die Forschung in der Heilpädagogik **340**

8.1		Wissenschaftstheorie im Studium der Heilpädagogik	341
	8.1.1	Zum Begriff des *Paradigmas*	342
	8.1.2	Der Ansatz der Phänomenologie	343
	8.1.3	Der Ansatz der Hermeneutik	344
	8.1.4	Der Ansatz des Symbolischen Interaktionismus	345
	8.1.5	Der Ansatz des Kritischen Rationalismus	346
	8.1.6	Der Ansatz der Kritischen Theorie	348
	8.1.7	Der Ansatz des Materialismus	349
	8.1.8	Der Ansatz des Konstruktivismus	350
	8.1.9	Der Ansatz der Systemtheorie	351
8.2		Vom Journal Club zur Bachelor-Thesis	353
8.3		Aktuelle Forschungsansätze	356
	8.3.1	Disability Studies	356
	8.3.2	Partizipative Forschung	358
	8.3.3	Teilhabeforschung	360
8.4		Eine »Hochschule für alle«?	363

Literatur **368**

Kapitel 1: Aktuelle Dimensionen

1.1 Die aktuelle Heilpädagogik im Kontext internationaler Konventionen

1.1.1 Zur Bedeutung der UN-Kinderrechtskonvention

Die Rechte von Kindern und Jugendlichen sind seit 1989 in der UN-Kinderrechtskonvention (UN-KRK / Convention on the Rights of the Child – CRC) verankert. Die Konvention war das erste Abkommen, das die internationale Anerkennung der Menschenrechte von Kindern festschrieb und verbindliche Standards zum Wohle von Kindern und Jugendlichen festlegte. In Deutschland trat sie 1992 in Kraft und verpflichtet den Staat, die Schaffung angemessener Bedingungen zur gesunden und sicheren Entwicklung von Kindern und Jugendlichen umzusetzen. Weltweit wurde die UN-KRK von 195 Staaten ratifiziert. Der Blick auf Kinder als Subjekte mit garantierten Rechten stellte bei der Verabschiedung der Konvention eine neue Perspektive dar: Kinder galten bis zu dem Zeitpunkt eher als Schutzbefohlene, für die Eltern und andere erwachsene Personen zu sorgen und zu sprechen hatten; nur Erwachsene konnte Ansprüche und Rechte einklagen. Mit der UN-KRK wurde der fundamentale Grundsatz der Kinderrechte verankert, wobei die Umsetzung in der Praxis den Anforderungen noch lange nicht entspricht.

Die UN-KRK enthält 54 Artikel sowie Zusatzprotokolle mit Regelungen zu Kindern in bewaffneten Konflikten, zu Kinderhandel, Kinderpornografie und Kinderprostitution. Die Artikel sind zu differenzieren in Schutz-, Förder- und Beteiligungsrechte: Als Schutzrechte (protection) gelten: das Recht auf Schutz vor körperlicher und seelischer Gewalt, vor Misshandlung, vor sexuellem Missbrauch oder wirtschaftlicher Ausbeutung. Zu den Förderrechten (provision) gehören: die Rechte auf Bildung, auf Spiel und Freizeit, auf soziale Sicherheit, Gesundheitsversorgung und angemessene Lebensbedingungen. Die Beteiligungsrechte (participation) garantieren den Zugang zu Informationen und Medien sowie das Recht auf freie Meinungsäußerung und Beteiligung an kinderrelevanten Entscheidungen (von Bracken 2020).

Der Kinderrechtsansatz der UN-KRK umfasst folgende Prinzipien: 1. Alle Kinder sind hinsichtlich ihrer Rechte gleich (Universalität); 2. Alle Rechte sind wichtig und untrennbar miteinander verbunden (Unteilbarkeit); 3. Kinder sind Träger eigener Rechte (Kinder als Rechtsträger); 4. Erwachsene tragen die Verantwortung für die

Umsetzung der Kinderrechte. Erfahrungen im Umgang mit Rechten haben einen großen Einfluss auf die Entwicklung der Persönlichkeit:

> »Inwieweit sich Kinder als aktive Mitglieder einer Gemeinschaft erleben können, die für die Rechte des und der Einzelnen eintritt und Mitgestaltung ermöglicht, aber auch Grenzen und Regeln markiert, hat große Auswirkungen auf die moralische Entwicklung und auf die politische Sozialisation« (Maywald 2017, S. 334)

Im Kontext der Heilpädagogik ist darauf zu achten, ob die Bildungs- und Teilhabekonzepte sowie die pädagogische Praxis den Ansätzen der Konvention entsprechen und ob die Räume, die personellen und fachlichen Ausstattungen, die Kompetenzen der Fachkräfte und die Strategien der Einrichtungsträger den Anforderungen gerecht werden. Die Rechte der UN-KRK sollten in Kitas und Bildungseinrichtungen bekannt und in den Konzeptionen und Qualitätshandbüchern wiederzufinden sein (Hugoth 2016). Die (heil-)pädagogischen Fachkräfte haben zu beachten, dass allen Kindern umfassende Rechte auf ein unversehrtes, chancengleiches und partizipatives Aufwachsen gesichert werden und sie vor Ausgrenzung und Diskriminierung geschützt sind.

Die Umsetzung der UN-KRK liegt in der Verantwortung des Bundes, der Länder und Kommunen, aber auch in den Händen der Träger von Bildungs-, Erziehungs- und Gesundheitseinrichtungen und bei den Diensten der Heilpädagogik. Bei einigen Artikeln der UN-KRK zeigen sich gewisse Parallelen zu UN-BRK: Der Gleichheitsgrundsatz ist in beiden Konventionen formuliert; Kinder in prekären Lebenslagen, mit Migrationshintergrund, Beeinträchtigung oder chronischer Erkrankung haben die gleichen Rechte und den gleichen Anspruch auf Schutz und Versorgungsleistungen sowie auf gleichberechtigten Zugang zu Bildung, Kultur, Freizeit und Sport. Alle Kinder sollen dazu befähigt werden, ihre Lebenswelt aktiv mitgestalten zu können. Zu berücksichtigen ist auch, dass jedes pädagogische Setting ein machtvolles Verhältnis ist: Verantwortlich für die Gestaltung von Macht in pädagogischen Verhältnissen sind die Erwachsenen. In den (heil-)pädagogischen Einrichtungen sind die Mitarbeitenden verpflichtet, ihre Macht einzugrenzen und den pädagogischen Alltag demokratisch zu gestalten (Knauer & Sturzenhecker 2016).

1.1.2 Die Bedeutung der UN-Behindertenrechtskonvention

Das weltweite Übereinkommen über die Rechte von Menschen mit Behinderungen (kurz: UN-BRK / Convention on the Rights of Persons with Disabilities – CRPD) hat das Selbstverständnis der Heilpädagogik grundlegend verändert: Heilpädagoginnen und Heilpädagogen sind gefordert, das Wachstum von Potentialen und Ressourcen von Menschen mit Exklusionsrisiken konstruktiv zu begleiten, dabei die gesellschaftlichen Barrieren zu identifizieren und eine konsequente Teilhabe in allen sozialen Kontexten zu sichern. Gefragt ist die Stärkung der Solidarität und die Umsetzung der Forderungen der UN-BRK in der Gesellschaft. Das bedeutet: die Bildungs-, Beratungs- und Assistenzangebote sind an den Menschenrechten auszurichten, der Zugang zu Ressourcen und Partizipationsmöglichkeiten und die Unterstützung eines selbstbestimmten Lebens sind zu begleiten durch entwicklungsfördernde Prozesse und dialogische Begegnungen. Grundlegend ist die Achtung der

Unterschiedlichkeit und der Vielfalt der Menschen und ihre Wertschätzung in allen gesellschaftlichen Bereichen, z. B. in der Bildung und Ausbildung, in der Teilhabe an Arbeit und Beschäftigung sowie im kulturellen und politischen Leben: »Behinderte Personen als Menschenrechtssubjekte zu sehen hilft, den Blick auf (…) die Gesellschaft mit ihren exkludierenden Strukturen und verletzenden Verhaltensweisen zu lenken« (Degener 2015). Die volle Akzeptanz ist mehr als nur eine Haltung, sie hat gemeinschaftsstiftende Bedeutung und muss für die Beteiligten erfahrbar und spürbar sein – in den Begegnungen im sozialen Raum, wo alle Personen mit gleichen Rechten anerkannt sind (Lob-Hüdepohl 2018).

Heilpädagoginnen und Heilpädagogen gestalten ihre Tätigkeit in zahlreichen Handlungsfeldern: In der Frühförderung, in Kindertagesstätten und Schulen, in Sozialpädiatrischen Zentren, in Heilpädagogischen Praxen, in der Jugendhilfe, in der Behindertenhilfe, in der Begleitung von Menschen mit psychischen Krisenerfahrungen, in der Arbeit mit älteren Menschen, in Beratungsstellen, in Ausbildung und Lehre, in Verbänden und Initiativen zur inklusiven Sozialraumentwicklung. Gefragt ist die Begleitung von Bildungsprozessen, die Moderation inklusiver und partizipativer Entwicklungen in den Organisationen und im Sozialraum, die Gestaltung des institutionellen Wandels, die Sicherung der Teilhabe von Menschen mit Beeinträchtigungen an diesen Prozessen, wobei die Heilpädagogik als ›Brückenbauerin‹ im Gemeinwesen fungieren kann (Stein et al. 2010).

Dabei hat sie kritisch zu reflektieren, dass die Heilpädagogik am Einschluss von Menschen mit Behinderung in Institutionen und am Ausschluss aus gesellschaftlichen Kontexten beteiligt war und zum Teil noch ist. Der Anspruch der Heilpädagogik als Wissenschaft der Inklusion und Partizipation lautet heute, »einen Wechsel von der rein subjektbezogenen Ausrichtung hin zu einer Ausrichtung mit bewusst gewählten gesellschaftlichen Bezügen« (Bubeck 2020, S. 49) vorzunehmen. Die Überwindung von Diskriminierungen und die Sicherung der Würde aller Menschen macht es in diesem Zusammenhang notwendig, das Phänomen Behinderung in der gesellschaftlichen Dimension zu erkennen und die Lehre und Forschung darauf auszurichten.

Die UN-BRK enthält – ähnlich wie die UN-KRK – eine Pflichtentrias: Es geht erstens um die Achtung (respect): Der Staat respektiert die Rechte der Menschen mit Beeinträchtigungen; zweitens ergreift er Maßnahmen, um den Menschen vor Rechtsverletzungen zu schützen (protect); und drittens verpflichtet sich der Staat, für die Umsetzung der einzelnen Artikel der Konvention zu sorgen (fulfill). Das sind Aufgaben, die in dieser konkreten Form zuvor nicht bestanden:

> »Rechte von Menschen mit Behinderungen als ein Menschrechts- und Querschnittsthema zu begreifen, das alle Lebensbereiche erfasst und von allen Politikfeldern zu gestalten ist, war allerdings vor 2009 nicht vorstellbar« (Aichele 2019, S. 4).

Das gilt z. B. für den Aspekt der Zugänglichkeit: Um Menschen mit Beeinträchtigungen eine unabhängige Lebensführung und volle Teilhabe in allen Lebensbereichen zu ermöglichen, hat der Staat geeignete Maßnahmen zu treffen, damit der gleichberechtigte Zugang zur physischen Umwelt, zu Transportmitteln, Information und Kommunikation gewährleistet ist; dies gilt auch für den Zugang zu Einrichtungen und Diensten, die im Gemeinwesen allen Menschen offenstehen. Damit einher geht die Verpflichtung, Barrieren zu ermitteln und zu beseitigen, und zwar bei öffentlichen Gebäuden, Transportmitteln, medizinischen, beruflichen und kulturellen Orten, aber auch bei Informations- und Kommunikationsdiensten.

Eine Vorgabe, die in den Einrichtungen zu einschneidenden Veränderungen gesorgt hat, ist der Art. 19 der UN-BRK: Er sichert allen Menschen mit Beeinträchtigungen die Möglichkeit zu, ihren Aufenthaltsort frei zu wählen und zu entscheiden, wo und mit wem sie leben. Niemand ist verpflichtet, in besonderen Wohnformen zu leben. Damit verbunden erhalten die betreffenden Personen die persönliche Assistenz, die zur Unterstützung des Lebens in der Gemeinschaft und zur Verhinderung von Isolation notwendig ist. Zur Beseitigung von Diskriminierungen gilt für Menschen mit Beeinträchtigungen wie für alle anderen auch das Recht der freien Entscheidung in den Aspekten der Ehe, Familie, Elternschaft und Partnerschaften. Eheschließungen und freie Entscheidungen in Bezug auf Kinderwunsch und den Zugang zu altersgemäßen Informationen sind zu sichern.

Die Grundlage aller Debatten um inklusive Schulen bildet der Art. 24 der UN-BRK: Er verlangt von den Staaten, die die Konvention ratifiziert haben, dass sie das Recht von Menschen mit Behinderungen auf Bildung anerkennen und die Chancengleichheit verwirklichen. Im System der Bildung ist zu gewährleisten, dass alle Menschen ihre Begabungen, ihre Kreativität und ihre geistigen und körperlichen Fähigkeiten zur Entfaltung bringen können:

»In der Diskussion um inklusive Lernsettings steht im Fokus, dass für alle Lernenden, nicht nur für die mit attestiertem Förderbedarf, eine Abstimmung zwischen den individuellen Lernausgangslagen und den Angeboten erfolgen soll. In diesem hohen Anspruch auf Flexibilisierung und Individualisierung auf der einen Seite und der Gestaltung kooperativer Lernsituationen auf der anderen Seite liegt die besondere Herausforderung inklusiven Lernens (und Lehrens!)« (Terfloth 2016, S. 320).

Im Bereich der Gesundheitsversorgung fordert der Art. 25, dass Menschen mit Behinderung den gleichen Standard an Gesundheitsleistungen erhalten wie alle anderen in der Gesellschaft; ihre Bedürfnisse und Formen der Unterstützung sind zu berücksichtigen und an ihre Lebenssituation anzupassen. Bei der Teilhabe an Arbeit und Beschäftigung wird Menschen mit Behinderungen in Art. 27 das Recht zugesichert, ihren Lebensunterhalt in einem offenen und zugänglichen Arbeitsmarkt verdienen zu können. Die Auswahl-, Einstellungs- und Beschäftigungsbedingungen sind so zu gestalten, dass Menschen mit Behinderungen gerechte Arbeitsbedingungen sowie gleiches Entgelt für gleichwertige Arbeit erhalten. Menschen mit Behinderungen haben Anspruch auf Unterstützung bei der Arbeitssuche, beim Erhalt und der Beibehaltung eines Arbeitsplatzes und beim beruflichen Wiedereinstieg.

In der Teilhabe am politischen und öffentlichen Leben wird Menschen mit Behinderungen das Recht sowie die Möglichkeit garantiert, gleichberechtigt mit anderen wirksam und umfassend am politischen und öffentlichen Leben teilhaben zu können. Der Art. 29 der UN-BRK enthält auch die Zusicherung, wählen und gewählt werden zu können. Dafür sind Wahlverfahren so zu gestalten, dass die Einrichtungen erreichbar und die Materialien geeignet, leicht zu verstehen und zu handhaben sind. Für die Teilhabe am kulturellen Leben sowie an Erholung, Freizeit und Sport legt der Art. 30 der UN-BRK fest, dass Menschen mit Behinderungen

Zugang zu dem kulturellem Material sowie Zugang zu allen kulturellen Aktivitäten in zugänglichen Formaten haben, z. B. zu Orten mit kulturellen Darbietungen oder Dienstleistungen (Theater, Museen, Kinos, Bibliotheken, Dienste des Tourismus usw.) und zu Sportstätten, um aktiv oder rezeptiv an Veranstaltungen teilnehmen zu können oder spezifische Formen inklusionsorientierter Sportarten zu entwickeln (Kiuppis & Hensel 2019).

1.1.3 Die menschenrechtsbasierte Heilpädagogik im Kontrast zu vorherigen Ansätzen

Für den Berufs- und Fachverband Heilpädagogik stellen Heilpädagoginnen und Heilpädagogen die Berufsgruppe dar, die das Wissen und die Kompetenzen mitbringt, um im gesellschaftlichen Kontext und in den Institutionen »konsequent inklusive Strukturen, Kulturen und Praktiken zu entwickeln, zu entfalten und umzusetzen« (BHP 2022, S. 6). Eine menschenrechtsbasierte Heilpädagogik richtet den Blick auf die die Chancengleichheit von Menschen aller Altersgruppen, »deren Möglichkeitsräume durch Benachteiligungen, Ausgrenzungen, Zuschreibungen und Zugangsbarrieren systematisch durch gesellschaftliche, politische, aber auch individuelle Prozesse eingegrenzt werden« (ebd., S. 7). Analysiert werden die Lebenslagen, Risiken und Belastungen von Kindern, Jugendlichen und erwachsenen Menschen mit Beeinträchtigungen ebenso wie von Kindern und Jugendlichen, die in Armut aufwachsen, von Familien mit Fluchterfahrungen, von Personen in psychischen Krisen, die Barrieren der Selbstbestimmung erleben, oder Menschen, die durch demenzielle Erkrankungen einem hohen Risiko an Exklusion ausgesetzt sind. Die Orientierung an den Begriffen Inklusion, Partizipation und Empowerment gilt auch für die Forschung in der Heilpädagogik: Als Teilhabeforschung bemüht sie sich um die Beteiligung von Menschen mit Beeinträchtigungen, die nicht in der Rolle der Forschungsobjekte verbleiben, sondern sich als Subjekte und Partner*innen – ggf. mit eigenen Aufträgen und Gestaltungsvorschlägen – an der Forschung beteiligen (Buchner et al 2016).

Der menschenrechtsbasierte Ansatz setzt sich in den Studiengängen der Heilpädagogik durch, den Hochschulen kommt die Vermittlung der entsprechenden Grundlagen und Haltungen, aber auch die Begleitung der Umsetzungsprozesse in regionalen und überregionalen Kontexten zu. Sie stehen in der Verantwortung, offene Fragen zur Inklusion und Partizipation und zum Abbau von Barrieren aller Art in der Praxis zu beobachten, zu beraten und zu beforschen und ihre Expertise einzubringen. Die Heilpädagogik realisiert dabei auch, dass die Inklusionsrhetorik häufig die realen Benachteiligungen von Menschen mit Behinderungen z. B. im Zugang zu Bildung und Beschäftigung, in der politischen Partizipation, im Gesundheitswesen, auf dem Wohnungsmarkt oder in der Einkommenssituation verschleiert und es weiterhin nicht gesichert ist, sein Leben selbstbestimmt gestalten zu können:

> »Diese Situation ist keineswegs neu, aber erst mit der Anerkennung ihres Anspruchs auf uneingeschränkte Teilhabe und Selbstbestimmung werden faktische ›Inklusionsrückstände‹ von Menschen mit Behinderungen sichtbar und als mögliche Verletzung von Rechten

wahrgenommen. Auf paradoxe Weise legt die Erwartung von Inklusion (der Gesamtbevölkerung) den Blick frei auf faktische Prozesse der Ausschließung (Exklusion) bestimmter Personen und Personengruppen« (Wansing 2015, S. 49/50).

Der menschenrechtsbasierten Heilpädagogik gingen sehr unterschiedliche theoretische Ansätze und Strömungen voraus: Kobi schlug seinerzeit vor, acht verschiedene Positionen zu differenzieren: Die biologisch-medizinische, die religiös-theologische, die spirituell-deduktive, die soziologische, die empiristische, die psychotherapeutische, die politisch-ideologische und die kulturanthropologische Heilpädagogik (Kobi 2009). Unter der biologisch-medizinischen Heilpädagogik verstand er jene Sichtweise, die aus der Pädiatrie und der Kinderpsychiatrie entstand und die Heilpädagogik in das System des medizinischen Denkens integrierte (z. B. Hans Asperger). Als religiös-theologische Position bezeichnete Kobi einen Ansatz, der in den Großeinrichtungen in kirchlicher Trägerschaft den Aspekt der Fürsorge für Menschen mit Behinderungen als religiösen Auftrag ansah (z. B. Linus Bopp, Eduard Montalta). Spirituell-deduktiv nannte er die anthroposophische Heilpädagogik, die von einem Gesamtsystem des menschlichen Seins ausging und Behinderung als besondere Ausprägung einer körperlichen, geistig-seelischen oder sozialen Ebene des Menschen interpretierte (z. B. Rudolf Steiner, Karl König). Unter dem Begriff der soziologischen Heilpädagogik fasste Kobi Ansätze zusammen, die sich mit realen Barrieren sowie gesellschaftlichen Zuschreibungen (Stigmatisierungen) befassen (z. B. Günther Cloerkes). Die Perspektive einer empiristischen Heilpädagogik bestand nach Kobis Auffassung darin, das Erfahrungswissen der Rehabilitation in den Vordergrund zu stellen (z. B. Helmut von Bracken, Karl Klauer). Unter einer psychotherapeutischen Heilpädagogik fasste er Herangehensweisen zusammen, die seelische Auffälligkeiten und soziale Störungen als innere Konflikte des Kindes begriffen und therapeutisches Durcharbeiten als sinnvollen Zugang ansahen (z. B. Hans Zulliger, Anna Freud). Den Begriff der politisch-ideologischen Heilpädagogik reservierte Kobi für die marxistisch geprägte Erziehungswissenschaft, die die gesellschaftlichen Verhältnisse und ihre Formen der Ausbeutung untersucht (z. B. Wolfgang Jantzen, Georg Feuser). Und den Ansatz der kulturanthropologischen Heilpädagogik bezog Kobi auf die Fokussierung auf die einzelne Person und die Betrachtung der Interaktionen in aktuellen kulturellen Kontexten (z. B. Urs Haeberlin).

Nach Moser und Sasse lässt sich die Heilpädagogik – vor ihrer menschenrechtsbasierten Orientierung – in fünf Richtungen differenzieren: 1. die geisteswissenschaftliche Heilpädagogik; 2. die kritisch-rationalistische Heilpädagogik; 3. die dialektisch-materialistische Heilpädagogik; 4. die ökosystemische Heilpädagogik und 5. die konstruktivistische Heilpädagogik. Nach ihrer Auffassung verzichtet der geisteswissenschaftliche Ansatz auf wissenschaftliche Erkenntnisse und auf die Überprüfung der pädagogischen Konzepte; er legt den Schwerpunkt auf das sinnhafte Verstehen und sieht die Basis des heilpädagogischen Handelns in der Herstellung tragfähiger Beziehungen als Voraussetzung aller Interventionen. Die kritisch-rationalistische Heilpädagogik wendet sich von den dialogischen Erfahrungen ab und erforscht heilpädagogische Methoden und ihre wissenschaftstheoretischen Grundlagen. Die dialektisch-materialistische Heilpädagogik sieht Behinderung nicht als ein Merkmal der betroffenen Person (medizinisches Modell) und nicht als ein Merkmal der Umwelt (soziologisches Modell), sondern als Resultat von Austauschbeziehungen in einer menschlichen Welt (Jantzen 2002). Besonders betont wird der Aspekt der sozialen Isolation: Weil Menschen mit Behinderungen ausgegrenzt werden, müssen pädagogische Konzepte die Verbesserung der Vermittlungsprozesse zwischen der Person und ihrer Umwelt in den Blick rücken. Die ökosystemische Heilpädagogik sieht den Menschen in seinen Mikro-, Meso- und Makrosystemen. Der Blick richtet auf die unmittelbare Lebenssituation, wie sie sich in engsten Beziehungen (im Mikrosystem) darstellt. Im Mesosystem (Relationen der Nachbarschaft, Beziehungen und Kooperationen von Einrichtungen) vollziehen sich gelungene oder misslungene Verbindungen der Lebensbereiche. Die konstruktivistische Heilpädagogik greift Erkenntnisse der Biophysik, der Soziologie und der Kommunikationstheorie auf. Nach dieser Auffassung gibt es keine äußere, übergeordnete Wahrheit, denn die Wirklichkeit ist stets von der jeweiligen Perspektive des Betrachters geprägt. Behinderung zeigt sich als Effekt von Selektions- und Exklusionsprozessen, die in der pädagogischen Kommunikation erzeugt werden. Besonders im Konstrukt der Lernbehinderung zeige sich, wie unzulässig es sei, das auffällige oder nicht integrierte Verhalten als Behinderung zu klassifizieren (Moser & Sasse 2008).

Es ist das Anliegen des folgenden Kapitels zu den Grundbegriffen, den Menschenrechtsansatz der Heilpädagogik differenziert darzustellen und als Fundament heilpädagogischen Handelns in den unterschiedlichen Praxisbereichen zu untermauen. Um überholte Fürsorgekonzepte und Versorgungsstrukturen zu überwinden, ist ein modernes Verständnis von sozial verursachter Be-Hinderung (Groß 2019) notwendig. Es zeigt sich in den Prinzipien: Autonomie – Menschenwürde – Nicht-Diskriminierung – Chancengleichheit – Barrierefreiheit – Partizipation und Inklusion – Diversität behinderter Menschen – Akzeptanz von Behinderung als Teil menschlicher Vielfalt (Degener 2015).

> »Die Sicht auf Behinderung zu reflektieren und die Haltung gegenüber Menschen, die anders sind, anders leben, anders lieben oder anders sprechen, zu verändern, ist in diesem Sinne ein gesellschaftlicher Auftrag« (Danz & Sauter 2020, S. 8).

1.2 Relevante Grundbegriffe der Heilpädagogik

Die Wissenschaft der Heilpädagogik entwickelt eigene Begriffe, verwendet aber auch Termini aus der Medizin, der Philosophie, der Psychologie, der Soziologie und der Politik und reflektiert ihre Anwendbarkeit in heilpädagogischen Kontexten. Wer Begriffe aus anderen Wissenschaften in das eigene Denken integriert, sollte dies nicht unreflektiert tun, sondern die Voraussetzungen und Bedeutungen der Ausdrücke in ihren jeweiligen Kontexten prüfen. In diesem Kapitel werden bei der Vorstellung von Grundbegriffen und Leitgedanken der Heilpädagogik auch die jeweiligen Bezüge hergestellt, in denen die ausgewählten Termini sich in ihrer Herkunft und Anwendung bewegen.

Obwohl von A (wie *Ableismus*) bis Z (wie *Zukunftsplanung*) sortiert, ist hier kein minimalistisches Lexikon singulärer Begriffe konzipiert. Es handelt sich eher um einen Gang über das Feld, das auch Verbindungen zu Nachbar- und Komplementärbegriffen aufweist. Die Termini werden im Duo vorgestellt – eigentlich müsste man sie als Netz darstellen, weil sie an verschiedenen Stellen Anknüpfungspunkte zu anderen Begriffen besitzen. Ein Netz(werk) lässt sich jedoch im Kopf leichter konstruieren als auf dem Papier. Und die hier vorgestellten Termini sind nicht fixiert, sondern befinden sich im Prozess der Verdichtung einerseits und der Verflüssigung andererseits, weil sie stets aktuelle Forschungserkenntnisse integrieren und sich neu positionieren müssen:

> »Sie bündeln die Herausforderungen, denen sich eine Epoche ausgesetzt sieht, und geben zugleich an, wie diesen zu begegnen wäre. (…) Sie lassen sich schwerlich exakt definieren, aber sie besitzen ein semantisches Gravitationszentrum und erzeugen ein Kraftfeld. Ihr Gehalt konkretisiert sich im Prozess ihres Werdens« (Bröckling 2017, S. 113).

Über ideale Paarkonstellationen lässt sich streiten – so auch hier bei Zusammenstellung der Begriffe: Manche Verbindungen wirken schlüssig (wie *Autonomie* und *Selbstbestimmung*, *Diskriminierung* und *Stigmatisierung*, *Macht* und *Gewalt*), bei anderen ergeben sich Spannungen aus der Gegensätzlichkeit (*Fürsorge* und *Selbstsorge* oder *Vulnerabilität* und *Resilienz*). Auswahl und Darstellung sollen zur Reflexion anregen: Das Ringen um angemessene Bezeichnungen dient keinem Selbstzweck, sondern trägt dazu bei, bisherige Einstellungen zu hinterfragen und das Denken und Handeln auf eine aktuelle Basis zu stellen. Mögen die hier vorgestellten Begriffe dazu anregen, sich innerhalb des Studiums an den Diskursen zu beteiligen und sie als Quelle eigener Erkundungen zu nutzen. Die Wissenschaft ist im Fluss, folglich handelt es sich um Momentaufnahmen, die mit neuen Perspektiven angereichert oder auch revidiert werden dürfen.

Überblicksarbeiten zu den Grundbegriffen der Heilpädagogik und vertiefende Informationen sind zu finden bei: Greving (2007), Theunissen et al. (2013), Dederich et al. (2016), Ziemen (2017), Hedderich et al (2022) und vielen anderen Autorinnen und Autoren.

1.2.1 Ableismus und Capabilities

Diese beiden Termini eröffnen das Inventar der heilpädagogischen Grundbegriffe. Sie sind im heilpädagogischen Diskurs relativ neu, man muss sich an sie (und ihre Aussprache) gewöhnen: *Ableismus* benennt unterschiedliche Formen von Interaktionen, die auf das Leben von Menschen mit Beeinträchtigungen gerichtet sind und dieses positiv oder negativ bewerten. Der *Capability*-Ansatzes fragt danach, ob Menschen die Möglichkeiten haben, eigenständig und in Würde die Schritte zu Selbstverwirklichung zu gehen.

Ableismus

Der Begriff *Ableismus* stammt aus der amerikanischen Behindertenbewegung; er setzt sich zusammen aus: *to be able* (fähig sein) und der Endung –ism (-ismus), die zur Bezeichnung politischer Systeme bzw. Ideologien (Kapitalismus, Sozialismus, Liberalismus) verwendet wird, in der Kunst für Stilrichtungen (Idealismus, Surrealismus) steht und häufig auch vorurteilsbeladene Vorstellungen (Rassismus, Sexismus) charakterisiert. Die Forschung zum *Ableismus* versteht Behinderung nicht als abweichende Differenz zur Normalität, sondern als zwischenmenschliches und gesellschaftliches Verhältnis, das in der Bestimmung von Fähigkeiten seinen Ausdruck findet (Buchner et al. 2015). Untersucht wird die Diskriminierungspraxis gegenüber Menschen, die als behindert adressiert werden: *Ableismus* ist nach Rebecca Maskos ein Bewertungsmuster anhand einer erwünschten biologischen Norm. Menschen werden gemessen an körperlichen oder geistigen Merkmalen (Maskos 2015; Arnade 2016). Andere Definitionen kennzeichnen *Ableismus* als eine »wirkmächtige Struktur von Überzeugungen, Bildern, Praktiken (…), die bestimmte Fähigkeiten (maximal leistungsfähig zu sein) als fraglose Norm unterstellt. Menschen, die vermeintlich oder tatsächlich nicht dieser Norm entsprechen, werden (…) unter dem Aspekt des Mangels betrachtet, statt sie als Ausdruck menschlicher Vielfalt zu sehen« (Pieper 2013, zit. n. Schär 2014). Ableismus ist geprägt von der Vorstellung, dass eine Beeinträchtigung – ob von Geburt an vorhanden oder später erworben – eine Tragödie darstellt, die irgendwie behoben, geheilt oder minimiert werden müsste.

Menschen mit Behinderungen machen in ihrem Alltag die Erfahrung, dass auf ihre physischen, psychischen oder kognitiven Beeinträchtigungen geblickt wird und von diesen Merkmalen darauf geschlossen wird, was sie leisten bzw. nicht leisten können. Vielfältige Diskriminierungen führen zur Untergrabung ihrer Rechte auf Anerkennung und Gleichstellung. Sie werden – subtil oder systematisch – aus der Mehrheitsgesellschaft ausgeschlossen, müssen sich bei Veranstaltungen extra ankündigen, die Zugänglichkeit der Gegebenheiten erfragen oder Anträge auf Übersetzung in Gebärdensprache stellen. Auch in der Sprache ist die Wirkung von *Ableismus* zu identifizieren:

> »Die Machtkonstruktion zwischen nichtbehinderten und behinderten Menschen macht sich beispielsweise dort bemerkbar, wo die persönliche Privatsphäre aberkannt wird. Dies äußert sich in ganz klassischen Beispielen: Behinderte Personen werden oft automatisch und ohne Nachfrage geduzt, ihnen werden direkt persönliche Fragen gestellt, oder aber nicht die behinderte Person selbst, sondern ihre Assistenz oder Begleitung wird angesprochen oder gefragt« (Schär 2014, S. 16).

Formen des *abwertenden Ableismus* zeigen sich darin, dass Busfahrer das Bereitstellen einer Rampe genervt kommentieren mit Sätzen wie »Sie halten den ganzen Verkehr auf«, Studierende mit einer Hörschädigung in jeder Veranstaltung um eine FM-Anlage bitten müssen und nur mühsam einen Antrag auf Nachteilsausgleich bei Prüfungen gewährt bekommen oder Personen im Rollstuhl neugierig gefragt werden, ob sie überhaupt Sex haben können (Schöne 2022, S.44). Eltern von Kindern mit Beeinträchtigungen machen häufig die Erfahrung, dass Menschen aus ihrem Umfeld sie belehren, welche Therapien es gäbe, um die Behinderung doch zu beseitigen. Im Gesundheitswesen ist abwertender Ableismus anzutreffen, wenn Mitarbeitende in Praxen und Kliniken sich nur zähneknirschend auf individuelle Erschwernisse einstellen; dabei sind viele Menschen mit Beeinträchtigungen häufig auf gesundheitliche Unterstützung angewiesen und können die Formen der Diskriminierung kaum effektiv kommunizieren.

Es gibt auch Formen des aufwertenden Ableismus: Menschen mit Beeinträchtigungen werden für die Erledigung von unspektakulären Dingen von Menschen ohne Behinderungen gelobt:

> »Als ich als Jugendliche (...) viel und gerne auf Musikfestivals und Partys gegangen bin, sind regelmäßig Menschen auf mich zugekommen und haben mir mit einem breiten Lächeln erklärt, wie toll es doch ist, dass ich auch da sei. Das ›trotz meiner Behinderung‹ nannten sie teils wortwörtlich oder unterschwellig in einem Satz mit« (ebd., S. 47).

Auch Medienberichte, verfasst von Menschen ohne Behinderung, die Aufnahmen von der Hochzeit behinderter Personen rührselig kommentieren oder Ausdrücke wie ›an den Rollstuhl gefesselt‹ verwenden, transportieren oft die Einstellung, dass eine Behinderung mühsam und täglich leidvoll sei und unser ganzes Mitleid verlange. Doch Mitleid ist bevormundend und nicht zielführend, auch nicht, wenn eine Freundin kommentiert: »Wow, wenn ich sehe, was du jeden Tag meisterst, kann ich über meine Probleme ja schlecht klagen« (ebd., S. 50).

Wer *Ableismus* mit *Behindertenfeindlichkeit* übersetzt und die diskriminierende Behandlung von Menschen mit körperlicher oder psychischer Behinderung damit in den Vordergrund rückt, verkennt, dass die Diskriminierung nicht nur als Feindlichkeit auftritt, sondern auch als Ignorieren von Bedürfnissen oder als übermäßiges Loben. *Ableismus* handelt davon, wie Personen ohne Behinderung das Leben von Menschen mit Beeinträchtigung bewerten, wie Stereotypien die Kommunikation formen (Kollodzieyski 2020) und wie – ob bewusst oder unbewusst – Personen anhand von Fähigkeiten oder vermeintlichen Unfähigkeiten eingestuft und schließlich auf ihre Behinderung reduziert werden. Im heilpädagogischen Handeln ist es wichtig, Erfahrungen zum *Ableismus* zu kennen, die Dominanzkultur zu reflektieren und das Bewusstsein zu schärfen, dass Behinderung ein Thema der Anerkennung und der Menschenrechte ist.

Capabilities

Der *Capability*-Ansatz wurde entwickelt von dem Ökonomen Amartya Sen und der Philosophin Martha Nussbaum und umschreibt eine grundlegende Theorie sozialer Gerechtigkeit. Übersetzen lässt sich der englische Begriff *capabilities* mit: *Verwirklichungschancen* und der *Capabilty Approach* mit: *Befähigungs-Ansatz*. Er will die Chancen ermitteln, die eine Person besitzt, um ihr Leben zufriedenstellend und in Würde zu gestalten und die Grundlagen für Selbstverwirklichung und Selbstachtung zu erhalten (Altgeld & Bittlingmayer 2017). Der Begriff *Capabilities* umfasst die Möglichkeiten, selbstverantwortlich und mitverantwortlich in einem Quartier zu leben und zu arbeiten und dafür den notwendigen Raum zur selbstbestimmten Realisierung zu eröffnen. Positiv zu bestimmen ist, was Menschen an Freiheiten und an Ressourcen benötigen für das, was sie als ihr Lebenskonzept erachten. Der Blick richtet sich auf Potenziale, Fähigkeiten und Verwirklichungschancen und orientiert sich an den realen Freiheiten oder Barrieren, mit denen die betreffenden Menschen konfrontiert sind.

Amartya Sen konzipierte seinen Befähigungsansatz in Anlehnung an Theorien der Gerechtigkeit des Philosophen John Rawls, der an den Staat und die Bürger*innen die Forderung stellte, bestehende und zukünftige gesellschaftliche Ressourcen so zu verteilen (oder: umzuverteilen), dass diejenigen Menschen, die wenig Chancen und Handlungsmöglichkeiten haben, so ausgestattet werden, dass sie ihren Vorstellungen gemäß ein angemessenes Leben realisieren können. Amartya Sen meint – wie Rawls – nicht, dass jedem Menschen die gleichen ökonomischen oder kulturellen Ressourcen zur Verfügung stehen können und sollen; es geht vielmehr um die individuellen Fähigkeiten und Chancen sowie um eine höheres Maß an Gerechtigkeit. Wie es um die Lebensaussichten, um Entfaltungs- und Verwirklichungschancen nicht nur in der Mehrheitsgesellschaft, sondern auch bei marginalisierten Gruppen in einer Gesellschaft bestellt ist, wird heute als Fragestellung in Weltentwicklungsberichten bzw. in der empirischen Ungleichheitsforschung auf der Basis der Theorien von Amartya Sen und Martha Nussbaum erforscht (Ziegler & Clark 2022).

Martha Nussbaums Gerechtigkeitstheorie richtet sich an die Politik und ermittelt, wie die Chancen zur Verwirklichung eines würdevollen und zufriedenstellenden Lebens gesellschaftlich strukturiert werden. Um den Grad der sozialen Gerechtigkeit in einer Gesellschaft einschätzen zu können, ist zu fragen: »Was ist eine jede Person wirklich befähigt zu tun oder zu sein?« (Nussbaum 2015, S. 27). Nicht das durchschnittliche Wohlbefinden aller Bürger*innen in ihrer Gesamtheit ist das Ziel der Erkenntnis; Nussbaums Blick richtet sich auf das Wohl jeder einzelnen Person und ihrer Chancen, entsprechend den Fähigkeiten und Möglichkeiten, ein selbstbestimmtes Lebenskonzept im Kontext der Gesellschaft zu führen. Es gibt keine pauschalen Vorgaben, wie ein *gutes Leben* auszusehen hat, aber sie hält jeden Menschen für befähigt, eigenständige Ideen der angemessenen Lebensgestaltung für sich selbst konzipieren und realisieren zu können, wenn die Fundamente dafür vorhanden sind bzw. die notwendigen Ressourcen bereitgestellt werden. Im *Capability*-Ansatz werden Eigenschaften, Fähigkeiten und Bedürfnisse von Personen mit ökonomischen, sozialen und politischen Realitäten und Möglichkeiten verknüpft und geprüft, ob sie zu einem Leben beitragen, das die betreffenden Personen »mit guten Gründen wertschätzen können« (Ziegler & Clark 2022, S. 598).

Die *Capabilities* als Verwirklichungschancen lassen sich nach Martha Nussbaum an unterschiedlichen Dimensionen überprüfen: Dazu zählen beispielsweise a) die körperliche Integrität (sicher zu sein vor gewaltsamen und sexuellen Übergriffen und häuslicher Gewalt); b) das Wahrnehmen, Denken und Imaginieren (im Alltag, in der Bildung und Wissenschaft, in der künstlerischen, politischen oder religiösen Gestaltung); c) die Gefühle (mit der Fähigkeit, Bindungen einzugehen, auf Liebe und Sorge mit Zuneigung zu reagieren und nicht durch Ängste an der emotionalen Entwicklung gehindert zu werden); d) die Zugehörigkeit (sich auf verschiedene Formen der sozialen Interaktion einlassen zu können); e) die Anteilnahme (gegenüber Pflanzen und Tieren und den Bedingungen der Umwelt). Die Liste der Voraussetzungen für ein *gutes Leben* nach Nussbaum berücksichtigt unterschiedliche soziale Gegebenheiten und Erfahrungsbereiche, unter denen Menschen ihr Leben führen:

»Sie soll den Möglichkeitsraum für verschiedenste (...) Lebensentwürfe sicherstellen, aber explizit keine wertbezogene, verbindliche Definition eines individuell guten Lebens formulieren, an der sich der oder die je Einzelne auszurichten hätte« (Ziegler & Clark 2022, S. 600).

Das Konzept Martha Nussbaums fordert dazu auf, alle Personen anzusprechen, auch jene, die aufgrund von Beeinträchtigungen und Barrieren an den Rand der Gesellschaft gedrängt werden. Wenn es darum geht, die Angewiesenheit auf andere und die Bedürftigkeit zu erleben, dann ist Selbstachtung ein hohes Gut, das weder in der familiären oder außerfamiliären Unterstützung noch in den betreffenden Institutionen oder in der Alltagsbegegnung mit vulnerablen Menschen untergraben werden darf: »Nicht der gegenseitige Vorteil und die Regelung moralischer Instanzen zur Erreichung desselben, (...) sondern die gegenseitige Sorge und damit die Sorgeverteilung wären zu klären« (Röh 2011, S. 111).

1.2.2 Anerkennung und Menschenrechte

Der Umgang mit beeinträchtigten und psychisch erkrankten Menschen war über Jahrhunderte geprägt vom Ausschluss aus der Gemeinschaft, von Missachtung bzw. Verweigerung jeglicher Grundrechte. Wenn sich die Heilpädagogik heute an den Menschenrechten ausrichtet und die UN-BRK als Leitlinie anerkennt, sind damit neue inhaltliche Schwerpunkte und Ebenen der Reflexion in der Ausbildung und in den heilpädagogischen Praxisfeldern einzufordern.

Anerkennung

Der Begriff der *Anerkennung*, der in den letzten Jahren vielfach in Texten zur Heilpädagogik diskutiert wird (Horster 2009; Dederich 2017; Prengel 2019b), bezeichnet das fundamentale Bedürfnis des Menschen, die Wertschätzung seines Gegenübers zu erfahren (Taylor 2009; Katzenbach 2010) und gleichzeitig den Anderen als eine besondere Person wahrzunehmen und ihr positiv gestimmt zu begegnen. Weil Menschen mit Beeinträchtigungen in Vergangenheit und Gegenwart ständig Erfahrungen von Entrechtung machen mussten und noch machen, ist *Anerkennung* zu einer ethischen und politisch-philosophischen Argumentationsfigur (Dederich 2013) geworden. Im Diskurs um Selbstbestimmung kann die Analyse von Anerkennungs- und Nicht-Anerkennungsformen Wege aufzeigen zur Überwindung von Missachtung, Entwertung und sozialem Ausschluss (Fornefeld 2008b).

Es sind vor allem die Schriften von Charles Taylor: *Multikulturalismus und die Politik der Anerkennung* (Taylor 2009; orig. 1992) und Axel Honneth: *Kampf um Anerkennung* (2018; orig. 1994), die den Grundstein für die Debatte um *Anerkennung*, Identität und Differenz eröffnen. Für Taylor taucht diese Forderung in diversen Kontexten auf: Im Zusammenleben multikulturell geprägter Gesellschaften, in benachteiligten Gruppen, in der ›Black Power‹-Bewegung (heute: Black-Lives-

Matter-Movement) und im Feminismus. Nicht mehr der Kampf um die gerechte Verteilung der Güter stehe heute im Vordergrund, sondern der Kampf einzelner Gruppen um die *Anerkennung* ihrer Differenz (vgl. Fraser und Honneth 2003). Soziale Konflikte entstehen, so Honneth, nicht ausschließlich aus der Erfahrung wirtschaftlicher Not heraus; erst wenn die Würde verletzt und der Anspruch auf Achtung und Integrität der Person missachtet wird, wächst der Widerstand, der zu politischen Erhebungen führen kann (Honneth 2018).

Axel Honneth unterscheidet drei Ebenen der Missachtung und Entwürdigung: a) die physische Demütigung, b) die Entrechtung mit sozialer Exklusion, c) die Entwertung der Lebensform (Honneth 1990, S. 1045ff). *Physische Demütigung* meint hier, dass einem Menschen die freie Verfügung über seinen Körper gewaltsam entzogen wird (bei Misshandlungen, Missbrauch, Vergewaltigung, Folter). Mit *Entrechtung und sozialer Exklusion* bezeichnet er den Entzug von Rechten innerhalb einer Gesellschaft bzw. den Ausschluss aus einer Rechtsgemeinschaft, was zu der Erfahrung führt, nicht als vollberechtigter Interaktionspartner angesehen zu werden. Unter *Entwertung der Lebensform* versteht Honneth Vorgänge, bei denen Überzeugungen von Menschen als minderwertig herabgestuft werden und durch Vorenthaltung von Selbstbestimmung die soziale Wertschätzung untergraben.

Diesen drei Sphären der Missachtung stehen entsprechende Formen der Anerkennung gegenüber: a) die Sphäre der Liebe; b) die Sphäre des Rechts; c) die Sphäre der Solidarität. Unter der Sphäre der *Liebe* versteht Honneth die elementarste aller Anerkennungsformen: sie kommt in Eltern-Kind-Beziehungen, Freundschaften und erotischen Zweierbeziehungen zum Tragen, ist beschränkt auf eine begrenzte Anzahl an Personen und gekennzeichnet durch starke Gefühlsbindungen. Die Basis dafür bilden frühe Interaktionen mit den primären Bezugspersonen, die (möglichst) das Vertrauen des Kindes in seine Umgebung und in die Welt stärken. Als zweite Form der Anerkennung nennt Honneth das *Recht*, konkret die Erkenntnis, von seinen Interaktionspartnern als ein gleichberechtigter Träger von Rechten anerkannt zu werden. Während die Erfahrung, aus einer Rechtsgemeinschaft strukturell ausgeschlossen zu sein, demütigend erlebt wird, kann der Status, ein anerkanntes und vollwertiges Rechtssubjekt zu sein, die Selbstachtung steigern. Als dritte Sphäre der Anerkennung führt Honneth *Solidarität* an: Wenn »die Subjekte wechselseitig an ihren unterschiedlichen Wegen Anteil nehmen, weil sie sich untereinander auf symmetrische Weise wertschätzen« (Honneth 2018, S. 208), kann eine solidarische Akzeptanz von Lebensweisen erfolgen, die nicht die eigenen sind. Wenn Personen in ihrem individuellen So-Sein und in ihrem Beitrag zur Gemeinschaft akzeptiert werden, kann dies das Selbstwertgefühl steigern.

Aus heilpädagogischer Sicht sind die Bezüge interessant, die Axel Honneth zur Entwicklung seiner Anerkennungstheorie benennt: So greift er Untersuchungen von René Spitz (2005; orig. 1976) auf und erläutert, wie der Entzug mütterlicher Aufmerksamkeit, Zuwendung und Anerkennung die Entwicklung eines Säuglings lebensbedrohlich schädigen kann, selbst dann, wenn die Versorgung der körperlichen Bedürfnisse des Kindes sichergestellt ist (Honneth 2018, S. 155). Aus den Schriften von Winnicott (2012; orig. 1971) arbeitet er heraus, wie die Phasen des frühkindlichen Reifungsprozesses (von der absoluten zur relativen Abhängigkeit) zur Integration sowohl geliebter als auch frustrierender Anteile in der Beziehung zur

Mutter führen (Honneth 2018, S. 162). John Bowlby führt er an (Bowlby 2016), um die Bedeutung des gegenseitigen Erkennens und Anerkennens in den ersten Lebensmonaten darzulegen, wenn es um die Herstellung von Bindung, Sicherheit und Angenommensein zwischen der primären Bindungsperson und dem Kind geht. Auch die Erkenntnisse von Daniel Stern (Stern 2000) dienen Honneth als Beleg dafür, wie das Empfinden für den anderen in einem hochkomplexen Prozess des kommunikativen und emotionalen Austausches bereits in den ersten Lebenswochen des Säuglings beginnt und sich im Verlaufe der Kindheitsjahre fortsetzt. So lässt sich begründen, warum die Liebe »die erste Stufe der reziproken Anerkennung« darstellt, weil sich nämlich »die Subjekte wechselseitig in ihrer konkreten Bedürfnisstruktur bestätigen und damit als bedürftige Wesen anerkennen« (Honneth 2018, S. 153).

Menschenrechte

Weil die Orientierung an den *Menschenrechten* in der Heilpädagogik und der Behindertenhilfe von zentraler Bedeutung ist (Degener 2015; Lob-Hüdepohl 2018; Aichele 2019), wird der Terminus hier mit dem Begriff der *Anerkennung* als Leitbegriff verknüpft. Die Orientierung an den *Menschenrechten* hat »eine neue Ära in der internationalen Behindertenpolitik« (Degener 2015, S. 55) eingeleitet. Dieser Paradigmenwechsel, weg von der Orientierung an bevormundender Fürsorge und Wohltätigkeit (Graumann 2011), hin zu einem menschenrechtsbasierten Ansatz, ist mit verbindlichen Verpflichtungen gegenüber Menschen mit Behinderung verbunden.

Als die Generalversammlung der neu gegründeten Vereinten Nationen 1948 erklärte: »Alle Menschen sind frei und gleich an Würde und Rechten geboren« stellte dies eine Antwort auf die Verbrechen des Zweiten Weltkriegs und auf die nationalsozialistische Diktatur dar. Zuvor gab es in anderen Epochen, Regionen und Kulturen Ansätze einer Kodifizierung von Grundrechten und Bürgerrechten (wie die *Bill of Rights* in England von 1689, die *Unabhängigkeitserklärung* der USA von 1776, die *Erklärung der Bürgerrechte* in Frankreich von 1789), die aber nicht alle Stände einschlossen: »Wer arm war und nichts besaß, wer den ›falschen‹ Stand, das ›falsche‹ Geschlecht oder die ›falsche‹ Hautfarbe hatte, erhielt weniger oder gar keine Rechte« (Klingst 2017, S. 13).

Die Allgemeine Erklärung der Menschenrechte (AEMR) von 1948 gilt hingegen für jeden Menschen:

> »Zu den Wesensmerkmalen unserer heutigen Menschenrechtstheorie gehört die Gewissheit, dass Menschenrechte universal sind. Das heißt, sie können weder durch Leistung noch Status erworben werden; sie können auch nicht aufgrund persönlicher oder zugeschriebener Eigenschaften oder Merkmale aberkannt werden« (Degener 2015, S. 64).

Und sie umfasst in ihren 30 Artikeln sowohl Schutzrechte (z. B. Recht auf Leben, Verbot der willkürlichen Festnahme u. a.), Freiheitsrechte (Meinungsfreiheit, Religionsfreiheit u. a.), Sozialrechte (Recht auf Nahrung, Gesundheit, Bildung, soziale Sicherheit u. a.) als auch Verfahrensrechte (Anspruch auf Rechtsbeistand u. a.).

International wird die Allgemeine Erklärung der Menschenrechte ergänzt durch weitere Abkommen zur Beseitigung der Rassendiskriminierung, zur Beseitigung der

Diskriminierung von Frauen, zur Beseitigung von Folter und erniedrigender Behandlung. Auf einer Konferenz über Menschenrechte in Wien wurde 1993 unterstrichen, dass die verschiedenen Konventionen eine Einheit bilden, sich gegenseitig bedingen und darauf abzielen, in nationales Recht umgesetzt bzw. in die Verfassung des Staates aufgenommen zu werden. Doch selbst dort, wo dies auf formaler Ebene tatsächlich geschieht, werden die Menschenrechte in unterschiedlichster und oft heftigster Weise verletzt: so das Recht auf ein Leben in Frieden in der Ukraine, in Syrien und anderswo, die Rechte der Frauen in Saudi-Arabien, dem Iran und Afghanistan, die Rechte in Bezug auf Meinungs- und Pressefreiheit in Weißrussland oder in der Türkei, in China oder Myanmar, die Rechte der Gefangenen in Nigeria oder auf den Philippinen.

Dabei sollten die *Menschenrechte* unteilbar und unverzichtbar sein und allen Menschen jeden Alters, jeden Geschlechts, jeder Nationalität, jeder Sprache, jeder politischen oder religiösen Anschauung zustehen, unabhängig davon, wo sie aktuell leben. Doch »zwischen Anspruch und Wirklichkeit besteht eine tiefe Kluft« (Degener 2009, S. 161), denn die Allgemeine Erklärung der *Menschenrechte* ist kein juristisch verbindliches Dokument; die Wahrung der *Menschenrechte* und der Menschenwürde muss stets national und regional beachtet werden, was nur dann gelingen kann, wenn die Grundsätze der Erklärung in der Verfassung eines Landes verankert sind und in den verschiedenen Rechtsbereichen wirklich Geltung erlangen. Das gilt auch für die UN-BRK, die keine Sonderrechte formuliert, sondern die *Menschenrechte* in den Kontext der Lebenslagen von Menschen mit Beeinträchtigungen stellt. Dass ihre Realisierung hohe Hürden zu überwinden hat, selbst dann, wenn ihre Grundsätze zum verbindlichen Recht im Bund und in den Ländern erklärt werden, stellt die BRK-Allianz auch für Deutschland heraus: Die UN-BRK begründe »großen Handlungsbedarf, denn die konsequent menschenrechtliche Perspektive ist in der deutschen Behindertenpolitik und der Gesetzgebung noch nicht ausreichend umgesetzt« (BRK-Allianz 2013, S. 4).

In der Betonung der *Menschenrechte* verzichtet die UN-BRK auf unrealistische Forderungen oder Überforderungen (Lob-Hüdepohl 2018, S. 15). Vorsichtig wird in der Präambel formuliert, dass die Mehrzahl der Menschen mit Behinderungen gegenwärtig in einem Zustand der Armut lebe und »sich Menschen mit Behinderungen (…) in allen Teilen der Welt nach wie vor Hindernissen für ihre Teilhabe als gleichberechtigte Mitglieder der Gesellschaft sowie Verletzungen ihrer Menschenrechte gegenübersehen« (UN-BRK, Präambel, Abschnitt k). Auch die »Achtung vor Unterschiedlichkeit von Menschen mit Behinderungen und die Akzeptanz dieser Menschen als Teil der menschlichen Vielfalt« (UN-BRK, Art. 3d) kann nicht als realisiert gelten. Gleichzeitig formuliert die UN-BRK optimistisch, dass »die Förderung des vollen Genusses der Menschenrechte und Grundfreiheiten durch Menschen mit Behinderungen sowie ihrer uneingeschränkten Teilhabe ihr Zugehörigkeitsgefühl verstärken und zu erheblichen Fortschritten in der menschlichen, sozialen und wirtschaftlichen Entwicklung der Gesellschaft und bei der Beseitigung von Armut führen wird« (UN-BRK, Präambel, Abschnitt m). Die Konvention unterstreicht also die Würde des Menschen und pocht darauf, diese nicht nur schriftlich zu fixieren, sondern auch erfahrbar zu machen in der täglichen Ausgestaltung des Lebens.

1.2.3 Assistenz und Empowerment

Diese beiden Termini haben einen Siegeszug hinter sich und gelten als feste Grundbegriffe der aktuellen Heilpädagogik. Doch auch sie sollten kritisch verwendet werden, wenn es um angemessene Formen der Unterstützung und Stärkung der Selbstwirksamkeit geht. Denn beide Begriffe können keine Verbesserung der gesellschaftlichen Teilhabe von Menschen mit Beeinträchtigungen garantieren, sie können nur den Rahmen und die Mittel dafür bereitstellen.

Assistenz

Der Begriff *Assistenz* stammt ab von dem lateinischen Wort *assistentia* = Beistand, Mithilfe. *Assistenz* ist die Form der Hilfe, die es Menschen mit Unterstützungsbedarf ermöglicht, ein selbstbestimmtes Leben nach eigenen Vorstellungen in dem Wohn- und Lebensumfeld ihrer Wahl zu führen (Bradl & Niehoff 2020, S. 167). Mit dem Konzept der *Assistenz* vollzieht sich ein grundlegender Wandel in der Behindertenhilfe: Aus abhängigen Personen werden Auftraggeber, die ihren Bedarf an Unterstützung selbst einschätzen und ihre Assistenzkräfte auswählen und anleiten, weil sie Experten ihrer eigenen Lebenssituation sind. Die Assistenzkräfte begleiten und intervenieren dort (und nur dort), wo die Person mit Unterstützungsbedarf den Auftrag dazu erteilt (Schäper 2006, S. 320). Wesentlich für dieses Modell ist es, dass *Assistenz* in ausreichendem Umfang verfügbar ist und die beeinträchtigten Menschen bestimmen, welche Hilfe sie benötigen und wann, wo, wie und von wem die Unterstützung erbracht wird (Huppert 2017, S. 154 f.).

Die Idee der Persönlichen *Assistenz* nahm ihren Anfang in der Independent-Living-Bewegung in den USA, wo Studierende mit Beeinträchtigungen an den Universitäten in den 1960er Jahren begannen, ihr Recht auf Partizipation einzufordern: Sowohl bauliche Barrieren, die den Zugang zu Räumen und Gebäuden behinderten, als auch institutionelle und mentale Barrieren, die der Selbstbestimmung im Weg standen, wurden angeprangert. 1972 wurde in Berkeley das erste *Centre for Independent Living* (CIL) gegründet mit der Idee, Menschen mit Beeinträchtigungen in eigener Verantwortung zu beraten (Peer Counseling) und ihnen durch Vermittlung von *Assistenz* ein selbstbestimmtes Leben zu sichern. In den 1980er Jahren öffneten in Bremen und Hamburg erste Zentren für Selbstbestimmtes Leben, um alternative Perspektiven zu schaffen gegenüber der Heimversorgung mit ihren Merkmalen der Bevormundung, Abhängigkeit und Isolation (Köbsell 2009).

Das *Assistenzkonzept* bricht alte Strukturen auf (Böing 2019) und schafft ein Gegenmodell zur entmündigenden Versorgung, das von einseitigen Machtverhältnissen geprägt ist (Mürner & Sierck 2013):

> »Persönliche Assistenz soll ausdrücken, dass ich aus meinen individuellen Bedürfnissen heraus die Arbeitsbedingungen bestimme und entscheide, wen ich als Assistenz einsetze, für welche Arbeiten, wann und wie die Arbeit zu machen ist« (Ratzka 1988, S. 184).

Dies unterstreicht, dass Menschen mit Beeinträchtigung über die Kompetenzen verfügen, um selbstbestimmt und mit Hilfe von Assistenzkräften ihren Alltag zu gestalten und ihre Teilhabe am Leben in der Gemeinschaft zu realisieren: Sie wählen die Assistenzkräfte aus (Personalkompetenz), bestimmen Ort, Zeitpunkt und Ablauf der Hilfen (Raum- und Organisationskompetenz), setzen als Experten in eigener Sache die Fachkräfte zielgerichtet ein (Anleitungskompetenz) und überprüfen die Erbringung der Leistung und die sozialrechtlichen Anspruchsgrundlagen dafür (Kontroll- und Finanzkompetenz) (Arnade 2014).

Bei der *direkten Assistenz* nach dem Arbeitgebermodell tritt die beeinträchtigte Person in der Tat als Arbeitgeber*in auf und beschäftigt die assistierenden Fachkräfte wie in einem ›Betrieb im eigenen Haushalt‹. Bei der *indirekten Assistenz* wird die Organisation der Begleitung und Unterstützung über Genossenschaften oder Vereine realisiert, die Fachkräfte einstellen und die Finanzfragen mit den Leistungsträgern abwickeln; beeinträchtigte Personen entscheiden auch in diesem Konzept, wann, wo und von wem die Assistenzleistungen erbracht werden (Müller 2011, S. 101).

Spezifische Anforderungen an die Assistenz sind bei Menschen mit komplexen Beeinträchtigungen zu beachten: Durch kommunikativen Barrieren verfügen sie meist nicht über solche Regiekompetenzen wie z. B. Menschen mit Sinnes- oder Körperbeeinträchtigungen: damit ist die Gefahr des Missverstehens und des Machtmissbrauchs ungleich höher (Kopyczinski 2020, S. 74). Es ist notwendig, dass sich die Assistenzkräfte auf die Erfahrungen der Menschen mit hohem Unterstützungsbedarf einlassen, ihre Signale der Befindlichkeit und ihre Bedürfnisse und Wünsche gut entschlüsseln können und bereit sind, die asymmetrischen Machtverhältnisse und die Gefahren der (Über-)Fürsorge zu reflektieren (Weber 2022, S. 531). Sie ermitteln Ressourcen im Sozialraum, bauen Brücken in die Gemeinde und finden heraus, wo sich Chancen der gesellschaftlichen und kulturellen Teilhabe anbieten. Dazu können individuelle Formen der Unterstützten Kommunikation hilfreich sein (Bradl & Niehoff 2020, S. 169).

In der (Schul-)Begleitung von Kindern und Jugendlichen hat sich der *Assistenz*-Begriff ebenfalls etabliert (Lübeck 2019) – allerdings erhält er »im schulischen Feld eine deutlich andere Konnotation« (Böing 2019, S. 23). Assistenzkräfte werden aus Sicht der Schüler*innen mit zugewiesener Unterstützung einerseits als enge Verbündete und willkommene Schutzschilder empfunden, die im Unterricht zur Seite stehen und sozial ausgleichend wirken; anderseits empfinden manche Kinder und Jugendlichen »ihre« Assistent*innen auch als stigmatisierend, weil ihre Anwesenheit eine spezielle Aufmerksamkeit und ihre Interventionen den Mangel an eigener Bewältigungsstrategie signalisieren (ebd., S. 22).

Die Gefahr, dass *Assistenz* zu einem »verschleiernden Schlagwort« (Weber 2016, S. 531) wird, das Verhältnisse stabilisiert und die Lebenswirklichkeit der betreffenden Menschen sich nicht verändert, ist inzwischen Realität: Im BTHG sind *Assistenzleistungen* (§ 78 SGB IX) zum Leitbegriff für diverse Formen der Unterstützung für Menschen mit Beeinträchtigungen geworden; doch der professions- und gesellschaftskritische Gehalt, den die Selbsthilfebewegung mit dem *Assistenzkonzept* einfordert, ist verloren gegangen. Mit der Unterscheidung von ersetzenden und befähigenden Hilfen, von *einfacher Assistenz* (Übernahme von Handlungen zur Alltagsbewältigung) und *qualifizierter Assistenz* (Anleitung und Befähigung des Leistungsberechtigten zur eigenständigen Alltagsbewältigung) ist ein Konfliktfeld eröffnet: Wann hört die *einfache Assistenz* (durch Ehrenamtliche oder Hilfskräfte) auf und wo fängt die *Befähigungsassistenz* (durch ausgebildete Fachkräfte) an? Ob das Bundesteilhabegesetz BTHG, das den Untertitel »Gesetz zur Stärkung der Teilhabe und Selbstbestimmung von Menschen mit Behinderung« (Konrad 2019, S. 27) trägt, seinen Auftrag wirklich erfüllen kann, ist höchst umstritten.

Empowerment

Empowerment gilt im heilpädagogischen Diskurs als ein »etablierter Begriff« (Kulig & Theunissen 2022, S. 116), der aus der amerikanischen Bürgerrechtsbewegung der 1960er Jahre mit ihrem Kampf gegen Benachteiligung und Unterdrückung stammt und sich zu einem der »schillerndsten theoretischen Ansätze« (Röh 2018, S. 68) der Behindertenhilfe und der Sozialen Arbeit entwickelt hat. Der Terminus vereint Aspekte der Emanzipation, der Selbstbestimmung und der gesellschaftlichen Partizipation. Er wurde von der Independent-Living-Bewegung gewählt, um Formen der Unterdrückung aufzuzeigen und die Gestaltung des Lebens – trotz Beeinträchtigung – selbst in die Hand zu nehmen. Wörtlich wird *Empowerment* mit Selbstbefähigung, Selbstbemächtigung bzw. mit »Stärkung von Eigenmacht, Autonomie und Selbstverfügung« (Herriger 2020, S. 20) übersetzt und umfasst »selbstorganisierte, kollektive Aktionen gegen Benachteiligung und für soziale Gerechtigkeit und politische Teilhabe« (Trescher & Börner 2019, S. 141).

Dem Empowerment-Ansatz liegt ein Menschenbild zugrunde, das jeder Person die Fähigkeit zur Selbstentfaltung und Selbstaktualisierung zuspricht und in allen das Potenzial sieht, das Leben in eigener Regie zu gestalten. ›Experten in eigener Sache‹ lehnen etikettierende und entmündigende Urteile, pathologisierende Diagnosen und die Fokussierung auf Defizite ab. Pädagogische Fachkräfte sollen sich – so fordert es der Empowerment-Ansatz – an den Bedürfnissen und Interessen der Menschen mit Beeinträchtigungen orientieren, gemeinsam mit ihnen die Chancen der Selbst- und Mitbestimmung ausloten und konstruktiv begleiten, den ›Eigensinn‹ der betreffenden Menschen als wertvoll betrachten und unkonventionelle Entwürfe der Lebensgestaltung akzeptieren (Kulig & Theunissen 2022).

International hat der *Empowerment*-Begriff seit den 1980er Jahren dort seine hohe Bedeutung, wo Menschen sich zusammenschließen, um gegen Ausgrenzung und Entrechtung zu protestieren und sich für ihre kulturelle und politische Teilhabe einzusetzen. So ist der Leitsatz der Independent-Living-Bewegung »Nothing about us without us!« Ausdruck dieses Kampfes um die Wahrung individueller und kollektiver Rechte und um die Selbstvertretung. Für Judith Hollenweger betont der Begriff »nicht nur die Notwendigkeit des Einbezugs betroffener Bevölkerungsgruppen oder Einzelpersonen in Entscheidungs- und Veränderungsprozesse, sondern vor allem auch die Forderung nach einer Veränderung der Machtverhältnisse« (Hollenweger 2003, S. 151). Sven Brandes und Wolfgang Stark verstehen Empowerment als einen Prozess, der einzelne Personen oder Gruppen dazu befähigt, die eigenen bzw. gemeinschaftlichen Stärken in gesellschaftlich relevante Situationen einzubringen und die Handlungsfähigkeit zu erhöhen. Der Ansatz könne dazu beitragen, Personen und Gruppen zu ermutigen, die Kontrolle über die Gestaltung der eigenen sozialen Lebenswelt zu erlangen, sich der eigenen – oft verborgenen oder verloren geglaubten – personalen und sozialen Kompetenzen wieder bewusst zu werden und sie aktiv in partizipative Prozesse einzubringen (Brandes & Stark 2021).

Herriger (2020) differenziert vier Ebenen von *Empowerment*: 1.) die Selbstverfügungskräfte: Menschen, die Ausgrenzung und Benachteiligung erleben, werden sich ihrer Stärken und Ressourcen bewusst, was zur Veränderung des Selbstwertgefühls beiträgt, bislang verborgene Kräfte entfaltet und die Erfahrung der Selbstwirksamkeit erhöht; 2.) die Durchsetzungskraft: betroffene Menschen vernetzen sich, treffen sich in Selbsthilfegruppen (z. B. People-First), nehmen ihre Angelegenheiten in die Hand und kämpfen in eigener Regie um gleichberechtigte Zugangschancen zu den relevanten Ressourcen der Gesellschaft (wie Teilhabe an Bildung, Arbeit und Beschäftigung, Politik, Gesundheit, Kultur, Sport usw.); 3.) Empowerment reflexiv: Individuen, Gruppen und Organisationen erfahren im Lebensalltag, wo ihre Stärken liegen, welche Resultate sie durch eigenverantwortliches Handeln erzielen können und wie sie von Erfahrungen der anderen Gruppenmitglieder profitieren können; 4.) Empowerment transitiv: Menschen mit Beeinträchtigungen und Benachteiligungen werden sowohl durch ihre Peers als auch durch Fachkräfte angeregt, individuell oder kollektiv ihre Ressourcen und Stärken zu entdecken, durch Bildung von Netzwerken gemeinsam Strategien zur Durchsetzung ihrer Forderungen nach Partizipation und Gestaltung ihres Lebensalltags zu entwickeln.

Besonders der letztgenannte Punkt eröffnet eine Reihe kritischer Fragen: Kann *Empowerment* von außen erzeugt, durch Pädagoginnen und Pädagogen hergestellt bzw. »gemäß einer geforderten Norm verordnet oder gar aufoktroyiert werden« (Theunissen 2013, S. 28)? Wenn vom Zugewinn an Autonomie und Selbstwirksamkeit durch Prozesse des Empowerments die Rede ist, setzt dies nicht eigentlich ein »gefühltes oder zugeschriebenes Defizit« (Trescher & Börner 2019, S. 141) voraus? Dabei sollte doch die Abkehr vom Defizitansatz ein Merkmal von *Empowerment* sein. Als negativ bemerkt wird auch, dass der Begriff *Empowerment* heute in Fortbildungskursen und Anleitungen zur Stärkung der Selbstbehauptung und zur Durchsetzung von Karriere-Ambitionen auftaucht: Personalmanager hätten den *Empowerment*-Begriff für sich okkupiert und verstünden darunter die Weitergabe von Entscheidungsbefugnissen und Verantwortung durch Vorgesetzte an Mitarbeiter, um diesen das Gefühl für Bedeutsamkeit zu vermitteln und sie damit zur Leistungsoptimierung zu motivieren (Bröckling 2004, S. 55).

Aus soziologischer Sicht wird bemerkt, dass *Empowerment* »gleichermaßen Ziel, Mittel, Prozess und Ergebnis persönlicher wie sozialer Veränderungen« (ebd.) sein soll. Während es im Kontext von Emanzipationskämpfen tatsächlich um Selbstbefähigung und Selbstaneignung von Kompetenzen ging, weil die bestehenden Verhältnisse es verlangten, wird eine Kritik an den Machtstrukturen heute kaum mehr mit dem Ansatz von *Empowerment* verbunden, der sich eher als ein Konstrukt von hoher Attraktivität präsentiert, »das als Patentrezept gegen gesellschaftliche Übel aller Art firmiert« (ebd.). Es macht also Sinn, im Empowerment nicht die Lösung von Problemen zu sehen, sondern das Konzept bestenfalls als »Förderung der Problemlösungskompetenz« (Trescher & Börner 2019, S. 141) zu begreifen.

1.2.4 Autonomie und Selbstbestimmung

In diesen beiden Begriffen kommen die Grundsätze einer menschenrechtsbasierten Heilpädagogik zum Ausdruck, die keine Abhängigkeiten schaffen, sondern Menschen mit Beeinträchtigungen als Subjekte ihrer Lebensgestaltung anerkennen und Prozesse der Selbstverwirklichung anstoßen und konstruktiv begleiten will.

Autonomie

Der Begriff *Autonomie* (*autos* = selbst, *nomos* = Gesetz), wörtlich als *Selbstgesetzgebung* zu verstehen, wird in der Heilpädagogik im Sinne von Entscheidungsfreiheit, Selbstständigkeit und Unabhängigkeit verwendet. Grundlegend und umfassend bedeutet *Autonomie*, dass ein Individuum die Normen seines Handelns selbst entwirft und das Leben nach seinen Wünschen und Erfahrungen gestaltet. Dieses Streben nach *autonomer Selbstgestaltung* kann allerdings nicht unabhängig von gesellschaftlichen Werten und Normen, Herrschaftsverhältnissen, gesetzlichen Regelungen und jeweils geltenden Konzepten der Bildung und Kultur erfolgen (Hierdeis 2017).

Autonomie besaß nicht in allen Zeiten, nicht in allen Regionen und nicht für alle Bürgerinnen und Bürger die gleiche Geltung: Menschen mit Beeinträchtigungen wurde ein *autonomes Selbst* mit der Fähigkeit zu eigenen Entscheidungen und selbstbestimmten Handlungen lange Zeit abgesprochen, gerade auch im Kontext der Behindertenpädagogik:

> »Wenn das eigene und auch das fremde Handeln und seine situativen Zusammenhänge begründet und bewertet werden müssen, so ist dazu Einsicht erforderlich. Wie ist dann Autonomie bei Menschen mit eindeutig verminderter Einsicht möglich? Bestehen da nicht unüberschreitbare intellektuelle Grenzen, wenn es um die praktische Vernunft geht?« (Speck 2001, S. 25).

Dem widerspricht Gröschke, wenn er daran erinnert, dass der Mensch ein bedürftiges Wesen ist:

> »Bei verschiedenen Menschen zu verschiedenen Zeitpunkten in ihrem Lebenslauf gibt es allenfalls unterschiedliche Verhältnisse und Grade von Abhängigkeit und Autonomie, etwa im frühen Kindesalter oder hohen Lebensalter, im Falle von Krankheit oder Behinderung – es gibt aber in dieser Hinsicht keine kategorialen Unterschiede zwischen den Menschen« (Gröschke 2008, S. 250).

Aktuell ist – mit Verweis auf das Grundgesetz – die Verpflichtung unstrittig, alle Menschen, ob beeinträchtigt oder nicht, in ihrer *Autonomie* zu schützen, individuelle Lebensentwürfe und selbstbestimmte Handlungen zu ermöglichen und sie zu eigenen Entscheidungen in gesellschaftlicher Verantwortung anzuregen. In diesem Sinne ist *Autonomie* ein *normativer Begriff*, der auf Achtung von Freiheit und Würde setzt und die freie Gestaltung der Lebenspläne des Menschen einfordert.

Die Realisierung von Autonomiebestrebungen ist abhängig von inneren und äußeren Bedingungen. Von Geburt an ist die Entwicklung des Säuglings und später des Kindes zu einem autonomen Individuum an Beziehungen, an Prozesse der Erziehung und der Sozialisation gebunden: »Autonomie kann sich überhaupt erst durch ein anderes begrenztes Selbst herstellen« (Schirilla 2003, S. 44). Das gilt für die Erkenntnisse der Entwicklungspsychologie, die davon ausgeht, dass Kinder ab dem zweiten Lebensjahr nach *Autonomie* und Unabhängigkeit streben, wenn ihr Selbst sich in den relevanten Beziehungen konturiert hat, sie ihren eigenen Willen entdecken und die Welt erkunden. Daher stellen Bindungs- und *Autonomiebedürfnisse* auch keine unauflöslichen Gegensätze dar: Sind die Bindungen sicher und stabil, dann weicht das Bedürfnis nach Schutz und Geborgenheit und es entsteht der Wunsch, selbst (und selbstwirksam) zu handeln; darauf aufbauend wächst das Gefühl, selbst ein handelndes, *autonomes* Subjekt zu sein (Dornes 2009).

In ganzheitlich (holistisch) orientierten Ansätzen der Psychologie wie den Humanistischen Verfahren (z. B. Gestalttherapie, Psychodrama, Transaktionsanalyse, Themenzentrierte Interaktion) nimmt die *Autonomie* neben der Selbstverwirklichung und Sinnorientierung einen entscheidenden Platz ein. Der Blick richtet sich dabei weniger auf die grundsätzlichen Strukturen eines Menschen, sondern auf die Kräfte des Wachstums und auf das konkrete Tun, das der einzelne Mensch *autonom* gestaltet, mit all den Entscheidungen, die er entfaltet und die er in der Begegnung mit dem Gegenüber verantwortet. Eine so verstandene *Autonomie* zielt ab auf die innere Unabhängigkeit, die es ermöglicht, seine Fähigkeiten und Werte, seine Rechte und seine Würde zu reflektieren und ein entsprechendes Selbstbewusstsein zu entwickeln. Das Streben nach *Autonomie* kann aber auch spannungsreich sein, wenn es dem einzelnen Menschen nicht zufriedenstellend gelingt, sich einerseits als eigenständiges Individuum zu erleben und andererseits seinen Platz in einer sozialen Gemeinschaft zu finden.

In der Pädagogik ist der Begriff der *Autonomie* (in Verbindung mit dem Begriff der *Selbstbestimmung*) immer wieder neu beleuchtet und kritisch hinterfragt worden. So geht Klafki in seinen Studien zur Bildungstheorie davon aus, dass die Zugänge zu Bildungs- und Unterrichtsprozessen so gestaltet sein sollten, dass die Schülerinnen und Schüler als freie, autonome und vernunftbegabte Menschen ihr Potenzial zur Selbstbestimmung entwickeln und ebenso zur Geltung bringen können wie ihre Fähigkeiten zur Mitbestimmung und zur Solidarität (Klafki 2011).

Als Kritik an den Strukturen der Abhängigkeit und Unterwerfung in traditionellen pädagogischen Verhältnissen und Institutionen (in Schulen, in der Heimerziehung, in der Behindertenhilfe) scheint die Betonung von *Autonomie und Selbstbestimmung* den Keim der Befreiung und des Fortschritts in sich zu tragen:

> »Als am Ende des 20. Jahrhunderts die bis dato Ausgegrenzten begannen, ein autonomes Leben für sich zu reklamieren, forderten sie im Grunde das ein, was ihnen als Menschen vom Anspruch des bürgerlichen Zeitalters her zusteht: sie forderten, so wie alle anderen leben zu können, kurz, sie beanspruchten den Subjektstatus« (Wansing 2005).

Doch ein Leben in gänzlicher Autonomie in gewisser Hinsicht illusionär, denn Menschen werden »auf unterschiedlichste Weise fremdbestimmt, etwa durch ihre Erziehung und kulturelle Prägungen, gesellschaftliche, politische und ökonomische Realitäten, unbewusste Strebungen und Affekte oder entwicklungs- und krankheitsbedingte Abhängigkeitsverhältnisse« (Dederich 2016a, S. 170).

Selbstbestimmung

Selbstbestimmung bedeutet, dass eine Person ihre Lebenspläne auf der Grundlage ihres Selbst (griech. *autos*) verwirklichen kann. *Selbstbestimmung* gilt in der Heilpädagogik als Leitgedanke und enthält die Dimensionen: Selbstverantwortung, Selbstständigkeit und Selbstgestaltung. Dazu gehört es, Wahlmöglichkeiten zwischen gleichwertigen Alternativen zu haben und über Umfang und Form von Beratung und Assistenz selbst zu verfügen:

> »Dass ich selbst entscheiden kann, wer meinen Körper berühren darf, wie und wo ich meinen Tag verbringe, welchen Tätigkeiten (Arbeit, Freizeit) ich nachgehe oder zu wem ich Kontakt haben möchte usw., stellt in demokratischen Rechtsstaaten eine Grundanspruch des Bürgers an die Gesellschaft bzw. den Staat dar« (Röh 2018, S. 73).

In Deutschland stützt das Grundgesetz in Artikel 2 die freie Entfaltung der Persönlichkeit und sichert das Recht auf Leben und körperliche Unversehrtheit. Auch die UN-BRK fordert dazu auf, die Würde des Menschen und seine Autonomie zu achten; Menschen mit Beeinträchtigungen ist die Möglichkeit zu eröffnen, ihren Aufenthaltsort zu wählen und zu entscheiden, wo und mit wem sie leben wollen; sie sind nicht verpflichtet, in besonderen Wohnformen zu leben (Art. 19 UN-BRK).

Die Behindertenhilfe veränderte sich, als die *Selbstbestimmt-Leben-Bewegung* ab 1980 Beratungszentren (als Peer-Counseling) und Assistenzgenossenschaften gründete, um Kompetenzen für die individuelle Unterstützung zu entwickeln und die Menschen mit Beeinträchtigungen nicht länger als »Objekte von Wohltätigkeit und Fürsorge, sondern Menschen mit selbstverständlichen Rechten« (Mürner & Sierck 2015, S. 35) zu betrachten. Die Leitidee der *Selbstbestimmung* meint: Kontrolle über das eigene Leben zu gewinnen, am Alltag in der Gemeinde teilzunehmen, verschiedene soziale Rollen wahrzunehmen und Entscheidungen selbst zu treffen, ohne in Abhängigkeit anderer zu geraten. Nicht die Dimension der Beeinträchtigung ist ein relevanter Faktor bei der Realisierung von *Selbstbestimmung*, sondern der Abbau der Barrieren der Benachteiligung. Als entscheidungsfähiges Subjekt (an)erkannt zu werden, Beziehungen auf Augenhöhe zu gestalten, individuell leben zu können, sind wichtige Aspekte der *Selbstbestimmung* (Schuppener 2022).

Die Vorstellung, ein *selbstbestimmtes* Leben zu führen und nicht in Abhängigkeitsverhältnissen zu verharren, ist in der *Selbstbestimmt-Leben-Bewegung* seit vielen Jahren das angestrebte Ziel. Von wirklicher *Selbstbestimmung* kann aus ihrer Sicht allerdings erst dann gesprochen werden, wenn folgende Aspekte gelten: Gleichstellung im Recht, Schutz vor Diskriminierung und Stigmatisierung, Dezentralisierung und Deinstitutionalisierung der Sondereinrichtungen, Anrecht auf Selbstvertretung sowie eigenständige Gestaltung und Kontrolle der Assistenzangebote (Miles-Paul & Frehse 1994; siehe auch: Lindmeier & Lindmeier 2012, S. 158).

Die Grundsätze der *Selbstbestimmung* veränderten die Konzepte in der Behindertenhilfe deutlich: Die subjektive Perspektive der Adressat*innen wurde gestärkt, neue Methoden der individuellen Hilfeplanung wurden eingeführt, ambulante Leistungen und Möglichkeiten zur gesellschaftlichen und kulturellen Teilhabe wurden ausgebaut. In den Wohn- und Werkstätten kann von *Selbstbestimmung* jedoch nur bedingt die Rede sein:

> »Insbesondere in stationären Lebenszusammenhängen werden Handlungsspielräume für Selbstbestimmung häufig durch eine vorgegebene Versorgungsstruktur (...) abgesteckt; sie enden (bildlich gesprochen) an den Grundstücksgrenzen von Einrichtungen« (Wansing 2017, S. 22).

Selbstbestimmung benötigt also reflektierte Schritte der Veränderung, z. B. den Abbau von Barrieren bezüglich Mobilität und Kommunikation, damit Selbstverwirklichung in einer behindertengerechten Wohnung und an einem selbst gewählten Arbeitsplatz gelingen kann, wozu ein zuverlässiges Angebot an Assistenz ebenso gehört wie das Gefühl, in sozialen Begegnungen als gleichberechtigt anerkannt zu werden. *Selbstbestimmt* zu leben, heißt nicht in erster Linie, komplett selbstständig zu leben: Für Menschen mit kognitiven und komplexen Beeinträchtigungen geht es zunächst einmal darum, Akzeptanz in einem sicheren Umfeld zu erleben und genügend Gelegenheiten zu erhalten, Einfluss auf die Umstände des Lebens nehmen zu können, selbst Entscheidungen zu treffen und eigenen Ideen zu folgen, ohne gleich kontrolliert zu werden. Aufgaben der Heilpädagogik liegen darin, mit Fachlichkeit und Sensibilität die Selbstbestimmungspotenziale beeinträchtigter Menschen, »und seien sie noch so rudimentär, zu erkennen und so weit wie möglich auszuschöpfen« (Dederich 2016a, S. 171) und ihnen als Assistent*innen zur *selbstbestimmten* Lebensführung zur Seite zu stehen.

Im Zuge der Ökonomisierung der Behindertenhilfe und der neoliberalen Tendenzen zum Abbau von Sozialleistungen sind die Auseinandersetzungen um *Selbstbestimmung* mit Risiken behaftet: Die Forderungen an den Einzelnen steigen, die Chancen der Inklusion und Partizipation in die eigenen Hände zu nehmen. Der Gedanke der *Selbstbestimmung* ist zu einer Dimension der Kategorisierung und Differenzierung und damit zu einer Machtstrategie mutiert (Wansing 2005), die beeinträchtigte Menschen als *Behinderte* markiert, ihnen Eigenverantwortung bei niedrigeren Standards der Unterstützung abverlangt und die Berücksichtigung der Bindungen und ihre Angewiesenheit auf andere Menschen aus den Augen verliert. An der Schnittstelle zwischen Leistungen zur Pflege und Leistungen zur Teilhabe sind die Einschnitte schon deutlich zu spüren:

> »Selbstbestimmung als Pflicht nach dem Konzept des vernünftig denkenden und handelnden Subjekts kann zu neuen Ausschlusskriterien führen und es gerade kognitiv beeinträchtigten und schwerstbehinderten Menschen erheblich erschweren, am Modell des selbstbestimmt handelnden Subjekts teilzuhaben« (Windisch 2017, S. 63).

1.2.5 Barriere und Handicap

Es gehört zum Aufgabenspektrum der Heilpädagogik, zusammen mit den betreffenden Menschen offensichtliche als auch unscheinbare *Barrieren*, die eine Teilhabe am Alltagsleben verhindern oder erschweren, zu identifizieren und abzubauen. Manche ziehen dabei vielleicht den Begriff *Handicap* vor, weil er international gebräuchlich, unbelastet und modern klingt; doch er kann seine eigentlich defizitorientierte Sichtweise nicht gänzlich verbergen.

Barriere(freiheit)

Der Begriff *Barriere* leitet sich ab von dem französischen Wort *barre* (= Stange, Balken) und ist in Ausdrücken wie *Barrikade* (bei Aufständen), *Barrage* (Sperrung) oder *Barren* (Sportgerät) zu finden. Als Hindernis können *Barrieren* die Teilhabe von Menschen mit Beeinträchtigungen in motorischer, kommunikativer und sozialer Hinsicht blockieren bzw. den unbeschwerten Zugang zu physischen, medialen und symbolischen Umwelten verwehren (Hirschberg 2021). Die UN-BRK weist auf Wechselwirkungen zwischen Menschen mit Beeinträchtigungen und einstellungs- bzw. umweltbedingten *Barrieren* hin; in der Konvention heißt es:

> »Um Menschen mit Behinderungen eine unabhängige Lebensführung und die volle Teilhabe in allen Lebensbereichen zu ermöglichen, treffen die Vertragsstaaten geeignete Maßnahmen mit dem Ziel, für Menschen mit Behinderungen den gleichberechtigten Zugang zur physischen Umwelt, zu Transportmitteln, Information und Kommunikation, einschließlich Informations- und Kommunikationstechnologien und -systemen, sowie zu anderen Einrichtungen und Diensten, die der Öffentlichkeit in städtischen und ländlichen Gebieten offen stehen oder für sie bereitgestellt werden, zu gewährleisten. Diese Maßnahmen, welche die Feststellung und Beseitigung von Zugangshindernissen und -barrieren einschließen, gelten unter anderem für a) Gebäude, Straßen, Transportmittel sowie andere Einrichtungen in Gebäuden und im Freien, einschließlich Schulen, Wohnhäusern, medizinischer Einrichtungen und Arbeitsstätten; b) Informations-, Kommunikations- und andere Dienste, einschließlich elektronischer Dienste und Notdienste« (Art. 9 UN-BRK).

Durch *Barrieren* aller Art werden Menschen mit Beeinträchtigungen benachteiligt und behindert; sie unterliegen Exklusionsprozeduren, die in der Lebensgestaltung sowie im wirtschaftlichen und sozialen Zusammenspiel wirkmächtig sind (Kronauer 2010). Doch *Barrieren* als gesellschaftliche Hindernisse betreffen nicht nur bestimmte Personen und Gruppen; der Abbau von *Barrieren* ist kein Akt der Fürsorge gegenüber beeinträchtigten Gesellschaftsmitgliedern, sondern ist hilfreich für alle. Dies gilt für die bauliche Gestaltung von Straßen, Haltestellen sowie Gebäuden und für Kommunikationsbarrieren (bei Antragsformularen, Wahlunterlagen oder bei der Korrespondenz mit Behörden). Viele Menschen – auch ohne Beeinträchtigung – stehen vor diesen Hürden und werden an der Teilhabe gehindert, z.B. durch defekte oder schwer zugängliche Aufzüge, hohe Regale in Geschäften, komplizierte Automaten, fehlende Infotexte an Bahnhöfen, schwierige Benutzeroberflächen auf Handys und Computern – jeder Mensch kann im Laufe seines Lebens auf unüberwindbare *Barrieren* stoßen. Daher ist es mit Blick auf die Gegenwart und Zukunft sinnvoll, »in eine barrierefreie Gestaltung des öffentlichen (und auch privatwirtschaftlichen) Raums flächendeckend zu investieren, um den Zugang für alle zu ermöglichen« (Hirschberg 2021, S. 33).

Die Realisierung von Inklusion und Partizipation von Menschen mit Beeinträchtigungen ist davon abhängig, ob Barrieren erkannt und Initiativen ergriffen werden, Erschwernisse und mangelnde Zugänglichkeiten abzubauen. Differenziert wird zwischen dem Konzept der *Barrierefreiheit* und dem Ansatz der *angemessenen Vorkehrungen*: Das Konzept der *Barrierefreiheit* umfasst Maßnahmen, die bestehende Hürden und Erschwernisse identifizieren und auf die dauerhafte Verbesserung der strukturellen Bedingungen abzielen. Das kann durch bauliche Veränderungen von Bahnsteigen für Züge, Straßenbahnen oder Busse geschehen, ebenso durch die Installation induktiver Höranlage in Veranstaltungsräumen, so dass auch Personen mit Hörgeräten oder Cochlea-Implantaten teilhaben können. Mit *angemessenen Vorkehrungen* wird demgegenüber auf unmittelbare Bedürfnislagen reagiert, wenn z. B. ein Gast bei einem Seminar eine mobile FM-Anlage benötigt oder bei einem Fußballspiel blinde Zuschauer*innen Empfänger und Kopfhörer für die Live-Reportage beantragen.

In Studien zu dieser Thematik und in Gesetzestexten ist mittlerweile mehr von *Barrierefreiheit* als von *Barrieren* die Rede. Dazu liefert das Behindertengleichstellungsgesetz folgende Definition:

»Barrierefreiheit ist die Auffindbarkeit, Zugänglichkeit und Nutzbarkeit der gestalteten Lebensbereiche für alle Menschen. Der Zugang und die Nutzung müssen für Menschen mit Behinderung in der allgemein üblichen Weise, ohne besondere Erschwernis und grundsätzlich ohne fremde Hilfe möglich sein; hierbei ist die Nutzung persönlicher Hilfsmittel zulässig« (vgl. § 4 BGG).

Die Europäische Union hat den European Accessibiliy Act (EAA) als Richtlinie zur *Barrierefreiheit* für Produkte und Dienstleistungen auf den Weg gebracht, die in nationales Recht umzusetzen ist. Zunächst betrifft dies die digitale Kommunikation und den Handel, soll zukünftig aber auch für Gewerbe und öffentliche Einrichtungen gelten. Assistive Technologien tragen dazu bei, trotz Funktionseinschränkungen selbstbestimmt zu leben; daher fordert die UN-BRK ein universelles Design von »Produkten, Umfeldern, Programmen und Dienstleistungen in der Weise, dass sie von allen Menschen möglichst weitgehend ohne eine Anpassung oder ein spezielles Design genutzt werden können« (Art. 2 UN-BRK). Die Begriffe *assistive Technologien* und *assitive Produkte* haben sich international weitgehend durchgesetzt, während das Sozialrecht in Deutschland weiterhin von *Hilfsmitteln* spricht (Klein 2021). Bei all den Bemühungen um verbesserte Zugänglichkeiten ist allerdings nicht entschieden, wann Gestaltungslösungen zu präferieren sind, die allen Personen in der Gesellschaft gleichermaßen gerecht werden (Prinzip der Homogenität), oder wann es sinnvoller sein kann, individuelle oder gruppenbezogene Lösungen vorzuziehen, die dann noch auf die einzelne Person angepasst werden können (Prinzip der Flexibilität) (Sträter 2021).

Die verstärkte Wahrnehmung von *Barrieren* und die Forderungen nach *Barrierefreiheit* sind verbunden mit dem sozialen Modell von Behinderung, das von Initiativen der Selbstbestimmt-Leben-Bewegung in den Diskurs eingebracht wurde und die Erfahrung formuliert, dass Behinderung das Resultat gesellschaftlicher Ausschließungs- und Ausgrenzungsprozesse ist und zunächst einmal nichts mit Funktionseinschränkungen des Körpers oder anderen Beeinträchtigungen zu tun hat (Kastl 2017). Behindert wird eine Person – in diesem Verständnis – durch physische, soziale und ökonomische *Barrieren*; doch die Idee einer vollständig barrierefreien Umwelt wird auch in der Selbsthilfebewegung kritisch gesehen. Denn Barrieren sind – wie Behinderungen – immer relational, also abhängig von physischen, psychischen und sozialen Bedingungen und Erwartungen.

Handicap

Auf der Suche nach einer Alternativen zu Begriffen wie *Menschen mit Behinderung*, *Menschen mit Beeinträchtigung* oder *Menschen mit besonderen Bedürfnissen* taucht der Ausdruck *Menschen mit Handicap* im Alltag und in der heilpädagogischen Fachliteratur (Lotz 2020) häufig auf. *Handicap* klingt moderner und internationaler als das deutsche Wort *Behinderung*, der französische Ausdruck *Les Invalides* (vom lateinischen Wort *invalidus* für: hinfällig, kraftlos) oder der spanische Begriff *Las personas con minusvalias* (Personen mit niedrigem Wert). Aber ist es leichter, *gehandicapt* (oder gar *gehandicapiert*) als beeinträchtigt zu sein oder behindert zu werden?

Der Begriff *Handicap* stammt aus dem Englischen, wo der Ausdruck heute nicht mehr für Menschen mit Beeinträchtigung verwendet wird. Bisweilen ist zu lesen, dass der Begriff ursprünglich mit bettelnden und obdachlosen Menschen zu tun hätte, die mit einer Kappe in der Hand nach Geld fragen. Doch *Cap-in-Hand* hat nichts mit *Handicap* zu tun. Eigentlich reicht der Ausdruck zurück ins 17. Jahrhundert, wo *Hand-in-Cap* für ein Lotterie-Spiel verwendet wurde: Spieler tauschten unter Aufsicht eines Schiedsrichters Gegenstände aus, die von gleicher oder unterschiedlicher Wertigkeit waren. Ein Tausch wurde realisiert, wenn beide Spieler eine Hand in eine Kappe steckten und sie gleichzeitig – entweder als Faust oder als geöffnete Hand – wieder herauszogen: »Eine geöffnete Hand bedeutete die Zustimmung zum Tausch, eine Faust die Ablehnung des Geschäfts. Dieses ›Hand in Kappe (stecken)‹ ist die Grundlage des Namens Hand-in-Cap, der später in Hand i'Cap verkürzt wurde« (Karpa 2019).

Im Sport bezeichnet *Handicap* den Ausgleich von unterschiedlichen Voraussetzungen; dies erfolgt z. B. durch Gewichtsausgleich (im Pferdesport), Distanzausgleich (im Motorsport) oder als Einstufung der Spielstärke (im Golfsport). Der Begriff taucht als Zuschreibung eines Defizits auch in öffentlichen Stellungnahmen auf, wenn z. B. die Bundesagentur für Arbeit geringe oder fehlende Schulabschlüsse als großes *Handicap* für die Vermittlung einer Arbeitsstelle bezeichnet. Damit werden vermeintliche Schwächen pauschalisiert, ohne auf die individuellen Bedingungen der betreffenden Personen einzugehen. Im *Handicap* steckt also stets ein Vergleich von ungleichen Dingen und ein Ausgleich zum vermeintlich höheren Niveau: Die beste und optimalste Variante (eines Pferdes, eines Motors, eines Golfspielers) ist der Maßstab, die vermeintlich schwächere Variante bekommt ein *Handicap* auferlegt.

Seit etwa 100 Jahren steht *Handicap* als Synonym für Behinderung: In England wurden körperlich beeinträchtigte Kinder als *handicapped children* charakterisiert, später wurde die Bezeichnung auf erwachsene Menschen mit kognitiven Beeinträchtigungen erweitert. Eine Zeit lang galt *Handicap* als angemessener Terminus und wurde weltweit verwendet: So gründeten Ärztinnen und Ärzte 1982 eine Organisation mit dem Namen *Handicap International*, die schutzbedürftige Menschen in vielen Ländern unterstützt. Ursprünglich begann *Handicap International* ihre Tätigkeit in Kambodscha, nachdem das totalitäre Regime der Roten Khmer die Bevölkerung aus den Städten vertrieben und gefoltert hatte. Medizinisch versorgt wurden vor allem die Personen, die durch Landminen oder Granaten verletzt oder durch Hunger und Armut ohne Perspektive waren. Heute ruft die Organisation lokale Netzwerke ins Leben, mobilisiert die Familien und die Gemeinschaften, erleichtert den Zugang zu Schulen und zur gesellschaftlichen Teilhabe (Handicap International 2023).

Gegenwärtig ist im Diskurs über angemessene und diskriminierungsfreie Begriffe für viele Menschen mit und ohne Beeinträchtigung der Ausdruck *Handicap* durchaus akzeptabler als *Behinderung* – zumal Vorschläge wie *andersfähige Personen* oder *Menschen mit besonderen Bedürfnissen* sich weder als praktikabel noch als mehrheitsfähig erwiesen haben: Die Vielfalt an Fähigkeiten und Bedürfnissen ist bei Menschen mit Beeinträchtigungen nicht unbedingt anders als bei vielen Menschen in der Gesellschaft. Und in der menschenrechtlichen Dimension von Behinderung geht es gar nicht um *besondere Bedürfnisse*, sondern um das Recht, nicht benachteiligt zu werden. Kritisch wird allerdings darauf verwiesen, dass der Begriff *Handicap* die defizitorientierte Sichtweise stärkt und die soziale Dimension von Behinderung außer Acht lässt, die deutlich macht, dass Menschen durch Barrieren und Umweltbedingungen in ihrer Teilhabe behindert werden. Beim Begriff *Handicap* »verschwindet der Mensch vollkommen und der Fokus wird auf eine (vermeintliche) Schwäche gelegt« (Karpa 2019).

1.2.6 Beeinträchtigung und Behinderung

Die Ausführungen zu den beiden Termini sollen verdeutlichen, warum in diesem Buch dem Begriff der *Beeinträchtigung* an vielen Stellen der Vorzug gegeben wird vor dem Begriff der *Behinderung*. Sicher umfasst *Behinderung* ein weitreichenderes Spektrum als *Beeinträchtigung* und berücksichtigt auch die soziale und die sozialrechtliche Ebene. Wer jedoch nur den Begriff der *Behinderung* verwendet und den Satz »behindert ist man nicht, behindert wird man!« in den Mittelpunkt rückt, der verdrängt die realen Erschwernisse, die im Begriff der *Beeinträchtigung* ihren Ausdruck finden.

Beeinträchtigung

In amtlichen Stellungnahmen ebenso wie in Forschungsarbeiten der Disability Studies und auch in einigen Veröffentlichungen der Behindertenbewegung ist – anstelle des Begriffs *Behinderung* – nun häufiger von *Beeinträchtigung* die Rede. Der 3. Teilhabebericht der Bundesregierung von 2021, der die Lebenslagen behinderter Menschen in der Gesellschaft zu erfassen versucht, verwendet erstmals den Terminus *Menschen mit Beeinträchtigungen* und bezeichnet damit Personen, die Schädigungen von Körperstrukturen oder Körperfunktionen, aber auch psychische Funktionsstörungen aufweisen und deren Leistungsfähigkeit bei Aktivitäten im Zusammenhang mit diesen Schädigungen dauerhaft beeinträchtigt ist (BMAS 2022). Die Disability Studies gehen der Frage nach, welche sozialen Prozesse »zum gesellschaftlichen Ausschluss von Menschen mit Beeinträchtigungen« (Pfahl & Köbsell 2014, S. 554) führen; ihnen geht es um die Entstehung von Differenzkategorien und um Zuschreibungen, die Personen als *krank* und *behindert* bezeichnen. In ihrem Verständnis werden Menschen durch bauliche, institutionelle, kulturelle und ideologische Barrieren behindert, oft sozial ausgegrenzt und durch medizinisch-therapeutische Maßnahmen zu rehabilitieren versucht. In emanzipatorischer Absicht sollten Menschen mit Beeinträchtigungen selbst Subjekte und Akteure – und nicht Objekte – der Forschung und der Gestaltung angemessener Lebensbedingungen sein (Hermes & Rohrmann 2006).

Die Disability-Studies konstatieren aber auch, dass individuelle Beeinträchtigungen weder durch entsprechende Begrifflichkeiten noch durch wohlmeinende Inklusionsanstrengungen zum Verschwinden gebracht werden. Es muss erlaubt sein, aktiv Beeinträchtigung und Behinderung zu benennen, ohne zu bemitleiden oder zu bevormunden. Kinder mit Beeinträchtigungen sind ernst zu nehmen, mit ihnen ist zu klären, was es bedeutet mit Beeinträchtigungen aufzuwachsen und Entwicklungsaufgaben zu bewältigen (Köbsell 2012). Das kann leidvoll und schmerzhaft sein und an das betreffende Kind und die Familie Anforderungen stellen, die nicht negiert werden dürfen.

Wer also nur die soziale Dimension von Behinderung akzeptiert und starr an der Aussage festhält: »Behindert ist man nicht, behindert wird man!«, der verkennt die Lebensrealitäten der Kinder, Jugendlichen und Erwachsenen mit Beeinträchtigungen, die geprägt sind davon, mit Schmerzen umgehen zu müssen, leichter zu ermüden, mehr Zeit für die Dinge des Alltags zu benötigen, in vielen Angelegenheiten auf Assistenz angewiesen zu sein und aufgrund von Funktionseinschränkungen nicht so spontan an gesellschaftlichen Aktivitäten teilnehmen zu können. Anerkennung und Respekt für ihre Fähigkeiten und Anstrengungen – ohne fürsorgliche Belagerung – sind für sie essentiell, um die Entwicklung zu einem selbstbewussten Menschen, der mit einer Beeinträchtigung lebt, zu unterstützen. Manchen gelingt dies ausgezeichnet, sie blicken mit Stolz auf ihre Form der Lebensgestaltung, wie die gehörlose Schriftstellerin Eugenie Marlitt, die körperbehinderte Pianistin Clara Haskil (Sierck 2017) oder der gelähmte Autor Fredi Saal, der von seinen Eltern – erschrocken über die sichtbare Beeinträchtigung ihres Sohnes – in eine Anstalt für geistig Behinderte gebracht und dort als nicht bildungsfähig eingestuft wurde, sich später als Publizist ethischen und sozialen Themen widmete und den Prozess seines Selbst-Empowerments in der Frage zuspitzte: »Warum sollte ich jemand anders sein wollen?« (Saal 2011).

Beeinträchtigungen sind so vielfältig, dass es eigentlich verwundert, welche Macht die ständig verwendete Pauschalkategorie *Behinderung* innehat, die undifferenziert festzuschreiben versucht, was im Prinzip alle Menschen betrifft: »Verletzlichkeit, Unvollkommenheit, Hilflosigkeit, Abhängigkeit« (Danz 2011, S. 77). Daraus erklärt sich dann auch die Verunsicherung, die im individuellen Bereich in der Begegnung mit beeinträchtigten Menschen oft entsteht, »die vor allem in den ersten Begegnungen eine eigenartige Dynamik entfaltet: Hingucken wollen, sich nicht trauen, fasziniert und abgestoßen sein, Abwehr und starke Betroffenheit, hilflos im Kontakt sein – dennoch unbedingt helfen wollen etc.« (ebd., S. 78). Wenn es sich dann nicht nur um einen vorübergehenden Kontakt handelt, sondern eine kontinuierliche Begegnung bzw. Beziehung entsteht, tritt in der Regel die Beeinträchtigung – auch wenn es sich um eine deutliche und schwere Funktionseinschränkung handelt – in den Hintergrund und verliert an Bedeutung.

Mit dem Begriff *Beeinträchtigung* kann also die rein interaktionistische Perspektive erweitert und die Anerkennung von Erschwernissen, die in der Wechselwirkung von Funktionsstörungen und sozialen Einschränkungen entstehen, angemessen ausgedrückt werden:

> »Ein spezialisierter Blick auf die Beeinträchtigung allein ist zu wenig, aber ohne diesen besonderen Blick besteht die Gefahr, dass die konkreten Menschen mit ihren individuellen Unterstützungsbedarfen ebenfalls aus dem Blick geraten« (Lelgemann & Müller 2018, S. 12).

Und dennoch ist bei der Verwendung von Begriffen wie *Beeinträchtigung* und *Behinderung* stets auf die Gefahr der Etikettierung und Stigmatisierung zu achten, weil sie in wissenschaftlichen und sozialen Diskursen zu »körperlich eingeschriebenen Identitätsmerkmalen« (Moser 2012b, S.1) mutieren, der betreffenden Person gleichsam »auf den Leib« rücken (Winkler 1999, S. 274) und zu Praktiken des Ausschluss führen können.

Behinderung

Wer sich dem Begriff *Behinderung* nähert und in der Literatur eine Präzisierung sucht, erhält den Hinweis, dass eine anerkannte Definition bis heute nicht existiert (Danz 2011; Haubl 2015). In den vielfältigen Kontexten (Medizin, Recht, Psychologie, Pädagogik, Soziologie) stellen sich an den Terminus *Behinderung* ganz unterschiedliche Anforderungen. Eine einheitliche Definition ist schwierig, weil es sich »bei Behinderung nicht um eine eindeutige Kategorie handelt, sondern um einen höchst komplexen, eher unscharfen Oberbegriff, der sich auf eine bunte Mischung von unterschiedlichen körperlichen, psychischen und kognitiven Merkmalen bezieht, die nichts anderes gemeinsam haben, als dass sie mit negativen Zuschreibungen wie Einschränkung, Schwäche oder Unfähigkeit verknüpft werden« (Waldschmidt 2010, S. 14). Manche fragen, ob in Zeiten von Inklusion der Begriff überflüssig ist, da die eindeutige Feststellung von *Behinderung* problematisch ist, wie sich am Konstrukt *Lernbehinderung* zeigt (Pfahl 2011; Moser 2012b; Opp 2022). Wenn nicht empirisch gesicherte Kriterien, sondern soziale Normen festlegen, »wer an einem bestimmten Ort zu einer bestimmten Zeit als behindert gilt« (Haubl 2015, S. 103), sind Dichotomien wie Behinderung – Nichtbehinderung willkürlich und untergraben die Anerkennung von Verschiedenheit. Personen, die als *behindert* adressiert werden, erleben die Zuschreibung auf diese Dimension: »Es scheint dann so, als gäbe es gar keine persönlichkeitsspezifischen Differenzen« (ebd., S. 104).

Die UN-BRK stellt klar, dass *Behinderungen* stets aus der Wechselwirkung zwischen Menschen mit Beeinträchtigungen und umwelt- sowie einstellungsbedingten Barrieren entstehen und sich das gesellschaftliche Verständnis von *Behinderung* fortlaufend entwickelt. Die Konvention verzichtet in ihrer Präambel auf eine Fixierung des *Behinderungs*begriffs, muss allerdings ihren zentralen Terminus (sie heißt ja: UN-Behindertenrechtskonvention) erläutern. In Art. 1 legt sie dar, dass sie *Behinderung* auf Personen bezieht, die »langfristige körperliche, seelische, geistige oder Sinnesbeeinträchtigungen haben, welche sie in Wechselwirkung mit verschiedenen Barrieren an der vollen, wirksamen und gleichberechtigten Teilhabe an der Gesellschaft hindern können« (UN-BRK). Das deutsche Sozialrecht kennt eine ähnliche Formulierung:

> »Menschen mit Behinderungen sind Menschen, die körperliche, seelische, geistige oder Sinnesbeeinträchtigungen haben, die sie in Wechselwirkung mit einstellungs- und umweltbedingten Barrieren an der gleichberechtigten Teilhabe an der Gesellschaft mit hoher Wahrscheinlichkeit länger als sechs Monate hindern können. Eine Beeinträchtigung (…) liegt vor, wenn der Körper- und Gesundheitszustand von dem für das Lebensalter typischen Zustand abweicht« (§ 2 SGB IX).

Die Formulierung des vom Lebensalter typischen abweichenden Gesundheitszustands versucht, die Zielgruppen einzuschränken, um Leistungen des SGB IX zu begrenzen (Welti 2016).

Doch eine anerkannte Definition ist auch diese rechtliche Grundlegung von *Behinderung* nicht. In verschiedenen Disziplinen ist man mit unterschiedlichen Modellen und Theorien konfrontiert, die als medizinisches, soziales, menschrechtliches, kulturelles und interaktives Modell bezeichnet werden (Egen 2020; Fuchs 2022b). Das führt dazu, dass die Modelle konkurrierend auftreten, als müsste man für eines von ihnen ein Gelübde ablegen und die anderen verwerfen:

> »Im Sinne eines pluralistischen Umgangs mit Theoriemodellen sollte nicht das (…) Festlegen auf ein spezifisches Modell im Zentrum stehen, sondern alternative Auffassungen als einander ergänzend und fruchtbringend eingebracht werden, um daraus möglichst facettenreich erfassen zu können, wie sich Behinderung in konkreten Erfahrungen widerspiegelt« (Kremsner 2017, S. 39).

Daher erscheint es sinnvoll, von unterschiedlichen *Dimensionen* und nicht von *Modellen der Behinderung* zu sprechen.

Die medizinische Dimension von Behinderung: Die Medizin richtet den Blick auf Schädigungen und diagnostiziere Normabweichungen, deren Grund sie in Verletzungen, Erkrankungen oder Störungen sieht. Die Einschränkungen scheinen allein ›in‹ und ›an‹ der Person zu liegen: »Schwierigkeiten, die sich aus einer Schädigung ergeben, werden ausschließlich auf diese Beeinträchtigung zurückgeführt« (Lamers et al. 2021, S. 16). In dieser Logik besteht die Aufgabe therapeutischer Maßnahmen darin, Schädigungen zu beseitigen und Defizite zu kompensieren. Dass die Umwelt mit ihren Strukturen und Barrieren ›behindert‹ und das Leben erschwert, kommt nicht in den Blick:

> »Behinderung ist nach diesem Modell ein objektiv beschreibbares, negatives Wesensmerkmal einer Person (Stigma) – hinter dem alle weiteren Eigenschaften und Fähigkeiten verblassen. Behinderung wird als schicksalhaftes und persönliches Unglück angesehen, das es individuell zu bewältigen gilt, daher auch die alternative Bezeichnung: ›Individuelles Modell‹ von Behinderung« (Egen 2020, S. 23/24).

Damit wird *Behinderung* als leidvolle Schädigung gedeutet, zu der es nicht kommen soll – und zu der es durch pränatale Diagnostik zukünftig möglichst nicht kommen wird. Das stereotype Bild des dauerhaft Leidenden blendet die Lebensrealität behinderter Menschen aus und reduziert »ihr Leben auf einen einzigen Aspekt – das vermeintliche Leiden« (Hermes 2006, S. 17). Erwartet wird, dass die betreffende Person alle therapeutischen Interventionen akzeptiert und sich mit den Barrieren abfindet. Seit den 1980er Jahren war und ist das jedoch zunehmend weniger der Fall:

Initiativen und Selbsthilfegruppen entwickelten Aktionen, bei denen behinderte Menschen sich gegen Stigmatisierung und Diskriminierung wehrten und dazu aufforderten, *Behinderung* als soziales, kulturelles, politisches und menschenrechtliches Thema zu verstehen und den Kampf für eine barrierefreie Umwelt und Selbstbestimmung zu unterstützen (Wegscheider 2015).

Die soziale Dimension von Behinderung: Aus diesem Blickwinkel stellt sich *Behinderung* als Resultat gesellschaftlicher Bedingungen und Normen dar. Räumliche Faktoren, soziale Anforderungen und kommunikative Erwartungen führen im Sinne des sozialen Modells zur Behinderung:

> »Dieses Umfeld ist häufig an einer Vorstellung von Normalität orientiert, die Personen mit Behinderungen, die von dieser Norm abweichen, ausschließt. Die Umwelt ist schlicht nicht auf die Anforderungen von Menschen mit Behinderung vorbereitet – sie werden behindert« (Lamers et al. 2021, S. 16).

Ursachen von *Behinderungen* liegen also außerhalb der Person; individuelle Förderkonzepte haben hier weniger Gewicht als die Beseitigung von Barrieren, die Gestaltung der Umwelt und die Entwicklung notwendiger Dienstleistungen und Assistenzsysteme. Manche Protagonisten dieser Sichtweise (wie z. B. Michael Oliver) lehnen Interventionen konsequent ab und kritisieren die Selbsthilfebewegung dafür, dass sie ihre jeweiligen Diagnosen in den Vordergrund rücken und die sozialen Ursachen der *Behinderung* vernachlässigen.

Andere (wie Tom Shakespeare) betrachten den Zusammenhang von *impairment* (körperlicher Schädigung) und *disability* (funktionaler Beeinträchtigung) und betonen, dass in den subjektiven Erfahrungen der betreffenden Menschen individuelle Beeinträchtigungen und soziale *Behinderungen* verflochten sind (Kastl 2017, S. 53). Um diese zu meistern, bedarf es sozial engagierter und kreativer Lösungen, wie sie z. B. Raul Krauthausen vorlebt, der mit dem Projekt »Wheelmap« aufzeigt, wo Menschen mit Mobilitätseinschränkungen barrierefreie Orte finden und für sich konstatiert: »Dachdecker wollte ich eh nicht werden« (Krauthausen 2014). Darin zeigt sich gewissermaßen der affirmative Ansatz von *Behinderung* (Hirschberg 2022), der selbstbewusst nach außen tritt und postuliert: Ich bin *behindert*, ich werde *behindert* und ich kämpfe für Akzeptanz, Barrierefreiheit und selbstverständliche gesellschaftliche Teilhabe.

Die menschenrechtliche Dimension von Behinderung zeigt, wie die betreffenden Personen in der Vergangenheit behandelt wurden: Sie waren isoliert und entrechtet. *Behindert* ist und wird man nicht nur durch körperliche Faktoren oder durch soziale Ausgrenzungen, sondern durch die Verwehrung von Rechten. Theresia Degener weist auf Art. 12 der UN-BRK hin, der betont, dass Menschen mit *Behinderungen* den Anspruch haben, als Rechtssubjekt anerkannt zu werden und in allen Lebensbereichen gleichberechtigt mit anderen die Rechtsfähigkeit zu genießen. Die Vertragsstaaten der UN-BRK und die Zivilgesellschaft stehen in der Verantwortung, die Rechte von Menschen mit Beeinträchtigungen zu achten und keine Benachteiligungen zu dulden (Gottwald 2019).

Die kulturelle Dimension von Behinderung untersucht die Verbindung von Kultur und *Behinderung* auf den Ebenen der Geschichtswissenschaft, der (Sozial-)Psychologie und der Kulturwissenschaften (mit Blick in die Kunstgeschichte, die Sprach-

und Literaturwissenschaften, die Musikwissenschaften, den Film und die aktuellen Medien). Gefragt wird, wie die Darstellung von *Behinderung* und der Diskurs über *Behinderung* zu Bewertungen und Abwertungen, zu Idealisierungen und Stigmatisierungen, zu inkludierenden und exkludieren Prozessen führt und damit etwas aussagt über die Identität der Gesellschaft. Die kulturelle Dimension untersucht, wie eine Gesellschaft mit sehbehinderten, blinden oder hörgeschädigten Menschen umgeht, welches Bild sie von körperlich beeinträchtigten Menschen, psychisch auffälligen oder kognitiv beeinträchtigten Personen hat. Untersucht wird die Bewertung von Behinderung in der Philosophie (Mürner 1996), beleuchtet werden Prozesse der Repräsentation ›außerordentlicher Körper‹ (Dederich 2012), erläutert werden Zusammenhänge von Komik und Behinderung (Gottwald (2009), gesammelt werden Perspektiven zur Produktion von Behinderung in der visuellen Kultur (Ochsner & Grebe 2013). Nicht ganz transparent wird hier allerdings der zentrale Begriff der ›Kultur‹ verwendet: Die Disabilty Studies nehmen dies zum Anlass, in vergleichenden Studien eine Präzisierung anzustreben und zu fragen: »Wie, warum und wozu wird ›Anderssein‹ als ›Behinderung‹ kulturell hergestellt« (Waldschmidt 2020, S. 165).

Die interaktive Dimension von Behinderung wendet sich gegen die einseitige Betonung einzelner Faktoren und findet in der Internationalen Klassifikation der Funktionsfähigkeit, Behinderung und Gesundheit (ICF) der Weltgesundheitsorganisation WHO ihren Ausdruck. Wenn die ICF von »Funktionsfähigkeit« spricht, sind die Ebenen der Körperfunktionen und Körperstrukturen gemeint und auch die individuelle Ebene der möglichen Aktivitäten sowie die gesellschaftliche Ebene der Partizipation (Schuntermann 2020). Der Zustand der funktionalen Gesundheit im Sinne des bio-psycho-sozialen Ansatzes ist dynamisch angelegt, *Behinderung* entsteht in der Interaktion der Aspekte: a) körperliche Schädigung, b) individuelle Aktivitätsbeeinträchtigung und c) gesellschaftliche Partizipationseinschränkung.

1.2.7 Deinstitutionalisierung und Dezentralisierung

Die Veränderungen in der Behindertenhilfe – vom institutionsbezogenen zum personzentrierten Denken – sind vielfach beschrieben, aber nicht abschließend umgesetzt worden. Leistungsträger scheinen ihr Geld eher in Einrichtungen als in Menschen zu investieren, und so kann von der Sicherstellung eines selbstbestimmten Lebens in der Gemeinschaft für viele Menschen, die auf Assistenz angewiesen sind, nicht die Rede sein. Mit den Begriffen der Deinstitutionalisierung und Dezentralisierung sind umfangreiche Anstrengungen verbunden, lange bestehende Strukturen zu hinterfragen und aktuelle heilpädagogische Kompetenzen zu berücksichtigen.

Deinstitutionalisierung

Seit mehr als 20 Jahren wird die Forderung nach *Deinstitutionalisierung* in der Behindertenhilfe erhoben, wenn es um fundamentale Veränderungen von traditionellen Unterstützungsangeboten für Menschen mit Beeinträchtigungen geht: In den Blick geraten dabei die Komplexeinrichtungen, deren Konzepte ein selbstbestimmtes, sinnerfülltes und individuell gestaltetes Leben als Bürgerin oder Bürger in einer Gemeinde kaum ermöglichen. Neben *Deinstitutionalisierung* wird in diesem Kontext auch von *Enthospitalisierung* (Dalferth 2000) gesprochen, worin die Fehlplatzierung von Menschen mit kognitiven Beeinträchtigungen in psychiatrischen Kliniken anklingt. Allerdings hat der Sozialpsychiater Klaus Dörner schon früh den Begriff der *Enthospitalisierung* für ungeeignet erklärt, weil er ein Verwaltungshandeln beschreibt, das darauf abzielt, Langzeit-Patient*innen aus Psychiatrischen Kliniken in Wohnformen zu verlegen, die ebenso wenig den Erfordernissen nach einer selbstgewählten und eigenständigen Lebensform entsprechen (Dörner et al. 2017).

Bei der *Deinstitutionalisierung* geht es nicht nur um einschränkende Lebensbedingungen und ihre Reduzierung, sondern um die Strukturen von Macht und Ohnmacht in den Institutionen und um Formen struktureller Gewalt. Entscheidende Impulse zur Analyse solcher Phänomene lieferten vor allem drei Untersuchungen: Erving Goffmans soziologische Betrachtung *totaler Institutionen* zeigte auf, wie die Menschen in psychiatrischen Anstalten (ähnlich wie in Kasernen, Gefängnissen und Klöstern) von der Isolation geprägt werden: Alle Angelegenheiten des täglichen Lebens finden an ein und demselben Ort, in unmittelbarer Gesellschaft anderer Schicksalsgenossen unter einer autoritären Verwaltung statt, die für die Planung der täglichen (und nächtlichen) Abläufe nach formalen Ordnungen verantwortlich ist. Beschäftigungen sind in der Regel nicht frei gewählt und können nicht selbstbestimmt ausgeübt werden, sondern haben dem festgelegten Rhythmus der Institution zu folgen. Für die *Insassen*, wie Goffman sie nannte, gab es in der totalen Institution meist nur folgende Varianten des Verhaltens: a) Anpassung (mit der Folge des reduzierten Eigenlebens); b) Rückzug (mit der Folge der Regression); c) Verweigerung (mit der Folge der weiteren Einschränkung ihrer Handlungsspielräume) (Goffman 1973).

Der zweite Impuls zur *Deinstitutionalisierung* ist mit Franco Basaglia und der Reform der italienischen Psychiatrie in den 1970er Jahren verknüpft: Als junger Arzt war er schockiert, wie die Menschen in den Kliniken verwahrt wurden: Eingesperrt, fixiert, in Anstaltskleidung gesteckt, den Kopf rasiert, ohne eigne Privatsphäre und ohne persönliche Gegenstände zu besitzen. Das Personal hielt die Macht in den Händen und konnte diese fast beliebig und gewaltsam ausüben. In den technischen Vorgängen der Erweisung, Klassifizierung und Kasernierung sah Basaglia die Verdinglichung der Menschen bis hin zur totalen Vernichtung ihrer Individualität und ihres spezifischen Erlebens. Die Auffälligkeiten hatten nach seiner Auffassung weniger mit dem Krankheitsprozess als vielmehr mit der Zerstörung der Persönlichkeit durch die Institution zu tun. Für Basaglia waren die Insassen der Psychiatrie nicht primär Kranke, sondern Menschen ohne Verhandlungsstärke und ohne sozio-ökonomische Ressourcen zur Durchsetzung ihres Lebens und Erlebens (Basaglia 1973, S. 138).

Eine dritte Position der *Deinstitutionalisierung* ist in den Studien von Wolf Wolfensberger zu finden, die erst spät im deutschsprachigen Raum rezipiert wurden. Wolfensberger untersuchte die Zustände in Komplexeinrichtungen in den USA und erkannte, dass die betreffenden Institutionen nach bestimmten Mustern funktionieren und darauf ausgerichtet sind, das Verhalten der Menschen mit Beeinträchtigungen systematisch und dauerhaft zu strukturieren, um sie zu beherrschen. Er kritisierte die entindividualisierenden Einrichtungen, die das physische und soziale Umfeld ausschließen und soziale Interaktionen auf den begrenzten Bereich der Institution reduzieren. Die Einrichtungen der Behindertenhilfe würden es sogar als Erfolg darstellen, dass die institutionalisierten Menschen mit Beeinträchtigungen die auferlegten Rollenerwartungen erfüllen und für sich selbst als angemessen empfinden (Wolfensberger 1986).

Konstruktiv gewendet kann der Prozess des De-Institutionalisierens (Weber 2008; Glasenapp 2010) dazu führen, die Verhältnisse von Macht und Gewalt in den Einrichtungen genauer zu analysieren, die *Insassen* als Subjekte ihrer Geschichte wahrzunehmen, sie mit Kompetenzen der Wahl- und Entscheidungsfähigkeit zu versehen und die Aktivitäten aus den Institutionen heraus in die Städte und Gemeinden zu verlagern. Dies setzt den Aufbau gemeindeintegrierter, und passgenauer Wohnformen voraus. Trotz des »selbstgenügsamen Beharrungsvermögens« (Theunissen 2012, S. 53) der traditionellen Einrichtungen gilt es, diese so umzugestalten, dass die Abschaffung typischer Strukturmerkmale totaler Institutionen wirklich gelingt. Erst dann ist gewährleistet, dass mit der Deinstitutionalisierung ein Zuwachs an Lebensqualität mit vielfältigen Aktivitäten, kommunikativen Angeboten und Teilhabechancen für die betreffenden Menschen entsteht.

Dezentralisierung

Seit den 1970er Jahren, als in der Bundesrepublik Deutschland die »Psychiatrie-Enquête« die unwürdigen Zustände der Versorgung von Menschen mit Behinderungen und psychischen Erkrankungen in den »Anstalten« und Heimen aufgezeigt und deutlich kritisiert hatte, steht die Forderung nach einer Umwandlung (»Konversion«) des gesamten Systems der Behindertenhilfe im Raum. Beeinträchtigte Menschen, die über Jahrzehnte in psychiatrischen Kliniken fehlplatziert oder in Heimen verwahrt worden waren, sollten die Chance erhalten, so normal wie möglich in der Gesellschaft zu leben. Dazu sollten unterschiedliche Wohnformen und Hilfen außerhalb der Großeinrichtungen in der Gemeinde, dem Stadtteil, dem Wohnquartier aufgebaut werden. Mit *Dezentralisierung* ist also gemeint, die Unterstützungsleistungen aus den Großeinrichtungen herauszulösen und die Hilfen für beeinträchtigte Menschen integriert in den jeweiligen Lebens-, Lern-, Wohn- und Arbeitsfeldern anzubieten (Dalferth 2000; Wansing 2005).

Traditionelle, meist kirchliche Träger von Großeinrichtungen in der Behindertenhilfe verstanden die Aufforderung zur Dezentralisierung dahingehend, dass sie einige »Stationen« modernisierten, die noch vorhandenen Mehrbett-Zimmer in Einzelzimmer umwandelten oder die Unterbringung ihrer Bewohnerinnen und Bewohner in kleineren Wohnformen in der Nähe des Kernbereichs der »Anstalt« ermöglichten. Dafür wurden Heime neu gegründet, Außenwohngruppen bzw. ambulant betreute Wohnformen sowie betreutes Einzel- und Paarwohnen erprobt. Unterstützt wurden die Prozesse der »Umwandlung« durch Förderprogramme (vor allem in den Jahren 2002–2015) des Bundes und der Landesregierungen sowie von der »Aktion Mensch«.

Für manche Personen mit Beeinträchtigungen, die viele Jahrzehnte in den Schlafsälen sowie in den Werkstätten auf dem Gelände der Großeinrichtungen zugebracht hatten, bedeutete der Weg aus der Anstalt in die Gemeinde einen Gewinn an Autonomie und Selbstbestimmung. Viele von ihnen wurden jedoch an den Prozessen der Umwandlung, an der Planung der neuen Wohnform, an der Entscheidung über den Zeitpunkt des Umzugs und den Ort des Neubeginns sowie der Auswahl der Mitbewohner*innen in der neuen Wohnform nicht beteiligt. Dabei hätten genau solche partizipativen Momente (Besichtigung des Wohnumfelds, Teilnahme am Richtfest, Auswahl und Einrichtung des Zimmers, Erstellung von Umzugstagebüchern) den angedachten Schritt zum Empowerment und zur gesellschaftlichen Teilhabe unterstützen können (Kastl und Metzler 2015).

Mit den Forderungen nach Inklusion, Partizipation, Selbstbestimmung und Barrierefreiheit stehen die Einrichtungen der Behindertenhilfe, aber auch die Städte und Gemeinden heute in der Pflicht, die Zugänglichkeit von Wohnungen, Verkehrsmitteln und Informationssystemen herzustellen und zu sichern. Wenn Menschen mit Beeinträchtigungen nicht mehr in geschlossenen Lebenswelten der Komplexeinrichtungen, die sich häufig in abgelegenen Regionen außerhalb der Städte und Gemeinden befanden, sondern in den Quartieren wohnen, arbeiten und ihre Freizeit verbringen, dann müssen dafür auch die Voraussetzungen geschaffen werden: Bezahlbare, dezentrale und vielfältige Wohnangebote, passende Formen der Assistenz (auch für Menschen mit komplexem Unterstützungsbedarf), Zugang zu den Regeleinrichtungen der medizinischen Versorgung, der Rehabilitation und Pflege, inklusive Gestaltung von Teilhabemöglichkeiten in Religion, Kultur, Sport und Freizeit.

Einige Träger von Komplexeinrichtungen erkannten, dass diese Dezentralisierung nur gelingen kann, wenn die Menschen mit Beeinträchtigungen tatsächlich selbst bestimmen können, wo und mit wem sie wohnen und nicht mehr verpflichtet sind, in den besonderen Wohnformen und den bekannten Unterstützungsstrukturen ihres bisherigen Trägers zu leben. Auch die Neugestaltung des Geländes einer traditionellen »Anstalt« zu einem urbanen Treffpunkt für alle Bürgerinnen und Bürger des Stadtteils (mit Einkaufsmöglichkeiten, Arztpraxen und Apotheken, Gastronomie und kulturellen Angeboten (z. B. inklusive Mal-Ateliers, Tanz-, Theater- und Musikgruppen), wie es der Stiftung Alsterdorf in Hamburg gelungen ist, kann beispielhaft sein für die Grundhaltung von Inklusion und Partizipation.

Dafür muss die Denkrichtung einen Wechsel vornehmen, sie muss die inklusive Gestaltung des Sozialraums wollen und ihren Alleinvertretungsanspruch gegenüber den betreffenden Menschen aufgeben. Dazu sind kooperative Gesamtplanungen unter Einbeziehung regionaler Akteure und zuständiger Leistungsträger (Huppert 2015a, S. 36) notwendig, ebenso sind Elternvertretungen und Selbstgruppen sowie Behindertenbeauftragte der Region einzubeziehen (Schädler et al. 2019). Nur wenn sich die Rechte des Einzelnen erweitern, kann ein Zuwachs an Kompetenzen in Bezug auf Kommunikation und sozialer Interaktion gelingen (Kastl & Metzler 2015) und auch Personen mit hohem Unterstützungsbedarf und herausforderndem Verhalten zur Teilhabe anregen.

1.2.8 Diskriminierung und Stigmatisierung

Im Kontext des menschenrechtsbasierten Ansatzes der Heilpädagogik sind diese beiden Begriffe eng mit der heilpädagogischen Haltung und Handlungsaufforderung verknüpft, subtile Mechanismen der Herabsetzung von Personen oder Gruppen zu erkennen und gegen offene oder versteckte Prozesse der *Stigmatisierung* und *Diskriminierung* aufzustehen.

Diskriminierung

Der Begriff *Diskriminierung* geht zurück auf das lateinische Verb *discriminare* und bedeutet: abgrenzen, unterscheiden. Mit Unterscheidungen sind nicht zwingend Benachteiligungen verbunden, doch die Abgrenzungen gegenüber anderen Personen oder Gruppen sind oft von Hierarchisierungen geprägt, in denen die Anderen in ihrer *Andersartigkeit* negativ bewertet werden. Daraus entstehen kollektive Einstellungen mit der Tendenz zur Herabwürdigung der betreffenden Personen. Im politischen Verständnis »beinhaltet Diskriminierung also nicht nur die bloße Unterscheidung zwischen Personengruppen anhand gruppenbezogener Merkmale, sondern (…) darüber hinaus eine daran gekoppelte Benachteiligung« (Beigang et al. 2017, S. 12). Soziologisch meint *Diskriminierung*: die Herabwürdigung und Ungleichbehandlung von Gruppen und Einzelpersonen mit der Folge ihrer gesellschaftlichen Benachteiligung. Den Menschen werden die Anerkennung und Wertschätzung als gleichberechtigte Mitglieder der Gesellschaft verweigert, was zu Erfahrungen der Ausgrenzung bei den Betroffenen und zu verletzenden Handlungen gegenüber den diskriminierten Personen führt (Bauer et al. 2021).

Antidiskriminierungsbestrebungen sind gegenwärtig in vielen Bereichen relevant: in Bezug auf Ableismus, Sexismus, Rassismus, Nationalismus. Auch pauschale Aussagen zu *Behinderten*, *psychisch Kranken*, *Obdachlosen* oder *Flüchtlingen* enthalten Tendenzen der Diskriminierung: Es sind wirkmächtige Zuschreibungen, die nicht realen Gemeinschaften, sondern abstrakten Gruppen mit einer von außen konstruierten kollektiven Identität gelten. Ihre Herabwürdigung wird von den Protagonisten nicht als ungerecht bewertet, sondern als unvermeidbares Ergebnis der *Andersartigkeit* der Diskriminierten. Der Vorgang beginnt meist mit der Kategorisierung, setzt sich über die Stereotypisierung fort und mündet in massiven Vorurteilen:

> »Zu Beginn steht somit die Unterteilung von Gruppen entlang bestimmter Merkmale, wodurch eine Eigengruppe (In-Group) und eine Fremdgruppe (Out-Group) konstruiert werden. Auf Basis dieser Unterscheidung werden dann im zweiten Schritt den Gruppen Eigenschaften zugeschrieben, die vermeintlich alle Personen teilen, die diesen Gruppen zugehören oder zugeordnet werden – ein Stereotyp, ein verallgemeinerndes Bild von Gruppen wird somit geschaffen. Diese stereotypen Zuschreibungen können dann wiederum zu einer generellen Bewertung der so konstruierten Gruppen führen – der allgemein positiven Bewertung der Eigengruppe und der negativen Bewertung der Fremdgruppe« (Beigang et al 2017, S. 12/13).

Die Soziologie versteht *Diskriminierungen* nicht allein als Resultate individueller Einstellungen oder kollektiver Mentalitäten, sondern als das Wirksamwerden von

Zuschreibungen in einem komplexen System sozialer Beziehungen, die zu analysieren sind:

> »Um politisch, rechtlich oder pädagogisch wirksame Maßnahmen gegen Diskriminierung zu entwickeln, genügt es deshalb nicht, eine generelle Haltung der Toleranz einzufordern sowie individuelle Rechtsansprüche auf Diskriminierungsschutz zu gewährleisten. Vielmehr ist dazu (...) ein angemessenes Verständnis der gesellschaftlichen Strukturen und sozialen Praktiken erforderlich, die unterschiedlichen Ausprägungen von Diskriminierung gemeinsam sind« (Scherr 2017, S. 185)

Menschen erleben *Diskriminierungen* direkt, wenn ihrem Kind mit einem genetischen Syndrom die Aufnahme in eine Kita verweigert wird oder People of Color bei Bewerbungsgesprächen nicht gleichberechtigt beachtet werden. In diesen Fällen weisen die Prozesse der Diskriminierung einen direkten Bezug zu den herabsetzenden Merkmalen auf. Weiniger offensichtlich sind die indirekten Formen der Diskriminierung, die trotz gegenteiliger Vorgaben erfolgen, wenn z.B. Frauen erleben, dass sie in Bezug auf Aufstiegschancen im Betrieb benachteiligt werden oder wenn Menschen mit Mobilitätseinschränkungen von Veranstaltungen ausgeschlossen werden, weil ein barrierefreier Zugang fehlt. Benachteiligungen dieser Art, unabhängig davon, ob sie von Personen oder Institutionen ausgehen, sind diskriminierend, weil sie gesellschaftliche Prinzipien verletzen. Und oft bleiben die Diskriminierungen nicht auf ein Merkmal beschränkt, sondern treten als Mehrfachdiskriminierungen auf, wobei sich die Dimensionen verstärken, was als »intersektionale Diskriminierung« bezeichnet wird.

Diskriminierungen sind horizontal und vertikal zu sehen: Die horizontale Dimension fragt, ob eine Hierarchisierung von Diskriminierungsmerkmalen die Wechselwirkungen von Missachtungen und Benachteiligungen im Blick hat oder die intersektionalen und Mehrfach-Diskriminierungen aus den Augen verliert; der vertikale Ansatz beschäftigt sich mit den geschichtlichen Aspekten der Diskriminierung, den Erfahrungen bestimmter Personen und Gruppen und der Frage, ob diese im Bewusstsein einer Gesellschaft präsent sind (Neuhoff 2020). Die Bekämpfung von Diskriminierung hat in den letzten Jahrzehnten an Bedeutung gewonnen: 2006 wurde mit der Einführung des Allgemeinen Gleichbehandlungsgesetzes (AGG) ein wichtiger Schritt getan, um zu verdeutlichen, dass Diskriminierung ein Unrecht darstellt, gegen das man juristisch vorgehen kann (Zick et al. 2011).

Stigmatisierung

Der Begriff *Stigma* stammt aus dem Altgriechischen und bezeichnet ein auffälliges, meist negativ bewertetes Merkmal im Sinne eines Brandmals oder Schandflecks. So wie Vieh gekennzeichnet wird, wurde es einst Sklaven eingebrannt, es konnte aber auch Freie treffen, wenn sie sich eines groben Vergehens schuldig gemacht hatten; Sklaven und Straftäter waren so jederzeit erkennbar. Für der Soziologie wurde der Begriff *Stigma* und der Prozess der *Stigmatisierung* relevant, als Erving Goffman in seinen Studien zur Verwahrung psychiatrischer Patienten in den Anstalten der USA die Erkenntnisse in dem Buch »Stigma. Über Techniken der Bewältigung beschädigter Identität« (Goffman 2010 – orig. 1963) publizierte. Darin benannte er das

Stigma als einen Vorgang, die zutiefst diskreditierend ist. *Stigmatisierte* Menschen geraten in Situationen, die sie von sozialer Akzeptanz ausschließen. *Stigmata* beziehen sich also auf Relationen und zeigen sich in Interaktionen. Nicht das *Mal* selbst ist *stigmatisierend*, sondern die negative Definition des *Merkmals*: Es sind komplexe Zuschreibungen, die historisch und interkulturell variieren, aber affektiv geladen sind und mit einem Merkmal die ganze Person diskriminieren.

Der Vorgang der *Stigmatisierung* ist umfassend: Anknüpfend an das *Merkmal* werden weitere negative Eigenschaften und Unvollkommenheiten assoziiert; so können Personen mit auffälligen Muskelbewegungen sowie Sprech- und Schluckstörungen (z. B. bei Multipler Sklerose) als komplex beeinträchtigt angesehen und aus sozialen Kontexten ausgegrenzt werden, obwohl ihr Intellekt keineswegs beeinträchtigt ist. Generalisierte Zuschreibungen werden durch Verwendung herabwürdigender *Stigma-Termini* (wie *Behinderte, Krüppel, Schwachsinnige*) noch verstärkt. Die Folgen solcher *Stigmatisierungen* sind für die Betroffenen tiefgreifend: »Kontaktverlust und Isolation auf der Ebene gesellschaftlicher Teilhabe, Spannung, Unsicherheit und Angst auf der Ebene der Interaktionen, schließlich drohen erhebliche Gefährdungen auf der Ebene der Identität« (Cloerkes 2000, S. 105).

Diesen letzten Aspekt hebt Goffman in seinen Überlegungen zum *Stigma* hervor: Für ihn sind die Folgen von Stigmatisierungsprozessen auf die Identitätsentwicklung erheblich, wobei er zwei Ebenen der Identitätsbildung unterscheidet: In Bezug auf die *soziale Identität* beschreibt er, dass Menschen sich ihren Kategorien zuordnen (z. B. als Veganer, Mountainbiker, Asperger-Autist). Sind die Kategorien positiv besetzt, kann ein gutes Selbstgefühl die Folge sein; sind sie negativ besetzt und mit unerwünschten Merkmalen verknüpft, wird dies zu Generalisierungen und Selbstzuschreibungen führen. In Bezug auf die *Ich-Identität* geht Goffman davon aus, dass subjektive Empfindungen über die zugeschriebenen Eigenarten und die eigene Situation bei einer Person dazu beitragen, dass ein *Stigma* als Resultat sozialer Erfahrungen verinnerlicht und so zum negativen Bestandteil der Ich-Identität wird.

Bei der Unterbringung in Einrichtungen der Behindertenhilfe oder der Psychiatrie mit ihren typisierenden Erwartungen verstärken sich *Stigmatisierungen*, wenn sich Personen mit negativen Zuschreibungen identifizieren. In diesem Kontext sind solche *Selbststigmatisierungen* häufig; sie entstehen, weil Betroffene die Vorurteile gegenüber psychisch Kranken bereits vor ihrer eigenen psychischen Krise kennen, ihnen nicht widersprechen, sondern sie gegen sich wenden, so dass oft *Selbstdiskriminierungen* mit einem verminderten Selbstwertgefühl entstehen (Rüsch 2021). Die Menschen leiden dann sowohl an der grundsätzlichen und weitverbreiteten Ablehnung psychisch erkrankter Menschen, fühlen sich sozial ausgegrenzt, diskriminiert und damit in ihrer Teilhabe behindert, als auch an der Internalisierung negativer Einstellungen. Dies trägt dazu bei, dass sich viele scheuen, über ihre Erkrankung zu sprechen und notwendige Hilfen in Anspruch zu nehmen (Aydin & Fritsch 2015). Die Gründe dafür können auch strukturelle Diskriminierungen sein, die gegeben sind, wenn gesellschaftliche Prozesse im politischen, kulturellen, rechtlichen oder sozialen Leben eine Gruppe von Personen systematisch benachteiligen (Rüsch 2021).

Forschungen zeigen allerdings, dass die Zwangsläufigkeit einer negativen Identitätsbildung, die Goffman bei Menschen mit Beeinträchtigungen zu erkennen meint, sich nicht generell nachweisen lässt. So formuliert Krappmann, dass die Identitätsfindung stets einem Balanceakt gleicht, der zwei Gefahren birgt: Entweder die Übernahme der Erwartungen und Zuschreibungen anderer – oder die Ignoranz dieser sozialen Bezüge und die Konstruktion einer Einzigartigkeit, die am Ende zur »Nicht-Identität« führen kann, wie Krappmann am Beispiel schizophrener Patienten zeigt (Krappmann 2000). Nach Auffassung von Kulig und Leuchte vernachlässigt der *Stigmatisierungsansatz* grundsätzlich, dass *stigmatisierte* Personen oder Gruppen auch Widerstand gegen Zuschreibungen entwickeln und sich ein positives Selbstbild bewahren können (Kulig & Leuchte 2015). Dennoch ist der Beitrag Goffmans für das Verständnis der sozialen Konstruktion von Behinderung (verbunden mit dem Symbolischen Interaktionismus nach G. H. Mead) bedeutsam: Er hat ein dauerhaftes Umdenken angeregt, indem er das traditionelle medizinische Verständnis von Behinderung in Frage stellte: Nicht die individuelle Eigenschaft einer Person und die ihr zugeschriebene Abweichung von einer Norm ist das zentrale Element von Behinderung, sondern es sind Interaktionen, die Generalisierungen und schließlich *Stigmatisierungen* hervorbringen.

1.2.9 Diversität und Heterogenität

Die beiden Begriffe stehen für den Perspektivwechsel im pädagogischen und gesellschaftlichen Kontext und fordern dazu auf, die Vielfalt menschlichen Seins, Denkens und Verhaltens als Ressource wertzuschätzen und den Gefahren der Stigmatisierung und Diskriminierung engagiert zu begegnen.

Diversität

Der Begriff *Diversität* (englisch: *diversity*) stammt ab vom lateinischen *diversitas* und bedeutet Verschiedenheit, Unterschiedlichkeit, Vielfalt. Im soziologischen Sinne bezeichnet *Diversität* die Differenz von Personen und Gruppen, die sich in Bezug auf Alter, Geschlecht, sexuelle Orientierung, persönliche Konstitution, soziale und familiäre Herkunft, ethnische und regionale Zugehörigkeit, Hautfarbe, Sprache, nationale Identität und religiöse Positionierung voneinander unterscheiden. Im Kontext von Bürgerrechtsbewegungen gegen Rassismus und Diskriminierung wurde der Begriff *diversity* zu einem Signal für die Anerkennung von Gleichberechtigung und Würde aller Menschen unabhängig von Differenzlinien. In den USA entstand auf der Grundlage der Debatte um *diversity* das Antidiskriminierungsgesetz bzw. das Gesetz zur Förderung benachteiligter Gruppen. *Diversität* lenkt den Blick auf Gemeinsamkeiten und Unterschiede zwischen Menschen, auf historisch entstandene und bestehende Differenzsetzungen als Auslöser von sozialen Ungleichheiten, die es zu überwinden gilt. *Diversität* als positive Wertschätzung von Differenzen soll Diskriminierungen verhindern; es geht um das Ende der Defizitperspektive und um die Anerkennung des ›Andersseins‹ (Walgenbach 2017).

Zunächst verband man mit *Diversität* Aspekte von Gender, ethnischer und sozialer Herkunft. Erst spät wurde an Menschen mit Beeinträchtigungen gedacht, wobei Behinderung als schwierige Kategorie galt: »Anders als andere Dimensionen der Ungleichheit konfrontiert das Thema Behinderung mit der eigenen Vulnerabilität und Sterblichkeit, was Angst und Abwehr auslöst« (Hirschberg & Koebsell 2022, S. 579). Prengel nutzt den Begriff der *egalitären Differenz* zur pädagogischen Orientierung: Differenz ohne Gleichheit führe zu Hierarchisierungen, Gleichheit ohne Differenz zur Angleichung an eine Norm (Prengel 2019a). *Diversität* im Sinne von *Vielfalt* anerkennt jede Personen in ihrer Lebensweise, Sichtweise, Arbeitsweise als bereichernd und nicht als abweichend von einer Norm. Der Begriff *Vielfalt* meint »die Wertschätzung von sozialen, kulturellen und individuellen Merkmalen bzw. Differenzen pädagogischer Adressaten und Fachkräfte. (…) In einer konstruktivistischen Perspektive ist Vielfalt nicht natürlich gegeben, sondern wird erst durch historische, soziale, kulturelle und pädagogische Praktiken hervorgebracht« (Walgenbach & Winnerling 2017, S. 242).

Mittlerweile ist *Diversität* zu einem Megabegriff nicht nur im Bildungsbereich, sondern vor allem in Unternehmen und Werbeagenturen geworden. Als Ausdruck eines modernen Personalwesens zielt *Diversität* darauf ab, die Unterschiedlichkeit und Vielfalt der Mitarbeitenden zur Steigerung von Erfolg und Kundennähe zu nutzen. In diesem Sinne soll das *Diversitäts-Management* Bedürfnisse heterogener Kundengruppen und Geldgeber berücksichtigen, Werbekampagnen optimieren und als Ressource zur Gewinnung der besten Fachkräfte dienen. Dies spiegelt sich in der wirtschaftspolitischen Initiative »Charta der Vielfalt« wider, die nach dem französischen Vorbild der *Charte de la diversité* von Unternehmen wie BP, Daimler, Deutsche Bank und Deutsche Telekom gegründet wurde, um einen produktiven Umgang mit Vielfalt zu signalisieren und vorurteilsfreie Arbeitsumfelder zu gestalten. Inzwischen haben sich auch TV-Sender, Print- und Onlinemedien sowie Organisationen aus dem Bildungs- und Gesundheitsbereich dem Diversitäts-Ansatz angeschlossen, der jede Form von sichtbarer und unsichtbarer Vielfalt berücksichtigen und Diskriminierungen verhindern soll (Charta der Vielfalt 2021). Es geht dabei um die Ausbildung von Fachkräften aus den unterschiedlichen Regionen der Welt und um Profitmaximierung durch geschickte Platzierung und Kombination von Menschen mit unterschiedlichen Merkmalen (Hirschberg & Koebsell 2022) – wie man es in der Werbung heute allüberall findet.

Eine kritische Betrachtung der Begriffe und ihrer theoretischen Fundamente zeigt, dass Diversität nichts anderes bedeutet als die Feststellung, dass »in modernen Gesellschaften unterschiedliche Identitäten, soziale Zugehörigkeiten und Gruppenmerkmale existieren. Beispiele dafür sind: Ethnizität, Nation, sexuelle Orientierung, Behinderung, Alter, Geschlecht etc« (Walgenbach 2017, S. 93). Bemängelt wird, dass in den Differenzlinien statische Identitätskonzepte und Stereotypisierungen zum Ausdruck kommen und hybride Identitäten ganz aus dem Blick geraten. Oft würde *Diversität* plakativ verwendet, ohne zwischen sozialer, kultureller und individueller Vielfalt zu differenzieren; dabei sollten Kategorien sozialer Ungleichheit nicht auf derselben Ebene verhandelt werden wie individuelle Verschiedenheiten (Walgenbach & Winnerling 2017). Eine Gefahr des Diversitätsansatzes bestehe auch darin, Unterschiede zu relativieren und zu behaupten, es seien doch alle verschieden und damit alle gleich: »Dies verschleiert und relativiert die Diskriminierung und Ausgrenzung, die Menschen aufgrund bestimmter Merkmale regelmäßig erfahren« (Hirschberg & Koebsell 2022, S. 579). Aussagen zur *Diversität* sind darauf zu prüfen, ob wirkliche Veränderungen das Ziel sind oder lediglich die Demonstration der eigenen Fortschrittlichkeit. Zentral dabei ist die Frage, ob Unterschiede zwischen Menschen als naturgegeben oder als in gesellschaftlichen Machtfeldern konstruiert angesehen werden. Sofern sie als ›natürlich‹ und nicht als gesellschaftliche Konstruktionen angesehen werden, tragen entsprechende Diversitätskonzepte zur Bestätigung, Fortschreibung und Verfestigung genau der Ungleichheiten bei, die sie vorgeben verändern zu wollen.

Im Kontext des Diskurses um Inklusion und Partizipation in der UN-BRK ist von *Diversität* die Rede, wenn es um die Wertschätzung von Unterschieden in Bezug auf Bildung, Arbeit und gesellschaftliche Teilhabe geht: Biografische Erfahrungen könnten ebenso wie Mehrsprachigkeit und kulturelle Vielfalt als Ressourcen genutzt werden. Pädagogische Fachkräfte haben diese Vielfalt anzuerkennen und sich entsprechende Kompetenzen anzueignen, um Interkulturalität und Intersektionalität im pädagogischen Alltag angemessen zu gestalten. Der emanzipatorische Ansatz von *Diversität* besteht auch darin, Diskriminierungen zu benennen, die im Alltag, in der Ausbildung, beim Zugang zu Wohnraum oder im Gesundheitssektor auftreten. Bei der Entwicklung von Diversitätskonzepten sollten Menschen mit Beeinträchtigungen in Form des Peer-Counseling einbezogen werden (Hermes 2013).

Heterogenität

Der Begriff *Heterogenität* leitet sich ab vom Griechischen *heteros* (= Verschiedenheit) und *genos* (= Klasse, Art) und bedeutet: Verschiedenartigkeit, Ungleichartigkeit, Uneinheitlichkeit in der Zusammensetzung. Im Inklusionsdiskurs gilt *Heterogenität* als Schlüsselbegriff, der »Verhältnisse zwischen Verschiedenen, die einander nicht untergeordnet sind« (Heinzel & Prengel 2012), bezeichnet. Dieses demokratische Verständnis von gleichberechtigter Verschiedenheit galt und gilt jedoch nicht immer und nicht überall. Im gesellschaftlichen Alltag, in der Wirtschaft, im Gesundheitswesen, im Sport, im kulturellen Leben und in der Bildung wird auf die real existierende *Heterogenität* unterschiedlich reagiert (Wenning 2013): Es wird versucht, sie zu ignorieren (z. B. durch festgeschriebene und unflexible Aufnahme- und Leistungskriterien), sie zu integrieren (durch Maßnahmen der Förderung), sie zu akzeptieren (als Bedingung der aktuellen Realität) oder sie zu achten (durch Wertschätzung von Verschiedenheit).

Historisch gesehen taucht der Begriff *Heterogenität* in Deutschland erstmals in den Ideen von Emanzipationsbewegungen der 1970er Jahre auf, die für die Rechte benachteiligter Gruppen kämpfen und *Verschiedenheit* positiv besetzen. In ihrem Konzept sind Relationen in sozialen Figurationen horizontal angelegt. Für sie gilt, das Denken in vertikalen Hierarchien sowie den Zwang zu Unterordnung und Anpassung zu verändern: »Indem heterogene Lebensweisen als gleichberechtigt anerkannt werden, kommt Gleichheit allen Menschen zu« (Prengel 2019b, S. 98). *Heterogenität* als Vorstellung von einander nicht untergeordneten Verschiedenen wird zum Leitgedanken von Menschenrechtskonzeptionen, die den Ideen von Gleichheit, Freiheit und Solidarität verpflichtet sind (Bielefeld 2008) und in politischen und pädagogischen Postulaten ihren Ausdruck finden. Von Weizsäckers Satz

»Es ist normal, verschieden zu sein!« wird zum Slogan der Lebenshilfe, die Erkenntnis einer Lehrerin »Alle sind auf eine andere Art anders« avanciert zum Titel eines innovativen Didaktik-Modells der Berliner Humboldt-Universität (Frohn et al. 2019) und der Satz »Da jeder Mensch anders, weil einzigartig ist, ist Heterogenität das Normale und Homogenität das nicht Wirkliche« (Kiel et al. 2015) steht paradigmatisch für die aktuelle und gleichzeitig uralte Kritik am deutschen Bildungssystem, auf die Verschiedenheit in der Schülerschaft nicht angemessen pädagogisch zu reagieren. Schon Herbart bemängelte in seiner Allgemeinen Pädagogik:

> »Die Verschiedenheit der Köpfe ist das große Hindernis aller Schulbildung. Darauf nicht zu achten ist der Grundfehler aller Schulgesetze, die den Despotismus der Schulmänner begünstigen und alles nach einer Schnur zu hobeln veranlassen« (Herbart 1806, S. 453).

Die Anerkennung von Differenz und die gleichberechtigte Einbeziehung von Personen, die in Bezug auf Geschlecht, Alter, Ethnizität, Religion, Behinderung u. a. unterschiedlich markiert werden, kommt in der Abkehr von normierenden Vorstellungen von Homogenität und in der Beachtung von *Heterogenität* angemessen zum Ausdruck. Im Kontext der PISA-Studie, die der deutschen Schulbildung mit ihrer andauernden Bestrebung nach Selektion die Quittung vorlegte, steht *Heterogenität* für die leistungsbezogenen Unterschiede von Schüler*innen, während die Idee der Homogenität von Lerngruppen sich in den Regel- und Sonderschulen als uneffektiv erwies (Emmerich & Hormel 2016).

> »Allerdings greift die Vorstellung zu kurz, dass Schülerinnen und Schüler an sich ›heterogen‹ seien, denn Unterschiede sind keine individuellen Eigenschaften, sondern Resultate sogenannter sozialer Konstruktionen. Was nämlich jeweils als heterogen angesehen wird, ist das Ergebnis sozialer Vorstellungen« (Budde 2018, S.1).

Heterogenität wird auf unterschiedlichen Ebenen konstruiert: als Leistungsheterogenität, als Altersheterogenität, als sprachliche oder als soziokulturelle Heterogenität, als körper- und geschlechtsbezogene Heterogenität, als gesundheitsbezogene Heterogenität. Entsprechend liegen soziokulturelle Unterschiede nicht außerhalb der Schule, sondern werden z. B. in der Bildung durch didaktisches Handeln, schulische Leistungskonzepte sowie in den Haltungen von Lehrkräften mit erzeugt. Für den Bereich der Schulen heißt das, die Umsetzung der *Inklusion* und den Umgang mit *Heterogenität* in den Mittelpunkt zu stellen und – 200 Jahre nach Herbart – zu realisieren, dass die alten Konzepte mit ihrer Fiktion von homogenen Lerngruppen verändert werden müssen. Ob Leistungsheterogenität zum »pädagogischen Sprengstoff« (Walgenbach 2017, S. 38) wird und die Schulen grundsätzlich verändert, ist nicht entschieden. Ideale und widerspruchsfreie Verhältnisse sind nicht zu erwarten, aber die Entwicklung individualisierter Bildungs- und Vermittlungsprozesse. Beide Begriffe, Inklusion und *Heterogenität*, »verhandeln soziale Differenz. Während Inklusion zumeist auf Behinderung orientiert ist, spielt Heterogenität auf unterschiedliche soziale Differenzkategorien an. Damit einhergehend ist Inklusion mit spezifischen Ressourcen und Verfahren versehen, während Heterogenität eher die Akzeptanz von intersektionalen Unterschiedlichkeiten ins Zentrum stellt« (Budde 2015b, S. 117)

Im soziologischen Sinne steht die Abkehr von Homogenitätsvorstellungen für die Realisierung der vielfältigen Unterschiede in der Gesellschaft, die sich in Kategorien der Differenz zeigen: traditionelle Milieus büßen an Bedeutung ein, Familien- und Lebensformen werden bunter, Einstellungen, Werte und Loyalitäten müssen neu gefunden werden, Geschlechts-, Status- und Berufsidentitäten verlieren ihren normierenden Charakter (Emmerich & Hormel 2016). Für die Heilpädagogik heißt das, sich für die Herausbildung einer Kultur der Anerkennung von Heterogenität einzusetzen, ohne individuelle Unterstützungsbedarfe zu schmälern oder zu ignorieren:

> »Wenn Homogenität eher als ein Mythos und Heterogenität als gesellschaftliche Realität gesehen werden kann, wenn nicht mehr nach Kriterien vermuteter Gleichheit getrennt und separiert werden soll, dann müssen die Herausforderungen, die sich in einer Gesellschaft ergeben, gemanagt werden, man muss mit ihnen konstruktiv umgehen« (Niehoff 2009, S.187/188).

1.2.10 Entwicklung und Sozialisation

Diese beiden Termini, die auch im Kapitel zur Allgemeinen Pädagogik stehen könnten, gehören zu den Kernelementen der Heilpädagogik. Sie wurden hier aufgenommen, weil sie als Ankerbegriffe die Leitidee transportieren, dass Menschen bei der Konstitution ihrer Persönlichkeit nicht nur passiv den Bedingungen ihrer Lebenswelt und Lebenslage ausgesetzt sind, sondern in den Begegnungen mit relevanten Bindungspersonen ihre innere und äußere Realität aktiv mitgestalten.

Entwicklung

Der Begriff *Entwicklung* leitet sich ab von dem lateinischen Wort *evolutio* und bedeutet: Entfaltung, Reifung, Veränderung. Er bezieht sich auf das Verb *evolvere*, das ursprünglich das Aufschlagen eines Buches oder das Herauswickeln eines Objektes meint. Bei Lebewesen wird zur Veranschaulichung von *Entwicklung* gern die Metamorphose eines Schmetterlings aus einer Raupe gewählt: »Aus der verpuppten Raupe wickelt sich der schlüpfende Schmetterling förmlich selbst heraus, kurz: Er entwickelt sich« (Zimbel 2017, S. 68). Im Englischen wird *Entwicklung* mit *development* ebenso übersetzt wie mit *evolution*, im Spanischen verwendet man *desarrollo* oder *evolución*. Auf den Menschen bezogen wird unter *Entwicklung* eine ganzheitliche Veränderung verstanden, die sowohl körperliche als auch kognitive, affektive und soziale Faktoren einschließt (Gudjons & Traub 2020). Entwicklung ist also »keine temporäre, keine passagere oder zufällige Veränderung, sondern eine (…) nachhaltige und geordnete Transformation der Gesamtpersönlichkeit oder von Teilbereichen der Persönlichkeit« (Schuck 2016, S. 351).

Für die Heilpädagogik ist *Entwicklung* ein zentraler Begriff, enthält er doch die wichtige Annahme der grundsätzlichen Entwicklungs- und Bildungsfähigkeit eines jeden Menschen. Während die Medizin Behinderungen pathologisiert und im 19. und 20. Jahrhundert Kategorien wie »Anomalie«, »Defekt« oder »Minderwertigkeit« verwendet, betonen Heilpädagogen wie Itard, Seguin, Pestalozzi, Georgens und Deinhardt bereits die Erfahrung der Beeinflussbarkeit von Behinderungen und Erschwernissen – auch bei Menschen mit komplexen Beeinträchtigungen. Als sich die Heilpädagogik im Verlaufe des 20. Jahrhundert als Wissenschaft etabliert, lehnt Hanselmann die medizinischen Begriffe »Idiotie« und »Imbezillität« ab und schlägt *Entwicklungshemmung* als neuen Terminus vor. Damit unterstreicht er die Bedeutung der *Entwicklung*, die für ihn biologische, psychologische und soziale Dimensionen enthält, und überwindet den unergiebigen Ansatz von Anlage versus Umwelt.

In diesem Sinne versteht die Heilpädagogik heute das Leben des Menschen als einen Prozess der (Selbst-)*Entwicklung*. Bisherige Entwicklungsschritte (ontogenetisch und phylogenetisch) sind darin enthalten und streben auf Zukunft hin. *Entwicklung* ist nicht auf das Kindes- und Jugendalter beschränkt, sie umfasst das ganze Leben vom vorgeburtlichen Anfang bis zum Tod. *Entwicklung* lässt sich *beobachten*: ein Kind beginnt zu krabbeln, zu laufen, zu malen usw. *Entwicklung* lässt sich *beschreiben*, wenn ein Kind erste Laute erprobt, Wörter zu bilden und zu verwenden beginnt und am Ende des zweiten Lebensjahres über ein Repertoire verfügt, das man als »Wortschatzexplosion« (Greve & Thomsen 2019, S. 5) bezeichnet. *Entwicklung* lässt sich *beurteilen*, indem man Entwicklungsstände testdiagnostisch zu ermitteln versucht und dabei unterschiedliche Aspekte (Motorik, Wahrnehmung, Emotion, Kognition, Sprache usw.) in den Fokus rückt (Esser & Petermann 2010; Baumann 2020). Entwicklung lässt sich *erklären*, wenn man nicht nur vom Einzelfall oder von wenigen Fällen ausgeht, sondern Erkenntnisse und ihre möglichen Zusammenhänge zu einer Theorie verdichtet:

> »Eine Theorie soll Phänomene nicht nur zutreffend beschreiben, nicht nur zutreffend vorhersagen, sondern auch zutreffend erklären. Die Bedingungen für das zu untersuchende Phänomen, die in der Theorie genannt werden, sind (…) kausal wirksam beim (…) Zustandekommen der Phänomene« (Greve & Thomsen 2019, S. 9)

Während das Kapitel zur Psychologie Theorien und unterschiedliche Stufen- und Phasenmodelle von Entwicklung vorstellt, können hier einige Fragen gestellt werden, die das Phänomen der *Entwicklung* umkreisen: Wodurch wird *Entwicklung* eigentlich angestoßen? Entwickelt sich das Kind ganz von allein, indem es eigenständig die Welt entdeckt? Ist das Kind also Akteur seiner eigenen *Entwicklung* (Kautter et al. 1998)? Sind die Auseinandersetzungen mit den Objekten der Umwelt das Fundament von Entwicklung? Muss das Kind greifen, bevor es begreift, steht das Tun entwicklungslogisch vor dem Erkennen (Gröschke 2005)? Sind somit die Vorgänge der Wahrnehmung und der Verarbeitung die wahren Impulsgeber von *Entwicklung*? Oder ist *Entwicklung* vor allem ein Beziehungsgeschehen, ein kommunikativer, interaktioneller Dialog, der die Erfahrung der Sicherheit auf der Basis einer einigermaßen stabilen Bindung (Grossmann & Grossmann 2021) benötigt, also zwingend auf ein zugewandtes Gegenüber angewiesen ist? Zu klären wäre auch: Was unterscheidet *Entwicklung* von *Reifung*, von *Wachstum*, von *Lernen*? *Lernen* meint jene Dimension der *Entwicklung*, die über die Aufnahme und Speicherung von Sinnesdaten hinaus zu Erweiterungen des Repertoires an Verhalten führt (Krüger & Helsper 2010). Der Begriff *Wachstum* wird für Vorgänge der körperlichen *Entwicklung* verwendet, während der Begriff *Reifung* jene Kompetenzen in den Blick nimmt, die – interaktionell erworben – den genetisch gesteuerten Anteilen am Entwicklungsgeschehen zugerechnet werden.

Auf der Suche nach Antworten auf diese Fragen wendet sich die Heilpädagogik nicht nur der Entwicklungspsychologie, sondern auch den Neurowissenschaften zu, um Erkenntnisse in Bezug auf Hirnentwicklung, Gedächtnis, Emotionen, Genetik und Epigenetik einzubeziehen. Die Bedeutung der *Entwicklung* ist ohne die Rezeption neurowissenschaftlicher Forschungen zu Phänomenen der Neuroplastizität des Gehirns und der Aufmerksamkeit, der autistischen und der neurotypischen Wahrnehmung, des Erwerbs von Sprache, des Einflusses von Umweltfaktoren auf die physische und psychische *Entwicklung* kaum sinnvoll zu beschreiben: »Das Wissen um die neuronalen Prozesse (…) kann unser pädagogisches Verstehen und Handeln, das generell nur auf Beobachtungen angewiesen ist, wesentlich verbessern« (Speck 2010, S. 61/62).

Neben grundsätzlichen Überlegungen sind unterschiedliche Funktionsbereiche zu betrachten, die für die Heilpädagogik im Zusammenhang mit *Entwicklung* bedeutsam sind: die Wahrnehmung, die Motorik, die Sprache, die Kognition, das Gedächtnis, die Emotionalität, die Sexualität usw. (Gröschke 2005). Um hier eine Ordnung zu erkennen, haben Autoren wie Piaget, Erikson, Vygotskiy, Havighurst Konzepte vorgelegt und erörtert, ob die menschliche Entwicklung in Phasen, in Stufen oder in Zonen erfolge und wie diese zu strukturieren seien. Allerdings haben solche Ordnungen einen normativen Charakter und die Tendenz zur Exklusion: Wer nicht ins Schema passt, nicht alle Phasen altersgemäß durchläuft, gilt dann als entwicklungsverzögert bzw. weist – in traditioneller Sicht – einen Bedarf an Entwicklungsförderung auf.

Sozialisation

Sozialisation leitet sich ab von dem lateinischen Begriff »socia« = Teilnehmerin bzw. »socio« = Teilnehmer. Im Mittelpunkt der Betrachtung zur *Sozialisation* steht die Teilnahme des Menschen an den gemeinschaftlichen Handlungsformen seiner Lebenswelt und der Prozess der Entstehung der Persönlichkeit in Abhängigkeit von den Normen und Werten der sozialen und materiellen Umwelt. *Sozialisation* beinhaltet alle Quellen, die auf die Bedürfnisse und Gefühle ebenso wie auf das Wissen und die Kompetenzen einer Person einwirken, unabhängig davon, ob die Aneignungen geplant und gewollt erfolgen oder unbeabsichtigt aufgenommen werden. Die Sozialisationsforschung geht der Frage nach, wie ein Individuum in eine Gesellschaft hineinwächst und wie die Persönlichkeit von den verschiedenen Umweltfaktoren geprägt wird. Sie untersucht, welche Normen und Verhaltensweisen in einer Gesellschaft für verbindlich angesehen werden und wie Menschen diese Orientierungen integrieren oder auch abwehren. Es geht bei der *Sozialisation* also nicht nur um die Prägung des Individuums durch das gesellschaftliche Umfeld, sondern auch um die Fähigkeit, eigenständig und kreativ auf die Erwartungen und Normen der Gesellschaft zu reagieren (Hurrelmann 2008).

Grundlegende Überlegungen zur Sozialisation gehen zurück auf Emile Durkheim, der das Verhältnis von individueller Prägung und gesellschaftlicher Stabilität eher funktionalistisch sah: Für ihn stand die Weitergabe des Wissens und der geltenden Regeln, die Eingliederung der jungen Generation und die Wahrung der gesellschaftlichen Stabilität im Zentrum seiner Betrachtungen (Tillmann 2016, S. 90). In Bewegung geriet diese Position, als das Persönlichkeitsmodell Sigmund Freuds (mit den Instanzen Es, Ich und Überich) die Internalisierung von Normen und Werten analysierte und die bewussten und unbewussten Beziehungsdynamiken in ihrer Bedeutung erkannte. Talcott Parsons modifizierte das Verständnis von *Sozialisation* hingegen als Rollenerwartung und Rollenlernen und erweiterte so die klassischen Überlegungen zur Theorie der Sozialisation. Schließlich monierten die Vertreter der Kritischen Theorie die allzu passive Konstruktion des traditionellen Konzeptes von *Sozialisation*; das Subjekt würde als determiniert von den sozialen Umständen betrachtet und habe keinen Einfluss auf die Gestaltung seiner Lebenswelt; ein solches Verständnis von *Sozialisation* würde die Integration in das gesellschaftliche System fordern und zur Systemstabilisierung beitragen, indem in affirmativer Weise, so Habermas, die bestehenden gesellschaftlichen Verhältnisse verteidigt würden (Habermas 1973, S. 91).

Neue Sichtweisen verstehen *Sozialisation* als einen Prozess, der nicht nur zur Vergesellschaftung des Menschen führt, sondern auch zu dessen Individualisierung. Mehr und mehr setzt sich die Erkenntnis durch, dass individuelle Bedürfnisse, Eigenschaften und Einstellungen sowie das Selbstverständnis eines Individuums nicht von Natur aus angelegt sind, sondern aus Erfahrungen sozialer Interaktionen resultieren (Scherr 2016). Die Entwicklung der Persönlichkeit wird in den Auseinandersetzungen mit äußeren und inneren Realitäten geprägt – jedes Subjekt entwickelt seine eigenen Möglichkeiten, die gesellschaftliche Wirklichkeit zu verarbeiten und zu verändern. Als Zielsetzung der *Sozialisation* gilt nun »nicht mehr die möglichst reibungslose gesellschaftliche Integration, sondern die Ausbildung einer individuellen Handlungskompetenz« (Tillmann 2016, S. 91). Die gesellschaftlichen Verhältnisse, die aktuellen Lebensbedingungen und die kulturellen Kontexte bilden die Grundlage für individuelle Prozesse der Auseinandersetzung und Aneignung.

Sozialisation ist also abhängig von Raum und Zeit: Unterschiedliche historische Epochen haben unterschiedliche Denk- und Handlungsweisen entwickelt. In den verschiedenen Regionen der Welt gelten unterschiedliche Regeln des Zusammenlebens; so ist z. B. für Fremde und Reisende die kulturspezifische ›Grammatik‹ einer Gesellschaft oft nicht leicht zu deuten. Und auch subkulturelle Kontexte in modernen Gesellschaften bringen unterschiedliche Formen des Denkens, des Handelns und des Empfindens hervor, die in den jeweiligen Gruppen für verbindlich angesehen werden:

> »Umweltstrukturen sind nie so einheitlich und zwingend prägend, dass sie nur auf eine Art und Weise wirken können. Die Interaktionsstrukturen zwischen einer sich ständig entwickelnden Persönlichkeit und den umgebenden sozialen Strukturen lassen es allenfalls zu, dass die Entwicklung einer bestimmten individuellen Disposition als mehr oder weniger wahrscheinlich angenommen werden kann« (Hurrelmann & Bauer 2018, S. 14).

Der eigentliche Prozess der *Sozialisation* lässt sich also nicht vollständig erschließen, man kann sich den Vorgängen nur mit Beobachtungen und Hypothesen annähern.

Anders formuliert: *Sozialisation* ist ein begriffliches Konstrukt; es steht für die Annahme, dass individuelle Bedürfnisse, Eigenschaften, Fähigkeiten und Interessen sowie das Selbstverständnis einer Person nicht von Natur aus festgelegt und genetisch verankert sind, sondern in der dynamischen Auseinandersetzung mit den geltenden Erwartungen in den gesellschaftlichen und kulturellen Kontexten entstehen. Das Hineinwachsen in eine Gesellschaft und die Teilhabe an dieser Gesellschaft bedeuten, bestehende und wachsende Erfahrungen in vorhandene Denk- und Handlungsmuster zu integrieren oder diese zu modifizieren und sie persönlichkeitswirksam zu verarbeiten (Scherr 2016).

Die Fragen, wie ein Mensch seine Erfahrungsmuster, seine Haltungen, seine kognitiven, motorischen, emotionalen und sensitiven Kompetenzen erwirbt und welche Rolle die Interaktionen zwischen dem Individuum und seiner Umwelt bei der Entwicklung einer psychosozial kompetenten Persönlichkeit spielen, kann eine Wissenschaft allein (wie die Soziologie) nicht beantworten. *Sozialisation* ist ein interdisziplinäres Konzept, bei dem weitere Theorien bedeutsame Beiträge liefern (Tillmann 2016, S. 90). So sind die Interaktionistische Theorie (G.H. Mead) die Strukturfunktionale Theorie (T. Parsons), die Systemtheorie (N. Luhmann), die Gesellschaftstheorien (M. Horkheimer und T.W. Adorno; J. Habermas), die Konditionierungstheorien (I. Pawlow, B.F. Skinner), die Entwicklungstheorien (J. Piaget, L. Kolberg) und die Tiefenpsychologischen Theorien (S. Freud, A. Adler, C.G. Jung) am Konstrukt der Sozialisation beteiligt.

Auch das ökologische Modell von Bronfenbrenner ist hier zu nennen: Es strukturiert vier Systemkreise, die in der *Sozialisation* eines Kindes bedeutsam sind: Das Mikrosystem im Zentrum des Modells umfasst die unmittelbare Umgebung des Kindes (Mutter-Kind-Dyade, Familie, Geschwisterkonstellation, vertraute Personen und soziale Gebilde). Das Mesosystem beinhaltet die Beziehungen der gegenwärtigen unmittelbaren Umgebung des Kindes zu einem bestimmten Entwicklungszeitpunkt (also mehrere Mikrosysteme wie KiTa, Nachbarschaft, Schule usw.). Das Exosystem enthält die Bereiche, denen das Kind nur mittelbar zugeordnet ist, die es dennoch im Sinne der Sozialisation beeinflussen (die Ämter und Behörden, die Arbeitswelt der Eltern, die Freunde der Geschwister, die Medien usw.). Das Makrosystem enthält übergeordnete gesellschaftsbezogene Bereiche wie die Ökonomie, das politische System, das System der sozialen Sicherung, die Normen, Werte und Überzeugungen der betreffenden Kultur und Gesellschaft (Bronfenbrenner 1993).

Die Heilpädagogik betrachtet Überlegungen zur *Sozialisation* und Individuation immer wieder neu: Was macht eine Person einzigartig? Was unterscheidet sie von all den anderen Menschen? Wie lässt sich der Prozess der Individuation erfassen? Welche Bedeutung haben Erfahrungen der Bindung und die Muster der Interaktion mit den ersten Bindungspersonen? Enden Sozialisation und Individuation mit der Einwirkung der Erwachsenen auf die Heranwachsenden, wie Durkheim das konzipierte? Oder haben wir es bei der Herausbildung sozial handlungsfähiger Persönlichkeiten um die Aneignung und Auseinandersetzung mit den Lebensbedingungen über die gesamte Lebensspanne hinweg zu tun? (Hurrelmann 2008)

1.2.11 Förderung und Therapie

Förderung galt für lange Zeit als Leitbegriff der Heilpädagogik. Im Bereich der Sonderpädagogik führte er zur Ausdifferenzierung der Förderschulen mit ihren jeweiligen Förderkonzepten. Heute ist man vorsichtiger, spricht eher von Bildungsangeboten und erkennt, dass sich Entwicklung letztlich nur von innen heraus vollziehen kann. Vor der Verwendung des Begriffs *Therapie* wird in heilpädagogischen Ausbildungen oft gewarnt, denn therapeutische Tätigkeiten können nur auf der Basis umfassender Schulungen, Selbsterfahrungen und entsprechender Abschlüsse durchgeführt werden. Eine gewisse Nähe zu verschiedenen therapeutischen Schulen ist der Heilpädagogik jedoch nicht abzusprechen.

Förderung

Die Begriffe *Förderung* und *Fördern* haben ihren Ursprung im Mittelhochdeutschen *vürdern*, womit das *nach oben Bringen* von Bodenschätzen und anderen Gütern gemeint war. Aktuell wird zwar nicht mehr von Kohle-Förderung, aber in vielen anderen Bereichen der Wirtschaft, der Sozialpolitik, der Kultur und der Bildung von *Förderung* gesprochen: die Agrar*förderung* erfreut die Landwirte, die Film*förderung* unterstützt Produzenten und Regisseure, Studierende finanzieren sich über das Bundesausbildungs*förderungs*gesetz (BaFöG), und im SGB VIII wird jedem Kind ein Recht auf *Förderung* seiner Entwicklung zugesprochen.

Weil die *Förderung* offenbar etwas *nach oben bringt*, was sonst im Verborgenen schlummern und verkümmern würde, weil sie also Optimismus verbreitet, nimmt *Förderung* seit vielen Jahrzehnten in der Heil- und Sonderpädagogik eine Schlüsselposition ein: Von Früh*förderung*, Sprach*förderung* und Wahrnehmungs*förderung* ist ebenso die Rede wie von Entwicklungs*förderung*, Bewegungs*förderung* oder von der *Förderung* sozial-emotionaler Kompetenzen. Zu der erwähnten optimistischen Haltung gesellt sich allerdings in letzter Zeit ein kritischer Blick, denn die Konzepte der *Förderung* basieren von ihrer Anlage her immer auf der Annahme einer gestörten oder verzögerten Entwicklung und zielen »auf ein als defizitär erkanntes Subjekt, dessen Zustand durch ›Förderung‹ verändert werden muss« (Bernasconi & Böing 2015, S. 130).

Diese Perspektive zeichnet den Diskurs um Inklusion und Partizipation und die kritische Einschätzung von *Förderung* aus, die als individuelle Begleitung meist mit der Assoziation der exklusiven Betreuung in spezifischen Fördersettings behaftet ist. Das sah 1973 anders aus, als der Deutsche Bildungsrat mit Grundsätzen zur pädagogischen Förderung behinderter und von Behinderung bedrohter Kinder und Jugendlicher« die Realität des Schulwesens beleuchtete und ein Plädoyer für die Bildungsfähigkeit eines jeden Kindes abgab. Damals wurde über den Mangel an Durchlässigkeit zwischen sonderpädagogischen Einrichtungen und allgemeinbildenden Schulen erstmals nachgedacht (Ellger-Rüttgardt 2022).

In den »Empfehlungen zur sonderpädagogischen Förderung« der Kultusministerkonferenz von 1994 war davon kaum noch die Rede – die Ausdifferenzierung der sonderpädagogischen Bereiche wurde zementiert: Aus Sonderschulen wurden *För-*

*der*schulen und für alle Kinder, die den Normen nicht entsprachen, wurden *Förderschwerpunkte* etabliert (Sprache, Sehen, Hören, Lernen, geistige Entwicklung, körperliche und motorische Entwicklung, emotionale und soziale Entwicklung), in die man sie ein- bzw. aussortierte. Die Feststellung eines sonderpädagogischen *Förderbedarfs* war bald nicht nur eine personale, sondern auch eine verwaltungstechnische Kategorie (Schuck 2016).

Ein Äquivalent für den Begriff der *Förderung* gibt es im englischsprachigen Raum nicht. *Support* wäre naheliegend, lässt sich aber besser mit *Unterstützung* übersetzen. Folglich ist *Förderbedarf* schwer zu übertragen: *special educational needs* wäre treffend; *facilitation* im Sinne von *Ermöglichung* hat eine andere Konnotation als eben die deutsche *Förderung* (Biewer 2017). Weil diese nicht ohne normative Erwartungen zu denken ist und immer auch Wünsche nach hilfreicher pädagogischer Unterstützung zur Kompensation von *Schwächen* transportiert, ist *Förderung* nicht allein im sonderpädagogischen Feld, sondern auch in der Allgemeinen Pädagogik omnipräsent (Köpfer 2017, S. 239). Das ist umso erstaunlicher, als sich kaum eine tragfähige Definition des Begriffs finden lässt und keine wissenschaftliche Herleitung existiert (Bernasconi & Böing 2015, S. 130). »Nicht in der Klarheit des Begriffs, sondern in seiner fehlenden Spezifität« (Biewer 2017, S. 89) liegt der Grund für seinen inflationären Gebrauch.

In diesem Sinne ist *Förderung* gerade im Schulbereich allgegenwärtig, wo man *förder*bedürftige Kinder im *Förder*unterricht in Form von *Förder*plänen und einer angemessenen *Förder*didaktik anregen und bilden will. Man vergisst die Hochbegabten-*Förderung* nicht, meist kreisen die *Förder*konzepte jedoch um jene Kinder, denen man Entwicklungsverzögerungen attestiert. Auch Resilienz ist zu fördern, was sich in entsprechenden *Förder*programmen und Ausbildungsplänen niederschlägt (Fröhlich-Gildhoff & Rönnau-Böse 2017). Ähnliches gilt für erwachsene Menschen mit Beeinträchtigungen, die in *Förder*stätten, *Förder*zentren, *Förder*- und Betreuungsbereichen ihren Tag verbringen und für die *Förder*ziele entwickelt werden, um pädagogische Interventionen zu begründen.

In der Heilpädagogik wird mit *Förderung* die Anregung, Begleitung und Unterstützung von pädagogischen Prozessen verstanden, die an den Ressourcen der Person und ihres Umfeldes ansetzen und neue, eigenständige Erfahrungs- und Handlungsmöglichkeiten eröffnen. Dabei werden die betreffenden Personen als autonom und aktiv in der Gestaltung ihrer Entwicklung verstanden. Wege und Ziele der Anregungen sind im Dialog zu ermitteln und mit vorhandenen Wünschen, Fähigkeiten und Fertigkeiten zu verknüpfen. Die Zuschreibung eines (erhöhten) *Förderbedarfs* hat im Kontext der Inklusion jedoch den Beigeschmack von Selektion und macht Schülerinnen und Schüler und erwachsene Menschen mit Beeinträchtigungen zu Objekten pädagogischer Eingriffe. Sie verhindert einen Perspektivenwechsel von der Defizitorientierung zur Kompetenzorientierung (Boban & Hinz 2016).

Zum heilpädagogischen Handelns gehört es, mit einer gewissen Unbestimmbarkeit der Planungen und fachlichen Interventionen leben zu müssen: Entwicklung ist nur sehr begrenzt *förder*bar. Kautter sieht das »Kind als Akteur seiner Entwicklung« und warnt vor einem *Förder*verständnis, das nicht am selbstbestimmten Handeln des Kindes ansetzt (Kautter et al. 1998). Speck kritisiert die Fokussierung

65

auf den lernpsychologischen Ansatz der Optimierung und Reparatur, der die Bedingungen des sozialen Umfelds außer Acht lässt (Speck 2008). So ist der *Förder*begriff heute etwas fragwürdig geworden; an seine Stelle rückt ein erweiterter Bildungsbegriff, der die Anregung aller Körpersinne ebenso umfasst wie die Möglichkeiten der Teilhabe, die Entwicklung von Interessen zur Realisierung von Selbstbestimmung und zur praktischen Lebensgestaltung (Riegert & Musenberg 2018).

Therapie

Der Begriff *Therapie* leitet sich ab von dem altgriechischen Wort *therapeia*, das man mit *Behandlung* und *Heilung*, aber auch mit *Dienst* und *Pflege* übersetzen kann. In Bezug auf somatische Krankheiten wird der Begriff verwendet als operative, konservative oder manuelle *Therapie*, Pharmako*therapie*, Chemo*therapie* bzw. Physio*therapie*. In Bezug auf psychische Krisen bedeutet Psycho*therapie*, im Schutz einer sicheren Beziehung die Bilder von sich selbst und vom Erleben der Welt zum Ausdruck zu bringen und »die innere Welt mit der subjektiven Sicht der äußeren Welt so zu versöhnen, dass ein Leben ohne (allzu einschränkende) Leiden möglich wird« (Hennicke 2011, S. 17). Im somatischen wie im psychiatrischen Feld geht es darum, Verletzungen (körperlicher oder seelischer Art) zu erkennen (Diagnostik), mögliche Ursachen zu ergründen, Entstehungsbedingungen und Zusammenhänge zu verstehen (Anamnese), die Erkrankung einer Person durch den Einsatz wirkungsvoller und erprobter Interventionen zu heilen oder die Beschwerden zu lindern. Im heilpädagogischen Kontext zielen *Therapie*maßnahmen darauf ab, Unterstützungsformen und Ressourcen gemeinsam zu entdecken und konstruktive Entwicklungsprozesse zu initiieren.

Allerdings sollte die – oft plakative oder ambitionierte – Verwendung des Begriffs *Therapie* in den Handlungsfeldern der Heilpädagogik kritisch geprüft werden: Sind tatsächlich *Therapieverfahren* im engeren Sinne gemeint? Liegen Nachweise der Wirksamkeit vor? Werden wissenschaftlich fundierte Ausbildungen und Zertifizierungen dafür angeboten? Wird die heilpädagogische Leistung als *Therapie* von Leistungsträgern anerkannt? Oder handelt es sich um Konzepte der Förderung und Begleitung, die (heil-)pädagogisch sinnvoll sein können, aber nicht den Anspruch einer *Therapie* erfüllen. Sätze wie »Jede Form heilpädagogischer Arbeit weist therapeutische Elemente auf« (Biewer 2017, S. 93) machen die Klärung nicht einfacher. Sicher liegen die Ebenen der Pädagogik und *Therapie* nah beieinander: So kann der reflektierte Einsatz von Musik bei Kindern mit und ohne Beeinträchtigungen die Kommunikation anbahnen (Pfeifer 2014) und die Kompetenz zur Mentalisierung erweitern. Neben dieser therapeutischen Dimension kann das Musikangebot aber auch eine bildende Funktion besitzen und das eigene Erleben und Gestalten von Musik stärken. Ähnlich kann die *Kunsttherapie* in der Palliativmedizin bzw. in der Onkologie helfen, Gefühle des Ausgeliefertseins zu bearbeiten und Erfahrungen der Selbstwirksamkeit zu erhöhen (Hampe & Wigger 2020). Zu prüfen ist, auf welcher Basis und mit welchem Ansatz heilpädagogische Begleitungen oder tiergestützte Verfahren durchgeführt werden und ob sie den Kriterien ausgewiesener *therapeuti-*

scher Verfahren entsprechen. Im Kontext inklusiver Prozesse ist zu beachten, dass Strukturen und Maßnahmen der Therapie so zu gestalten sind, dass sie die Vielfalt menschlichen Denkens und Handelns berücksichtigen und es ermöglichen, dass die betreffende Person trotz physischer, psychischer oder sozialer Erschwernisse in der Teilhabe einen Weg zu sich selbst findet (Jödecke 2017).

Gerade bei Verfahren, die sich als Psycho*therapie*, also als »Behandlung der Seele« verstehen und psychotherapeutische Gespräche, Entspannungsverfahren sowie kognitive Methoden vorsehen, ist der Begriff der *Therapie* daraufhin zu überprüfen, auf welcher Basis und nach welchem Verfahren gearbeitet wird (Kriz 2014). Die Richtlinien des Bundesausschusses über die Durchführung der Psycho*therapie* sind dafür maßgeblich und sehen vor, dass bei Störungen der Wahrnehmung, des Verhaltens, der Erlebnisverarbeitung, der sozialen Beziehungen und der Körperfunktion eine Indikation für eine psycho*therapeutische* Behandlung gegeben ist. Zu den Störungsbildern gehören Depressionen, Angst- und Zwangsstörungen, Essstörungen und psychosomatische Erkrankungen. Psycho*therapeutische* Maßnahmen werden auch ergänzend zu medizinischen Behandlungen eingesetzt, etwa bei Tumor- oder Herz-Kreislauf-Erkrankungen.

Vier Grundorientierungen psycho*therapeutischer* Verfahren sind aktuell anerkannt (Fröhlich-Gildhoff 2022) und werden von ausgebildeten Psychotherapeut*innen angeboten:

1. *Psychoanalytische und tiefenpsychologische Verfahren,* die auch als Psychodynamische Psycho*therapien* bezeichnet werden (Mertens 2015), verstehen den Hintergrund seelischer Störungen in unbewältigten Konflikten. Kern der Behandlung ist die Bewusstwerdung und Bewältigung dieser Konflikte und Strukturen durch die Analyse von Träumen und Gedanken, Assoziationen und Beziehungserfahrungen. Im Kontext der Trauma*therapie* rücken Aspekte des Mitgefühls und der Achtsamkeit besonders ins Blickfeld (Reddemann 2017).
2. *Personzentrierte Therapien* gehen davon aus, dass die grundlegenden Möglichkeiten des Menschen, sich selbst weiterzuentwickeln (Aktualisierungstendenz) insbesondere durch ungünstige Beziehungserfahrungen blockiert wurden und diese Blockaden sich über die Symptombildung zeigen. Durch aktivierende Selbsterfahrungen können die Blockaden aufgehoben und Selbstentwicklungsprozesse angestoßen werden (Stumm & Keil 2018).
3. *Konzepte der Verhaltenstherapie* sehen in dysfunktionalen Verarbeitungen und ungünstig verlaufenden Lernprozessen die Ursache der Symptome der betreffenden Person. Kognitive Bewertungsprozesse sollen durch *therapeutisches* Vorgehensweisen verändert, günstigeres Erleben und Verhalten durch Verstärkerprozesse angeregt werden (Zarbock 2017).
4. In der Perspektive der *Systemischen Therapie* sind Symptome die Anzeichen für Störungen in einem System, besonders in der Familie; der einzelne Patient liefert dafür lediglich Hinweise. Es gilt, mit dem gesamten System der Familie zu arbeiten und ungünstige Kommunikations- und Interaktionsstrukturen aufzudecken und gemeinsam zu verändern (Kiessl 2019).

Wer *therapeutisch* tätig sein will, muss nicht nur methodisch umfassend geschult sein, sondern auch einen Reifegrad und eine Flexibilität zur mehrperspektiven Wahrnehmung äußerer Phänomene und innerer Dynamiken haben.

> »Ein Aspekt ist dabei die Fähigkeit, nicht gebunden zu sein durch Unerledigtes aus der Vergangenheit und somit in der Lage zu sein, nicht auf andere zu projizieren – bzw. Projektionen, die aus Unerledigtem aus der Vergangenheit stammen, als solche zu erkennen und sie nicht zu agieren – sich selbst auf einer tieferen Ebene reflektieren zu können und sich von hemmenden Mustern zu lösen: Notwendig dafür sind Lehr- und Eigentherapie, Selbsterfahrung, Supervision« (Schottenloher 2018, S. 40).

1.2.12 Fürsorge und Selbstfürsorge

Wer im heilpädagogischen Fachgespräch von *Fürsorge* redet, muss mit der kritischen Frage rechnen, ob die damit einhergehenden Tendenzen der Bevormundung und Fremdbestimmung denn nicht längst überwunden sein sollten; wer hingegen von *Selbstfürsorge* spricht, erntet Anerkennung dafür, die eigenen Kräfte nicht zu überfordern, sondern gut auf sich zu achten. Beide Begriffe sind jedoch nicht so eindimensional zu verstehen, wie sie auf den ersten Blick erscheinen.

Fürsorge

In der Heilpädagogik als Wissenschaft der Inklusion und Partizipation ist der Begriff der *Fürsorge* als ein Relikt früherer Sozialsysteme und Haltungen fast gänzlich aufs Abstellgleis geraten. Lexika und Grundlagenwerke verzichten auf die offenbar unzeitgemäße *Fürsorge*, weder bei Dederich et al. (2016), Ziemen (2017) oder Hedderich et al. (2022) wird sie aufgeführt. Wenn *Fürsorge* überhaupt Erwähnung findet, dann als Gegenpol zu aktuellen menschenrechtlichen Positionen. In der Pädagogik hat sich die Lebensweltorientierung »(…) im Laufe der Jahre durchgesetzt gegen die alte, disziplinierende Fürsorge« (Grunwald & Thiersch 2006, S. 145). Alles scheint auf die »Verabschiedung des als paternalistisch gescholtenen Fürsorgeprinzips zugunsten eines weitgehend Autonomie erlaubenden Assistenzmodells hinauszulaufen« (Katzenbach 2004, S. 127). Bei Monika Seifert hat die Haltung der *Fürsorge* ausgedient, da sie als Bevormundung und Fremdbestimmung auftritt und nichts mit Begegnungen auf Augenhöhe zu tun hat (Seifert 2009, S. 22). Lob-Hüdepohl kritisiert, dass man Menschen mit Beeinträchtigung die Verantwortung für ihr Leben nicht zutraut: »Solche überbehütende Fürsorge verfolgt möglicherweise hehre Motive, deaktiviert aber die noch vorfindlichen Eigenressourcen des Hilfeempfängers« (Lob-Hüdepohl 2007, S. 170). Inzwischen ist das traditionelle Ethos der Wohltätigkeit und *Fürsorge* mit seiner Tendenz zur Entmündigung und Fremdbestimmung nicht mehr verantwortbar (Graumann 2011).

Nur in wenigen Kontexten ist noch von *Fürsorge* die Rede, beispielsweise in der *Fürsorgepflicht* des Arbeitsgebers oder in *Fürsorgeunterkünften* mancher Städte und Gemeinden. Dem Begriff haftet »etwas Unangenehmes, nicht Zeitgemäßes und Verstaubtes« (Falkenstörfer 2020a, S. 5) an und weckt Erinnerungen an die *Krüppelfürsorge und Armenfürsorge* früherer Jahrhunderte, als die betreffenden Menschen

»zu passiven und dankbaren Hilfeempfängern eines fürsorglichen Sozialwesens abgewertet wurden« (Bösl et al. 2010, S. 5). In den Einrichtungen dieser Zeit galt Behinderung als ein leidvoller Zustand, der Pflege und Separation von der Gesellschaft erforderte, die ganz auf individuelle Leistungsfähigkeit setzte. Im Zuge der Industrialisierung konnte die Betreuung der als *Krüppel*, *Idioten* oder *Schwachsinnige* bezeichneten Menschen langfristig nicht in den Familien erfolgen, sondern wurde zur öffentlichen Herausforderung. Anstalten wurden gegründet und füllten sich rasch, *Fürsorgerinnen* wurden ausgebildet, in Klinik und Ambulatorien wurden Kinder und Jugendliche diagnostiziert und selektiert, je nachdem, ob sie medizinisch zu behandeln oder der Verwahrung und *Fürsorge* anzuvertrauen seien (Kremsner 2017, S. 84ff) – eine Praxis, die unter der NS-Herrschaft zur Ermordung derer führte, die nicht als leistungsfähig galten. In den 1970er Jahren entwickelte sich mit dem Gedanken der Förderung ein Gegenmodell zur *Fürsorge*.

In vielen Verlautbarungen zur UN-BRK und zum Bundesteilhabegesetz gilt die Abkehr vom Prinzip der Fürsorge und die Hinwendung zum menschenrechtsbasierten Ansatz der Teilhabe als entscheidender Schritt auf dem Weg zur Selbstbestimmung. Mürner und Sierck begrüßen die Festschreibung der allgemeinen Menschenrechte für beeinträchtigte Personen in der UN-BRK: »Von diesem Ansatz aus betrachtet sind behinderte Menschen nicht länger Objekte von Wohltätigkeit und Fürsorge, sondern Menschen mit selbstverständlichen Rechten« (Mürner & Sierck 2015, S. 35). Mayrhofer und Fuchs sprechen vom Wandel »weg von Segregation, paternalistischer Fürsorge und Rehabilitation hin zu Selbstbestimmung und gesellschaftlicher Teilhabe« (Mayrhofer & Fuchs 2020, S. 15). Für Kurzke-Maasmeier ist der Prozess der Transformation der Behindertenhilfe mit zwei Begriffen verbunden, die den Wechsel der Perspektive beschreiben:

> »Fürsorge und Selbstbestimmung. Beide Paradigmen hängen eng mit dem Prinzip der Autonomie zusammen. Denn die paternalistische Vorstellung von Fürsorge, eine Handlung für den Anderen in Sorge um ihn zu legitimieren, ohne den Anderen ausreichend in die Entscheidung über eine bestimmte Sorgehandlung einzubeziehen, beschneidet Autonomie« (Kurzke-Maasmeier 2009).

Keineswegs sicher ist, ob der Paradigmenwechsel wirklich in den Einrichtungen der Behindertenhilfe und der Psychiatrie angekommen ist und auch für die Menschen mit Beeinträchtigungen gilt, die ihre erwachsene Lebenszeit weitgehend in Wohnheimen und Werkstätten verbracht haben. Ihnen wurde über Jahrzehnte die Kompetenz abgesprochen, »den eigenen Willen zu formen und zu äußern, Interessen und Bedürfnisse oder Eigensinn zu artikulieren« (Volkmann & Munde 2021, S. 124). Manche Träger haben den Begriff der *Fürsorge* kurzerhand durch *Teilhabe* ersetzt und sehen diese bereits erfüllt, wenn sie mit den betreuten Personen einmal im Monat den örtlichen Wochenmarkt besuchen. Und sie begründen ihre *fürsorgliche Belagerung* mit dem angeblichen Bedürfnis nach Routine der Klient*innen, was eine gleichbleibende Tagesstruktur in der Institution zu begründen scheint und die Frage eröffnet, »ob die Leistungsempfänger*innen überhaupt daran interessiert oder in der Lage sind, Beziehungen außerhalb des Betreuungssystems einzugehen« (ebd., S. 124). So findet man im zweiten Jahrzehnt nach Ratifizierung der UN-BRK oft die Haltung der Für*sorge*, wo eigentlich »die Achtung der dem Menschen innewohnenden Würde, seiner individuellen Autonomie, einschließlich der Freiheit, eigene Entscheidungen zu treffen, sowie (...) die volle und wirksame Teilhabe an der Gesellschaft und Einbeziehung in die Gesellschaft« gewährleistet sein sollte (UN-BRK, Art. 3).

Auch aus einer anderen Perspektiven wird aktuell der Begriff der *Fürsorge* reflektiert: Es geht dabei nicht um die beschriebene paternalistische Haltung gegenüber Menschen mit Beeinträchtigungen, sondern um die Anerkennung von Abhängigkeit. Für Eva Kittay, Philosophin und Mutter einer Tochter mit Beeinträchtigung, gehört es zu den Grundbedingungen des Menschseins, in gewissen Phasen des Lebens (z. B. als Säugling, im Alter, bei schwerer Krankheit) auf *Fürsorge* angewiesen zu sein. Dann gehe es weniger um Autonomie und Selbstbestimmung, sondern um die Wahrung der Würde (Kittay 2011). Ähnlich zeigt Elisabeth Conradi auf, dass Menschen füreinander bedeutsam und voneinander abhängig sind, ohne dass eine solche Abhängigkeit zu Bevormundung und Unterwerfung führen muss. Im Kontext der Pflege sei eine Haltung der Ermutigung und der achtsamen Zuwendung (care) der Schlüssel zur Erfahrung der gegenseitigen Verbundenheit (Conradi 2013, S. 8). Für Sophia Falkenstörfer bleibt der Begriff der *Fürsorge* in der Heil- und Sonderpädagogik relevant, wenn er als existenzielle Kategorie menschlichen Daseins verstanden wird. Sie sieht *Fürsorge* nicht nur als tätige Bemühung, sondern als ein bewusstes Denken und Handeln, das »durch die Reflektion über den Anderen zu einer reflektierten Sorge um den Anderen« (Falkenstörfer 2020a, S. 5) wird und schlägt vor, bei dem Begriff der *Fürsorge* drei Bedeutungsebenen zu unterscheiden: a) *Fürsorge* als System, b) *Fürsorge* als existenzielle menschliche Kategorie und c) *Fürsorge* als Beziehungsgeschehen (ebd., S.10). In der heilpädagogischen Begleitung von Menschen mit Beeinträchtigungen müsse dem Recht auf *Fürsorge* »die gleiche Wertigkeit eingeräumt werden wie dem Recht auf Selbstbestimmung, Autonomie und Teilhabe« (ebd., S. 4).

Selbstfürsorge

Auf den Begriff der *Selbstfürsorge* stößt man in den letzten Jahren häufig, wenn von physischen und vor allem von psychischen Belastungen in der Arbeitswelt die Rede ist: Hoher Zeitdruck, steigende Arbeitsmengen, vielfältige Verantwortungen, große Erwartungen an Flexibilität und Mobilität, immer neue digitale Herausforderungen (bei dauernder Erreichbarkeit), all das ist mit Stresserleben und Krankheitstagen aufgrund von Erschöpfungszuständen verbunden. Und die Arbeit im Team mit ihren Dynamiken sorgt für weitere Spannungen. In der psychosozialen Arbeit kommen die schwierigen Lebenslagen der Klient*innen als weitere Stressoren hinzu: Armut, Beeinträchtigung, brüchige Biografien, psychische Krisen, Traumatisierungen und vieles mehr. Fachkräfte in heilpädagogischen Handlungsfeldern erhalten Einblicke in bewegende Lebensherausforderungen und spüren die Bürden des professionellen Bemühens um angemessene Formen der Hilfe. Neben Empathie, Akzeptanz, Kongruenz und Resonanzfähigkeit ist ein großes Maß an Widerstandsfähigkeit und ein Reservoir an Energie notwendig, damit die Erholung von der Arbeit gelingt und das persönliche Stresserleben nicht kontinuierlich steigt, sondern Anspannung und Entspannung in Balance bleiben. Doch das passiert nicht von allein, man muss schon selbst aktiv werden: »Selbstfürsorge heißt, sich selbst (…) wertschätzend zu begegnen, das eigene Befinden und die eigenen Bedürfnisse ernst zu nehmen und aktiv zum eigenen Wohlergehen beizutragen« (Dahl & Dlugosch 2020, S. 27).

Der Therapeut Gunter Schmidt formuliert es so: »Es ist unsere ethische Pflicht, uns im Dienste unserer Klienten gut um uns selbst zu kümmern« (Schmidt, zit. n. Zito & Martin 2021, S. 11). Pädagogische Fachkräfte bemerken oft zu spät, dass sie kaum Abstand zu ihrer Arbeit herstellen können: Sie gehen über ihre Grenzen hinaus, nehmen sich wenig Zeit für die Regeneration, bürden sich Verantwortung für ihre Klientinnen und Klienten auf und entwickeln beim Begriff der *Selbstfürsorge* den Verdacht, es könnte sich dabei um *Selbstsucht* handeln. Diese Skepsis unterstellt, dass einige Mitarbeitende sich sehr mit sich selbst beschäftigen. Doch das Gegenteil von *Selbstfürsorge*, nämlich *Selbstlosigkeit* ist eigentlich, wie Foucault zeigt, ebenso unmöglich wie die Vorstellung von einem souveränen Subjekt: Jede Existenz konstituiert sich im Kontext der gesellschaftlichen Bedingungen und Machtverhältnisse, und das Ziel individueller Entwicklung kann weder sein, den Zustand eines gänzlich souveränen Selbst zu erreichen, noch in Altruismus und *Selbstlosigkeit* aufzugehen. Es geht eher darum, sorgsame Umgangsformen und Reflexionsebenen nicht nur gegenüber anderen Personen, sondern auch im Verhältnis zu sich selbst zu bewahren (Foucault 2005).

In pädagogischen ebenso wie in psychologischen oder psychotherapeutischen Handlungsfeldern bedeutet *Selbstfürsorge*, die eigenen Bedürfnisse gut wahrzunehmen und zu kommunizieren, sich für die Rechte am Arbeitsplatz einzusetzen, Anforderungen kritisch zu prüfen und ggf. zu korrigieren, Belastungen zu reduzieren, Pausen einzufordern und überzogene Erwartungen ablehnen zu können. Eine gute *Selbstfürsorge* ist wichtig, um die Verantwortung im Arbeitsfeld tragen zu können, denn die Aufmerksamkeit sich selbst gegenüber ermöglicht eine bewusstere Distanz in schwierigen Situationen und gleichzeitig mehr Verständnis für die Situation der Klient*innen.

Wer seine Einstellungen, Empfindungen und Handlungen im pädagogischen Alltag gut reflektiert und rechtzeitig fragt, ob im Erleben auch das eigene Energiereservoir ausreichend beachtet wird, steigert letztlich seine Resilienz: »Durch die Selbstfürsorge können Resonanzfähigkeit, Offenheit und Motivation im therapeutischen Setting erhalten bleiben« (Hoffman & Hofmann 2020, S. 34). Doch dafür benötigt man Raum und Zeit, eine gute Teamkultur, kollegiale Fallberatungen und individuelle Verfahren zur Entspannung und Fokussierung (Zito & Martin 2020, S. 73 ff). In der heilpädagogischen Ausbildung sollte dies Thema in den Seminaren sein: Welche Maßnahmen zur Verhinderung von Belastungen können bereits im Vorfeld angesprochen werden? Wie kann Gesundheitsprävention im Arbeitsfeld gelingen? Wie kann man Herausforderungen im Sinne der *Selbstfürsorge* meistern?

Diese Fragen sind eng mit den Begriffen *Psychohygiene* oder *Achtsamkeit* verbunden: Während *Psychohygiene* eher im medizinisch-pflegerischen Bereich verwendet wird, ist *Achtsamkeit* in pädagogischen, psychotherapeutischen und philosophischen Kontexten sowie in der Alltagssprache gegenwärtig omnipräsent: Es geht um ein Konzept, das auf innere Zufriedenheit und Wohlbefinden angelegt ist und hilfreich sein kann, das Erleben zu intensivieren und ggf. Symptome einer Störung frühzeitig zu erkennen. (Heil-)Pädagogische Fachkräfte und ihre Klient*innen profitieren davon, die Aufmerksamkeit auf den Augenblick zu richten und keine Wertungen des Wahrgenommenen vorzunehmen. Dadurch wird es möglich, Körperempfindungen, Sinneswahrnehmungen, Gedanken und Gefühle intensiv zu erleben. Abgesehen von zahlreichen Ratgebern (z. B. Collard (2016) »Das kleine Buch vom achtsamen Leben: 10 Minuten am Tag für weniger Stress und mehr Gelassenheit« oder Gobin (2021) Das kleine Buch der Selbstfürsorge) ist *Achtsamkeit* in den Gesundheitsberufen heute ein ernsthaft diskutiertes Thema, wenn es darum geht, ethischen Haltungen der Toleranz und Geduld, des Mitgefühls und des Gewahrseins momentaner Erfahrungen eine Relevanz beizumessen, weil sie »eine verkörperte ethische Präsenz bedeuten« (Grossman & Reddemann 2016, S.222). Konkret haben Konzepte der *Achtsamkeit* (wie das *Mindfulness Based Stress Reduction (MBSR)-Programm*) Eingang gefunden in unterschiedliche therapeutische Verfahren (Reddemann 2017).

1.2.13 Ganzheitlichkeit und Kohärenz

Ein gern gebrauchtes, aber nicht klar definiertes Wort in der Heilpädagogik (*Ganzheitlichkeit*) wird verbunden mit einem ebenfalls schillernden und facettenreichen Begriff (*Kohärenz*), der im Kontext des Salutogenese-Models betrachtet wird, weil er zum Ausdruck bringt, wie wichtig die Entwicklung eines Kohärenzgefühls für die selbstbestimmte Lebensgestaltung sein kann.

Ganzheitlichkeit

Von *Ganzheitlichkeit* ist oft die Rede, wenn die Heilpädagogik aufgefordert wird, sich selbst zu charakterisieren: Die ganzheitliche Sichtweise auf den Menschen in seinen vielfältigen Kontexten integriere wissenschaftliche Erkenntnisse aus unterschiedlichen Disziplinen (Psychologie, Medizin, Soziologie, Ethik und Recht). Der Berufs- und Fachverband reflektiert die *ganzheitliche* (holistische) Tradition der Heilpädagogik und betont die »unauflösliche Einheit von physischen, psychischen, emotionalen, sozialen und spirituellen Eigenschaften, die sich in jedem einzelnen Menschen auf individuell einzigartige und gleichwertige Weise und in Wechselbeziehungen mit den sozialen und ökologischen Umwelten konkretisieren« (BHP 2020, S. 7). *Ganzheitlich* soll auch die heilpädagogische Diagnostik die Einzigartigkeit der Person betrachten und ihre Geschichte und ihre Lebensleistung anerkennen (ebd., S. 15).

Nun ist die *ganzheitliche* Sichtweise kein Alleinstellungsmerkmal der Heilpädagogik, man findet den Blick auf die *Ganzheit* des Menschen in der geisteswissenschaftlichen Pädagogik ebenso wie in der Montessori-Pädagogik, in den Humanistischen Therapieverfahren oder in der Alternativmedizin. In der Wissenschaftstheorie werden ganzheitliche Betrachtungen bisweilen analytischen Verfahren gegenübergestellt: Ein Ansatz wissenschaftlichen Arbeitens kann darin bestehen, einen Gegenstand auf seine Bestandteile und Gesetzmäßigkeiten zu untersuchen, während ein anderes Verfahren seine Erkenntnisse aus dem *ganzheitlichen* Vorgehen gewinnt und sich bemüht, den gesamten Komplex der relevanten Aspekte einer Sache (z. B. der Sprachentwicklung eines Kindes) zu erfassen (Dederich 2013).

Eine moderne Heilpädagogik zielt darauf ab, den Menschen in seiner bio-psycho-sozialen *Ganzheit* zu sehen, und weil sich *heil* von *holos* (= ganz) ableiten lässt (BHP 2022, S. 8), ist es ein kleiner Schritt, die Heilpädagogik als *ganzheitliche* Pädagogik zu definieren und sich damit von Nachbardisziplinen der Sonderpädagogik und der Rehabilitationswissenschaften abzugrenzen. Aber dieser holistische Ansatz ist eben nicht nur in der Heilpädagogik zu finden, sondern auch in der Philosophie und der Psychotherapie, in der Ökonomie und der Ökologie; er gilt dort als Gegenposition zu jenen Ansätzen, die auf Reduktion und Spezialisierung setzen und sich auf die Betrachtung von Einzelphänomenen fokussieren, um zu Erkenntnissen über Ursachen und Wirkungen zu gelangen. Demgegenüber bedeutet der Blick auf ein Thema in seiner *Ganzheit*, verschiedene Ebenen ins Auge zu fassen und sie in ihren Beziehungen, Abhängigkeiten, Querverbindungen und Wechselwirkungen zu begreifen.

Die neuere Debatte um den Begriff *Ganzheitlichkeit* in der Heilpädagogik begann mit einer Tagung zur Frühförderung, die fragte, ob man sich von medizinischen Therapien und engen Förderkonzepten lösen sollte. Otto Speck formulierte die Auffassung, dass heilpädagogisches Handeln mehr sei als die Umsetzung spezialisierter Ansätze der Förderung; er betonte die umfassende Sichtweise in Bezug auf die Lebenswirklichkeit der Kinder und ihrer Familien und stellte heraus, dass die Heilpädagogik sich auf das Ganzheitliche beziehe und Umgebungsfaktoren wie die soziale, die natürliche, die geschaffene und die spirituelle Umwelt integrieren müsse (Speck 2008).

In dieser Zeit nahm der Begriff der *Ganzheitlichkeit* einen rasanten Aufstieg und entwickelte sich zum Losungswort der Heilpädagogik. Für Speck bestand *Ganzheitlichkeit* eigentlich nur darin, a) standardisierte Entwicklungsnormen zu überprüfen, b) den Gesamtfortschritt des Kindes und nicht partielle Entwicklungsfortschritte zu betrachten, c) Erfahrungsräume offen zu gestalten und nicht alles vorzuplanen und spezialisierte Methoden nur bei besonderen Erfordernissen zu verwenden:

> »Heilpädagogik kann verstanden werden als eine spezialisierte Pädagogik, die von einer Bedrohung durch personale und soziale Desintegration ausgeht, und bei der es im Besonderen um die Herstellung oder Wiederherstellung der Bedingungen für eigene Selbstverwirklichung und Zugehörigkeit, für den Erwerb von Kompetenzen und Lebenssinn, also um ein Ganz-werden geht« (Speck 2008, S. 59).

Systematisch hat Günter Wild den Begriff der *Ganzheitlichkeit* in der Heilpädagogik erforscht und kam zu dem Schluss, dass der Terminus ganz unterschiedlich benutzt wird: als methodisches Konzept (Orientierung am natürlichen Entwicklungsgang des Kindes), als Einbeziehung komplexer Faktoren (soziale und kulturelle Umwelt), als Aufgabe des Individuums (seine *Ganzheit* wiederfinden) oder als Appell an die Gesellschaft (Absage an partikulares Denken, Verpflichtung zur *ganzheitlichen* Sicht auf die Welt) (Wild 2007, S. 211 f). Daher mache es Sinn, genauer nachzufragen, von welcher Ebene die Rede ist, wenn der Begriff *Ganzheitlichkeit* in heilpädagogischen Diskursen auftaucht, vor allem dann, wenn spezifische Förderprogramme für umschriebene Störungen oder Problembereiche formuliert werden. Heilpädagogik muss mit der Erkenntnis leben, dass die anthropologisch-ethische Annahme der Unteilbarkeit des Personseins des Menschen auch heißt, komplexe Lebens- und Bedürfnislagen einer Person in ihrer *Ganzheit* nie wirklich vollständig erfassen und verstehen zu können (Stahlmann 2001, S. 243).

Kohärenz

Der Begriff *Kohärenz* leitet sich ab vom Lateinischen *cohaerere* (= zusammenhängen) und ist in unterschiedlichen Wissenschaften zu finden: In der Psychologie und Psychiatrie wird darunter der logische Zusammenhang und die Nachvollziehbarkeit der Gedankengänge und Äußerungen eines Patienten verstanden; in der Linguistik bedeutet *Kohärenz* den semantischen Zusammenhang der Worte in einem Text oder auch den syntaktischen Zusammenhalt zwischen den Sätzen; in der Physik wird von *Kohärenz* bei frequenz- und phasengleichen Wellen und quantenmechanischen Zuständen gesprochen. In der Heilpädagogik – und in den Gesundheitswissenschaften insgesamt – ist *Kohärenz* als zentrales Element des Salutogenese-Modells von Antonovsky bedeutsam:

> »Die Salutogenese fragt, warum Menschen trotz Belastungen und gesundheitsgefährdender Einflüsse gesund bleiben. Damit verfolgt sie einen vollkommen anderen Ansatz als die Pathogenese, die nach den Ursachen von Krankheit fragt« (Sauter 2015, S. 115).

Der amerikanisch-israelische Medizinsoziologe Aron Antonovsky formulierte in den 1970er Jahren die Salutogenese als Lehre von den gesundheitserhaltenden Faktoren und legte damit einen Ansatz vor, der die Ressourcen und Kompetenzen eines Menschen bezüglich der Erhaltung und Förderung von Gesundheit für genauso bedeutsam erachtet wie die vulnerablen Aspekte. Jeder Mensch befinde sich zu jedem Zeitpunkt seines Lebens auf einem Kontinuum zwischen maximaler Gesundheit und völliger Krankheit. Die Frage sei nicht nur, wie man auf Krankheiten reagiere und welche Behandlungen hilfreich seien, sondern welche Widerstandsressourcen man besitzt, um sich zu schützen. »Der Salutogenetische Ansatz betrachtet den Kampf in Richtung Gesundheit als permanent und nie ganz erfolgreich« (Antonovsky 1993, S. 10). Gesundheitlich Prävention bestehe darin, nicht nur Risiken zu verhindern, sondern Ressourcen zu erkennen und zu stärken.

> »Antonovskys Vorstellung über die Entstehung von Gesundheit ist von systemtheoretischen Überlegungen beeinflusst: Gesundheit ist kein normaler, passiver Gleichgewichtszustand, sondern ein labiles, aktives und sich dynamisch regulierendes Geschehen« (Bengel & Lyssenko 2012, S. 15).

In Antonovskys Modell ist das *Kohärenz*gefühl (*sense of coherence* = SOC) ein zentrales Element, das sich aus drei Aspekten zusammensetzt, nämlich der Verstehbarkeit, der Handhabbarkeit und der Sinnhaftigkeit. Mit Verstehbarkeit (*Comprehensibility*) ist die Fähigkeit gemeint, Belastungen und Probleme des eigenen Lebens als einschätzbare Phänomene wahrzunehmen, deren Auftreten keine fatalen Auswirkungen hat, sondern die man erkennen und einordnen kann. Das Gefühl der *Kohärenz* kann sich nur entwickeln, wenn Ressourcen vorhanden sind und auch wahrgenommen werden:

> »Ein starkes Kohärenzgefühl entsteht im Verlauf des Lebens, wenn Menschen immer wieder erfahren können, dass ihr Leben nicht chaotisch, zufällig, willkürlich ist, sondern dass sie Einfluss nehmen können, dass es Sinn hat, dass sie ihm gewachsen sind« (Fischer & Renner 2015, S. 269).

Aufgaben und Anforderungen werden als vorhersehbar und nachvollziehbar empfunden. Handhabbarkeit (*Manageability*) bedeutet, dass man darauf vertraut, schwierige Situationen und Belastungen bewältigen zu können. Daraus resultiert die Überzeugung, das Leben selbst gestalten und bei Krisen auf Ressourcen zurückgreifen zu können. Mit Sinnhaftigkeit oder Bedeutsamkeit (*Meaningfulness*) ist die Haltung gemeint, dass das Leben bedeutsam ist und dass es sich lohnt, Herausforderungen mit Optimismus anzugehen (Bengel & Lyssenko 2012). Das Vertrauen, Krisen bewältigen zu können und dafür angemessene Mittel zu besitzen, senkt Zweifel und steigert das Gefühl der Selbstwirksamkeit. Anders gesagt: Menschen erleben sich als selbstwirksam, wenn sie die Überzeugung entwickeln, dass die Anforderungen, die sie an sich selbst stellen oder die an sie gestellt werden, vorhersehbar, erklärbar und handhabbar sind, dass sie außerdem über genügend Ressourcen verfügen, um den Anforderungen zu entsprechen und dass diese Anforderungen eigentlich Herausforderungen sind, die ihr Engagement verdienen (Antonovsky 1993).

Kohärenz meint also eine optimistische Einstellung gegenüber Aufgaben, die verstehbar, machbar und sinnvoll sind. Wer eine solche Grundüberzeugung besitzt, kann eine gewisse Balance herstellen zwischen den Stressoren, die mit jeder hohen Anforderung verbunden sind, und den Ressourcen, die mobilisiert werden müssen, um ein Spannungsverhältnis positiv zu gestalten. Die heilpädagogische Arbeit kann davon profitieren, wenn sie neben individuellen auch strukturelle und gesellschaftliche Faktoren untersucht, die es einem Kind, Jugendlichen oder Erwachsenen möglich machen, Teilhabe und Einflussnahme an persönlich bedeutsamen und sozial anerkannten Entscheidungsprozessen zu erleben. Das *Kohärenz*gefühl als zentrales Element in Antonovskys Modell der Salutogenese zeigt auf, wie wichtig es ist, »für Kinder und Jugendliche eine Welt zu schaffen, die konsistente Erfahrungen ermöglicht, für Belastungsausgleich sorgt und die Einflussnahme auf Entscheidungen zulässt« (Theis-Scholz 2007, S. 267).

Der Salutogenetische Ansatz sowie Antonovskys Fragebogen zur Lebensorientierung wurde weiterentwickelt und es konnten Verbindungen zwischen der Stärke des Kohärenzgefühls und einer stabilen Entwicklung der psychischen und physischen Gesundheit belegt werden (Faltermeier 2017). Auch im kunsttherapeutischen Bereich spielt dieser Ansatz eine Rolle: Gefühle der Verstehbarkeit, der Handhabbarkeit und der Sinnhaftigkeit können durch die gestalterische Bearbeitung von Anforderungen gestärkt und Ressourcen aktiviert werden (Duncker, Hampe & Wigger 2018).

Im Bereich des Autismus taucht der *Kohärenz*begriff in einem anderen Kontext auf: Unter *zentraler Kohärenz* versteht man dort die Fähigkeit, ganzheitlich, kontextbezogen und gestaltmäßig zu denken und wahrzunehmen. In der Regel tendieren unsere kognitiven Fähigkeiten dahin, Zusammenhänge zwischen unendlich vielen Reizen herzustellen und daraus Kontexte zu generalisieren. Menschen im Autismus-Spektrum wird häufig eine schwache *zentrale Kohärenz* nachgesagt; ihre Wahrnehmungs- und Informationsverarbeitung sei detailfokussiert und könne Kontexte weniger gut erfassen. Überspitzt ist von »Kontextblindheit« (Vermeulen 2016) die Rede. Neuere Studien zeigen allerdings, dass es sich bei der schwachen *zentralen Kohärenz* nicht um ein kategoriales Defizit, sondern um einen präferierten kognitiven Stil handelt:

> »Erwachsene Menschen im Autismus-Spektrum sind, wenn sie entsprechend instruiert werden, durchaus in der Lage, auf die Gesamtheit einer Sache zu schauen, sie tendieren lediglich aus spontanem Antrieb heraus mehr als neurotypische Menschen dazu, eher auf die Einzelheiten einer Sache zu fokussieren« (Riedel & Clausen 2020, S. 28).

1.2.14 Inklusion und Exklusion

Die Skizze zu diesen beiden Begriffe wird zeigen, dass *Inklusion* ohne *Exklusion* eigentlich nicht zu denken und die entsprechenden heilpädagogischen Konzepte nicht zu fundieren sind, wenn man die vielfältigen Dimensionen bzw. Bedeutungsebenen dieser Termini nicht erkennt bzw. unberücksichtigt lässt.

Inklusion

Inklusion ist zu einer Leitkategorie in der Sozial- und Bildungspolitik avanciert und hat im aktuellen Verständnis alle Bemühungen der Integration weit hinter sich gelassen. *Integration* setzte ja voraus, dass Menschen sich in vorgegebene Strukturen (und Normen) einfügen, während *Inklusion* dazu aufruft, die Strukturen und Barrieren in der Gesellschaft so zu verändern, dass alle Menschen – auch diejenigen mit Beeinträchtigungen – nicht unter dem Druck der Anpassung stehen, sondern von Anfang an als anerkannte Bürgerinnen und Bürger einen wertvollen Teil der Gesellschaft bilden. Zu dieser Begriffshierarchie (*Inklusion* = fortschrittlich, *Integration* = rückständig) ist es in den letzten Jahren gekommen, als die Bemühungen um *Integration* (vor allem im Bildungsbereich) sich als nicht ausreichend erwiesen und die UN-BRK ein menschenrechtsfundiertes Verständnis von *Inklusion* und Partizipation und einen umfassenden Veränderungsprozess einforderte (Kastl 2017).

Der Begriff der *Inklusion* transportiert den Gedanken, dass durch strukturelle Veränderungen die Mechanismen des Ausschlusses wegfallen und ein Leben für alle Menschen in der Gesellschaft und nicht am Rande möglich wird:

> »Inklusion als Weiterentwicklung des Integrationsmodells richtet die Aufmerksamkeit auf die Gestaltung der gesellschaftlichen Bedingungen zu einem besseren Leben von Menschen mit Beeinträchtigungen in der Gemeinde« (Röh 2018, S. 81).

In einem erweiterten Sinne sollten vielfältige Differenzlagen (z. B. Geschlecht, Alter, soziale Lage, Migration, Beeinträchtigung usw.) und ihre jeweiligen Verschränkungen beachtet werden. Es gilt, Prozesse der Marginalisierung, Stigmatisierung und Diskriminierung zu verhindern, damit es nicht zu Mechanismen der Selektion,

Segregation und Exklusion kommt. Dies schließt den barrierefreien Zugang zur Bildung sowie weitreichende Reformen von tradierten Strukturen, Kulturen und Praktiken ein (Simon 2020).

Der Begriff *Inklusion* hat seine Wurzeln im Lateinischen: das Verb *includere* bedeutet *einschließen*; das Substantiv *inclusio* meint im engeren Sinne also: *Einschließung*, in einem weiteren Sinne auch *Einbeziehung*. *Inklusion* ist ein facettenreicher und gleichzeitig inflationär gebrauchter Begriff, der heute oft simplifizierend verwendet wird, wenn damit die physische Anwesenheit von Kindern mit Beeinträchtigungen in einer Regelschulklasse oder das Frühlingsfest für alle Altersgruppen und Menschen mit und ohne Beeinträchtigungen benannt wird oder der einmal im Monat stattfindende Besuch des Wochenmarktes einer Gruppe von Menschen aus einer Werkstatt. Die bisweilen falsche oder zumindest unscharfe Verwendung des Inklusionsbegriffs führt zu Ermüdungserscheinungen und Missverständnissen:

> »Die einen verstehen Inklusion als eine Art zivilgesellschaftliche Haltung der Achtsamkeit, also als einen Kulturbegriff, die anderen als politischen Kampfbegriff und utopisches Vehikel für eine neue Gesellschaft, die dritten schließlich als rechtliche Herausforderung und meinen, unter dem Gesichtspunkt der Pragmatik sei mit dem Bundesteilhabegesetz der Inklusion Genüge geleistet« (Becker 2019, S. 21).

Es sollen an dieser Stelle kurz die unterschiedlichen Dimensionen des Inklusionsgebots beleuchtet werden, die sich differenzieren lassen in: die menschenrechtliche Perspektive, die Aspekte der inklusiven Bildung und die inklusive Entwicklung der Kommunen. Schließlich soll auch der Ansatz der Systemtheorie zu Worte kommen.

Als fundamentales *Menschenrecht* ist *Inklusion* das Synonym für Gleichberechtigung. Mit der inklusiven Gleichheit stehen die modernen Herausforderungen des Antidiskriminierungsrechts zur Diskussion: Dazu zählen: die intersektionale Diskriminierung, die strukturelle Diskriminierung von Menschen mit Beeinträchtigungen und Exklusionserfahrungen, die durch den Abbau von Barrieren, Vorkehrungen für Diversität und positive Gleichstellungsmaßnahmen überwunden werden können (Degener 2015). Durch die Ratifizierung der UN-BRK wurde die Anerkennung der vollen Rechte von Menschen mit Beeinträchtigungen vollzogen. Damit hat die Konvention die Chance eröffnet, dass Menschen mit physischen, psychischen oder kognitiven Beeinträchtigungen in vielerlei Hinsicht ihre uneingeschränkte Zugehörigkeit zur Gemeinschaft einfordern können.

Im *Bereich der Bildung* ist der Inklusionsansatz gefordert, Etikettierungen und Klassifizierungen zu vermeiden und das Bildungsrecht aller Menschen zu stärken: Inklusive Pädagogik versteht sich als eine Pädagogik, die darauf abzielt, dass Kinder und Jugendliche unterschiedlichster sozialer Herkunft, mit unterschiedlichen Lernausgangslagen, Sozialisations- und Entwicklungsverläufen, mit und ohne Beeinträchtigungen, ohne Zugangsbeschränkungen in der Gemeinschaft miteinander lernen und ihre je spezifischen Entwicklungspotenziale entfalten können (Feuser 2017). Zu den Elementen inklusiv arbeitender Schulen gehören heterogene Lerngruppen, verschiedene Formen der Kooperation von Regelschullehrkräften, Heilpädagogen, die Einbeziehung weiterer pädagogisch-therapeutischer Fachkräfte in den Schulalltag, die Erweiterung der Lehr- und Lernformen durch äußere und innere Differenzierung, der Einsatz vielfältiger Methoden sowie das Ermöglichen individueller Lernzugänge und gezielter individueller Förderungen (Preuss-Lausitz 2012).

In Bezug auf die differenzierten *Systeme der sozialen Sicherung* ist zu prüfen, ob die bisherigen Klassifikationen, die über Gewährung oder Ausschluss von Leistungen entschieden, zu ersetzen sind durch sozialräumliche Handlungsansätze, die auch neue Wohnkonzepte, Chancen auf dem allgemeinen Arbeitsmarkt und Teilhabemöglichkeiten in der Gemeinde eröffnen. Die Kommunen sind dabei auf die Zusammenarbeit mit den Schulen, den Betrieben, den Einrichtungen und Fachdiensten der Rehabilitation angewiesen, denn sie besitzen nur geringe Weisungsbefugnis, um inklusive Strukturen durchzusetzen. Doch sie haben die Möglichkeit, Menschen mit Beeinträchtigungen als Expertinnen und Experten in eigener Sache in die Planung der Infrastruktur (z.B. in Bezug auf den ÖPNV, die Zugänglichkeit bzw. Barrierefreiheit von öffentlichen Gebäuden, von Quartiersentwicklungen usw.) einzubeziehen.

Versteht man Inklusion und Exklusion im *systemtheoretischen Sinne*, so handelt es sich um ein wertfreies, keineswegs bildungs- und sozialpolitisch aufgeladenes, sondern rein soziologisches Schema. In Luhmanns Theorieentwurf beinhalten soziale Systeme keine Menschen an sich, sondern sind auf die elementare Einheit der Kommunikation fokussiert, »durch die kein Raum erzeugt wird, in den man Menschen hineinziehen bzw. aus dem Menschen herausziehen könnte« (Fuchs 2011, S. 242). Es werden in diesem Verständnis von Inklusion (und Exklusion) keine Menschen ein- oder ausgeschlossen, sondern kommunikative Zuschreibungen benannt (Terfloth 2016). In der modernen Gesellschaft mit ihren vielfältigen Systembereichen Wirtschaft, Recht, Politik, Religion, Wissenschaft, Bildung, Medizin, Sport, Medien usw. (Stichweh 2005) sind die Menschen nicht durch traditionelle Ordnungen einbezogen oder ausgeschlossen, sie werden je nach kommunikativer Adressierung in- oder exkludiert:

> »Die Idealisierung des Postulats der Vollinklusion aller Menschen in die Gesellschaft täuscht über gravierende Probleme hinweg. Mit der funktionalen Differenzierung des Gesellschaftssystems ist die Regelung des Verhältnisses von Inklusion und Exklusion auf die Funktionssysteme übergegangen, und es gibt keine Zentralinstanz mehr (so gern sich die Politik auch in dieser Funktion sieht), die die Teilsysteme in dieser Hinsicht beaufsichtigt« (Luhmann 1997, S. 630).

Auf der einen Seite werden die Bemühungen um Inklusion und Partizipation fast schon gefeiert:

> »Die inklusive Gesellschaft ist eine großartige Vision. Sie spornt an, in allen gesellschaftlichen Bereichen dafür zu arbeiten, dass Menschen, die am Rande stehen oder gar vom Ausschluss bedroht sind, ihren Platz als Bürgerinnen und Bürger mit unveräußerlichen Rechten in diesem Land finden.
> Eine tragfähige Veränderung von gesellschaftlichem Bewusstsein im Sinne von Inklusion wird langfristig nur gelingen, wenn realisiert wird, welche tiefe historische Zäsur im Umgang mit behinderten Menschen in Deutschland, aber auch in anderen Ländern, die Forderung nach Inklusion darstellt« (Ellger-Rüttgardt 2016, S. 10).

Auf der anderen Seite werden die im Inklusionsdiskurs positiv besetzten Begriffe wie Vielfalt und Heterogenität kritisch betrachtet:

»Dabei handelt es sich um eine Strategie, die suggeriert, man könnte durch bestimmte (z. B. interkulturelle) Kompetenzen und auf Grundlage einer wertschätzenden Haltung auf eine spezifische, festgeschriebene Zielgruppe fokussierend, erfolgreich sein, wodurch jedoch die Differenzierung und Markierung als ›Andere‹ verstärkt, statt kritisch hinterfragt wird« (Amirpur 2019, S. 267).

Exklusion

Der Begriff *Exklusion* leitet sich ab von dem lateinischen Verb *excludere* und bedeutet: *trennen, ausschließen, fernhalten.* Im politischen Kontext ist mit *Exklusion* der *soziale Ausschluss* gemeint. Von den Risiken oder Realitäten der *Exklusion* sind nicht nur Menschen mit Beeinträchtigungen betroffen, sondern auch Personen, Familien oder Gruppen, die aufgrund ihrer Kultur oder Religion, ihrer Sprache, ihrer Hautfarbe oder ihres Geschlechts benachteiligt, ausgegrenzt oder ausgeschlossen werden. *Exklusion* ist aktiv (im Sinne von: ausschließen) und passiv (als: ausgeschlossen werden) zu verstehen (Terfloth 2017). Der Begriff *Exklusion* wird in der Politik, in verschiedenen Wissenschaften und in aktuellen Debatten unterschiedlich verwendet:

Sozialwissenschaftlich benennt er Vorgänge des gesellschaftlichen Ausschlusses unterschiedlicher Gruppen der Bevölkerung; in der Politik fasste die Europäische Union den Beschluss, ihre Aktionen gegen Arbeitslosigkeit und Armut als Kampfes gegen *social exclusion* zu formulieren; Soziologen in Europa stellten fest, dass Unterschiede zwischen denen, die eine Beschäftigung haben, und denen, die von der Arbeit ausgeschlossen sind, bedeutsamer sind als die zwischen Armen und Reichen: ›Armut‹ war nicht mehr das richtige Wort. Das Phänomen hatte nicht nur mit materiellem Wohlstand oder dessen Fehlen zu tun, sondern mit einer komplizierten Wechselwirkung zwischen Wohlstand, aber auch dem Zugang zu sozialen Rechten, der Bindung an den Arbeitsmarkt, der Stärke informeller Netzwerke. Deutlicher wurde, dass Armut »nicht mehr ein soziales Randphänomen darstellte, sondern auf dem Weg der Arbeitslosigkeit und der prekären Beschäftigung in bislang weitgehend geschützte Segmente der Erwerbsbevölkerung hereinreichte« (Kronauer 2010, S. 16). Die Gesellschaft schien sich zunehmend zu spalten in jene, die ihre Ideen von gutem Lebensstandard, politischem Einfluss und sozialer Anerkennung realisieren konnten, und jene, die zunehmend *exkludiert* wurden und keinen Platz mehr in der Mehrheitsgesellschaft fanden.

Die neuen Diskurse um die Bedeutung des *Exklusions*begriffs beginnen jedoch erst, als die Forschung zu Armut, Arbeitslosigkeit und Ausgrenzung mit der Systemtheorie Luhmanns konfrontiert wird: Im systemtheoretischen Verständnis ist *Exklusion* kein historisch erzeugtes und überwindbares Problem, sondern eine Funktionsbedingung moderner Gesellschaften überhaupt. Die Begriffe Inklusion und *Exklusion* verwendet Luhmann als zweiseitiges Beobachtungsschema zur Beschreibung der Relevanz von Individuen für Sozialsysteme: Individuen erlangen über soziale Adressen (Rollen- und Personen-Zuschreibungen) Bedeutung für soziale Systeme (Funktionssysteme, Organisationen, Interaktionen). Jede Kommunikation bzw. jedes soziale System bedient sich dieses Schemas, somit bringt auch jede

Rollenzuschreibung Inklusion und *Exklusion* gleichermaßen hervor. Beide Seiten können nur anhand von Zuschreibungsleistungen beobachtet werden (Hafen 2011).

Exklusion beschreibt keinen fixierten Zustand, sondern eine system- und zeitbezogene Beobachtung. Während die Inklusion bei einem Kind im Organisationssystem Kindergarten zu beobachten ist, kann die Exklusion in der Nachbarschaft (Nichteinladung zum Kindergeburtstag, Ausgrenzung auf dem Spielplatz) oder in anderen Organisationssystemen festgestellt werden. *Exklusion* ist für Luhmann keine ethisch verwerfliche Tat; *Exklusion* wird in der Systemtheorie vielmehr verstanden als eine Regelmäßigkeit in der Operationsweise von Sozialsystemen (Luhmann 1997, S. 619) und stellt eine Grundbedingung moderner Gesellschaften dar: Wer ohne Führerschein ist, darf keinen PKW fahren; wer keinen Bibliotheksausweis vorweisen kann, kann in der Bibliothek keine Medien ausleihen; wer keine diagnostizierte Beeinträchtigung hat, kann nicht an den Special Olympics teilnehmen. *Exklusion* ist – systemtheoretisch gesehen – keine Bewertung, sondern fragt nach Ursachen, Funktionsweisen und den Wirkungsbeziehungen: »Inklusion/Exklusion bezeichnet nicht Einschluss/Ausschluss von Menschen in oder aus sozialen Kontexten, sondern definiert kommunikative Strukturen, durch die Menschen als mehr oder minder relevant für soziale Systeme markiert werden« (Fuchs 2022, S. 409). Menschenrechtlich inakzeptabel werden Prozesse des Ausschlusses erst dann, wenn sie als Mittel zur Machtdurchsetzung eingesetzt werden und zur Benachteiligung bzw. Verweigerung von Partizipation für die Ausgeschlossenen führen (Kronauer 2010). »Wenn Exklusion sich in der Sozialdimension stabilisiert, wird sie zum gesellschaftlichen Problem, da sie nun mit der Selbstbeschreibung der Gesellschaft nicht mehr zu vereinen ist« (Farzin 2006, S. 86).

Aktuelle Inklusions- und Exklusionsdebatten im Kontext von Behinderung und Beeinträchtigung sehen Ausschlüsse aus bestimmten Funktionssystemen (Bildung in Schulen, Beschäftigung im allgemeinen Arbeitsmarkt) als Entzug von Teilhabechancen und Qualifikationsmöglichkeiten. Bei der Beschreibung von Entwicklungsphasen des Umgangs mit Menschen mit Beeinträchtigungen kann man unterscheiden in: Extinktion (Tötung), *Exklusion* (sozialer Ausschluss), Separation (Absonderung), Integration (Teilhabe einzelner Personen) und Inklusion (Verschiedenheit als Normalität) (Terfloth 2017). *Exklusion* bedroht zwar nicht das Leben behinderter Menschen, ein Recht auf Bildung oder auf gesellschaftliche Teilhabe wird ihnen jedoch verweigert (Wocken 2016).

Für die Heilpädagogik lässt sich eine inhaltliche Präzisierung des Begriff *Exklusion* nicht eindeutig vornehmen: Einerseits werden unter historischen und normativen Werten *Exklusions*prozesse als gewachsen und überwindbar angesehen. Andererseits wird die Systemtheorie als theoretische Folie des Phänomens *Exklusion* verwendet:

> »(…) Exklusion im Sinne von Nicht-Zugehörigkeit und Nicht-Partizipation ist nach diesem Verständnis nicht per se als Diskriminierung und Chancenungleichheit zu werten. Sich nicht für Sport zu interessieren, keiner (bestimmten) Religion anzugehören oder keine berufliche Karriere anzustreben kann Ausdruck von Selbstbestimmung und Identität sein, sofern die (Selbst-)Exklusion Resultat freier Entscheidungen ist. Für Menschen mit Beeinträchtigungen ist dieser freiheitliche Aspekt (…) vor dem Hintergrund einer langen Tradition ihrer Bevormundung und Fremdbestimmung von besonderer Bedeutung« (Wansing 2016, S. 244).

1.2.15 Integration und Normalisierung

Während diese beiden Termini in früheren Lehrbüchern der Heilpädagogik zu den zentralen Leitbegriffen gehörten, führen sie heute eher ein Schattendasein. Doch antiquiert, überholt und verzichtbar sind sie nicht, wenn man die inklusions- und partizipationsorientierten Debatten und Handlungsansätze verstehen will.

Integration

Integration leitet sich ab vom Lateinischen *integer* = unversehrt, ganz bzw. von *integrare* = erneuern, einordnen. *Integration* bedeutet die Wiederherstellung eines Ganzen (Reiser 2003) und ist nicht als Zustand, sondern als Prozess zu verstehen (Hinz 2006). Gegenbegriffe zur *Integration* sind a) *Desintegration*, das Auseinanderfallen eines Ganzen, und b) *Separation*, Trennung und räumliche Absonderung (z. B. von Personen mit unterschiedlichen Merkmalen zur Herstellung größtmöglicher Homogenität einer sozialen Gruppe). Heute spricht man eher von *Exklusion*, was deutlich macht, »dass Integration ohne Separation ebenso wenig zu denken ist wie Inklusion ohne Exklusion« (Ziemen & Langner 2010, S. 247). Integration wird auf unterschiedliche Gruppen und Bereiche bezogen, nicht nur auf Menschen mit Beeinträchtigungen, sondern z. B. auf Menschen mit Fluchterfahrungen und deren soziale Integration; auch die Aufnahme eines Staates in einen Verbund (wie die Europäische Union) wird als Weg der (europäischen) Integration bezeichnet.

Die Soziologie versteht *Integration* als Prozess der Vermittlung zwischen Individuum und Gesellschaft (Jantzen 2010) unter der Bedingung der Anpassung. Soziale Kontrolle gilt als ein Bestandteil aller Prozesse der sozialen Integration« (Korte & Schäfers 2016). *Integration* meint die Eingliederung von Außenstehenden in bestehende Strukturen – z. B. bei den Bemühungen um die *Integration* von Arbeitskräften in den 1960er Jahren in Deutschland. Hier galt *Integration* als Einfügung von Minderheiten in eine Mehrheitsgesellschaft mit ihren Vorstellungen von Sprache, Arbeit, Bildung und Kultur. Aus soziologischer Sicht liegt darin immer ein Moment der Dominanz zwischen Integrierenden und Integrierten, »so dass diejenigen, die integriert werden sollen, im Status des Besonderen und Defizitären verbleiben« (Rösner 2006, S. 126).

In der Heilpädagogik tauchte *Integration* als Ziel der Förderung von Kindern im vorschulischen und schulischen Alter und als Bemühung um gesellschaftliche Teilhabe von erwachsenen Menschen mit Beeinträchtigung auf. Allerdings setzte man die *Integrationsfähigkeit* und *Integrationsbereitschaft* der betreffenden Personen voraus, so dass Menschen mit komplexen Beeinträchtigungen aus den Bemühungen meist herausfielen, weil sie als nicht integrierbar galten (Hinz 2006). Auf einer anderen Ebene formulierte die Heilpädagogik in den 1990er Jahren die menschenrechtliche Dimension der *Integration* als universellen Anspruch aller Menschen auf Teilhabe in allen Lebensbereichen, die niemanden ausschließen dürfe:

> »Integrative Pädagogik ist eine kindzentrierte und basale Pädagogik, in der alle Kinder auf ihren jeweiligen Entwicklungsniveaus nach Maßgabe ihrer momentanen Wahrnehmungs-, Denk- und Handlungskompetenzen – in Orientierung auf die ›nächste Zone der Ent-

wicklung‹ – an und mit einem gemeinsamen Gegenstand spielen, lernen und arbeiten« (Feuser 1995, S. 168).

In der Kindergarten-Pädagogik wurden *integrative* Konzepte entwickelt, um allen Kindern den Besuch der Kita zu ermöglichen. Im Kontext der Schule stieß *Integration* auf mehr Widerstand und benötigte wissenschaftliche Unterstützung, um den Ausschluss von Kindern mit Beeinträchtigungen aus den Regelschulen und ihre separate Beschulung zu hinterfragen und den gemeinsamen Unterricht als Chance für alle zu erkennen. Bisweilen wurde *Integration* als Leitbegriff auch stark verwässert, wenn Sonderschulen sich als *integrativ* bezeichneten und behaupteten, Kindern mit Beeinträchtigungen über separierte Bildungswege zu einem Leben in der Gesellschaft zu verhelfen. Mit der Feststellung eines sonderpädagogischen Förderbedarfs, also der Stigmatisierung des einzelnen Kindes als defizitär, war der *Integrations*gedanke eigentlich schon konterkariert. Die Schulrealität blieb selektiv und dem medizinischen Verständnis von Behinderung verpflichtet: Kindern mit starken Beeinträchtigungen und hohem Unterstützungsbedarf wurde die *Integration* in eine Regelschule gänzlich verweigert (Hermes & Rohrmann 2006).

Die Behindertenbewegung in den 1980er Jahren und die Elterninitiativen in dieser Zeit wandten sich gegen Ausgrenzung und Separation und gegen das vorherrschende Verständnis, »Behinderte seien besondere Menschen, die pädagogischer Sonderbehandlung« (Rohrmann 2017, S. 142) bedürften. Ihre Forderungen bezogen sich auf die schulische Bildung, aber auch auf die Unterbringung von erwachsenen Menschen mit Beeinträchtigungen in Sondereinrichtungen des Wohnens und des Arbeitens. Vertreter*innen der Eltern- und Fachverbände sahen in der *Integration* nicht ein fernes Ziel, sondern einen konkreten Prozess, den es möglichst zügig umzusetzen galt: *Integration* in die Regelschulen sowie auf den Arbeitsmarkt (durch Integrationsfirmen und Integrationsfachdienste).

Im 21. Jahrhundert schien die Politik der *Integration* allerdings gescheitert zu sein: Bei der Teilhabe an Arbeit fanden sich 300.000 Menschen in Werkstätten wieder (die sich als *integrativ* bezeichneten, obwohl weniger als 1% der Beschäftigten den Übergang in den allgemeinen Arbeitsmarkt erreichten). Im Kontext der Schulen wurde die Idee der *Integration* nur schleppend umgesetzt, das System der Sonderschulen stabilisierte sich immer mehr: »Integration als Schulreformansatz ist in Deutschland nicht nur quantitativ, sondern auch qualitativ stecken geblieben« (Reiser 2003, S. 307). Als dann 2009 der Leitbegriff der Inklusion in der UN-BRK in der deutschen Fassung mit *Integration* übersetzt wurde, zeigte sich, dass die Politik vor einem fundamentalen Wandel im Umgang mit Menschen mit Beeinträchtigungen zurückschreckte.

In der Heilpädagogik fragte man sich, ob bisherige Maßnahmen zur Förderung der *Integration* mit der Umsetzung der Inklusion nun überflüssig seien. Einige betonten die Parallelen: »Integration und Inklusion beinhalten die Überwindung der sozialen (...) Ungleichheit und Ausgrenzungen, die über den Prozess der Be- und Aussonderung gezielt und systematisch erstellt werden« (Stein & Lanwer 2006, S. 88). Deutlich wurde, dass die Ideen der *Integration* nicht erfüllt seien und es wenig Sinn mache, den *Integrations*begriff ohne Analyse der mühevollen Geschichte durch den Inklusionsbegriff zu ersetzen, denn ein Austausch der Begriffe ändere wenig daran, dass Menschen mit Beeinträchtigungen in Zeiten der Inklusion weiterhin diskriminiert würden (Feuser 2008).

Kritiker des *Integrationskonzeptes* begrüßten es hingegen, nicht mehr in Dichotomien zu denken: Die *Integration* konstruiere zwei Gruppen, z. B. behinderte und nichtbehinderte Kinder, von denen die einen in den Kreis der anderen hineingeführt werden sollen; Inklusion zeige die Diskriminierung des *Integrations*ansatzes auf und gehe positiv mit Heterogenität um: Unterschiedliche Fähigkeiten, kulturelle Hintergründe oder körperliche Bedingungen würden nun nicht mehr in polarisierende Kategorien eingeteilt, sondern im Sinne des Diversity-Ansatzes als Vielfalt verstanden und akzeptiert (Hinz 2018).

Normalisierung

Wenn heute in heilpädagogischen Diskursen der Begriff *Normalisierung* auftaucht, löst er meist Missbehagen und Ablehnung aus: Welche *Normen* sind gemeint? Wer legt fest, was als *normal* zu gelten hat? Sind *Normen* nicht sozial- und kulturgeschichtlich variabel (Röh 2018) und in Bezug auf Menschen mit Beeinträchtigungen fragwürdig, weil sie ihre Individualität einschränken und die Vielfalt des menschlichen Seins ignorieren? Ist es nicht an der Zeit, Konstrukte von *Normalität* zu entsorgen, da sie zur Polarisierung von *Krankheit* und *Behinderung* versus *Gesundheit* und *Normalität* führen, am Ende *Separation* und *Isolation* zur Folge haben (Beck 2016a, S. 155) und die Chancen der *Partizipation* beeinträchtigter Menschen eher einschränken als erweitern? Wenn es »normal ist, verschieden zu sein« (Weizsäcker 1993), dann könnten wir auf Normalitätskonstruktionen innerhalb einer Inklusiven Pädagogik doch gänzlich verzichten (Möller-Dreischer 2019b).

Trotz dieser berechtigten Fragen ist der Terminus *Normalisierung* bei den Grundbegriffen vertreten, weil er die heilpädagogische Arbeit prägt (wie Empowerment, Selbstbestimmung, Inklusion und Partizipation) (Falkenstörfer 2020a, S. 201) und zur Kritik an traditionellen Formen der Verwahrung und Diskriminierung von Menschen mit Beeinträchtigungen beigetragen hat. Welche Bewegung das *Normalisierungsprinzip* in die Welt der verkrusteten Anstalten gebracht hat und wie das Konzept zur Leitidee einer kritischen Pädagogik wurde, wird kaum noch erkannt (Pitsch 2006). Doch das Konzept der *Normalisierung* leistete einen wesentlichen Beitrag zur Erforschung der Lebenslage von Menschen mit Beeinträchtigung und wurde zur zentralen Leitlinie im Kampf gegen katastrophale Zustände in den Großeinrichtungen für behinderte Menschen (Buchner et al. 2011).

Blättert man in der Geschichte der Behindertenhilfe in die 1950er und 1960er Jahre zurück, so zeigt sich, dass die Grundidee des *Normalisierungsprinzips* eine »eindrucksvolle und systemverändernde Kraft« (Beck 2016a, S. 155) entwickelte. Es nimmt als Reformkonzept seinen Ausgang in Skandinavien, stellt die alten Anstalten in Europa und Nordamerika in Frage und setzt umfangreiche Programme der Deinstitutionalisierung in Gang, weil der Gedanke so einfach wie einleuchtend ist (wenn auch nicht für alle Fachleute oder Gesellschaftsmitglieder): Menschen mit Beeinträchtigungen haben ein Recht auf Bildung und Entwicklung, auf Anerkennung und gesellschaftliche Teilhabe, auf Freizeit und Urlaub sowie ein Recht auf intime Beziehungen – wie jeder andere Mensch auch (Thimm 2007).

Den Initiatoren Bank-Mikkelsen und Nirje geht es bei der Formulierung des *Normalitätsprinzips* genau um das: Menschen mit Beeinträchtigungen sollen als Bürgerinnen und Bürger mit allen Rechten und Pflichten anerkannt werden. Ihre Wohnbedingungen und wirtschaftlichen Standards sollen den gesellschaftlichen Verhältnisse entsprechen und ihre Lebensbedingungen sollen so gestaltet sein, dass es keinen strukturellen Unterschied mehr gibt zu den Bedingungen der Menschen ohne Beeinträchtigungen (Hirsch & Kasper 2010, S. 40). Sie sollen an sozialen Interaktionen und Prozessen barrierefrei teilhaben können, sei es im Bereich des Wohnens, der Bildung, der Arbeit, der Kultur und Freizeit. Ihren Tagesrhythmus und ihren Wochen- und Jahresablauf sollen sie so leben können, wie es für die Menschen in der Gesellschaft üblich ist. Das gilt für den Lebenszyklus ebenso wie für den Kontakt zwischen den Geschlechtern. Und schließlich soll der alltägliche Umgang gegenüber den Menschen mit Beeinträchtigungen von Respekt und Wertschätzung geprägt sein (Thimm 1994). Man handelt richtig, so Bengt Nirje, »wenn man für Menschen mit geistigen oder anderen Beeinträchtigungen oder Behinderungen Lebensmuster und alltägliche Lebensbedingungen schafft, die den gewohnten Verhältnissen und Lebensumständen ihrer Gemeinschaft oder ihrer Kultur entsprechen oder ihnen so nahe wie möglich kommen« (Nirje 1994, S. 13).

Das *Normalisierungsprinzip* klagt die katastrophalen Verhältnisse der Behindertenhilfe und der Psychiatrie und ihre menschenunwürdigen Formen der Verwahrung an. Nicht die Menschen, sondern ihre Lebenslagen gilt es zu normalisieren. Unter dieser sozialpolitischen Idee entstehen neue Modelle des gemeindenahen Wohnens in den Heimatgemeinden oder an selbst gewählten Orten, ebenso offene Hilfen und Beratungsstellen für Menschen mit Beeinträchtigungen und ihre Familien. Die Kritik an den bestehenden Institutionen wird auch wissenschaftlich untermauert: Menschen mit Beeinträchtigungen, die über Jahrzehnte isoliert und exkludiert wurden, zeigen unter veränderten Lebensbedingungen eine Abnahme auffälligen Verhaltens und nehmen an Bildungs- und Beschäftigungsmaßnahmen teil. Das Verständnis von Normalität, das dem Prinzip zugrunde liegt, hat auf der Ebene der Lebensstandards gleichwertige Lebensbedingungen sowie gleiche Rechte, Wahl- und Teilhabechancen im Blick. Auf der individuellen Ebene sind der Respekt im Umgang sowie die Chance, sich als sozial zugehörig zu erleben und die Kontrolle über das eigene Leben zu erlangen, Indikatoren für den Abbau von Diskriminierung und die Zunahme von Normalität (Pitsch 2006).

In den USA formuliert Wolf Wolfensberger die Grundgedanken des *Normalisierungsprinzips* weiter aus und unterscheidet in seiner Strukturierung die drei Adressaten: a) Individuum, b) Institution und c) Gesellschaftssystem; auf allen drei Ebenen geht es nach seiner Auffassung um die Aufwertung der sozialen Rollen. In Deutschland findet – gleichzeitig mit der Psychiatrie-Enquête (1975) – der Impuls der *Normalisierung* viele Befürworter, besonders Walter Thimm setze sich in seinen Schriften dafür ein. Ihm ist es wichtig, dass alle Menschen, seien sie beeinträchtigt oder nicht, als gleich angesehen werden und auch gleiche Rechte besitzen. Die Neugestaltung der Behindertenhilfe im Sinne von Dezentralisierung und Regionalisierung in kommunaler Verantwortung soll nach seiner Auffassung bei größtmöglicher Beteiligung (Partizipation) der betroffenen Menschen erfolgen (Thimm 1994).

Für all jene, die den Begriff der *Normalisierung* als Forderung nach Anpassung behinderter Menschen an die Mehrheit der Gesellschaft missverstehen, formulierte Christian Gaedt 1987:

> »Normalisierung orientiert sich nicht am gesellschaftlichen Durchschnitt, sondern an der individuellen Normalität und strebt eine Entfaltung der angelegten Entwicklungsmöglichkeiten an. Normalisierung ist Beseitigung/Minimierung entwicklungshemmender, also behindernder Lebensbedingungen. Normalisierung heißt: Schaffung gesellschaftlicher Räume, heißt: Umwandlung der Einrichtungen zur Betreuung in Orte zum Leben« (Gaedt 1987).

Dieses Verständnis von *Normalisierung* führt zu Konzepten der Partizipation, der Lebenswelt- und Gemeinwesenorientierung (Thimm 2005, S. 223) und zur Teilhabeplanung. Als Fazit lässt sich formulieren: »Ein ›normales‹ Leben bedeutet also nicht, so sein zu müssen, wie andere, er heißt, so leben zu können wie andere – an den gleichen Orten« (Erhardt & Grübner 2013, S. 14).

1.2.16 Interkulturalität und Intersektionalität

Verschiedenheit und Vielfalt werden nicht immer und nicht in allen Gesellschaften positiv konnotiert. Auch und gerade der Heilpädagogik kommt die Aufgabe zu, Benachteiligungen zu identifizieren und ihre Hintergründe zu ermitteln. Die beiden Begriffe *Interkulturalität* und *Intersektionalität* zeigen auf, auf welchen – bisweilen verknüpften – Ebenen diese Ermittlungen zu führen sind.

Interkulturalität

Als die UNESCO im Jahre 2005 ein *Übereinkommen über den Schutz und die Förderung der Vielfalt kultureller Ausdrucksformen* verabschiedet, setzt sie ein Zeichen für Toleranz, soziale Gerechtigkeit und die Anerkennung von Verschiedenheit. Kulturelle Ausdrucksformen tragen zur Einzigartigkeit und Pluralität der Identitäten in der Gesellschaft bei, und so definiert die UNESCO *Interkulturalität* als »die Existenz verschiedener Kulturen und die gleichberechtigte Interaktion zwischen ihnen sowie die Möglichkeit, durch den Dialog und die gegenseitige Achtung gemeinsam kulturelle Ausdrucksformen zu schaffen« (UNESCO 2005). Das Übereinkommen geht auf die Prozesse des kulturellen Austausches ein, die wichtig sind, »wenn Kulturen auf der Ebene von Individuen, Gruppen oder Symbolen in Kontakt treten«, ungeachtet dessen, ob »die betroffenen Personen divergierende Wertorientierungen, Bedeutungssysteme und Wissensbestände aufweisen« (ebd.)

Bei näherem Hinsehen eröffnet der Begriff *Interkulturalität* allerdings ein Feld von Kontroversen und Konflikten, die angesichts von Migration und Globalisierung, von Divergenz und Dominanz zu klären sind, sei es im Gemeinwesen, in der Arbeitswelt, in der Bildung, im Gesundheitswesen und auch in heilpädagogischen Handlungsfeldern. Oft geschieht es, dass *Interkulturalität* nur auf die Bildung bezogen wird und sich in Maßnahmen zur Stärkung der *interkulturellen Kompetenz* von

Lehrkräften ebenso wie von Schüler*innen erschöpft. In einer komplexer werdenden Weltgesellschaft ist es wichtig, interkulturelle, interlinguale und interreligiöse Kompetenzen zu erwerben, um Dialoge führen zu können über Interessen und Ressourcen (Dietz 2011, S. 105).

Wie sich *Interkulturalität* von *Transkulturalität* und *Multikulturalität* abhebt und welcher Begriff von *Kultur* zugrunde gelegt werden sollte, ist zu klären: *Multikulturalität* wird beschreibend verwendet für das Zusammentreffen unterschiedlicher Kulturen, die nicht unbedingt im Dialog miteinander stehen. Als additives Miteinander verschiedener Kulturen ist *Multikulturalität* im deutschsprachigen Raum ein abgedroschenes Schlagwort (Gogolin 2016), während der Begriff *multicultural* internationales Ansehen genießt und synonym zu unserem *interkulturell* verwendet wird, z. B. als *multicultral education*, gleichbedeutend mit *interkultureller Bildung* (Huxel 2013). *Transkulturalität* wird in der Forschung aktuell favorisiert, da die Termini *Interkulturalität* und *Multikulturalität* nicht zeitgemäß seien und auf Vorstellungen von einheitlichen, geschlossenen Nationalkulturen früher Jahrhunderte beruhen. Heute sei *Kultur* nicht mehr in Nationalstaaten und Landesgrenzen einzufangen, sondern durchdringe weltweit alle gesellschaftlichen Interaktionen (Welsch 2017). Der Begriff *Kultur* sorgt ebenfalls für kritische Debatten: als reduktionistischer und unpräziser Sammelbegriff für sprachliche, religiöse und ethnische Differenzen birgt er die Gefahr, dass unter seinem Mantel soziale Probleme (Rassismus, Diskriminierung, Etikettierung, Stigmatisierung) aus dem Blickfeld geraten.

Diese Debatten haben zunächst einmal mit den historischen Schrittfolgen zu tun, die zu der Idee von *Interkulturalität* geführt haben. Als Reaktion auf die Zuwanderung von *Gastarbeitern* in den 1950er und 1960er Jahren – nach den gezielten bilateralen Anwerbungsverträgen mit Italien (1955), Spanien und Griechenland (1960), der Türkei (1961), Marokko (1963), Portugal (1964), Tunesien (1965) und Jugoslawien (1968) – richtete sich der Blick allein auf die *Defizite* der Zugewanderten: Maßnahmen der Integration und Sprachkurse sollten helfen, sich mit der *Kultur* des Einwanderungslandes vertraut zu machen. Andersartigkeit in sprachlicher, kultureller, ethnischer und religiöser Hinsicht wurde von der Gesellschaft als Verunsicherung erlebt, die politischen Maßnahmen zielten auf die Aufrechterhaltung der inneren Homogenität ab (Dietz 2011). Die Gesellschaft hatte noch keinen Blick dafür, »dass diese Menschen zwar möglicherweise nicht exakt diejenigen sprachlichen und kulturellen Vorerfahrungen in die Gesellschaft und das Bildungssystem des Einwanderungslandes einbringen, die dort für ›normal‹ gehalten werden; dass sie sehr wohl aber Erfahrungen und Kompetenzen mitbringen, die für sie selbst als Ressourcen fungieren und das für die umgebende Gesellschaft ebenfalls könnten, sofern sie denn als solche akzeptiert würden« (Gogolin 2016, S. 404).

Im weiteren Verlauf der Auseinandersetzung um die Integration zugewanderter Mitbürger*innen änderte sich die Perspektive; Max Frisch Satz »Wir riefen Arbeitskräfte, und es kamen Menschen« (Frisch 1967) machte bewusst, dass die Zugewanderten und ihre Familien ein Anrecht auf Akzeptanz, Toleranz und rechtliche Gleichbehandlung haben. Allerdings zeigten sich nun andere Mechanismen der Diskriminierung: So traf im Bereich der Schulen das Postulat vom respektvollen Umgang mit Vielfalt und Andersartigkeit auf eine institutionalisierte pädagogische Praxis, die in ihren Strukturen den bürgerlichen Bildungsidealen entstammte und an ihrer Tendenz zur Selektion festhielt. Dies zeigte sich an Fällen wie dem Jungen Nenand Mihailovic, der nach einem einzigen Intelligenztest auf eine Förderschule verwiesen wurde (Kiuppis 2018) und die überproportionale Einstufung von Kindern aus zugewanderten Familien als ›lernbehindert‹ – man könnte auch sagen: »migrationsbedingt behindert« (Amirpur 2016) – repräsentierte.

Heute steht die Heilpädagogik vor der Aufgabe, die Ursachen von Benachteiligungen im Bereich der Bildung und Beschäftigung zu prüfen und zu ermitteln, welche bewussten oder unbewussten Stigmatisierungen und Diskriminierungen fortbestehen. Diversität und Heterogenität sind eher als eine Ressource zu betrachten, die es möglich macht, *interkulturelle* Kompetenz nicht nur von den Angehörigen der Minorität zu verlangen, sondern auch bei der Majorität zu entwickeln:

»Erziehungs- und Bildungsanstrengungen sollen dem Ziel dienen, allen Angehörigen der pluralen Gesellschaften zu den Fähigkeiten zu verhelfen, die sie benötigen, um diese Lage kompetent, selbstbestimmt und unter Achtung des Anderen zu bewältigen« (Gogolin 2016, S. 406).

Eine Gefahr könnte darin bestehen, die Bestrebungen zum *interkulturellen* oder *transkulturellen* Dialog zu vernachlässigen, indem man den Begriff *Inklusion* vorzieht und so tut, als seien damit alle Differenzlinien obsolet, weil in inklusiven Settings alle willkommen und beteiligt seien. Wo *inklusiv* allein auf den gemeinsamen Unterricht von Kindern mit und ohne Beeinträchtigung verkürzt wird, dort bleibt es notwendig, eine Pädagogik der *Interkulturalität* anzubieten und für einen angemessenen pädagogischen Umgang mit Vielfalt und Differenz zu sorgen.

Intersektionalität

Wenn in der Heilpädagogik über Diskriminierung und soziale Benachteiligung nachgedacht und geschrieben wird, dann meist mit dem Fokus auf die Ungleichheitskategorie *Behinderung*. In letzter Zeit weitet sich der Blick, es kommen die Wechselwirkungen verschiedener Benachteiligungen ins Bild: Neben der Kategorie *Behinderung* oder *Beeinträchtigung* das soziales Milieu, das Lebensalter, die Migrationsgeschichte und das Thema *Geschlecht und Behinderung* – wobei dieser Aspekt und die damit verbundenen Machtverhältnisse schon seit Jahren kritisch reflektiert werden (Schildmann 1983; Ewinkel & Hermes 1985; Friske 1995). Der Begriff *Intersektionalität* steht für eine Perspektive und eine Forschung, die sich mit Exklusionsdynamiken aufgrund verschiedener Ungleichheiten beschäftigt: »Unter dem Begriff Intersektionalität wird die Verschränkung verschiedener, Ungleichheit generierender Strukturkategorien verstanden. Intersektionale Theorie zielt darauf ab, das Zusammenwirken verschiedener Positionen sozialer Ungleichheit zu analysieren« (Küppers 2014).

Der Begriff *Intersektionalität* wurde 1989 erstmals von Juristin Kimberlé Crenshaw eingeführt, die gewisse Überkreuzungen von Achsen der Diskriminierung (z. B. gender – race – class) wahrnahm und kritisierte, dass solche Mehrfachbenachteiligungen in den Rechtsverhältnissen der Gesellschaft nicht ausreichend berücksichtigt würden. Dimensionen der Diskriminierung treffen an gewissen Punkten zusammen, wo sie sich nicht nur addieren, sondern gegenseitig verstärken. So ist eine ältere Frau mit kognitiver Beeinträchtigung, die nicht mehr am täglichen Arbeitsleben teilnimmt, keine familiären Bindungen besitzt und zusätzlich eine Sehbehinderung entwickelt, mit verstärkten Exklusionsrisiken konfrontiert und zur Wahrung der gesellschaftlichen Teilhabe auf Assistenz angewiesen (die ihr möglicherweise aufgrund der unterschiedlichen Beeinträchtigungen nur unzureichend gewährt wird). Ein Mann mit Migrationserfahrung, ohne Sprachkenntnisse im fremden Land und durch eine Tetraparese aufgrund eines Unfalls mobil beeinträchtigt, wird bei der Beantragung angemessener Hilfen vermutlich ebenso die Probleme mehrfacher Ungleichheit und Diskriminierung erleben.

Intersektionalität fordert dazu auf, Mehrfachdiskriminierungen zu untersuchen und zu fragen, welche gesellschaftlichen Bedingungen und Einstellungen in Ämtern und Verwaltungen, Verbänden und sozialen Gruppen sowie in intersubjektiven Kommunikationen vorherrschen, also welche Macht- und Herrschaftsverhältnisse dazu führen, dass *Verschiedenheit* nicht positiv konnotiert ist, sondern gerade bei *mehrfacher Verschiedenheit* zur deutlichen Verminderung von Teilhabechancen führt. Die Überlegungen zu den Wechselwirkungen von Ungleichheit und Benachteiligung wurden in den 1990er Jahren konkreter, als man feststellte, dass soziale Bewegungen die Multidimensionalität der Unterdrückung (z. B. in Bezug auf Gender, Ethnie und Minorität) nicht systematisch reflektierten (Aulenbacher & Riegraf 2012). Zu den Erkenntnissen Kimberlé Crenshaws gehörte es, bei den – von amerikanischen Gerichten abgewiesenen – Klagen von Frauen zu bemerken, dass diese aufgrund ihrer ethnischen Zugehörigkeit, ihres Geschlechts und oft auch aufgrund ihres sozialen Milieus eine mehrfache Diskriminierung ertragen mussten. Dabei gibt es »no hierarchy of oppressions« (Lorde 1999, S. 306), sondern die Mechanismen der Unterdrückung verstärken sich gegenseitig bzw. führen zu neuen Formen der Diskriminierung.

Inzwischen wird in der Forschung infrage gestellt, ob der Begriff *Intersektion* im Sinne der Kreuzung verschiedener isolierter Dimensionen die Problematik angemessen beschreibt. Präzise zu analysieren seien vielmehr die subtilen Beziehungen von Ungleichheit und Benachteiligung (Winker & Degele 2009), die im Begriff der *Interdependenz* mit ihren wechselseitigen Abhängigkeiten besser ihren Ausdruck finden. Die aktuellen Überlegungen zur *Intersektionalität* oder *Interdependenz* sind auf jeden Fall mit dem Diversity-Ansatz kompatibel, der ebenso sensibilisiert für die unterschiedlichen Merkmale und Dimensionen einer Person wie Geschlecht, ethnische und kulturelle Zugehörigkeit, sexuelle Orientierung, Hautfarbe, Alter, soziales Milieu, Sprache, regionale Herkunft, Religion bzw. Weltanschauung usw. Spezifische Diversity-Dimensionen entscheiden im Alltag über Zugänge oder Barrieren in Bezug auf gesellschaftliche relevante Positionen.

Als wissenschaftlicher Forschungsansatz ist *Intersektionalität* insofern bedeutsam, weil damit ein Bündnis hergestellt wird zu den Gender-, Queer-, Disability, Postcolonial- und Cultural-Studies: »Gemeinsam sind diesen Forschungsausrichtungen ihre Herkunft aus und ihre enge Verflochtenheit mit den jeweiligen sozialen Bewegungen« (Raab 2012, S.2). *Intersektionalität* ist in der Forschung nicht nur an einer Beschreibung und Analyse der Wechselwirkungen interessiert, sondern im Sinne kritischer Theorietraditionen an der Transformation der Verhältnisse mit dem Ziel der Reduzierung von Ausschlussmechanismen (Walgenbach 2017). Die Strukturkategorie *Behinderung* steht bislang – abgesehen von den erwähnten feministischen Studien zum Thema *Geschlecht und Behinderung* – nicht unbedingt im Zentrum der Debatte um *Intersektionalität* und *Interdependenz* (Baldin 2014). Meist werden eher die Kategorien Ethnizität, Sexualität, Klasse, Alter, nationale bzw. regionale Zugehörigkeit und Geschlecht betrachtet (Küppers 2014). Da der Ansatz der *Intersektionalität* den Fokus auf Macht- und Diskriminierungsformen legt, ist er aber besonders anschlussfähig an »Diskurse der Disability Studies, die die Kategorie ›Behinderung‹ als historisch, kulturell und soziale hergestelltes Produkt begreifen« (Walgenbach 2022, S. 673).

Die Frage nach einer schlüssigen Theorie der *Intersektionalität* ist allerdings nicht geklärt und in vielen Beiträgen werde nicht realisiert, dass es sich bei den Personenkategorien um soziale Konstruktionen handle, »die soziale Erwartungen bündeln und auf diese Weise als Anknüpfungspunkt institutionalisierter Handlungsstrategien fungieren« (Weinbach 2014, S. 75). Andere erinnern daran, dass die verwendeten Personenkategorien (wie Klasse, Rasse, Geschlecht) im Zuge der Entwicklung von Nationalstaaten generiert wurden und die aktuellen Ungleichheitsverhältnisse nur unzureichend erfassen (Klinger & Knapp 2008). Für die Heilpädagogik könnte das heißen, in der Betrachtung von *Intersektionalität* »die Fokussierung auf Behinderung als Masterkategorie« (Raab 2012, S. 6) kritisch zu überprüfen, zu relativieren und ein Analysemodell zu entwickeln, das die aktuellen Dimensionen von Benachteiligung berücksichtigt. Das würde vielfältige Perspektiven im Kontext einer Pädagogik der Inklusion und Partizipation eröffnen, setzt allerdings voraus, dass Differenzkategorien benennbar bleiben und nicht in einer nivellierenden Inklusionsrhetorik verwischt werden (Walgenbach & Pfahl 2017).

1.2.17 Kompetenz und Kreativität

Im Studium und in den Handlungsfeldern wird heute sehr auf die Kompetenzorientierung für das professionelle heilpädagogische Handeln Wert gelegt, fast so, als wäre auf jeder Ebene messbar, wer in welcher Weise qualifiziert für die entsprechende Arbeit sei. Da erscheint es sinnvoll, auch kreative Impulse in den Blick zu nehmen, denn sie sind notwendig, um überhaupt innovativ zu denken und dieses Denken auch in Handlungen umzusetzen.

Kompetenz

Dem Begriff der *Kompetenz* begegnet man im Feld der Heilpädagogik quasi auf Schritt und Tritt: In Modulhandbüchern des Studiums, orientiert am Deutschen Qualifikationsrahmen (DQR), in Assistenz-Anforderungen, Stellenausschreibungen oder in Anleitungen zur Praxisreflexion. Außerhalb der Heilpädagogik ist im Management von Unternehmen, in Weiterbildungen oder in Lernzielbeschreibungen von *Kompetenzen* bzw. *Kompetenzentwicklungen* die Rede, die das Versprechen enthalten, pragmatische Orientierungen für die gesellschaftliche Praxis und ihre Handlungsanforderungen zu liefern und bei individuellen Problemlösungsfähigkeiten hilfreich zu sein. Auch die professionelle Einstellung gegenüber Menschen mit Beeinträchtigungen hat sich in dieser Richtung geändert, wenn (wieder einmal) vom *Paradigmenwechsel* die Rede ist: von der *defizitorientierten* zur *kompetenzorientierten* Sichtweise (Rödler 2007, S. 176). Während manche Wissenschaftler und Unternehmensberater den Siegeszug des Kompetenzdenkens in Pädagogik, Ökonomie und Politik feiern, halten andere den Umbau des Bildungssystems entlang von *Kompetenz*modellen für fragwürdig (Ladenthin 2010). Da der Begriff oft unhinterfragt gebraucht wird und zu einem »terminologischen Wirrwarr« (Müller-Ruckwitt 2008, S. 129) führt, soll er hier näher betrachtet werden.

Der lateinische Begriff *competentia* meint das Zusammentreffen von gesellschaftlicher Position und Entscheidungsmacht (Stahlmann 2007, S. 35). Im römischen Recht steht *competens* für die Klärung, wer persönlich zuständig und geeignet für eine Aufgabe sei, und stellt somit »keine individuelle Eigenschaft, sondern ein Bewertungskonstrukt« (Ziemen 2017, S. 151) dar. Für Bourdieu steht *Kompetenz* für das Recht und die Pflicht, sich mit etwas zu befassen, was zur Erweiterung des Sachverstandes führt, wobei dieser Schritt das Vorhandensein von Sozialkompetenz erfordert:

»Die Neigung, das zu erwerben, was man Sachkompetenz nennt, (ist) umso größer, je mehr soziale Kompetenz man hat, das heißt, je mehr man sozial als würdig und also als verpflichtet anerkannt ist, diese Kompetenz zu erwerben« (Bourdieu 1993, S. 228).

In sozialen Handlungsfeldern zeigt sich die *Kompetenz* einer Person darin, wie sie ihre fachlichen Kenntnisse und Erfahrungen in Handlungssituationen einbringt. *Kompetenz* ist ein relationaler Begriff, der eine Beziehung herstellt zwischen dem Wissen, dem Können, dem Wollen, den Anforderungen und den Restriktionen der Umwelt: »Kompetenz bezeichnet also die Fähigkeit zur situationsspezifischen Konkretisierung und Relationierung zwischen Person und Umwelt« (von Spiegel 2018, S. 73).

Der Aufstieg des Wortes *Kompetenz* zum Schlüsselbegriff der Erziehungswissenschaften beginnt in Deutschland in den 1970er Jahren, als die Regierungen der Bundesländer zusammen mit dem Deutschen Bildungsrat sich darauf einigen, Empfehlungen für Maßnahmen der Frühen Bildung an *Kompetenzen* zu orientieren und besonders die Sozial- und Handlungs*kompetenzen* (Stahlmann 2007, S. 35) herausheben. Anders als formal erworbene Qualifikationen bestünden *Kompetenzen* gerade darin, Fähigkeiten, Fertigkeiten, Wissensbestände und Einstellungen so in das Handeln zu integrieren, dass sie keine routinemäßigen Verrichtungen, sondern reflektierte Problemlösungen ermöglichen. *Kompetenz* wird nun verstanden als die Fähigkeit des Einzelnen, sich in beruflichen und gesellschaftlichen Situationen sachgerecht, durchdacht sowie individuell und sozial verantwortlich zu verhalten. Gerade in der Pädagogik sei es wichtig, dynamische und unvorhersehbare Situationen fachlich fundiert und zielorientiert zu bewältigen:

»Gegenüber dem Qualifikationsbegriff fokussiert der Begriff der beruflichen Kompetenz in erster Linie die Bedeutung der subjektiven Voraussetzungen bzw. individuellen Potenziale und Fähigkeiten, die für die angemessene Bewältigung von beruflichen Anforderungen erforderlich sind« (Loeken & Windisch 2013, S. 85).

Eine andere Definition bezieht die ethischen Aspekte mit ein; danach umschreibt Kompetenz »eine durch Ausbildung und Sachwissen ausgewiesene Fähigkeit, Handlungssituationen angemessen wahrzunehmen, fachliches und ethisches Wissen darauf zu beziehen, begründbare Entscheidungen zu treffen und diese handelnd umzusetzen« (Großmaß & Perko 2011, S. 33).

Bei der Konkretisierung des Kompetenzbegriffs wird meist differenziert zwischen vier Dimensionen: a) der Fach- und Methoden*kompetenz*, b) der sozial-kommunikativen *Kompetenz*, c) der personalen (oder: Selbst-) *Kompetenz* und d) der Handlungs*kompetenz* (Arnold & Erpenbeck 2021). Im Kontext der Heilpädagogik/Inclusive Education heißt das:

Fach- und Methoden-Kompetenzen bilden sich aus dem Grundlagenwissen, dem heilpädagogischen Fachwissen (auch in Form interdisziplinären Denkens) und der Erkenntnis, dass Wissensbestände auf wissenschaftliche Grundlagen hin überprüfbar sein müssen. *Methoden-Kompetenz* zeigt sich darin, Lösungsstrategien auf der Basis heilpädagogischer Konzepte auszuwählen, zu prüfen, anzuwenden und zu evaluieren. *Fach- und Methodenkompetenz* setzt die selbstständige Einschätzung geeigneter Konzepte sowie die Fähigkeit zur Organisation und Präsentation voraus. Aus Sicht der Anstellungsträger wird auch auf *Management- und Administrationskompetenzen* Wert gelegt.

Sozial-kommunikative Kompetenzen sind für die professionelle Beziehungsgestaltung, für Beratungs-und Kooperationsaufgaben bedeutsam. Neben den Grundhaltungen des personzentrierten Ansatzes (Empathie, Akzeptanz und Kongruenz) sind *Beobachtungs-, Beratungs- und Reflexionskompetenzen* sowie die Fähigkeit zur Übernahme von Verantwortung unverzichtbar. Dabei geht es um Verständnis- und Ausdrucksfähigkeiten im Dialog mit Menschen mit Beeinträchtigungen und ihren Angehörigen, um Assistenzangebote und Anleitungsgespräche sowie um Problem- und Konfliktlösungsfähigkeiten.

Personale (oder: Selbst-) Kompetenzen sind notwendig, um eigene Motive und Einstellungen zu überprüfen, Stärken, Schwächen und Belastungen realistisch einzuschätzen, die Selbstentwicklungs- und Leistungsbereitschaft kritisch zu reflektieren und Aufgaben des Selbstmanagements und des Zeitmanagements bewältigen zu können. Für die heilpädagogische Arbeit sind Eigenverantwortung, Geduld, Zuverlässigkeit und Vertrauenswürdigkeit ebenso relevant wie Offenheit für Veränderungen bzw. für die Dynamik von Beziehungsprozessen.

Handlungskompetenzen wie Initiative und Tatkraft, Mobilität und Flexibilität, Entscheidungsfreude sind im pädagogischen Alltag genauso gefragt wie die Fähigkeit zur selbstständigen und reflektierten Umsetzung der fachlichen, sozialen und personalen *Kompetenzen*, um die Arbeitsanforderungen kreativ zu gestalten. Auch die Fähigkeit, die *Kompetenzen* der Klient*innen zu erkennen und sich auf ihre Vorstellungen und Handlungsweisen einlassen zu können, ist im heilpädagogischen Feld absolut wichtig.

So differenziert, aber auch inflationär der Begriff der *Kompetenz(en)* heute verwendet wird, so ist bei der Fokussierung auf die spezifischen Fähigkeiten und Fertigkeiten einer Person doch zu fragen, ob damit Menschen noch ganzheitlich betrachtet werden oder ob die Bedingungen ihrer Lebenswelt zunehmend aus dem Blickfeld geraten. Im Kontext der akademischen Bildung bestehen einige Zweifel, ob man Studiengänge nur nach Kompetenzkatalogen organisieren und abprüfen kann, ohne damit in Widerspruch zur Forderung selbstbestimmter und forschender Lernformen zu geraten (Bodensohn 2002).

Kreativität

Der Begriff *Kreativität* leitet sich ab vom lateinischen Verb creare (erschaffen, erzeugen), das im gegenwärtigen Sprachgebrauch häufig als *kreieren* zu finden ist. Das Adjektiv *creativ* lässt sich im 19. Jahrhundert im Englischen nachweisen, ebenso das Substantiv *creativity* – beide Begriffe fanden erst in der zweiten Hälfte des 20. Jahrhunderts ihren Weg in den deutschen Sprachraum, der lange Zeit am Begriff des *Schöpferischen* festhielt. *Kreativität* wurde dann mit Bildender Kunst, mit Musik und Tanz, mit Literatur und Theater assoziiert und Personen zugesprochen, die als sehr originell galten. Auch heute wird Künstler*innen, die Bilder und Formen erschaffen, Musik komponieren, Gedichte schreiben und neue Sprachbilder entwickeln, das Attribut *kreativ* zugesprochen. In einem weiteren Sinne ist gegenwärtig in der Wirtschaft und der Wissenschaft, der Informationstechnologie und der politischen Auseinandersetzung vermehrt von *Kreativität* die Rede: Gemeint ist das Vermögen zu divergentem Denken, das sich in Assoziationsreichtum und Flexibilität äußert. *Kreativität* kann auch ironisch gemeint sein, wenn von *kreativ* Buchführung die Rede ist, die eigentlich einen Einfallsreichtum im Verletzen von Regeln benennt. Meist ist *Kreativität* jedoch verbunden mit Ideen und Objekten, die Originalität und Anschlussfähigkeit in sich vereinen (Wissel 2012).

In den USA entsteht um 1960 eine kritische Auseinandersetzung um den Stellenwert sowie den Unterschied von *Intelligenz* und *Kreativität*: Wer logisch und schlussfolgernd denkt, wer nach Lösungen für strukturierte Aufgaben sucht und dabei Gelerntes systematisch anwendet, zeigt *Intelligenz* im Sinne eines konvergenten Denkens; wer sich gern offenen Aufgaben mit potenziell unsicheren und unterschiedlichen Lösungsmöglichkeiten zuwendet, die weniger logisch-analytische als vielmehr spielerische Kompetenzen erfordern, zeigt *Kreativität* im Sinne eines divergenten Denkens: »Spezifisch für divergentes Denken sind Fähigkeiten wie Flüssigkeit, Flexibilität und Originalität, die Fähigkeit, etwas neu zu definieren, Gegenstände auf eine neue, ungewöhnliche Weise zu verwenden« (Harten 1997, S. 22). Man kann auch vom lateralen Denken sprechen als Fähigkeit, Dinge von unterschiedlichen Standpunkten aus und prozesshaft zu betrachten. Die Vorstellung eines engen Zusammenhangs von *Kreativität* und psychischer Störung, von *Genie* und *Wahnsinn* ist heute nicht mehr haltbar: eine seelische Vulnerabilität oder gar manifeste psychische Erkrankungen können nicht als notwendige oder förderliche Bedingung für die Entfaltung von *Kreativität* im künstlerischen Ausdruck angesehen werden, weder in der Malerei noch in der Musik oder in der Dichtung (Juckel & Mavrogiorgou 2021).

Grundlage der menschlichen Fähigkeit, Neues zustande zu bringen, sei die intensive Vorstellungskraft eines Menschen, und zwar als »Vermögen zur Vergegenwärtigung des Abwesenden und, darauf aufbauend, die Phantasie als Vermögen des (Noch)Nicht-Existenten« (Bröckling 2017, S. 411). Für den Soziologen und Heilpädagogen Bröckling zeigt sich *Kreativität* auf mehreren Feldern: a) in dem zum Ausdruck strebenden künstlerischen Prozess, der etwas vorher nie Dagewesenes schafft (Kreativität als Expression); b) im Handwerk, das im Vorgang der Arbeit etwas Neues herstellt (Kreativität als Produktion); c) im problemlösenden Handeln, das mit Herausforderungen umgeht und dabei nicht auf alte Reaktionsmuster zurückgreift (Kreativität als Innovation); d) im grenzüberschreitenden, auch zerstörerischen, befreienden Handeln, das gänzlich Neues zu entwerfen vermag (Kreativität als Revolution); e) im zweckfreien Handeln des Kindes, das spielerisch und schöpferisch seine Umwelt erlebt und gestaltet (Kreativität als Spiel).

Der Hinweis auf das kindliche Spiel und seine Bedeutung für die Entwicklung von Fantasie und Symbolisierungsfähigkeit spricht heilpädagogisch bedeutsame Aspekte von *Kreativität* an: Als selbstorganisierte Aktivität ist das Spiel die kindgemäße Form des Lernens. Während im ersten Lebensjahr Explorations- und Funktionsspiele dominieren, entdecken Kinder im zweiten Lebensjahr das Symbolspiel und entwickeln darin die Fähigkeit zur Nachahmung und zur mentalen Repräsentation: »Einfache Ereignisse werden wiederholt und außerhalb des eigentlichen Kontextes neu ›inszeniert‹« (Traxl 2018b, S. 10). Für Lehmhaus und Reiffen-Züger zeigt sich *Kreativität* im Kontext des Spiels in der Fähigkeit des Kindes zur Projektion, womit hier die Aktivität gemeint ist, etwas in Dinge ›hinein zu sehen‹ oder dahinter zu entdecken und die eigene innere Welt nach außen zu verlagern.

> »Diese Neigung zu projizieren, Dinge zu beleben, ihnen eine Bedeutung zu geben, sodass über ihre Realexistenz hinaus ›Spielräume der Wirklichkeit‹ entstehen, treffen wir in der Übertragung ebenso wie bei der Spielgestaltung« (Lehmhaus & Reiffen-Züger 2018, S. 16).

Spiel, Fantasie und *Kreativität* stellen wichtige Ressourcen für die Bewältigung altersentsprechender Entwicklungsaufgaben dar (Seiffge-Krenke 2009) und zeigen auf, dass Kinder Akteure ihrer eigenen Entwicklung sind (Kautter et al. 1998). Winnicott spricht von *Kreativität* als etwas Allgemeinem, das die Erfahrung erhöht, selbstbestimmt und lebendig zu sein. In seinem Konzept reicht *Kreativität* über die Erschaffung von künstlerischen Werken hinaus, er versteht sie als »Tönung der gesamten Haltung gegenüber der äußeren Realität« (Winnicott 2012, S. 78). Wenn im symbolhaften Spiel Gegenstände umgedeutet und Fiktionen aufgebaut werden, erschaffen sich Kinder ihre eigene Welt – in gewisser Weise auch als Gegenwelt zur Realität der Erwachsenen. Denn die Fähigkeit zur Symbolbildung im Spiel eröffnet die Möglichkeit, dem Sozialisationsdruck und dem Zwang zur Unterwerfung unter eine von den Erwachsenen definierte ›Wirklichkeit‹ *kreativ* zu begegnen.

Erfahrungen der Selbstwirksamkeit (Bandura 1997) stehen in enger Verbindung mit der Entwicklung von *Kreativität*, aber auch sichere Bindungen und Möglichkeiten der Exploration (Bowlby 2016) sind wichtig, um die Bereitschaft zur Gestaltung und Veränderung umsetzen zu können. Fraglich ist, ob Workshops oder Förderprozesse das *kreative* Potenzial einer Person wirklich steigern und stärken können. Wichtig im heilpädagogischen Kontext ist wohl eher die Eröffnung von Möglichkeitsräumen, die zum Erkunden und Experimentieren anregen und die schöpferischen Impulse des Menschen zur Geltung kommen lassen.

1.2.18 Lebensqualität, Lebenslage und Lebenswelt

Bis in die 1990er Jahre schien es allein im Verantwortungsbereich der Einrichtungsleitungen in der Behindertenhilfe zu liegen, wer mit wem in welcher Wohnform *untergebracht* war. Die Menschen mit Beeinträchtigungen selbst wurden nicht gefragt, ihre Bedürfnisse hatten zurückzutreten hinter institutionelle Notwendigkeiten. Erst im Zuge der Dezentralisierung begann man, die Alltagsrealität der Menschen, ihre objektive Lebenssituation zu ermitteln. Was heute selbstverständlich sein sollte, nämlich die Partizipation der Adressat*innen in die Lebensgestaltung (z. B. in Teilhabekonferenzen und Zukunftsplanungen), galt vor Jahren als Neuland, aber auch als Notwendigkeit:

> »Wir haben kein Recht, für die Betroffenen zu definieren, was für sie gut und qualitätsvoll ist. Dieses Handeln birgt die Gefahr der Bevormundung, der fürsorglichen Belagerung. Notwendig ist eine Perspektive, die Lebenssouveränität fördert – also eine Empowerment-Perspektive – und die ist ohne weitestgehende Einbeziehung der Betroffenen nicht vorstellbar« (Keupp 2000, S. 15).

»*Endlich fragt uns mal jemand!*« (Sonnenberg 2007) war die Antwort der Menschen mit Beeinträchtigungen, die nun im Zuge von Studien zur ihrer Lebenssituation, ihrer Zufriedenheit, ihren Wünschen und ihrer Selbstbestimmung systematisch interviewt wurden (Dworschak 2004; Seifert 2006; Sonnenberg 2007; Schäfers 2008; Zentel 2022). Für diese Forschungen waren und sind die Begriffe und Konzepte *Lebensqualität*, *Lebenslage* und *Lebenswelt* grundlegend.

Lebensqualität

Auf einem Gewerkschaftskongress 1972, an dem Wissenschaftler*innen und Politiker*innen aus 22 Ländern in Oberhausen teilnahmen, wurde das Streben nach stets steigender Produktion in Frage gestellt und die *Lebensqualität* mit ihren Fragen nach individuellen Entfaltungsmöglichkeiten und persönlicher Zufriedenheit dagegengesetzt. In seiner Eröffnungsrede formulierte Bundespräsident Gustav Heinemann folgende Überlegungen:

> »Der Kongress ruft zu einer Besinnung darüber auf, ob wir auf dem richtigen Weg sind. Was wird das für ein Leben sein, wenn wir so weiter machen wie bisher? Haben wir insbesondere nicht viel zu lange manche Kosten unseres Wohlstandes in den Industrieländern auf die Umwelt abgewälzt, in der wir nun zu ersticken drohen? Haben wir nicht viel zu optimistisch, ja geradezu leichtsinnig manches nur als Fortschritt angesehen, was seine schweren Schattenseiten hat?« (zit. n. Noll 2000, S. 4).

Mit dem Konzept der *Lebensqualität* werden die realen Lebensbedingungen und das Wohlbefinden des Einzelnen in den Blick genommen und ein anderer Maßstab des Fortschritts postuliert (Glatzer & Zapf 1984). In den Sozialwissenschaften und in der Forschung wurde dieser Ansatz konkretisiert, auch und gerade in Bezug auf Menschen mit Beeinträchtigungen, die in dieser Zeit Veränderungen in den Komplexeinrichtungen und Entwicklungen neuer Konzepte des Lebens in der Gemeinde (Kniel & Windisch 1999) erfuhren, ohne daran mitwirken zu können.

Bei der Ermittlung der *Lebensqualität* geht es heute darum, sowohl die Lebensbedingungen als auch die Bedürfnisse und Partizipationschancen im Kontext gesellschaftlicher Bedingungen in den Blick zu nehmen. *Lebensqualität* fragt danach, wie die Lebenssituation einer Person beschaffen ist und von dieser erlebt wird. Differenziert wird nach den Aspekten: 1. *physisches Wohlbefinden:* Gesundheit, Körperpflege, Ernährung, Bewegung, Entspannung und Schutz vor Verletzungen; 2. *soziales Wohlbefinden:* Interaktion, Kommunikation, Beziehungen sowie Anerkennung und Wertschätzung; 3. *materielles Wohlbefinden:* die zur Verfügung stehenden finanziellen Mittel, die bewohnten Räumlichkeiten, die Ausstattung der Räume und die eigenen Transportmittel; 4. *aktivitätsbezogenes Wohlbefinden:* Aktivitäten, die Chancen zur Partizipation und zur Selbstbestimmung bieten; 5. *emotionales Wohlbefinden:* psychische Gesundheit, Achtung und Selbstwertgefühl, Geborgenheit und Zugehörigkeit (Felce & Perry 1996; Dworschak 2004; Schäfers 2008; Zentel 2022).

In der internationalen Forschung werden diese Säulen noch differenzierter zu Kerndimensionen umformuliert: Zum physischen, materiellen und emotionalen Wohlbefinden treten folgende Aspekte hinzu: die Rechte von Menschen mit Beeinträchtigungen, die soziale Inklusion und Selbstbestimmung sowie die Gestaltung von Beziehungen (Schäfers 2022, S. 164). Damit stellt *Lebensqualität* ein umfassendes, sinnvolles und operationalisierbares Konzept zur Ermittlung von Bedürfnissen, persönlichen Werten und Lebenszielen dar, weil es biografische, kulturelle, alters- und geschlechtsspezifische sowie behinderungsbedingte Aspekte enthält und die aktuelle Lebenssituation der betreffenden Person in vielfältiger Weise ermittelt (Seifert 2006).

Die Ermittlung und Bewertung von *Zufriedenheit* als subjektiver Indikator für *Lebensqualität* ist ein Anliegen der Forschung. Jede Person hat eine individuelle Wahrnehmung ihres zufriedenstellenden oder unzureichenden Wohlbefindens. Um dies zu ermitteln, werden individuelle Erwartungen an die Lebensbedingungen – der Soll-Zustand – und die konkreten Merkmale der Lebensbedingungen – der Ist-Zustand – verglichen (Schäfers 2008). Zufriedenheit stellt sich ein, wenn der wahrgenommene Ist-Zustand sich mit dem angestrebten Soll-Zustand deckt oder diesen übertrifft. Unzufriedenheit ist dann gegeben, wenn der Ist-Zustand nicht dem erwarteten Soll-Zustand gleicht, sondern darunter liegt. Es sind auch inkonsistente Konstellationen denkbar: »Interessanterweise ist es (...) trotz perfekter Rahmenbedingungen möglich, dass Menschen nicht glücklich sind, sie ihre Lebensqualität als gering empfinden« (Zentel 2022, S. 21) Gute Lebensverhältnisse führen nicht immer zu hoher Zufriedenheit (»Unzufriedenheitsdilemma«), schlechte Bedingungen des Lebens können dennoch mit subjektivem Wohlbefinden gekoppelt sein (»Zufriedenheitsparadox«) (Schäfers 2022, S. 164).

Einerseits bildet das Konzept der *Lebensqualität* eine gute Basis dafür, das heilpädagogische Handeln und die Gestaltung von Assistenz an der Lebenswirklichkeit der betreffenden Menschen und ihren Inklusions- und Partizipationswünschen auszurichten. Auf dieser Grundlage lassen sich Studien durchführen, die mit der sozialen Netzwerkanalyse strukturelle Aspekte der Lebensrealität von Menschen mit Beeinträchtigungen ermitteln und beschreiben. Andererseits ebnet das Konzept der *Lebensqualität* den Weg für aktuelle Verfahren der Teilhabe- und Zukunftsplanung und stellt auch ein geeignetes Fundament für entsprechende Instrumente der Qualitätsentwicklung dar (Beck 2016a).

Lebenslage

Das Konzept der *Lebensqualität* kann das subjektive Wohlbefinden erfassen, zur Planung der Teilhabe anregen oder die Weiterentwicklung von Institutionen und sozialen Dienstleistungen forcieren. Bei dem Begriff der *Lebenslage* handelt es sich hingegen um einen deskriptiven Ansatz, der die realen Lebensverhältnisse einer Person oder einer Gruppe zu ermitteln versucht. Konkret werden Daten erhoben zur Höhe des Einkommens, zu den Wohnbedingungen, Bildungsabschlüssen sowie den Sozialbeziehungen einer Person. Ermittelt werden dann die Optionen, also die Wahlmöglichkeiten, die sich für eine Person eröffnen: Welche Rechte kann sie in Anspruch nehmen? Welche Selbst- und Mitbestimmungsmöglichkeiten hat sie? Ebenso werden die Zwänge erkundet: Welchen Pflichten und Verantwortungen ist sie unterworfen? Welche Abhängigkeiten bestimmen ihren Alltag? Daraus ergibt sich der Spielraum, der sich dieser Person zur individuellen Lebensgestaltung bietet, abhängig von Interessen, Wünschen und Möglichkeiten einerseits und strukturellen Bedingungen, Ressourcen, Teilhabechancen und ihren Grenzen andererseits (Beck & Franz 2019).

In den Studien von Friedrich Engels zur Lage der arbeitenden Klassen in England und in der Forschung Max Webers über die Lebenssituation ostelbischer Landarbeiter sind die Ursprünge des Konzeptes der *Lebenslage* zu sehen, wofür der Soziologe Emile Durkheim den Begriff ›genre de vie‹ prägt (Beck & Greving 2012). Konzepte zur Erforschung der Lebenslagen entwickelten Otto Neurath, Gerhard Weisser und Ingeborg Nahnsen. Bereits Neurath (der auch als Erfinder der Piktogramme gilt) erkennt zu Beginn des 20. Jahrhunderts in Wien, dass die Ermittlung struktureller Bedingungen sich nicht auf das rein additive Sammeln von Daten und Fakten beschränken sollte, sondern die unterschiedlichen Dimensionen der *Lebenslage* verbinden und letztlich als ein Ganzes verstehen muss. Nur so lässt sich ermitteln, welche Chancen sich für eine Person ergeben und welche Steuerungsmaßnahmen sinnvoll sein könnten. Gerhard Weisser erweitert diesen Ansatz um die Dimensionen der Präferenzen und Handlungsmöglichkeiten, die eine Person zur Realisierung ihrer Lebensgestaltung ergreifen kann. Für ihn bietet die *Lebenslage* einen Entfaltungsraum, den eine Person sowohl vorfindet als auch selbst entwickelt, inklusive der äußeren Lebensbedingungen, die dieser Person zur Verfügung stehen. Für Ingeborg Nahnsen ist die *Lebenslage* ein Konstrukt, das unterschiedliche *Spielräume* integriert: Sie unterscheidet dazu: 1. Den Einkommensspielraum, der die Versorgung der Mitglieder der Familie einschließt; 2. den Kontaktspielraum, der Interaktionen und Kooperationen realisiert; 3. den Lern- und Erfahrungsspielraum, der Möglichkeiten der Bildung, Entwicklung und berufliche Orientierung enthält; 4. den Regenrationsspielraum, der benötigt wird, und Anforderungen der Existenzsicherung, der familiären und sozialen Verpflichtungen zu meistern; 5. den Dispositionsspielraum, der darüber entscheidet, ob und in welcher Weise die betreffende Person Entscheidungen treffen und umsetzen kann (Nahnsen 1992; Beck & Greving 2012).

Aktuell rücken neben Aspekten der Familien-, Arbeits- und Einkommenssituation die Dimensionen a) Gesundheitszustand; b) Wohnverhältnisse; c) Bildungschancen in den Vordergrund des Konzeptes der *Lebenslagen*, wobei die Einkommenssituation meist entscheidend dafür ist, wie sich die Person in Bezug auf Wohnen, soziale Kontakte, Bildung, Regeneration und Disposition entfalten kann. Heute bilden Studien zur *Lebenslage* die Grundlage für die Armuts- und Reichtums-Berichterstattung der Bundesregierung: Armut wird darin verstanden als das Unterschreiten von Mindeststandards in zentralen *Lebenslagen*. Finanzielle Einschränkungen sind jedoch nicht für alle Belastungen der entscheidende Faktor: auch Trennungen, Verlusterfahrungen, Erkrankungen und psychische Krisen können die *Lebenslage* einer Person und einer Familie maßgeblich beeinflussen.

Lebenswelt

Während der Begriff der *Lebenslage* den Fokus auf die Lebensbedingungen eines Menschen in den verschiedenen Dimensionen in den Blick nimmt, bezeichnet der Begriff der *Lebenswelt* das Resultat der subjektiven Wahrnehmung der zur Verfügung stehenden Lebenslage. Anders formuliert: Wir können *Lebenslagen* von Personen betrachten, können ermitteln, welche Gestaltungsmöglichkeiten sich unter den Voraussetzungen der materiellen und immateriellen Bedingungen ergeben – aber wir können die sehr individuelle *Lebenswelt* einer Person nur erahnen, denn sie enthält die Gesamtheit der ganz individuell erlebten Wirklichkeit. Björn Kraus formuliert es so:

> »Einerseits ist die Lebenswirklichkeit eines jeden Menschen dessen subjektives Konstrukt, andererseits ist dieses Konstrukt nicht beliebig, sondern – bei aller Subjektivität – auf Grund der strukturellen Koppelung des Menschen an seine Umwelt – eben durch die Rahmenbedingungen dieser Umwelt beeinflusst und begrenzt« (Kraus 2016, S. 108).

Der Begriff der *Lebenswelt* steht also für das subjektive Wirklichkeitskonstrukt des Menschen, welches dieser unter den Bedingungen seiner Lebenslage bildet. Die Lebensbedingungen einer Person entwickeln sich sowohl historisch-kulturell als auch individuell, wir erschließen sie auf der Grundlage von vorgeprägten Bedeutungen. So erfolgt jedes Erleben der Welt nie unmittelbar und voraussetzungslos: Wir werden mittels sprachlicher Akte und Handlungen durch relevante Andere mit der Welt konfrontiert; und diese Welt ist mit Bedeutungen versehen, die mühsam zu entschlüsseln sind. Weil sich die Lebensbedingungen der Menschen unterscheiden, aber auch die Menschen selbst in vielerlei Hinsicht verschieden sind, ergibt sich eine Subjektivität der *Lebenswelt* in doppeltem Sinne: »Es unterscheidet sich also zum einen das, was wahrgenommen wird, zum anderen aber auch, wie wahrgenommen wird« (Kraus 2016, 112).

Damit ist angedeutet, was der Entdeckung der *Lebenswelt* vorausgeht: die Kritik Edmund Husserls am Objektivitätsideal der Wissenschaft seiner Zeit. Der Begründer der Phänomenologie bemängelt zu Beginn des 20. Jahrhunderts, dass die Wissenschaft der Illusion unterliege, sie könne mit objektiven Methoden objektives Wissen generieren. Damit jedoch werde, so Husserl, die Bedeutung des Beobachters für das Ergebnis der Beobachtung schlicht ignoriert. Jede Wahrnehmung ist abhängig von den Prozessen der Sozialisation, Enkulturation, Personalisation bzw. Individuation, sie steht immer in Bezug zum wahrnehmenden und erlebenden Subjekt.

Alfred Schütz, der mit seinem Werk »Der sinnhafte Aufbau der sozialen Welt« (1932) die Grundzüge einer Theorie des Fremdverstehen entwickelt, geht noch einen Schritt weiter als Edmund Husserl: Schütz erkennt, dass sich die Welt für den Menschen in erster Linie über sein Handeln, über seine Interaktionen und Kommunikationen erschließt. Auch für ihn ist die *Lebenswelt* Resultat der zunächst rein subjektiven Wahrnehmung der spezifischen Umwelt. Doch während Husserl die *Lebenswelt* als eine Privatwelt versteht, ist sie für Alfred Schütz intersubjektiv, weil Erfahrungen auch durch andere vermittelt werden und so ein gemeinsamer Fundus an sinnhaften Bedeutungen entsteht:

> »Da diese Lebenswelt immer schon mit anderen Menschen geteilt wurde (und wird), ist sie a priori eine intersubjektive Welt und alles, was der Mensch von ihr wissen kann, ist letztendlich intersubjektiv entstanden und verfasst« (Beck & Greving 2012, S. 20)

In den Sozialwissenschaften, vor allem in der Sozialen Arbeit (Grunwald & Thiersch 2006), aber auch in der Heilpädagogik (Antor 2001) ist die *Lebensweltorientierung* ein wichtiger Ansatz geworden, der es ermöglicht, sich der Erlebenswelt der Klientinnen und Klienten zu nähern, diese subjektive *Lebenswelt* aber nicht mit den materiellen und sozialen Bedingungen gleichzusetzen: Sie sind nur eine Dimension, die zu der Frage führt, welche Bedeutung die Person den Lebensbedingungen für ihre subjektive Wirklichkeitskonstruktion beimisst. Für die Heilpädagogik sind diese Grundfragen der *Lebensweltorientierung* mehr als relevant, sie sind eigentlich existenziell: Wie erlebt eine Person (mit oder ohne Beeinträchtigung) ihre Welt? Wie erlebt diese Person sich selbst in der Welt? Welche Faktoren der Sozialisation, der Enkulturation, der Personalisation machen die *Lebenswelt* aus? Wie nimmt z. B. eine Person mit einer spezifischen Wahrnehmung (z. B. ein gehörloser Mensch oder ein Mensch im Autismus-Spektrum) die Umwelt wahr?

Eine Heilpädagogik, die sich an der *Lebenswelt* ihrer Adressat*innen orientiert, muss erkennen, dass sie diese Lebenswelt, eben weil sie eine subjektive Konstruktion ist, nie wirklich erfassen, begreifen kann. Grunwald und Thiersch sprechen vom Respekt vor der Eigensinnigkeit von Lebensverhältnissen und von schwierigen, unglücklichen oder unzureichenden Lebensmustern. Daraus folgt für sie ein stetes Bemühen »um die Anerkennung der Unterschiedlichkeit lebensweltlicher Erfahrung, also ein Wissen darum, dass mir im Anderen auch immer der Fremde begegnet; Respekt muss (…) das Andere als Fremdes akzeptieren und stehen lassen können« (Grunwald & Thiersch 2006, S. 146). Gerade darin liegt auch eine Chance der Zurückhaltung: nicht die Deutungshoheit über andere Personen erlangen zu wollen, sondern mit Interesse an individuellen Sinngebungen ihren Handlungen zu begegnen. Als Expertin in eigener Sache kennt nur die Person selbst ihr Konstrukt von Wirklichkeit, hat nur sie Kenntnis von den Orten, den Zeiten und den Begegnungen, in denen sie ihre Erfahrungen und Bedeutungen gesammelt hat. Eine lebensweltorientierte Heilpädagogik ist bestrebt, Menschen zu einem gelingenderen

Alltag zu ermutigen und mit ihnen gemeinsam passende, angemessene und differenzierte Arrangements zu finden, die dies ermöglichen.

1.2.19 Macht und Gewalt

Die Frage, warum *Macht* und *Gewalt* hier zu den Grundbegriffen der Heilpädagogik zählen, erschließt sich wohl erst auf den zweiten Blick: Bis in die Gegenwart hinein ist die Geschichte der Unterbringung von Menschen mit Beeinträchtigungen geprägt von machtvollen Eingriffen in ihre Menschenrechte – und die betreffenden Institutionen neigen dazu, Aspekte der konkreten und der strukturellen Gewalt, die in ihnen herrschen, zu verdrängen oder zu verleugnen.

Macht

Der Begriff stammt vom indogermanischen »magh« in der Bedeutung von »*können, vermögen, fähig sein*« (Paulick 2018) und wird in den Sozialwissenschaften auf vier Ebenen thematisiert: a) auf der Ebene des Subjekts: *Macht* zeigt sich in Form des Wissens und des Handelns; b) auf der Ebene der Interaktion: *Macht* wird in kommunikativen Akten, in Konflikten und Bündnissen erlebt; c) auf der Ebene der Institution: *Macht* ist in Strukturen und Positionen verankert; d) auf der Ebene der Gesellschaft: *Macht* hat rechtliche, politische und ökonomische Dimensionen. *Macht* bezeichnet ein vielschichtiges Kräfteverhältnis, das sich in Positions- und Interaktionsstrukturen widerspiegelt, wobei die Einen über Ressourcen, Fähigkeiten und Symbole verfügen, auf die Andere wenig oder keinen Einfluss haben (Sagebiel & Pankofer 2015). Geläufig ist die Unterscheidung von legaler *Macht* und willkürlicher *Macht*: Während die legale *Macht* sich gründet auf den gemeinsamen Willen einer Gemeinschaft und ihre Ausformung findet im demokratischen System von Legislative und Exekutive, setzt sich bei der willkürlichen *Macht* der Wille einer einzelnen Person oder einer Minderheit über die bekundeten Ansichten der Mehrheit und wird mit Androhung oder Durchsetzung von physischer Gewalt aufrechterhalten.

Es gibt eine Reihe von *Macht*definitionen, die hier nur knapp skizziert werden können: In dem Werk »Wirtschaft und Gesellschaft« formuliert Max Weber: »Macht bedeutet jede Chance, innerhalb einer sozialen Beziehung den eigenen Willen auch gegen Widerstreben durchzusetzen, gleichviel worauf diese Chance beruht« (Weber 1985, S. 28). Er spricht damit den Möglichkeitscharakter von *Macht* an, der manche, aber nicht jede soziale Beziehung kennzeichnet. Macht zeigt sich für Max Weber in der Durchsetzung des eigenen Willens; bisweilen prallt der Wille bei dem betreffenden Gegenüber auf Widerstand, mitunter wird dieser mögliche Widerstand schon antizipiert und so in den Prozess der *Macht*ausübung integriert. *Macht* besitzt man nicht schlechthin, sondern übt sie aus oder zwingt sie einem anderen auf, sofern man über die entsprechenden Mittel verfügt, die den anderen zu dem gewünschten Verhalten veranlassen. *Macht* ist bei Max Weber also stets handlungsbezogen und erzeugt eine asymmetrische Beziehung (Anter 2021).

Hannah Arendt wendet den Begriff der *Macht* in eine positive menschliche Fähigkeit, die darin besteht, sich mit anderen Personen zusammenzuschließen, einvernehmlich bestimmte Forderungen zu stellen und energisch zu handeln: »Über Macht verfügt niemals ein Einzelner; sie ist im Besitz einer Gruppe und bleibt nur solange existent, als die Gruppe zusammenhält« (Arendt 2000, S. 45). Macht zeigt sich bei Arendt in den Verständigungsprozessen innerhalb der Gruppe und in der Entwicklung eines zielgerichteten Handlungsvermögens. Für sie besteht das Phänomen der *Macht* nicht in der Instrumentalisierung eines fremden Willens für eigene Zwecke, sondern in der Ausformung eines gemeinsamen Willens mittels einer auf Konsens ausgerichteten Kommunikation (Habermas 1976). In ihrer Konzeption stehen sich *Macht* und Gewalt gegenüber: Gewalt ist keine spezifische Form der Macht, keine Rückseite der gleichen Medaille: »Macht und Gewalt sind Gegensätze: wo die eine absolut herrscht, ist die andere nicht vorhanden« (Arendt 2000, S. 57). Gewalt zeigt sich danach eigentlich erst im *Macht*verlust bzw. in der Realisierung von *Macht*losigkeit.

Foucault unterscheidet folgende Formen der Macht: die juristische *Macht*, die *Disziplinarmacht* und die Normalisierungs*macht*. Innerhalb eines *Macht*gefüges, aber unterhalb der ausgesprochenen Regeln und Zwänge entwickeln sich Bürger*innen zu Herrschenden und Beherrschten, Funktionären und Untergebenen. Ihre Bereitschaft, Anordnungen zu befolgen, ist weniger ein Resultat von offener *Macht*ausübung und Unterwerfung, sondern das Ergebnis subtiler Führungen, die alle Ebenen der Gesellschaft durchziehen: die Familie, die Bildung, die Arbeitswelt, die Kultur, die Religion. *Macht* und Herrschaft sind nach Foucault nicht zu reduzieren auf hierarchische Phänomene (›die da oben‹ sind mächtig, ›die da unten‹ sind ohnmächtig), sie entstehen aus der Verbindung »zwischen den Techniken der Beherrschung anderer und den Techniken des Selbst« (Foucault 2005).

In Bezug auf die Institutionen der Behindertenhilfe lassen sich die subtilen Formen von Herrschaft und *Macht*ausübung als pädagogische Autoritätsmacht bezeichnen, die von Klient*innen »in der Regel fraglos als legitim anerkannt und mit freiwilliger Fügsamkeit beantwortet wird« (Glammeier 2018, S. 13). Die Mitarbeitenden repräsentieren die machtvolle Institution und besitzen in ihrer Rolle als Fachkräfte ein »Zugriffs- bzw. Eingriffsprivileg auf sehr persönliche Bereiche« der AdressatInnen (Utz 2011, S. 58). Als Bezugspersonen sind sie oft mit allen Bereichen des Lebens der Klient*innen be- und vertraut.

*Macht*voll sind auch Einrichtungsträger: Entscheidungen über gegenwärtige und zukünftige Maßnahmen (Verlegungen, Zusammenstellungen der Wohngruppen, Einstellung neuer Mitarbeiter*innen) werden fernab vom Alltag der Adressat*innen und oft ohne die Chance partizipativer Einflussnahme getroffen. Therapeutische und medikamentöse Interventionen, die mitunter weniger dem Wohl der betreffenden Person als vielmehr der Entlastung der Institution und der Mitarbeitenden dienen, bleiben für die betreffenden Menschen nicht selten intransparent. Auch diagnostische Untersuchungen enthalten Momente der *Macht*, indem sie die Person zum Objekt des Klassifizierens machen: »Anders als die sichtbare Macht der öffentlichen Bestrafung ist die Machtausübung durch die Untersuchung unsichtbar« (Schäper 2006, S. 147).

Gewalt

Das Wort *Gewalt* leitet sich ab vom Althochdeutschen »waltan« = stark sein, beherrschen. Der Begriff kennzeichnet Interaktionen, in denen Menschen, Tiere oder Gegenstände geschädigt werden. Im deutschen Sprachraum ist der Begriff *Gewalt* negativ besetzt ist, während im Lateinischen und im Englischen unterschieden wird zwischen einer negativen Energie (lat. violentia, engl. violence) und einer positiven Stärke (lat. potestas, engl. power). Juristisch ist bei uns unter *Gewalt* vor allem die illegitime Ausübung von Zwang zu verstehen, wobei dem allgemeinen Gewaltverbot im Zivil- und Strafrecht das Gewaltmonopol des Staates gegenübersteht. In den Humanwissenschaften bezeichnet *Gewalt* in erster Linie den absichtlichen Gebrauch von physischer oder psychischer Energie gegen eine Person oder eine Gruppe und führt zu Verletzungen, psychischen Schäden oder zum Tod. Jeder vermeidbare Angriff auf die menschlichen Grundbedürfnisse und das Leben kennzeichnet das Phänomen der *Gewalt* (Galtung 1975). Judith Butler sieht in der Gewalt »eine Berührung der schlimmsten Art, mit ihr wird eine primäre Verletzbarkeit des Menschen durch andere Menschen in der erschreckendsten Weise sichtbar, sie ist ein Vorgang, in dem wir, ohne etwas tun zu können, dem Willen eines anderen ausgeliefert sind, ein Vorgang, in dem das Leben selbst durch die vorsätzliche Handlung eines anderen ausgelöscht werden kann« (Butler 2005, S. 45).

Der Begriff der *physischen Gewalt* umfasst Handlungen, die personal ausgeführt werden und eine Schädigung des Gegenübers bewirken: Das Schlagen, Schütteln und Würgen gehört ebenso dazu wie das Stoßen und Anspucken; auch alle Formen der nicht richterlich angeordneten Freiheitsberaubung durch Festhalten, Fixieren, Einschließen, Absperren oder sedierende Medikamentengaben, wie sie auch heute noch in Einrichtungen der Behindertenhilfe vorkommen und oft unentdeckt bleiben (Sierck 2019; Resch 2021), sind als Formen der physischen *Gewalt* zu bezeichnen. Bisweilen erleben Menschen mit Beeinträchtigungen auch ärztliche Interventionen der Diagnostik oder die Behandlung beim Arzt oder Zahnarzt, im Krankenhaus bzw. bei pflegerischen Handlungen als physische *Gewalt*, wenn ihnen die Hintergründe nicht verständlich sind und die Handlungen des Personals als willkürlich empfunden werden (Furger & Kehl 2003).

Mit *psychischer Gewalt* sind diskriminierende Äußerungen, Beleidigungen, Demütigungen und Drohungen zu verstehen. Die Verweigerung von Anerkennung und Wertschätzung schränkt die Entwicklung und Entfaltung vielfältiger Potenziale ein (Kremsner 2017). Nicht immer sind diese Formen sichtbar, aber sie sind spürbar, indem sie das Selbstbild und das Selbstbewusstsein einer Person erschüttern. Dies kann im Alltag beim Einkaufen oder Busfahren geschehen, wenn durch Blicke und Worte eine Distanzierung spürbar wird (Radtke 2019), und zum sozialen Rückzug, zu dauerhaften somatischen Erkrankungen und zu psychischen Störungen führen.

Die Behindertenpädagogik hat sich mit unterschiedlichen Formen der *Gewalt* auseinandergesetzt (Jantzen 1999) und sich dabei auf die Studien von Johan Galtung bezogen, der eine Differenzierung von direkter und indirekter, von physischer, psychischer und struktureller *Gewalt* vorschlägt. Sein Begriff der strukturellen *Gewalt* umfasst ein Spektrum an Diskriminierungen: Die eingeschränkten Lebenschancen und Entwicklungsmöglichkeiten aufgrund von Umweltschäden im Wasser, am Boden, in der Atmosphäre, durch Umweltgifte, durch Abholzung und Hungersnöte; die unterschiedliche Verteilung von Einkommen und Zugang zu Bildung und Arbeit; die Ungleichbehandlung durch Rassismus, Sexismus und Homophobie; das Wohlstandsgefälle in den Ländern und Kontinenten (Galtung 1975). Diese Formen der strukturellen *Gewalt* sind nicht konkreten Akteuren zuzurechnen, sie werden von den Menschen oft nicht einmal wahrgenommen, weil sie die eingeschränkten Lebenschancen bereits verinnerlicht haben bzw. als unabänderlich ansehen. Als negative Kraft ist die strukturelle *Gewalt* auch in den Systemen der Gesundheits- und Behindertenhilfe zuhause, wo die Mechanismen der Unterdrückung ausgegrenzter Klientinnen und Klienten nicht immer sichtbar sind, sondern als »*Exklusionssphären*« (Reichstein 2022) die Möglichkeiten der Teilhabe erschweren oder versperren.

Neben den genannten Formen psychischer, physischer und struktureller *Gewalt* gibt es spezifische Formen von *Gewalt* im Kontext sozialer Institutionen, die häufig nicht als solche wahrgenommen werden. Dazu zählen in den Feldern der Psychiatrie und der Behindertenhilfe z. B.: Übermäßige Medikamentengabe, Zurückhalten von Medikamenten; Beschädigung oder Wegnahme von Hilfsmitteln; Vorenthalten von Pflegetätigkeiten; Weigerung, die Unterstützung so durchzuführen, wie sie erwünscht ist; Nicht-Akzeptieren von bzw. Eindringen in die Privatsphäre; Vorenthalten von Selbstbestimmung; negative Kommentare über die Beeinträchtigung selbst (Schönwiese 2011; Flieger 2015; Kremsner 2017).

Studien zeigen, dass Frauen mit Beeinträchtigungen im Lebensverlauf allen Formen von *Gewalt* stärker ausgesetzt sind als Frauen ohne Behinderung (Bretländer & Schildmann 2012). Im Kindes- und Jugendalter sind sie etwa dreimal häufiger von psychischer, physischer und sexueller *Gewalt* betroffen; als Erwachsene erleben 30–40 % multiple Gewalterfahrungen (gegenüber 7 % der Frauen im Bevölkerungsdurchschnitt). Im häuslichen Kontext geht diese *Gewalt* meist von Partnern aus, in Einrichtungen der Behindertenhilfe gehören Mitarbeitende und Bewohner zum Täterkreis. Blinde, gehörlose und komplex beeinträchtigte Frauen sind häufig noch größeren Risiken ausgesetzt, da sie *Gewalt*erfahrungen an öffentlichen Orten erleben müssen. Zusätzlich weisen die Studien darauf hin, dass Frauen mit Beeinträchtigungen der Zugang zur angemessenen Unterstützung erschwert wird: Es gibt zu wenig bedarfsgerechte und barrierefreie unabhängige Beratungsstellen; in den Einrichtungen der Behindertenhilfe finden sie oft kein Gehör und in Strafverfahren sind sie weiteren Belastungen und Verunsicherungen ausgesetzt (Zinsmeister 2003).

1.2.20 Partizipation und Teilhabe

Diese beiden zentralen Begriffe der aktuellen Heilpädagogik und der Sozialpolitik stehen oft so eng zusammen, dass sie nicht selten für deckungsgleich gehalten und auch so verwendet werden. Hier soll sowohl auf Gemeinsamkeiten als auch auf Unterschiede aufmerksam gemacht werden.

Partizipation

Der Terminus *Partizipation* (vom lateinischen: *pars* = Teil und *capere* = ergreifen) findet sich in der Pädagogik ebenso wie in der Politikwissenschaft als ein »zentraler Sammelbegriff« (Beck 2013, S. 6) für unterschiedliche Formen der Teilhabe und Mitwirkung, bei denen es um relevante Prozesse der Entscheidung geht. Form und Ausmaß der Einflussnahme können sehr verschieden sein, aber immer ist mit *Partizipation* mehr gemeint als nur das bloße Dabeisein. Insofern stehen *Partizipation* und Inklusion im engen Verhältnis: Angestrebt wird die Aufhebung der Exklusion; an ihre Stelle tritt die Einbeziehung in entscheidungsmächtige Fragen der Gesellschaft und die aktive Mitbestimmung in diesen Angelegenheiten. Dabei sollen die Bedarfe aller Gesellschaftsmitglieder in den Blick kommen, unabhängig davon, inwieweit einzelne Differenzkategorien auf sie angewendet werden können (Kempf 2015). Ein wesentlicher Faktor für die Realisierung von *Partizipation* ist die Barrierefreiheit, also vor allem die Zugänglichkeit von Information und Kommunikation. Auch der Abbau von Mobilitätseinschränkungen sowie von sozialen und materiellen Barrieren erweitert die Chancen der *Partizipation* (Flieger 2017, S. 180).

»Nothin about us without us!« steht paradigmatisch für die Forderung der Behindertenbewegung, Entscheidungen in der Sozialpolitik, in den Gremien der Kommunen und in den Einrichtungen der Behindertenhilfe nicht ohne Beteiligung von Menschen mit Beeinträchtigungen zu treffen. Ein gutes Bespiel für gelungene *Partizipation* ist die Entstehung der UN-BRK: Das Engagement vieler Menschen mit Beeinträchtigungen und die Einbeziehung ihrer Selbstvertretungsorgane legte den Grundstein für die differenzierte Gestaltung der Konvention, die nicht nur Ziele der Inklusion und der *Partizipation* beschreibt, sondern mit ihrer Entstehung auch als »eine Handlungsanleitung für das Erreichen einer inklusiven Gesellschaft« (ebd.) angesehen werden kann.

In der englischen Fassung der UN-BRK tauchen die Begriffe *participation* und *to participate* an 25 Stellen auf. In der deutschen Fassung ist der Begriff *Partizipation* nicht zu finden, die Übersetzung spricht meist von *Teilhabe* (Hirschberg 2010). Nach Ansicht des Instituts für Menschenrechte in Berlin gehen damit jedoch wesentliche Aspekte verloren: Gerade der Begriff *Partizipation* bringt den politischen und gesellschaftlichen Auftrag und die Forderung nach gleichberechtigter Mitbestimmung deutlicher zum Ausdruck als Teilhabe: *Partizipation* steht »nicht nur für aktive Beteiligung in einem sozialen System, sondern vielmehr für das Recht auf Mitsprache, Mitbestimmung und Mitgestaltung im Sinne des Empowerment-Ansatzes« (Schwalb & Theunissen 2018, S. 9). Partizipation ist in der UN-BRK als Grundsatz ebenso zu finden wie als Auftrag und zielt darauf ab, Menschen mit Behinderung zu stärken und die Achtung der ihnen innewohnenden Würde zu gewährleisten. Sie verpflichtet den Staat und alle Verantwortlichen der Zivilgesellschaft dazu, die »volle, wirksame und gleichberechtigte Teilhabe an der Gesellschaft« (»their full and effective participation in society on an equal basis with others«) sicher zu stellen. (Art. 1 UN-BRK)

Unter *Partizipation* ist also eine Aufforderung der Selbst- und Mitbestimmung zu verstehen, die ausdrücklich auf die Gemeinschaft bezogen ist und gleichzeitig von jeder einzelnen Person geleistet werden soll. Als aktive Beteiligung der Bürger*innen an politischen Beratungen und Entscheidungen gilt *Partizipation* heute als positiv besetzter Begriff, der allerdings vor Verwässerung nicht geschützt ist: Wenn in Politik und Verwaltung oder in den Einrichtungen der Behindertenhilfe *Partizipation* als Schlagwort auftaucht, ohne zu konkretisieren, wie *partizipatorisches* Handeln inhaltlich umgesetzt wird und welche Gruppen dabei angesprochen werden, entsteht der Eindruck, dass die Beteiligung von Bürger*innen, Kund*innen, Klient*innen nur vorgegeben wird, um eine höhere Effizienz bzw. eine Akzeptanz von Entscheidungen und Verfahrensabläufen zu sichern (Prosetzky 2009, S. 89).

In den Handlungsfeldern der Heilpädagogik ist der Grundsatz der *Partizipation*, verstanden als aktives Einbezogensein in Prozesse der Entscheidung, fest verankert. Es zeigt sich, dass effektive Formen der Beteiligung das gemeinsame Handeln auf demokratische Grundlagen stellen und die Verantwortung stärken. Das gilt auch für die *Partizipation* von Kindern, die gemäß der UN-Kinderrechtskonvention an der Gestaltung ihres Lebens und an Entscheidungen in Bildungseinrichtungen und im Gemeinwesen zu beteiligen sind (Maywald 2017; Knauer & Sturzenhecker 2016). *Partizipation* trägt dazu bei, die Qualität von Leistungen und die Akzeptanz von Entscheidungen zu erhöhen. Die Heilpädagogik unterstützt die betreffenden Personen darin, »die äußeren Bedingungen ihrer Handlungsspielräume zu erkennen und Strategien der Einflussnahme aufzuzeigen. (…) Für eine subjektorientierte Ermöglichung von Partizipation ist es darüber hinaus zentral, überhaupt Bedingungen zu schaffen, welche den Einzelnen die Erfahrung aktiver Einflussnahme ermöglichen« (Beck, Nieß & Silter 2018, S. 38).

Diese Perspektive ist in den Feldern der Behindertenhilfe allerdings relativ neu: Lange Zeit wurde den Menschen in den Einrichtungen ein eigenständiges und gleichberechtigtes Handeln verwehrt, von wichtigen Entscheidungen ihrer Lebensgestaltung blieben sie ausgeschlossen. Mit dem Kongress der Lebenshilfe unter dem Motto: »Wir wollen mehr als nur Dabeisein!« und der Übernahme des Slogans »Nichts über uns ohne uns!« begann die Emanzipation und damit die *Partizipation*. Leistungen zur Teilhabe am Arbeitsleben und zur sozialen Teilhabe sind heute partizipativ anzulegen, individuelle Wünsche sind ebenso zu berücksichtigen wie Entscheidungen für Assistenzformen und die Wahl der betreffenden Dienste. In der Realität geschieht dies jedoch im Spannungsfeld von Selbstbestimmung einerseits und Kontrolle andererseits: Wer die *Partizipation* in Wohneinrichtungen und Werkstätten, in Schulen und Kitas bereits für umgesetzt hält, sollte vor den bewussten und unbewussten Rollen- und Loyalitätserwartungen, den Machtverhältnissen und Abhängigkeiten, die in ihnen bestehen (Prosetzky 2009, S. 90), nicht die Augen verschließen.

Teilhabe

Die wirksame Einbeziehung von Menschen mit Beeinträchtigungen in alle gesellschaftlichen Prozesse ist das Ziel der UN-BRK, und sie wählt in der deutschen Übersetzung dafür den Terminus: *Teilhabe*, während in der völkerrechtlich verbindlichen Fassung von *participation* die Rede ist. Mit der Entscheidung für den Begriff *Teilhabe* soll die Verbindung zum Sozialrecht hergestellt werden, das seit

2001 nicht mehr von Eingliederung, sondern von *Rehabilitation und Teilhabe* spricht. Doch der Begriff *Teilhabe* ist ein »unbestimmter Rechtsbegriff« (Barthelheimer 2007, S. 8), der unterschiedlich verstanden wird und »unbedingt präzisiert werden muss« (Lob-Hüdepohl 2010, S.13). Die Präzisierung ist nicht abgeschlossen, dennoch wird im Sozialrecht der Begriff der *Teilhabe* oft verwendet, so bei den Leistungen zur *Teilhabe am Arbeitsleben* (§ 49 SGB IX) oder den Leistungen zur *Teilhabe an Bildung* (§ 112 SGB IX). Das *Gesetz zur Stärkung der Teilhabe und Selbstbestimmung von Menschen mit Behinderungen* (SGB IX Teil II neu) heißt in der Kurzform: *Bundesteilhabegesetz/BTHG* und soll Leistungen zur *Rehabilitation und Teilhabe* ausgestalten. Der Begriff der *Teilhabe* prägt auch die Bedarfsermittlung von Assistenzformen (*Teilhabeplanung*): Bei der Beratung taucht *Teilhabe* auf, wenn sie durch Menschen mit Beeinträchtigungen als Peer-Support erfolgt, z.B. in der *Ergänzenden Unabhängige Teilhabe-Beratung* (EUTB). Forschungen in der Heilpädagogik und anderen Disziplinen haben die Einbeziehung von Menschen mit Beeinträchtigungen als *Teilhabeforschung* deklariert und institutionalisiert (Becker & Burtscher 2019; Kahle 2019) und greifen dabei u. a. auf Daten und Fakten zurück, die von der Bundesregierung in regelmäßigen *Teilhabeberichterstattungen* vorgelegt werden (Wacker 2019).

Teilhabe ist also in der Sozialpolitik zum Leitbegriff geworden:

> »Mit dem Begriff der Teilhabe hat die Auseinandersetzung um Behinderung eine Perspektive gewonnen, die das gewandelte Verständnis von Behinderung auf den Punkt bringt und den unterschiedlichen Bemühungen eine Richtung vorgeben kann« (Beck 2022, S. 40).

Anders formuliert: Die erschwerte Teilhabe ist nun das zentrale Merkmal von Behinderung, und die Aufforderung der UN-BRK lautet, die Rechte aller Menschen in der Gesellschaft verbindlich zu fassen, unabhängig von spezifischen Merkmalen. Nicht durchgesetzt hat sich der Begriff Teilnahme, der eher ein passives Dabeisein und weniger ein aktives Beteiligtsein ausdrückt (Schuppener 2022).

Diskutiert wird der Begriff der *Teilhabe* meist auf fünf Ebenen:

1. Auf der Ebene der Menschenrechte: Bei der Frage, welches Konzept von Behinderung der UN-BRK zugrunde liegt, taucht in der deutschen Fassung der Begriff der *Teilhabe* auf: Es heißt dort, dass »Behinderung aus der Wechselwirkung zwischen Menschen mit Beeinträchtigungen und einstellungs- und umweltbedingten Faktoren entsteht, die sie an der vollen, wirksamen und gleichberechtigten Teilhabe an der Gesellschaft hindern«. (Die englische Fassung spricht hier von »full and effective participation«).
2. Auf der Ebene der »International Classification of Functioning, Disabilty and Health« (ICF): Auch hier verwendet die deutsche Version den Terminus *Teilhabe*, um zu beschreiben, dass die Funktionsfähigkeit eines Menschen eingeschränkt ist, wenn eine Behinderung der *Teilhabe* an mindestens einem Lebensbereich festgestellt wird. Behinderungen entstehen als Ergebnis von Wechselwirkungen zwischen Problemen der Gesundheit und Kontext- und Umweltfaktoren. *Teilhabe* bedeutet hier die Einbeziehung in eine Lebenssituation (engl: »involvement in a life-situation«), wobei nicht präzisiert wird, wie das Verhältnis zwischen

einem eher passiven Einbezogenwerden und einem stärker aktiven Teilnehmen und Sich-Einbringen zu gewichten ist.

3. Auf der Ebene des bundesdeutschen Sozialrechts geht es darum, entlang individueller Bedarfe angemessene Assistenzformen zur Verfügung zu stellen, um die Chancengleichheit zur *Teilhabe* zu ermöglichen. Dazu gehören: die materielle Teilhabe, um die Rechte überhaupt realisieren zu können; die kulturelle Teilhabe, um seine individuelle Lebensführung gestalten zu können; die soziale Teilhabe, um in Nachbarschaften, Begegnungen und Beziehungen einbezogen zu sein (Huppert 2015a; Wacker 2019).

4. Auf der Ebene der Transformation der Behindertenhilfe sind die Institutionen daraufhin zu prüfen, ob sie abgeschottete Parallelwelten konstituieren (Kahle 2019). *Teilhabe* besteht nicht darin, »Ausflüge in die ›normale‹ Lebenswelt« (Erhardt & Grübner 2013, S. 13) zu organisieren und ansonsten die Fremdbestimmung beizubehalten. Die Einrichtungen sind vielmehr gefordert, die *Teilhabe* der Menschen mit Beeinträchtigungen als Nutzer der Angebote zu stärken und in die Entscheidungen der Organisation einzubeziehen. Dafür sind die kommunikativen Kompetenzen aller Beteiligten zu stärken sowie Assistenzleistungen bereitzustellen.

5. Auf der Ebene der Forschung sind die Lebenslagen von Menschen mit Beeinträchtigungen zu ermitteln. Das Bundesministerium für Arbeit und Soziales hat dazu Befragungen von 22.000 Personen mit und ohne Behinderung bezüglich ihrer gesellschaftlichen *Teilhabe* vorgenommen (BMAS 2022). An der Entwicklung des Fragebogens haben Menschen mit Beeinträchtigung mitgewirkt. Die Ergebnisse sind nicht überraschend, aber bestürzend, wenn es um die *Teilhabe* am allgemeinen Arbeitsmarkt und an digitaler Kommunikation geht oder um die Gestaltung von sozialen Beziehungen für Personen, die in besonderen Wohnformen leben (Wansing et al. 2022).

Insgesamt wird Teilhabe in Anlehnung an das Partizipationsmodell der WHO so verstanden, dass die Einbindung in soziale Situationen im Vordergrund steht und die Leistungen zur Teilhabe die Nachteile beim Zugang zu gesellschaftlichen Bereichen ausgleichen. Noch weiter geht Barbara Fornefeld, wenn sie unter Teilhabe den gelebten Bezug der Menschen zu- und miteinander versteht:

> »Teilhabe wird lebendig und umsetzbar, wenn sie als das verstanden wird, was Menschen von alters her miteinander verbindet: die soziale Bindung. Teilhabe verwirklicht sich im Stiften eines sozialen Bandes und im Schaffen gemeinsamer Gestaltungsräume, wie sie sich im Geben, Annehmen und Erwidern zwischen Menschen ereignen« (Fornefeld 2019, S. 8).

Die Ermittlung von Strukturen der Ungleichheit und der ungerechten Zugänglichkeit von Ressourcen kann die Dynamik von Teilhabe und Ausschließung nicht abschließend klären, im Gegenteil: *Teilhabe* ist nicht statisch zu begreifen, sondern »als Prozess, der situativ und temporär wechselnde Gestalten annehmen kann« (Dederich & Dietrich 2022, S. 56). Wichtig ist die Frage, was erlebte und gelebte Teilhabe ausmacht und wie die subjektive Erfahrung von Teilhabe zu gewichten ist. Schließlich sind es Interaktionen, in denen sich Teilhabe zeigt, nicht nur als Zugänglichkeit, sondern als Erfahrung der Zugehörigkeit und Wertschätzung (ebd., S. 57).

1.2.21 Personen(en)zentrierung und Ressourcenorientierung

Mit diesen beiden Begriffen wird der Blick gelenkt auf die Aktualisierung der in jedem Menschen vorhandenen Kräfte zur individuellen Gestaltung seines Lebens. Es geht um das Entdecken vorhandener, vielleicht auch verborgener Quellen, die genutzt werden können, um Erfahrungen der Selbstwirksamkeit zu stärken.

Person(en)zentrierung

Die Begriffe *Personzentrierung* und *Personenzentrierung* sind in zweifacher Hinsicht für die aktuellen Diskurse in der Heilpädagogik bedeutsam: Einerseits ist die ursprüngliche Idee der *Personzentrierung* eng mit den Erkenntnissen des Psychotherapeuten Carl R. Rogers verbunden, der von einem ›nicht-direktiven Ansatz‹, später vom ›klientenzentrierten‹ und schließlich vom ›personzentrierten‹ Ansatz (»*personcentered approach*«) sprach (Weinberger & Lindner 2011, S. 12). Andererseits bezeichnet der Begriff *Personenzentrierung* ein fachliches Konzept der Behindertenhilfe, das den Anspruch erhebt, zu einer stärkeren Individualisierung, Autonomie und Teilhabeförderung des einzelnen Menschen mit Beeinträchtigung beizutragen (Schäfers 2017).

Personzentrierung

Carl R. Rogers konzipierte seinen Ansatz als Gegenstück zu den (in den 1950er und 1960er Jahren dominierenden) Verfahren der Psychiatrie, der Psychoanalyse und der Verhaltenstherapie. In diesen drei ›Schulen‹ galten (allein) die Kenntnisse der Experten als entscheidend, also das Wissen über die Wirksamkeit der Psychopharmaka (Psychiatrie), das Wissen über das Unbewusste im Menschen (Psychoanalyse) oder das Wissen über die Rationalität und Trainierbarkeit menschlichen Verhaltens (Verhaltenstherapie). Diese Ansätze sind geprägt durch das vermeintliche Expertenwissen in Bezug auf das ›richtige‹ Medikament, die ›richtige‹ Deutung oder das ›richtige‹ Lernprogramm.

Im Kontext seiner Tätigkeit in der Erziehungsberatung bemerkte Rogers, dass die ›Expertenattitüde‹ nicht wirklich hilft – im Gegenteil: Wenn die pädagogisch-therapeutische Fachkraft sich bemüht, wertschätzend der anderen Person zu begegnen und in Erfahrung zu bringen, wie sie die Welt sieht, was sie bewegt und interessiert, dann stärkt das die Selbstwahrnehmung und Selbstwirksamkeit. Grundlage für diese Erkenntnis ist Rogers' Persönlichkeitstheorie, die davon ausgeht, dass jeder Mensch über Kräfte verfügt, die zur Erhaltung und Entfaltung seiner individuellen Möglichkeiten aktiviert und aktualisiert werden können (Weinberger & Lindner 2011, S. 14).

Der Ansatz der *Personzentrierung* bedeutet, die Gefühle des Gegenübers anzunehmen und seine Subjektlogik zu begreifen (Ondracek 2020a, S. 129). Es gilt, die Welt mit den Augen des Anderen zu sehen und aus seiner Perspektive die Lebenssituation und die mögliche Problematik zu betrachten. Rogers entwickelte sein Konzept auf der Grundlage empirischer Forschungen und kam zu dem Schluss, dass nicht die Behandlung von Symptomen einer Patientin/eines Patienten im Vordergrund stehen sollte und auch nicht der Versuch, für die andere Person Probleme zu lösen oder Entscheidungen zu treffen. Der nicht-direktive, *personzentrierte* Ansatz fordert dazu auf, von den Fähigkeiten des Anderen auszugehen und die Ressourcen der Selbstverantwortung zu erkennen. Dazu bedarf es gewisser Grundhaltungen, die Rogers mit den Begriffen Empathie, Akzeptanz und Kongruenz beschrieb:

Empathie ist das Bestreben, das Erleben und die Gefühle des Gegenübers zu erfassen. Dieses einfühlende Verstehen meint ein Sich-Hineinversetzen in die Welt des Anderen. Die Fachkraft sollte allerdings keine hölzerne Technik anwenden, bei der es allein um die Widerspiegelung dessen geht, was der Klient gerade gesagt hat (Rogers 1972). Das einfühlende Verstehen zeigt sich vielmehr darin, auf die Gefühlswelt der anderen Person mit ihrer Unsicherheit, ihrer Angst, ihrer Wut einzugehen, ohne dies Affekte mit eigenen Gefühlen zu vermischen. Empathisches Eingehen setzt also voraus, eigene Gefühle und Haltungen reflektiert zu haben (Ondracek 2020a; Weinberger 2016, S. 87).

Akzeptanz bedeutet, sein Gegenüber als ganze Person wertzuschätzen und ohne Vorurteile oder Bewertungen anzunehmen. Diese positive Zuwendung ermöglicht es der Klientin/dem Klienten, innere Prozesse zum Ausdruck zu bringen, egal, ob es sich dabei um Angst und Unsicherheit, Ärger und Groll, Liebe und Freude handelt. Die pädagogische bzw. therapeutische Fachkraft muss diesen Gefühlen (und den daraus resultierenden Handlungen) nicht unbedingt zustimmen, aber sie muss sie zulassen können und auf Ratschläge und Empfehlungen verzichten (Weinberger 2016, S. 96).

Kongruenz bedeutet, dem Gegenüber authentisch zu begegnen und die eigenen Einstellungen und Gefühle angemessen und unverstellt einzubringen. Ein inneres Wachstum kann nur gelingen, wenn beide Seiten offen sind und sich niemand hinter Fassaden, Floskeln und Abwehrhaltungen versteckt oder professionelle Überheblichkeit zur Schau stellt. Es geht vielmehr um das Herstellen einer echten und unmittelbaren Beziehung (ebd., S. 102).

Der personzentrierte Ansatz von Carl R. Rogers wurde in Deutschland von Anne-Marie Tausch und Reinhard Tausch, Inge Frohburg und Johannes Helm aufgenommen und von Marlis Pörtner für die heilpädagogische Arbeit weiterentwickelt. Heute wird das Konzept in der Beratung, in der Psychotherapie, in der Erwachsenenbildung, im Coaching und in der Supervision angewendet. Für die Heilpädagogik ist der Ansatz wichtig, weil er Menschen mit Beeinträchtigungen in ihrer Persönlichkeit akzeptiert und sie unterstützt, eigene Wege zu gehen und Selbstverantwortung zu zeigen. Diese Orientierung am inneren Bezugsrahmen des Gegenübers (Ondracek 2020a, S. 27) stärkt den Wunsch nach Zugehörigkeit und Selbstwirksamkeit. Die Grundhaltungen der Empathie, der Akzeptanz und Kongruenz zeigen sich im respektvollen Kontakt (Blickkontakt, Anrede, Berührung usw.), im ehrlichen Interesse am Befinden, in der Berücksichtigung unterschiedlicher Fähigkeiten, Bedürfnisse und Ansichten sowie in der Klärung von Beteiligungs- und Entscheidungsmöglichkeiten (Pörtner 2021).

Personenzentrierung

In der Reform der Behindertenhilfe soll der Begriff der *Personenzentrierung* die Abkehr von der Dominanz der Einrichtungen deutlich machen und dafür sorgen, dass die Ziele der Menschen mit Beeinträchtigungen bei der Klärung der Leistungsgestaltung im Zentrum stehen und der Gedanke der Selbstbestimmung das Prinzip der Fürsorge ablöst:

> »Eine personenbezogene Perspektive ist somit institutionskritisch und professionsskeptisch angelegt: Durch die Orientierung am Subjekt betont sie, Menschen (mit Behinderungen) nicht zuvorderst in ihren Beeinträchtigungen zu sehen und nicht auf ihre Rolle als Hilfeempfangende zu reduzieren« (Schäfers 2017, S. 34).

Unter dem Begriff, den einst die Selbsthilfebewegung in den Diskurs eingebracht hat, versammeln sich nun Sozialpolitik und Leistungsträger ebenso wie Leistungsanbieter und Einrichtungsleitungen, als hätten sie endlich erkannt, dass ›der Mensch‹ im Mittelpunkt der Bedarfsermittlung steht und die Leistungserbringung konsequent personenzentriert zu erfolgen habe. Schaut man genauer hin, dann offenbart sich allerdings, »dass die Institutionsbezogenheit des Systems auch mit einer ›personenzentrierten Reform‹ (wenn man sie denn so nennen möchte) nicht vollkommen überwunden zu sein scheint« (ebd., S. 45). Dennoch hat der *personenzentrierte* Ansatz inzwischen Eingang in die Sozialgesetzgebung gefunden: Im Zuge des BTHG wurden die Leistungen der Eingliederungshilfe aus dem System der Sozialhilfe herausgelöst und zu einem personenzentrierten Teilhaberecht umgewandelt. Nun sollen die Möglichkeiten der individuellen Lebensführung ausgelotet werden, um die gleichberechtigte Teilhabe am Leben in der Gemeinschaft zu realisieren (Konrad 2019).

Ressourcenorientierung

Die Begriffe ›Ressourcen‹, ›Ressourcenorientierung‹ und ›Ressourcenaktivierung‹ sind wesentliche Grundpfeiler einer heilpädagogischen Haltung, die den Blick auf die Fähigkeiten und Kraftquellen einer Person richtet und bestrebt ist, Kinder, Jugendliche und Erwachsene in ihren individuellen Möglichkeiten zu stärken. Abgeleitet von dem lateinischen Verb »resurgere« (= wieder aufstehen, sich erheben, hervorquellen) bzw. dem französischen Substantiv »ressource« (= Quelle, Hilfsmittel) gilt der Ansatz der Ressourcenorientierung als eine grundsätzliche pädagogische und therapeutische Einstellung zum Mitmenschen, die nicht auf Defizite und problematische Verhaltensweisen einer Person gerichtet ist, sondern auf die Potentiale, die für den betreffenden Menschen als Hilfsmittel bei der Bewältigung von Lebenssituationen genutzt werden können. Die ressourcenorientierte Haltung setzt bei den pädagogischen Fachkräften voraus, dass sie die Stärken, Interessen und Kompetenzen des Kindes, des Jugendlichen oder der erwachsenen Person gut wahrnehmen und differenziert beschreiben können, ohne gleich zu interpretieren bzw. zu bewerten. Für die Arbeit in Kitas, Schulen und heilpädagogischen Praxen gilt, dass in der Beobachtung des Kindes deren Stärken und Potenziale des Kindes im Zentrum stehen. Ressourcenorientierung bedeutet eine hohe Wertschätzung – die Kinder fühlen sich gesehen und ernstgenommen. Und sie sind Kooperationspartner in einem Prozess, in dem aus Beobachtungen heraus pädagogische Angebote entwickelt werden (Hebenstreit-Müller 2021).

Ressourcenorientierung hat sowohl diagnostische als auch präventive und intervenierende Aufgaben. Im Rahme der Psychosozialen Diagnostik können mit Ressourcen-Fragebögen und -Interviews die Stärken und Potentiale der Klientinnen und Klienten und ihres Umfeldes erschlossen werden (Gahleitner et al 2013): Man unterscheidet dabei zwischen personalen Ressourcen (Stärken, die in dem Menschen angelegt sind) und Umweltressourcen (Potentiale, die im Umfeld des betreffenden Menschen liegen). Ressourcen können materieller Art sein (Verfügung über finanzielle Mittel, über eine moderne technische Ausstattung usw.) oder sich auch in immateriellen Gütern zeigen (soziale Kontakte, familiäre Unterstützung, Zugehörigkeit zu Gruppen und Vereinen usw.). Jeder Mensch verfügt über Ressourcen, die er in relevanten Situationen und bei bestimmten Herausforderungen aktivieren kann. Manchmal sind es auch verborgene Quellen (in der ursprünglichen Bedeutung des Wortes »Ressource«), die aktiviert, (wieder-)belebt und zur Stärkung vorhandener Fähigkeiten eingesetzt werden müssen (Kiso & Lotze 2014).

Gerade in der heilpädagogischen Arbeit im Elementar- bzw. Primarbereich, in der Unterstützung von Kindern im Vorschul- und frühen Schulalter wird der ressourcenorientierte Ansatz (im Gegensatz zum defizitorientierten Vorgehen) favorisiert, weil er Vertrauen in die Entwicklungspotentiale des Kindes signalisiert und als grundsätzliche Haltung des Entdeckens, des Aufzeigens von Möglichkeiten und Begabungen gewinnbringender erscheint als eine traditionelle Förder-Pädagogik, die auf die Schwächen des Kindes ausgerichtet ist und diese zu kompensieren versucht. Im weiteren Verlauf der schulischen Begleitung von Kindern und Jugendlichen zeigt der ressourcenorientierte Ansatz noch einige Barrieren auf, da das klassische Schulsystem auf standardisierte Leistungen und nicht auf individuelle Potentiale ausgerichtet ist.

> »Wichtig ist sich vor Augen zu führen, dass auch Leistung ein höchst subjektiv geprägtes Konzept ist, das in unserem Bildungssystem häufig in Zusammenhang mit Schulleistung gedacht wird. Es existiert jedoch eine große Bandbreite an bedeutenden Leistungen, die weit über die Schulleistungen hinausreichen. Leistung wird hier als je individuell erbrachte Leistung verstanden« (Kiso, Lotze & Behrensen 2014, S. 7).

Der Ansatz der Ressourcenorientierung weist gewisse Ähnlichkeiten zu Konzepten von Resilienz, von Empowerment oder von Selbstwirksamkeit auf. Während man von ›Resilienz‹ spricht, wenn eine Person in der Lage ist, sich trotz gravierender Belastungen oder widriger Lebensumstände psychisch gesund zu entwickeln oder erlebte Krisen gut zu bewältigen, meint ›Empowerment‹ die Stärkung von Autonomie und Selbstverfügung; ›Selbstwirksamkeit‹ schließlich verweist auf die Entdeckung der eigenen Fähigkeit, bestimmte Anforderungen zu meistern und im eigenen Sinne ausgestalten zu können (Bandura 1997). Personen mit positiven

Selbstwirksamkeitserfahrungen können Stress in ihrem Leben reduzieren, Sozialbeziehungen konstruktiv gestalten und kritische Lebensereignisse meist konstruktiv bewältigen: »Eine positive Selbstwirksamkeitserfahrung kann somit als ein wesentlicher Bestandteil zur Führung eines selbstbestimmten Lebens betrachtet werden« (Anselmann & Faßhauer 2020).

Auf der Grundlage systemischer Verfahren haben sich eine Reihe von Methoden bewährt, die zur Ermittlung der Ressourcen sinnvoll sein können: Über zirkuläre Fragen, Wunderfragen, Bewältigungsfragen, Skalierungen und Ressourcen-Tagebücher kann in Erfahrung gebracht werden, welche Aspekte die Person selbst und welche Potentiale das Umfeld an die betreffende Person rückmeldet. Im Kontext der Bedarfsermittlung und im Rahmen der Teilhabeplanung in der Heilpädagogik ist der ressourcenorientierte Ansatz nicht immer gänzlich durchzuhalten, da Leistungen zur Assistenz bzw. Eingliederung nur genehmigt werden, wenn Beeinträchtigungen, Belastungen und Barrieren defizitorientiert beschrieben werden. Möglicherweise tun sich hier neue Perspektiven auf, wenn der Aspekt der ›Teilhabe‹ (im Bereich der Bildung, im Bereich des Arbeitslebens und im Bereich der sozialen Teilhabe) in den Vordergrund der Bedarfsbemessung rückt und der bisherige defizitorientierte Blick einem ressourcenorientierten Ansatz Platz macht.

1.2.22 Prävention und Rehabilitation

Da diese beiden Begriffe ein medizinisches Denken zu transportieren scheinen, werden sie in den Inklusionsdebatten oft kritisch betrachtet. Die UN-BRK sieht das anders, sie verweist auf die Notwendigkeit, Maßnahmen der Vorsorge und der Wiederherstellung der Gesundheit bereitzustellen, um die Teilhabe aller Menschen am Leben in der Gemeinschaft zu sichern.

Prävention

Der Begriff *Prävention* stammt ab von dem lateinischen Verb *praevenire* = zuvorkommen. Ziel der *Prävention* ist die Verhinderung von zukünftigen Störungen, Beeinträchtigungen oder Erkrankungen. Unter *Prävention* sind also in erster Linie Maßnahmen der medizinischen Gesundheitsvorsorge zu verstehen, die entwickelt werden, um gesundheitliche Schädigungen zu vermeiden oder Gefahren einer Beeinträchtigung der Funktionsfähigkeit zu minimieren. Wie das Gesundheitssystem war die Behindertenhilfe in Deutschland lange Zeit auf die Versorgung und Pflege erkrankter und beeinträchtigter Menschen ausgerichtet. Die Zunahme an chronischen Erkrankungen und gesundheitlichen Risiken veranlasst die Träger der Sozialversicherungen, gezielte Maßnahmen der Vorbeugung anzubieten und soziale und individuelle Einflüsse auf die Gesundheitsentwicklung und Krankheitsvermeidung in den Blick zu nehmen, um Strategien zur Vorbeugung von Erkrankungen und zur Förderung von Gesundheit zu entwickeln.

In der Literatur findet man häufig eine Differenzierung zwischen primärer, sekundärer und tertiärer *Prävention* (Jogschies 2022): Als *primäre Prävention* gelten Maßnahmen, die darauf abzielen, das Auftreten einer Erkrankung oder Schädigung zu verhindern (Impfungen im Falle einer Pandemie, Anreize zum regelmäßigen Zahnarztbesuch, Prävention der Adipositas, Warnungen vor den Risiken des Rauchens auf den Zigarettenschachteln usw.). Sie gelten im Prinzip für die gesamte Population. Zur *sekundären Prävention* zählen Maßnahmen der Früherkennung mit dem Ziel, Hinweise auf eine Gefährdung oder Entwicklungsbeeinträchtigung zu erkennen und dafür Sorge zu tragen, dass daraus keine dauerhaften Erkrankungen oder Beeinträchtigungen entstehen. Dazu gehören z. B. die ersten Untersuchungen im Kindesalter (U 1 bis U 11) sowie Fördermaßnahmen bei Kindern, die Anzeichen einer Entwicklungsverzögerung zeigen. Hier sind heilpädagogische Konzepte wichtig, die mögliche Beeinträchtigungen zu verhindern suchen. Die *tertiäre Prävention* hat die Aufgabe, ungünstige Folgen einer bestehenden Beeinträchtigung so zu beeinflussen, dass es zu keiner Ausstrahlung auf andere Entwicklungsbereiche kommt. Oft geht es um die Verhinderung des Fortschreitens einer chronischen Erkrankung (z. B. Diabetes, Mukoviszidose, Multiple Sklerose) und um Komplikationen im Kontext der Erkrankung.

Umfassender als in der Sozialmedizin wird in der Heilpädagogik der Begriff *Prävention* im Kontext der Frühförderung, der Begleitung von Risikogruppen oder bei spezifischen Problemstellungen (z. B. zur Verbesserung der Empathie bei jungen Eltern oder zur Steigerung sozial-emotionaler Kompetenzen bei Kita-Kindern) verwendet. Gerade diese *präventive Dimension* in der Heilpädagogik eröffnet ein interdisziplinäres Arbeitsfeld von Heilpädagog*innen mit Fachkräften aus Medizin, Psychologie, Ergotherapie, Logopädie und Physiotherapie. Zahlreiche Konzepte dieser pädagogischen *Prävention* sind gut evaluiert: *Lubo aus dem All* für Kinder in der Kita oder im Grundschulalter (Hillenbrand et al. 2016), *Faustlos* (Schick & Cierpka 2004) und *Ringen und Raufen* (Welsche 2016), STARK mit SAM als Präventionstraining zur Verhinderung sexueller Gewalt (Bienstein 2018) oder *Safe* zur Entwicklung von Feinfühligkeit und Bindungsfähigkeit für Eltern (Brisch 2020).

Nicht erst seit dem Diskurs um eine inklusive Pädagogik werden präventive Konzepte kritisch gesehen. Es wird abgelehnt, Kinder, Jugendliche oder Erwachsene vorab als gefährdet zu stigmatisieren (Krönig 2017) und gleichzeitig ein Konstrukt von Normalität zu transportieren. *Prävention* sei eine *Normalisierungsfalle* (Freud & Lindner 2001), denn die Linie zwischen ›normal‹ und ›nicht-normal‹ sei willkürlich. *Präventive* Konzepte fragen: Wie wird die Zielgruppe definiert? Gibt es einen ›Normalitätsanspruch‹? Welche Auswirkungen hat die *Prävention* für die betreffenden Menschen? Darin sei eine Tendenz zu erkennen, »dass ein immer feineres Netz der Diagnostik von Entwicklungsrisiken und Entwicklungsauffälligkeiten entsteht, was wiederum zur Folge hat, dass einerseits immer mehr Aspekte der kindlichen Entwicklung als potenziell gefährdet und interventionsbedürftig markiert werden und andererseits der Korridor tolerierter Normalität immer schmaler wird« (Dederich 2020b, S. 5).

Damit seien die Konzepte der *Prävention*, so die Kritik von Seiten der inklusiven Kindheitspädagogik, so problemorientiert, dass es inakzeptabel sei, Kinder und Familien als Risiken zu konstruieren, um letztendlich Maßnahmen der Kontrolle und Steuerung, der Überwachung und Disziplinierung (Krönig 2017, S. 56) zu legitimieren. Doch die Kritik vergisst, dass die UN-BRK keine Interventionen primärer *Prävention* verlangt, dafür aber in Art. 25 Maßnahmen der Gesundheit und

Gesundheitsvorsorge für alle Menschen einfordert und Standards setzt für eine inklusive, diskriminierungsfreie und an den Menschen orientierte Gesundheitspolitik. Dies schließt auch die Forderung nach Leistungen ein, die dazu beitragen, dass weitere Beeinträchtigungen möglichst vermieden werden (Degener 2015).

Man muss bei dem Begriff *Prävention* nicht zwingend an die Reduzierung von Auffälligkeiten in den Kontexten Kita und Schule denken. Wie in der UN-BRK erwähnt (Lindmeier & Lindmeier 2012, S. 190 ff) kann *Prävention* auch zum Erreichen von Lebensqualität und gesellschaftlicher Teilhabe dienen, ebenso zur Unterstützung eines möglichst selbstbestimmten und gesunden Lebens von Kindern, Jugendlichen und Erwachsenen mit und ohne Beeinträchtigung. Die Heilpädagogik fragt sich an dieser Stelle, warum Programme der Beratung, der Prüfung sensorischer, emotionaler, kognitiver und sozialer Kompetenzen, der Früherkennung von Gesundheitsgefahren, der Stärkung von Resilienz einen Widerspruch zu einer inklusiven Pädagogik darstellen sollen.

Rehabilitation

Der Begriff *Rehabilitation* leitet sich ab von dem lateinischen Adjektiv *habilis* = fähig, geeignet, tauglich sowie der Vorsilbe *re* = wieder. Das Substantiv *rehabilitatio* bedeutet in medizinischen, psychologischen und pädagogischen Kontexten die Wiedergewinnung einer Fähigkeit, im erweiterten Sinn die Wiederherstellung einer sozialen Position (und ihres Ansehens) oder die Wiederaneignung der Ehre. In der Heilpädagogik orientiert sich der Begriff der *Rehabilitation* am biopsychosozialen Modell der WHO und an der UN-Behindertenrechtskonvention, bezieht sich also nicht nur auf die physische und psychische Dimension von Gesundheit und Krankheit, sondern schließt das soziale Umfeld und weitere Kontextfaktoren mit ein. So umfasst Rehabilitation »den gleichzeitigen und koordinierten Einsatz von medizinischen, sozialen, schulischen und beruflichen Maßnahmen mit dem Ziel, die aus gesundheitlichen Gründen eingeschränkten Betätigungsmöglichkeiten und damit die funktionelle Leistungsfähigkeit der Betroffenen möglichst weitgehend wiederherzustellen« (Luthe 2015, S. 9).

Lange Zeit spielte der Begriff und das System der *Rehabilitation* in der Bundesrepublik Deutschland keine tragende Rolle, während sich in der DDR die *Gesellschaft für Rehabilitation* ab 1962 mit der Eingliederung beeinträchtigter Menschen in schulische, berufliche und auch universitäre Kontexte befasste. Begründet wurde das *Konzept der Rehabilitation* mit dem Verweis auf die Notwendigkeit der Interdisziplinarität: Gemeinsames Handeln der verschiedenen Berufsgruppen sei notwendig, um die Aufgaben zu bewältigen. 1989 ging man im Zuge der Wiedervereinigung davon aus, dass die Oberbegriffe *Rehabilitationswissenschaften* und *Rehabilitationspädagogik* bedeutungslos werden würden – doch in Dortmund oder in Köln übernahm man sie und bezeichnete damit Studiengänge, die der Heilpädagogik verwandt sind.

Im 21. Jahrhunderts gelang es der deutschen Sozialgesetzgebung, sich dem internationalen Diskurs um die *Rehabilitation* anzuschließen. SGB IX und Behindertengleichstellungsgesetz signalisieren die Abkehr vom fürsorgerischen und die

Hinwendung zum partizipativen Ansatz. In der Internationalen Klassifikation der Funktionsfähigkeit, Behinderung und Gesundheit (ICF) stellen die Kontextfaktoren den Lebenshintergrund einer Person dar, also alle umwelt- und personenbezogenen Faktoren, die Einfluss auf die funktionale Gesundheit der Person haben können. Ziel der *Rehabilitation* ist damit nicht mehr allein die Wiederherstellung von Fähigkeiten, sondern die Erhöhung der Lebensqualität und die Ermöglichung selbstbestimmter, gleichberechtigter Teilhabe am gesellschaftlichen Leben (Wacker et al. 2009).

Die Unübersichtlichkeit der Rehabilitationsträger im gegliederten System der sozialen Sicherung blieb allerdings bestehen. Ein eigenständiger Rehabilitationsträger mit einheitlicher Zuständigkeit wurde mit Einführung des SGB IX nicht positioniert, auch wenn dies lange gefordert wurde (Welti 2014, 7). Stattdessen existiert weiterhin ein Nebeneinander der Träger: Gesetzliche Rentenversicherung, Gesetzliche Krankenversicherung, Gesetzliche Unfallversicherung, Bundesagentur für Arbeit, Kinder- und Jugendhilfe, Sozialhilfe – jeder dieser Träger ist für »seine« *Rehabilitations*leistung zuständig. Das macht häufig die gerichtliche Klärung der Frage notwendig, welche Maßnahme von welchem Träger der *Rehabilitation* übernommen wird bzw. wer als vorrangiger Träger anzusehen ist.

Grundsätzlich werden im *deutschen* Sozialrecht drei Zielsetzungen der *Rehabilitation* genannt: Die *medizinische*, die *berufliche* und die *soziale Rehabilitation* – wobei das SGB IX nun für den Bereich der beruflichen *Rehabilitation* den Ausdruck: *Leistungen zur Teilhabe am Arbeitsleben* und für die soziale Rehabilitation den Ausdruck *Leistungen zur Teilhabe am Leben in der Gemeinschaft* verwendet (Morfeld 2016, S. 164). Ziel der medizinischen *Rehabilitation* ist es, aus Krankheiten oder Unfällen entstandene Beeinträchtigungen zu heilen oder zu mildern. Die berufliche *Rehabilitation* macht es sich zur Aufgabe, differenzierte Maßnahmen der Berufsbildung, Umschulung und Eingliederung anzubieten und die betreffenden Menschen ins Erwerbsleben zu (re-)integrieren. Dazu dienen Berufsbildungswerke, Berufsförderungswerke sowie Integrationsämter und Integrationsfachdienste. Die soziale *Rehabilitation* strebt die Bewältigung alltäglicher Anforderungen und die Teilhabe im sozialen Umfeld eines Rehabilitanden an, um ein Leben in der Gemeinschaft zu ermöglichen.

Die UN-BRK beschreibt in Artikel 26 eine aktuelle und umfassende Vorstellung von *Rehabilitation:* Sie versteht darunter die Entwicklung und Nutzung gezielter Programme und Dienste, die Menschen mit Behinderungen dazu befähigen, so eigenständig und unabhängig wie möglich zu leben und ihre körperlichen, geistigen und beruflichen Fähigkeiten zu entfalten. Dabei wird Wert gelegt auf folgende Aspekte: *Rehabilitation* möglichst früh anzubieten, sie multidisziplinär zu organisieren, individuelle Bedürfnisse und Stärken zu berücksichtigen, die Freiwilligkeit zu respektieren und sie gemeindenah zu positionieren. Damit fordert die UN-BRK jeden Unterzeichnerstaat – eben auch solche mit einem bereits differenzierten Sozialsystem – auf, bestehende Strukturen, Programme und Leistungen der *Rehabilitation* in Übereinstimmung mit den Zielen der UN-BRK zu bringen und weiterzuentwickeln (Welti 2012, 185). Ein Aspekt, der in der Rezeption der UN-BRK bisweilen unterzugehen droht, ist in Artikel 26 vermerkt: Es handelt sich um die Forderung, bei Rehabilitationsaspekten die Unterstützung durch andere Menschen mit Behinderung sicherzustellen und die Beteiligung von *Experten in eigener Sache* an Programmen der *Rehabilitation* als gleichwertig derjenigen von Fachkräften anzusehen und zu fördern. Doch diese Bestimmung ist in der Rehabilitationspraxis zweifellos noch nicht angemessen umgesetzt (Clausen 2022).

1.2.23 Vulnerabilität und Resilienz

Die beiden Begriffe werden hier als zwei Seiten einer Medaille verstanden, die sowohl fragile und verletzbare, aber auch kräftige und widerstandfähige Anteile enthält – und dies nicht nur bezogen auf eine einzelne Person, sondern auch auf soziale, politische oder ökologische Systeme.

Vulnerabilität

Der Begriff *Vulnerabilität* leitet sich ab von dem lateinischen *vulnus* = Wunde bzw. *vulnerare* = verletzen und wird in den Humanwissenschaften meist mit Verwundbarkeit oder Verletzlichkeit übersetzt. Da der Begriff in unterschiedlichen Kontexten verwendet wird, sollen hier die Ebenen skizziert werden, in denen Vulnerabilität sich in unterschiedlicher Weise als relevant für die Heilpädagogik zeigt: Zunächst taucht der Begriff *Vulnerabilität* um 1970 im Kontext der Psychiatrie auf, als nach Erklärungsmodellen für die Entstehung psychischer Krankheiten gesucht wird. Mit ihrem Vulnerabilitäts-Stress-Modell lösen Zubin und Spring die fruchtlose Diskussion um endogene oder exogene Auslöser der Schizophrenie ab (Zubin & Spring 1977) und kommen zu dem Schluss, dass biologische und genetische Faktoren ebenso wie Bedingungen der frühen Entwicklung und psychosoziale Aspekte zur seelischen Dünnhäutigkeit führen können. Im Grunde sei bei allen Menschen die Disposition zu einer psychischen Krise vorhanden (Fingerle 2022). In einem ähnlichen Modell der Krankheitsentstehung von Luc Ciompi spielen ungünstige Erfahrungen in der Lebensgeschichte, Verunsicherungen und Belastungen ebenso wie anlagebedingte Faktoren eine Rolle bei der Entstehung einer vulnerablen Disposition. Zu einer psychischen Krise kommt es aber erst, wenn gravierende Lebensereignisse auf schwache Abwehrkräfte treffen. Eine Empfindlichkeit gegenüber Außenreizen, die nicht integriert werden können, eine reduzierte Verarbeitungsfähigkeit für Belastungen und eine Schwellensenkung gegenüber Stress machen Menschen *verletzlich* und lösen Erkrankungen aus (Ciompi 1998, S. 260).

Dieses Konzept zeigt Ähnlichkeit zum Diathese-Stress-Modell, das in der Medizin häufig auftaucht, wenn es um komplexe und multifaktorielle Ursachen von Krankheitsentstehungen geht. Dabei bleibt jedoch das dynamische Ineinandergreifen der einzelnen Merkmale ungeklärt: »Tatsächlich liegt das komplexe Zusammenspiel biologischer, psychologischer und sozialer Faktoren in Hinblick auf die Entstehung von Vulnerabilität und Resilienz bis heute noch weitgehend im Dunklen« (Burghardt et al. 2017, S. 100). Diese Aussage verweist auf eine Stufe, wo beide Konzepte sich verbinden: *Vulnerabilität* und *Resilienz* lassen sich nach dieser Auffassung »als entgegengesetzte Pole eines Kontinuums begreifen« (Julius &

Goetze 2000, S. 294). So wie *Resilienz* als konstruktive Widerstandfähigkeit gegenüber kritischen Lebensereignissen und Krisen verstanden wird, gilt *Vulnerabilität* als Disposition oder als individuelles Risiko, das sich »im Laufe der Sozialisation unter dem Einfluss chronischer Belastungen entwickeln kann, da diese die Entwicklung adaptiver Mechanismen behindern können« (Fingerle 2000, S. 289). In diesem Sinne wird der Begriff der *Vulnerabilität* auf Schulkinder genauso bezogen wie auf adoleszente Jugendliche und auf Menschen mit Beeinträchtigungen: Als *vulnerabel* gilt, wer eine unsichere Bindungsorganisation erlebt hat, geringe Fähigkeiten zur Selbstregulation aufweist, unter chronischen Erkrankungen leidet oder über geringe kognitive Kompetenzen verfügt (Fröhlich-Gildhoff & Rennau-Böse 2019) und daher krisenhafte Ereignisse nicht gut bewältigen kann.

Eine solche Einschätzung wird im Fachdiskurs jedoch als stigmatisierend empfunden: *Vulnerabilität* sollte nicht auf eine individuelle Beeinträchtigung oder Schädigung zurückgeführt werden; sie werde auch sozial hergestellt, und zwar durch erhöhte Exklusionsrisiken und prekäre soziale Verhältnisse (Schäper 2006, S. 50). Während sich für die einen also in der Fokussierung auf *Vulnerabilität* und *Resilienz* die Chance eröffnet, Konzepte der Prävention und des Empowerment zu erproben, um eine Erweiterung des individuellen Bewältigungsrepertoires zu ermöglichen (Theunissen 2013), sehen andere in einer solchen Verwendung der Begriffe *Vulnerabilität* und *Resilienz* die Gefahr, die Verletzlichkeit zu individualisieren und sozio-ökonomische wie auch bildungspolitische Kontexte auszublenden (Schäper 2006).

Bisweilen erscheint es überraschend, dass *Vulnerabilität* in der Pädagogik gerade in einem Moment verstärkt thematisiert wird, wo der Blick eigentlich auf die Ressourcen, Stärken und Kompetenzen der Person gerichtet ist. Dederich hält es aber für angemessen und notwendig, Menschen auch als verletzliche Wesen zu betrachten und ihre Zerbrechlichkeit, Unsicherheit, Abhängigkeit und Endlichkeit nicht zu verdrängen (Dederich 2020c). Damit ist eine Ebene angesprochen, auf der die Verwendung des Vulnerabilitätsbegriffs deutlich abrückt von der Markierung bestimmter Menschen oder Gruppen als besonders verletzlich, gefährdet und präventions- oder therapiebedürftig. Es geht nun gerade nicht mehr um besonders vulnerable Individuen oder Gruppen, nicht um Vulnerabilität als soziales Unterscheidungskriterium im Sinne einer Diskriminierung (Springhart 2018, S. 34). In vielen Fachbeiträgen auch aus der Heilpädagogik wird *Vulnerabilität* zunehmend anthropologisch verstanden, gewissermaßen als *conditio humana*, die sich zeigen kann in Krankheit, Beeinträchtigung, Schmerz und Tod ebenso wie »in Liebe, Vertrauen und in dem Streben nach dem Lebensförderlichen« (ebd., S. 36). Niemand ist unverwundbar, auch große Heldenfiguren der Literatur nicht, wie Achilles' Ferse und Siegfrieds Schulter zeigen. *Vulnerabilität* ist zu verstehen als »Begrenztheit, Bedürftigkeit, Endlichkeit und Abhängigkeit« (Gröschke 2002a, S. 88), also als »Grundeigenschaft des Menschen« (Danz 2015, S. 44). Der Begriff steht damit für die prinzipielle Offenheit des Lebens, verbunden mit der Unabwendbarkeit, sich Gefahren auszusetzen, Risiken einzugehen, das Sein als bedrängend und bereichernd zugleich zu erfahren.

Auf Lévinas und Waldenfels verweisend bildet für Falkenstörfer die menschliche Verletzlichkeit die Grundlage für die Übernahme von Verantwortung und Fürsorge

(Falkenstörfer 2020a, S. 243 ff). Stinkes hält es für notwendig, sich der Erfahrung auszusetzen, dass man ein verletzliches Wesen ist und selbst den Schmerz der Demütigung, der Diskriminierung, der Exklusion erfahren hat. Nur so können wir überhaupt wissen und empfinden, was Ungleichheit und Ungerechtigkeit ›heißt‹: »Wir haben einen Sinn für moralisches Handeln nicht, weil wir souverän sind, sondern weil wir unsere Souveränität mit der Akzeptanz der Verletzbarkeit (...) eingebüßt haben« (Stinkes 2015, S. 289).

Resilienz

Der Begriff *Resilienz* geht auf das lateinische Verb *resilire* = zurückspringen, abprallen sowie auf den englischen Ausdruck *resilience* = Widerstandfähigkeit, Elastizität zurück. Er findet sich nicht nur in den Sozial- und Gesundheitswissenschaften, sondern auch in den Naturwissenschaften (in der Physik z. B. bezeichnet der Begriff die Eigenschaft eines Körpers, nach Verformung in seinen ursprünglichen Zustand zurückzukehren), in der Wirtschaftsgeographie oder der Katastrophensoziologie. In der Psychologie und der (Heil-)Pädagogik wird von *Resilienz* gesprochen, wenn es einer Person gelingt, sich trotz gravierender Belastungen oder widriger Lebensumstände psychisch gesund zu entwickeln oder erlebte Krisen gut zu bewältigen (Fröhlich-Gildhoff & Rönnau-Böse 2019).

Zunächst wird das Augenmerk auf Vorgänge in der Kindheit gelegt; Resilienz im Kindesalter meint die »psychische Widerstandsfähigkeit gegenüber biologischen, psychologischen und psychosozialen Entwicklungsrisiken« (Wustmann 2009, S. 72). Doch Resilienz ist nicht an ein spezifisches Alter gebunden; in jeder Lebensphase können Widerstandkräfte, Energien und Stärken benötigt und mobilisiert werden, die sich bei der Bewältigung herausfordernder Situationen und Ereignisse als hilfreich erweisen (Theunissen & Sagrauske 2019). Resilienz zeigt sich in einem interaktiven Prozess zwischen Individuum und Umwelt, der auf die Fähigkeit des Menschen hinweist, widrige Umstände oder Lebenskrisen zu meistern und dabei sowohl eigene Stärken als auch vorhandene Möglichkeiten im Sozialraum zu nutzen. Zusammenfassend formuliert:

> »Als Resilienz wird eine Kapazität zur erfolgreichen Bewältigung von Risikolagen bezeichnet, die auf dem Vorhandensein personaler und sozialer Ressourcen sowie adaptiver Bewältigungsformen beruht« (Fingerle 2022, S. 439).

In den ersten Studien wurde *Resilienz* als Persönlichkeitseigenschaft oder als festgelegte Veranlagung definiert, gespeist durch eine optimistische Grundhaltung, positive Selbstwirksamkeitserfahrungen und vorhandene Coping-Strategien (Tüscher et al. 2021, 223). Heute wird davon ausgegangen, dass Resilienz »kein Charakterzug und kein stabiles Persönlichkeitsprofil, kein spezifischer Genotyp und kein fest verdrahtetes Merkmal der Gehirnarchitektur« (ebd., S. 224) ist, sondern das Ergebnis eines Prozesses, nämlich der Fähigkeit zur dynamischen Anpassung und flexiblen Bewältigung belastender Lebensumstände unter Einbeziehung individueller und sozialer Ressourcen. Doch der Begriff passt nicht auf alle Belastungen, nicht jede Form der seelischen Widerstandsfähigkeit ist als *Resilienz* zu bezeichnen und nicht für jedes Risiko gilt *Resilienz* als passende Antwort. Gemeint sind auch nicht Risiken, die generell mit altersgemäßen Entwicklungsprozessen verbunden sind; vielmehr geht es um fundamentale Gefährdungen, etwa der Tod eines nahen Angehörigen, die psychische Erkrankung eines Elternteils, Gewalt oder Alkohol- und Drogenmissbrauch in der Familie, sexueller Missbrauch oder traumatische Fluchterlebnisse. Es können biologische, psychosoziale oder emotionale Risiken der Entwicklung sein, die für den Menschen eine außerordentliche Härte darstellen: »Unter Resilienz wird die Fähigkeit von Menschen verstanden, Krisen im Lebenszyklus unter Rückgriff auf persönliche und sozial vermittelte Ressourcen zu meistern und als Anlass für Entwicklung zu nutzen« (Welter-Enderlin & Hildenbrand 2012, S. 13). Nicht immer zeigt sich *Resilienz* in Form von Sicherheit und Souveränität, sie kann auch eigensinnig und widerständig auftreten (Zander 2018).

Die erste Langzeitstudie zur *Resilienz* publizierte Emmy Werner, die über mehrere Jahrzehnte den Werdegang von 700 hawaiianischen Kindern eines Jahrganges erforschte. Ein erheblicher Teil der Kinder wuchs in schwierigen sozialen Umständen auf, unterernährt, emotional vernachlässigt oder körperlich misshandelt. In der Verlaufsstudie stellte sich heraus, dass viele Kinder Auffälligkeiten zeigten wie ihre Eltern: sie blieben ohne Schulabschluss, konsumierten verstärkt Alkohol, waren gewalttätig – aber eben nicht alle. Einige Kinder schafften es, die widrigen Verhältnisse hinter sich zu lassen, Schule und Studium zu meistern und gute Positionen im Berufsleben und in der Gemeinde zu erreichen. Emmy Werner nannte diese Kinder: verletzlich, aber unbesiegbar – ähnlich hatte schon Anna Freud bei ihren Untersuchungen von Kindern aus Konzentrationslagern Studien zur *Resilienz* vorgelegt (Bucher 2011, S. 188).

Heute spielen in der *Resilienz*forschung die selbstregulativen Fähigkeiten (Fingerle 2017, S. 198) und das Konzept der *Selbstwirksamkeitserwartung* eine wichtige Rolle: Damit ist die Überzeugung eines Menschen gemeint, selbst Gestalter seines Lebens zu sein und auch in Krisen nicht andere für das Unglück verantwortlich zu machen, sondern nach Wegen der Bewältigung und Lösung zu suchen. So stellt *Resilienz* also kein Schutzschild dar, sondern eine Form der Aktivität, die immer wieder fordert, in belastenden Situationen an die eigenen Stärken zu glauben und davon auszugehen, dass die Dinge sich positiv gestalten lassen (Kalisch 2017). Auch die Erfahrung einer tragfähigen Bindung und die soziale Teilhabe sind Ressourcen für das Gelingen von Entwicklungsaufgaben und das Bewältigen von Krisen. Dies gilt auch und gerade für Menschen mit Beeinträchtigungen, die in den Einrichtungen der Behindertenhilfe nur selten Erfahrungen der Selbstwirksamkeit machen: »Umgekehrt kann etwa die Verfügbarkeit von sozial kompetenten Praktiken oder adaptiven Formen der Stressbewältigung Akzeptanz und Teilhabechancen fördern« (Fingerle 2017, S. 199), was zur gelingenden Inklusion und Partizipation beitragen kann.

1.2.24 Zukunftsplanung und Sozialraumorientierung

Die Realisierung des Inklusions- und Partizipationsauftrags entscheidet sich nicht in theoretischen Schriften und Debatten, sondern in sozialen Interaktionen, und zwar dort, wo die Menschen leben und ihre Beziehungen und Räume gestalten. Die

Methoden der Zukunftsplanung können die Teilhabe im Quartier erweitern und zur Selbstbestimmung beitragen, die Orientierung am Sozialraum kann das Leben in der Gemeinschaft mit den individuellen Wünschen verbinden und der Gefahr der Isolation entgegenwirken.

Zukunftsplanung

Die Frage, welche Lebens-, Arbeits-, Wohn- oder Beziehungsformen einem entsprechen und wie ein »*passendes Leben*« (Largo 2017, S. 17) aussehen könnte, stellt sich für jeden Menschen. Diejenigen, die aufgrund einer Beeinträchtigung in der Gestaltung ihres Alltags behindert werden, sehen oft wenig Chancen, ihre Wünsche und Ideen durchzusetzen (Emrich et al. 2017). In den Einrichtungen der Behindertenhilfe wurde ihnen lange Zeit die Möglichkeit eines individuellen Lebensstils gänzlich versagt. Und in den Familien, in denen sie vielleicht noch im hohen Erwachsenenalter wohnen, ist eine altersadäquaten Gestaltung oft nicht leicht zu realisieren. Auch die Frage, welche Arrangements nötig sind, wenn Eltern nicht mehr die Betreuung ihrer Töchter und Söhne leisten können, bleibt oft unbeantwortet. Und die erwachsenen ›Kinder‹ mit Beeinträchtigungen werden – wie Studien zeigen – gar nicht in mögliche Planungen einbezogen (Wicki et al. 2016).

Das entspricht in keiner Weise den Vorstellungen von Partizipation, die aktuell sind. Heute zeichnet sich ab, dass die betreffenden Menschen selbst ihre Zukunft planen und gestalten und bei Bedarf auf Unterstützung zurückgreifen wollen. Die Persönliche Zukunftsplanung, in den USA, Großbritannien und Kanada entwickelt, durch Vorträge, Seminare und Publikationen (u. a. durch Susanne Göbel, Carolin Emrich, Stefan Doose, Ines Boban, Andreas Hinz) im deutschsprachigen Raum bekannt gemacht, bietet Menschen mit (und ohne) Beeinträchtigung die Chance, ihre Perspektiven für die Lebensgestaltung zu benennen. Sie geht Träumen, Wünschen und Hoffnungen nach, ermittelt Stärken und Vorlieben, aber auch Ängste bezüglich dessen, wie ihr zukünftiges Leben aussehen könnte. Aspekte der Personzentrierung, Sozialraumorientierung und Beziehungsorientierung werden ebenso berücksichtigt wie die Umweltbedingungen. In der Persönlichen Zukunftsplanung (PZP; engl. person-centered planning = pcp) ist der Mensch mit Beeinträchtigung die Hauptperson; dies gilt auch für Personen mit komplexen Beeinträchtigungen und hohem Assistenzbedarf (Doose 2019).

Das Konzept ist dialogisch angelegt:»Damit Menschen (…) tatsächlich Planende sind und nicht zu Geplanten werden, braucht es echte Partizipationsmöglichkeiten« (Emrich & Kemme 2021, S. 117). Die Zukunftsplanung sollte außerhalb von Institutionen der Behindertenhilfe stattfinden, auf die volle Inklusion innerhalb der Gesellschaft abzielen (Boban & Hinz 2017) und die notwendigen Leistungen der Assistenz klären (Kruschel & Hinz 2015). Anders als die Verfahren der Bedarfsermittlung, die in Form von Teilhabe-, Hilfe- und Gesamtplanungen vorgeschrieben sind, ist die Persönliche Zukunftsplanung eine freiwillige Entscheidung. Sie ist nicht gebundenen an bestimmten Zugangsvoraussetzungen, um den Prozess zu realisieren zu können, und ist mit Personen mit hohem Unterstützungsbedarf und ohne verbale Kommunikationsmöglichkeiten ebenso möglich wie mit Personen mit akademischem Abschluss (Emrich & Kemme 2021).

Unterstützer*innen aus der Familie, Freund*innen, Kolleg*innen aus Bildung- und Arbeitskontexten, Pastor*innen oder Nachbar*innen sowie ggf. Fachkräfte aus pädagogischen oder therapeutischen Bereichen denken mit und fragen nach, was der Hauptperson gegenwärtig wichtig ist und zukünftig wichtig sein könnte. Entscheidungen trifft die Hauptperson, die dabei unterstützt und bestärkt wird, als Akteur*in und Regisseur*in des eigenen Lebens sich selbstbestimmt und aktiv in die Gesellschaft einzubringen. Wenn möglich lädt die Hauptperson selbst ein und bestimmt Ablauf und Dauer der Planung

> »Grundlage der Einladung ist die persönliche Beziehung und Freiwilligkeit, keiner muss qua Amt und Funktion kommen. Dies ist anders als bei einer Teilhabe- oder Gesamtplankonferenz, wo der Leistungsträger plant und einlädt, die meisten Teilnehmer*innen durch Amt und Funktion feststehen, die Person lediglich eine Person des Vertrauens mitbringen darf und die Regeln des Verfahrens und der Ablauf gesetzlich vorgeschrieben sind. Ausgangspunkt einer Persönlichen Zukunftsplanung ist oft ein persönlich empfundener Veränderungsbedarf und ein selbst gewählter Themenschwerpunkt der Planung« (Doose 2019, S. 177).

Für die Realisierung einer Persönlichen Zukunftsplanung liegen gut ausgearbeitete Konzepte vor: MAPS (Making Action Plans) bietet sich für Personen in Schwellensituationen an (Übergang Kita-Schule oder Schule-Beruf, Auszug aus dem Elternhaus, Übergang Beruf-Ruhestand), die ihre Träume (oder auch Ängste) reflektieren und ihre Fähigkeiten und Fertigkeiten (ihre »Gaben«) erkunden wollen. Sie benötigen eine Klärung, wie sie ihre zukünftigen Aufgaben angehen wollen. Ein anderes Verfahren der Persönlichen Zukunftsplanung ist PATH (Planning Alternatives Tomorrows with Hope); es wurde entwickelt für Menschen, die schon eine Idee davon besitzen, wie ihre Zukunft aussehen könnte, aber noch zu erkunden haben, wie sie ihre Vorstellungen und Wünsche realisieren können. Für die Moderation von Persönlichen Zukunftsplanungen werden Fortbildungen angeboten, damit gewährleistet ist, dass unabhängige Moderator*innen die Gespräche vorbereiten und gestalten und es nicht zu institutionellen Einengungen kommt (Doose 2020).

Sozialraumorientierung

Während in der Sozialen Arbeit die *Sozialraumorientierung* seit Jahren den Diskurs prägt, ist der sozialräumliche Aspekt in der Behindertenhilfe erst in letzter Zeit zu einem relevanten Thema geworden. Allerdings bestehen Unschärfen im Verständnis: Sieht die *Sozialraumorientierung* die Analyse von sozialen Bedarfslagen im jeweiligen Stadtteil bzw. in der Gemeinde vor? Ist damit die *Deinstitutionalisierung* oder die *Dezentralisierung* der institutionellen Hilfen gemeint? Soll die Assistenz von Menschen mit Beeinträchtigungen ehrenamtlich tätigen Bürgerinnen und Bürgern anvertraut werden? Wie ist überhaupt *Sozialraum* definiert?

Zunächst einmal lassen sich vier Ebenen unterscheiden: a) Wenn vom *Sozialraum* die Rede ist, dann versteht die Sozialverwaltung darunter ein Territorium mit einer gewissen Ausdehnung bzw. einer bestimmten Einwohnerzahl, also ein Dorf oder ein Stadtquartier mit spezifischen Bedingungen; b) Stadtplaner*innen sehen im *Sozialraum* ein Konstrukt für die Verknüpfung von strukturellen und sozialen Impulsen für ein gutes Zusammenleben; c) Fachkräfte der Sozialen Arbeit denken beim *Sozialraum* an ein dynamisch sich entwickelndes Geflecht mit vielfältigen Lebenslagen und Handlungsweisen; d) Inklusionstheoretiker*innen verknüpfen mit dem Begriff *Sozialraum* die Idee von einem partizipativ angelegten Gemeinwesen, in dem sich Bedarfslagen der Assistenz mit passgenauen Unterstützungsangeboten in selbstbestimmten Entscheidungsformen zusammenfügen (Hinte 2018).

Es ist also eine Verengung, den Begriff *Sozialraum* nur territorial zu definieren: *Sozialräume* weisen immer mehrfache Strukturen auf: Erstens die materielle Ebene mit Alters- und Familien-Strukturen, gewerblichen Infrastrukturen und Verkehr, Bedingungen der Arbeit, des Wohnens, der Bildung, der Gesundheitsversorgung, der Religionsausübung, der Kultur, des Sports; zweitens die subjektive Ebene, die das persönliche Erleben der handelnden Subjekte, ihre individuellen Lebenswelten und Lebensentwürfe, ihre Aneignung des Raumes und ihre individuelle Gestaltung von Begegnungen in den Blick nimmt. Insofern ist *Sozialraum* nicht als ein vermessener Bezirk oder Behälter, sondern als ein vielfältiges Gewebe zu verstehen, das sich kontinuierlich weiterentwickelt (Spatschek & Wolf-Ostermann 2016). Anders formuliert: Es gibt keinen Raum unabhängig von konkreten sozialen Praktiken und Interaktionen (Kessl & Reutlinger 2010).

Für Fachkräfte sozialer Professionen bedeutet das Sozialraumkonzept, nicht ihre Institution und die dort vorhandenen Instrumentarien zum Maßstab der Unterstützung zu machen, sondern sich auf die individuellen Lebenslagen der Personen einzulassen. Nicht Menschen gilt es zu verändern, sondern »Arrangements zu schaffen und Verhältnisse zu gestalten« (Hinte 2018, S. 13). Barrieren im Quartier sind abzubauen, neue Handlungsspielräume zu eröffnen, Beziehungen auszuloten, Ressourcen zu erschließen und enge Fachgrenzen zu überschreiten (Beck 2016b). Für manche Fachkräfte mag das ungewohnt sein, hat man doch bislang meist individuelle Maßnahmen der Bildung, Beratung, Förderung und Assistenz für Kinder, Jugendliche und Erwachsene gestaltet. Der inklusions- und partizipationsorientierte Auftrag lautet nun, auf dialogische Strukturen zwischen Menschen mit Beeinträchtigungen und ihrem Lebensumfeld zu setzen. Das geht über die ›Arbeit am Individuum‹ hinaus, »da nun auch sozio-strukturelle und politische Dimensionen ins Blickfeld geraten« und »mit dem Konzept der Sozialraumorientierung der Weg von der Einzelfallarbeit zur Sozialraumarbeit vonstattengeht; vom Einzelfall zum Blick auf die Lebenswelten« (Weber 2020, S. 7).

Diesen Anspruch proklamieren auch Gesetzgeber und Sozialverwaltungen; im BTHG formulieren sie, Menschen mit Beeinträchtigungen »zu einer möglichst selbstbestimmten und eigenverantwortlichen Lebensführung im eigenen Wohnraum sowie in ihrem Sozialraum zu befähigen« (§ 76 SGB IX). Doch gleichzeitig stellen sie den Fachkräften kaum die Mittel für eine wirklich sozialraumbezogene Arbeit zur Verfügung, obwohl Maßnahmen zur Sicherung der Teilhabe eigentlich »über die Einzelfallhilfe hinausgehende, fallübergreifende und fallunspezifische Elemente zur Erschließung des Sozialraums« (Weber 2020, S. 8) benötigen. Denn das selbstbestimmte Wohnen in der Gemeinde ist noch keine Selbstverständlichkeit, auch wenn die UN-BRK dem »Anspruch auf das Wohnen in einer selbst gewählten Wohnform mit gleichberechtigtem Zugang zu gemeindenahen Unterstützungsleistungen« (Schäper 2016, S. 91) erhebliche Bedeutung beimisst.

Ausgangspunkt für das Konzept *Sozialraumorientierung* ist der Wille des betreffenden Menschen, der systematisch zu ermitteln ist, auch bei Personen mit komplexen Beeinträchtigungen. Die Fachkräfte unterstützen alle Formen der Eigeninitiative und Selbsthilfe, nutzen die Ressourcen des Sozialraums bei der Hilfegestaltung und arbeiten an einer guten Vernetzung mit anderen Akteuren und Diensten. Sie kennen sich aus im Quartier, im System der sozialen Sicherung, in lösungsorientierten Ansätzen der Beratung sowie in der Moderation von Konfliktsituationen (Hinte 2016). Es reicht also nicht aus, sich auf personenbezogene Leistungen innerhalb des Sozialraums, in dem die Nutzer*innen leben, zu beschränken:

> »Sozialraumorientierung war und ist immer bemüht, mit dem Sozialraum, genauer: mit den endogenen Ressourcen all derer zu arbeiten, die in ihm leben. Gefordert sind verlässliche Netze sozialer Beziehungen« (Lob-Hüdepohl 2018, S. 16).

Für die sozialraumorientierte Arbeit sind methodische Kenntnisse der Sozialraumanalyse notwendig: Heilpädagog*innen erstellen subjektive Land- und Netzwerkkarten, erkunden mit den Personen mit Beeinträchtigungen das Quartier, stellen Zeitbudgets auf (Spatschek & Wolf-Ostermann 2016) oder ermöglichen eine Persönliche Zukunftsplanung (Doose 2019) und sind in der Lage, sozialrechtliche Ansprüche mit individuellen und örtlichen Ressourcen zu verbinden. Das Ziel besteht darin, die Bedeutung des Sozialraums persönlich zu erleben, Erfahrungen der Selbstwirksamkeit zu machen, individuelle Lebenslagen auszuloten und Grenzen zwischen Bereichen der Bildung, Arbeit und Kultur sowie zwischen der Behindertenhilfe, der Altenhilfe sowie der Begleitung von schutzsuchenden Menschen zu überwinden. In der Verbindung von individueller Begleitung und sozialräumlicher Partizipation ergeben sich neue Aufgaben nicht nur für pädagogische Fachkräfte, sondern auch für bestehende Einrichtungen, die nicht länger »Fürsorge organisieren, sondern Solidarität stiften und Macht und Einfluss teilen mit den anderen Akteuren und den Adressatinnen selbst« (Schäper 2016, S.100).

Dafür sind Ausbildungskonzepte und Forschungsstrategien zu entwickeln, »die nicht in erster Linie etwas über Menschen mit Beeinträchtigungen lehren und proklamieren, sondern von ihnen lernen, also die jeweilige Expertise und das Erfahrungswissen der betreffenden Menschen anerkennen« (ebd.). Zu beachten ist auch, dass die Politik die Sozialraumorientierung nicht dazu missbraucht, das Niveau der Unterstützung abzusenken, professionelle Leistungen durch ehrenamtliche Angebote zu ersetzen und die Verantwortung für die notwendigen Maßnahmen mit dem Hinweis auf die Initiative der betreffenden Menschen und ihre Selbstbestimmung zu reduzieren (Dahme & Wohlfahrt 2012).

Kapitel 2: Beiträge der Grundlagenwissenschaften für die Heilpädagogik

2.1 Pädagogische Grundlagen der Heilpädagogik

In den Studiengängen der Heilpädagogik sind Einführungen in die *Allgemeine Pädagogik* von hoher Bedeutung: Zentrale Begriffe (z. B. Erziehung, Bildung, Lernen) und ihre theoretischen Fundamente sind zu erarbeiten, Ziele, Methoden und Perspektiven zu reflektieren und Konzepte der Pädagogik mit der Heilpädagogik in Beziehung zu setzen. Während die Heilpädagogik in ihrem Selbstverständnis eng verknüpft ist mit der Allgemeinen Pädagogik, ist das umgekehrt nicht der Fall: In gängigen Einführungen zur Pädagogik (Speis & Stecklina 2015; Stein 2017; Zirfas 2018) sind Hinweise zur Heilpädagogik nicht zu finden. Die entsprechende Lehre an Universitäten und Hochschulen und die Publikationen zur *Allgemeinen Pädagogik* blenden Themen zur Beeinträchtigung in ihren Veranstaltungen und Grundlagenwerken aus, delegieren sie an die Studiengänge der Heilpädagogik, Sonderpädagogik und Rehabilitationspädagogik und streben keine Expertise zu den unterschiedlichen Beeinträchtigungen an. Wer der Heilpädagogik vorwirft, sie würde Menschen mit Beeinträchtigungen im Zuge ihrer Diagnostik stigmatisieren und exkludieren, der vergisst, dass die *Allgemeine Pädagogik* über viele Jahrzehnte gut damit leben konnte, sich ganz auf die Bildung und Erziehung der Mehrheit der Kinder und Jugendlichen zu konzentrieren und die Angebote für Menschen mit Beeinträchtigungen zu vernachlässigen. Was auf dem Weg zu einer *Inklusiven Pädagogik* heute wie ein »Konstruktionsfehler« (Moser 2012a, S. 271) erscheint, war über Jahrzehnte ein durchaus beabsichtigter und unhinterfragter Prozess der Exklusion.

Erst mit dem beginnenden Umbau des selektiven Bildungssystems im Kontext der UN-BRK (Platte & Amirpur 2017), der Abkehr von dem personenbezogenen Verständnis von Behinderung (Sturm 2022) und der Entwicklung einer *Pädagogik der Vielfalt* (Prengel 2019a) fordert die *Allgemeine Pädagogik* dazu auf, sich zu einer Inklusionspädagogik zu transformieren und ein Verständnis von Behinderung zu entwickeln, das Vielfalt bejaht, als Quelle möglicher kultureller Bereicherung wertschätzt und Bildung als Menschenrecht verankert:

> »Im Begriff der Menschenwürde vereinigen sich Lebensrecht und Bildungsrecht. (…) Wer ein ungeteiltes Recht auf Leben für alle Menschen einfordert, bejaht ein Bildungsrecht für alle, das Erziehung und Bildung nicht von irgendwelchen Voraussetzungen wie Sprachfähigkeit, intellektuelle Mindestkompetenz oder dergleichen abhängig macht. Das unverbrüchliche Bekenntnis zum Recht auf Leben schließt jede untere Grenze von Bildungsfähigkeit aus« (Antor & Bleidick 2016, S. 26).

2.1.1 Erziehung

Der Begriff *Erziehung* umfasst alle Aktivitäten der Erwachsenengeneration, die dazu dienen, die nachwachsende Generation zu einem selbstständigen Leben im Rahmen der bestehenden Kultur und Gesellschaft anzuleiten (Hierdeis 2017). *Erziehung* leitet sich etymologisch ab aus den Begriffen *ziehen* und *züchten* bzw. *züchtigen* (Stein 2017) und setzt eine Vorstellung davon voraus, welche kognitiven, sozialen, emotionalen, lebenspraktischen, psychischen und physischen Fähigkeiten und Fertigkeiten notwendig für das Zusammenleben in der betreffenden Gesellschaft sind. Kognitive und affektive Prozesse der Kinder und Jugendlichen sind so zu steuern, dass sie den kulturellen Formen und Normen entsprechen. Erziehung realisiert sich in sozialen Situationen, in denen mindestens zwei Personen interagieren. Ihr Handeln vollzieht sich vor dem Hintergrund unterschiedlicher Lebenserfahrungen, sie besitzen ihre je eigenen Deutungslogiken, die nicht zuletzt durch ein hierarchisches Ungleichgewicht geprägt sind: Die erzieherisch handelnde Person verfügt in der Regel über Weisungskompetenzen und kann über vielfältige Fragen inhaltlicher und strukturelle Art entscheiden, während die zu erziehende Person diese Macht nicht besitzt. Gleichzeitig muss die erzieherisch handelnde Person erkennen, dass sich die Reaktionen ihres Gegenübers nicht bestimmen und nicht vorhersehen lassen: »Vielmehr wächst aus einem Bewusstsein über die Unbestimmtheit und Vagheit, die jede sozial verfasste Situation auszeichnet und in der unter Handlungsdruck agiert werden muss, erst professionelles Handeln« (Seitz 2010, S. 44).

Während sich der internationale Diskurs der Sozialwissenschaften eher auf indirekte Lernprozesse fokussiert und mit den Begriffen Sozialisation, Enkulturation und Personalisation arbeitet, hält sich der Begriff *Erziehung* im deutschen Sprachraum hartnäckig, obwohl eine einheitliche und allseits anerkannte Theorie der *Erziehung* weder in der Praxis noch in der Erziehungswissenschaft zu finden ist, im Gegenteil: Dem Begriff haftet der Beigeschmack der illegitimen Einschränkung von Freiheit bzw. der Unterwerfung und Fremdbestimmung an, dem es nie um die Entwicklung einer autonomen Persönlichkeit gegangen sei. Das zeigt sich auch darin, dass *Erziehung* in all ihren Facetten (Theorien, Methoden, Institutionen, Praktiken, Dynamiken) eigentlich immer aus der Sicht der Erziehenden erforscht und formuliert wird – eine partizipative Erziehungswissenschaft unter Einbeziehung von Forschungsfragen und -settings der jüngeren Generation zeichnet sich nicht ab (Huber & Walter 2015).

2.1.2 Bildung

Der Begriff *Bildung* steht ursprünglich für Bedeutungsgehalte wie *Ebenbild* oder *Nachahmung*, später auch für *Gestaltung* und *Schöpfung* (Zirfas 2018) und ist nach Wilhelm von Humboldt mehr als die reine Aneignung von Wissen; für ihn umfasst der Begriff der *Bildung* die Anregung aller Kräfte des Menschen, dessen Auftrag darin liege, zu einer sich selbst bestimmenden Individualität und Persönlichkeit zu gelangen. *Bildung* ist – im Gegensatz zu *Erziehung* – nicht an ein spezifisches Lebensalter gebunden und setzt keine hierarchische Beziehung zwischen den Erziehungspersonen und den zu Erziehenden voraus (Stein 2017). *Bildung* führt viele gesellschaftliche Implikationen der jeweiligen Epoche mit sich bzw. enthält verschiedene Theoriebestandteile aus unterschiedlichen Zeiten. Zeitweise wurde Bildung als idealistisch-überhöhter Terminus empfunden und mit dem elitären Bildungsbürgertum assoziiert: Nur wer die Chance hat, sich die Bildungsgüter einer Kultur anzueignen, kann sich zu den Gebildeten zählen – in der modernen Industriegesellschaft offenbar ein unbrauchbarer und undemokratischer Begriff. In diesem Verständnis ist Bildung in der Tat »ein Instrument der Selektion, das einer sehr hohen normativen Aufladung unterliegt, weil über standardisierte Prozesse innerhalb der Bildungsinstitutionen gesellschaftliche Reproduktion und soziale Differenzierung transportiert werden und sich mit kultureller Hegemonie Macht konstituiert« (Spies & Stecklina 2015, S. 23).

Heute überwiegt hingegen eine Auffassung, die *Bildung* positiv von *Erziehung* absetzt und den Fokus auf a) die Befähigung zu vernünftiger Selbstbestimmung, b) die produktive Teilhabe an der Kultur, c) die Gewinnung von Individualität und Gemeinschaftsfähigkeit und d) die Chance auf Vielseitigkeit und Vielfalt richtet. Als Zentralbegriff der Allgemeinen Pädagogik steht *Bildung* heute für Selbstbestimmung, Identitätsfindung, Problemlösungsfähigkeit und kritische Distanz gegenüber der Fülle an Informationsangeboten. In der Heilpädagogik hingegen wurde der Bildungsbegriff vernachlässigt zugunsten des Begriffs der *Förderung* (Störmer 2009). Der Grund lag u. a. in dem Urteil der Bildungsunfähigkeit, dem Menschen mit Beeinträchtigungen über lange Zeit ausgesetzt waren. Erst mit der Entdeckung der *Bildsamkeit* gehörloser und blinder Kinder und der Rezeption der frühen Ideen von Itard und Seguin begann ein Umdenken, das die Ambivalenzen der aktuellen Inklusionsdiskurse bereits in sich trug:

»Die Erweiterung von Idee und Praxis der Bildsamkeit durch die Entdeckung der Bildbarkeit Behinderter leitete Prozesse ein, die unausweichlich waren: Entwicklung spezifischer Methoden, Institutionalisierung und Professionalisierung. Indem diese Prozesse auf Besonderung hinausliefen, repräsentierten sie die Kehrseite einer Medaille, die als Ganzes durch Inklusion und Exklusion gekennzeichnet ist« (Ellger-Rüttgart 2022, S. 27).

2.1.3 Lernen

Der Begriff *Lernen* stammt ab von den gotischen Wort *lais* mit den Bedeutungen: *Ich weiß, ich habe erfahren, ich habe erwandert.* Lernen hat mit dem Erwerb von Wissen als einem lebensnotwendigen Vorgang zu tun, der die vergleichsweise schwachen Instinkte des Menschen kompensiert und sich auf ständige Veränderungen im Lebensvollzug einstellt (Zirfas 2018). Fortwährend werden beim Lernen systematisch Fähigkeiten, Fertigkeiten und Erkenntnisse erworben, aber auch unbewusste und erfahrungsbedingte Veränderungen gespeichert (Stein 2017). Zum *Lernen* gehört der Erwerb von Deutungswissen und Verhaltensstrategien zur Organisation des Alltags ebenso wie zur Gestaltung von sozialen, professionellen und intimen Beziehungen: »Lernen ist eine Form flexibler Anpassung lebender Systeme an ihre wechselnden Umweltbedingungen durch Veränderung ihrer Möglichkeiten, sich zu verhalten« (Treml 2004, S. 292). Das *Lernen* erweitert kognitive Strukturen, neues

Wissen wird mit bereits bestehendem verknüpft, ggf. werden bestehendes Wissensbestände verändert.

Lernen vollzieht sich im Kontext der Lebenswelt, aber auch in institutionell organisierten Settings: Ob in der Kita, in der Schule oder an der Universität, stets spielen beim *Lernen* Motivation und Emotion, Neugier und selektive Aufmerksamkeit, spielerische, kreative und bewegungsorientierte Lernformen, Naturerfahrungen, soziale Gruppen und soziales Handeln eine wichtige Rolle (Spitzer & Herschkowitz 2019). *Lernen* sollte erfahrungsbezogen, dialogisch, sinnvoll und ganzheitlich verlaufen; konkret heißt das: a) *Lernen* knüpft möglichst an bestehende Erfahrungen an und erweitert den Erfahrungsschatz; b) *Lernen* ist meist kein gänzlich individueller Vorgang, sondern eine dialogische Auseinandersetzung mit sich selbst und einem (realen oder internalisierten) Gegenüber; c) je sinnvoller das *Lernen* bzw. der Lernstoff erscheint, desto besser können hemmende bzw. ablenkende Faktoren ausgeblendet und der Fokus auf die konkrete Sache gelenkt werden; d) das *Lernen* berührt die betreffende Person auf unterschiedlichen Ebenen (körperlich, kognitiv, emotional, sozial, biografisch, kulturell) und löst Transformationsoptionen aus (Zirfas 2018, S. 50f). Das Nachdenken über das *Lernen* wurde lange Zeit durch Lerntheorien wie das klassische Konditionieren (Pawlow), das operante Lernen (Skinner) und das Lernen am Modell (Bandura) geprägt. Heute widmet sich die Forschung und die Lehre stärker den neurowissenschaftlichen Grundlagen und der emotionalen Fundierung des Lernens (Hüther & Quarch 2018) sowie dem problemlosenden Lernen zu (Tobinski 2017).

2.1.4 Autoritäre und repressive Pädagogik

Die Geistesströmung der Aufklärung erschütterte ab dem 18. Jahrhundert das vorherrschende Bild von einer auf Gott gegründeten natürlichen Ordnung. Unter dem Eindruck naturwissenschaftlicher Umwälzungen sollte die menschliche Vernunft aus der Abhängigkeit von Kirche und Staat befreit werden: Den langen Schatten des Mittelalters galt es abzuschütteln und das Licht einer sich selbst bestimmenden Vernunft sowie die Ideale von geistiger Freiheit, Gleichheit und Bildung zu etablieren. Das neue Denken orientierte sich an den Naturwissenschaften: Beobachtungen und methodische Vorgehensweisen sollten den Erkenntnissen Gültigkeit verleihen und sie überprüfbar machen. Das 19. und frühe 20. Jahrhundert kannten aber nicht nur Aufklärung, Toleranz und Selbstbestimmung, sondern auch materielle Not, institutionelle Zwänge und gewalttätige Auseinandersetzungen. »Die Idee der Weiterentwicklung des Menschengeschlechts mittels einer Erziehung zur Mündigkeit und Vernunft wurde durch eine moralisch-seelische Sozialkontrolle unterminiert« (Zirfas 2018, S. 87). Von engen Glaubensrichtungen geprägte Eltern, schlecht bezahlte Lehrer, überfüllte Klassenzimmer bestimmten den Alltag der Kinder in dieser Zeit. Nicht die freie Entfaltung, sondern der absolute Gehorsam, nicht die Erziehung zur Vernunft, sondern die Erziehung zur Unterordnung waren die Maximen in Familien, Schulen und Kirchen:

> »Die zunehmende Institutionalisierung von Kindern in Kindergärten, Schulen und Erziehungsanstalten im Laufe des 19. Jahrhunderts erscheint in dieser Perspektive nicht mehr als

ein Zuwachs an Entwicklungsförderung, sondern eher als Zurichtung für die spätere, gehorsame ›Pflichterfüllung‹ in der Industriearbeit oder beim Militär« (Kuhlmann 2013, S. 81).

Die Erziehungsziele des Bürgertums lauteten: Ordnungsliebe, Pflichtbewusstsein, Pünktlichkeit, Fleiß und Gehorsam gegenüber Eltern und Vorgesetzten. Gefragt war die Fähigkeit zur Selbstbeherrschung und zum tugendhaften Lebenswandel. Damit wollte sich das Bürgertum auch von den proletarischen Schichten absetzen, denen man die sofortige Befriedigung ihrer Bedürfnisse und ein rohes Triebleben unterstellte. Ein Beispiel aus einem Erziehungsratgeber der Zeit:

> »Ist die Mutter nun stets bemüht, das Weinen zu stillen, so kommt dem kleinen Weltbürger allmählich zum Bewusstsein, dass er durch seinen Stimmapparat gewisse äußere Veränderungen hervorzurufen vermag und wird darum oft davon Gebrauch machen. Das Kind wird größer; andere Begehrungen treten auf. Findet das Kind nun stets Befriedigung seiner Wünsche, beginnt es, die Erfüllung seines Wunsches kategorisch vorauszusetzen. Sollte man sich nun verwundern, wenn das in die Schule eintretende Kind sich als ein kleiner eigensinniger Tyrann offenbart?« (Grünewald 1899, zit. n. Rutschky 1977, S. 424).

Kennzeichnend für diese repressive Erziehung (von Katharina Rutschky einst als *Schwarze Pädagogik* bezeichnet) war, dass Kinder dem Willen der Erziehungsperson unterworfen wurden, aber die Gewalt, die hinter diesem Prozess stand, nicht wahrnehmen und vor allem später nicht erinnern sollten. Wenn Kinder als Bestrafung für *Unerzogenheit*, *Triebhaftigkeit* und *schlechtes Verhalten* geschlagen wurden, dann sollten sie den Sinn des Strafens einsehen und für notwendig und gut erachten; sie sollten davon überzeugt werden, dass das, was ihnen weh tat, nur zu ihrem Besten geschah. In der Schule musste der Unterricht, um im Sinne von Erziehung zu Fleiß und Gehorsam zu funktionieren, eine Pädagogik der Unterwerfung durchsetzen: Lehrpersonen hatte ihre Bildung als intellektuelle Überlegenheit – bis hin zur Unfehlbarkeit – zu demonstrieren und die Unwissenheit der Kinder immer wieder deutlich zu machen. Das gelang ihnen am besten, indem sie die Kinder mit ihren Defiziten geradezu *vorführten* und eher auf die Lücken ihrer Bildung hin prüften und nicht auf ihre Kompetenzen (Kuhlmann 2013, S. 84).

Auffälliges Verhalten galt als Mangel an erzieherischer Zucht: Eltern, Lehr- und Erziehungspersonen wurden aufgefordert, mit der Bestrafung des Kindes zu zögern, um dessen Angst zu steigern. Eltern und Lehrpersonen sollten die Bestrafungen einleiten mit dem Hinweis, dass die *Züchtigung* eine *sehr unangenehme Pflicht* sei. Besonders gravierend waren Maßnahmen gegen jede Form der sexuellen Regung und Reifung; die Selbstbefriedigung galt dabei als besonders verwerflich und krankmachend:

> »Nächst der Verhütung des Übels ist es die wichtigste Sorge, zu entdecken, ob es vielleicht schon wirklich da sei. Überraschung bei der Tat und offenes Geständnis des Schuldigen lassen sich nur in seltenen Fällen, gegen die unzähligen des Gegenteils, erwarten. Man muss sich daher mit den gewöhnlichen Merkmalen bekannt machen (…) Blässe des Gesichts, eingesunkene, trübe und scheue Augen, mit dunklen Ringen umzogen; Zittern und schnelle Ermattung der Hände, Beben der Stimme, Erschöpfung bei jeder noch so kleinen Anstrengung (…)« (Indizien für onanistische Betätigung: Niemeyer 1810, zit. n. Rutschky 1977, S. 303).

Insgesamt war diese *autoritäre und repressive Pädagogik* darauf ausgerichtet, den Willen der Kinder zu brechen und sie mit Demütigungen zu absolutem Gehorsam zu verpflichten (Stein 2017). Dazu gehörten Handlungen, mit denen die Kinder unter Einsatz körperlicher oder seelischer Gewalt zu bestimmten Verhaltensweisen erzogen werden sollten. Die entsprechenden pädagogischen Mittel waren: Ängstigung, Liebesentzug, Isolierung, Misstrauen, Spott, Beschämung und Gewalt. Die Kinder sollten außerdem *abgehärtet* werden durch knappes Essen, körperliche Anstrengung, Gewöhnung an kaltes Wasser bei gleichzeitigem Verzicht auf Zärtlichkeit und Anerkennung – eine *repressive Pädagogik*, die nicht selten die sadistischen Neigungen der Erziehungspersonen rationalisierte und autoritätshörige Bürgerinnen und Bürger hervorbrachte.

2.1.5 Reformpädagogische Konzepte

Die beschriebenen Vorstellungen einer autoritären Erziehung blieben gegen Ende des 19. und zu Beginn des 20. Jahrhunderts nicht unwidersprochen. Die Industrielle Revolution brachte tiefgreifende Umgestaltungen der wirtschaftlichen, sozialen und kulturellen Verhältnisse, die auch pädagogische Institutionen und Konzepte einbezog. Lehrkräfte realisierten, dass der autoritäre und repressive »Drill« und das Gebot der Unterwerfung nie zu einer demokratischen Entwicklung der Gesellschaft führen würde. Sie erinnerten sich an Schriften von Comenius, Pestalozzi und Rousseau und an deren Vorstellungen von einem erfahrungs- und handlungsorientierten Ansatz, der zur Selbsttätigkeit der Kinder aufrief und die Bildungsbemühungen an den Bedürfnissen und Fähigkeiten der Schülerinnen und Schüler ausrichtete. Zwar lässt sich der Begriff der *Reformpädagogik* aufgrund der Heterogenität und Widersprüchlichkeit der unterschiedlichen Ansätze nicht abschließend definieren (Eble et al. 2023); aber es sind doch gewisse Grundhaltungen und Strukturmerkmale jenseits aller politischen und pädagogischen Differenzen zu erkennen, z. B. die Betonung eines ganzheitlichen Konzeptes, die hohe Gewichtung der Selbsttätigkeit und überhaupt die Entdeckung des Kindes als eigenständiges Subjekt (ebd., S. 9). Reformpädagogische Ansätze zeichnen sich dadurch aus, dass sie die autoritären Vorstellungen durch freiere, weniger leistungsorientierte, demokratische Konzepte ersetzten. In ihnen stehen das Individuum und seine Entwicklung zu einer selbstständigen Persönlichkeit im Mittelpunkt der pädagogischen Prozesse, ebenso die Förderung sozialer, emotionaler, kreativer und lebenspraktischer Kompetenzen. Die Basis bilden neue Erkenntnisse zur Entwicklungspsychologie und zur altersgerechten Begleitung durch die sensiblen Phasen oder Schrittfolgen der kindlichen Bildung und Reifung. Fritz Redl, Janusz Korczak, Maria Montessori, Rudolf Steiner, Célestin Freinet, Alexander S. Neill und Peter Petersen stehen für unterschiedliche Reformvorstellungen und neue Bildungskonzepte in dieser Zeit. Für die Heilpädagogik sind die Ansätze der Waldorf-Pädagogik, der Montessori-Pädagogik und der Psychoanalytische Pädagogik von hoher Bedeutung und werden hier näher vorgestellt.

Montessori-Pädagogik

Die Montessori-Pädagogik gilt als die weltweit populärste Reformpädagogik. Ideen und Erkenntnisse der Ärztin und Pädagogin Maria Montessori werden seit 100 Jahren in Kindergärten und Schulen weltweit umgesetzt, erweitert und aktualisiert. Maria Montessori (1870–1952) war zunächst Ärztin und arbeitete in der kinderpsychiatrischen Abteilung einer Universitätsklinik, wo sie es u.a. mit gehörlosen und kognitiv beeinträchtigten Kindern zu tun hatte. Mit diesen Kindern erprobte sie Sinnesmaterial und Fördermethoden, die sie bei Jean Itard und Edouard Seguin entdeckte und weiterentwickelte. 1907 übernahm sie die »Casa Bambini«, eine Tagesstätte für Kinder aus sozial schwachen Familien im Arbeiterbezirk San Lorenzo in Rom. Hier entwickelte sie eine Methode der Lernförderung und schrieb darüber Aufsätze und Bücher. Ihr pädagogischer Leitspruch aus dieser Zeit lautete: »Hilf mir, es selbst zu tun!« (Ludwig et al. 2009).

Die Montessori-Pädagogik hat sich in den letzten Jahren als anschlussfähig gezeigt an die Diskurse um Inklusion, Partizipation und Diversität, denn zu den Grundsätzen dieser Pädagogik gehört es, Kinder als ganze Menschen zu sehen und nicht davon auszugehen, dass sie erst durch Erziehung dazu gemacht werden. Kinder sind vollwertige Träger aller Menschenrechte; ihre Würde ist unantastbar und sie haben das Recht, mit Respekt behandelt und in Entscheidungen einbezogen zu werden (Eckert & Waldschmidt 2010). Kinder sind die Subjekte ihrer Entwicklung und haben das Recht auf individuelle Hilfe: Alles, was das Kind daran hindert, seine individuelle Persönlichkeit in Freiheit zu entwickeln, ist zu unterlassen.

Kinder mit und ohne Behinderung haben in der Montessori-Pädagogik die Wahl: Sie können sich zwischen verschiedenen Angeboten in der vorbereiteten Umgebung entscheiden, können sich die Zeit einteilen, unterschiedliche Schwierigkeitsstufen und Arbeitsweisen wählen, andere Kinder hinzuziehen oder allein bei einer Sache bleiben, ihren persönlichen Abschluss für das Thema oder das Material finden. Die vorbereitete Umgebung ist überschaubar, übersichtlich und klar geordnet. An den bereit gestellten Materialien erleben die Kinder, dass die Dinge oft ihre eigenen Zugänge erfordern. Sie sind schlüssig und regen das Symbolverständnis und das Abstraktionsvermögen der Kinder an. Das Tun der Kinder in Montessori-Einrichtungen beschränkt sich aber nicht auf den Umgang mit den Montessori-Materialien; das freie Spiel, das Rollenspiel, das Musizieren und Malen, das Bauen im Haus und im Garten, all diese Aktivitäten machen den Alltag in der Kita und auch in der Schule aus.

Kinder schaffen sich einen inneren Raum und richten ihre Aufmerksamkeit auf die Dinge, für die sie in ihrer spezifischen Entwicklungsphase empfänglich sind. Durch das Konstruieren, das Prüfen, das Unterscheiden und das Vergleichen gelangen sie zu Erkenntnissen und kreativen Lösungen. Sie setzen dabei alle Sinne ein, um Eigenschaften, Funktionsweisen und Potentiale der Materialien zu »begreifen« (Klein-Landeck & Pütz 2019). Und sie gehen mit Ausdauer an die gewählten Objekte heran und beschäftigen sich nicht nur flüchtig damit. Das hat mit der Selbstorganisation in der Montessori-Pädagogik zu tun: In den Augen von Montessori ist das Kind »Meister seiner selbst«. Während in vielen pädagogischen Ansätzen das erzieherische Handeln lange Zeit dahingehend verstanden wurde, dass es Aufgabe der Erwachsenen bzw. der pädagogischen Fachkräfte sei, die als notwendig erachteten Gegenstände und Prozesse der Bildung und Erkenntnisgewinnung in die Hand zu nehmen, sie den Kindern zu zeigen und den Kompetenzzuwachs zu überprüfen, ist man heute davon überzeugt, dass Kinder aktiv und selbstwirksam an ihre Umwelt herantreten (Jäger & Clausen 2016). Sie planen, konstruieren, gehen den Dingen auf den Grund, und sie tun dies aus eigenem Antrieb heraus, allein oder in Gemeinschaft. Für die Konstruktion ihres Wissens hilft es, soziale Interaktionen zu nutzen (bei denen Erwachsene im Hintergrund bleiben), die Erfahrungen und Bedeutungen mit anderen Kindern auszutauschen. Auch Kinder mit unterschiedlichen kognitiven, sprachlichen, sozialen, emotionalen oder kulturellen Entwicklungsvoraussetzungen wollen entdecken, wollen mit anderen Kindern die Welt erkunden; sie lernen voneinander, teilen ihre Ideen und Erkenntnisse und erkunden die Logik der Dinge. Die pädagogischen Fachkräfte stellen nicht die Frage: »Was muss das Kind jetzt können?«, sondern: »Was ist in der Entwicklung dieses Kindes als Nächstes dran? Wofür zeigt es ein verstärktes Interesse, eine innere Bereitschaft?« (Pütz 2016, S. 15).

Heilpädagogische Fachkräfte beobachten und begleiten in den Montessori-Einrichtungen die Kinder in ihrer Selbstbildung und unterstützen alles, was deren *Polarisation der Aufmerksamkeit* stärkt. Auch sehr kleine Kinder sind zur *Polarisation der Aufmerksamkeit* fähig (Montessori 2022). Diese Fähigkeit gilt als Schlüssel zum selbstgesteuerten Lernen und zum Aufbau vielfältiger personaler Kompetenzen. Die gerichtete Konzentration ist auch von äußeren Bedingungen abhängig und mündet in der freien Wahl der *Arbeit*. Maria Montessori sprach in diesen Zusammenhängen nicht vom kindlichen *Spiel*, sondern von *Arbeit* und war davon überzeugt, dass »es sich bei der Beschäftigung von Kindern mit Dingen um eine immer schon bildende und vom Kind unbedingt gewollte Tätigkeit handle« (Kuhlmann 2013, S. 106). So ist die Polarisation der Aufmerksamkeit das Kriterium bei der Auswahl der Mittel der vorbereiteten Umgebung, aber auch der Maßstab für die Umsetzung der Montessori-Pädagogik in den unterschiedlichen Institutionen bis in die heutige Zeit hinein.

Psychoanalytische Pädagogik

Die Psychoanalytische Pädagogik hat ihre Grundlagen in der von Sigmund Freud entworfenen und theoretisch fundierten Psychoanalyse, die in der Folge u.a. von August Aichhorn, Anna Freud und Hans Zulliger in den Kontext des pädagogischen Handelns gestellt wurde. Während zu Beginn des 20. Jahrhunderts eine repressive Pädagogik dominierte, verstand die psychoanalytische Pädagogik das Kind »als Subjekt und nicht als passives Objekt professionellen Tuns« (Trescher 1993, S. 168). Viele Pädagog*innen befürworteten die Befreiung des Kindes aus Gewalt, Zwang und Unterdrückung – hin zur Entfaltung und Stärkung des Ichs. Dieser neue Ansatz hatte mit erheblichen Widerständen in der traditionellen Pädagogik zu kämpfen, die ein potenziell herrschaftsfreies Verhältnis zwischen dem Kind und der pädagogischen Fachkraft ablehnten bzw. missverstanden. Gemeint ist ja nicht, dass die psychoanalytische Pädagogik ohne Konflikte, Regeln und Grenzsetzungen auskäme.

Ihr geht es vielmehr darum, die Dynamiken innerhalb von Beziehungen zu verstehen, die Fähigkeit zur Empathie zu entfalten und die unbewussten Anteile in aktuellen pädagogischen Situationen zu erkennen.

Ausgehend von den inneren Repräsentanzen, den Interaktionsschemata und den intrapsychischen Konflikten bewegen wir uns ständig im Austausch zwischen der äußeren und der inneren Welt. Die innerpsychischen Organisationsstrukturen werden durch äußere Erfahrungen gestaltet – aber auch umgekehrt werden die äußeren Erfahrungen durch die inneren Strukturen und Kräfte beeinflusst. Die »innere Welt« entsteht also in all ihren Ausformungen auf dem Wege von erlebten Interaktionen, die sich als Repräsentanzen psychisch verankern. An dieser Stelle ist das Erkennen von Übertragungen und Gegenübertragungen bedeutsam: Übertragung meint, dass unverarbeitete Erfahrungen aus der Vergangenheit mit anderen Personen im Hier und Jetzt neu belebt werden (Hierdeis 2016). Solche Verzerrungen der aktuellen Realität können dazu führen, dass z. B. heilpädagogische Fachkräfte als unzuverlässig, rivalisierend oder kontrollierend erlebt werden, weil die primären Beziehungen von solchen Mustern geprägt waren (Trescher 1993). Kinder versuchen unbewusst, die Pädagogin oder den Pädagogen in eine bestimmte Rolle zu drängen, um vertraute Strukturen zu bewahren und frühe Bedürfnisse zu befriedigen. Die Übertragung führt häufig zu Gegenübertragungsreaktionen, in denen das Gegenüber nun unbewusst tatsächlich die Rolle spielt, die ihm in der Dynamik der Übertragung auferlegt wird. Das Wechselspiel von Übertragung und Gegenübertragung bildet eine für die Arbeit mit dem Kind oft konflikthafte Szene. Psychoanalytische geschulte Fachkräfte sollten daher in der Lage sein, die Strukturen in den Beziehungen zu erspüren und die Dynamik möglicher Übertragungen und Gegenübertragungen aus der Lebensgeschichte heraus zu verstehen; sie können Gegenübertragungsreaktionen, eigene Verstrickungen und irritierende Gefühle reflektieren. Ihre Halte- bzw. Containment-Funktion ermöglicht es ihnen, »die Affekte des Kindes – insbesondere die negativen – nicht nur zu verstehen und zu beantworten, sondern in ihrer Antwort gleichzeitig so zu verändern, dass sie für das Kind erträglicher werden« (Dornes 2009, S. 76).

Neben der *Übertragung*, *Gegenübertragung* und dem *Containment* gehört das *Szenische Verstehen* zu den Grundlagen einer psychoanalytischen Pädagogik, die davon ausgeht, dass reale Erfahrungen des Kindes ebenso wie frühe Bedürfnisse in der Beziehungsgestaltung auftauchen (Naumann 2010). Dazu benötigen die Fachkräfte Kenntnisse über die Lebensgeschichte des Kindes, um zu erkennen, welche möglichen inneren Konflikte in den aktuellen Beziehungen reinszeniert werden. Dabei sind auch die institutionellen und gesellschaftlichen Faktoren, in denen sich die Beziehung ereignet, mit zu reflektieren, vor allem aber die emotionalen Zustände von Ohnmacht, Wut, Selbstzweifeln oder auch Größenphantasien zunächst einmal zu akzeptieren und auszuhalten. Schließlich hofft das Kind (zumindest unbewusst), dass es nicht in den frühen, vielleicht ängstigenden, verletzenden, fatalen Beziehungsstrukturen verharren muss, sondern in der Pädagogik neue Beziehungsdynamiken erleben und internalisieren kann. Pädagogische Fachkräfte sollten Fremd- und Eigenanteile in den Momenten erkennen bzw. reflektieren können und über die eigenen Mechanismen der Abwehr Bescheid wissen.

Zu den klassischen Abwehrmechanismen gehört auch die *projektive Identifikation*. Dazu ein Beispiel: Innerhalb eines therapeutischen Spielangebots wurde eine Heilpädagogin von dem betreffenden Kind in vielen Stunden dazu verpflichtet, in einem ›Gefängnis‹ zu sitzen; Brot, Wasser, Schlaf wurden ihr verweigert. Die Heilpädagogin wurde also in einen ohnmächtigen, hilflosen Zustand versetzt. In Kontext der Supervision wurde deutlich, dass das Kind reale Erfahrungen des gänzlichen Ausgeliefertseins an eine beängstigende Person reinszenierte, nur dass sich nun die Heilpädagogin in der Rolle des Kindes befand und das Kind sich mächtig und handlungsfähig fühlen konnte. In den Spielstunden formulierte die Heilpädagogin im Austausch mit dem Kind die inneren Bilder und Gefühle und trug dazu bei, dass das Selbst des Kindes und die internalisierten Objekte sich in eine konstruktive Richtung veränderten. So kann die psychoanalytische Pädagogik die Resilienzen von Kindern stärken und auch gravierende Erfahrungen der Unterdrückung und Missachtung aufarbeiten (Hierdeis 2016).

Inklusive Pädagogik

Mit dem Begriff *Inklusive Pädagogik* (inclusive education) wird – entsprechend der Zielsetzung der UN-BRK – eine veränderte Pädagogik angestrebt, die sowohl in der Theorie und der Lehre als auch in der Praxis auf die Realisierung der gemeinsamen Bildung von Kindern und Jugendlichen mit und ohne Beeinträchtigungen abzielt und unterschiedliche Lernvoraussetzungen, Entwicklungsverläufe, soziale Lebenslagen, Flucht- und Migrationserfahrungen berücksichtigt, ohne sie zum Anlass von Segregation zu machen. Nach Art. 24 der UN-BRK hat der Zugang zur Bildung ohne Zugangsbeschränkungen und Ausschlussmechanismen zu erfolgen; die Entwicklungspotenziale der Kinder und Jugendlichen sollen sich gleichberechtigt in der Gemeinschaft, in der sie leben, entfalten können. Sie sollen Zugang zu einem inklusiven, hochwertigen, unentgeltlichen Unterricht an Grundschulen und weiterführenden Schulen erhalten. Dabei steht der Begriff *Inklusive Pädagogik* für einen pädagogischer Ansatz, der die Anerkennung von Heterogenität in Bildungs- und Erziehungszusammenhängen vertritt und sich unter Berücksichtigung vielfältiger Differenzlagen und ihrer Verschränkungen gegen Diskriminierungen und Separierungen wendet (Simon 2020).

Im Diskurs über *Inklusive Pädagogik* zeichnet sich eine Differenzierung zwischen einem *engen* und einem *weiten* Verständnis des Inklusionsbegriffs ab. Die *enge* Auslegung versteht *Inklusive Pädagogik* als diejenige Disziplin, die sich der Bildung von Kindern und Jugendlichen mit einem zugewiesenen sonderpädagogischen Förderbedarf widmet und die vorschulische oder schulische Bildung als einen gemeinsamen Prozess von Kindern mit und ohne diagnostizierte Beeinträchtigung anstrebt. Da sie weitgehend sonderpädagogische Fragen und Kategorien behandelt, steht der Begriff *Behinderung* meist an erster Stelle ihrer Überlegungen (Textor 2018). Ein *breites*, reflexives Inklusionsverständnis ist gekennzeichnet durch eine intersektionale Perspektive, die vielfältige Differenzlagen (Geschlecht, Migrationshintergrund, soziale Lage, Alter usw.) und ihre möglichen Verschränkungen einbezieht und auf die Verhinderung von Selektion, Segregation und Exklusion ausgerichtet ist

(Walgenbach & Pfahl 2017). Fragen nach barrierefreien Zugängen zur Erziehung und Bildung werden ebenso verhandelt wie weitreichende Reformen von tradierten Strukturen, Kulturen und Praktiken nicht nur im Bildungsbereich, sondern auf unterschiedlichen gesellschaftlichen Feldern. Inklusion wird so zur Querschnittsaufgabe der Erziehungswissenschaften (Heimlich 2019): *Inklusive Pädagogik* avanciert zu einem interdisziplinären Arbeitsfeld innerhalb einer menschenrechtsbasierten Pädagogik, die auch die Partizipationschancen aller Gesellschaftsmitglieder untersucht und unterstützt (Simon 2020).

Gottfried Biewer stellt fest, dass im deutschen Sprachraum der Begriff *Inklusive Pädagogik* voreilig dort verwendet wird, wo man der traditionellen Sonderpädagogik einen modernen Mantel umlegen, konzeptionell aber wenig verändern möchte. Konsequenter und fundierter sei hingen folgende Definition:

> »Inklusive Pädagogik bezeichnet Theorien zur Bildung, Erziehung und Entwicklung, die Etikettierungen und Klassifizierungen ablehnen, ihren Ausgang von den Rechten vulnerabler und marginalisierter Menschen nehmen, für deren Partizipation in allen Lebensbereichen plädieren und auf eine strukturelle Veränderung der regulären Institutionen zielen, um der Verschiedenheit der Voraussetzungen und Bedürfnisse aller Nutzer/innen gerecht zu werden« (Biewer 2017, S. 204).

Für Biewer haben beide Varianten, das enge und das breite Inklusionsverständnis, ihre Berechtigung: *Inklusive Pädagogik* als Transformation der Sonderpädagogik schließt ein konsequentes und nachhaltiges Eintreten für eine Pädagogik »als Entwicklungsdimension einer Bildung für Alle« (ebd., S. 207) nicht aus; beide Varianten seien nicht alternativ, sondern komplementär zu sehen, müssten jedoch in den entsprechenden Debatten klar markiert werden. Für Georg Feuser ist das umfassende Verständnis der *Inklusiven Pädagogik* maßgeblich, die es ermöglichen soll, dass Kinder, Jugendliche und Erwachsene »unterschiedlichster sozialer Herkunft, mit unterschiedlichen Lernausgangslagen, Sozialisations- und Entwicklungsverläufen, solche mit und ohne Beeinträchtigungen/Behinderungen und Migrationshintergrund, ohne Zugangsbeschränkung (…) in Gemeinschaft miteinander lernen und ihre spezifischen Entwicklungspotenziale entfalten können« (Feuser 2017, S. 132.)

Die *Inklusive Pädagogik* macht es sich zur Aufgabe, Exklusionsrisiken und -praktiken zu erkennen und zu vermeiden und Partizipation in allen Lebensbereichen zu ermöglichen. Die Unterschiedlichkeit der Menschen stellt eine Chance für gemeinsame und individuelle Lern- und Entwicklungsmöglichkeiten dar; im Sinne einer Pädagogik der Vielfalt (Prengel 2019a) schafft sie Räume für Entwicklung, Bildung und Erziehung und stellt Modelle der Unterstützung und Assistenz zur Verfügung (Ziemen 2016). Trotz aller Versuche der Dekategorisierung kann sie auf *Behinderung* nicht gänzlich verzichten und somit auch das *Etikettierungs-Ressourcen-Dilemma* nicht beheben: Das Dilemma besteht bekanntlich darin, dass nur der Person Mittel der Unterstützung gewährt werden, die sich einer Diagnose und damit einer Etikettierung als behinderte Person unterzieht. Wenn die Umsetzung einer Inklusiven Pädagogik nicht nur eine Vision bleiben soll, dann muss eine Analyse von Strukturen der Macht und Ohnmacht erfolgen, die Exklusionsrisiken und -praktiken ebenso untersucht wie strukturelle Gewalt, Paternalismus, Ausgrenzung und Diskriminierung (ebd.). Von Inklusion und *Inklusiver Pädagogik* zu sprechen heißt also, bisherige institutionelle Trennlinien zu thematisieren und zu reflektieren, wie fundamental die verschiedenen Formen der Separierungen in den Schulen und anderen Institutionen der Bildung, Erziehung, Fürsorge und Verwahrung waren und sind: Die Geschichte der öffentlichen Bildung ist eine Geschichte der Be- und Aussonderung, der Selektion und Exklusion – »einschließlich der verschiedenen Gegenbewegungen und Schulkonzepte, die mit dem Ziel, ›eine Schule für alle‹ zu etablieren, dagegen gesetzt worden sind« (Krüger-Potratz 2017, S. 102).

2.2 Psychologische Grundlagen der Heilpädagogik

Psychologie als die Wissenschaft vom Erleben und Verhalten des Menschen ist eine unverzichtbare Bezugswissenschaft der Heilpädagogik. Zu ihren Fundamenten gehören Begriffe wie Wahrnehmung und Kognition, Emotion und Motivation, Lernen und Wissen, Bindung und Exploration, Interaktion und Autonomie sowie die Zusammenhänge von Bewegung, Sprache und Denken (Bischof-Köhler 2011). Mit »großer Selbstverständlichkeit und mit langer Tradition« (Breitenbach 2014, S. 15) sucht die Heilpädagogik die Nähe zur Psychologie und greift ihre Theorien auf. So legten in der Vergangenheit Paul Moor (1960), Konrad Bundschuh (1992) und Dieter Gröschke (1992) Konzepte einer heilpädagogischen Psychologie vor und erläuterten, welches psychologische Grundwissen für die Theorien der Heilpädagogik und ihre praktischen Handlungsfelder notwendig seien. Heute wird gefragt, ob psychologische Aspekte die Perspektive auf spezifische Entwicklungsbedingungen von Menschen mit Beeinträchtigungen schärfen oder ob dieser – eher diagnostische Blick – die Idee der Inklusion untergräbt? Wenn die Anerkennung von Differenz zum Merkmal der Heilpädagogik wird, kann dann auf die Thematisierung von Auffälligkeiten und Teilleistungsstörungen verzichtet werden? (Balzer 2022).

Die Studiengänge der Heilpädagogik haben dazu unterschiedliche Vorstellungen; gemeinsam ist ihnen der Gedanke, entwicklungsförderliche Prozesse anzustoßen, Risiko- und Schutzfaktoren für den Verlauf von Entwicklung ins Auge zu fassen, Aspekte der Vulnerabilität ebenso zu erkennen wie solche der Resilienz. Auf der Grundlage des biopsychosozialen Ansatzes sieht die Heilpädagogik Entwicklungsverläufe als Prozesse an, die stets einzigartig sind und bei jeder Person neu reflektiert werden müssen. Das erfordert »Variabilität im Denken und Handeln« (Greving & Ondracek 2019, S. 44). Die Vielfalt und die Eigenheiten menschlichen Verhaltens regen heute zur Diskussion an, ob die klassischen Phasenmodelle (nach Freud, Erikson, Piaget, Mahler u.a.) noch gültig sind. Wie schätzt eine kultursensible Psychologie die Prozesse der Entwicklung und des Verhaltens ein? Ist von einer kulturbedingten Verschiedenheit, Gleichheit oder Ähnlichkeit psychischer Strukturbildungen auszugehen? Oder sind es sozial und regional unterschiedliche Faktoren, die prägend für die Persönlichkeitsentwicklung sind, so dass die Interaktionen und ihre emotionalen und kognitiven Auswirkungen kulturpsychologisch verstanden werden müssten? (Borke et al. 2019; Helfrich 2019).

In dem Überblick dieses Buches können die vielfältigen Theorien und Modelle der

Psychologie nicht umfassend dargestellt werden. Wer die Entwicklung der Wahrnehmung und des Denkens sowie die Überlegungen von Piaget und Vygotskij studiert, wer die kindliche Entwicklung aus lerntheoretischer, psychoanalytischer, humanistischer oder systemischer Perspektive betrachtet oder die Entwicklung von Geschwisterbeziehungen untersucht, wird in den entsprechenden Psychologie-Veranstaltungen der Heilpädagogik reichhaltige Erkenntnisse finden. Das gilt für die Sozialpsychologie, die an erster Stelle dargestellt wird, bevor die Klinische Psychologie und die Pädagogische Psychologie skizziert werden. In größerem Umfang wird auf die Entwicklungspsychologie eingegangen, um Konzepte zur frühkindlichen Entwicklung vorzustellen, die unverzichtbar für das Studium der Heilpädagogik sind: »Entwicklung nicht nur zu beschreiben, sondern verstehen zu wollen, macht es notwendig, eine Systematik in der Vielfalt zu suchen« (Grewe & Thomsen 2019, S. 21).

2.2.1 Sozialpsychologie

Im Fachgebiet der Sozialpsychologie als einer Teildisziplin der Psychologie wird das Denken, Erleben und Verhalten von Menschen unter den Bedingungen ihrer Lebenswelt und Lebenslage betrachtet. Im Mittelpunkt steht das Verhältnis von Individuum und sozialem Kontext: Es geht um Einstellungen und Einstellungsveränderungen, um das Verhalten in Gruppen, um Rollen und Konflikte (Werth et al. 2020). Als eine empirische Wissenschaft entwickelt die Sozialpsychologie Theorien und Konzepte darüber, wie Menschen in ihrer jeweiligen sozialen Umwelt agieren und reagieren, wie sie ihr Leben gestalten, ihre Urteile bilden und ihre Entscheidungen treffen. Damit weist die Sozialpsychologie eine Nähe zur Soziologie auf, wobei sich die Sozialpsychologie weniger mit sozialen Phänomenen, sondern mit der psychischen Verarbeitung sozialer Faktoren und der Entwicklung von Einstellungen, Motiven, prosozialem oder aggressivem Verhalten sowie der Entstehung von Hilfsbereitschaft und Zivilcourage befasst (Gollwitzer & Schmitt 2019). In der Forschung kann die Sozialpsychologie Erkenntnisse für zahlreiche gesellschaftliche und persönliche Bereiche (Krankheit-Gesundheit, Konsum-Werbung, Arbeit-Beschäftigung-Freizeit, Anziehung-Beziehung-Trennung) liefern und in aktuellen Diskursen zu ökologischen Fragen – im Sinne der Notwendigkeit, bei den globalen Krisen über Möglichkeiten der Einstellungsveränderungen nachzudenken – Position beziehen (Ulrich et al 2023).

Die Erforschung des sozialen Einflusses anderer Menschen auf das Individuum kann als der zentrale Gedanke der Sozialpsychologie formuliert werden. Mit Fragen zur Entwicklung des Selbstkonzepts und der Selbstwahrnehmung sowie dem Bedürfnis nach Selbstwertstärkung sowie der Reaktion anderer Personen ist man nahe G. H. Meads' Theorie des »Symbolischen Interaktionismus«. Es gibt von hier aus aber auch Verbindungen zu den konstitutiven Prozessen der Entstehung des Selbst (nach Daniel Stern einerseits und Heinz Kohut andererseits). Während die Entwicklungspsychologie dabei auf die früheste Kindheit blickt, interessiert sich die Sozialpsychologie mehr für die Frage, wie sich die soziale Identität in den Altersstufen bildet und verändert. Auch den Schwankungen der emotionalen Befindlichkeit (z. B. in Form des Urlaubsblues oder der Sonntagsdepression) und den Irritationen des Selbstwerts kann man sozialpsychologisch auf die Spur kommen, ebenso dem Phänomen des Fernwehs (also der Sehnsucht, die vertrauten Verhältnisse hinter sich zu lassen und neue Welten zu entdecken) oder des Heimwehs (also dem Wunsch, in die gewohnte Umgebung zurückzukehren und sich dort dauerhaft zu verorten). Ein besonderes Augenmerk gilt der Dynamik in sozialen Gruppen, mit denen man sich identifiziert und denen man sich zugehörig fühlt oder die man meidet, weil sie als nicht passend oder gar als bedrohlich wahrgenommen werden: Wann und warum fühlt sich eine Person bedroht? Wodurch werden kognitive und neuronale Prozesse der Bedrohung ausgelöst? Wie wirken sich Bedrohungen auf sozialen Interaktionen aus? Solche Szenarien können psychodynamisch oder verhaltenstherapeutisch behandelt, aber eben auch sozialpsychologisch betrachtet und als Wunsch nach sozialer Bindung erkundet werden (Berger et al. 2021).

2.2.2 Klinische Psychologie

Die Klinische Psychologie befasst sich mit der Erforschung, Diagnostik und Therapie der psychischen Störungen bei Menschen aller Altersgruppen und thematisiert psychische Auffälligkeiten wie Angst- und Zwangsstörungen, Persönlichkeitsstörungen, Depressionen, Abhängigkeitserkrankungen, Ess-Störungen – unter Berücksichtigung psychodynamischer, verhaltenstherapeutischer, humanistischer und systemischer Psychotherapieverfahren (Hoyer & Knappe 2021). In Verbindung mit Psychiatrie und Psychotherapie bildet sie die Grundlage der Behandlung von Menschen in psychischen Krisen. Reflektiert werden schwierige Entwicklungsprozesse, Extremsituationen für die Psyche sowie die Folgen akuter Belastungen und Traumatisierungen. Neben den Hintergründen, Formen und Folgen psychischer Erkrankungen geht die Klinische Psychologie den Auswirkungen psychischer Krisen, körperlicher Krankheiten und Beeinträchtigungen und den Effekten auf die gesellschaftliche Teilhabe nach und fragt, wie sich die Prozesse des Erlebens und Verarbeitens von seelischen Störungen und chronischen Erkrankungen auf das Denken und Handeln der betroffenen Personen auswirken. Das bedeutet, neurologische, soziale und emotionale ebenso wie kognitive und entwicklungsbedingte Faktoren in Bezug auf psychische Krisen zu betrachten und ihre Wechselwirkungen zu erkunden.

Hier ist auch die Klinische Heilpädagogik zu verorten, die sich mit den »heilpädagogischen Aspekten von somatischen und psychischen Störungen im biopsychosozialen Kontext« (Simon 2011, S. 14) sowie mit Ansätzen der Verhaltenstherapie, den psychodynamischen/psychoanalytischen Theorien und Konzepten, den Humanistischen Verfahren oder der systemischen Familientherapie befasst. Wichtig ist es, psychiatrische Störungsbilder mit ihren Symptomen zu kennen, Fragen der Diagnostik zu klären und Behandlungsmöglichkeiten zu erkunden. Auch Risiko- und Schutzfaktoren, Aspekte von Resilienz und Recovery, von Prävention und Psychoedukation werden in den Lehrveranstaltungen und in den Fachbüchern angesprochen (Clausen & Eichenbrenner 2016; Dörner et al. 2017; Hierholzer 2020).

Für heilpädagogische Handlungsfelder sind die Entwicklungen in klinischer Kinderpsychologie, Kinder- und Jugend-Psychiatrie und Adoleszenz-Psychiatrie von besonderem Interesse, besonders dann, wenn der Fokus dabei auf den Barrieren der Teilhabe und den Strukturen (und Lücken) in der psychosozialen Versorgung liegt (Giertz et al. 2022). Denn in den letzten Jahren ist ein konzeptioneller Wandel in diesem Bereich unverkennbar: Nicht mehr singuläre Therapieangebote stehen im Vordergrund, sondern die verbesserte Vernetzung unter den Anbietern der psychosozialen Versorgung soll die kontinuierliche Begleitung jugendlicher bzw. adoleszenter Personen in psychischen Krisen sicherstellen. Dazu gehört auch, dass die jungen Menschen und ihre Familien nicht in erster Linie in Kliniken, sondern im *Hometreatment* behandelt bzw. begleitet werden und auch die individuellen Unterstützungen für sogenannte *Systemsprenger* zur Verfügung stehen (Schwabe et al. 2021).

2.2.3 Pädagogische Psychologie

Die Pädagogische Psychologie handelt vom Lehren und Lernen, von Bildungsprozessen über die Lebensspanne und von der Gestaltung von Lernwelten (Steinebach et al. 2016). Erkenntnisse der Pädagogischen Psychologie sind für die Heilpädagogik bedeutsam, wenn es nicht nur um schulische Bildungsprozesse, sondern auch um Aspekte der kognitiven und sprachlichen Entwicklung und um Dimensionen der sozialen Kompetenzentwicklung geht. In der Forschung beschäftigt sie sich mit den Lernprozessen, Lernstrategien und Lernhindernissen, dem selbstregulierten Lernen, der Konzentration, Motivation, den Interaktionen zwischen Lernenden und Lehrenden bzw. zwischen Lernenden untereinander sowie der Beratung von Eltern (Rost et al. 2018). Aktuell sind auch Fragen der internationalen Schulvergleiche, der Didaktik und des Medieneinsatzes, der Diagnostik und Evaluation pädagogisch-psychologischer Maßnahmen kennzeichnend für dieses Teilgebiet der Psychologie (Wild & Möller 2020).

Mit ihren Test- bzw. Messverfahren entwickelt die Pädagogische Psychologie die Grundlagen der Vergleichsstudien der Bildungssysteme – wie z. B. die Konstruktion von Tests zu den PISA-Umfragen oder Studien zu den Auswirkungen der Digitalisierung. Die Prozesse der Entstehung und Veränderung nicht-kognitiver Merkmale wie Haltungen, Überzeugungen und Dynamiken in den Peer-Gruppen (Beliebtheit, Freundschaft, Mobbing usw.) sind weitere Forschungsthemen. Und die Pädagogische Psychologie untersucht, welches Selbstkonzept die erforschten Personen aufweisen und wie wirksam es in den Ebenen der Bildung und Erziehung ist (Möller & Trautwein 2020). Eine enge Verbindung zur Heilpädagogik ist auch dadurch gegeben, dass die Pädagogische Psychologie sich mit grundlegenden Bildungsprozessen im Kontext von Inklusion und Partizipation und dem Umgang mit Diversität und Heterogenität befasst. Lange Zeit lag der Schwerpunkt auf quantitativ-empirischen Forschungen, um Effekte des Lehrens und Lernens bzw. Möglichkeiten der Diagnose von Lernerfolgen bestimmen und Theorien daraus formulieren zu können. Heute wird auf qualitative Studien gesetzt, wenn Verfahren der Beratung zu evaluieren oder individuelle Lernstrategien zu erkunden sind:

»Die Forschung in der Pädagogischen Psychologie untersucht Lehren, Lernen und Erziehung aus verschiedenen Perspektiven und in verschiedenen Kontexten, woraus sich Anknüpfungspunkte zu allen Grundlagenfächern und eine Vielfalt der verwendeten Untersuchungsmethoden ergeben. Zugleich entwickelt sie eigenständige Theorien und trägt auch zur Weiterentwicklung von Forschungsmethoden bei« (Richter et al. 2019, S. 117).

2.2.4 Entwicklungspsychologie

Die Entwicklungspsychologie setzt in der vorgeburtlichen Phase und der frühen Kindheit an und betrachtet alle Phasen des Alters, von der Vorschulzeit über die Adoleszenz bis ins mittlere und höhere Erwachsenenalter. Ihre Theorien reichen von Freud und Erikson über Piaget, Vygotskij, Mahler und Bowlby bis zu lern- und kommunikationsorientierten Konzeptionen. Die Themen der Entwicklungspsychologie sind vielfältig: die Entwicklung der Wahrnehmung, des Denkens und des Gedächtnisses, der Sprache, der Persönlichkeit und der Konfliktfähigkeit, um nur einige zu nennen (Haug-Schnabel & Bensel 2017). Hier wird auf folgende Aspekte eingegangen: a) die Säuglingsforschung, b) die Bindungstheorie und c) die Fähigkeit zur Mentalisierung:

Die moderne Säuglingsforschung hat das Bild von der frühesten Kindheit revidiert: Lange Zeit galt die Annahme, der Säugling sei den äußeren Gegebenheiten und inneren Impulsen ausgeliefert, schütze sich durch eine Schranke vor Außenreizen. In den ersten Jahren durchlaufe es ein festes Programm von abgrenzbaren Phasen: Mahler unterschied in ihrem Buch »Symbiose und Individuation« (Mahler 1998) die normale autistische Phase, die symbiotische Phase, die Differenzierungsphase, die Wiederannäherungsphase und die Konsolidierungsphase. Ihre Auffassung gewann Mahler nicht durch Forschungen, sondern retrospektiv aus der späteren Entwicklung der Kinder. Inzwischen hat die Säuglingsforschung überzeugend nachgewiesen, dass das Kleinkind Selbstempfindungen von Beginn an in die Beziehung mit den Bindungspersonen einbringt: Der Säugling ist aktiv an den Interaktionen zu seinen Eltern und Geschwistern beteiligt, sucht nach sensorischer Stimulierung, verfügt über einen differenzierten Wahrnehmungsapparat und benutzt ein vielfältiges Grundmuster an Affekten (Dornes 2009). Die inneren Strukturen dienen der Orientierung in der Umwelt, dem Erhalt der Handlungsfähigkeit und der Sicherheit des Erlebens. Selbst und Selbstkonzept entwickeln sich in der Erkundung neuer Herausforderungen bzw. in der Bewältigung von Entwicklungsaufgaben und kritischen Lebensereignissen. In seinem Werk »Die Lebenserfahrung des Säuglings« (Stern 2020) unterscheidet Daniel Stern vier Phasen der Entwicklung des Selbst:

1. Die *Phase des auftauchenden Selbstempfindens* (1.–3. Monat): Die meisten Erfahrungen des Säuglings in den ersten Lebenswochen sind körpernah und führen zu ersten Selbstempfindungen: Taktile Empfindungen und Sinneswahrnehmungen wie visuelle Eindrücke, Geräusche und Gerüche werden mit Affekten verknüpft. Diese Wahrnehmungen, die mit unterschiedlichen Sinnesorganen gemacht werden, können miteinander in Beziehung gesetzt, also koordiniert und vergli-

chen werden. Eine Einheit der Sinne entsteht und das Kind entwickelt ein erstes Gefühl dafür, dass Abläufe geregelt und geordnet stattfinden können.
2. Die *Phase der Empfindung des Kernselbst* (4.–8. Monat): In dieser Zeit bildet sich das Kernselbst mit der Erfahrung einer körperlichen Ganzheit, wozu Berührungen und Fingerspiele dienen. Das Kind erkennt, dass von einer Person oder einem Objekt verschiedene Reize ausgehen (z. B. kann das Kind ein Mobile anstoßen – oder die Mutter kann es durch Anpusten in Bewegung setzen). So erlebt das Kind, dass es selbst (oder ein anderer) Urheber einer Handlung sein kann. Damit vollzieht sich eine Trennung von Subjekt und Objekt, was sich spielerisch im Verstecken und Wiederfinden erfahren lässt. Solche Trennungen führen auch zu der Erfahrung, dass unterschiedliche Personen eigene Handlungsstrukturen und Gefühle besitzen. Wiederkehrende Handlungen und Gefühle werden vom Säugling abgespeichert, es bildet sich ein Gedächtnis für Abläufe und Affekte. Das Gefühl vom eigenen Selbst und die Wahrnehmung des Anderen ist offenbar »wesentlich einheitlicher, integrierter und kohärenter, als bisher angenommen wurde« (Dornes 2009, S. 97).
3. Die *Phase der Empfindung des subjektiven Selbst* (9.–16. Monat): Das Empfinden des Kindes wird nun stark dadurch beeinflusst, ob die Bindungspersonen affektiv mitschwingen, ob sie die kindlichen Gefühle übergehen oder durch Verstärkungen manipulieren. Eine konstruktive Affektabstimmung ist dann gegeben, wenn die Bindungspersonen einfühlsam auf die Gefühle und Erlebnisse eingehen und diese angemessen und zeitnah begleiten. Auf diesem Wege entsteht psychische Intimität, also die Erfahrung, vom Gegenüber nicht nur gesehen, sondern auch verstanden zu werden.
4. Die *Phase der Empfindung des verbalen Selbst* (ab dem 17. Monat): Das Kind ist nun zunehmend in der Lage, Erfahrungen und Begegnungen mit Hilfe von Zeichen und Symbolen abzuspeichern und selbst zum Ausdruck zu bringen. In der Sprache und im Spiel entdecken Kinder die Möglichkeit des symbolischen Handelns, z. B. Imitation von Tierlauten. Dadurch tun sich neue Wege auf, persönliches Erleben mitzuteilen und gemeinsame Bedeutungen zu entwickeln. Das Kind kann auch Dinge im Spiel und in der Sprache repräsentieren, die nicht direkt anwesend sind: Sprache und symbolisches Spiel schaffen die Fähigkeit zur Bildung, zur Teilhabe an der kulturellen Basis. Mit der Sprache entwickelt sich die Fähigkeit, die eigene Person zum Gegenstand der Reflexion zu machen (Stern 2020).

Die *Bindungstheorie* des Kinderpsychiaters John Bowlby und der Psychologin Mary Ainsworth stellt eines der wichtigsten Konzepte zum Verständnis früher Entwicklungsprozesse dar (Borke et al. 2019). Mit ihren Überlegungen setzt sich die Bindungstheorie vom Verständnis der seelischen Entwicklung des Kindes nach Sigmund Freud, Anna Freud, Melanie Klein, Erik H. Erikson oder Margaret Mahler ab und stellt das Bindungs- und Explorationsverhalten und die Beziehung des Kindes zu seinen primären Bindungspersonen ins Zentrum. In Deutschland haben Karl Heinz Brisch, Klaus und Karin Grossmann und Martin Dornes wichtige Schriften zur Bedeutung der frühen Bindungserfahrungen vorgelegt (Brisch 2019; Dornes 2009; Grossmann & Grossmann 2021).

Bindung (engl.: attachment) stellt nach Auffassung der Bindungstheorie ein zentrales Bedürfnis dar, welches dafür sorgt, dass der Mensch wachsen, reifen, kognitive Kompetenzen entwickeln und soziale Strukturen aufbauen kann. *Bindung* – die nicht gleichbedeutend ist mit *Beziehung*, sondern einen primären Anker im Komplex des Beziehungsgefüges darstellt – ist zu verstehen als ein vom Gefühl getragenes Band, das eine Person zu einer anderen spezifischen Person anknüpft, dass sie über Raum und Zeit hinweg miteinander verbindet. Viele Formen seelischen Schmerzes wie Angst, Wut, Depression und Dissoziation entstehen durch unfreiwillige Trennung und Verlusterfahrungen. Folglich begleitet der Wunsch nach *Bindung* und die Suche nach Geborgenheit den Menschen von Geburt an bis zu seinem Tod. Insbesondere stellt das Bindungsverhalten ein biologisch angelegtes Schutzsystem dar, welches das Überleben sichert. Es wird in Situationen der Belastung (Krankheit, Hunger, Müdigkeit) oder äußerer Anspannung (Abwesenheit einer vertrauten Person, unvertraute Umgebung) aktiviert, vor allem dann, wenn Gefahren nicht aus eigenem Vermögen behoben werden können (Grossmann & Grossmann 2021).

> »Bei der Bindung (…) handelt es sich um ein Verhaltenssystem, welches die Regulation von Nähe und Distanz zur Bezugsperson in Abhängigkeit von inneren Zuständen und äußeren Gegebenheiten steuert. Bei Angst oder Kummer wird das Bindungsverhaltenssystem aktiviert. Das Kind stellt durch Bindungsverhalten (wie Weinen, Anklammern, Nachfolgen) die Nähe zur Bezugsperson her und kann sich so mit Hilfe der Bezugsperson emotional restabilisieren und auf dieser ›sicheren Basis‹ zur Exploration zurückfinden« (Spangler 2001, S. 157 ff).

Für die psychische Entwicklung ist die Qualität der *Bindung* entscheidend: Die Art und Weise, wie das Kind mit den primären *Bindungs*personen verknüpft ist, wie es sich später aus der Bindung löst, wie es neue *Bindungen* eingeht, all das ist bedeutsam für die psychische Struktur und deren Stabilität: »Die unangefochtene Aufrechterhaltung einer Bindung wird als eine Quelle der Sicherheit empfunden und die Erneuerung einer Bindung als eine Quelle der Freude« (Bowlby 1975, S. 44). Eine gelingende *Bindung* zeichnet sich dadurch aus, dass die Bindungsperson die Signale des Kindes wahrnimmt, sie richtig interpretiert, zeitnah und angemessen darauf reagiert. Feinfühliges Verhalten des Gegenübers ermöglicht es dem Kind, eine sichere Bindung aufzubauen, so dass auch in späteren Lebensphasen das Gefühl von Vertrauen und Verlässlichkeit bestehen bleibt. Werden die Bindungs- und die Erkundungswünsche gar nicht oder inkonsistent (etwa in einem für das Kind nicht durchschaubaren Wechsel von Verwöhnung und Versagung, Überstimulation und Vernachlässigung) beantwortet, so kann dies zu einer unsicher-vermeidenden, einer unsicher-ambivalenten oder einer desorganisierten Bindung führen.

Das *Explorationsbedürfnis*, also der Drang des Kindes (und später des erwachsenen Menschen), seine Umwelt zu erkunden, stellt eine weitere Komponente der Bindungstheorie dar. Bereits der Säugling strebt nach Exploration: Sobald die Bindungsperson als sichere Basis gut internalisiert ist, kann die vorübergehende Entfernung von ihr ertragen werden. Eine sichere Bindung ist Voraussetzung dafür, dass ein Kind seine Umgebung erforschen und sich dabei als selbsteffektiv erfahren kann. Die *fremde Situation* gibt, so Ainsworth, darüber Aufschluss, welche Reaktionen ein Kind auf die Trennung von der Bindungsperson zeigt und wie es diese nach der Rückkehr begrüßt (Ainsworth 2015). Für die Entwicklung ist es wichtig, dem Explorationsbedürfnis des allmählich krabbelnden, bald laufenden Kindes genügend Raum zu geben und auch Grenzen zu setzen, um Sicherheit zu gewährleisten. Das Kind selbst prüft die Nähe-Distanz-Regulierung über den Blickkontakt, die visuelle Rückversicherung: Wird das Fortlaufen, das Hochklettern, das Bedürfnis nach Nähe und Schutz wahrgenommen? Sicher gebundene Kinder explorieren leichter: Ihr Bindungssystem ist ausgeglichen, sie können der Neugier nachgehen. Entfernen sie sich zu weit von der Bindungsperson oder entdecken sie Dinge, die ihnen Angst bereiten, geraten auch sie in Stress und suchen Schutz. Bindungs- und Explorationsverhalten resultieren also aus dem Wechselspiel unterschiedlicher Tendenzen: einerseits dem Bedürfnis, das Angstniveau niedrig zu halten, und andererseits dem Wunsch, die Welt zu erkunden und neue Erfahrungen zu machen. Die Neugier führt zum aktiven Erkunden bislang unbekannter Orte und Objekte; wer darin geübt ist, kann später beängstigende Situationen durch explorative Handlungen und Interaktionen bewältigen und muss sich nicht resignativ zurückziehen (Bowlby 2016).

Der Begriff *Mentalisierung* beschreibt die Fähigkeit, Interaktionen und Verhaltensweisen zwischen Personen unter dem Blickwinkel psychischer Zustände zu begreifen und darüber zu reflektieren (Fonagy et al. 2022). Durch die Fähigkeit der Mentalisierung ist eine Person (mehr oder weniger gut) in der Lage, das Verhalten von Menschen vorauszusehen und zu ahnen, was andere beabsichtigen oder vortäuschen. Dazu bedarf es der Fähigkeit, sich in mentale Befindlichkeiten hineinzuversetzen, sich selbst von außen und andere von innen sehen zu können sowie die eigenen und die Handlungen anderer als sinnhaft zu begreifen und Missverständnisse zu verstehen. Die Mentalisierung stellt also eine kognitive und zugleich emotionale Leistung dar, die es ermöglicht, dem eigenen Befinden und Verhalten sowie dem Befinden und Verhalten eines anderen Menschen Sinn zu verleihen (Taubner 2015).

Folgende Schritte auf dem Weg zur Mentalisierungsfähigkeit lassen sich benennen: Die Ausbildung von Erwartungen in den ersten Lebensmonaten; die Feinabstimmung der Rhythmen zwischen den Bindungspersonen und dem Kind in den ersten Lebensmonaten (auch die Zeit der Lächelspiele, des Baby-Talks, der basalen Berührungs- und Leiberfahrungen); die erste Ahnung von einer Ebene des Geistigen und Mentalen – erkennbar durch Vorgänge der *geteilten Aufmerksamkeit* im 2. Lebensjahr; Spracherwerb, Symbolspiel und Narration im 3. Lebensjahr; die »Theory of Mind« (die Fähigkeit des Denkens über das Denken) am Ende des 4. Lebensjahres. Wenn die Eltern die Befindlichkeiten des Kindes erkennen und dessen Regulationsversuche akzeptieren, erlebt das Kind, dass seine Affekte verstanden werden und auf sein Erleben, seinen Rhythmus und seine Bedürfnissen eingegangen wird (Taubner et al 2019). Kommt es hingegen zur Überstimulierung oder zur Deprivation, dann gerät das Kind in dissoziative Zustände, es *gleitet ab*, ist innerlich aber erregt. Aus Interaktionen entsteht nach und nach *Intersubjektivität* – unter der Voraussetzung einer gelungenen *Affektabstimmung*. Mit dem Spracherwerb, dem Symbolspiel und der Narration kann das Kind nun Erlebnisse verbalisieren. Im Spiel gelingt es immer besser, in einen »Als-Ob-Modus« zu wechseln: »Ich wär' dann jetzt mal die Verkäuferin und du kaufst bei mir ein!« Eltern, Geschwister und pädagogische Fachkräfte können die Befindlichkeit des Kindes kommentieren und zeigen, dass sie die Ängste und Befürchtungen ebenso akzeptieren wie die Ideen und Begeisterungen des Kindes (Fonagy et al. 2022).

2.3 Medizinische Grundlagen der Heilpädagogik

Über die Bedeutung und den möglichen Umfang von medizinischem bzw. pädiatrischem Basiswissen in der Heilpädagogik-Ausbildung gehen die Meinungen an den Hochschulen recht weit auseinander: In einigen Studiengängen hat die Vermittlung von Gesundheits- und Krankheitsmodellen sowie die Einführung in die Grundlagen der Pädiatrie, der Neurologie, der Psychiatrie und Psychosomatik einen hohen Stellenwert: Somatische und psychische Aspekte von Gesundheit, Krankheit, Beeinträchtigung und Behandlung werden für die professionelle und interdisziplinäre Arbeit in zumindest einigen Handlungsfeldern der Heilpädagogik (z. B. in kinder- und jugendpsychiatrischen Praxen und Kliniken, auf Stationen der Pädiatrie und Kinderneurologie, in Einrichtungen der Sozialpsychiatrie, in Kitas und Schulen mit Kindern mit komplexen Beeinträchtigungen, aber auch in heilpädagogischen Praxen und Beratungsstellen) für unabdingbar gehalten. Die Studierenden sollen medizinische Grundbegriffe und Klassifikationen kennenlernen sowie somatische, neurologische, psychiatrische und andere relevante Krankheiten hinsichtlich Ätiologie, Epidemiologie, Symptomatologie, Verlauf und Behandlung kennen und Unterstützungsformen im heilpädagogischen Kontext erarbeiten.

An anderen Hochschulen liegt der Fokus hingegen eindeutig auf den Fragen der Anerkennung von Vielfalt, der Inklusion und Partizipation aller Menschen, und die gewollte Abkehr vom medizinischen Modell von Behinderung ist mit einem Verzicht auf Lehrveranstaltungen zu den medizinischen Aspekten von Beeinträchtigungen verbunden. Eine moderne Heilpädagogik, die sich längst von ihrer Rolle als Hilfswissenschaft der Medizin emanzipiert hat, empfindet schon das Thematisieren und erst recht das Diagnostizieren von Störungen und Beeinträchtigungen als eine Fortsetzung traditioneller Stigmatisierungen und als ein inakzeptables Beharren auf der »Zwei-Gruppen-Theorie«. Sie läuft damit allerdings Gefahr, dass sie für bestimmte Zielgruppen nicht mehr ihre Kompetenzen und Wissensbestände abrufen kann, z. B. für Menschen mit schweren, komplexen Beeinträchtigungen und deren Assistenz, für junge Menschen in psychischen Krisen, für Eltern beeinträchtigter Kinder und deren Stärkung der Unterstützungsleistungen: »Wenn die Koppelung von Klientel, Profession und Disziplin gänzlich aufgegeben werden soll, entsteht die Gefahr des Aufgebens von Anwaltschaft« (Stein 2020, S. 101). Mitunter ist das geringe Angebot an Lehrveranstaltungen zu den medizinischen Grundlagen der Heilpädagogik und der Verzicht auf die Aufnahme dieses Wissens in prüfungsrelevante Module keine konzeptionelle, sondern eine personelle Entscheidung und hat damit zu tun, dass Lehrkräfte aus der Pädiatrie, der Neurologie oder der Psychiatrie für die Lehre in der Heilpädagogik nur schwer zu gewinnen sind. Daher sind die

2.3 Medizinische Grundlagen der Heilpädagogik

medizinischen Grundlagen in den Lehrveranstaltungen der Heilpädagogik bisweilen verknüpft mit der Psychologie und der Diagnostik.

Für heilpädagogische Fachkräfte, die in medizinnahen Bereichen tätig sind, und für die angewandte Heilpädagogik insgesamt ist »das Wissen um die Entwicklung des menschlichen und vor allem des kindlichen Gehirns, mögliche Störungen im Geburts- und im Reifungsprozess, die neuronalen Grundlagen der Wahrnehmung, der Motorik, der emotionalen Verarbeitung und der Kognition von großer Wichtigkeit (Hülshoff 2022, S. 15). Die neurophysiologischen Grundlagen der Wahrnehmung sind z. B. bei der Förderung sensorischer Fähigkeiten oder bei der Begleitung von Kindern mit reduzierten Fähigkeiten des Hörens (und Cochlea-Implantaten), bei Schwierigkeiten in der visuellen Wahrnehmung oder bei Auffälligkeiten in der Sprachentwicklung relevant (Burger & Messmer 2018). Im Bereich der Motorik sind Aspekte der Heilpädagogik zu verknüpfen mit der Orthopädie und der Physiotherapie, der Psychomotorik und der Ergotherapie. Gerade bei interdisziplinären Aufgaben ist ein gewisses medizinisches Grundwissen hilfreich, um die Bedürfnisse und die Möglichkeiten der angemessenen Begleitung in den Bereichen Mobilität, Kommunikation, selbstbestimmte Lebensgestaltung und gesellschaftliche Teilhabe zu erkennen und zu realisieren. In der Beratung von Eltern beeinträchtigter Kinder können heilpädagogische Fachkräfte mit Fragen zu chromosomalen Besonderheiten und zur Epilepsie konfrontiert werden, zu Stoffwechsel- und Entwicklungsstörungen im frühen Kindesalter; in der Frühförderung sind vielleicht frühgeborene Kinder oder Kinder mit infantilen Zerebralparesen sowie mit Spina bifida zu begleiten und ihre Eltern zu beraten; hier sind Behandlungsmethoden nach Bobath, Vojta oder Tomatis bzw. psychomotorische Konzepte und Angebote der Reittherapie auf ihre Wirksamkeit zu prüfen, wozu wiederum Kenntnisse der physiologischen Grundlagen notwendig sind, auch um die Anwendung der genannten Verfahren gut begründen zu können (Zimmer 2020). In den Hospiz- und Palliativ-Projekten wird ebenfalls ein Wissen an medizinischen Grundlagen vorausgesetzt (Bausewein & Roller 2021).

Wer Kinder, Jugendliche und erwachsene Menschen mit kognitiven Beeinträchtigungen begleitet und ihre gesellschaftliche Teilhabe unterstützt, wird sich auch mit neurophysiologischen Grundlagen von Gedächtnis- und Lernprozessen auseinandersetzen, um entwicklungsbedingte, funktionelle und strukturelle Faktoren differenzieren zu können. Erworbene Hirnverletzungen, Störungen aufgrund von Infektionen oder Alkohol-Embryopathien können die Entwicklung kognitiver, emotionaler und sozialer Kompetenzen beeinflussen und damit eine sichere Bindung gefährden, selbst wenn ein von Sensibilität und Einfühlungsvermögen geprägter Interaktionsstil der Bindungsperson sich darum bemüht, die inneren emotionalen Zustände zu spiegeln und die emotionale Entwicklung zu fördern:

> »Zusammenfassend bilden verschiedene Hirnstrukturen und deren Verknüpfung die architektonischen Bestandteile des sogenannten ›sozialen Gehirns‹. Dies bildet die neuroanatomische Grundlage für beobachtbare soziale und emotionalen Fähigkeiten, die biologisch eng mit kognitiven Kompetenzen verknüpft sind« (Sappok & Zepperitz 2019, S. 14).

Wer im interdisziplinären Team eines Sozialpädiatrischen Zentrums heilpädagogische Aufgaben wahrnimmt, wird mit einer Vielzahl an genetischen Syndromen konfrontiert, deren Diagnostik eine ärztliche Angelegenheit ist. Bei der Beziehungsgestaltung mit den betreffenden Kindern und bei der Beratung der Familien sind Kenntnisse der unterschiedlichen Syndrome jedoch unabdingbar. Schon bald werden gewisse Auffälligkeiten im Team reflektiert werden: Kinder mit dem Angelman-Syndrom treten z. B. nicht nur durch eine scheinbar fröhliche Stimmung, Lachanfälle und Händereiben hervor, sondern können auch Stereotypien, Wutausbrüche und Fremdaggressionen aufweisen; Kinder mit dem Cornelia-de-Lange-Syndrom fallen durch ihren Minderwuchs und ihr rhythmisches Schaukeln auf, ebenso durch selbstverletzendes Verhalten in Form von Kratzen, Schlagen, Beißen und Schreien; Kinder mit dem Cri-du-Chat-Syndrom sind durch ihre Sprache und ihre Echolalien charakterisierbar, aber auch durch affektive Schwankungen zwischen ›überglücklich‹ und ›elend unglücklich‹. Bei Kindern mit dem Prader-Willi-Syndrom fällt das dranghafte Essen und eine zwanghafte Suche nach Nahrungsmitteln auf, ebenso eine schnelle Ermüdung, aber auch Zornesausbrüche und Impulsivität. Kinder mit dem Rett-Syndrom sind zu erkennen an stereotypen Handbewegungen, Zähneknirschen und Sprachverlust und an selbstverletzenden Handlungen wie Beißen in die Hand oder Schlagen mit dem Kopf. Bei Kindern mit dem Williams-Beuren-Syndrom ist ein ›Elfengesicht‹ sowie ein niedriger Muskeltonus festzustellen, gleichzeitig fallen sie auf durch eine Überempfindlichkeit für Geräusche, durch Konzentrationsstörungen und Hyperaktivität. Bei Kindern mit dem Lesh-Nyhan-Syndrom imponiert ihr Interesse an der Umwelt und an technischen Geräten und Schaltern, während ihre Tendenz zu Selbstverletzungen, Augenbohren, Beißen an Fingern, Händen, Lippen dramatische Folgen haben kann (Sarimski 2014).

In der Kinder- und Jugendpsychiatrie und in sozialpsychiatrischen Handlungsfeldern ist ein Wissen über häufige psychische Störungen notwendig, die in ihren möglichen Ursachen, den Auswirkungen auf Einschränkungen der Teilhabe für die Betroffenen und ihre Angehörigen und den Formen der Behandlung und Unterstützung zu betrachten sind. Aspekte der professionellen Begegnung sowie Assistenzformen gilt es zu erarbeiten und die aktuellen Strukturen und Konzepte der Hilfsangebote der Sozial- und Gemeindepsychiatrie zu prüfen. Heilpädagogische Tätigkeiten in der Psychiatrie, in Autismus-Therapie-Zentren und in der psychosozialen Beratung enthalten häufig Aufgaben der Psychoedukation, die als pädagogisch-therapeutische Intervention in der Gesundheitsversorgung dem Ziel dient, Kenntnisse über eine diagnostizierte Beeinträchtigung bzw. eine psychische Störung zu vermitteln. In der Psychoedukation werden Anteile der Wissensvermittlung mit beratenden und unterstützenden Aspekten verbunden, um die Bewältigungskompetenzen der Person zu stärken, Ressourcen zu erkunden und ein positives Selbstkonzept zu fördern (Abderhalden & Needham 2015). Neben der Informationsvermittlung kann Psychoedukation zur emotionalen Entlastung beitragen, das Gesundheitsverhalten verbessern, Ängste reduzieren, von Schuldgefühlen entlasten und den Erfahrungsaustausch mit anderen bzw. die Kontaktaufnahme zu Selbsthilfegruppen erleichtern. Psychoedukation wird in Einzel- oder Gruppensitzungen durchgeführt und richtet sich an Menschen mit belastenden Erfahrungen in Bezug auf Depressionen, Angst- und Zwangsstörungen, Psychosen, Posttraumatische Belastungsstörungen, Ess-Störungen und Abhängigkeitserkrankungen, Borderline-

Störungen und Autismus-Spektrum-Störungen. Meist werden die Psychoedukationsgruppen von zwei Personen moderiert, wobei folgende Aspekte wichtig sind: Interaktion statt Frontalunterricht, Aktivierung der Teilnehmer*innen, Aktives Zuhören, Beiträge strukturieren und illustrieren, Hoffnung und Mut machen, die Teilnehmenden bestärken, Empathie und Wertschätzung zeigen (Kissling & Pischl-Walz 2004).

Inhalte und Fallbeispiele aus Veranstaltungen zu den medizinischen Grundlagen der Heilpädagogik sind von den Studierenden zu reflektieren: Es geht nicht um die Fixierung von Diagnosen und die Festschreibung von Störungsbildern, sondern um die Entwicklung von Hypothesen und das Erkennen von Gefährdungen der gesellschaftlichen Teilhabe aufgrund von Stigmatisierungen und fehlenden Assistenzformen. Im Sinne eines Problemorientierten Lernens (POL) können die Studierenden z. B. eigene Lernbedarfe entwickeln, praxisnahe Fälle durchsprechen, um gemeinsam die Chancen und Grenzen heilpädagogischer Interventionen in diesem Feld zu erkunden. Dazu sind Grundlagen der Neurowissenschaften und die Diskurse über psychische und psychosoziale Belastungen und ihre Bewältigung im Lebenslauf unerlässlich, ebenso die Beschäftigung mit dem Vulnerabilitätskonzept oder einem multidimensionalen Gesundheits- und Krankheitskonzept, dem Modell der Salutogenese (Antonovsky 1993) und Aspekten zu Gesundheit und Krankheit im soziokulturellen Kontext.

Wer der Frage nachgeht, in welcher Weise Gesundheit und Krankheit etwas mit der sozialen Lage zu tun haben (und warum arme Menschen früher sterben als reiche), kann folgende Überlegungen von Pierre Bourdieu ins Feld führen: Reiche Menschen verfügen über ökonomisches und soziales Kapital (Beziehungen, soziale Netzwerke), die zum Erreichen bestimmter Ziele genutzt werden können; sie besitzen ein Plus an kulturellem Kapital in Form von Bildung, Beruf, Zugang zu Wissensbeständen und Gesundheitskompetenzen und bessere kommunikative Möglichkeiten in der Arzt-Patient-Beziehung.

> »Armut zeitigt besonders dann krankmachende Effekte, wenn der Reichtum in einer Gesellschaft extrem ungleich verteilt ist. Armut und Ungleichheit werfen bereits in der Kindheit krankmachende Schatten auf die kommende Biografie« (Hien 2014, S. 290f).

Insofern wird man Kindern, Jugendlichen und erwachsenen Menschen mit psychiatrischen und psychosomatischen Erkrankungen oder mit kognitiven und komplexen Beeinträchtigungen nur dann gerecht, wenn man ihre Biografie, ihr Erleben und Verhalten auf der Grundlage ihrer individuellen Disposition, aber auch ihrer sozialen Bezüge in dieser Gesellschaft berücksichtigt.

2.4 Soziologische Grundlagen der Heilpädagogik

Für die Heilpädagogik, der es um die soziale Wirklichkeit von Menschen mit Beeinträchtigungen, um die Verbesserung ihrer Möglichkeiten der Partizipation und

Inklusion und um die Gestaltung sozialer Interaktionen geht, ist die Soziologie als Bezugswissenschaft von großer Bedeutung. Denn es sind soziologische Grundbegriffe, die im Zusammenhang mit der UN-BRK die Debatten bestimmen. Bemerkenswert ist auch, dass diese soziologischen Kategorien bereits eine lange wissenschaftliche Geschichte aufweisen: So spricht Talcott Parsons in den 1950er Jahren von *Inklusion*, ebenso Niklas Luhmann in den 1960er Jahren, und beide sind darin deutlich präziser und systematischer, als dies heute oft der Fall ist (Kastl 2017, S. 214). Bahnbrechend hatte der Soziologe Erving Goffman die skandalösen Verhältnisse in den Anstalten Nordamerikas als *totale Institutionen* bezeichnet und die These vertreten, dass die *Insassen* solcher Einrichtungen nicht primär von ihrer Erkrankung oder Beeinträchtigung geprägt sind, sondern vom Leben in den Institutionen, in denen sie Jahre oder Jahrzehnte verbringen mussten. Goffman führte auch den Begriff *Stigma* in die Diskussion ein und meinte damit die Zuschreibung eines Merkmals, das in sozialen Beziehungen diskreditierend für die bezeichnete Person wirkt und sie von sozialer Akzeptanz ausschließt, wie er in Bezug auf Menschen mit psychischen Störungen, körperlichen Handicaps und kognitiven Beeinträchtigungen zeigen konnte (Goffman 1973).

In Deutschland markiert die Einrichtung einer Professur zur »Soziologie der Behinderten« den Einzug soziologischen Denkens in die Heil-, Sonder- und Rehabilitationspädagogik. Ihre Fundierung erhielt sie durch die Arbeiten zum Symbolischen Interaktionismus von George Herbert Mead und zur Handlungstheorie von Talcott Parsons. Auch die Werke von Michel Foucault und Pierre Bourdieu, Jürgen Habermas und Niklas Luhmann werden auf ihre Relevanz bezüglich des Konstruktes *Behinderung* und des gesellschaftlichen Umgangs damit geprüft. Gerade der Ansatz Luhmanns wird in der Heilpädagogik immer bedeutender, weil er zu präzisieren vermag, was mit Inklusion gemeint ist: Wer darunter den vollständigen Einbezug einer Person in alle gesellschaftlichen Teilbereiche versteht und jede Form der Exklusion für verwerflich hält, verliert die Grundlagen des Inklusionsbegriffes aus den Augen:

> »Die Idealisierung des Postulats der Vollinklusion aller Menschen in die Gesellschaft täuscht über gravierende Probleme hinweg. Mit der funktionalen Differenzierung des Gesellschaftssystems ist die Regelung des Verhältnisses von Inklusion und Exklusion auf die Funktionssysteme übergegangen, und es gibt keine Zentralinstanz mehr (so gern sich die Politik auch in dieser Funktion sieht), die die Teilsysteme in dieser Hinsicht beaufsichtigt« (Luhmann 1997, S. 630).

Rudolf Stichweh führt drei Figuren der Sozialtheorie in die Debatte um die Inklusion und Exklusion ein, nämlich erstens die *Mitgliedschaft*, zweitens die *Solidarität* und drittens die *Sozialdisziplinierung*. Unter *Mitgliedschaft* versteht er die kommunikative Berücksichtigung von Personen im Sozialsystem; *Solidarität* beinhaltet die Anstrengung, allen von Exklusion bedrohten Personen ein Angebot der Bindung an die Gesellschaft zu machen; *Sozialdisziplinierung* regiert nicht nur in *totalen Institutionen*, sondern auch in subtilen Anforderungen der Anpassung an gesellschaftliche Normen und Werte. In diesem Sinne zeigt sich die Unterscheidung von Inklusion und Exklusion in der Berücksichtigung der Bürgerinnen und Bürger in den Sozialsystemen:

»Eine solche Adressierung von Personen findet entweder statt oder es fällt auf, dass sie nicht erfolgt – und je nachdem wird die eine oder die andere Seite der Unterscheidung hervorgehoben. Kommunikative Akte der Adressierung können Mitgliedschaft zusprechen oder abweisen; sie können die Aktivierung oder Verweigerung von Solidarität deutlich machen, und schließlich kann in ihnen das Moment der Kontrolle und der Disziplinierung hervortreten« (Stichweh 2009, S. 30).

In Bezug auf Menschen mit Beeinträchtigungen kommt der Politik, aber auch der Zivilgesellschaft die Aufgabe zu, Inklusion zu organisieren, Exklusionsrisiken und Barrieren abzubauen, Partizipation zu ermöglichen, die sozialrechtlichen Bedingungen dafür zu schaffen und die Widersprüche aufzuzeigen, die solche Forderungen enthalten. Dazu bietet die Soziologie die theoretischen Grundlagen und Begriffe: Sie hinterfragt das *Selbstverständliche* im Zusammenleben von Menschen, analysiert ihre Interaktionen und Kommunikationen, prüft ihre Alltagstheorien und markiert Prozesse der sozialen Kontrolle:

»Der Mensch ist Person und soziales Wesen zugleich, er ist also auf das Zusammenleben mit anderen Menschen angewiesen und wird davon grundlegend beeinflusst. Die gesellschaftliche Umwelt des Menschen besteht aus der mit den Sinnen wahrnehmbaren materiellen Welt und einer kulturellen Welt als geistiges und soziales Produkt des Zusammenlebens« (Cloerkes 2007, S. 2).

In ihrer Tiefenstruktur fordert die Soziologie dazu auf, unterschiedliche Theorien (wie die Kritische Theorie, die Systemtheorie, die Handlungstheorie u. a.) daraufhin zu befragen, ob sie geeignet sind, die Herausforderungen an eine gesellschaftliche Praxis der Inklusion und Partizipation theoretisch zu fundieren, wenn es um Autonomie und Abhängigkeit, Selbst- und Fremdbestimmung, Diversität und Heterogenität, Lebenswelten und Lebenslagen der Menschen in ihren jeweiligen sozialen Kontexten geht. Auch zur Klärung einer angemessenen Begrifflichkeit trägt die Soziologie bei, wenn sie z. B. für den Begriff der Partizipation eine Differenzierung von Teilhabe als gesellschaftlicher Möglichkeit und Teilnahme als subjektives Handeln vorschlägt (Wansing 2004; Degener 2015).

Die Soziologie untersucht auch Organisationen auf ihre Funktionen und fragt nach den Faktoren und Logiken, die zu Veränderungen im sozialen Gefüge beitragen. Ihr Themenspektrum in Form der speziellen Soziologien (wie der Familien-, Bildungs-, Migrations- oder Kultur-Soziologie) bietet die Möglichkeit, unterschiedliche Bereiche des Zusammenlebens in einer Gesellschaft auf Themen wie Macht und Herrschaft, Rollenerwartungen und Identitätsstrategien, soziale Kontrolle und soziale Ungleichheit zu befragen. Sie richtet ihren Blick auch auf gegenwärtige Trends und mögliche Zukunftsperspektiven, beispielsweise: Welche Folgen zeigt die Ökonomisierung der Behindertenhilfe (Schäper 2006)? Soll »der Markt« Angebote an Dienstleistungen im Sozial- und Gesundheitswesen regulieren? Wer besitzt die Herrschaftsmittel in der digitalen Kommunikation? Wer verfügt über die Kontrolle der Datenströme? Und: Wer organisiert das Gemeinwesen? Welche Gruppen im Quartier geben den Ton an? Werden Menschen mit Beeinträchtigungen in den Diskursen über die Aufgaben der ›Zivilgesellschaft‹ einbezogen? Welche Rolle spielen zukünftig die professionellen Leistungen, wenn dauernd von einer ›Kultur des Ehrenamts‹ die Rede ist? Ist Nachbarschaftshilfe ein probates Mittel für die Regulierung von Konflikten, die es in jeder Gemeinde, in jedem

Stadtteil gibt? Soziale Nahräume sind Teil des Problems und keineswegs die Lösung, wenn es z. B. um Wohnungsnot, den Mangel an sicheren Arbeitsplätzen, den Schutz des Klimas vor Ort oder die urbane Verkehrspolitik geht (Kessl 2018).

Der bedeutende Einfluss der Soziologie auf das Gesundheitssystem und die Behindertenhilfe im 21. Jahrhundert zeigt sich beispielsweise auch darin, dass es der Weltgesundheitsorganisation WHO gelingt, das medizinische Modell mit seinem individualtheoretischen, defizitorientierten Zugang zum Phänomen Behinderung abzulösen durch einen sozialwissenschaftlichen, bio-psycho-sozialen Ansatz, der den Blick auf die gesamte Lebenssituation von Menschen (mit und ohne Behinderung) lenkt und die Komponenten von Gesundheit in der ICF (International Classification of Functioning, Disability and Health) differenziert benennt. Darin kommen Strukturen und Funktionen, Aktivitäten und Teilhabemöglichkeiten in unterschiedlichen Lebensbereichen (z. B. in der Kommunikation, in der Mobilität, in sozialen Beziehungen, in der Bildung, in der Selbstversorgung usw.) einer Person im Kontext ihrer Lebenswelt in den Blick, wobei körperliche, individuelle und soziale Dimensionen von Behinderung in ihrem Wechselverhältnis berücksichtigt werden (Schuntermann 2020).

In heilpädagogischen Studiengängen werden nicht nur Aspekte des gesellschaftlichen Wandels (demografische Entwicklungen, pluralisierte Lebensformen und Lebensstile, Geschlechter- und Generationenbeziehungen, Systeme der sozialen Sicherung im Kontext der sozioökonomischen Bedingungen und der sozialen Ungleichheit) thematisiert, sondern auch Fragen gestellt, die den aktuellen Forderungen nach Inklusion und Partizipation mehr Substanz verleihen: Welche Theorien der Soziologie (z. B. der Lebenswelt, der sozialen Systeme, der Kommunikation) sind hilfreich, um die Mechanismen der Erzeugung von ›Behinderung‹ angemessen zu beschreiben? Welche Rolle spielen Institutionen (der Bildung, des Erwerbssystems, des Gesundheitssystems) im Hinblick auf Exklusions-, Inklusions- und Partizipationsprozesse? Welche soziologischen Grundbegriffe (z. B. Normalität und Abweichung, Macht und Herrschaft, Sozialisation und Individuation, soziale Beziehungen und soziale Rollen) sind heute noch tragfähig? Welche Folgen hat die Herausnahme von Begriffen wie Exklusion, Inklusion und Partizipation aus ihren soziologischen Theoriegebäuden und Begriffskontexten und wie gehen wir mit dem inflationären und oft sehr unscharfen Gebrauch um? Welchen Stellenwert haben soziologische Fragestellungen im Kontext heilpädagogischer Handlungsfelder? Können soziologische Methoden die heilpädagogische Forschung erweitern – z. B. als Soziale Netzwerkforschung? (Herz 2022).

In letzter Zeit sind die soziologischen Analysen Pierre Bourdieus in der Heilpädagogik verstärkt rezipiert worden, obwohl die Phänomene der Behinderung oder der Inklusion darin keine primäre Erwähnung finden. Es geht vielmehr um das Erkennen der Strukturen von sozialer Ungleichheit, Macht und Ohnmacht und ihrer Genese. Bourdieu geht der Frage nach, wie es um den Zugang im Feld der Bildung und ihrer Einrichtungen bestellt ist. Seine Forschungen verdeutlichen, dass eine soziale Welt ›an sich‹ nicht besteht, sondern unsere Vorstellungen davon »das Resultat unzähliger schon vollzogener und zu vollziehender Konstruktionshandlungen sind. Sie hat sich in den Gemeinplätzen niedergeschlagen (…), die den Sinn der Welt ebenso erzeugen, wie sie ihn registrieren, diesen Kennworten, die zur

Produktion der sozialen Ordnung beitragen, indem sie das Denken über diese Welt informieren und die Gruppen schaffen, die sie bezeichnen und die sie mobilisieren« (Bourdieu 2011, S. 130). Die Schlussfolgerung, dass ›Behinderung‹ keine natürliche Gegebenheit, sondern ein konstruiertes Objekt darstellt, das abhängig ist von den gesellschaftlichen und kulturellen Normvorstellungen der betreffenden Zeit und Region, hat das Verhältnis von Pädagogik und Disability Studies beeinflusst (Ziemen 2017). Es bedarf einer kritischen Analyse der gesellschaftlichen, ökonomischen, sozialen und kulturellen Bedingungen, und zwar in erster Linie durch Personen, die das Konstrukt der Behinderung und die habituellen Repräsentationen täglich selbst erleben und konkrete Erfahrungen darin haben, wie die kollektiven Denk-, Wahrnehmungs- und Handlungsschemata der Mitmenschen auf spürbare, aber kaum benennbare Weise ihren Alltag prägen und behindern.

Ein weiterer Aspekt der soziologischen Fundierung des heilpädagogischen Denkens und Handelns betrifft die *Sozialraumorientierung*, die der traditionalistisch ausgerichteten Heilpädagogik die Frage stellt, ob ihre Priorisierung individueller Einzelfördermaßnahmen unter Gesichtspunkten der Inklusion und Partizipation so noch aufrecht zu erhalten ist. Versteht man den Sozialraum nicht als Verwaltungseinheit und nicht als zweidimensionalen Behälter oder Container, sondern als einen komplexen Ausdruck historischer und aktueller sozialer, kultureller und politischer Verhältnisse, dann kann er für die Heilpädagogik mehrfach bedeutsam sein: Der Raum als Handlungsort des Subjekts kann unter bildungs-, sozialisations-, partizipations- oder konflikttheoretischen Aspekten erschlossen werden, er kann als Heimat, Stadtviertel, Quartier oder Kiez auf nachbarschaftliche, emotionale und soziale Dimensionen hin untersucht werden, er kann auch Fragen nach Lebenslagen, relevanten Milieus, Macht und Ungleichheit aufwerfen.

> »Dabei sollte der Bezug auf Gemeinde und Sozialraum nicht nur individualisiert und einzig am Merkmal ›Behinderung‹ orientiert erfolgen; die Gestaltung sozialer Räume ist eine übergreifende und querschnittorientierte Aufgabe. Inklusion und Partizipation sind Bedingungen der Lebenslage und sie realisieren sich in den Feinstrukturen sozialräumlicher Bedingungen« (Beck 2016b, S. 395).

Der soziologisch ausgerichtete Blick auf soziale Netzwerke dient dazu, möglichst umfassend die Beziehungen zu ermitteln, in die eine Person eingebettet ist, und dabei die Quantität und Qualität der Interaktionen und Kontakte systematisch zu erkunden. Das Bemerkenswerte am Netzwerkansatz ist die Erweiterung der Perspektive: Nicht nur die eng gefassten sozialen Einheiten der Familie und der engsten relevanten Kleingruppen werden berücksichtigt, sondern die Verknüpfungen, die eine Person im Sozialraum zu Personen, Organisationen, präferierten Orten entwickelt hat. Dabei legt die Soziale Netzwerkanalyse als Methode (die auch in der Heilpädagogik angewendet werden kann) den Fokus auf die sozialen Zusammenhänge und Strukturen von Beziehungen, die es zu beschreiben und zu erläutern gilt (Müller-Forwergk 2015). Der Ansatz der wissenschaftlichen Netzwerkforschung geht noch einen Schritt weiter, wenn er umfassend empirische Untersuchungen von sozialen Strukturen »mit dem Blick auf die Beziehungsgeflechte zwischen den beteiligten Akteuren« (Fuhse 2018, S. 12) vornimmt. Dieser Blickwinkel kann andere Erkenntnisse über individuelles Handeln und Verhalten einer Person generieren als die Heranziehung von kategorialen Zugehörigkeiten oder individuellen Attributen wie das Alter, die Bildung oder das Einkommen.

Meist verbinden die Studiengänge der Heilpädagogik/Inclusive Education ihre Einführung in die Soziologie allerdings nicht in erster Linie mit soziologischen Forschungsansätzen und auch nicht mit entwicklungspsychologischen und pädagogischen Modulen, sondern stellen Bezüge zum Sozialrecht und zur Sozialpolitik her. Diese Verknüpfungen dienen dazu, Probleme und aktuelle Krisen der Wohlfahrtsstaaten zu erkennen, die Systeme der sozialen Sicherung zu erfassen, die Kompetenz zur Analyse gesellschaftlicher Strukturen und Entwicklungen zu vertiefen und den »Anwendungsbezug« sozialwissenschaftlicher Fragestellungen zu erhöhen. Das gilt besonders für die Betrachtung der Lebenslagen von Menschen mit Beeinträchtigungen und für die Mechanismen der Erzeugung von Ausschlussprozessen und Exklusionssphären (Reichstein 2022). Dabei darf nicht außer Acht gelassen werden, dass soziologische Theorien ihre eigenen Kontexte und Denktraditionen besitzen, die man intensiv studieren und reflektieren sollte, bevor man den Versuch unternimmt, sie zu exportieren und für ein anderes (in diesem Fall: heilpädagogisches) Wissensgebiet zu funktionalisieren.

2.5 Ethische Grundlagen der Heilpädagogik

Von der Heilpädagogik heißt es mitunter, sie sei eine angewandte Handlungswissenschaft mit der Neigung, ihre Diskurse zu moralisieren oder sich gar selbst als moralische Instanz zu positionieren (Dederich & Schnell 2011b). Solche Tendenzen sind in der Geschichte der Heilpädagogik tatsächlich anzutreffen: Der Beruf wurde idealisiert, Tugendkataloge wurden entworfen: »Dabei erfuhren diese Tugenden nicht selten eine Überhöhung in der Beschwörung der helfenden Liebe zum behinderten Kind« (Hofer 2007, S. 26). Dass diese Wissenschaft und ihre Praxis jedoch auch dunklere Seiten hatte (und hat), wird durch viele Studien belegt, die sich mit historischen Entwicklungen der Heilpädagogik (Sheffer 2018), mit gewalttätiger Verwahrung, die als Fürsorge bemäntelt wurde (Engelbracht & Hauser 2013), mit Misshandlungen in den Anstalten (Siebert et al. 2016) usw. befassen. Das zeigt sich auch darin, dass die Institutionen zwar die Förderung von Menschen mit Beeinträchtigungen propagierten, gleichzeitig aber zu ihrer Asylierung und Entrechtung wesentlich beigetragen.

Unbestritten ist, dass die Heilpädagogik – ähnlich wie andere Berufe der Bildung, der Sozialen Arbeit und Beratung, der Psychotherapie und Supervision, des Coaching, der Medizin und Pflege – heute ethische Diskurse benötigt, welche sich im beruflichen Handeln als tragfähig erweisen, nicht als Alleinstellungsmerkmal, denn auch Bürgerinnen und Bürgern fallen im Alltag Ungerechtigkeiten und inakzeptable Zustände auf, die ggf. zum sozialen Engagement bzw. zum politischen Handeln auffordern. In den Feldern der Sozial- und Gesundheitsberufe ist aber gerade die Beurteilung der eigenen sowie der Handlungen anderer unter Aspekten ethisch begründeter Normen und Fragestellungen eine unverzichtbare Dimension professionellen Handelns (Dederich & Schnell 2011a).

Die Entwicklung ethischer Kompetenzen kann in Vorlesungen und Seminare angebahnt, aber nicht abschließend ›gelehrt‹ und ›gelernt‹ werden, sondern bedarf der fortwährenden Überprüfung. Im heilpädagogischen Fachwissen und in der Anwendung heilpädagogischer Methoden stecken genauso ethische Implikationen wie in der praktischen Arbeit nach ›Intuition‹ und ›Gefühl‹: Wer den Satz hört oder ausspricht »Das geht nun aber gar nicht!«, der ahnt, dass hier Gefühle von Empörung und Zorn oder Scham zum Ausdruck kommen, die auf einen Normkonflikt, auf die Übertretung einer Grenze, auf eine Ungerechtigkeit oder eine Diskriminierung gerichtet sind. Die Äußerung eines Gefühls liefert allerdings keine klare Einschätzung der Situation:

»Begründungen für ethische Entscheidungen im beruflichen Handeln müssen sich auf Argumente stützen können, die Personen mit anderen Gefühlen und Intuitionen zumindest für diskutabel, im günstigen Fall für plausibel halten« (Großmaß & Perko 2011, S. 38).

Daher sind in den Studien- und Ausbildungsgängen der Heilpädagogik Module, Vorlesungen und Seminare zu den ethischen Grundlagen dieser angewandten Humanwissenschaften verankert und die Studierenden stehen normativen und ethischen Fragen gegenüber, die unbedingt zu klären sind: »Ethische Reflexionskompetenz gilt (…) als unverzichtbare Basis professionellen Handelns in den unterschiedlichen Handlungsfeldern« (Schäper 2010, S. 24). Dazu mag es nicht notwendig sein, sich in die unterschiedlichsten Ethiken einzuarbeiten (Medizinethik, Wirtschaftsethik, Wissenschaftsethik, Ökologische Ethik, Friedensethik usw.), wie dies mitunter vorgeschlagen wird (Pieper 2017). Ein wissenschaftliches Studium bedeutet aber, sich kritisch und im gegenseitigen Austausch mit Konzeptionen auseinanderzusetzen, im Fall der Ethik also z. B. mit der Deontologischen Ethik versus der Teleologischer Ethik, der Normativen Ethik versus der Deskriptiven Ethik, der Care-Ethik versus der Neuroethik.

Die *Neuroethik* ist relevant, weil sie sich im Grenzbereich von Neurowissenschaft und Philosophie bewegt und im engeren Sinne das Eingreifen in das menschliche Gehirn problematisiert; im weiteren Sinne fragt sie nach der Bedeutung der Hirnforschung für das menschliche Selbstverständnis, Empfindungen und Motivationszustände (Metzinger 2014). Demgegenüber plädiert die *Care-Ethik* dafür, das Konstrukt der ›Normalität‹ aufzugeben und Bedürftigkeit und Beeinträchtigung nicht zur Ausnahme, sondern zur Grunddisposition menschlichen Seins zu erklären. Es gilt, das Leben in Abhängigkeit von Anderen anzunehmen, sich von der Idee des gänzlichen autonomen Individuums zu lösen und Netzwerke von Beziehungen und Momente der Verbundenheit ins Zentrum der Reflexion zu stellen (Conradi 2001; 2013; Schäper 2010).

Eine *Normative Ethik* fragt nach der ›richtigen‹ Moral, bewertet moralische (auch: religiöse) Systeme, begründet diese Bewertung und legt Prinzipien des Handelns fest. So kann eine Normative Ethik z. B. dazu auffordern, den selbstbestimmten Willen in jedem Fall zu respektieren, Schaden von der Person abzuwenden, das Wohlergehen zu fördern und die Ressourcen gerecht zu verteilen. Eine *Deskriptive Ethik* hingegen beschreibt moralische Handlungen, ohne zu bewerten, welche

Aussagen eine bestimmte Ethik trifft und wie sie diese begründet. Die *Deontologische Ethik* (vom Griechischen *deon* = Pflicht) fragt danach, welches Handeln gut und richtig ist – und folgt der Auffassung, dass eine Person richtig handelt, wenn sie ihrer Pflicht folgt. Einstellungen sind entscheidend und nicht die Folgen einer Handlung. Anders die *Teleologische Ethik* (vom Griechischen *telos* = Ziel): Eine Handlung ist gut und richtig, wenn sie ein Übergewicht von guten gegenüber schlechten Folgen hervorbringt. Eine Handlung ist in der Teleologischen (nicht: Theologischen!) Ethik nicht an sich und für sich gut oder schlecht – sie ist nur dann richtig, wenn das Ergebnis der Handlung überwiegend positiv ist (Henning 2019; Leith 2021).

Zu den Begriffen *Ethik* und *Moral:* Mitunter werden beide Begriffe synonym verwendet, meist jedoch wird *Ethik* als das theoretische Fundament der *Moral* verstanden. Während *Moral* sich in alltäglichen Einstellungen und Wertüberzeugungen zeigt und auch unreflektiert in Diskussionen eingebracht wird, ist unter Ethik »eine sich kritisch und konstruktiv auf das Ethos beziehende Reflexionsleistung« (Maaser 2015, S. 12) zu verstehen. Sie entwickelt intersubjektive Kriterien der Beurteilung, auf deren Basis Wertvorstellungen und Gewohnheiten überprüft, verändert oder beibehalten werden. Es geht in ethischen Debatten um das Überdenken normativer Aspekte, um Gefährdungen vulnerabler Personen, um Diskriminierungen von Menschen, die Exklusionsrisiken ausgesetzt sind. Die Heilpädagogik benötigt ein ethisches Fundament, das die Verantwortung sowohl auf einer situationsgebundenen als auch auf einer zukunftsorientierten Ebene reflektiert (BHP 2020, S. 12).

Während die Aspekte wissenschaftlicher, gesamtgesellschaftlicher und sozialer Entwicklungen in größeren Zusammenhängen (z. B. in Ethik-Kommissionen) ethisch reflektiert werden, richtet sich ein anderer Blick auf die Handlungen innerhalb von pädagogischen Beziehungen, die nicht frei von Ein- und Übergriffen, von Fremdbestimmung und fürsorglicher Belagerung sind. Hier kommt der Ethik die anwaltliche Aufgabe zu, den Schutz und die Würde der Menschen mit Beeinträchtigungen zu sichern. Häufig sind die Beziehungen zwischen Menschen mit hohem Unterstützungsbedarf und ihren Assistenzpersonen asymmetrisch, ihre Wünsche und Präferenzen können nicht immer eindeutig geklärt werden. Das macht Entscheidungen notwendig – und sehr schwierig, denn die Ermittlung des mutmaßlichen Willens kann meist nicht über Sprache erfolgen: Der unklare Bewusstseinszustand eines Wach-Koma-Patienten, die sehr eingeschränkte unterstütze Kommunikation einer Person mit komplexer Beeinträchtigung, die psychotische Krise eines Jugendlichen, die demenzielle Erkrankung eines älteren Menschen werfen die Frage auf, wie Entscheidungen zustande kommen und wer berechtigt ist, sie zu treffen; sie können auch die Interessen der betreffenden Person verfehlen. Stellvertretendes Handeln ist ethisch brisant, gerade in heilpädagogischen Beziehungen, wo meist ein deutliches Mündigkeitsgefälle (Brumlik 2017) besteht:

> »Advokatorische Entscheidungen sind prinzipiell mit dem Zweifel behaftet, ob das, was getan wird, tatsächlich im Sinne des anderen Menschen ist oder einen Übergriff darstellt. Damit bewegen sie sich an einer (höchstens im Nachhinein überprüfbaren) fließenden Grenze zwischen gelebter Verantwortung, Fürsorge und Solidarität einerseits und Fremdbestimmung, Missachtung und Gewalt andererseits« (Dederich & Schnell 2009, S. 80).

Ein anderes ethisches Dilemma zeigte sich während der Corona-Krise: Das Gesundheitssystem war maximal belastet, in einigen Kliniken waren die Intensivkapazitäten erschöpft. Damit kam es zu der Situation, dass im medizinisch-pflegerischen Team Entscheidungen getroffen werden mussten, wer noch aufgenommen werden konnte, wem ein Beatmungsgerät zur Verfügung gestellt wurde, wessen intensive Behandlung zugunsten eines andern abgebrochen werden musste. Diskutiert wurde – auch gesamtgesellschaftlich – diese dramatische Situation unter dem Begriff der ›Triage‹, der aus dem Französischen stammt, mit ›Auswahl‹ oder ›Sichtung‹ übersetzt werden kann und ursprünglich in der Militärmedizin verwendet wurde, wenn in einem Lazarett akute Fälle nach ihrer Überlebenschance priorisiert wurden. Den Konflikten im Kontext der Corona-Krise versuchte man durch eine S1-Leitlinie zu begegnen, die nach transparenten Kriterien erarbeitet und von der Arbeitsgemeinschaft der Wissenschaftlichen Medizinischen Fachgesellschaften veröffentlicht wurde (AWMF 2021). Ob solche Leitlinien Entscheidungen erleichtern und handlungsleitend sein können, ist nur im Einzelfall zu klären – ähnlich wie andere Grenzsituationen menschlichen Lebens, mit denen Heilpädagog*innen konfrontiert sein können (pränatale Diagnostik, Zwangsbehandlungen in der Psychiatrie, Suizidalität, Abbrüche von medizinischen Behandlungen am Lebensende).

Ethische Grundpositionen nehmen in diesem Zusammenhängen Bezug zur ›Menschenwürde‹ und binden ihre Argumentationen im Kontext von Menschen mit Beeinträchtigungen seit Jahren an die UN-BRK. Damit verbunden sind die Leitbegriffe der Inklusion und Partizipation und die Anforderung, zu einer gerechteren Gesellschaft beizutragen, »die die gleichberechtigten Bedürfnisse und Lebensinteressen aller zu berücksichtigen versucht und sich dabei der ungleichen Verletzlichkeit und Abhängigkeit von Menschen bewusst ist. Eine ethisch verantwortete professionelle Praxis macht Grundrechte deutlich, deckt Grundrechtsverletzungen auf und unterstützt Menschen in der Geltendmachung und Durchsetzung ihrer Rechte« (Schäper 2010, S. 27). Der heilpädagogische Blick ist auch auf die Belange des Umfeldes der Menschen mit Beeinträchtigungen gerichtet und sollte realisieren, dass fehlende Unterstützung für Angehörige zu deren sozialer Isolation führen kann.

Sozialethische Diskurse befassen sich mit gesellschaftlichem Handeln, mit Normen und Prinzipien, die das Zusammenleben im Gemeinwesen bestimmen. Dazu gehört das Aufdecken von institutionellen und politischen Mechanismen der Herstellung von Benachteiligung, Unterdrückung und Ausschluss einerseits und politischer und sozialer Inklusion andererseits. Diese Diskurse, die die Anerkennung der Menschenwürde einfordern und die Dimensionen von Macht und Herrschaft bedenken (Maaser 2015), sehen den Schutz der Menschenrechte vulnerabler Gruppen gefährdet. Graumann schlägt in diesem Zusammenhang den Begriff der »Assistierten Freiheit« vor, der dafür Sorge trägt, die notwendigen Formen der Hilfe, Unterstützung und Begleitung zu garantieren und in den Diensten und Institutionen die individuellen Bedürfnisse und Lebenslagen zu beachten, gleichzeitig aber auch die Freiheitsrechte konsequent einzuhalten:

»Als sozial gerecht können soziale Strukturen und Institutionen dann gelten, wenn sie die Verwirklichung des Konzepts assistierter Freiheit für alle Menschen, auch für behinderte Menschen mit einem hohen Unterstützungsbedarf, ermöglichen« (Graumann 2011, S. 245/246).

Die Reflexion persönlicher Einstellung und Werte sowie die Überprüfung des eigenen Handelns auf der Basis ethisch durchdachter Positionen ist für Fachkräfte der Heilpädagogik – wie auch für andere Berufsgruppen des Sozial- und Gesundheitswesens (und auch für engagierte Menschen in Politik und Wirtschaft) – eigentlich unverzichtbar. Das schließt die Erfahrung ein, in der beruflichen Praxis und in der persönlichen Begegnung mit Menschen, die unter erschwerten Bedingungen leben und deren gesellschaftliche Teilhabe gefährdet ist, auch Unsicherheiten und Ambivalenzen ertragen zu müssen: Heilpädagogisches Handeln kann »den anderen Menschen verfehlen oder verkennen« (BHP 2020, S. 12). Es gilt, ethische Dilemmata als solche zu erkennen und eigene Entscheidungen zu hinterfragen, ohne dadurch handlungsunfähig zu werden. In der Beziehungsgestaltung mit vulnerablen Menschen, aber auch mit Angehörigen, mit Repräsentanten der Institution bzw. Organisation, mit Vorgesetzten und Teammitgliedern sind Interaktionen und Interventionen stets zu prüfen, um die »konsequente Stärkung von Potenzialen, von Autonomie und Partizipation« (ebd.) zu sichern.

Ethische Reflexionskompetenz wird von heilpädagogischen Fachkräften gefordert, wenn sie z. B. in einem interdisziplinären Team eines Sozialpädiatrischen Zentrums, eines Hospizes, einer Kinderklinik oder einer Psychiatrischen Einrichtung an ethischen Fallbesprechungen teilnehmen. In schwierigen Entscheidungssituationen kann es hilfreich sein, ethische Fallbesprechungen einzuberufen, wenn unter den Beteiligten Uneinigkeit besteht, was getan werden kann und konkret zu tun ist. Vor dem Hintergrund ethischer Prinzipien (Autonomie, Nichtschaden, Wohltun, Gerechtigkeit) haben betroffene Personen, Angehörige und betreuende Fachkräfte die Aufgabe, in strukturierten Prozessen Handlungsoptionen zu benennen und zu bewerten (Ose & Preusche 2022). Wenn Unsicherheiten bezüglich spezifischer Interventionen bestehen, sind neben fachlichen Argumenten immer auch Emotionen vertreten, die eine ethische Reflexion erfordern. Ethische Fallbesprechungen können ethische Konflikte und Dilemmata nicht auflösen, sie können aber zum verantwortungsvollen und sensiblen Umgang beitragen und helfen, tragfähige Entscheidungen zu treffen (Vollmann 2017).

2.6 Rechtsgrundlagen der Heilpädagogik

Im Studium der Heilpädagogik zeigt sich schon früh, wie bedeutsam Kenntnisse juristischer Themen in heilpädagogischen Handlungsfeldern sein werden. Auch der Alltag macht deutlich, dass viele gesellschaftlich diskutierte Themen eine rechtliche Dimension enthalten, wenn es z. B. um eine »Schule für alle«, um den Bestand besonderer Schulformen, um den Nachteilsausgleich (eventuell auch im Studium), um die Einrichtung einer rechtlichen Betreuung für ein dementiell erkranktes Familienmitglied, um die Gleichstellung und Gleichbehandlung bei Bewerbungen, um die Erteilung einer so genannten Duldung schutzsuchender Menschen oder um die Verfolgung von Straftaten der sexuellen Gewalt geht – Kenntnisse der jeweiligen Rechtsgrundlagen sind für die Diskussion dieser Themen unbedingt notwendig.

Ein zentraler Diskurs in den Handlungsfeldern der Heilpädagogik kreist um die Frage, ob und warum jemand als *behindert* zu bezeichnen ist und welche rechtlichen, ethischen und gesellschaftlichen Konsequenzen sich aus einer solchen Zuschreibung ergeben: Wer definiert überhaupt *Behinderung*? Wo verläuft die Grenze zwischen *Behinderung*, *Krankheit* oder *Störung*? Wann und warum sprechen wir in Deutschland von *Schwerbehinderung*? Wer stellt dafür einen Ausweis aus und vergibt die Grade der Schwerbehinderung? Wo finden sich dafür gesetzliche Bestimmungen? Es kann für das heilpädagogische Handeln hilfreich sein, sich im Grundgesetz, im Bürgerlichen Gesetzbuch, in den Leistungen der Sozialhilfe, der Arbeitsagenturen, der Kranken-, Pflege- und Rentenversicherung und in den Rechtsgrundlagen zur Gleichstellung auszukennen. Auch wenn im Studium der Heilpädagogik die Module, Vorlesungen und Seminare, die Fragen des Rechts behandeln, sich auf einige wichtige Rechtsgrundlagen beschränken, tragen sie langfristig zur kompetenten heilpädagogischen Arbeit bei:

In der Interdisziplinären Frühförderung wird gefragt, ob nicht nur die UN-BRK bekannt ist, (die in Artikel 26 fordert, Leistungen für Kinder mit Behinderungen so früh und so gemeindenah wie möglich durch ein multidisziplinäres Fachteam zu erbringen), sondern auch das SGB IX, wo heilpädagogische Leistungen für noch nicht eingeschulte Kinder in § 79 SGB IX geregelt sind. Dort heißt es:

»Heilpädagogische Leistungen werden an noch nicht eingeschulte Kinder erbracht, wenn nach fachlicher Erkenntnis zu erwarten ist, dass hierdurch eine drohende Behinderung abgewendet oder der fortschreitende Verlauf einer Behinderung verlangsamt wird oder die Folgen einer Behinderung beseitigt oder gemildert werden können.«

Sie erfahren auch, dass nach § 46 des SGB IX die Leistungen im Bereich der Frühförderung als Komplexleistung erbracht werden, um drohende oder bereits eingetretene Behinderungen zum frühestmöglichen Zeitpunkt zu erkennen. Dazu sind medizinische Leistungen sowie sozialpädiatrische, psychologische, heilpädagogische, psychosoziale Leistungen und die Beratung der Erziehungsberechtigten vorgesehen – und können entsprechend abgerechnet werden, wenn man mit den Rechtgrundlagen gut vertraut ist (Sohns & Weiß 2019).

In der heilpädagogischen und inklusionsorientierten Arbeit in der Kita erfahren Absolventinnen und Absolventen heilpädagogischer Ausbildungen schnell, dass hier Rechtsbereiche der Aufsichtspflicht täglich relevant sind und es Sinn macht, die personengebundenen und gruppenbezogenen Faktoren zu unterscheiden von den räumlichen bzw. örtlichen Faktoren, sachbezogenen sowie personellen Faktoren. Ein Ausflug der Kita in den Tierpark hat in puncto Aufsichtspflicht also die individuellen Fähigkeiten und Bedürfnisse der Kinder, die Erfahrungen im Sozialverhalten in der Gruppe, die örtlichen Besonderheiten während des Ausflugs, die Zumutbarkeit oder Gefährlichkeit der Aktivität, die Erfahrungen der pädagogischen Fachkräfte, die Planungen und Verantwortungsverteilungen im Team sowie die

Zustimmungen der Eltern zu berücksichtigen (Wenk & Groth-Simonides 2017). Auch können Fragen zu einer möglichen Gefährdung des Kindeswohls in der Kita auftauchen. Sie sind auf fachlicher Grundlage zu besprechen, wenn bei Kindern physische oder psychische Auffälligkeiten, deutliche Hygienemängel oder fehlende ärztliche Behandlungen bemerkt werden. Es können nicht nur Rechtsfragen des BGB berührt sein (Kuhn-Zuber & Bohnert 2017), sondern auch strafrechtliche Aspekte, wenn es um mögliche physische, psychische und/oder sexuelle Gewalt in der Familie geht (Bell 2016).

Im Kontext heilpädagogischer Tätigkeiten an Schulen wird neben Fragen zur Aufsichtspflicht und zum Kindeswohl zu klären sein, welche Qualifikation für die Schulassistenz in dem jeweiligen Bundesland vorausgesetzt wird, denn der Einsatz von »Integrationskräften« und »Schulbegleitungen« ist nicht einheitlich geregelt, weder bundes- oder landesweit noch regional. Wichtig sind in diesem Bereich Kenntnisse in den Anspruchsgrundlagen: Wenn bei Kindern mit Beeinträchtigungen ein Bedarf an individueller Unterstützung in der Schule deutlich wird, der durch Lehrkräfte nicht erbracht werden kann, wird eine Schulbegleitung notwendig. Bei Schülerinnen und Schülern mit kognitiven oder körperlichen Beeinträchtigungen ist die Eingliederungshilfe nach § 53 SGB XII zuständig, Kinder mit einer so genannten seelischen Behinderung (darunter fällt auch die Autismus-Spektrum-Störung) erhalten Leistungen nach § 35 a SGB VIII (Knödler 2022).

In den Einrichtungen der Kinder- und Jugendhilfe geht es oft um die Rechtsgrundlagen der Aufnahme in eine betreute Wohnform, um das Wunsch- und Wahlrecht bzw. die Beteiligungsrechte, die in den §§ 5 und 8 im SGB VIII beschrieben sind. Häufig werden hier Maßnahmen der »Hilfen zur Erziehung« eingefordert, die eine Reihe von Hilfeformen enthalten: Erziehungsberatung, Soziale Gruppenarbeit, Erziehungsbeistand, Sozialpädagogische Familienhilfe sowie die Betreuung der betreffenden Kinder und Jugendlichen in Tagesgruppen, Vollzeitpflege oder in betreuten Wohnformen (Wabnitz 2021). Weniger bekannt ist die Heilpädagogische Familienhilfe, die sowohl die Eltern als auch Kinder und Jugendlichen in ihren Handlungskompetenzen stärken, die Kommunikation und Interaktion zwischen den Familienmitgliedern verbessern und die Versorgung mit den notwendigen Hilfsmitteln sowie die soziale Teilhabe von Familien mit behinderten Kindern sichern will (Leginovic 2014).

Fachkräfte der Heilpädagogik, die im Bereich von Wohneinrichtungen tätig sind, haben mit Aspekten von Autonomie und Selbstbestimmung, aber auch Einschränkungen der Geschäftsfähigkeit bzw. der Einrichtung einer rechtlichen Betreuung (nach §§ 1896 ff BGB) zu tun. Sind die Voraussetzungen für eine solche Betreuung gegeben? Welche Person ist dafür geeignet? Für welche Aufgabenkreise (Aufenthaltsbestimmung, Gesundheitsfürsorge, Vermögenssorge, Wohnungsangelegenheiten, Regelung von Angelegenheiten mit Behörden) wird eine Betreuung benötigt? Wird die zu betreuende Person an diesen Fragen beteiligt? Eine solche Betreuung ist immer befristet und nach Ablauf der Frist ist richterlich zu klären, ob der Bedarf weiterhin im gleichen Umfang besteht (Kuhn-Zuber & Bohnert 2016). Mitarbeitende in betreuten Wohnformen sind oft unsicher, welche Aufgaben und Pflichten die Person der rechtlichen Betreuung tatsächlich hat und wie die Kommunikation mit der Betreuungsperson gestaltet werden kann: »Grundsätzlich hat der rechtliche Betreuer seine Aufgaben so zu erledigen, dass es dem – subjektiven – Wohl des zu betreuenden Menschen entspricht« (Wenk & Groth-Simonides 2017, S. 69).

In psychiatrischen Arbeitsfeldern tauchen neben Fragen zum Betreuungsrecht auch Überlegungen auf, ob und wann der Einsatz von Zwangsmaßnahmen bzw. -mitteln rechtlich abgesichert ist, z. B. bei Selbst- oder Fremdgefährdungen, die mit einer Unterbringung in der Psychiatrie verbunden sein können. Das Recht auf Selbstbestimmung einer Person kann also eingeschränkt werden, wenn sie »infolge ihres Gesundheitszustandes und der damit verbundenen fehlenden Einsichtsfähigkeit die Schwere ihrer Erkrankung nicht beurteilen« kann (Marschner & Brosey 2022, S. 31). Zu unterscheiden ist zwischen einer zivilrechtlichen Unterbringung in einer geschützten Abteilung einer Klinik oder einer Wohneinrichtung im Rahmen einer gerichtlich angeordneten gesetzlichen Betreuung (BGB), einer Unterbringung auf der Grundlage landesrechtlicher Regelungen zur Unterbringung psychisch Kranker (PsychKG) oder einer strafrechtlichen Unterbringung auf der Grundlage der Bestimmungen des Strafgesetzbuches (StGB). Das Gebiet der Forensischen Psychiatrie ist in besonderer Weise durch Rechtsvorschriften strukturiert, z. B. durch die Voraussetzungen der Schuldfähigkeit nach § 20 und § 21 StGB und die Maßregeln der Besserung und Sicherung nach § 63 und § 64 StGB. Auch Kenntnisse des Betäubungsmittelgesetzes (BtMG) sind in der Psychiatrie – wie auch in der Jugendhilfe – nützlich, wenn es um die Substanzen geht, mit denen der Handel verboten ist. Im Bereich der Sozialpsychiatrie geht es vor allem um die Instrumente der Bedarfsermittlung, um die Eingliederungshilfe bzw. die Leistungen zur Teilhabe am Leben in der Gemeinschaft sowie den Leistungen zur Teilhabe an Bildung und dem Budget für Arbeit (Rosemann 2018).

Fachkräfte der Heilpädagogik im Bereich der beruflichen Bildung, Arbeit und Beschäftigung kennen meist den Artikel 27 der UN-BRK, der die Vertragsstaaten auffordert, Menschen mit Behinderungen auf der Grundlage der Gleichberechtigung mit anderen ein Recht auf Arbeit zu sichern und ihnen die Möglichkeit zu geben, ihren Lebensunterhalt durch Arbeit zu verdienen – und das nicht unbedingt in einer Werkstatt. Im Sinne der Inklusion und Partizipation muss dieses Recht in einem offenen und für Menschen mit Behinderungen zugänglichen Arbeitsmarkt und Arbeitsumfeld realisiert werden (Greving & Scheibner 2021). Viele Schritte sind erforderlich, damit der Übergang von der Schule in Ausbildung und Beruf nicht mehr alternativlos in eine »beschützende« Einrichtung, sondern auf den allgemeinen Arbeitsmarkt führt. Das SGB IX enthält eine Reihe unterschiedlicher Rechtsgrundlagen für die Wahl »anderer Anbieter«, für Assistenzmaßnahmen und Unterstützte Beschäftigung sowie für die Förderung von Inklusionsbetrieben. Das Spektrum der Berufsbildungs- und Berufsförderungswerke sollte man kennen, ebenso die Möglichkeiten der Herstellung von Barrierefreiheit, fairer Beschäftigung und Chancengleichheit in den Unternehmen. Insgesamt ist das Rehabilitationsrecht umfangreich, es enthält Aspekte bzw. Leistungen der Medizinischen Rehabilitation, Leistungen zur Teilhabe am Arbeitsleben, Leistungen zur Teilhabe an Bildung sowie Leistungen zur sozialen Teilhabe. Zugrunde liegt diesen unterhaltssichernden und ergänzenden Leistungen das Finalitätsprinzip, d. h. Leistungen werden unabhängig von der Ursache der Beeinträchtigung gewährt und an dem Bedarf und den Rehabilitationszielen ausgerichtet (Marschner & Brosey 2022).

Auch arbeitsrechtliche und tarifrechtliche Fragen sollte in den Seminaren und Vorlesungen zu den Rechtsgrundlagen der Heilpädagogik thematisiert werden, bevor Arbeitsverträge unterschrieben werden und Fragen zum Teilzeit- und Befristungsgesetz, zur Probezeit und zum Kündigungsschutz, zu Mutterschutz und Elternzeit, zu Datenschutz und Schweigepflicht ungeklärt bleiben. Gute Kenntnisse in Sachen Tarifverträge und Eingruppierungen, Betriebsvereinbarungen und Weisungsrechte der Arbeitgeber, Stellenausschreibungen und Bewerbungsverfahren sind in der Praxis äußerst wertvoll, können aber im Studium nicht bis ins letzte Detail durchgearbeitet werden – die entsprechenden Fortbildungen, Portale, Broschüren und Fachbücher (Kuhn-Zuber & Bohnert 2016; Wenk & Groth-Simonides 2017) geben fundierte Auskunft zu den genannten Aspekten.

Die Vermittlung der relevanten Rechtsgrundlagen kann handlungsfeld- und fallbezogen, aber auch im Sinne einer Rechtssystematik erfolgen. Dann gilt es, den Gang durch das Rechtssystem übersichtlich zu strukturieren und exemplarische Themen herauszugreifen, um nicht in der Fülle der Materie zu versinken. Meist werden zunächst Grundlagen zum öffentlichen und privaten Recht, zu natürlichen und juristischen Personen, zur Rechtsfähigkeit und Rechtsstellung von Kindern und Jugendlichen gelegt. Angesprochen werden die Themen des Familienrechts mit den Aspekten: Elterliche Sorge, Hilfen in Trennungs- und Scheidungssituationen sowie Vormundschaft und Pflegschaft: Schließlich lässt sich auf der Grundlage des Bürgerlichen Gesetzbuches (BGB) klären, wer in einer Familie entscheidet, ob ein Kind eine heilpädagogische Förderung oder eine Unterstützung im Bereich der Bildung oder der Assistenz erhält, wem die Elterliche Sorge übertragen wurde, was zu tun ist, wenn das Wohl eines Kindes, seine physische und psychische Gesundheit gefährdet ist oder wer zu entscheiden hat, ob eine erwachsene oder älter werdende Person ihre Angelegenheiten noch selbst regeln kann oder sie eventuell eine rechtliche Betreuung benötigt. Auch Themen aus dem Bereich des Verwaltungsrechts gehören in eine solche Systematik (Wenk & Groth-Simonides 2017).

Ein besonderes Gewicht bezüglich der Rechtsgrundlagen in der Heilpädagogik nimmt gegenwärtig das Gesetz zur Stärkung der Teilhabe und Selbstbestimmung von Menschen mit Behinderung ein, das als BTHG (Bundesteilhabegesetz) im Dezember 2016 im Deutsche Bundestag verabschiedet wurde. Es zielt darauf ab, die Eingliederungshilfe zu einem modernen Teilhaberecht weiterzuentwickeln und die Anforderungen der UN-BRK zu erfüllen. Gleichzeitig (aber nicht ganz so offensiv formuliert) soll es weitere Steigerungen der Ausgaben verhindern und einen Systemwechsel vollziehen: Von einem System der hierarchischen Steuerung zu einem partizipativen Ansatz – mit Veränderungen beim Zugang zu den Leistungen sowie mit Veränderungen bei der Bedarfsermittlung für die Leistungen. Dieser »Systemwechsel« soll das Teilhaberecht personenbezogen und nicht mehr institutionsbezogen ausrichten und die bisherigen pauschalen Leistungen in stationären Settings ersetzen durch abgestimmte Leistungen aus den zuständigen Sicherungssystemen. Auch gilt es, existenzsichernde Leistungen, Leistungen der Pflege- und der Krankenversicherung, Leistungen der Arbeitsförderung und Leistungen der Eingliederungshilfe besser zu verknüpfen.

Die Entwicklung des Gesetzes sah vor, nicht nur die Verbände der Freien Wohlfahrt, sondern – ganz im Sinne der Partizipation – die (Selbsthilfe-)Verbände der Menschen mit Behinderung zu beteiligen. Dies war ein Novum: Intensive Beratungen, Gesetzesplanungen in diversen Arbeitsgruppen in Berlin, Diskussion der unterschiedlichen Interessen und die Positionen der Verbände galt es zu integrieren. Doch die Enttäuschung war groß, als der Referenten- und später der Regierungsentwurf vorgestellt wurde: »Nicht mein Gesetz!« war die deutliche Resonanz aus der Gruppe der Selbsthilfe – was zur bislang größten Demonstration von Menschen mit Beeinträchtigungen (im Herbst 2016 in Berlin) führte. Dabei hatten die Grundzüge und ersten Paragrafen des BTHG zunächst sehr modern und partizipativ geklungen:

Es gehe um Selbstbestimmung und um volle, wirksame und gleichberechtigte Teilhabe am Leben in der Gesellschaft; Benachteiligungen seien zu vermeiden; Bedürfnisse von Frauen und Kindern mit Behinderungen und von Menschen mit seelischer Behinderung seien zu berücksichtigen; der Zugang zu den Teilhabeleistungen habe auf der Grundlage eines ICF-gestützten Bedarfsermittlungssystems zu erfolgen; in Abstimmung mit dem Leistungsberechtigten seien die nach dem individuellen Bedarf erforderlichen Leistungen hinsichtlich Ziel, Art und Umfang funktionsbezogen festzustellen und so zusammenzustellen, dass sie nahtlos ineinandergreifen. In der Tat wurde zum 01.01.2020 das Recht der Eingliederungshilfe aus der Sozialhilfe (SGB XII) herausgelöst und in das SGB IX (Rehabilitation und Teilhabe) überführt. Auch in Bezug auf die Einkommens- und Vermögensgrenzen zeigte das Gesetz Verbesserungen gegenüber der Eingliederungshilfe: Ehegatten und Lebenspartner*innen werden nun nicht mehr mit ihrem Einkommen bzw. ihrem Vermögen herangezogen. Doch insgesamt herrscht in der Realität noch Verunsicherung in Bezug auf die Bedarfsermittlung und auf den zukünftigen Fachkräfteeinsatz (Bundesarbeitsgemeinschaft für Rehabilitation 2021).

Kapitel 3: Kompetenzen heilpädagogischer Professionalität

3.1 Heilpädagogisches Diagnostizieren und Fallverstehen

Die Vermittlung von Kenntnissen der *Diagnostik* gehörte über Jahrzehnte zu den selbstverständlichen Voraussetzungen einer fachlich fundierten heilpädagogischen Ausbildung. Auch heute noch nehmen die Module zur *Diagnostik* und Teilhabeplanung einen wichtigen Platz im Heilpädagogik-Studium der meisten Hochschulen ein. Doch selbstverständlich ist die Einführung in das Instrumentarium der *Diagnostik*, in die internationalen Klassifikationen und in die Erstellung von Förderplänen aktuell nicht mehr. In Zeiten von Inklusion und Partizipation wird kritisch gefragt, welche Berechtigung *Diagnosen* haben, wenn es doch um die Anerkennung von Vielfalt und nicht um die Abweichung von fragwürdigen Normen geht. Schaden *Diagnosen* den Menschen mehr als sie nützen? Für viele ist *Diagnostik* ein fragwürdiger Akt, der zu kategorial klassifizierenden Aussagen und zu Etikettierungen und damit zu Stigmatisierungen von Menschen führe. Manche bezweifeln ganz grundsätzlich, dass »*Diagnostik und Inklusion miteinander vereinbar*« seien (Krönig 2017, S. 58). Fragen und Zweifel dieser Art sind hier zu klären, es geht dabei weniger um die Darstellung der diagnostischen Verfahren, sondern mehr um das Nachdenken über das strukturierte Wahrnehmen, Beobachten, Beschreiben und Verstehen, das die heilpädagogische Diagnostik kennzeichnet. Sollte sie weiterhin notwendig sein, dann als prozessuales Geschehen des Aufzeigens von Perspektiven. Heilpädagogische Diagnostik ist also »der Versuch der Annäherung an einen Menschen in seiner Lebenswelt« (Schmalenbach 2012, S. 6).

Der Begriff *Diagnostik* stammt aus dem Griechischen (*diágnosis*) und bedeutet: Erkennen durch Unterscheiden. In der Medizin ist damit die Feststellung einer Krankheit anhand charakteristischer Symptome gemeint, wobei der Erkenntnisprozess ein Vergleichen und Zuordnen auf der Basis diagnostischer Manuale enthält. Die Psychologie sieht ihre Aufgabe darin, Persönlichkeitsmerkmale zu ermitteln und Erkenntnisse zur Intelligenz, zur Angst, zur Aggression usw. zu generieren. Dabei spielen Tests und psychometrische Verfahren eine Rolle, in denen individuelle Ausprägungsgrade eines Persönlichkeitsmerkmals festgestellt werden. Inzwischen wird jedoch nicht nur in der Medizin und der Psychologie diagnostiziert, auch in technischen Disziplinen wird eine Befunderhebung heute als *Diagnostik* bezeichnet (Lotz 2020).

In der Heilpädagogik bestehen die diagnostischen Aufgaben darin, die betreffende Person in ihren individuellen Ausgangsbedingungen und sozialen Bezügen kennenzulernen, Entwicklungsstände mit unterschiedlichen (wissenschaftlich fundierten, evaluierten) diagnostischen Methoden zu ermitteln, Hypothesen (im Sinne vorläufiger, aber nicht statischer Erkenntnisse) aufzustellen, angemessene Formen der heilpädagogischen Unterstützung zu finden, vorläufige Handlungsziele zu benennen und Entwicklungsverläufe zu beschreiben und zu dokumentieren (Reichenbach & Thiemann 2018, S.10). Wie in vielen Feldern steht die Heilpädagogik auch im Bereich der *Diagnostik* in engen Verbindungen zu anderen Disziplinen und bezieht medizinische, psychologische, logopädische, ergotherapeutische und pflegerische Erkenntnisse in ihre Entwicklungs- und Teilhabeplanungen mit ein. Dabei muss sie berücksichtigen, dass jede Profession ihre eigenen spezifischen Begriffe und Kategorien hat und nicht jede Terminologie unreflektiert zu übernehmen ist (Schmalenbach 2012, S.7). Um zu klären, ob ein Bedarf an heilpädagogischer Unterstützung vorliegt und welche Form der Begleitung angemessen und hilfreich sein könnte, ist die *Diagnostik* nach Ansicht vieler Fachleute unverzichtbar; sie stellt »im Ergebnis eine unterscheidende Beurteilung und Erkenntnis dar, die als Orientierungsgrundlage für zukünftige (heil-)pädagogische Handlungen verstanden werden kann« (Lanwer 2006, S. 8).

Dennoch löst das Thema *Diagnostik* in den Sozialwissenschaften, vor allem im Inklusionsdiskurs skeptische Vorbehalte und kritische Fragen aus: Das Argument der möglichen Stigmatisierung wird ergänzt um die Gefährdung der Exklusion und Separation: Die Skepsis gegenüber der *Diagnostik* steht im Zusammenhang mit ethisch und politisch zweifelhaften Kontexten der Verwendung von Diagnosen, also ihrem »unsachgemäßen Gebrauch« (Buttner 2013, S. 40). In der Psychiatrie dienten *Diagnosen* lange Zeit dazu, Personen mit herausforderndem Verhalten aus ihren familiären und sozialen Bezügen zu entfernen und sie in geschlossenen Einrichtungen zu isolieren. Bei psychischen Auffälligkeiten verschwanden Menschen dauerhaft hinter Anstaltsmauern, wurden ohne Beachtung ihres subjektiven Erlebens zu Melancholikern, Paranoikern oder Schizophrenen erklärt und galten oft als nicht therapierbar. Menschen mit genetischen Syndromen und komplexen Beeinträchtigungen erging es ähnlich: Die *Diagnosestellung* war verbunden mit der Empfehlung einer Unterbringung in einer Einrichtung der Behindertenhilfe oder Psychiatrie. Und die Heilpädagogik war daran nicht unbeteiligt. Heute erkennt sie, dass Diagnostik »immer vor dem Hintergrund einer Selektions- und Zuweisungsfunktion in bestimmte Institutionen zu lesen« ist (Bernasconi/Böing 2015, S. 183).

Eine *Diagnostik*, die in erster Linie typisierte und platzierte, ließ unberücksichtigt, dass jeder Mensch lern- und wandlungsfähig ist und eine *Diagnose* lediglich eine Momentaufnahme eines bestimmten Persönlichkeitszustandes darstellt; sie kann nie die ganze Person beschreiben, ihr prognostischer Aussagewert ist gering. Die traditionelle *Diagnostik* orientierte sich an einem Normalitätsideal und suchte nach Abweichungen (Gröschke 2004). Individuelle Hintergründe für ein auffallendes Verhalten oder soziale und gesellschaftlich Bedingungen blieben häufig unberücksichtigt Zu den klassischen Kunstfehlern der *Diagnosestellung* gehörte auch ein mangelhaftes Vorgehen: Weder in die Erhebung noch in die Vermittlung der Befunde wurden die Personen einbezogen, ihr Stauts als selbstbestimmte Subjekte wurde ignoriert (Schablon 2013).

Das Ziel der heilpädagogischen *Diagnostik* ist es, die motorischen, kognitiven und sozial-emotionalen Fähigkeiten einer Person, ihr subjektives Erleben sowie ihre Interaktionsverläufe zu erkennen durch: Anamnesegespräche, Verhaltensbeobachtung, Testdiagnostik, Videoanalyse, projektive Verfahren. Heilpädagogisches Diagnostizieren ist ein Vorgang, der den Blick auf das Individuum richtet und zugleich versucht, die Lebenswelt und ihre Bedingungen einzubeziehen, Barrieren und Belastungen ebenso wie Potenziale und Ressourcen zu erkennen (Schmalenbach 2012). *Diagnosen* sind vorläufige Erhebungen, Befunde können sich ändern und müssen überprüft werden. Die Heilpädagogik geht daher schrittweise vor: Sie nutzt zuerst anamnestische Gespräche sowie explorative Methoden. In der Anamnese (*anamnesis* = Erinnerung) geht es um die Erhebung der Lebensgeschichte, der Kindheitserfahrungen und Familienkonstellation, um den Entwicklungsverlauf mit besonderen Ereignissen. Die Gespräche erfolgen mit der betreffenden Person (Eigenanamnese), mit Bezugspersonen (Fremdanamnese) oder in Form einer Familienanamnese. Den Gesprächen geht das Sammeln von Informationen über medizinische, psychologische und pädagogische Erfahrungen voraus. In Absprache mit den Beteiligten kann auch ein Austausch mit bereits involvierten therapeutischen Institutionen erfolgen. Die Exploration (*explorare* = erforschen) setzt verschiedene Erhebungstechniken ein: Strukturierte Beobachtungen, Screening-Verfahren, Fragebögen, Test, Inventare zu motorischen Basiskompetenzen, zu taktil-kinasthetischen Alltagshandlungen, zum Selbstkonzept und zu methodischen Ansätzen wie z. B. dem Sandspiel (Kalff 2016). Wenn aus vorausgegangenen Verfahren Ergebnisse vorliegen, sollten diese konstruktiv gewürdigt und im Dialog mit der betreffenden Person reflektiert werden.

Im Abschlussgespräch werden die Ergebnisse des diagnostischen Prozesses mitgeteilt, vorhandene Hypothesen überprüft, erneute Bewertungen des Diagnose-Auftrags vorgenommen und gemeinsam über das weitere Vorgehen nachgedacht. Die Vermittlung der diagnostischen Ergebnisse ist ein sensibler Prozess: Bisweilen wird weniger die *Diagnose* selbst, sondern die Form ihrer Mitteilung und Erläuterung (oder: Nicht-Erläuterung) als problematisch erlebt. Die Vermittlung benötigt Zeit und Raum; nicht nur die *Diagnose* sollte erläutert werden, sondern auch ihr Zustandekommen und ihre (begrenzte) Aussagekraft. Mit der Vermittlung der *Diagnose* kann ein Angebot der Beratung und Begleitung oder der Psychoedukation verknüpft sein. Es sollte deutlich werden, dass Testergebnisse und andere Befunde vielleicht eine Entscheidungshilfe bieten, nicht aber als die Entscheidung selbst zu bewerten sind. *Diagnosen* können klären, erklären, vielleicht sogar »befreien« – sie können aber auch traumatisieren oder sich auf die Beziehung störend auswirken (Kobi 1982, S. 20). Das Gelingen der heilpädagogischen Begleitung ist entscheidend davon abhängig, wie die Diagnose vermittelt wird.

3.1.1 Entwicklungsbeobachtung und Förderdiagnostik

Diese *Diagnostik* überprüft Entwicklungsprozesse des Kindes in den Bereichen Körpermotorik und Körperbewusstsein, untersucht die kognitive Entwicklung, die Sprachentwicklung sowie die soziale Entwicklung und erkundet die psychische Entwicklung. Die Beobachtungen können fokussiert sein auf die Dimensionen: Grobmotorik, Feinmotorik, Handlungsplanung und -steuerung, motorische Einschränkungen sowie somatische Beeinträchtigungen; in *Wahrnehmungsbereich* wird die auditive und visuelle Wahrnehmung, die Raumlage-Wahrnehmung, die taktil-kinästhetische Wahrnehmung und das Gleichgewicht untersucht. Bei der Dimension *Sprache* richtet sich die Beobachtung auf die Gesprächsbereitschaft, das Sprachverständnis, die Sprachfähigkeit sowie auf Auffälligkeiten und Beeinträchtigungen im Sprachgebrauch. Bei der *Kognition* wird das Gedächtnis, die Aufmerksamkeit, das Verständnis von Ursache-Wirkungs-Zusammenhängen, die Intelligenz, kognitive Einschränkungen oder Beeinträchtigungen untersucht. Der *sozial-emotionale Bereich* beinhaltet: das Selbstwertgefühl, die Selbstwahrnehmung, die Kontakt- und Kooperationsfähigkeit, die Empathie, die Affektregulierung und Impulskontrolle, das Interesse bzw. die Neugier (Traxl 2018b). Die Förderdiagnostik ist von dem Gedanken geprägt, die Aufmerksamkeit nicht auf Defizite zu richten, sondern Stärken, Ressourcen und Potenziale zu betrachten (Wendler & Reichenbach 2020).

Förderdiagnostische Verfahren sollen eine bestmögliche Entfaltung der Persönlichkeit im Kontext der individuellen Lebenswelt ermöglichen (Simon & Simon 2014) und gelten als Alternative zu selektiven, medizinisch-psychologischen Verfahren. In der Beobachtung und Hypothesenbildung liegt der Fokus der heilpädagogischen Arbeit und ermittelt Vorschläge zu deren Gestaltung (Bernasconi/Böing 2015). Orientierungspunkt sollten immer die individuellen Entwicklungsmöglichkeiten sein:

> »Obwohl damit die Zielrichtung förderdiagnostischer Situationen eher auf Teilhabe als auf Selektion gerichtet ist, so besteht die Gefahr, Förderdiagnostik verkürzt als ›Kompetenzbeschreibungskataloge‹ zu lesen und die sozialen Verhältnisse, unter denen sich eine Behinderung manifestiert, auszublenden« (Ziemen 2013, S. 92).

Die phänomenologische Entwicklungsbeobachtung sollte daher zunächst einmal aufnehmen, was sich zeigt, und auf eine sofortige Einschätzung, Deutung und Urteilsbildung verzichten. Doch die verwendeten Manuale (z. B. die Münchener Funktionelle Entwicklungsdiagnostik [MFED], die Griffiths Entwicklungsskala [GES], der Wiener Entwicklungstest [WET] usw.) lenken nicht nur den Blick auf die Entwicklungsschritte eines Kindes, sie schränken auch ein; indem sie der heilpädagogischen Fachkraft Struktur und Sicherheit geben, können sie die Offenheit für weitere Wahrnehmungen verhindern. Daher bietet es sich an, künstlerische und spielerische Verfahren hinzuzuziehen, in denen Themen, Bedürfnisse oder Konflikte des Kindes zum Ausdruck kommen. Die Bilder und Szenen eröffnen häufig bessere Einblicke in die innere Welt des Kindes als standardisierte Beobachtungen, Testverfahren und Screenings (Schmalenbach 2012, S. 16).

3.1.2 Rehistorisierende Diagnostik

Der Ansatz der *rehistorisierenden Diagnostik* geht von der Annahme aus, dass die Persönlichkeit des Menschen sich nicht primär aufgrund biologischer, sondern vor allem sozialer Faktoren entfaltet und die Individualität ausprägt. Es sind die sozialen Bedingungen und Prozesse, die auch zu psychischen Auffälligkeiten und Behinderungen in der Lebensgestaltung führen können. Die Rehistorisierung der Lebensgeschichte einer Person soll die sozialen Bedingungen entschlüsseln und dazu beitragen, das Besondere einer Person im Spiegel ihrer Lebensgeschichte zu verstehen (Lanwer 2006). Denn die Ausdrucksformen und Verhaltensweisen der Person sind im Kontext ihrer Biografie als sinnvoll zu betrachten – wobei der Sinn in einem vorsichtigen Prozess erschlossen bzw. entschlüsselt werden muss. Dabei zeigt sich, dass *Diagnostik* neben der Funktion der Ermittlung von Beeinträchtigungen und Teilhabeerschwernissen auch ein Mittel zur Rekonstruktion der Subjektlogik ist: Wenn Interaktionen und Verhaltensweisen einer Person vor dem Hintergrund ihrer Lebenserfahrungen verstehbar werden, können sich daraus neue Interaktionen – und nicht Interventionen – ergeben, denn das Ziel der Diagnostik sollte grundsätzlich die Entwicklung von Interaktionsangeboten sein. Das bedeutet nicht, dass (medizinisch, psychologisch, heilpädagogisch) ermittelte Besonderheiten, Störungen oder Erkrankungen keine Bedeutung haben, aber sie sollen nicht im Vordergrund stehen und als einzige Erklärungsfolie gelten. Zentraler Aspekt ist vielmehr die Anerkennung des Gegenübers als entwicklungsfähiges Subjekt mit einer individuellen Lebensrealität (Schablon 2013). Häufig sind die festgestellten Symptome weniger das Anzeichen eines spezifischen Störungsbildes, sondern die Folge der isolierenden Lebensbedingungen und Einschränkungen in den Handlungsmöglichkeiten. Rehistorisierende Diagnostik ist die vorsichtige Erkundung dessen, was in Vergessenheit geraten ist, aber biografisch bedeutsam bleibt, weil es in die Gegenwart hineinreicht und das Erleben bestimmt. Lebensgeschichten erhalten ihre Bedeutung zurück, sie werden entscheidend für die Dechiffrierung nicht nur des Verhaltens, sondern auch des subjektiven Empfindens der Person (Jantzen 2018). Diese *Diagnostik* ist deswegen aktuell, weil sie ›Störungen‹ nicht im Individuum verortet, sondern soziale Entwicklungssituationen analysiert: »Das Ziel einer Rehistorisierung ist aus dieser Sicht nie allein auf die Person gerichtet, sondern immer auf eine neue Sinnbildung zwischen den Beteiligten« (Steffens 2022, S. 255).

3.1.4 ICF-Diagnostik

Die »International Classification of Functioning, Disability and Health« (ICF) ist ein Instrument der Weltgesundheitsorganisation zur Ermittlung der Funktionsfähigkeit, der Teilhabemöglichkeiten und Teilhabeeinschränkungen sowie zur Bedarfsermittlung für Unterstützungsleistungen. Ihr Anliegen ist es, auf der Basis des bio-psycho-sozialen Modells der Komponenten von Gesundheit den Blick auf die Lebenssituation der betreffenden Person zu richten und den Menschen mit gesundheitlichen oder behinderungsspezifischen Belastungen ganzheitlich zu beschreiben (Pretis 2022). Die ICF wurde 2001 von der WHO verabschiedet und ist – neben den weiterhin wichtigen diagnostischen Manualen wie ICD-11 oder DSM-5 – in der Praxis der Heilpädagogischen Handlungsfelder unverzichtbar. Sie ist nicht auf die Klassifikation der Person, sondern auf die Einschätzung der Situation ausgerichtet und dient der Verständigung zwischen Leistungsberechtigten, Leistungsträgern und Leistungsanbietern, indem sie die Bedarfsermittlung strukturiert und konkretisiert (Grampp 2022). Im Kontext des BTHG und der Festlegung des Rehabilitationsbedarfs sind die Träger verpflichtet, für Menschen mit Behinderung ein Gesamtplan-Verfahren durchzuführen, dass sich an der ICF orientiert und die Beeinträchtigungen der Aktivitäten und der Teilhabe daraus ableitet; die Ausgestaltung der Instrumente obliegt den Ländern (Schmalenbach 2022).

Kern der ICF ist ein Erklärungsmodell von Gesundheit und Behinderung, das die Körperstrukturen, die Körperfunktionen, die Aktivitäten und Teilhabemöglichkeiten sowie die Umweltfaktoren und die personenbezogenen Faktoren miteinander in Verbindung bringt:

»Diese Wechselbeziehungen finden in den unterschiedlichsten Kontextfaktoren der betrachteten Person und ihrer Umwelt statt (…). Kontextfaktoren können subjektiv als Ressourcen oder Barrieren erfahren werden« (Groß 2022, S. 9).

Gesundheitsprobleme und Behinderungserfahrungen stellen aus dieser Perspektive also keinen objektiv zu diagnostizierenden Status dar, sondern sind abhängig von dem subjektiven Erleben der betreffenden Person. Im Kontext der ICF muss allerdings der Ausgangspunkt heilpädagogischer Interventionen nicht zwangsläufig ein Gesundheitsproblem oder eine Beeinträchtigung sein – auch gesundheitsförderliche oder krankmachende Faktoren in der Umwelt beeinflussen die Möglichkeiten der Teilhabe. Überhaupt ist der Begriff der Teilhabe als Ausdruck der menschenrechtlichen Basis nicht nur der UN-BRK, sondern eben auch der ICF und des BTHG zu verstehen: Bürger*innen haben Teilhaberechte, sie sollen ohne Barrieren am gesellschaftlichen Leben teilnehmen, in allen Bereichen, vor allem in Bezug auf Wohnen, Arbeit, Freizeit und Mobilität selbstbestimmt leben und sich als Teil der Gesellschaft fühlen können. Der Begriff der Teilhabe ist der zentrale Fixpunkt der Ermittlung von notwendigen Unterstützungsleistungen (Groß 2022).

3.1.5 Inklusive Diagnostik

Die klassischen (medizinischen, psychologischen und verhaltensorientierten) und die neueren (entwicklungs- und förderorientierten sowie psychosozialen) diagnostischen Ansätze, wie Bundschuh und Winkler sie zusammenfassend beschreiben (Bundschuh & Winkler 2019), werden heute mehr und mehr abgelöst von ICF-basierten Konzepten sowie von einer *Inklusiven Diagnostik*, die vor allem im schulischen Bereich die bisherigen Verfahren ablösen will, um das Grunddilemma des selektiven Schulwesens (Boban & Hinz 2016) hinter sich zu lassen. Der *Inklusiven Diagnostik* ist es ein Anliegen, in einer Pädagogik der Vielfalt (Prengel 2019a) jedes Kind willkommen zu heißen, die Zwei-Gruppen-Theorie (unauffällige Kinder versus auffällige Kinder) zu überwinden (Wocken 2016), individualisierte und differenzierte Lehr-, Lern- und Förderpläne für jedes einzelne Kind zu erstellen und Barrieren und Belastungen zu identifizieren, die Prinzipien der Anerkennung und

Nicht-Diskriminierung in den Einrichtungen des Bildungswesens zu etablieren und jede Diagnostik als multiperspektivischen und dialogischen, ko-konstruktiven Prozess anzulegen (Simon & Simon 2014). Die *Inklusive Diagnostik* wehrt sich dagegen, als Instrument einer normorientierten Bewertung, Zuordnung bzw. Selektion missbraucht zu werden. Sie will das Lehren und Lernen in heterogenen Gruppen unterstützen und zur Schaffung förderlicher Lernumgebungen beitragen. Sie will Fragen zu den jeweiligen Zonen der gegenwärtigen und der nächsten Entwicklung stellen und alle Kinder (ohne die Fokussierung auf mögliche Problemlagen) fördern. Sie ist sich dabei der Begrenztheit ihrer Erkenntnisse bewusst, formuliert lediglich Hypothesen und verzichtet auf kategoriale Aussagen. Sie reduziert die Diagnostik nicht auf eine (diagnostizierende) Person, sondern erweitert den Kreis und lässt alle Beobachtungen der Fachkräfte einfließen – im Sinne der Weisheit der Vielen (Boban & Kruschel 2012). Die Sensibilität für alle Dimensionen von Heterogenität ist ein Anspruch der *Inklusiven Diagnostik*, die Vielfalt im pädagogischen Handeln wertschätzt. Die Menschenrechte und demokratischen Grundwerte fordern die Inklusive Diagnostik auf, die Einzigartigkeit jeder Person anzuerkennen und Stigmatisierungen im Rahmen von diagnostischen Prozessen zu überwinden (Simon & Simon 2014).

3.1.6 Diagnostik als heilpädagogische Aufgabe

Häufig werden Heilpädagoginnen und Heilpädagogen mit der Frage konfrontiert, ob die Diagnostik überhaupt zu ihren Aufgaben gehöre. Um es klar zu sagen: Ja, die Diagnostik ist ein Feld, auf dem sie tätig sein können und häufig auch müssen. Heilpädagogische Fachkräfte können Entwicklungs-, Beobachtungs- und Testverfahren anwenden, wenn sie darin ausgebildet sind. Um sich dafür zu qualifizieren, werden im Studium und in Fortbildungen Einführungen in die vielfältigen Verfahren der heilpädagogischen Diagnostik angeboten – und die Nachfrage ist seit vielen Jahren gleichbleibend hoch. Zur Aus-, Fort- und Weiterbildung im Bereich der diagnostischer Verfahren gehört es, sich fachlich mit anderen Professionen über geeignete Testverfahren, über Testergebnisse und über deren Vermittlung an die betreffenden Personen kritisch austauschen zu können (Lotz 2013). Der Ansatz der heilpädagogischen Diagnostik sollte stets ressourcen- und lösungsorientiert sein und sich nicht auf das Feststellen von Defiziten fokussieren, sondern mögliche Potenziale erschließen, um in die Zukunft gewandte Entscheidungen im Dialog mit den Beteiligten zu erarbeiten. Heilpädagogische Diagnostik geht immer von der Bildungs- und Entwicklungsfähigkeit eines jeden Menschen aus und bildet Hypothesen und keine abschließende Urteile (Simon 2018). *Diagnosen* sind aufschließende und aufschlussreiche Eröffnungen der heilpädagogischen Begleitung und Brücken zur »*Unterstützten Entscheidungsfindung*« (Tolle & Stoy 2020). Im Kontext der UN-BRK und der ICF erweitern sie die Basis, die für das Beschreiben, Erklären, Verstehen und schließlich für das heilpädagogische Handeln benötigt wird.

3.2 Beratung und Gesprächsführung, Supervision und Coaching

Vorlesungen, Seminare und Übungen zur Gesprächsführung und Beratung zählen im Studium der Heilpädagogik zu den besonders praxisnahen Lehrveranstaltungen, die neben Theorieeinheiten auch konkrete Übungen in Form von Audio- und Videoaufnahmen anbieten. Studierende können so ihre Selbst- und Fremdwahrnehmung erweitern und sich vertraut machen mit unterschiedlichen Ansätzen und Grundhaltungen. Die Beratungsanliegen werden meist eingeteilt in: 1. Informelle Beratungen im Alltag; 2. Halbformalisierte Beratungen zu fachlichen Fragen; 3. Professionelle Beratungen von geschulten Beratungspersonen (Nestmann et al. 2007). Heilpädagogische Beratungen beziehen sich auf das Mikrosystem (Familie, eigenes Team) oder das Mesosystem (Bildung, Beruf, Freizeit), können aber auch Fragen der Organisation, der Verwaltung und Rechtsprechung enthalten.

Beratung ist »eine Form der Interaktion zwischen Menschen und zielt darauf ab, Fragen, Probleme, Unsicherheiten durch Informationen, Gespräche, Entscheidungs- und Orientierungshilfen zu bearbeiten, einer Lösung zuzuführen bzw. sich dieser anzunähern. Die Ratsuchenden werden dabei unterstützt, selbst eine Lösung zu finden, eine Krise zu verarbeiten oder Problemstellungen zu klären« (Ziemen 2017, S. 27). Auf die Heilpädagogik bezogen lässt sich formulieren:

> »Beratung versteht sich (…) als eigenständige Methode in der Bewältigung und Unterstützung von beruflichen oder privaten Anliegen. (…) Je nach Auftrag eignet sich Beratung für Einzelpersonen, Paare, Familien, Gruppen und Organisationen. Sie ist auf lebenspraktische Fragen und psychosoziale Themen der Lösungsfindung (…) ausgerichtet. Beratung hat in der Heilpädagogik eine vorbeugende und schützende, fördernde und stärkende sowie klärende und lösende Funktion. Dies mit dem Ziel, die Handlungskompetenzen zu erweitern, Selbstmanagementfähigkeiten zu entdecken oder neue Zugänge zu Herausforderungen und Perspektiven zu eröffnen« (Rauchenstein 2022, S. 3).

Im Studium gilt es darauf zu achten, Fähigkeiten zur Gesprächsführung und Beratung theoretisch zu fundieren und praktisch zu erproben, weil eine Kompetenzerweiterung nur gelingt, wenn »die persönlichen Muster der Wahrnehmung, der Wahrnehmungsverarbeitung, der Kommunikation und Konfliktlösung reflektiert und erweitert oder verändert werden« (Fischer 2021, S. 80). So werden in den Seminaren und Übungen die Grundlagen der Kommunikation und Kommunikationstheorien (z. B. nach Buber 2009; Rosenberg 2012, Satir 2019; Schulz von Thun 1981; Watzlawick et al. 2011) sowie Anforderungen der Beratung und Gesprächsführung z. B. mit Personen aus dem Autismus-Spektrum (Riedel & Clausen 2020), mit Erwachsenen mit kognitiven Beeinträchtigungen (Stahl 2012; Glasenapp 2013; Hermes 2017), mit Eltern beeinträchtigter Kinder (Krause 2002) oder mit Familien in prekären sozialen Lebenslagen (Ellinger 2013) thematisiert.

Insgesamt sind Anlässe und Aufträge der Gesprächsführung und Beratung in der heilpädagogischen Arbeit so vielfältig wie mögliche Themen: Es kann sich um Gespräche im Kontext der pränatalen Diagnostik handeln oder um die Unterstützung von Familien mit einem Kind mit Beeinträchtigungen im Rahmen der Frühförderung und der Frühen Hilfen; Beratungsgespräche sind zu führen, wenn Irritationen nach der Diagnosestellung aufzufangen oder Leistungen der Unterstützung, der Bildung und Erziehung zu klären sind. So wünschen sich Eltern Aufklärung über Fragen der möglichen Hilfen, familienunterstützende Dienste oder Rechtsangelegenheiten (van Nek 2020; Langner 2012). In der vorschulischen Bildung gehören Beratungen und Netzwerkaktivitäten im Stadtteil (mit Schulen, Arztpraxen, Freizeitgruppen usw.) sowie die Anleitung von Erzieherinnen und Praktikantinnen in der Kita zum Spektrum der Aufgaben. Im schulischen Bereich coachen heilpädagogische Fachkräfte die Schulbegleiter*innen und klären über Störungsbilder, Verhaltensweisen, Einsatz von Hilfsmitteln sowie Formen der Assistenz auf. Sie beraten Jugendliche mit Beeinträchtigungen und ihre Eltern in Phasen der Transition (Aselmeier 2016), des Auszugs aus dem Elternhaus (Emmelmann & Greving 2019) oder in Sachen Aus- und Weiterbildung (Kistner 2018b; Lamers et al. 2021). Heilpädagogische Beratungen umfassen auch Informationen über Unterstützungsangebote bei der Realisierung von Rechtsansprüchen, über Hilfen bei Kontakten zu Ämtern, Diensten, Selbsthilfegruppen und Peer-Gruppen (Burger 2016).

Mit der Sozialverwaltung, mit politischen Verantwortlichen oder Sponsor*innen sind ebenfalls Gespräche zu führen, und es geht häufig darum, Realisierungschancen von Inklusion und Teilhabe zu reflektieren. Hier sind ergänzende, unabhängige Teilhabeberatungsstellen (EUTB) gefragt, die oft von Menschen mit Beeinträchtigungen geleitet werden, aber auch Fachkräfte der Heilpädagogik beschäftigen (Teilhabeberatung 2023). Die Beratungsanlässe im inklusiven Feld verlangen, dass sich die beratenden Personen mit den Lebenslagen und Entwicklungen der Kinder und Jugendlichen und ihrer Eltern sowie der erwachsenen Menschen mit Assistenzbedarf fundiert auseinandersetzen, sozialrechtliche Kenntnisse einbringen und gut vernetzt sind mit den Angeboten im psychosozialen Feld. Die Sichtweisen auf die Welt und die Entwicklungen der Persönlichkeit vollziehen sich in komplexen Umgebungen: »In dieser Vielfalt, die das Leben insgesamt ausmacht, werden Erfahrungen und Erkenntnisse gewonnen, die sich in spezifischen Wahrnehmungs-, Denk- und Handlungskompetenzen ausgestalten« (Störmer 2013, S. 336). Daher ist jede Beratung ein Eintauchen in eine neue, spezifische Lebenswelt, die es behutsam zu erkennen und zu verstehen gilt.

3.2.1 Gespräche führen und aktiv zuhören

Im Studium der Heilpädagogik und in den entsprechenden Handlungsfeldern sind kommunikative Kompetenzen von entscheidender Bedeutung. Beratungs-, Entwicklungs-, Planungs-, Konflikt- und Mediationsgespräche benötigen Anleitung, Übung, Sicherheit und Reflexion. Auch bei Feed-Back-Runden im Team, in Bewerbungsgesprächen oder bei Verhandlungen mit Leistungsträgern können Aspekte der Kommunikationsfähigkeit darüber entscheiden, ob die Anliegen der Akteure angemessen zum Ausdruck kommen und zur Entscheidungsfindung beitragen. An dieser Stelle können nur knappe Hinweise zur Gesprächsführung gegeben werden, bevor einzelne Konzepte der Beratung detaillierter zur Darstellung kommen.

Anders als im privaten Bereich sind professionell geführte Gespräche durch eine gewisse Neutralität gekennzeichnet. Bei Ehe- bzw. Paar-, Familien- und Erziehungsberatungen erschweren persönliche Kontakte zu den involvierten Personen die Unabhängigkeit der beratenden Person und machen angemessene Interventionen unmöglich. Die beratende Person sollte in der Lage sein, die emotionale Betroffenheit ihres Gegenübers wahrzunehmen und die eigenen Gefühle zu reflektieren. Grundsätzlich sind Gespräche bzw. Beratungen offen und unvoreingenommen zu gestalten, gerade weil sie in den Feldern der Heilpädagogik oft angespannt sind – auf beiden Seiten: Klientinnen und Klienten oder Angehörige befürchten bisweilen, zurückgewiesen zu werden, besonders dann, wenn sie diese Erfahrung häufig machen mussten. Fachkräfte der Heilpädagogik sind vielleicht unsicher, ob es ihnen gelingt, verständnisvoll und einfühlsam, aber auch klar und lösungsorientiert aufzutreten. In kritischen Lebenssituationen ist Vertrauen die Basis der Interaktion:

> »Obwohl bei Gesprächen helfender Professionen unterschiedliche Probleme mit unterschiedlichen Herangehensweisen bearbeitet werden, stehen allen grundsätzlich die gleichen Mittel, nämlich Interaktion und Beziehung als Grundlage, sozusagen als Vehikel für ihr professionelles Handeln, zur Verfügung« (Schirmer 2018, S. 22).

Eine gute Vorbereitung der Gespräche und die positive Gestaltung der Gesprächsatmosphäre sind entscheidend. Das fängt bei der Vorbereitung an (Einladung an die Teilnehmenden, notwendige Informationen vorab, wichtige Dokumente zum Gespräch, präzise Planung von Raum und Zeit), setzt sich fort über die Klärung des Gesprächsanlasses, die möglichen Erwartungen und Zielvorstellungen und befasst sich auch mit den eigenen Ideen und Argumenten für das Gespräch. Sinnvoll ist es, vor und während des Gesprächs einen Perspektivenwechsel vornehmen zu können: Was bewegt die ratsuchende Person? Wie ist ihre Situation? Was ist ihr wichtig? Welche Erwartungen hat sie an das Gespräch? Am Ende sollte möglichst umgehend eine Auswertung bzw. Dokumentation erfolgen, in der reflektiert wird, wie die Gesprächsatmosphäre empfunden wurde, ob es Einvernehmen oder Missverständnisse gab, welche Fragen geklärt wurden und welche Schritte folgen sollten.

Aktives Zuhören

Als *aktives Zuhören* bezeichnet man die emotionalen und gedanklichen Bemühungen einer Person, konzentriert die Aussagen ihres sprechenden Gegenübers aufzunehmen und zu verstehen. Ein aktiv zuhörender Mensch verlässt sich nicht auf die gewöhnlichen Bedeutungen der angebotenen Sätze, sondern versucht, die Gesprächsinhalte richtig zu verstehen und einzuordnen. Das aktive Zuhören erfolgt als Dreischritt aus der Mitteilung der sprechenden Person, der verbalen Wiedergabe der zuhörenden Person und der Zustimmung oder Ablehnung durch die Person, die an erster Stelle gesprochen hat. Die zuhörende Person konzentriert sich zunächst darauf, die gesendete Botschaft zu verstehen, wobei sie die Intonation, die Körpersignale und den nonverbalen Ausdruck einbezieht. Anschließend spricht sie und fasst zusammen, was sie verstanden hat. Im gegenseitigen Feedback wird geklärt, ob das Verständnis der jeweiligen Botschaften stimmig und angemessen war. Wichtig, bisweilen aber etwas ungewohnt ist der zweite Schritt, die verbale Wiedergabe oder Paraphrase: Es handelt sich um eine kurze, sinngemäße Zusammenfassung des

Gehörten mit eigenen Worten und kann hilfreich sein, Missverständnisse zu vermeiden. Auch das Verbalisieren unausgesprochener Gefühle und Gedanken ist sinnvoll: »Kann es sein, dass Sie empört sind über die Art, wie mit Ihnen umgegangen wurde?« Durch das Spiegeln wahrgenommener Gefühle kann die Außenansicht deutlicher werden und ein Dialog entstehen: »Ich habe den Eindruck, dass Sie unzufrieden sind. Ist das so?« (Gräßer & Hovermann 2019, S. 32).

Ein erheblicher Teil der Informationen wird nicht über die Worte und Sätze, sondern über die Mimik und Gestik, die Körperhaltung und die Sprachmelodie transportiert. Gerade über das Gesicht und die Stimme werden Emotionen fein übermittelt:

> »Dabei sind es die nonverbalen Signale, an denen unser Gesprächspartner erkennen kann, wie kongruent unsere verbalen und nonverbalen Botschaften sind. Auf seine Bereitschaft zu Offenheit und Vertrauen wird sich dies erheblich auswirken« (Schirmer 2018, S. 40).

Die nonverbalen Signale des Gegenübers, der Blickkontakt und der körperliche Ausdruck sind auch deswegen ›im Auge zu behalten‹, weil sie das Verständnis für den Anderen vertiefen und klären, ob die Personen sich aufeinander einschwingen und eine konstruktive Atmosphäre herstellen.

Ich-Botschaften

Ich-Botschaften sorgen für eine offene Gesprächsgrundlage; sie erhöhen die Klarheit, die eigenen Gedanken, Gefühle und Gesprächsziele wiederzugeben, ohne zu werten oder zu bewerten. Ich-Botschaften machen dem Gegenüber deutlich, wie eine Situation erlebt wird und wie die Person das Verhalten anderer Menschen wahrnimmt. Solche Ich-Botschaften müssen keineswegs immer das Personalpronomen »Ich« enthalten; aber sie treffen a) Aussagen über die eigenen Wahrnehmungen; b) Aussagen über die eigenen Gefühle im Sinne von »Ich bin nervös…« – ohne Unterstellungen an das Gegenüber (also nicht: »Du machst mich ganz nervös!«); c) Aussagen darüber, worum die beratende Person die ratsuchende Person bittet: »Können Sie mir drei Dinge nennen, die Sie an Ihrer Tochter schätzen?« (Lindemann 2020, S. 103). Ich-Botschaften ermöglichen es, Gedanken und Empfindungen zu überprüfen und Gefühlslagen zu reflektieren. Sie sind das Gegenteil von vereinnahmenden Wir-Aussagen (»Ich denke, wir brauchen jetzt alle eine Pause!«) und von so genannten Killerphrasen wie z. B.: »Das ist der schlechteste Vorschlag, den wir bisher gehört haben!«, die das Gegenüber regelrecht mundtot machen. Der Begriff der Killerphrase »rührt daher, dass diese Kommunikationsweise das Gegenüber angreift, abwertet oder in anderer Weise versucht, einen offenen Dialog zu unterbrechen oder zu beenden« (ebd., S. 105). Ähnliche Effekte haben Verabsolutierungen (»Das hat noch nie funktioniert!«) und Schuldzuweisungen (»Bei so einer Leitung musste es ja irgendwann knallen!«). Manche dieser Sprachmuster werden strategisch und manipulativ eingesetzt, andere entstammen einem unbewussten oder unreflektierten Gesprächsstil – was allerdings im Kontext der Ausbildung hinterfragt werden sollte.

3.2.2 Die personzentrierte Beratung

Die Humanistische Psychologie entwickelte sich in der zweiten Hälfte des 20. Jahrhundert aus einem Verbund mehrerer Ansätze, zu denen die personzentrierte Gesprächspsychotherapie nach Carl R. Rogers, die Themenzentrierte Interaktion nach Ruth Cohn, das Psychodrama nach Jacob L. Moreno, die Gestalttherapie nach Fritz Perls, die Transaktionsanalyse nach Eric Berne und die Logotherapie nach Viktor Frankl (Kriz 2023) gehören. Sie gehen von der Annahme aus, dass jede Person ihre Potenziale zu entwickeln und im Lebensverlauf immer wieder neu zu entfalten versucht (Aktualisierungstendenz). Durch dysfunktionale Beziehungserfahrungen kann diese Tendenz blockiert sein. Durch neue Erfahrungen und Selbstwahrnehmungen in der Beratung können »die Blockierungen aufgehoben und damit neue Selbstentwicklungsprozesse unter Verzicht auf die Symptome angestoßen werden« (Fröhlich-Gildhoff 2022, S. 336). Weitere Leitgedanken der Humanistischen Psychologie sind: a) Jede Person ist ausgestattet mit der Fähigkeit, zu wachsen und Ziele anzustreben; b) Jede Person gestaltet ihre eigene Existenz, nutzt ihre Potenziale und trifft Entscheidungen; c) Jede Person ist einzigartig und hat die Fähigkeit des bewussten Erlebens, der Selbstbesinnung und der Selbstbestimmung; d) Die Entwicklung einer Person vollzieht sich immer in zwischenmenschlichen Beziehungen und innerhalb ihrer sozialen Bezüge (Ondracek 2020a).

Carl Rogers entwickelte seinen Beratungsansatz in Abgrenzung zu den Strömungen der Psychoanalyse und der Verhaltenstherapie und sprach zunächst von der *nicht-direktiven Beratung* (Rogers 1972), um deutlich zu machen, dass es nicht darum geht, der ratsuchenden Person Erklärungen zu geben oder Ermahnungen zu erteilen. Da sein Ansatz oft missverstanden wurde (viele assoziierten mit *nicht-direktiv* gleichzeitig *nicht-aktiv*), nannte er die Beratung fortan *klientenzentriert* (Rogers 1985). Als er später seinen Ansatz erweiterte auf Personen in ganz unterschiedlichen Lebenslagen, favorisierte er den Ausdruck: *personzentriert*, um das innere Wachstumspotenzial der Person anzusprechen (Weinberger 2013). Ein entscheidender Begriff in Rogers Konzept der Beratung ist der Ausdruck *Aktualisierungstendenz*: Rogers hebt damit hervor, dass jeder Mensch einen existenziellen Antrieb besitzt, all die Fähigkeiten und Kräfte zu entfalten, die seinem Wachstum dienen (Rogers 2018). In frühen Jahren, aber auch in der weiteren Entwicklung kann die Aktualisierungstendenz einer Person behindert werden. Es ist jedoch unmöglich, sie ganz zu zerstören, ohne den Organismus selbst zu zerstören. Auch Personen, deren Entwicklungsbedingungen eingeschränkt waren, besitzen diese Kräfte der Entfaltung und des Wachstums. Nach Rogers Auffassung ist der Mensch von Natur aus mit der Tendenz ausgestattet, sich konstruktiv in Richtung Selbstverwirklichung und Unabhängigkeit zu entwickeln (Breitenbach 2014).

Wichtig in diesem Ansatz sind die Begriffe *Selbstkonzept* und *Selbstachtung*: Das *Selbstkonzept* ist das Bild, das eine Person auf der Basis von Wahrnehmungen, Gefühlen und Fähigkeiten von sich entwickelt hat (Weinberger 2013). Die *Selbstachtung* wird geprägt durch positive Gefühle aus der Umwelt und enthält Erfahrungen der emotionalen Wärme und Wertschätzung. Solange das *Selbstkonzept* unerschüttert und mit der Person in Einklang ist, solange ist der Mensch ohne Konflikt. Dies wird als *Kongruenz* bezeichnet. Von *Inkongruenz* spricht man, wenn eine Diskrepanz besteht zwischen dem *Selbstkonzept*, das sich aus übernommenen und verinnerlichten Werten relevanter Bezugspersonen entwickelt hat, und der *Aktualisierungstendenz*, die auf eigene Entfaltung des Selbst ausgelegt ist. Die *Selbstachtung* wirkt sich positiv auf das Verhalten eines Menschen und die gesamte Entwicklung seiner Persönlichkeit aus. Durch die Übernahme fremder Wertvorstellungen, die nicht auf dem Wege eigener Erfahrungen gewonnenen, sondern aus Gründen der Anpassung und dem Wunsch nach Wertschätzung übernommen wurden, kann es zu inneren Konflikten kommen, in denen eine Diskrepanz zwischen dem besteht, wie der Klient sich selbst sieht (*reales Selbstkonzept*), und dem, wie er gern sein möchte (*ideales Selbstkonzept*). Die weiteren Grundhaltungen von Rogers lauten: Empathie, Akzeptanz und Kongruenz:

Empathie meint das einfühlende Verstehen und die Anerkennung der Gefühle: Die beratende Person versucht, sich der inneren Welt der ratsuchenden Person zu nähern und sich zu bemühen, diejenigen Aspekte zu verbalisieren, die sie verstanden hat, ohne sich jedoch die Sichtweise der ratsuchenden Person zu eigen zu machen. Die beratende Person spiegelt also die emotionalen Erlebnisinhalte und entwickelt ein Verständnis für die Gefühle und Handlungen der ratsuchenden Person. Im Dialog wird geprüft, ob Gedanken und Aussagen angemessen erfasst und wiedergegeben wurden. Gleichzeitig vermeidet es die beratende Person, eigene Vorstellungen in den Vordergrund zu stellen, sondern räumt den emotionalen und kognitiven Bezügen der ratsuchenden Person die absolute Priorität ein. Der Modus des einfühlenden Verstehens und der Verbalisierung emotionaler Erlebnisinhalte ist nicht nur ein Merkmal der Einstellung, sondern der Ausdruck des tatsächlichen Verhaltens der beratenden Person (Finke 2003).

Akzeptanz und *Wertschätzung* zeigen sich in der Würdigung der Person. Die ratsuchende Person kann ihre Potenziale entfalten, wenn die beratende Person die Begegnung auf Augenhöhe gestaltet, keine übergeordnete Rolle einnimmt und eine akzeptierende Grundhaltung zeigt. Dann kann die ratsuchende Person ihre Gefühle ausleben, selbst wenn es sich um Emotionen wie Verwirrung, Angst oder Wut handelt. Die beratende Person versucht nicht, Ratschläge zu erteilen, dem Gegenüber eigenen Werte aufzuzwingen oder Empfehlungen abzugeben, sondern stärkt das Selbstvertrauen der ratsuchenden Person, die ihre Entscheidungen selbst treffen kann und muss (Stumm & Keil 2018).

Unter *Kongruenz* als Grundhaltung der personzentrierten Beratung wird verstanden: Die beratende Person verhält sich authentisch, sie zeigt Echtheit in ihrem Auftreten und in ihren Interventionen. Sie steht nicht unter Kompetenzdruck, sondern bietet eine offene Beziehung zur ratsuchenden Person an, die sich akzeptiert fühlt und dadurch ein vielleicht noch bestehendes Abwehrverhalten ablegen kann. Dies geschieht umso leichter, je *kongruenter* die Gedanken und Gefühle der beratenden Person sind und sich mit ihren Handlungen decken. Das bedeutet nicht, dass die beratende Person alles mitteilen muss, was sie bewegt; aber wichtige Gefühle sollte sie nicht verstecken. Die ratsuchende Person erhält keine Lösung der Probleme, sondern wird zur Wahrnehmung ihrer Bedürfnisse und zum besseren Management ihrer Handlungen angeregt (Weinberger 2013). Die Grundhaltungen eröffnen die Basis für eine Beziehungsqualität, die ratsuchende mit beratenden Personen verbindet. In Übungen geht darum, »mit offenen Sinnen gefühlsmäßig unmittelbar und nicht zweckgebunden auf einen anderen Menschen zu reagieren, wobei dessen Eigenständigkeit gewahrt bleibt« (Sander & Ziebertz 2021, S. 12). Über die Annahmen von Carl Rogers hinaus ist dieses Konzept daraufhin zu prüfen, ob die Einbeziehung der sozialen Bedingungen und die Wahrnehmung einer kultursensiblen Haltung in den Gesprächen gelingt.

3.2.3 Weitere Beratungsansätze auf der Basis der Humanistischen Psychologie

Weitere Ansätze aus der Humanistischen Psychologie sind: die Themenzentrierten Interaktion, die Gestalttherapie und die Transaktionsanalyse.

Beratung auf der Basis der Themenzentrierten Interaktion (TZI)

Die Themenzentrierte Interaktion ist nach Ruth Cohn ein Konzept für die pädagogisch-therapeutische Arbeit mit Gruppen, in denen die Balance von Individuum (Ich), Gruppe (Wir), Thema (Es) und Umfeld (Globe) angestrebt wird (Cohn 2021). Einsetzbar ist das Konzept in allen Handlungsfeldern, in denen es auf Kommunikation ankommt (Langmaack 2017). Die vier Faktoren benennen unterschiedliche Aspekte der Kommunikation: Das »Ich« meint jede einzelne Person, das »Wir« umschließt die Interaktionen der Beteiligten untereinander, das »Es« bezeichnet das Thema oder das Ziel, das die Anwesenden zusammengebracht hat, und im »Globe« sind die Rahmenbedingungen enthalten, die an dem Ort und zu dem Zeitpunkt relevant sind. Die TZI ist ein wichtiger Ansatz in der Beratung, wenn es um Kommunikationsprozesse in Gruppen und Teams, aber auch um die Ermittlung von Dynamiken in Organisationen geht. Sie ist nicht auf Schuldzuweisungen ausgerichtet und delegiert Verantwortung nicht an andere, sondern fordert dazu auf: Sei deine eigene Chairperson! Sprich für dich selbst, erläutere dein eigenes Empfinden, reflektiere dein Tun und halte Entwicklung für niemals abgeschlossen. Die TZI will die Selbständigkeit stärken und die Kompetenzen des Einzelnen im Team verbessern. Dazu gehört es, anderen Personen in der Gruppe die Motivation der eigenen Beiträge transparent zu machen, persönliche Empfindungen als solche zu kennzeichnen, auf Deutungen oder Verallgemeinerungen zu verzichten und im Falle von Störungen diese auch zu benennen.

Folgende Grundsätze (Axiome) bilden das Fundament der TZI: 1. Das Axiom der Autonomie: Jede Person ist sowohl autonom als auch abhängig von ihrer Umwelt. Je mehr sich die Person ihrer Interdependenz und ihrer Grenzen bewusst ist, desto freier ist sie in ihren Entscheidungen. 2. Das Axiom der Wertschätzung: Alles Lebendige sollte an sich und in seiner Umwelt mit Ehrfurcht betrachtet und behandelt werden. 3. Das Axiom der Grenzerweiterung: Wer die inneren und äußeren Grenzen seines Handelns reflektiert, wer sich selbst in seiner Motivation und Konzentration gut einschätzen kann, wird freie Entscheidungen treffen, die seine Grenzen erweitern (Cohn 2021).

Beratung auf der Basis der Gestalttherapie

Die von Fritz Perls begründete Form der Beratung geht davon aus, dass der menschliche Organismus nach einem Zustand innerer Balance (Homöostase) strebt. Unser Leben ist nach dieser Auffassung geprägt von einer unendlichen Anzahl an Situationen, die es zu gestalten und abzuschließen gilt. Jede unvollendete Situation hinterlässt Gefühle des Unbehagens und lenkt von konkreten Aufgaben ab, die eigentlich zu bewältigen wären. Sind (zu) viele bedeutsame Situationen unabgeschlossen, kann die Person nicht frei, spontan und kreativ handeln. Sie verhält sich uneffektiv, fühlt sich unzufrieden und entwickelt eventuell psychische Symptome. Die Beratung zielt darauf ab, unerledigte Themen, die den betreffenden Menschen blockieren, zu erkennen und seine schöpferischen Ressourcen wachzurufen (Boeckh 2015). Die beratende Person stellt ihre Eindrücke und Wahrnehmungen zur Verfügung und zeigt Interesse in der Begleitung der ratsuchenden Person. Nicht eine überlegene Expertise ist gefragt, sondern eine kompetente, lebensnahe und realistische Begleitung.

Ratsuchende Personen kommen mit zielgerichteten Anliegen oder mit diffusen Fragestellungen. In jedem Fall braucht es meist eine gewisse Zeit, bis sich – auf dem Weg des gemeinsamen Explorierens – eine *klare Figur* herausbildet. Es geht um die Aufmerksamkeit für die Phänomene, die sich aktuell im eigenen Leib und im Beziehungsgeschehen der Beratungssituation zeigen. Die Gestaltberatung nutzt auch kreative Ausdrucksmittel sowie die Methode des inneren Dialogs, um psychische Inhalte aufzuspüren und zu integrieren. Emotionale und intellektuelle Dimensionen der Erfahrung werden ebenso einbezogen wie körperliche Aspekte; nur wenn diese Bereiche integriert werden, kann die Beratung und ggf. die Therapie eine ganzheitliche Gestalt entwerfen (Perls 2019).

Beratung auf der Basis der Transaktionsanalyse

Die Transaktionsanalyse nach Eric Berne geht davon aus, dass jede Person zur Selbstbestimmung fähig ist und gleichberechtigte Beziehungen gestalten kann. Unbewusste Kommunikationsmuster können jedoch daran hindern, Interaktionen angemessen und zielführend zu gestalten. Untersucht werden die Beziehungen zwischen Personen auf der Basis verschiedener Ich-Zustände: Es wird unterschieden zwischen Kind-Ich, Eltern-Ich und Erwachsenen-Ich. Das Kind-Ich verweist auf unreife, egozentrische, aber auch spontane, unbefangene Anteile. Das Eltern-Ich enthält Ansichten, Werte und Haltungen, die von Eltern und Autoritätspersonen übernommen wurden. Das Erwachsenen-Ich besitzt die Fähigkeit zum analytischen Denken, orientiert sich an der Realität und stützt sich dabei auf Erfahrungen und Einsichten aus der eigenen Lebensbewältigung (Berne 2002).

Diese drei Ich-Zustände sind Facetten eines jeden Menschen. Sie können innerhalb der Person im Streit miteinander liegen oder in den interpersonellen Beziehungen zum Ausdruck kommen. Als Hintergrund psychischer Probleme gelten vor allem unscharfe oder fehlende Grenzen zwischen den Ich-Zuständen. In den ersten Lebensjahren eines Menschen bildet sich ein vorbewusster Lebensplan, ein sogenanntes »Skript«; das Skript hat Einfluss darauf, wie Situationen und Interaktionen erlebt und gestaltet werden und ob man sich dabei als Gewinner, Verlierer oder unauffällige Person empfindet. Hinzu kommen Botschaften aus dem Eltern-Ich, wie man sich verhalten sollte, um Anerkennung zu erhalten. Die Transaktionen zwischen Personen werden durch diese Skripts bestimmt (Mohr 2020). Im Beratungsprozess werden diese Transaktionen, d. h. die Gestaltung von Beziehungen unter dem Aspekt des Kind-Ichs, des Eltern-Ichs und des Erwachsenen-Ichs reflektiert. Starre Beziehungen können so transparent gemacht und das »Skript des Lebens« ins Bewusstsein gebracht werden.

3.2.4 Systemische Beratung

Systemische Beratung umfasst das Arbeiten mit Einzelpersonen, Paaren und Organisationen und hat ihre Wurzeln in der Systemtheorie, dem Konstruktivismus sowie der Systemischen Familientherapie (Ludewig 2018). Systemisch zu beraten heißt, die Anliegen, Überlegungen und Verhaltensweisen ratsuchender Personen in den jeweiligen Kontext zu setzen, in dem sie sich befinden, und die jeweiligen Vorgaben, die in diesem sozialen Gefüge herrschen, transparent zu machen. Die beratende Person erkundet das Umfeld der Denk- und Verhaltensweisen. Jedes Verhalten einer Person erscheint als sinnvoll, wenn der jeweilige Kontext zutage tritt. Es gibt immer mehrere Perspektiven und nicht nur eine Wirklichkeit. Um sich orientieren zu können, bilden die beratenden Personen Hypothesen. Ihre Beobachtungen stellen einen Ausschnitt dar und sind Teil einer nie ganz zu erfassenden Wirklichkeit.

Menschen zeigen ein bestimmtes Verhalten nicht aufgrund ihrer individuellen Prägungen, sondern unter dem Gesichtspunkt der Nützlichkeit und Sinnhaftigkeit in ihrem Umfeld. Die beratende Person betrachtet das Verhalten ratsuchender Menschen daher »als Ausdruck der Spielregeln, nach denen die Akteure sich richten und mit denen sie sich in ihren Verhaltensmustern aufeinander beziehen« (Palmowski 2014, S. 35). In dieser Beratung werden einzelne Personen oder Organisationen und Teams nie isoliert betrachtet, sondern in den Beziehungen und Wechselwirkungen ihrer Umwelt. Situationen werden aus unterschiedlichen Perspektiven reflektiert:

> »Jedes gesprochene oder nicht gesprochene Wort, jede Geste, jede Rose, jedes Lächeln, jeder Blick und jeder Kommentar erhalten ihre Bedeutung und sind überhaupt nur zu verstehen aus dem Zusammenhang, in den sie durch den Beobachter eingebettet werden« (ebd., S. 33).

Die Systemische Beratung zielt darauf ab, persönliche Kompetenzen zu ermitteln und Ressourcen zu stärken. Die beratende Person bietet neue Denkansätze und ungewohnte Interaktionsmuster an und eröffnet alternative Optionen in Bezug auf das Wahrnehmen und Verhalten. Diese Sichtweise wird dem Umstand gerecht, dass Menschen und soziale Systeme sich ständig im Fluss befinden und sich verändern. Die Besonderheit der Systemischen Beratung »liegt in der konsequenten Einnahme einer interaktionellen Perspektive sowohl im Verstehen als auch in der Bearbeitung körperlicher, psychischer und sozialer Probleme, Störungen und Konflikte. Für das Menschenbild der systemischen Therapie und Beratung ist die soziale Natur des

Menschen von grundlegender Bedeutung. Vom vorgeburtlichen Stadium bis zum Tod ist die lebenslange Entwicklung des Menschen nur im Kontext seiner Beziehung mit anderen Menschen verstehbar« (Levold & Wirsching 2016, S. 10).

Das System, das die ratsuchende Person umgibt, beeinflusst durch verdeckte Regeln die Beziehungen der Mitglieder untereinander. Problematisches Verhalten entsteht häufig durch Rollendelegation an ein Mitglied, das zum Symptomträger wird und auf diese Weise das Gesamtsystem stabilisiert. Die Aufdeckung dieser Kausalität und die Entwicklung alternativer Strategien entlasten die ratsuchende Person und entlassen sie aus ihren vermeintlichen Pflichten (Palmowski 2014). Zu den zahlreichen methodischen Besonderheiten der systemischen Beratung gehört das *zirkuläre Fragen* und das *Reflecting Team*. Zirkuläre Fragen (z. B.: »Was glauben Sie, würden ihre Kinder dazu sagen?«; »Welche Reaktion erwarten Sie von Ihrer Chefin?«) eröffnen die Chance, das eigene Denken und Handeln zu reflektieren und es aus der Perspektive anderer Systemmitglieder zu betrachten. Beziehungsmuster werden transparenter, festgefahrene Kommunikations- und Verhaltensmuster können irritiert und verändert werden, Ideen für neue Deutungsmuster und Handlungsoptionen können entstehen. Die systemische Beratung unterstützt die ratsuchende Person darin, zu ihrer Art der Kommunikation eine reflektierte Position einzunehmen und zu erkennen, wie sie kommuniziert und welchen Anteil sie selbst an gewissen Kommunikationsmustern hat (von Schlippe & Schweitzer 2019).

Das *Reflecting Team* stellt eine spezifische Methode dar, bei der eine Gruppe von ca. 3–4 Personen ein Beratungsgespräch begleitet und zu diesem Gespräch eigene Assoziationen und Reflexionen beiträgt. Der Norweger Tom Andersen schuf damit einen Raum des Austausches, in dem Ideen und Perspektiven von außen in die Beratungssituation eingebracht werden, ohne die Integrität der Beteiligten zu schmälern. Gespräche zwischen ratsuchenden und beratenden Personen werden von einem Team begleitet, das sich im gleichen Raum befindet. Die beratende Person stellt die Methode vor, die Ratsuchenden erteilen ihr Einverständnis. Die Anliegen der ratsuchenden Person werden in einer Gesprächssequenz ermittelt, dann wird das Gespräch unterbrochen und das *Reflecting Team* äußert die Beobachtungen. Dieser *Metalog* erfolgt untereinander, die beobachtenden Personen nehmen keinen Gesprächs- und Blickkontakt zu den ratsuchenden Personen und der beratenden Person auf. Diese wiederum hören die Wahrnehmungen, Fragen und Ideen des *Reflectings Teams* und können die (neuen) Sichtweisen auf sich wirken lassen. Schließlich besprechen ratsuchende und beratende Personen, welche Überlegungen sie aufgreifen wollen. Die dargestellte Methode aus der systemischen Beratung kann in Ausbildungen und in Arbeitszusammenhängen der Heilpädagogik angewendet werden. Sie zielt darauf ab, Freiräume für die Entwicklung vielfältiger Perspektiven und angemessener Ideen und Lösungsmöglichkeiten zu eröffnen (Hargens & von Schlippe 2002).

3.2.5 Lösungsorientierte Beratung

Von Milton H. Erickson stammt der Gedanke, das Unbewusste nicht als ein Gefängnis unerlaubter oder verdrängter Bedürfnisse anzusehen, sondern als Container unendlich vieler Fähigkeiten und Ressourcen. In diesem Verständnis besitzt jede Person einen großen Vorrat an Kompetenzen. Diese stehen ihr als eine Quelle für Vitalität und Kreativität ein Leben lang zur Verfügung. Beratung kann dazu beitragen, Klienten mit ihren Fähigkeiten in Beziehung zu bringen. Denn alles, was wirklich ein Problem lösen kann, tragen die Klienten eigentlich in sich. Erickson gibt seinen Klienten im Rahmen von Beratung und Therapie häufig überraschende Aufgaben: So müssen sie den Squaw Peak, einen Berg in Phönix/USA, besteigen und sollen beobachten, welche Auswirkungen die Herausforderungen auf ihr Denken, Fühlen und Handeln zeigen. Auch mit Geschichten und Anekdoten versucht Erickson seine Ratsuchenden zu irritieren. Immer geht es ihm darum, ungewohnte Situationen zu initiieren, um eigene Suchprozesse anzuregen. Dabei könne sich das Bewusstsein neu orientieren und neue Perspektiven auf die Dinge entwickeln (Short & Weinspach 2017).

Der Familientherapeut Steve de Shazer legt Wert darauf, nicht zurückschauend und analysierend auf die Probleme und die möglichen Defizite in der bisherigen Lebensbewältigung einzugehen. Er setzt – ähnlich wie Erickson – den Focus auf Ziele, Wünsche und Ressourcen. Bei vermeintlichen Problemen handelt es sich oft um Verhaltensmuster, die nicht mehr angemessen und daher zu überprüfen sind. Der Prozess der Beratung beginnt auch hier damit, dass ein Klient den Schritt zur Beratung mit dem Leiden an einem Problem begründet. Häufig steht am Beginn der Problemgeschichte eine besondere Herausforderung, deren Bewältigung misslungen ist. Meist werden in Situationen der Kränkung Bewältigungsstrategien aktiviert, die external oder internal etwas verändern, um die Psyche wieder in die Balance zu bringen. Im Beratungsfall schätzt die Person ihre Strategien der Problembewältigung als nicht angemessen ein und fühlt sich hilflos. So entsteht ein Teufelskreis aus Ängsten, Gefühlen der Inkompetenz und schließlich eine »erlernte Hilflosigkeit« (Seligman 2010).

Im lösungsorientierten Ansatz hingegen wendet sich die ratsuchende Person nicht in erster Linie der Entstehung des Problems zu, sondern geht in die Zukunft hinein. Wenn sie sich emotional öffnet und die beratende Person als anteilnehmend erlebt, die Zeit zum Findungsprozess gibt, kann eine aufmerksame Verbindung entstehen. Dann kann es gelingen, den ungewöhnlichen Weg zu gehen, sich nicht auf das vermeintliche Problem zu fokussieren. Nicht die detaillierte Kenntnis von Ursachen und die Behebung von Funktionseinschränkungen stehen im Fokus, sondern das Wachstum der Person. Dazu richtet sich der Blick auf die Fähigkeiten, Erfahrungen und Lebensbedingungen. Die Aufhebung der »Problemtrance«, die Abwendung von der Problemfixierung und die Hinwendung zu Lösungs- und Entwicklungsoptionen erzeugen eine neue Haltung bei der ratsuchenden Person. Die beratende Person ist überzeugt, »dass Menschen Resilienzen besitzen und diese für Veränderungen nutzen können« (Kiessl 2019, S. 80). Als Grundannahme des Lösungsorientierten Beratungsmodells gilt: Lösungen und Probleme sind in gewissem Sinne voneinander unabhängig, und es ist sinnvoll, dass die ratsuchende Person selbst die Lösung entdeckt, denn sie trägt alle Ressourcen in sich, um das Problem zu lösen (Bamberger 2022).

3.3.6 Kollegiale Beratung

Kollegiale Beratung ist eine systematische und strukturierte Methode der Beratung für beruflich Handelnde in der Pädagogik und Bildungsarbeit, der sozialen Arbeit und im Gesundheitswesen. Im Beratungsprozess geht es um die Besprechung und Lösung dargestellter Fälle im Rahmen einer kleinen Gruppe von gleichberechtigten KollegInnen; auf externe professionelle Beratungsexpertise wird verzichtet (Schindler 2020). Kollegiale Beratung eignet sich gut für Teams und für Studierende, die sich wechselseitig beraten, gemeinsam Lösungen entwickeln und dabei unterschiedliche Kompetenzen und Perspektiven einbringen. Die Beratung findet in Gruppen von 6–8 Personen statt, die Situationen und Fälle aus der beruflichen Praxis reflektieren. Kollegiale Beratung lässt sich nicht verwirklichen bei internen bzw. persönlichen Spannungen im Team, die eine konstruktive Arbeit verhindern, oder wenn einzelnen Teammitgliedern das Vertrauen fehlt, eigene Fälle darzustellen und ungewöhnliche Lösungen zu akzeptieren (Tietze 2010; Schmid et al 2019).

Der Prozess der Beratung erfolgt nach einer vereinbarten Struktur und in verteilten Rollen: Zu Beginn wird geklärt, wer als Fallgeber*in, als Moderator*in und als Berater*innen fungiert. Anschließend findet die Beratung nach einem Ablaufplan statt, der sich in Phasen gliedern kann:

1. Rollenverteilung, Festlegung von Moderation und Fall: Zu Beginn der Kollegialen Beratung wird vereinbart, wer für die folgende Falldarstellung die Moderation übernimmt. Die Moderation sollte nach jedem besprochenen Fall wechseln. Die Moderatorin hat die Aufgabe, die einzelnen Schritte einzuläuten und die Zeitvorgaben einzuhalten. Schließlich wird entschieden, welcher Fall bzw. welche Problemsituation für diese Kollegiale Beratung bearbeitet werden soll.
2. Vortrag des Falles bzw. der Problemsituation: Die Person, die den Fall vorstellt, berichtet über den Fall bzw. über die Problemsituation; die Erzählung sollte detailliert und fokussiert sein und nicht unterbrochen werden. Die beratenden Personen folgen aufmerksam und konzentriert und achten auf die Informationen sowie auf eigene Empfindungen während der Fallvorstellung.
3. Nachfragen: Es können knappe Informations- und Verständnisfragen gestellt werden. Die Moderatorin achtet darauf, dass keine Frage-Antwort-Dialoge und keine Diskussion stattfinden.
4. Schlüsselfrage: Die Person, die den Fall vorstellt, formuliert eine Schlüsselfrage, damit die Gruppe erkennt, welches Anliegen mit der Kollegialen Beratung verbunden ist.
5. Ideen und Vorschläge der Berater*innen: Nach dem Fallbericht und den Nachfragen bringt sich die Person, die den Fall vorgestellt hat, nicht mehr ein (auch wenn es schwerfällt); sie kann sich nun etwas zurücklehnen: Die Gruppe arbeitet jetzt, sammelt Ideen, Assoziationen, Empfindungen und Phantasien, die durch die Falldarstellung ausgelöst wurden. Die Moderatorin achtet darauf, dass möglichst alle Teilnehmenden ihre Perspektiven einbringen und nicht vorschnell bewertet werden.

6. Rückmeldung: Die Person, die den Fall vorgestellt hat, erhält nun wieder (allein) das Wort. Sie sagt der Gruppe, was sie von den vorgebrachten Ideen und Phantasien hält. Die Gruppe hört zu und achtet darauf, in welche Richtung eine mögliche Lösung der Problemsituation gehen könnte.
7. Sammeln von Lösungsvorschlägen: Die Gruppe trägt ihre Ideen zur Lösung der Situation vor. Die Person, die den Fall vorgestellt hat, hält sich zurück und kommentiert die vorgebrachten Lösungsvorschläge nicht auf ihre mögliche Umsetzbarkeit.
8. Stellungnahme der Fallvorstellerin: Sie sortiert und kommentiert die Ideen und Vorschläge, reflektiert, was davon für ihre Arbeit verwendbar erscheint. Die Moderatorin beendet diese Sitzung der Kollegialen Beratung (Tietze 2010).

Die hier dargestellte Schrittfolge ist eine Möglichkeit, die Beratung zu strukturieren und auf einen überschaubaren Zeitraum zu begrenzen. Unterschiedliche Konzepte arbeiten mit unterschiedlichen »Leitfäden«, die darin vorgeschlagene Strukturierung variiert zwischen sechs und zehn Schritten, der Zeitrahmen bewegt sich zwischen 60 und 90 Minuten. Diese Form der Beratung ist ein kostengünstiges Konzept, das auf professionelle Leitung verzichtet. Daher halten es manche Fachkräfte, die mit Supervision und Coaching ihr Geld verdienen und für ihre Beratungsexpertise viel Geld investiert haben, für eine unliebsame Konkurrenz. Kollegiale Beratung kann jedoch sehr hilfreich sein, wenn die Gesprächsteilnehmenden wechselseitige Wertschätzung und Akzeptanz in der Gruppe herstellen und Datenschutz und Verschwiegenheit eingehalten werden (Schindler 2020).

Haben Studierende gute Erfahrungen mit der Kollegialen Beratung gemacht, gründen sie am Ende des Heilpädagogikstudiums bisweilen Intervisionsgruppen, um in Verbindung zu bleiben und sich über Erfahrungen in ihren Arbeitsfeldern auszutauschen. Eine Intervisionsgruppe ist eine Gruppe von Kolleginnen und Kollegen, die nicht miteinander im Team arbeiten, sondern sich für die jeweilige Arbeit ausgewählt haben. Sie treffen sich regelmäßig, arbeiten ohne Leitung und besprechen Fälle aus ihrem Arbeitsalltag oder Themen, die sie im beruflichen Kontext beschäftigen. Die Mitglieder der Gruppe verständigen sich über den Rahmen, eine Person moderiert die Sitzung; Fallvorstellungen verlieren sich nicht in Details, damit die Teilnehmenden konzentriert bleiben und die geäußerten Ideen und Gedanken sich quasi »miteinander verweben« (Salomonsson 2017, S. 123).

3.2.7 Peer-Beratung (Peer-Counseling)

Wenn es um Themen wie Bürgerrechte, Gleichstellung, Diskriminierungsverbot, Selbstbestimmung und Selbsthilfe geht, dann ist die eigenständige Beratung von Betroffenen für Betroffene eine lange erhobene und mit der Gründung von Ergänzenden Unabhängigen Teilhabe-Beratungsstellen (EUTB) nun einigermaßen erfüllte Forderung der Behindertenbewegung bzw. der Independent-Living-Bewegung (Jordan & Schreiner 2017). Für Menschen mit Beeinträchtigungen ist eine Beratung unter Gleichen ein wichtiger Faktor, um ein selbstbestimmtes Leben verwirklichen zu können (Wansing 2018). Hierfür haben sich die Begriffe *Peer Be-*

ratung und *Peer Counseling* sowie *Peer Support* etabliert: *Peer-Beratung* ist der favorisierte Begriff; *Peer Counseling* gilt bei Menschen mit kognitiven Beeinträchtigungen als *schwere Sprache*, *Peer Support* deckt ein breiteres Spektrum an Unterstützungsformen ab.

Unter *Peers* werden Personen verstanden, die als Gleichgestellte ähnliche Lebenserfahrungen oder Lebensumstände teilen; *Peer Beratung* stellt also eine Alternative zu den etablierten Angeboten von Leistungsträgern dar; sie ist den Grundsätzen der Wertfreiheit, der non-direktiven Gesprächsführung und der Entwicklung eigener Lösungsstrategien verpflichtet. *Peer Beratung* bietet Raum für den Erfahrungsaustausch in spezifischen Belastungssituationen und ist emanzipatorisch gedacht: Es geht darum, die Selbstbestimmung der ratsuchenden Person zu stärken und sie in ihrer Lebensgestaltung zu unterstützen. Bei der *Peer Beratung* sind nicht Einschränkungen, Defizite oder Schwächen eines Menschen relevant, sondern das Bestreben, das Menschen ihre Angelegenheiten so weit wie möglich selbst lösen (Jordan & Schreiner 2017, S.169).

Der Ursprung der *Peer Beratung* geht zurück auf die Behindertenbewegung in den USA und auf Studierende mit Beeinträchtigungen, die gegen die vielfältigen Barrieren an den Universitäten protestierten und *Center for Independent Living* (CIL) gründeten, um erste Beratungsformen der gegenseitigen Unterstützung zu erproben. In Deutschland entstanden in den 1980er Jahren Zentren für selbstbestimmtes Leben, um Beratungen von Betroffenen für Betroffene zu initiieren. Ihr Ziel war und ist es, Menschen mit Beeinträchtigungen als Expert*innen ihrer eigenen Angelegenheiten zu ermutigen, ihre Ressourcen zu nutzen und ihre Erfahrungen der Diskriminierung und Exklusion anderen Menschen mit Beeinträchtigungen zur Verfügung zu stellen. Heute sieht die UN-BRK in den Artikeln 24 und 26 den Einsatz der *Peer Beratung* vor und fordert dazu auf, den Peer-Ansatz sowohl in der ehrenamtlichen als auch in der hauptberuflichen Beratungsarbeit zu stärken und in regulären Beratungsangeboten umzusetzen. Auch im BTHG (Bundesteilhabegesetz) ist die Peer-Beratung im § 32 (3) fest verankert: »Bei der Förderung von Beratungsangeboten ist die von Leistungsträgern und Leistungserbringern unabhängige ergänzende Beratung von Betroffenen für Betroffene besonders zu berücksichtigen.« Die Interessenvertretungen arbeiten intensiv daran, Peer-Berater*innen aus- und fortzubilden. Im Bereich der Sozialpsychiatrie sind es Selbsthilfe-Gruppen mit Beratungsstatus, die Experten aus Erfahrung auf die *Peer Beratung* vorbereiten, um in der Psychiatrie als Ex-In (Experienced Involvement) bzw. als Genesungsbegleiter*in tätig zu sein (Utschakowski et al. 2015).

In den Beratungsstellen und in der Aus- und Fortbildung von Menschen mit Beeinträchtigungen im Kontext der *Peer-Beratung* spielen Fachkräfte der (Heil-)Pädagogik eine wichtige Rolle: Sie bieten Kurse in Gesprächsführung und andere Qualifizierungen an oder vermitteln Kontakte zu Schulungen und Fortbildungen. Bisweilen sind sie in der Netzwerkarbeit, in der direkten Assistenz während der Beratungsgespräche oder in deren Vor- und Nachbereitung eingesetzt. In dieser Konstellation ist es wichtig, dass die assistierenden Fachkräfte die Grundhaltungen der Beratung vermitteln, aber es den Peer-Berater*innen im Sinne der Autonomie überlassen, über die Art, den Umfang und die Dauer der Assistenz selbst nach eigenen Bedürfnissen zu entscheiden (Wansing 2018, S. 159).

Studien und Evaluationen der *Peer-Beratung* zeigen, dass behinderte Menschen bevorzugt mit Personen sprechen möchten, die ähnliche Situationen erlebt haben:

> »Individuelle Problem- und Fragestellungen in verschiedenen Lebensbereichen (z. B. Gesundheit, Arbeit, Wohnen) können aus ihrer Sicht durch Peer-Beratung positiv beeinflusst werden (…). Einige Personen geben an, dass sie in Zukunft nur noch zur Peer-Beratung gehen werden« (Jordan & Schreiner 2017, S. 176).

Für viele Ratsuchende haben Beratungspersonen mit Beeinträchtigungen Vorbildfunktion, die *Peer-Beratung* wird bewusst gewählt. In einer wissenschaftlichen Begleitstudie zeigte sich, dass die Gespräche in der *Peer-Beratung* zu konkreten Veränderungen in unterschiedlichen Lebensbereichen führten: Als hilfreich wurden Impulse in Bezug auf das selbstbestimmte Wohnen, die Arbeit und Beschäftigung, die Gestaltung von Beziehungen erlebt. Mit der *Peer-Beratung* gelang es, kritische Lebenssituationen besser zu bewältigen (Wansing 2018, S. 153). Die Studien zeigten auch, dass beide Seiten profitieren, auch die beratenden Personen:

> »Sie beraten gerne und erfahren Zufriedenheit durch die Beratungen. Ein Zuwachs an Selbstvertrauen und eine bessere Orientierung in der eigenen Lebensführung sind den Counselors zufolge positive Auswirkungen ihrer Beratungstätigkeit« (Schreiner 2018).

3.2.8 Supervision

Der Begriff *Supervision* bedeutet wörtlich übersetzt *Überblick* oder *Draufschau* und beinhaltet, dass Geschehnisse und Prozesse und ihre möglichen Hintergründe aus einer übergeordneten Perspektive betrachtet werden. Unter *Supervision* wird also ein Beratungskonzept verstanden, mit dessen Hilfe Einzelne, Teams oder Gruppen ihre berufliche Situation durch die Einbeziehung ausgebildeter Beraterinnen oder Berater reflektieren. Das Ziel ist die Steigerung der beruflichen Kompetenzen, der Fokus kann dabei auf den Klientinnen und Klienten, den Dynamiken im Team, den Erfordernissen des Leitens oder den institutionellen Abläufen liegen. Neben der Supervision zu Fragen und Problemen des beruflichen Alltags ist auf einer zweiten Ebene auch die Wahl des methodischen Ansatzes und der Wirkungsweisen ein Teil der Beratung: Dabei wird reflektiert, welche Folgen gewisse Interventionen haben und welche Erkenntnisse sich in Bezug auf die Beziehungen und Strukturen der Organisation durch den Beratungsprozess eröffnen. Der Supervision liegen Theorien über die Persönlichkeit und ihre Entwicklung, über Erfahrungen bezüglich der Dynamik von Gruppen und Organisationen und über ethische Grundlagen des pädagogischen Handelns zugrunde. Um als konsistent und transparent erlebt zu werden, muss die Supervision diese Theoriebestandteile sowie ihr methodisches Vorgehen erkennbar machen (Petzold et al 2018).

Die Gründe für einen Bedarf an Supervision können auf unterschiedlichen Ebenen liegen: Soll es um eine fallorientierte Reflexion der Beziehungen zu Klientinnen und Klienten gehen, um das Erkennen des eigenen Handelns mit seinen jeweiligen Motiven und um die Schulung der Selbstkontrolle und der Beziehungsgestaltung? Oder stehen Aspekte in der Kooperation zwischen den Kolleginnen und Kollegen im Vordergrund? Dann sind Kommunikationsstörungen aufzudecken und zu bearbeiten, um eine Atmosphäre der gegenseitigen Wertschätzung und Anerkennung schaffen und das Miteinander konstruktiv zu gestalten. Oder geht es darum, die jeweiligen Rollen im Arbeitsfeld, die Erwartungen an sich selbst und an andere zu klären und Ungleichheiten in den Beziehungen zu thematisieren? Dann können – gerade in multiprofessionellen Teams – auch Statusunterschiede und Fragen der Definitionsmacht sowie des jeweiligen professionellen Selbstverständnisses reflektiert werden (Rappe-Giesecke 2009).

In Bezug auf das Setting der Supervision sind Vereinbarungen über Zeit, Dauer, Ort, Frequenz und Bezahlung zu treffen und bei regelmäßig stattfindender Supervision zu überprüfen. Manche Träger (heil-)pädagogischer Einrichtungen bieten interne Supervisionen durch eine qualifizierte Fachkraft des Hauses an. Das kann den Vorteil haben, dass dieser Person die Strukturen der Institution vertraut sind. Der (gewichtigere) Nachteil bei einer internen Supervision ist jedoch, dass ein ›blinder Fleck‹ für die eigene Verstrickung in Beziehungen, Rollen und Verantwortlichkeiten existiert und der Abstand zur Leitung der Einrichtung nicht gewahrt ist. Die Supervision durch externe Berater*innen erfolgt aus einer anderen Beobachterperspektive und kann leichter eine demokratisch gleichberechtigte Position zu den Supervisanden einnehmen.

Bei Teamsupervisionen kommen unterschiedliche Perspektiven und auch Deutungs-, Handlungs-, und Lösungsvorschläge zur Geltung, die im offenen Diskurs kritisch reflektiert werden, um bisherige Ansichten zu Klientinnen und Klienten zu überdenken und Interaktionen auf eine neue Basis zu stellen. Vorab ist zu klären, ob das ganze Team an der Supervision teilnimmt und ob Teammitglieder eher unfreiwillig teilnehmen. Zu fragen ist auch, wer den Auftrag für die Supervision erteilt und wer die Supervisorin/den Supervisor gesucht und gebucht hat. Einzelsupervisionen von Mitarbeitenden in Leitungsfunktion werden bisweilen gewünscht, um die Resonanz auf das eigene Rollenverhalten zu reflektieren, sich mit Konflikten zwischen Team und Leitung auseinanderzusetzen oder im Team eine bessere Akzeptanz zu erhalten. Hier benötigt die Supervision Zeit, um die dynamischen Prozesse im Team und die institutionellen Faktoren zu durchschauen. In Teams und Einrichtungen stehen alle Mitglieder in enorm komplexen, vielfach unbewussten kommunikativen Beziehungen zueinander. Während die »Gruppen-Matrix« (Foulkes 2017) alle Strebungen, Gedanken und Gefühle enthält, fungieren einzelne Teammitglieder oft als Sprachrohr für Ängste und Ungewissheiten. Aufgabe der Supervision ist es, geäußerte Gefühle Einzelner auch als latente Gedanken und Bestrebungen der ganzen Gruppe zu verstehen (Migge 2018).

In der Supervision akzeptieren die Beteiligten, dass jeder seine Realität aus der beruflichen Tätigkeit und der persönlichen Disposition einbringt und es nicht gelingen kann, wahre und unwahre, richtige und falsche Anschauungen zu ermitteln. Immer werden Ereignisse, Handlungsmuster, Rollen und Bedeutungen aus unterschiedlichen Perspektiven beschrieben:

> »In Beratungssituationen begegnen sich Menschen mit ihren ganz persönlichen Sichtweisen auf die Welt. Jeder Mensch hat sein ›Modell der Welt‹ und konstruiert daraus seine eigene Wirklichkeit – dies gilt auch für Coaches oder Supervisor/innen. Hierdurch entsteht eine hohe Komplexität, in der es herausfordernd ist, in die jeweilige Wirklichkeit des Gegenübers einzutauchen« (Jonas et al. 2020, S. 440).

3.2.9 Coaching, Counseling und Consulting

Coaching

Neben der Supervision ist heute – nicht nur in den Führungsetagen von Unternehmen, sondern auch im Bildungsbereich und in den Sozial- und Gesundheitsberufen – zunehmend von *Coaching* die Rede. Meist als Einzelberatung angelegt, will *Coaching* Personen mit Leitungsfunktionen, Freiberufler und Expert*innen in Organisationen bei der Bewältigung ihrer vielfältigen Aufgaben und belastenden Situationen im Arbeitskontext unterstützen. *Coaching* bietet die Gelegenheit, die Aufmerksamkeit auf das Gelingen von herausfordernden Anforderungen zu richten und die möglichen Barrieren auf dem Weg dorthin zu beseitigen. Dies geschieht in einem dialogischen Prozess, der zur Reflexion, aber auch zur Entschleunigung anregt. Der Coach versteht sich dabei in der Regel als neutraler Gesprächs- und Interaktionspartner, der den Prozess der individuellen Weiterentwicklung eröffnet, erleichtert und begleitet. *Coaching* gilt als individuelle und kontextbezogene Beratung, in der es darum geht, Probleme, Ziele, Visionen und Ressourcen zu klären, persönliches Feedback zu geben, Bewältigungs- und Umsetzungsstrategien zu erarbeiten (Migge 2018).

Sowohl der Begriff als auch das methodische Vorgehen des *Coachings* haben in vielen Institutionen, Behörden und Dienstleistungsunternehmen die Supervision abgelöst. Die Supervision entstand im klinischen Bereich und in der Sozialarbeit. Die psychotherapeutisch ausgebildeten Supervisor*innen legten Wert auf die Beziehungsgestaltung und ihre unbewussten Anteile. Organisatorische Kontexte wurden in Supervisionen weniger berücksichtigt. Das *Coaching* entwickelte sich später und mit der Vorgabe, Beratung hierarchiefrei zu gestalten. Der Fokus liegt weniger auf der Beziehungsgestaltung, Ziel ist eher die Förderung der Potenziale von Managementkräften, damit sie in ihren Organisationen optimale Ergebnisse erzielen. Heute finden Formen des Konflikt-Coachings, des Karriere-Coaching und des Schüler-Coachings großen Anklang (Belardi 2020).

Manche Universitäten bieten Studiengänge mit dem Coaching-Abschluss an, andere haben es in das Studium integriert, um die Studienorganisation, die Rollenfindung sowie die Karriereplanung der Studierenden systematisch zu unterstützen (Wiemer 2012). Manchen Ratsuchenden ist der Begriff *Coaching* geläufiger, manche verbinden damit eine andere Erwartungshaltung: *Coaching* erscheint ihnen schneller und effizienter, weil – so die Vorstellung – nicht so viel Wert auf psychische Anteile gelegt wird. Und tatsächlich werden im Coaching nicht die frühen Erfahrungen und Prägungen erfragt und auch keine Lösungen vorgeschlagen; die Gesprächs- und Interaktionssituation ist neutraler und die Grundlagen sind meist systemisch orientiert.

Counseling und Consulting

In den skizzierten Beratungsansätzen ist häufig von Ressourcen, von der Stärkenperspektive und der Erfahrung der Selbstwirksamkeit ratsuchender Personen die

Rede. Die Rolle der beratenden Fachkräfte bestehe darin, die Menschen in dem Wunsch zu unterstützen, Kontrolle über ihr Leben zu erlangen. Weniger thematisiert wird, dass es Lebenslagen geben kann, in denen Ratsuchende nicht vorausschauend denken können, keine Handlungsalternativen sehen oder blockiert sind, mögliche Lösungen zu erkennen. Psychosoziale und existenzielle Krisen können den Blick auf die eigenen Stärken ebenso verstellen wie kognitive und kommunikative Beeinträchtigungen, die andere Vorgehensweisen benötigen als die reine Lehre vom empathischen Zuhören, Anregen und Ermutigen. Menschen suchen die Beratung auch deswegen auf, weil sie sich erschöpft fühlen, keine Ressourcen mehr aktivieren können oder vor allem Informationen, fachliche Einschätzungen und Unterstützungen erwarten.

Gerade in heilpädagogischen Kontexten sind Ratsuchende häufig wirklich Rat Suchende, die wissen wollen, welche Rechte sie geltend machen, welche Assistenzleistungen sie in Anspruch nehmen oder welche Fördermöglichkeiten sie beantragen können. Für eine Beratung, die es z. B. Eltern »erlaubt, an Wissen, Erfahrung, Theoriebildung und Fachkompetenz anzuschließen« (Thurmair & Naggl 2010, S. 199), ist der Ausdruck Consulting zutreffend. Während im Deutschen unterschiedliche Ansätze im Begriff Beratung zusammengefasst werden, besitzt das Englische die Unterscheidung von *Consulting* und *Counseling*. *Consulting* meint: Fachkräfte der Beratung besitzen Expertise im Sozialrecht, in den relevanten Netzwerken des Gesundheitssystems, der Behindertenhilfe, der Kinder- und Jugendhilfe und können Hinweise zu Einrichtungen, Trägern, Selbsthilfegruppen und EUTB's geben. Auch Fragen zu Diagnosen, Entwicklungsständen und Unterstützungsleistungen haben hier ihren Platz. Nicht alle Menschen mit Assistenzbedarf oder Eltern sind in der Lage, die Informationsbeschaffung über die Möglichkeiten der Kurzzeitpflege und Freizeitangebote oder Wohnformen, über Hilfsmittel, Transport- und Mobilitätshilfen selbst zu betreiben. Sie hoffen darauf, kompetente Beratung zu erhalten, denn die Unübersichtlichkeit der Hilfesysteme macht es schwer, qualifizierte und passgenaue Informationen am Ort und zur richtigen Zeit zu finden (Greving & Ondracek 2013; Falkson et al. 2022). Für solche Formen der Beratung im Sinne des *Consultings* haben sich diverse Angebote etabliert, allerdings sind diese oft nicht hinreichend bekannt; auch sind die Regelungen des Sozialrechts so unüberschaubar, dass der Zugang zu geeigneten Beratungen misslingt (Klie & Bruker 2016).

Andere Ratsuchende signalisieren emotionalen Unterstützungsbedarf, und zwar zum Zeitpunkt einer Diagnosestellung (Nehring et al. 2015). Hier trifft der Begriff *Counseling* zu, er beschreibt die begleitende Beratung, die helfen soll, Prozesse der inneren Klärung in Beratungsgesprächen zu reflektieren. Diese psychosoziale Begleitung legt ihren Fokus auf die Verarbeitung von Diagnosen, die Unterstützung in Krisen oder die Trauerbegleitung.

> »Während es in der fachlichen Beratung um aktives Handeln geht, besteht die Aufgabe der Heilpädagoginnen und Heilpädagogen in der psychosozialen Begleitung darin, Interesse und Anteilnahme für die Lebenswirklichkeit der Eltern zu Verfügung zu stellen und damit in Beziehung zu treten« (Iffländer & von Rhein 2022, S. 37).

Die heilpädagogischen Fachkräfte machen sich einen Eindruck »von dem Grad der subjektiven Belastung der Eltern, ihren Haltungen und Bewältigungsstrategien sowie ihren sozialen Ressourcen« (Sarimski 2017, S. 383).

Für die Beratung von Eltern in der Interdisziplinären Frühförderung beschreibt Sabine van Nek den Unterschied von Consulting und Counceling so: Das Consulting basiert auf fachspezifischem Wissen der an der Frühförderung beteiligten Professionen, die den Eltern ihr Wissen und ihre Erfahrungen in Bezug auf die Diagnose, die kindliche Entwicklung und die weiteren Perspektiven zugänglich machen. Beim Counseling geht es hingegen nicht um die Vermittlung von fachlichen Erkenntnissen, sondern um ein differenziertes Verstehen und Begleiten der emotionalen Dimension, die auf Seiten der Eltern bestimmt sein kann durch Unsicherheiten, Trauer, Schuldgefühle und der Befürchtung, das Kind nicht so zu lieben, wie sie es sich selbst wünschen würden (van Nek 2020). Heilpädagogische Fachkräfte in beratenden Tätigkeiten sollten daher über das notwendige und aktuelle Fachwissen für die fachliche Beratung (Consulting) ebenso verfügen wie angemessene Beratungskompetenzen und methodisches Wissen der Gesprächsführung für die psychosoziale Begleitung (Counseling).

3.3 Krisen und Krisenintervention

Von Klimakrisen, Energiekrisen, Hungerkrisen, Wirtschafts- und Finanzkrisen können wir tagtäglich hören und lesen, die Corona-Krise hat die Gesellschaft, die Politik und alle Bürgerinnen und Bürger tief verunsichert. »Krisen bezeichnen Übergangszeiten, in denen etwas nicht mehr so ist, wie es war, in denen etwas bedroht ist, was sicher schien, und in denen eine Lösungsperspektive fehlt« (Lieb 2020). Menschen erleben Ereignisse, die ihnen die Grenzen ihrer Möglichkeiten vor Augen führen, und sprechen von *Krisen*, wenn sie in schwierigen Lagen, zugespitzten Situationen oder Momenten der Gefährdung keine Lösungen sehen. Im Alltag wird *Krise* bei Überforderungen, Eheproblemen, Konflikten am Arbeitsplatz usw. verwendet, eigentlich immer dann, wenn die kommunikativen Kompetenzen bzw. das vertraute Handlungsrepertoire nicht mehr ausreichen und eine Person, eine Organisation oder eine Gesellschaft so unter Druck steht, dass die Situation kulminiert und keine Kräfte mehr aktiviert werden können (Martens & Begus 2018).

Der Begriff *Krise* stammt ab von dem altgriechischen Verb *krinein*: = scheiden, trennen, beurteilen. Das Substantiv *krisis* bedeutet: Entscheidung oder Trennung. Im Lateinischen enthält *crisis* in Bezug auf schwere Krankheiten zwei Aspekte: höchste Gefährdung sowie Chance zur Heilung. Eine Krise ist eine Wende im Verlauf einer Erkrankung, die sich in Richtung Gesundung oder Verschlechterung entwickeln kann. Dieser Ansatz findet sich auch im Stufenmodell der psychosozialen Entwicklung nach Erikson: Die Phasen sind durch bestimmte Themen charakterisiert, jede Phase stellt potenziell eine Krise dar. Die Krisen lassen sich nie gänzlich lösen, aber ihre konstruktive Bearbeitung und Bewältigung erleichtern die Schritte der weiteren persönlichen Entwicklung (Erikson 1973). Krisen sind also nicht beschränkt auf das Erwachsenenalter: Im Kindes- und Jugendalter entstehen sie meist bei Gefährdungen der physischen und psychischen Integrität:

> »Krisen im Kindesalter stehen häufig im Zusammenhang mit der großen Abhängigkeit und der daraus resultierenden Schutzbedürftigkeit, der auch die Gesellschaft durch (…) Interventionsmöglichkeiten zum Schutze des Kindeswohls Rechnung trägt. Im Jugendalter dominieren hingegen meist Krisenkonstellationen, die einen Zusammenhang mit den alterstypischen Entwicklungsaufgaben vor dem Hintergrund der Autonomieentwicklung aufweisen. Die einzelnen Lebens- und Entwicklungsphasen bringen dabei spezielle Vulnerabilitäten für psychische Erkrankungen mit sich« (Frey 2021, S. 691).

Krisen sind nach Wüllenweber nicht an bestimmte Ursachen oder eindeutige Symptome gebunden. Von einer *Krise* sollte man nach seiner Auffassung nur dann sprechen, wenn drei Merkmale erfüllt sind: a) eine starke individuelle und/oder soziale Belastung; b) eine Überforderung der eigenen Ressourcen; c) eine zugespitzte Lebenssituation, die deutlich mehr ist als ein kurzzeitiger Erregungszustand (Wüllenweber 2013). In psychotherapeutischen Kontexten beschreiben *Krisen* den Verlust der seelischen Balance angesichts schwer zu bewältigender Ereignisse oder Lebensumstände, die von ihrer Art oder ihrem Ausmaß her alles übersteigen, was die Person bislang an erworbenen Fähigkeiten und erprobten Mitteln zur Bewältigung ihrer Lebenssituationen einsetzen konnte (Cullberg 2008). Gefühle der Bedrohung und ein Anstieg an Dringlichkeit des ›richtigen‹ Handelns werden spürbar – mit der Idee des Wendepunkts: Die gewählte Handlung wird als ungeheuer bedeutsam empfunden, von ihr hängt die Zukunft ab, sie stellt die Weiche und entscheidet, ob das Problem bewältigt wird oder die Krise sich zur Katastrophe auswächst.

In der Sozialpsychologie und Psychotherapie wird zwischen Veränderungskrisen und traumatischen Krisen unterschieden (Filipp & Aymanns 2018): Lebensveränderungskrisen können ausgelöst werden durch das Verlassen des Elternhauses, durch einen Wechsel des Wohnortes, durch Schwangerschaft und Geburt eines Kindes, durch Heirat oder Trennung oder durch den altersgemäßen Eintritt in den Ruhestand. Zu dem typischen Verlauf solcher Veränderungskrisen zählen: a) Konfrontation mit dem problematischen Ereignis – die gewohnten Problemlösungsstrategien bleiben wirkungslos. b) Die Person erlebt sich als defizitär, weil sie die Krise nicht bewältigen kann – das Selbstwertgefühl sinkt, Ohnmacht und Hoffnungslosigkeit machen sich breit. c) alle Bewältigungskapazitäten, z. B. Hilfen von außen in Form von Beratung und Therapie, werden mobilisiert. Dies kann zur Bewältigung der Krise, aber im negativen Fall auch zur Resignation führen. Wenn die Bemühungen keinen Erfolg zeigen, entsteht das Vollbild einer *Krise:* der Betroffene ist ratlos und orientierungslos, das Verhalten wird ziellos oder die Person fühlt sich labil und gleichzeitig innerlich gelähmt – mit der Gefahr des Verlustes der Selbstkontrolle, der gesteigerten Aggressivität, des Suchtmittelgebrauchs oder des impulsiven selbstgefährdenden Verhaltens (Rupp 2018).

Traumatische Krisen sind gekennzeichnet durch eine heftige einsetzende Situation, die plötzlich die Existenz, die soziale Identität und die Sicherheit bedroht. Das kann der Tod einer nahestehenden Person sein, die Eröffnung einer Diagnose, einschneidende Schockerlebnisse, soziale Kränkungen und massive Erfahrungen des

Versagens. Der Verlauf traumatischer Krisen ist gekennzeichnet durch: a) Die Schockphase: äußerlich wirkt die Person noch geordnet, innerlich herrscht bereits das Chaos – entweder führt dies zu ziellosen Aktivitäten oder zum Rückzug. Die Merkfähigkeit ist eingeschränkt, so dass Informationen eventuell gar nicht aufgenommen werden können. Daher müssen wichtige Informationen zu einem späteren Zeitpunkt, gegebenenfalls auch mehrfach, wiederholt werden. b) Die Reaktionsphase: die Tatsachen gelangen schmerzhaft ins Bewusstsein, die Konfrontation mit der Wirklichkeit ist unvermeidlich, es werden jedoch psychische Abwehrmechanismen eingesetzt, um die Wirklichkeit so gut wie möglich zu integrieren, zu verdrängen oder sich sozial zu isolieren. c) Die Bearbeitungsphase: Durch Reflexion des Anlasses und des Verlaufs der Krise kann sich die Person nach und nach von der traumatischen Situation lösen und die Vergangenheit hinter sich lassen. d) Die Neuorientierungsphase: das Selbstwertgefühl ist wieder aufgerichtet, durch Sinnfindung und neue Zielvorstellungen können die Erfahrungen der Krise kompensiert werden (Cullberg 2008). Eine Krise ist in diesem Sinne eine Lebenserfahrung, die nicht mit allen Mitteln vermieden, verdrängt oder gar überspielt werden sollte; sie ist ein existenzieller Moment der Veränderung, an dem sich Neues entwickeln und entfalten kann (Largo 2017).

In Zeiten *akuter Krisen* leiden die betreffenden Menschen sowohl an physischen als auch psychischen Beschwerden. Die körperlichen Symptome können sein: Schlaflosigkeit, Abgeschlagenheit und starke Müdigkeit, Appetitlosigkeit, Herzrasen, Atemnot, Magen- und Darmbeschwerden, Kopfschmerzen, Schwindel und Beschwerden im gesamten Bewegungsapparat. Mögliche seelische Symptome können sein: Gefühle der Angst und Panik bzw. der Hilflosigkeit und Verlorenheit, Anspannung, Erregung und emotionale Labilität – der kleinste Anlass kann ausreichen, um den Zustand weiter zu verschlechtern. Auch die kognitiven Funktionen sind in gewisser Weise eingeschränkt: Menschen und Situationen werden undifferenziert wahrgenommen, die Gedanken kreisen, Entscheidungen sind kaum mehr zu treffen, weil unklar wird, was persönlich gut und richtig ist. Hinzu kommen Probleme der Konzentration und des Leistungsvermögens. Eine Krise macht die Person oft desorganisiert und fahrig, die Handlungen werden sprunghaft und unkoordiniert. Der soziale Rückzug zeigt sich in der Abwendung von Freunden, Familie und Interessen sowie in einer kommunikativen Abkapselung: Es wächst ein gegenseitiges Unverständnis, die betroffene Person kann ihre Mitmenschen und die Mitmenschen können die betroffene Person nicht mehr verstehen (Lieb 2020).

In der Sozialpsychiatrie stellt der Begriff der Krise – besonders bei den Psychiatrie-Erfahrenen – eine sinnvolle Alternative zu den traditionellen Diagnosen dar: Das Konzept der Krise hat den Vorteil, dass es ein ›Davor‹ und ein ›Danach‹ gibt und man nicht mit dem Makel einer dauerhaften psychiatrischen Stigmatisierung leben muss. Damit gewinnt das Krisen-Konzept als Alternative zum Diagnose-Konzept zunehmend an Bedeutung, um das traditionelle Krankheitsverständnis mit seinen festgeschriebenen Klassifikationen abzulösen durch ein Konzept, das vulnerable Personen als besonders krisengefährdet ansieht. Krisen müssen nicht zu stationären Aufenthalten führen, sondern können durch ambulante Krisendienste begleitet werden, besonders bei Menschen mit akuten Belastungsreaktionen, kürzeren Anpassungsstörungen, depressiven Reaktionen und bipolaren Störungen. Durch

Home-Treatment-Teams, die Patienten und Angehörige in der Krise aufsuchen, können Klinikeinweisungen vermieden und Stigmatisierungen reduziert werden:

> »Die Behandlung zuhause erleichtert die Entwicklung einer von gegenseitigem Respekt getragenen, vertrauensvollen Beziehung. Alle Beteiligten, auch die Angehörigen, Freunde, Nachbarn befinden sich in einer Krise, sind also in Not. Dies öffnet den Blick auf psychosoziale Stressoren und Auslöser der Krise« (Weinmann 2021, S. 689.)

Menschen mit kognitiven Beeinträchtigungen sind im Vergleich zur übrigen Bevölkerung besonders häufig – aufgrund erhöhter Vulnerabilität für somatische und psychische Störungen bei gleichzeitig verminderten Bewältigungsmöglichkeiten – von krisenhaften Prozessen betroffen (Calabrese 2017), die differenziert werden können in ereignisbezogene, entwicklungsbezogene und relationale Krisen (Wüllenweber 2009a; Härter 2017). Ereignisbezogene Krisen entstehen aus Lebensveränderungen, kritischen Lebensereignissen und Alltagsanforderungen (Arztbesuche, Wechsel im Betreuungsteam, Kontakte zu Angehörigen u. ä.), die als belastend empfunden werden, weil die Folgen der Ereignisse nicht abschätzbar bzw. beeinflussbar erscheinen. Anders ist es bei entwicklungsbezogenen Krisen: Sie resultieren aus Störungen der Person-Umwelt-Passung bei spezifischen Entwicklungsproblemen: Die Person kann Herausforderungen nicht bewältigen und ist in ihren Handlungsweisen so fixiert, dass ein anstehender Entwicklungsschritt emotional noch nicht gegangen werden kann (Dôsen 2018; Sappock & Zepperitz 2019). Relationale Krisen entstehen in Lebenssituationen, die nicht besonders herausfordernd erscheinen, jedoch aufgrund einer mangelnden Passung zwischen der Person und seiner Assistenz – z. B. aufgrund kommunikativer Probleme – kulminieren können. So können sich Konflikte im Team oder zwischen dem Team und den Angehörigen auf die Person auswirken, die hin- und hergerissen ist zwischen zwei Positionen, die beide einen hohen Einfluss auf ihr Leben haben (Wüllenweber 2009a).

3.3.1 Krisenintervention

In der Praxis der Behindertenhilfe, aber auch in der Erwachsenenpsychiatrie und in der Kinder- und Jugendhilfe sind Konzepte der akuten Krisenintervention und der längerfristigen Krisenbegleitung entwickelt worden. Calabrese sieht das Ziel der Krisenintervention darin, dass der betreffenden Person ein Setting angeboten wird, das zur Stabilisierung beiträgt, die Kompetenzen stärkt, neue Bewältigungsstrategien vermittelt und ein Leben in einer regulären Assistenzform wieder möglich macht (Calabrese 2022). Sie richtet ihren Blick besonders auf relationale Krisen und versteht sie als Ausdruck der ungünstigen Wechselbeziehung zwischen Person und Umwelt: Herausfordernde Verhaltensweisen, die sich in Krisensituationen zeigen, »müssen als womöglich einzig zugängliche und subjektiv sinnhafte Bewältigungsstrategie auf potenziell erlebte Herausforderung, Hilflosigkeit, Orientierungslosigkeit und (innere und äußere) Notlagen verstanden werden« (ebd., S. 208).

Ein von Wüllenweber entwickeltes und in Einrichtungen der Behindertenhilfe erprobtes Konzept der Krisenintervention sieht ein mehrstufiges Programm vor: a) Sitzungen zum individuellen Fallverstehen und zur Entwicklung eines individuellen Fallkonzeptes; b) theoretisch-diagnostische Klärung der Krisen sowie deren

Abgrenzung zu psychischen Störungen; c) Vorschläge zur fallübergreifenden- bzw. einrichtungsbezogenen Krisenintervention; d) Bestimmung und Ausformulierung von Eckpfeilern zur Entspannung sowie für Ansätze zur Entspannung; e) konkrete Krisenbegleitung bzw. Stabilisierung; f) Vorschläge zur Früherkennung und zur Frühintervention; g) Management von zukünftigen Krisen: Vorschläge zur Gestaltung der fachlichen und interdisziplinären Kooperation in komplexen Fällen. Berücksichtigt werden sollten dabei auch funktional und regional unterschiedliche Ansätze, die sich z.B. in Kriseninterventionen vor Ort (Wohngruppe, Werkstatt, Schule), im Einsatz von mobilen Konsulenten-Teams und interdisziplinären Diensten sowie in Kriseninterventionen mit einem stationären Setting zeigen (Wüllenweber 2013, S. 201).

Calabrese differenziert drei Formen der Krisenintervention: 1. Intensiv-Wohngruppen, in denen maximal vier Personen mit massiven herausfordernden Verhaltensweisen für eine begrenzte Zeit der Beobachtung und Stabilisierung zusammenleben und von einem speziell ausgebildeten Team therapeutisch begleitet werden. 2. Eingestreute Intensiv-Wohnplätze in regulären Wohngruppen, wobei mit den Personen in Krisensituationen enge Absprachen getroffen und Rahmenbedingungen ausgehandelt werden. 3. Einzelwohnen mit Intensiv-Betreuung durch spezielle Fachkräfte (mit dem Vorteil, ohne Druck aus der Wohngruppe arbeiten zu können – und dem Nachteil, keine Anbindung an eine Gemeinschaft zu bekommen). Jede Form der Intensivbetreuung sollte kurz- bis mittelfristig angelegt sein und auf Anschlusslösungen und Übergänge in den Alltag achten:

»Ein lebenslanger Aufenthalt im Setting einer Intensivbetreuung im Sinne einer ›Endstation‹ – insbesondere in einer Intensiv-Wohngruppe – ist aus heilpädagogischer und ethischer Sicht nicht vertretbar, da die Intensivbetreuung aufgrund ihrer speziellen Ausgestaltung wie bspw. geschlossene Räumlichkeiten, karge und reizarme Atmosphäre, rigide Regel- und Konsequenz-Pläne, häufige 1:1-Betreuung auf Dauer ein wenig zumutbares Setting ist« (Calabrese 2022, S. 210).

Zur Krisenintervention kann es auch gehören, auf zu eng gefasste, falsch verstandene pädagogische Konsequenzen zu verzichten: »Die Pädagogik umrahmt insofern eine Krise! In der Krise selbst hat sie nur wenig verloren« (Schanze et al. 2017, S. 141). Wichtiger sei die Bereitschaft der pädagogischen Fachkraft, ihre eigene innere Haltung zu reflektieren und sich zu fragen: In welcher Not befindet sich mein Gegenüber? Was stresst die betreffende Person gerade besonders und was benötigt sie? Im dem anglo-amerikanischen Raum gibt es dazu den KISSS-Hinweis für Kriseninterventionen: »keep it safe, slow and simple!« (ebd.)

An der Schnittstelle von Kinder- und Jugendhilfe einerseits und Kinder- und Jugendpsychiatrie andererseits ist das Thema der krisenhaft zugespitzten Situationen oft ein Konfliktfeld zwischen den Disziplinen und Institutionen (Kießling & Flor 2019). Pädagogische Fachkräfte erleben Kinder und Jugendliche mit eingeschränkter Steuerungsfähigkeit, die stark erregt, aggressiv oder erstarrt sind, deren Kontakt zur Realität abzubrechen droht und die eventuell auch selbst- oder fremdgefährdend agieren könnten. Das Setting einer betreuten Wohnform erscheint ihnen nicht mehr sicher und Halt gebend genug zu sein. Eine Einweisung in die Kinder- und Jugendpsychiatrie wird erwogen. Dort hat das psychiatrische Personal möglicherweise einen ganz anderen Eindruck und fragt, ob wirklich eine psychiatrische Krise bzw. Erkrankung vorliegt – oder ob es sich um eine interaktionell entstandene Zuspitzung handelt, die zwar von aggressiven, regelverletzenden, unkooperativen und dissozialen Verhaltensweisen geprägt ist und in der es auch um Macht und Gesichtswahrung geht, die aber eher pädagogisch als psychiatrisch gelöst werden sollte.

Bei krisenhaften Zuspitzungen im Bereich der Erwachsenenpsychiatrie stehen in vielen Regionen psychosoziale Krisendienste zur Verfügung, die mit fachärztlichen Notdiensten kooperieren, aber auch eigenständig tätig und entscheidungsbefugt sind. Ein solcher Krisendienst kann manchmal bereits durch seine bloße Existenz entlastend wirken, ohne dass er konkret tätig werden muss. Schon das Wissen oder die Erfahrung, dass im Notfall Unterstützung von außen verfügbar ist, kann es den betroffenen Personen erleichtern, die kritische Situation selbst zu meistern. Wenn hingegen realisiert wird, dass kein Krisendienst zu Verfügung steht, kann dies die Situation verschärfen. Für das konkrete Handeln in einer Krise schlägt Rupp fünf Phasen der Intervention vor: 1. Verbinden: Der Kontakt zu der Person bzw. ihrem Umfeld muss hergestellt werden, so dass erste Vereinbarungen getroffen werden können. 2. Vorbereitung: Bevor interveniert werden kann, müssen die Rahmenbedingungen geschaffen werden, damit die Hilfe wirksam werden kann und die Helfenden genügend Ressourcen zur Verfügung haben. 3. Verstehen: Vor Ort, im direkten Kontakt mit der betreffenden Person und ihren Angehörigen muss eine Vertrauensbasis geschaffen werden; die akute Situation ist abzuklären und erste Entscheidungen sind zu treffen. 4. Verändern: Unter Einbezug der kommunikationsfähigen Personen, die mitbetroffen sind, werden Veränderungen eingeleitet. Die Maßnahmen sollen sofort entlastend sein, um Ressourcen zu schonen und neue Lösungswege aufzuzeigen. Dann werden erste Schritte eingeleitet. 5. Verabschieden: Die Krisenintervention wird ausdrücklich abgeschlossen im Rahmen einer Standortbestimmung mit kurzer Rückschau und einer Vorausschau unter Einbezug möglicher Rückfälle. Bei Bedarf wird die Betreuung übergeführt in ein Setting mit regulären Rahmenbedingungen (Rupp 2018).

Kapitel 4: Konzepte und Methoden der Heilpädagogik

4.1 Die Vielfalt der Konzepte und Methoden in den Handlungsfeldern der Heilpädagogik

Wie kaum eine andere pädagogische Fachrichtung verfügt die Heilpädagogik über ein enorm breites Spektrum an Konzepten und Methoden, die in den unterschiedlichen Handlungsfeldern angewendet werden. Manche sehen in dieser Vielfalt eine besondere Stärke der Heilpädagogik (Reichenbach 2023) oder eine Notwendigkeit, weil sich die jeweils gewählten Methoden am individuellen Bedarf ausrichten (Lotz 2020); andere kritisieren die Unübersichtlichkeit und fast beliebige Anwendbarkeit der Konzepte und Methoden und stellen fest, dass sich so kein klares und theoretisch reflektiertes Profil entwickeln kann – wie dies für die akademische Etablierung einer pädagogischen Spezialdisziplin eigentlich notwendig wäre (Moser 2012a). Nun lebt die Heilpädagogik als eine Handlungs- und Beziehungswissenschaft (Gröschke 2007) von individuellen Begegnungen und ihren spezifischen kommunikativen und dialogischen Prozessen, die sowohl theoretisch fundiert als auch auf ihr praktisches Gelingen hin reflektiert werden müssen. Dafür sind Handlungsmodelle wichtig, in denen Zielvorstellungen, Inhalte und Methoden in einen sinnhaften Zusammenhang gebracht werden (von Spiegel 2018). *Konzepte* sind solche Handlungsmodelle und Entwürfe, die dem praktischen Tun ein Fundament geben und eine Vorstellung davon vermitteln, auf welchen Ebenen und mit welchen methodischen Ansätzen an den gemeinsam entwickelten Zielvorstellungen gearbeitet wird (Wüllenweber & Theunissen 2020).

Der Begriff *Konzept* stammt von dem lateinischen *concipere*: begreifen, erfassen, zusammenfassen. *Konzepte* in der Heilpädagogik klären die personenbezogenen Ziele und Inhalte des Handelns unter den Bedingungen der Alltagspraxis; und sie klären in einem zweiten Schritt das methodisch-didaktische Vorgehen in einer einzelnen Handlungssituation. Der Begriff *Konzept* ist vielschichtig, er enthält Dimensionen des Fachwissens, Haltungen, Absichten und Abstimmungen. Konzepte der Heilpädagogik sind keine Vorschriften, sie determinieren nicht das praktische Handeln, sondern sie orientieren es:

> »Sie geben dem handelnden Subjekt einen ausweisbaren Orientierungsrahmen, innerhalb dessen genügend Spielraum für die (…) unwiederholbare situative und individuelle Handlungs- und Beziehungsgestaltung besteht« (Gröschke 2007, S. 69).

Konzepte sind nicht mit Konzeptionen zu verwechseln, die Denk- und Arbeitsweisen von Einrichtungen darstellen. *Konzepte* verknüpfen Beobachtungs- und Beschreibungsaspekte mit Erklärungs- und Begründungsaspekten, mit Handlungs- und Interventionsaspekten sowie mit Werten. In diesem Sinne schlagen *Konzepte* eine Brücke zwischen der Theorie und der Berufspraxis, sind offener angelegt als Methoden und lassen Veränderungsräume entstehen, die auf die Lebenswelt der betreffenden Menschen zugeschnitten sind. *Konzepte* und Methoden müssen also subjektiv und intersubjektiv »stimmen«, sie sollten gemeinsam vereinbart und von den Beteiligten als angemessen empfunden werden.

Das Wort *Methode* stammt aus dem Altgriechischen und bedeutet: *nachgehen* oder *verfolgen*. In den Wissenschaften gelten *Methoden* als regelhafte Verfahren, um Ziele zu erreichen. *Methoden* dienen keinem Selbstzweck, ihre Auswahl und Anwendung erfolgt nicht isoliert, sondern in Verbindung mit der Klärung des individuellen Bedarfs der jeweiligen Person, ihrer gegenwärtigen Disposition und ihrer Zukunftsperspektiven. *Methoden* ermöglichen es, transparente Wege der Erkenntnis zu gehen und sich über die Form der angemessenen Unterstützung zu verständigen. Während man im Sport zum Erwerb von Leistungen spezifische Trainings*methoden* einsetzt, zur Heilung von körperlichen Beschwerden ausgewählte Behandlungs*methoden*, zur Bearbeitung von seelischen Krisen passende Therapie*methoden*, zur Aneignung von Wissen effektive Lern*methoden* oder zur Ermittlung von wissenschaftlichen Ergebnissen angemessene Forschungs*methoden*, nutzt die Heilpädagogik bei der Auswahl und Anwendung ihrer *Methoden* eigene Verfahren und Ansätze aus der Pädagogik, der Psychologie und anderen Bezugswissenschaften. Sie evaluiert Erfolge und Grenzen ihres Handelns und erarbeitet inklusions- und partizipationsorientierte *Konzepte* und *Methoden*.

Heilpädagogische Fachkräfte sollten in ihrer Arbeit prüfen, welche *Konzepte* sie leiten und welche *Methoden* jeweils angemessen sind. Sie »müssen also ein umfangreiches methodisches Repertoire haben, um die Methoden individuell anwenden zu können« (Lotz 2020, S. 23). Ihnen sollte klar sein, dass nur wenige Methoden für die vielfältigen Anforderungen einer Disziplin nicht ausreichen: Wer eine Fortbildung in Erlebnispädagogik oder eine Qualifikation in Delfin-Therapie absolviert hat, mag eine Weile diesen methodischen Ansatz für jede(n) favorisieren, im Sinne des Ausspruchs: »Wer als Werkzeug nur einen Hammer hat, sieht in jedem Problem einen Nagel«, das sowohl Mark Twain als auch Paul Watzlawick zugeschrieben wird, aber von Abraham Maslow stammt. Die Auswahl einer *Methode* ist aber kein Selbstzweck, sie muss auf den einzelnen Menschen und seine Lebenswelt zugeschnitten sein und seine Selbstbestimmung fördern. Und das methodische Handeln sollte die sozialen und ethischen Bedingungen berücksichtigen, unter denen die Begegnung stattfindet (Greving & Ondracek 2019). Heilpädagogisch angemessen zu handeln heißt also, die Verknüpfung von Person, Anliegen, Situation und *Methode* herzustellen. Erst wenn erkennbar wird, worin die Wertigkeit der ausgewählten *Methode* besteht und wie sie in einem *Konzept* zu verorten ist, kann von professionellem Handeln gesprochen werden.

Unter *Methodik* ist die Gesamtheit der Methoden einer Wissenschaft zu verstehen. Wer sich im Spektrum der *Methoden* einer Handlungswissenschaft auskennt und sich in einzelnen Verfahren in Aus- und Fortbildungen qualifiziert hat, bewegt sich wissenschaftlich und praktisch kompetent in der *Methodik* dieser Disziplin und kann seine Arbeitsweisen nach innen und außen gut legitimieren. Der Begriff *Methodo-*

logie steht für die Lehre von den Methoden einer einzelnen Disziplin sowie für die allgemeine Lehre wissenschaftlicher Methoden. Im Diskurs der *Methodologie* werden die Kriterien dafür ermittelt, welche *Methode* für eine bestimmte Art des Vorgehens notwendig erscheint bzw. warum bestimmte *Methoden* zur Anwendung kommen und andere nicht. *Methodologie* ist also die Metawissenschaft, die sich mit den theoretischen, philosophischen und ethischen Hintergründen der Methoden befasst und als Teildisziplin der Wissenschaftstheorie gilt.

Das Handbuch der heilpädagogischen Konzepte und Methoden von Christina Reichenbach gibt einen sehr guten Überblick und detaillierte Informationen zu den zahlreiche Methoden, die in der Heilpädagogik eingesetzt werden (Reichenbach 2023). Daher wird hier nur eine Auswahl knapp und exemplarisch erwähnt und zur besseren Einordnung nach Anwendungsfeldern geordnet:

Zu konzeptionellen und methodische Ansätzen der *Wahrnehmungsförderung, der Körperarbeit und der bewegungsorientierten Verfahren* zählen: die Sensorische Interaktion (J. Ayres), die *Basale Stimulation* (A. Fröhlich), die *Konduktive Förderung* (A. Petö), die *Interaktionstherapie* (F. Affolter), die *Wahrnehmung durch Bewegung* (M. Frostig), die *Beziehungsorientierte Bewegungspädagogik* (V. Sherborne), die *Psychomotorische Praxis* (B. Aucouturier), die *Therapie im Wasser* (J. McMillan) sowie die umfangreichen Konzepte der heilpädagogischen Rhythmik und der Motopädagogik. Im weiteren Sinne können auch die *Tomatis-Therapie* (A. Tomatis), das *Snoezelen* (J. Hulsegge, A. Verheul), die *Ganzheitliche Förderung* (W. Pfeffer), die *Basale Aktivierung* (M. Breitinger, D. Fischer) und die *Kinästhetik* (F. Hatch) hinzugezählt werden, die in der Heilpädagogik, in der Gesundheits-, Kranken- und Altenpflege zur Anwendung kommen. In diesen methodischen Ansätzen sind die jeweiligen Formen der Beeinträchtigung, die Alters- und Entwicklungsstufen, die lebensweltlichen Aspekte und die individuellen biografischen Entwicklungen der Klient*innen zu berücksichtigen.

Zu den Konzepten und Methoden des *Spiels*, der *Interaktion* und der *Förderung emotionaler und sozialer Kompetenzen* zählen: Die *Spieltherapie* (A. Freud; M. Klein; V. Axline), die *Sandspieltherapie* (D. Kalff), der *Märchendialog* (T. Simon), die *Heilpädagogische Übungsbehandlung* HPÜ (C. v. Oy, A. Sagi), die *Heilpädagogische Erziehungshilfe und Entwicklungsbegleitung* HPE (W. Köhn). In diesen Verfahren können Kinder und Jugendliche sich im spielerischen Dialog mitteilen, konflikthafte Erlebnisse bearbeiten, Einsicht in ihr Verhalten erlangen, in ihrem Selbstwertgefühl gestärkt werden und ihre Anspannungen regulieren, ohne mit Bewertungen der Handlungen oder negativen Eingriffen in ihren Alltag rechnen zu müssen. Die spielerischen Angebote an die Kinder und Jugendlichen sind keine statischen Trainingsprogramme, sondern dialogische Formen zur Förderung der individuellen Persönlichkeit. Soziale Kompetenztrainings wie *Till Tiger* (S. Ahrens-Eipper), *Fit for Life* (G. Jugert et al.), *Lubo aus dem All* (Hillenbrand et al.) oder *Faustlos* (M. Cierpka et al.) ergänzen systematisch das Methodenspektrum und dienen der Verbesserung sozialer Fähigkeiten, stärken das Selbstvertrauen und setzen sich mit Belastungen des Alltags auseinander.

Die *Bildungs- und Beratungsangebote zur Unterstützung von Eltern* sind in Belastungssituationen gefragt und dienen dem Aufbau einer gelingenden Eltern-Kind-Beziehung. *SAFE* (K. Brisch), *STEEP* (M. Erickson & B. Egeland), *BASE* (H. Parens),

Starke Eltern – Starke Kinder (P. Honkanen-Schoberth & L. Jennes-Rosenthal) sowie *Marte Meo* (M. Aarts) sind vielfach erprobte Konzepte, die darauf abzielen, Interaktionen gemeinsam und systematisch zu beobachten, Beziehungserfahrungen zu reflektieren, das Selbstvertrauen der Eltern sowie ihre Ressourcen zu stärken und die Kommunikation in der Familie zu verbessern. Mögliche Krisen in der Dynamik zwischen Eltern und ihren Kindern sollen so minimiert werden, um alle Beteiligten in der Familie vor physischer und psychischer Gewalt zu schützen.

Zu den *inklusions- und partizipationsorientierten Handlungsansätzen* der Heilpädagogik, die aus den Forderungen der UN-BRK abgeleitet wurden und sich mit Aspekten der Selbstbestimmung und der Selbstvertretung im Sozialraum befassen, gehören: Die *Sozialraumanalyse* (C. Spatschek) und die *Soziale Netzwerkarbeit* (H. Bullinger), die *Persönliche Zukunftsplanung* (S. Doose) mit Verfahren wie *MAPS* oder *Path*, die *Kommunale Teilhabeplanung* (A. Rohrmann) sowie Konzepte der Assistenz zur Unterstützung der Teilhabemöglichkeiten von Menschen mit Beeinträchtigungen in den Bereichen Wohnen, Arbeit, Kultur, Freizeit und Sport. Hierunter fallen auch: *Peer Counseling*, die Unterstützung von Selbsthilfegruppen und die *Psychoedukation*.

Im Bereich der *künstlerisch-kreativen Verfahren* sind wiederum eine Vielzahl von methodischen Ansätzen zu nennen, von denen hier nur wenige aufgeführt werden können, z. B. die *Arbeit am Tonfeld* (H. Deuser), das *Geführte Zeichnen* (M. Hippius), die *Squiggle-Technik* (D. W. Winnicott) oder das *Lösungsorientierte Malen* (B. Egger). Bei den musikpädagogischen oder musiktherapeutischen Ansätzen ist beispielhaft die *Musikbasierte Kommunikation* (H. Meyer) sowie zahlreiche Konzepte der rezeptiven und der aktiven Musiktherapie zu nennen, bei den theaterpädagogischen Ansätzen z. B. *Jeux Dramatiques* (H. Frei; L. Chancerel) und bei den tanztherapeutischen Ansätzen z. B. die *Integrative Tanztherapie* (E. Willke) oder der *Fähigkeitsgemischte Tanz* (S. Quinten; H. Schwiertz). Hinzu kommen Ansätze der kreativen Gestaltung mithilfe von Videoprojekten bzw. digitalen Medien. Die künstlerischen Verfahren zielen darauf ab, innerpsychische und beziehungsorientierte Prozesse mit Hilfe kreativer Mittel zum Ausdruck zu bringen, Ressourcen zu stärken; Selbstwirksamkeit und Teilhabe zu erfahren sowie mögliche Veränderungen anzuregen.

Die *Unterstützte Kommunikation* wendet sich an Menschen, deren Ausdrucksmöglichkeiten eingeschränkt sind, weil es ihnen an Fertigkeiten fehlt, Lautsprache gezielt einzusetzen. Während junge Kinder die Funktion von Sprache nach und nach erfassen, sind ältere Kinder und Erwachsene mit komplexen Beeinträchtigungen oft darauf angewiesen, Unterstützung bei der Kommunikation zu erhalten und einzusetzen. Das *Picture Exchange Communication System* (PECS) bahnt Kommunikation an und nutzt dazu Bildkarten; die *Gebärden-unterstützte Kommunikation* (GuK) ist geeignet für Personen, die (noch) nicht auf die *Deutsche Gebärdensprache* (DGS) zurückgreifen können. *Elektronische Kommunikationshilfen* mit Lautsprach- oder Schriftsprachausgabe bzw. mit Ansteuerungshilfen unterstützen Menschen aller Altersgruppen, vor allem diejenigen mit komplexen Beeinträchtigungen, bei der Teilhabe am Dialog mit ihren Bezugspersonen; das Ziel der *Basalen Kommunikation* (W. Mall) ist die Förderung des Kommunikationsaufbaus von Menschen, denen keine verbalen oder sonstigen Kommunikationsweisen zur Verfügung stehen.

4.1 Die Vielfalt der Konzepte und Methoden in den Handlungsfeldern der Heilpädagogik

Die heilpädagogische Arbeit mit *tiergestützten Verfahren* ist für physische, psychische und kognitive Beeinträchtigungen denkbar und besonders geeignet für Personen, die sonst schwer zu erreichen sind oder denen die Erweiterung der Beziehungsebenen und die Beziehung mit einem Tier hilft, sich auf eine Therapie einzulassen. Das *Heilpädagogische Reiten und Voltigieren*, die *Delfin-Therapie* und die *therapeutische Arbeit mit dem Hund*, mit anderen Tieren wie Hasen, Eseln, Schafen oder Ziegen verbessern oft die somatische und emotionale Befindlichkeit und stärken die Wahrnehmung und die kognitiven Fähigkeiten.

Im Bereich der heilpädagogischen Arbeit mit *älteren Menschen mit Beeinträchtigungen* sind beispielhaft folgende Ansätze zu nennen: *Validation* (N. Feil; N. Richard), *Realitäts-Orientierungs-Training* (L. R. Taulbee; J. C. Folsom), *Biografie-Arbeit* (die in jeder Altersgruppe mit spezifischen Fragestellungen möglich ist) und die Vorbereitung auf den Ruhestand. Altersentsprechende Anregungen sind hier zu erarbeiten, um Lebensqualität zu erhalten und einen würdevollen Umgang mit den vielfältigen Erfahrungen älterer Menschen zu sichern. Auch die Sterbe- und Trauerbegleitung kann eine heilpädagogische Aufgabe sein.

In der Begleitung von Menschen im *Autismus-Spektrum* haben sich eine Reihe von Konzepten und Methoden als sinnvoll erwiesen, die zur *Förderung lebenspraktischer Fähigkeiten* und zur *Stärkung individueller Handlungskompetenzen* beitragen: *TEACCH* (Treatment and Education of Autistic an related Communication handicapped Children; E. Schopler; A. Häußler) verbindet heilpädagogische und verhaltenstherapeutische Verfahren mit Maßnahmen der Strukturierung und Visualisierung; *ABA* (Applied Behaviour Analysis; O. Loovas) setzt auf die Förderung von Kindern mit ASS in einem frühen Stadium; *SOKO Autismus* (A. Häußler et al.) ist als soziales Kompetenztraining in unterschiedlichen Altersgruppen anwendbar, während *KOMPASS* (B. Jenny et al.) für Jugendliche mit ASS geeignet ist; *TOMTASS* (B. Paschke-Müller et al.) ist orientiert an der Theory-of-Mind und auf die Verbesserung der Mentalisierungsfähigkeit gerichtet; *Social Stories* (C. Gray) dienen dazu, in sozialen Situationen angemessen zu handeln. In Gruppentrainings wie *Kontakt* oder *Faster* erhalten Menschen aus dem Autismus-Spektrum Resonanz auf ihr Verhalten; auch die Eltern von Kindern und Jugendlichen aus dem Autismus-Spektrum können von psychoedukativen Verfahren und Konzepten wie dem Frankfurter Autismus-Elterntraining (*FAUT-E*) oder dem Freiburger Elterntraining für Autismus-Spektrum-Störungen (*FETASS*) profitieren.

Bei vielen dieser heilpädagogischen Methoden handelt es sich um relativ engmaschige Systeme, die auf bestimmte Techniken zurückgreifen, die man sich nicht intuitiv aneignen kann, sondern erlernen, erproben und evaluieren muss. Es handelt sich nicht um Rezepturen, Methoden sind nie losgelöst von Begründungszusammenhängen zu betrachten, sie sind mehr als nur fixierte Wege zu festen Zielen. Und es kommen immer neue konzeptionelle und methodische Ansätze hinzu, die nicht alle in den Ausbildungen der Heilpädagogik thematisiert, diskutiert, reflektiert und evaluiert werden können. Insofern empfinden Studierende während und am Ende ihres Studiums bisweilen ein gewisses Unbehagen, dass sie das Spektrum der Konzepte und Methoden in den unterschiedlichen heilpädagogischen Handlungsfeldern in der ganzen Breite und Tiefe nicht überblicken oder gar beherrschen. Sinnvoll ist es, sich stets nach den konzeptionellen und methodischen Ansätzen der Einrichtung zu erkundigen, für die Weiterentwicklung des eigenen Berufswissens die Veröffentlichungen in den Fachorganen und in der Wissenschaft zu verfolgen, Fort- und Weiterbildungen zur Vertiefung der eigenen Handlungskompetenz zu besuchen und ein ganz aktuelles Überblicksbuch zu den heilpädagogischen Methoden (Reichenbach 2023) durchzuarbeiten.

4.2 Didaktische Planung heilpädagogischen Handelns

Der Begriff *Didaktik* leitet sich ab von dem griechischen Wort: *didaskein* = lehren und lernen. In Texten der griechischen Antike finden sich Wörter wie *didactos* = lehrbar, gelehrt oder *didascaleion* = Schule, Klasse. Im Lateinischen steht das Verb *docere* für: unterweisen, einstudieren, aufführen. Und in dem Substantiv *disco* verbirgt sich *der Ort der lehrenden und lernenden Begegnung* (damals jedenfalls!). Im Französischen finden wir das Adjektiv *didactique* im Zusammenhang mit der moralischen Literatur, die belehren und erziehen will (z. B. in den Fabeln von La Fontaine). In der englischen Sprache wird *didactic* als Lehrstück verstanden und hat einen leicht ironischen Charakter. Und international vertraut ist der Begriff *Autodidaktik* in der Bedeutung: sich selbst Fähigkeiten und Wissen ohne fremde Hilfe anzueignen.

Im deutschsprachigen Raum bezeichnet *Didaktik* eine wissenschaftliche Teildisziplin der Pädagogik, die sich – vor allem auf die schulische Bildung bezogen – mit Theorien des Lehrens und Lernens und mit der Planung, Begründung, Durchführung und Reflexion von Lehr- und Lernprozessen beschäftigt sowie die Auswahl von Bildungsinhalten und ihre Vermittlung theoretisch begründet. Das Grundmodell aller Didaktik ist das Dreieck zwischen Lehrenden, Lernenden und Lerninhalten und der didaktische Vorgang des Zeigens: Es geht – basal verstanden – immer darum, dass eine Person (A) einer anderen Person (B) etwas zeigt und darauf abzielt, dass Person B etwas erkennt, anwendet oder eine Variation dessen entwickelt, was Person A vorgestellt hat.

> »In der didaktischen Situation steckt nämlich immer ein Aspekt des Lehrens (von dem, der zeigt), ein Aspekt des Lernens (von dem, dem gezeigt wird) und ein Inhalt (auf den gezeigt wird)« (von Olberg 2016, S. 57).

Im Bereich der Schulbildung fragt Didaktik danach, welche Überlegungen und Schritte wichtig und sinnvoll sind, aus einem ausgewählten Gegenstand einen anschaulichen Unterrichtsgegenstand zu machen. Fach-Didaktiken konzipieren, strukturieren und evaluieren die Lehr- und Lernprozesse in den Schulfächern (als Deutsch-Didaktik, Mathematik-Didaktik, Sport-Didaktik usw.).

Nicht überall gilt *Didaktik* als eigenständige Wissenschaft. Konzepte, die nicht primär auf Schule ausgerichtet sind, sprechen statt von *Didaktik* eher von Lerntheorie bzw. von Lernpsychologie und konzentrieren sich auf Bildungsprozesse, die auch Fragen der zwischenmenschlichen Begegnung, der individuellen Entwicklung und der Lebensbewältigung einschließen. In der deutschsprachigen Pädagogik gilt *Didaktik* hingegen als eine Wissenschaft der Vermittlung: Didaktische Überlegungen bewegen sich zwischen den Ansprüchen der Fachwissenschaften und den Erkenntnissen der Grundlagenwissenschaften (wie Psychologie, Pädagogik, Soziologie usw.). Es geht in der *Didaktik* um die Konzipierung, Erprobung, Reflexion und Evaluation vielschichtiger Prozesse der Bildung, der Förderung, der Entwicklung, der Integration und der Inklusion. In die Planungen und Zielvorgaben gehen Beobachtungen, Wünsche und Visionen ein. Insofern ist *Didaktik* auch als Anwendung psychologischer Lehr- und Lerntheorien zu denken und nicht nur als Theorie der Bildungsinhalte oder als Theorie der Steuerung von Lernprozessen (Kron et al 2014).

In der Zeit nach 1945 begann in der Bundesrepublik Deutschland eine Debatte über die Frage nach den ›richtigen‹ Bildungsinhalten, nach sinnvollen Methoden und verbindlichen Zielen schulischer und außerschulischer Bildung. Sollten Bildungseinrichtungen das ›Kulturgut‹ ins Zentrum des Lehrens und Lernens stellen, oder sollte es der Auftrag sein, die Aneignungsprozesse von Bildung genauer zu entwickeln? Die Unterrichtsforschung war gespalten in die Befürworter des klassischen Kulturguts (materiale Bildung) und die Gruppe derer, die auf Aneignung (formale Bildung) und funktionale Bildungsziele setzten: Die Befürworter der materialen Bildung gingen davon aus, dass nur wichtige Werke und gesicherte Erkenntnisse Anspruch darauf hätten, in den Kanon der Bildung aufgenommen zu werden. Die Befürworter der formalen Bildung bezweifelten, dass es gelingen könne, verbindliche Bildungsinhalte für alle sozialen Gruppen zu bestimmen. Ihnen ging es nicht um die Auswahl bedeutsamer Inhalte, für sie standen die Personen in ihren Bildungsprozessen im Zentrum: Wie können wir Menschen in ihrer Individualität so unterstützen, dass ihre körperlichen, geistigen und seelischen Kräfte gestärkt werden? Kann Didaktik emanzipatorisches Potenzial entfalten (Bönsch 2006)? Gedanken der humanistischen Psychologie flossen in diesen Diskurs ein: als ganzheitliches Menschenbild mit dem Streben nach Sinnorientierung. Man kann niemandem etwas aufzwingen; man kann nur zur Entfaltung bringen, was an Potenzialen angelegt ist. Diese Überlegungen lassen sich mit einer Pädagogik der Vielfalt (Prengel 2019a) und kooperativen Lernformaten (Wocken 2016) gut verbinden. Von den didaktischen Theorien, die im Kontext der Inklusion als bedeutsam gelten (Markowetz & Reich 2022), sollen hier drei Ansätze knapp skizziert werden.

4.2.1 Die Bildungstheoretische Didaktik

Bildungstheoretische Ansätze sehen Erfahren und Erkunden, Erkennen, Begreifen und Handeln als dialogischen Prozess zwischen Lehrenden und Lernenden. Es geht um die Anbahnung von Bildung durch Begegnung junger Menschen mit kulturellen Gütern im weitesten Sinne. Nicht die Person ist gebildet, die möglichst viel Wissen enzyklopädisch in sich aufnimmt, und auch nicht diejenige, die alle schlummernden Kräfte entfaltet, sondern die Person, die ihre Wirklichkeit kategorial erschließen kann und für diese Wirklichkeit erschlossen wird (Klafki 2007). Auch die Wertorientierung und die Nachhaltigkeit der Bildung werden thematisiert. Für die Themenauswahl und Strukturierung sind nicht in erster Linie Schulfächer entscheidend, es sollen vielmehr grundlegende Schlüsselphänomene des gesellschaftlichen Zusammenlebens in den Blick genommen und bearbeitet werden. In dieser *bildungstheoretischen Didaktik* wird die Entwicklung von Fähigkeiten zur Selbstbestimmung, Mitbestimmung und Solidarität als besonders wichtig angesehen, ebenso die Fähigkeit zur Reflexion und Begründung gewonnener Einstellungen, Normen und Handlungen. Bei der Auswahl der Inhalte ist der Blick auf die Lebenswelten der Teilnehmer*innen zu richten: Ist das Thema für die Person in ihrem Lebensalltag relevant? Welche Sozialisationsbedingungen haben den Lebensalltag geprägt, welche Normen und Werte herrschen in der betreffenden Lebenswelt? Kann die Person den Bildungsinhalt in ihrem gegenwärtigen Handlungszusammenhang verwenden?

Da die Vielfalt an Themen und Inhalten niemals ganz veranschaulicht werden kann, müssen Aspekte ausgewählt werden. In einer exemplarischen Auseinandersetzung können Grundprinzipien erkannt und der Blick von Einzelerkenntnissen (z. B. naturwissenschaftliche Phänomene, Betrachtungen der Malerei, der Architektur usw.) auf Allgemeines und auf gesellschaftliche Werte gerichtet werden. Aus der Bearbeitung können Erkenntnisse sozialer Verantwortung für die Kultur und die Gesellschaft, die Ökonomie und Ökologie im engeren Umfeld und in Bezug auf globale Probleme und Anforderungen entstehen. Dabei ist es wichtig, dass Verbindungen zwischen den Erscheinungen in der Geschichte und aktuellen Fragen erkannt werden, die eine Gegenwarts- und Zukunftsbedeutung sowie eine exemplarische Bedeutung aufweisen (Coriand 2015). In Bildungsprozessen haben wir es häufig mit einfachen Techniken zu tun, die wir selten zum Gegenstand der didaktischen Reflexion machen. Sie sind jedoch nicht so trivial, wie es scheint. In ihnen verbergen sich bildungswirksame Erfahrungen, z. B. Schreiberfahrungen (in Briefen, Anträgen usw.) oder Grundformen des Handwerks (Sägen, Hobeln, Feilen, Fugen, usw.). Ästhetische Formen und ihre Erkundung können den Weg zur Bildung ästhetischer Kategorien und zur Entfaltung musischer Potenziale ebnen. Klafki versteht unter Bildung in der modernen Gesellschaft also die »Befähigung zu vernünftiger Selbstbestimmung« (Klafki 2007, S.19).

4.2.2 Die Konstruktivistische Didaktik

Die *konstruktivistische Didaktik* will lernende Menschen darin unterstützen, Kompetenzen für ihr Leben in der modernen Gesellschaft zu entwickeln. Sie geht davon aus, dass der Bestand an Wissen in der heutigen Gesellschaft unüberschaubar sei und die traditionellen Lehr- und Lernstrategien die Bestände an Erkenntnissen nicht plausibel reduzieren und vermitteln können. Faktenlernen wird immer fragwürdiger, die Entwicklung von Fähigkeiten und Fertigkeiten zur Selbstorganisation der Bildungsprozesse hingegen immer notwendiger. Doch das Bildungssystem ist nicht gut darauf vorbereitet: Schulverwaltungen sind hierarchisch gegliedert, Lehrpläne werden in Bürokratien von ›Experten‹ festgelegt, den Schulen vor Ort werden kaum Freiheiten zur Gestaltung der Prozesse eingeräumt. Und die Lehrkräfte sind es gewohnt, Kinder spezifischen Schulformen zuzuordnen oder durch Unterstützung und Schulbegleitung an sie anzupassen (Sturm 2017). Die *konstruktivistische Didaktik* sieht hingegen in lernenden Personen eigenständige Akteure ihrer Bildungsprozesse, die an der Auswahl der Ziele, Inhalte, Methoden und Medien zu beteiligen sind und (Frei-)Räume zum handelnden und experimentellen Lernen benötigen. Die Lehrenden hingegen verfügen über keine Wahrheiten, sondern begleiten die Lernprozesse und vermitteln die Konstrukte ihrer Erkenntnisse (Siebert 2019). Die *konstruktivistische Didaktik* ist interdisziplinär angelegt, sie steht der Psychologie, der Soziologie und den Neurowissenschaften nahe, »um insbesondere eine Reflexion kultureller Kontexte, die Analyse von Verhaltens- und Lernvorgängen, die unterschiedliche Konstruktion von Erziehungs- und Bildungsverhältnissen, gesellschaftliche und individuelle Bedingungen des Lehrens und Lernens hinreichend breit und tief beurteilen zu können« (Reich 2012, S. 83/84).

Die *Konstruktivistische Didaktik* weist mitunter Parallelen zu den Ideen der Reformpädagogik und der Entwicklungspsychologie auf und greift Konzepte der Beratung und der Familientherapie auf, die das Beziehungsgeschehen reflektieren und die kommunikativen und interaktionellen Prozesse in den Mittelpunkt der Betrachtung stellen. In diesem Sinne verbindet die konstruktivistische Didaktik den Erwerb von Kompetenzen mit Handlungskontexten, denn die bloße kognitive Aneignung von Wissen kann nicht nachhaltig sein, wenn die neu erarbeiteten Erkenntnisse nicht verknüpft sind mit Anwendungsfähigkeiten in sinnhaften Handlungsfeldern. In den Köpfen bleibt nur haften, was in positiver emotionaler Stimmung erarbeitet wird. Oft gerät diese emotionale Seite aus dem Blick, wenn Lehrende meinen, ›etwas Druck‹ sei notwendig, um Lehr- und Lernziele zu erreichen. Aus den Neurowissenschaften ist aber bekannt, dass man erfolgreicher lernt, wenn selbst erarbeitetes und kompetenzorientiertes Wissen und Können generiert wird. Überhaupt ist in der Perspektive des Konstruktivismus Lernen nicht ›machbar‹, man kann Lernvorgänge nur anregen. Ereignisse und Handlungsmomente werden in unseren Sinnesorganen in die 'Sprache des Gehirns' übersetzt, ein Prozess der Konstruktion. Beim Wahrnehmen und Speichern handelt es sich um Erregungszustände, hervorgerufen durch die Arbeit der Neurotransmitter. Rekonstruktion bezeichnet die Erarbeitung des vertieften Wissens über eine Sache. Die lernende Person rekonstruiert ein Geschehen, indem sie beobachtet, aktiv teilnimmt und probeweise handelt. Dekonstruktion meint, dass der Lernvorgang genau analysiert und kritisch hinterfragt wird. Die lernende Person beobachtet sich selbst, schaut auf den Lernvorgang als Ganzes und auf ihr Handeln zurück. In diesem Moment wird sie auch wieder zum Konstrukteur, indem sie nach neuen Lösungen sucht oder Möglichkeiten prüft, Alternativen plant und diese auch probeweise durchführt. Eine solche Konzeption löst sich von dem Unterricht ›im Gleichschritt‹ und erkennt die Kinder als Didaktiker*innen des eigenen Lernens, des Rechts auf Selbstbestimmung und Selbstverwirklichung (Geiling & Simon 2017).

4.2.3 Die Inklusive Didaktik

Eine *inklusive Didaktik* will die Chancengleichheit aller Kinder und Jugendlichen – unabhängig von ihren jeweiligen Kompetenzen und Entwicklungsmöglichkeiten in den Blick nehmen und sich an der inneren Differenzierung und an den Lernausgangslagen jedes einzelnen Kindes in der Lerngruppe orientieren (Prengel 2019a). Heterogenität und Diversität sind die Leitgedanken einer inklusiven Didaktik, die von den drei Prinzipien lebt: Individualisierung, innere Differenzierung, Kooperation. Alle Lernenden sind verschieden und müssen im Kontext einer inklusiven Didaktik individuell wahrgenommen werden. Wenn inklusive Bildungsangebote (in der Kita, der Schule, der Hochschule, der Erwachsenenbildung) binnendifferenziert, in offenen Lehr- und Lernformen und im Team-Teaching erfolgen, sollten neben grundsätzlichen Lehrkompetenzen auch heilpädagogische Diagnostik- und Förderkompetenzen vorhanden sein, ebenso darf das Spannungsverhältnis, das aus den Prinzipien der Individualisierung einerseits und den Forderungen nach kooperativen Lernformen andererseits entstehen kann, nicht verleugnet werden. Individualisierte Lehr- und Lernpläne sind regelmäßig zu überprüfen und sollten Möglichkeiten des gemeinsamen Lernens trotz aller Unterschiede berücksichtigen. Die Grundidee ist: nicht Lernen im Gleichschritt, sondern Lernen auf vielfältigen Wegen mit vielfältigen Materialien in vielfältigen Schritten hin zu vielfältigen Zielen (Wocken 2016).

Inklusives Lernen kann die Arbeit mit homogenen und mit heterogenen Lerngruppen (z. B. nach Interesse, nach Geschlecht, nach Ethnie, nach Begabung usw.) einschließen. In diesem Kontext ist eine ›vorbereitete Umgebung‹ für den individualisierten und binnendifferenzierten Unterricht sinnvoll: In Phasen der Freiarbeit, der Partnerarbeit und der Gruppenarbeit finden die Lernenden vereinbarte Aufgabenstellungen vor, an denen sie mit bereit gestellten Materialien allein oder kooperativ, zeitlich flexibel und methodisch auf unterschiedlichste Weise zu Lernzielen und eigenen Erkenntnissen gelangen. Auf Konzepte von Freinet, Montessori und Petersen kann dabei zurückgegriffen werden. Im kooperativen Lernen unterstützen sich die Lernenden gegenseitig und gelangen gemeinsam an Ziel; sie können unterschiedliche Rollen einnehmen, z. B. als Gesprächsleiter, Berater, Regelwächter, Zeitwächter usw. In dieser Lernform soll niemand an den Rand gedrängt werden, jeder ist Teil des Lerngeschehens. Die Gruppen bilden sich nicht nur nach Sympathie, um nicht wieder Exklusionsprozesse zu provozieren. Mit unterschiedlichen Partner*innen zu arbeiten kann emotional und sozial stärkend sein und die eigenen Kompetenzen zur Entfaltung bringen (Reich 2017).

4.2.4 Didaktik in der Heilpädagogik

Der Heilpädagogik geht es nicht primär um das Lehren und Lernen: Didaktische Kompetenzen werden benötigt, um die Praxissituationen zu planen, durchzuführen, zu reflektieren und dazu beitragen, dass die Rahmenbedingungen sowie die Einflussvariablen des Gelingens gesehen, bewertet und einbezogen werden (Markowetz & Reich 2022). *Didaktik* in der Heilpädagogik hat intentionalen Charakter, d. h. sie fragt: Was sind die Inhalte, um die es in der Bildung, Förderung oder Assistenz gehen soll? Was sind die angestrebten Ziele und was sind die Voraussetzungen, die es zu berücksichtigen gilt, um angemessene Angebote zu konzipieren? Welche Umgebungsfaktoren sind relevant und woher wissen wir eigentlich, welche Interessen, Motive, Wünsche und Ziele die Person selbst hat, die im Zentrum des heilpädagogischen Angebots steht? Mitunter können die Interessen nur schwer bzw. nur indirekt erschlossen werden, daher umfasst Didaktik hier mehr als die systematische Planung und Anwendung inhaltlichen Wissens und methodischer Kompetenz: Voraussetzung für didaktisches Handeln in heilpädagogischen Handlungsfeldern, die sich nicht nur auf Bildungsangebote beziehen, ist die Beachtung der kommunikativen Kompetenzen und der individuellen Unterstützungsbedarfe der betreffenden Person(en).

Selbst der Ausgangspunkt des didaktischen Handelns bedarf der Klärung: Wer erteilt den Auftrag der heilpädagogischen Intervention? Die betreffende Person selbst? Die Angehörigen? Die Einrichtung? Der Leistungsträger? Und an welche Voraussetzungen ist das heilpädagogische Handeln gebunden: An eine Diagnostik der Behinderung? An eine ausgearbeitete Bildungs- oder Förderplanung? An ein Konzept wie die *Persönliche Zukunftsplanung*? Bei manchen Menschen mit Beeinträchtigungen geht es um die Förderung oder Unterstützung von Basisprozessen und Reifungsschritten. Frühe Bildung vollzieht sich nicht immer von allein, sie benötigt ein gezieltes Nachdenken über sinnvolle Impulse zur Entwicklung von emotionalen und sozialen Kompetenzen, zur gezielten Steuerung der Motorik, zur Entfaltung von kommunikativen Prozessen oder zur Differenzierung der Wahrnehmung.

> »Wichtig ist zu wissen und zu respektieren, dass die Didaktik als praxisbezogene Disziplin nicht einer (…) Rechtfertigung für eine aktionistische Emsigkeit der heilpädagogisch Tätigen dient, sondern der Findung von Entscheidungen, die für beide Seiten einen Sinn ergeben« (Greving & Ondracek 2019, S. 16).

Stets sind also die Bedingungen des heilpädagogischen Angebots zu klären und die Ausgangslage mit der betreffenden Person zu ermitteln; dann sind die besprochenen Erwartungen und Ziele zu formulieren, die Struktur des Angebots, die Methodenwahl sowie die möglichen Hindernisse zu skizzieren. In der Durchführung sind die Beziehungsaspekte, die Handlungsschritte, die zeitlichen Abläufe und die aktuellen Rahmenbedingungen zu berücksichtigen. Im Prozess der Reflexion sind schließlich die genannten Dimensionen des heilpädagogischen Handelns zu betrachten und zu benennen, welcher mögliche Zuwachs an Sachkompetenz, Methodenkompetenz, Sozialkompetenz und Selbstkompetenz sowohl bei der begleitenden Person als auch bei sich selbst zu erkennen ist.

4.3 Projektorientiertes Arbeiten und Projektmanagement

Zu den besonderen Erfahrungen eines wissenschaftlichen Studiums gehört an vielen Hochschulen das projektorientierte Arbeiten. Je nach Konzeption des betreffenden Studiengangs haben Projekte zum Ziel, sich mit heilpädagogischen Praxisfeldern und professionstypischen Herausforderungen auseinanderzusetzen, inklusive Entwicklungsprozesse in Organisationen zu erfassen, Sozialräume, Lebenswelten und Exklusionsgefährdungen zu erkunden und Ansätze der empirischen Sozialforschung zu erproben. Studierende der Heilpädagogik sind gefordert, gemeinsam und doch eigenständig ein Projekt zu gestalten, also zu explorieren, forschend tätig zu werden und sich dabei mit strukturellen institutionellen und (sozial-) rechtlichen Rahmenbedingungen sowie mit Ansätzen der Beratung und mit Prozessen der Gruppendynamik zu befassen. Sie suchen sich ein praxisnahes Projekt- bzw. Themengebiet aus, finden sich im Rahmen der entsprechenden Lehrveranstaltung in Projektgruppen zusammen, werden in die Grundlagen des Projektmanagements eingeführt und fachlich begleitet. Sie dokumentieren und präsentieren am Ende nicht nur die inhaltlichen Ergebnisse ihres Projektes, sondern reflektieren auch die Prozesse des forschenden Lernens, der gegenseitigen Unterstützung, der Dynamik innerhalb der Gruppe sowie der Forschungsstrategien, die bei der Realisierung des Projektes hilfreich waren. Die Erfahrungen des projektorientierten, forschenden und selbstgesteuerten Lernens sind im weiteren Studienverlauf, bei der Erstellung der Bachelorarbeit und in der Kooperation mit den heilpädagogischen Praxisfeldern mittel- und langfristig hilfreich, denn projektorientiertes Arbeiten vertieft fachwissenschaftliche Kenntnisse und stärkt auch die Kompetenzen in der Kommunikation, Kooperation und Präsentation.

Ein Projekt ist in der Regel ein »einmaliges und von anderen Aufgaben unterscheidbares Vorhaben mit begrenzten zeitlichen, finanziellen, personellen und sachbezogenen Ressourcen. Projekte verfolgen definierte Ziele und haben eine projektspezifische Organisation« (Timinger 2021, S. 11). Im Bereich der (Betriebs-) Wirtschaft ist ein Projekt »ein zeitlich begrenztes Vorhaben zur Schaffung eines neuen und einmaligen Produktes, einer Dienstleistung oder eines Ereignisses« (Weinhold 2021, S. 10). Solche Aussagen wirken im pädagogischen Bereich befremdlich, denn einmalige Produkte stellt die Heilpädagogik nicht her und neue Dienstleistungen werden in studentischen Projekten selten entwickelt (obwohl es durchaus vorkommt). Auch wird die heilpädagogische Projektarbeit nicht primär von externen Auftraggebern initiiert. Dennoch ist nicht auszuschließen, dass die Ergebnisse eines zunächst unscheinbaren Projektes sich später in der Praxis als relevant erweisen: So erhielten Praktikanten in der Einrichtung ›Haarendael‹ in den Niederlanden in den 1970er Jahren den Auftrag, ein Angebot der Förderung und Freizeitgestaltung für Menschen mit komplexen Beeinträchtigungen zu entwickeln. Sie dachten an Anregungen der Sinne (Tasten, Riechen, Schmecken, Sehen, Hören) in entspannter Umgebung, gestalteten einen Raum mit Teppichen und Kissen, warmer Beleuchtung, ruhiger Musik und beweglichen Objekten, suchten nach einer passenden Bezeichnung für das Kuscheln und Schnüffeln sowie für das Dösen und nannten ihr Projekt »Snoezelen« – woraus sich ein international beachteter methodischer Ansatz entwickelte.

Projektarbeit im Studium bedeutet, dass ein komplexes Vorhaben angegangen wird, das sich von routinemäßigen Lehrveranstaltungen unterscheidet, zu festen Terminen beginnt und endet, in fortlaufenden Projektgruppentreffen entwickelt wird, verschiedene Aufgaben umfasst, eine eigenständige Projektorganisation besitzt sowie klare Verantwortlichkeiten benennt und konkrete Ziele ausweist. Begleitet werden die Gruppen von Lehrenden und von Tutor*innen, die möglichst

Erfahrungen im Projektmanagement besitzen und wichtige Beratungsaufgaben übernehmen. Projekte und Projektimpulse können von Kooperationspartner*innen (Stakeholder) innerhalb und außerhalb der Hochschule stammen, Hochschulen im Ausland oder Einrichtungen einbeziehen, die schön länger in enger Verbindung zu dem Studiengang stehen (Stöhler 2016).

Eine Definition zum Begriff Projektmanagement lautet:

> »Unter Projektmanagement versteht man die Gesamtheit der Aufgaben, Methoden und Mittel aus den Bereichen Definition, Planung, Steuerung, Projektabschluss und Leitung zur erfolgreichen Durchführung von Projekten« (Timinger 2021, S. 11).

Im Projektmanagement werden Projektziele, Ressourcen, benötigte Mittel, Vorgaben in Bezug auf den Zeitrahmen, Meilensteine (Fristen für die einzelnen Projektschritte) und Abhängigkeiten und Widerstände in der Realisierung geklärt. Unterschieden wird zwischen planbasierten und agilen Ansätzen: Das planbasierte Projektmanagement sieht die Schritte Initialisierung, Klärung, Planung, Steuerung, Abschluss vor und formuliert die Ebenen: a) Zieldefinition, b) Anforderungsanalyse, c) Projektorganisation, d) Meilensteinplan, e) Projektstrukturplan, f) Ressourcen- und Kostenplan, g) Projektsteuerung, h) Analyse und ›Lessons Learned‹, i) Projektabschluss. Die Projektziele werden im Sinne der SMART-Vorgabe formuliert, d. h. sie sollen spezifisch, messbar, anspruchsvoll, realistisch und terminiert ausgerichtet sein. Das planbasierte Projektmanagement ist für studentische Projekte insofern sinnvoll, als es allen Beteiligten in der Gruppe eine Übersicht über die Anforderungen, die Verantwortungen und die zeitlichen Vorgaben gibt und damit eine gewisse Sicherheit vermittelt. Die Planungsergebnisse sind schriftlich fixiert, mögliche Änderungen an der Planung (in Bezug auf Zeiten, Kosten, Verantwortungen usw.) werden neu ausgehandelt und fixiert. Beim agilen Projektmanagement haben feste Pläne eine geringere Bedeutung und werden weniger detailliert ausgearbeitet. Der Projektablauf soll flexibler sein, die laufenden Erfahrungen in der konkreten Arbeit reflektieren und die individuellen Ressourcen der einzelnen Personen stärker berücksichtigen – die sich ja oft erst im Verlauf der Projektarbeit zeigen; insofern stehen die Menschen im agilen Projektmanagement an erster Stelle und nicht die vorgefertigten Planungen (Kusay-Merkle 2021).

4.3.1 Der Aspekt der Projektpartner*innen

Bei der Gestaltung des Projektes ist zu klären, welche Projektpartner*innen im Kontext studentischer Projekte in der Heilpädagogik wichtig und unerlässlich sind: Menschen mit Beeinträchtigungen, die befragt werden? Angehörige, deren Lebenserfahrungen zu erkunden, oder Personen im Sozialraum, die im Netzwerk bedeutsam sind? Mitarbeitende von Einrichtungen, die innovative heilpädagogische Handlungsfelder oder Handlungsansätze vorstellen? Leitungen von Einrichtungen, die im Kontext von Inklusion und Partizipation neue Impulse setzen? Diese Personen können wichtig sein in Bezug auf die Kooperation im Kontext des Projektes: Wer pflegt die Kontakte? Welche Verpflichtungen ergeben sich daraus? Welche Anliegen an die Projektarbeit haben sie? Welche Einbeziehung in das Vorgehen, den Verlauf und die Präsentation der Ergebnisse erwarten sie? In welcher Verbindung stehen sie zu anderen Forschungsvorhaben der Hochschule? Wünschen sie einen innovativen Schub in Bezug auf die konzeptionelle Ausrichtung ihrer Einrichtung? Können sie in ihrer Arbeit die Erkenntnisse des Projektes anwenden, vielleicht sogar vermarkten? Sind sie an einer Darstellung des Projektes in den Medien interessiert? Partner*innen der studentischen Projektarbeit können natürlich auch die Hochschulen selbst sein, die sich durch Ergebnisse von Projekten entschließen, die Teilhaben von Menschen mit Beeinträchtigungen in Lehrangeboten zu erhöhen, Kurse in ›Leichter Sprache‹ fest zu implementieren oder eine Lernwerkstatt einzurichten oder neu auszustatten.

4.3.2 Der Aspekt der Teamarbeit

In der Regel kommen in einer Projektgruppe Studierende zusammen, die vielleicht schon in anderen Kontexten Arbeitserfahrungen miteinander gesammelt, aber noch keinen verbindlichen Prozess der Teamarbeit zusammen erlebt haben. Es sind unterschiedliche Kompetenzen und Spezialisierungen, Vorlieben und Abneigungen, Arbeitsstile und Verhaltensweisen, die es gilt, unter einen Hut zu bringen. Denn aus heterogenen Gruppen werden nur dann Teams, wenn es zu tragfähigen Übereinkünften über die Ziele, die Arbeitsschritte und die Delegation der Aufgaben kommt. Daher ist es gut, sich zu Beginn Zeit für den Austausch zu nehmen und zu klären: Welche Erwartungen habe ich an das Projekt? Wie sehen die zeitlichen und inhaltlichen Ressourcen aus? Welche Regeln geben wir uns als Team? Wer übernimmt welche Teilaufgaben? Wer entscheidet über die Arbeitsschritte und Zeitbudgets? Wer strukturiert und wer protokolliert die Sitzungen? Was passiert bei Enttäuschungen und Motivationsverlust? Manche Aspekte sind zu Beginn des Projektes kommunizierbar, andere ergeben sich erst im Laufe der konkreten Arbeit; durch formelle Regelungen kann zu Beginn Transparenz hergestellt werden, informelle Strukturen und Dynamiken werden erst im Laufe der Zeit erkennbar. Eine gewisse Stabilität der Projektgruppe ist jedoch notwendig, um die formellen und die informellen Legitimationen zur Übereinstimmung zu bringen. Am Horizont sollten auch die Anforderungen für einen guten Abschluss der Projektarbeit (Ergebnisse, Berichte, Analysen, Präsentation) erkennbar werden, um nicht am Ende Dissonanzen zu erleben (Kuster et al. 2019).

Zu klären ist auch, ob das Team ganz selbstbestimmt die genannten Fragen entscheiden kann oder ob Faktoren von außen, z. B. in Form von Vorgaben der Projektpartner*innen berücksichtigt werden müssen. Denn je nach Verbindung zu den kooperierenden Personen und/oder Einrichtungen wird es sich meist um teilautonome Teams handeln, die auf äußere Bedingungen und methodische Vorgaben Rücksicht nehmen müssen und nur hinsichtlich ihrer internen Arbeitsweisen alle Entscheidungen autonom in der Gruppe treffen können. Konkurrierende Interessen, unterschiedliche Motivationslagen und divergierende Einstellungen sind kaum zu vermeiden. Treten im Verlaufe der Projekte Konflikte auf (und das ist eher die Regel als die Ausnahme), ist zu klären, auf welcher Ebene sie angesiedelt sind (Beziehungs-, Inhalts-, Organisationsebene), ob die Gruppenzusammensetzung schwierig ist, die zeitlichen Ressourcen und Belastungen sich stark unterscheiden oder vorhandene Praxiserfahrungen zu Auseinandersetzungen führen. Stets gilt es, Konflikte frühzeitig anzusprechen, damit sie sich nicht ausweiten (Glasl 2020), für Transparenz in den einzelnen Projektphasen und für konstruktive Konfliktbewältigung zu sorgen, so dass alle im Team ihre am Projektziel festhalten und ihren Beitrag dafür einbringen können.

4.3.3 Berichtswesen und Dokumentation des Projektes

Der Informationsaustausch während des Projektverlaufs auf entsprechenden Plattformen bzw. in Protokollen ist wichtig, um allen Beteiligten den Stand der Dinge mitzuteilen; vorab ist im Team zu klären, wer wann welche Daten, Fakten und Entwicklungen protokolliert, welche Berichtsform und welches Medium gewählt werden und ob eine Standardisierung in Bezug auf die Berichte sinnvoll ist. Der Projektfortschritt kann auch in einem Statusbericht (entsprechend der gesetzten Meilensteine) erstellt oder in Form einer Power-Point-Präsentation dokumentiert werden. Der eigentliche Projektbericht ist eine an den Kriterien des wissenschaftlichen Arbeitens orientierte Zusammenfassung, die das Projekt in allen Dimensionen dokumentiert. Vom Studiengang bzw. von der projektbetreuenden Lehrkraft werden in der Regel Erwartungen und Vorgaben zur inhaltlichen Gliederung des Abschlussberichtes formuliert. Falls das nicht erfolgt, bietet sich folgende Gliederung an: a) Kurz-Zusammenfassung/Abstract, b) Thematischer Überblick und theoretischer Hintergrund, c) Vorstellung der Projektgruppe, d) Auftrag und Bedingungen des Projektes (Auftraggeber, Zielsetzung, Ressourcen und Risikoanalyse, e) Verlauf des Projektes (Meilensteine, Abweichungen, Krisen und Lösungen), f) Ergebnisse und praktische Konsequenzen, g) Lessons learned, Möglichkeiten der Verbesserung, h) Ausblick, denkbare Nachfolgeprojekte, i) Quellen-Verzeichnis. Oft wird in studentischen Projekten in Ergänzung zum Projektbericht eine individuelle Reflexion der Beteiligten und ihrer Erfahrungen im Projekt verlangt.

4.3.4 Der Abschluss eines Projektes

Am Ende wird in der Regel von jeder Gruppe verlangt, die Ergebnisse ihrer Projektarbeit in einer Präsentation zusammenzufassen. Die Qualität der Projektergebnisse wird ebenso bewertet wie die Präsentation. Daher macht es Sinn, sich auf eine solche Präsentation im Plenum gut vorzubereiten, die Aufgaben entsprechend der Kompetenzen zu verteilen, den Zeitaspekt zu berücksichtigen und das freie Sprechen zu üben. Die Erwartungen der Seminarleitung sind vorher abzuklären: Wie ist der zeitliche Rahmen? Poster-Präsentation oder Power-Point-Präsentation? Ist ein Handout zu erstellen? Tragen 1–2 Personen aus der Projektgruppe vor oder alle? Erfolgt nach dem Vortrag eine Diskussion? Die Auswertung der Erfahrungen erfolgt systematisch und transparent in der Gruppe, zusammen mit der beratenden Lehrperson: Was waren die Ziele? Wie werden die Ergebnisse bewertet? Was wurde erreicht/nicht erreicht? Was waren die individuellen Erfahrungen und was die Schlüsselsituationen in der Gruppe? Welche Probleme waren unvorhersehbar? Was ist in Zukunft zu verbessern? (Kuster et al. 2019).

4.4 Praxisprojekte, Praxisphasen und Praxissemester

Zum wissenschaftlichen Studium der Heilpädagogik gehört nicht nur die Vermittlung theoretischer und methodischer Kenntnisse, sondern auch die Möglichkeit der Umsetzung erworbenen Wissens in eigenes heilpädagogisches Handeln. Gerade ein Studiengang mit klarem Professionsbezug, der auf beziehungsorientierte Tätigkeiten ausgerichtet ist, benötigt mehr als Vorlesungen, Seminare und Projekte. Gemeinsam mit Praxispartner*innen sollten die Anforderungen des beruflichen Handelns reflektiert und die Qualitäts der Praxisphasen gesichert werden:

> »Praxisbezüge sind – ebenso wie Forschungsbezüge – wesentliche Elemente der Hochschulbildung. Theorie und Praxis im Studium bilden dabei keinen Gegensatz, vielmehr durchdringen und ergänzen sie sich gegenseitig« (Ulbricht & Schubarth 2017, S. 90).

Studierende erleben die Praxisphasen in der Regel als wichtiges Element des Studiums, das ihre Reflexionsfähigkeit stärkt und ihnen die kritische Auseinandersetzung mit eigenen Stärken und Grenzen abverlangt. Angeleitet durch die Praxis und begleitet durch die Hochschule gilt es, Empathiefähigkeit und Sensibilität, Toleranz und Belastbarkeit und die Fähigkeit zur konstruktiven Kritik zu überprüfen. Auch die Balance von Nähe und Distanz, das eigene Selbst- und Zeitmanagement sowie die Befähigung zur Interessenvertretung professioneller und politischer Belange sind Dimensionen der Auseinandersetzung.

Die Neuordnung des Studiums im Zuge des Bologna-Prozesses und der Wechsel vom Diplom- zum Bachelor-Abschluss hat die Forderung nach Kompetenzorientierung und Beschäftigungsfähigkeit (Employability) verstärkt, was sich im Prozess der Akkreditierung von Studiengängen immer wieder zeigt. Allerdings finden die Rufe nach Employability und Praxisrelevanz ein unterschiedliches Echo: Manche halten die Freiheit der Lehre und die Zweckfreiheit der Wissenschaft für gefährdet. In einem rein auf Employability ausgerichteten Studium, wo die Erkenntnisinteressen sich der Verwertbarkeit unterzuordnen haben, kann »jede Theorie nicht anders denn als rein funktionale Praxistheorie verstanden werden, was sie zu einem Reflex, zu einem kruden Abbild des Bestehenden degradiert« (Gast 2010, S. 156). Andere verweisen darauf, dass Bachelor- und Master-Studierende in der Regel keine Karriere an Hochschulen bzw. in der Wissenschaft anstreben, sondern gezielt auf ihr Berufsfeld vorbereitet werden wollen. Daher sei über die Theorie-Praxis-Verknüpfung nachzudenken, die den Anspruch einer wissenschaftlichen Ausbildung erfüllt und sich gleichzeitig anschlussfähig zeigt für die Anforderungen der Beschäftigungsfelder. Den Hochschulen wird empfohlen, »Praxisbezüge in ihrer ganzen Breite und Vielfalt zu berücksichtigen und vorzuhalten (z. B. Einbindung von Forschung und Studien zur Praxis, kritische Reflexion von Praxis, Einladung von Praxisvertretern)« (Schubarth & Speck 2014, S. 101). Ob ein richtiges Verhältnis von wissenschaftlicher Theorie und berufsvorbereitender Praxis so erreicht wird, bleibt offen, doch es hat sich in den letzten Jahren gezeigt, dass der Einstieg der Bachelor- und Masterstudierenden in den Beruf überwiegend gut gelingt: »Für den weit verbreiteten Mythos, dass ›die Bachelors‹ auf dem Arbeitsmarkt grundsätzlich schlechte Chancen haben, gibt es keine Belege« (Zervakis 2019, S. 33).

Jedenfalls ist es der Auftrag der Hochschulen, neben der Fachlichkeit die berufliche Relevanz der Studieninhalte zu beachten und die Studierenden zu befähigen, selbstständig und forschend zu arbeiten, sich neues Wissen zu erschließen und Lösungen für neue Herausforderungen zu finden. Dazu sind Anwendungsbezüge in der Lehre zu schaffen, integrierte Praktika sowie Forschungs- und Praxisprojekte anzubieten. Studierende der Heilpädagogik verfügen oft über Vorerfahrungen in dem angestrebten Berufsfeld, haben Vorpraktika oder gar Ausbildungen absolviert und gehen nicht ohne Vorbereitung in Praxisphasen und Praxissemester. Sie lernen Handlungsfelder der Heilpädagogik kennen, erleben sich in Interaktionen und erkunden gesellschaftliche und rechtliche Bedingungen heilpädagogischen Handelns. Sie setzen sich mit Konzepten des Arbeitsfeldes auseinander und arbeiten sich in Finanzierungs- und Dokumentationssysteme ein. Sie analysieren Lebens- und Arbeitsbedingungen von Menschen mit Beeinträchtigungen und identifizieren Möglichkeiten innovativer Ansätze in den Bereichen der Förderung und Beratung, des Wohnens und der Arbeit, der Teilhabe in Kultur und Gesellschaft. Und sie gestalten methodisch-didaktisch vorbereitete Angebote für Kinder, Jugendliche oder Erwachsene in Einzel- und Gruppensettings, schulen ihre Eigen- und Fremdwahrnehmung und sammeln Erfahrungen auf dem Weg zur eigenständigen professionellen Tätigkeit. Schließlich dokumentieren und reflektieren sie ihre individuellen und gruppenspezifischen Lernprozesse und ihre Projekterfahrungen in einem Praxisbericht. In diesem Sinne verknüpfen die Studierenden die Dimensionen der Theorie, der Praxis und der Forschung miteinander, erweitern ihre Fach- und Methodenkompetenzen und prüfen die heilpädagogischen Konzepte unter den Aspekten der Inklusion und der Partizipation.

Die Hochschulen und ihre Praxisreferate kennen eine große Anzahl an relevanten Einrichtungen, besitzen Erfahrungen in der Kooperation und unterstützen die Studierenden bei der Suche nach Praxisstellen. Die Praxisphasen finden also in anerkannten, fachlich ausgewiesenen und mit den Ansätzen der Heilpädagogik vertrauten Einrichtungen statt. Als geeignet gelten Stellen, die eine qualifizierte Praxisanleitung zusichern können, wobei akademisch ausgebildete heilpädagogische Kräfte und ggf. Mitarbeitende mit äquivalenten Qualifikationen und mehrjähriger Berufserfahrung anerkannt werden. Die Praxisphasen werden an den Hochschulen vorbereitet und in entsprechenden Seminaren, an Studientagen oder in fallbasierten Beratungen bzw. Supervisionen reflektiert.

Welche Anforderungen an die Hochschulen bezüglich der Praxisphasen und Praxissemester gestellt werden, ist nicht in Form von expliziten Qualitätsstandards formuliert. Es gibt Empfehlungen des Wissenschaftsrates, des Akkreditierungsrates und der Kultusministerkonferenz, die darauf abzielen, die Integration von Praxisbezügen in fachwissenschaftlichen Modulen zu erhöhen und zusammen mit den Praxispartnern für die Qualitätssicherung zu sorgen (Ulbricht & Schubarth 2017). Auch die Erwartungen an die Studierenden bezüglich zu erbringender Leistungen in den Praxisphasen sind nicht zentral festgelegt, sondern liegen in der Verantwortung der Hochschule bzw. dem jeweiligen Studiengang. In der Heilpädagogik sind die Planungen, Durchführungen und Evaluationen von konkreten Praxisprojekten oft als Anforderung formuliert, die theoriebasiert, an Fragen der Inklusion und Partizipation orientiert und mit ausgewählten methodischen Ansätzen unterlegt sind. Mit den Praxisstellen werden diese Aufgaben bzw. Projekte abgesprochenen und in der Praxisbegleitung vorbereitet. Als eigenständige Projekte bieten sie den Studierenden die Chance, das konzeptionelle Wissen und methodische Handeln zu überprüfen, mit Fragen der Forschung zu verbinden und so ein vertieftes Verständnis des Zusammenhangs von Theorie, Praxis und Forschung zu entwickeln.

Die Hochschulen bieten unterschiedliche Formen der Vorbereitung und Begleitung der Praxisphasen an: Im Rahmen von Seminaren, Studientagen, Einzel- und Gruppenberatungen, Intervisions- und Supervisionsgruppen können Studierende Erfahrungen im Berufsfeld und heilpädagogische Konzepte und Methoden erproben. Sowohl fallbezogen als auch handlungsorientiert gehen sie gemeinsam den Fragen und Anforderungen in den spezifischen Arbeitsbereichen nach, sprechen über Krisen und Grenzerfahrungen ebenso wie über gelungene Interventionen und vorbildliche Teamprozesse. Sie setzen sich mit ihren Methoden-, Sozial- und Handlungskompetenzen sowie ihren biografischen Mustern auseinander, reflektieren berufsethische Anforderungen, Beziehungsentwicklungen mit den Klientinnen und Klienten ihres heilpädagogischen Handelns sowie einrichtungsspezifische Strukturen und Abläufe. Mit der Kollegialen Beratung steht ihnen ein Format des professionellen Austausches zur Verfügung, das sie über die Zeit des Praxissemesters hinaus nutzen können. Mit der Präsentation der eigene Praxisstelle und den Praxiserfahrungen gegenüber den nachfolgenden Semestern des Studiengangs (z. B. in Form von ›Praxisbörsen‹) leisten sie ihren Beitrag zum Austausch über die vielfältigen Möglichkeiten heilpädagogischen Handelns.

Die Anforderungen an die Praxisanleitung in heilpädagogischen Praxisphasen und Praxissemestern sind durchaus anspruchsvoll: Praxisanleitung lässt sich nicht ›so nebenbei‹ realisieren, sie benötigt Ressourcen, Zeiten und Räume, fachlich fundierte Erfahrungen sowie kommunikative und beratende Kompetenzen in allen Phasen der Praxissemester und -projekte. In der Vorbereitungsphase geht es um die Aufnahme des Kontaktes, um die Abklärung des Rollenverständnisses und der gegenseitigen Erwartungen. In der Orientierungsphase steht die Festlegung eines Praxis- bzw. Ausbildungsplanes, die Einführung in die Organisation bzw. in das direkte Arbeitsfeld und die Begegnung mit den Adressat*innen des heilpädagogischen Handelns im Vordergrund. In der Erprobungsphase werden Methoden erarbeitet und angewendet, die notwendigen Verwaltungsvorgänge geklärt, Kontakte mit Kooperationspartner*innen aufgenommen und vor allem die Begegnungen mit den Klient*innen gestaltet. In der Vertiefungsphase sollen dann Einzelfallbetreuungen übernommen, eigene Projekte ausgearbeitet und realisiert und schließlich die Erfahrungen mit angewandten Methoden analysiert werden. In der Abschlussphase geht es um die bewusste Gestaltung des Abschieds, um das Schreiben der Dokumentation, um mögliche Schlussfolgerungen für das Studium und um die Beurteilung des Praktikums. In allen Phasen sollte die Anleitung Zeit und Bereitschaft für die systematische Reflexion anbieten und ihre Einschätzung der Fach- und Methodenkompetenz, Selbst- und Sozialkompetenz, der Kooperations-, Entscheidungs- und Kritikfähigkeit in Gesprächen mit den Studierenden klären.

Praxisanleitung hat also mehrere Ebenen zu berücksichtigen: a) die Ebene der Beschreibung (Grundlagen der Einrichtung, Informationen zu Klient*innen und zum methodischen Handeln); b) die Ebene der Beratung (Empathie, Ermutigung,

Auswahl geeigneter Praxisprojekte); c) die Ebene der Beobachtung (Hinweise auf das Verhalten, auf mögliche Konflikte und Beziehungsdynamiken, konstruktive Kritik); d) die Ebene der Beurteilung (Ansprechpartner*in der Hochschule, Erstellung des Gutachtens, Anregungen für die weitere Professionalisierung). Praxisanleiter*innen haben zahlreiche Gespräche mit den Studierenden zu führen und müssen angemessene Vorschläge machen, Impulse setzen, Ziele formulieren und Wege dazu aufzeigen, Rückmeldungen geben und Beurteilungen verfassen. Sie haben die personellen und strukturellen Rahmenbedingungen am Lernort Praxis zu sichern und die Kompetenzentwicklung der Studierenden zu begleiten (Kiefer 2019). Schwierigkeiten können entstehen, wenn Unklarheiten und Belastungen die Beziehung überschatten, wenn sich Dynamiken mit der Einrichtungsleitung oder im Team auf das Praktikum auswirken. Die Anleitung kann auch in eine Zwickmühle geraten, wenn die Hochschule andere Erwartungen an den Verlauf des Praktikums hat als die Einrichtungsleitung, die z. B. gern die Studierende als zusätzliche Fachkraft einsetzen möchte, weil die Personaldecke zu dünn ist. Konflikte sind dann vorprogrammiert, wenn die unterschiedlichen Erwartungen nicht offengelegt und geklärt werden (Marona-Glock & Höhl-Spenceley 2016). Um den Austausch über Anforderungen an die Praxisphasen und Verknüpfungen zu den Lehrinhalten der Hochschule systematisch zu sichern und die Netzwerkarbeit zu vertiefen, haben sich Anleitungstreffen in Form von ›runden Tischen‹ an der Hochschule bewährt.

Kapitel 5: Heilpädagogisches Handeln in unterschiedlichen Feldern

5.1 Frühförderung und Frühe Hilfen

Das Gefühl von Schutz und Geborgenheit und die Erfahrung, dass die Beziehungen zu den primären Bindungspersonen sicher und verlässlich sind, ist in den ersten Lebensjahren von existenzieller Bedeutung für eine gute kindliche Entwicklung (Sarimski et al. 2021). Viele Mütter und Väter sind jedoch in einer Gesellschaft, die voller Belastungen und Risiken ist, zunehmend erschöpft und mit den Aufgaben einer angemessenen und feinfühligen Begleitung ihrer Kinder oft überfordert. Dann sind niedrigschwellige Hilfen notwendig, die eine möglichst frühzeitige und kompetente Unterstützung der Kinder sowie eine Stärkung des familiären Umfeldes sichern (Sohns & Weiß 2019). Damit dies in einem konstruktiven Dialog mit den Eltern und nicht anklagend geschieht, sind die Ressourcen der Beteiligten zu ermitteln und mit ihnen zusammen ein entwicklungsförderliches Umfeld aufzubauen (Pretis 2020). Es geht nicht nur darum, ungünstige Entwicklungsverläufe bei Kindern zu vermeiden, sondern auch risikobehaftete Hürden für den weiteren kindlichen Entwicklungsverlauf zu erkennen und stärkende Prozesse beim Kind und in der Familie anzustoßen und die Chancen der Teilhabe der Kinder zu erhalten bzw. zu stärken (BHP 2019).

In der *Frühförderung* und in den *Frühen Hilfen* sind neben den Fachkräften der Heilpädagogik weitere Professionen in verschiedenen Institutionen mit jeweils unterschiedlichen Konzepten und Zielvorstellungen unterwegs. Daher ist zunächst zu klären, was es mit der Differenzierung von *Frühförderung* einerseits und *Frühen Hilfen* andererseits auf sich hat: Beide Systeme haben das Ziel, das Kindeswohl zu schützen und zur Entfaltung der Potenziale des Kindes beizutragen. Der Blick richtet sich also auf die ganzheitliche Förderung der kindlichen Entwicklung und auf die Unterstützung des Zusammenlebens in der Familie. Der Auftrag besteht darin, das gesunde Aufwachsen von Kindern aus erschwerten Lebenskontexten zu fördern, gesundheitliche Beeinträchtigungen zu vermeiden, dem Kind förderliche Entwicklungsbedingungen zu sichern und es vor Vernachlässigung und jeder Form von physischer oder psychischer Gewalt zu schützen. Beide, die *Frühförderung* ebenso wie die *Frühen Hilfen* sehen ihre Aufgabe darin, das Recht auf Inklusion und Partizipation durchzusetzen und die Stärkung der Teilhabe von Kindern und ihren Familien auf allen Ebenen, die für eine gesunde Entwicklung bedeutsam sind, zu stärken (Sohns & Weiß 2019). Als Brücke zum Bildungs- und Gesundheitssystem können die *Frühförderung* und die *Frühen Hilfen* auch sozial benachteiligten Familien helfen, Vorbehalte und Barrieren abzubauen und für eine angemessene Unterstützung der kindlichen Entwicklung zu sorgen.

Allerdings gibt es neben diesen Parallelen ganz unterschiedliche historische Entwicklungslinien sowie spezifische Indikationen, Aufgaben und Zielsetzungen, die eine Differenzierung von Frühförderung und Frühen Hilfen notwendig machen, zumal auch unterschiedliche gesetzliche, organisatorische und finanzielle Rahmenbedingungen in beiden Systemen gelten, was die Unübersichtlichkeit auf diesem Feld noch größer macht:

Frühförderung ist angelegt als Prävention von Entwicklungsgefährdungen und entsteht in den 1970er Jahren in Abkehr von der veralteten Vorstellung der reinen Verwahrung und in der Hinwendung zu moderneren Konzepten der Förderung von Menschen mit Beeinträchtigungen. Auf Empfehlung des Deutschen Bildungsrates gründen sich sowohl regionale Interdisziplinäre Frühförderstellen als auch Sozialpädiatrische Zentren. Die Institutionen der Frühförderung – Theodor Hellbrügge spricht von Einrichtungen der ›Entwicklungsrehabilitation‹ (Hellbrügge 1981) – sind darauf ausgerichtet, Kinder mit Beeinträchtigungen oder Entwicklungsrisiken pädagogisch, psychologisch und medizinisch so zu unterstützen, dass die Auswirkungen einer bestehenden oder drohenden Beeinträchtigung abgemildert, ein positiver Verlauf der geistigen, körperlichen und seelischen Entwicklung angeregt sowie eine Beratung und Unterstützung der Familie gewährleistet wird (Weiß 2008).

Frühe Hilfen entstehen zu Beginn des 21. Jahrhunderts, als in Deutschland eine öffentliche Debatte über gravierende Fälle von Kindesmisshandlungen und Vernachlässigungen geführt wird. In Politik und Wissenschaft ebenso wie in der pädagogischen Praxis herrscht schnell Einigkeit darüber, dass dringend Maßnahmen ergriffen werden müssen, um »mit dem Aufbau präventiver Hilfen sowie einer stärkeren systematischen Vernetzung und Zusammenarbeit verschiedener Akteure den präventiven Kinderschutz zu verstärken und die Entwicklungsbedingungen von Kindern zu verbessern« (NZFH 2021). *Frühe Hilfen* sollen ein früh einsetzendes, umfassendes Unterstützungsangebot für Familien insbesondere in belastenden Lebenslagen bereithalten und den Schutz des Kindes in den Mittelpunkt der als notwendig erachteten Prävention stellen. Die Fachkräfte begleiten Familien in krisenhaften Lebenslagen (z.B. Eltern mit psychischen Erkrankungen, Suchtgefährdungen oder Gewalterfahrungen in der eigenen Biografie) darin, den Kindern angemessene und verlässliche Entwicklungsbedingungen zu sichern. Sie sollen Risiken der Kindeswohlgefährdung frühzeitig erkennen und den Schutz von Säuglingen und kleinen Kindern vor Vernachlässigung und Gewalterfahrungen erhöhen (Weiß 2013).

5.1.1 Strukturelle und konzeptionelle Aspekte der Frühförderung

Bei der *Frühförderung* sind die Kriterien für eine Indikation an das Kind gebunden und der Aspekt der Entwicklung ist entscheidend: Es geht um die Früherkennung von Entwicklungsgefährdungen, um die Förderung der Entwicklung und die Abmilderung bzw. Kompensation einer drohenden Behinderung. Der Blick richtet sich auf Kinder von der Geburt bis zum Schuleintritt, bei denen eine Verzögerung der Entwicklung oder eine Beeinträchtigung vermutet wird – oder wenn die Wahrscheinlichkeit einer Beeinträchtigung nicht ausgeschlossen werden kann. Die Förderung kann in vertrauter Umgebung des Kindes erfolgen und die Lebenslage der Familie ermitteln, die Bezugspersonen einbeziehen und die Ressourcen der Familie und des sozialen Umfeldes berücksichtigen. *Frühförderung* achtet also darauf, »das Kind in seiner Ganzheit zu sehen und seinen Kontext, insbesondere seine Familie und seine Umwelt miteinzubeziehen. Das Kind und seine Umwelt werden dabei als komplex strukturiertes Wechselgefüge betrachtet« (VIFF 2019, S. 9). Tendenziell geht es in der Frühförderung also darum, nicht das Kind als Symptomträger zu sehen, sondern die erschwerten Entwicklungsbedingungen im Umfeld zu untersuchen und darauf die Förderung aufzubauen (Pretis 2020). So gehen die Eltern mit ihrem Wissen über die Entwicklung ihres Kindes eine Verbindung ein mit dem Fachwissen und der Erfahrung der Heilpädagogin.

Die Schrittfolge in der *Frühförderung* ist klar festgelegt: Zum Beginn ist eine interdisziplinäre Diagnostik notwendig, die auf der Grundlage der ICF-CY (Kinderversion) erfolgt und Chancen der Teilhabe des Kindes in seiner Lebensumwelt sowie dessen Einbindung in die Familie ermittelt; in der Eingangsdiagnostik steht die Frage im Vordergrund, ob die Notwendigkeit der Frühförderung gegeben ist, welche Methoden ggf. zum Einsatz kommen und welche Förderziele formuliert werden können. In der Verlaufsdiagnostik ist zu klären, welcher Entwicklungsprozess beim Kind zu beobachten ist, ob sich die Bedingungen im familiären Kontext verändert haben und ob eine Veränderung bzw. Verlängerung der *Frühförderung* sinnvoll und notwendig erscheint. Eine mögliche Abschlussdiagnostik kann schließlich überprüfen, ob die Frühförderung ihre Ziele erreicht hat bzw. ob weitere Maßnahmen oder andere Hilfsangebote sinnvoll und geeignet erscheinen (VIFF 2019, S. 13).

Die Ausgestaltung der konkreten Maßnahmen und Methoden der Frühförderung erfolgt nach einem Förder- und Behandlungsplan, der nach der Erhebung der ersten diagnostischen Erkenntnisse erstellt wird. Es gilt, die Ressourcen des Kindes und der Familie zu erkennen, die notwendigen Schritte im Dialog mit der Familie zu entwickeln und zu klären, in welchem Setting die Frühförderung erfolgen soll: Findet die Frühförderung im häuslichen Umfeld statt, dann kann das Kind im vertrauten Raum bleiben und ist keiner fremden, vielleicht angstbesetzten Umgebung ausgeliefert. Für Eltern ist es eventuell ebenfalls erleichternd, keine Hürden bei der organisatorischen Planung und Umsetzung der Frühförderungstermine überwinden zu müssen. Die Heilpädagogin wiederum erhält »Einblicke in die konkrete Lebenssituation eines Kindes, in mögliche Erziehungsstile und Abläufe sowie darüber, wie der Alltag der Familie organisiert ist« (VIFF 2019, S. 8). Genau das kann auch – aus Sicht der Familie – ein Nachteil sein, wenn der Einblick von Fachpersonen in den Privatbereich angst- oder schambesetzt ist; vielleicht benötigen Eltern eine gewisse Zeit der Anbahnung von Vertrauen und Anerkennung, um die Präsenz der Heilpädagogin in ihrer Wohnung akzeptieren zu können.

Findet die Förderung in der Interdisziplinären Frühförderstelle oder in einer Heilpädagogischen Praxis statt, dann können die gut ausgestatteten Räume und alle verfügbaren Materialien genutzt werden. Für manche Kinder ist ein Umgebungswechsel anregend, weil sie dann neue Spiel- und Fördermaterialien oder Räume mit Erfahrungsmöglichkeiten, die sie bislang nicht kannten (z. B. Snoezelen, Psychomotorik), ausprobieren können. Für Eltern kann die Förderung außerhalb der Wohnung neue Perspektiven eröffnen, wenn sie kaum Kontakte haben und sich in der Frühförderstelle oder in der Heilpädagogischen Praxis Austauschmöglichkeiten mit anderen Familien ergeben. Das Team der Frühförderstelle kann dort auch leichter Hilfen zur Unterstützung an andere Fachkräfte delegieren (VIFF 2019, S. 8).

Bisweilen findet die Frühförderung in der Kita statt. Organisatorisch kann das vorteilhaft sein, denn es müssen keine Extratermine und Extrafahrten organsiert werden. Doch damit verliert der Ansatz einer lebensweltorientierten Stärkung des Elternhauses an Bedeutung, die Einbeziehung der elterlichen (und vielleicht auch geschwisterlichen) Interaktionen in den Prozess der Förderung des Kindes ist so nicht möglich (Sohns & Weiß 2019). In der Kita nimmt die Heilpädagogin als Fachkraft der Frühförderung einen Gaststatus ein, was in der Dynamik des pädagogischen Teams nicht immer auf Begeisterung stößt; allerdings kann dies auch eine Chance sein, die Erfahrungen der pädagogischen Fachkräfte und die Erkenntnisse der Heilpädagogin im Förderprozess des Kindes zu verknüpfen.

Schließlich können auch Maßnahmen der Frühförderung in Sozialpädiatrischen Zentren (SPZ) erfolgen. Dort werden Säuglinge und Kleinkinder diagnostisch und therapeutisch versorgt, die durch Entwicklungsverzögerungen sowie durch Schlaf-, Fütter- und Regulationsstörungen auffallen. Auch Kinder mit genetischen Syndromen, Epilepsie, Fehlbildungen von Gehirn und Rückenmark (z. B. Spina bifida, Hydrocephalus), Nerven- und Muskelerkrankungen (Muskelatrophie, Muskeldystrophie) erhalten dort fachlich Unterstützung, ebenso Kinder mit körperlichen, sensorischen, kognitiven, sprachlichen, emotionalen Beeinträchtigungen. Heilpädagogische Fachkräfte in einem SPZ haben die Aufgabe, an der Entwicklungsdiagnostik mitzuwirken, Spiel- und Verhaltensbeobachtungen vorzunehmen, die Beratung der Eltern und Familien zu unterstützen und die Koordination der Hilfen im Netzwerk weiterführender Institutionen zu sichern.

Für ihre Arbeit in der Frühförderung nutzen heilpädagogische Fachkräfte eine Reihe von spezifischen Methoden der Wahrnehmungsförderung, Sprachförderung, Psychomotorik, Motopädagogik und Rhythmik, Ansätze der heilpädagogischen Spieltherapie sowie funktionelle Programme. Kenntnisse und Erfahrungen in Unterstützter Kommunikation, Sensorischer Integration, Video-Home-Training, Marte Meo, STEEP, SAFE und andere Verfahren können wichtig sein, um über einen längeren Zeitraum die Frühförderung systematisch und erfolgreich zu gestalten.

5.1.2 Interdisziplinarität

Frühförderung ist eine »Komplexleistung«, die aus einer Kombination von heilpädagogischen, psychologischen und medizinisch-therapeutischen Maßnahmen besteht. Damit ist Frühförderung eine interdisziplinäre Angelegenheit, die eine fächerübergreifende Zusammenarbeit verlangt. Heilpädagogische, psychologische und ärztliche Fachkräfte stimmen ihre diagnostischen Erkenntnisse und Erfahrungen aus den Interaktionen mit dem Kind und der Familie aufeinander ab, jede

Disziplin bringt ihre Perspektive zur Förderung des Kindes ein und wirkt am Konzept mit. Mitarbeitende aus Physiotherapie, Logopädie und Ergotherapie erweitern die Blickwinkel. Der Heilpädagogik kommt die Aufgabe zu, Entwicklungsprozesse anzuregen, eine niedrigschwellige Beratung der Eltern zu sichern, Verfahren der heilpädagogischen Diagnostik einzubringen und die Eltern in der Erziehung ihres Kindes zu stärken. Heilpädagogik in der Frühförderung heißt nicht, Entwicklungsdefizite eines Kindes zu ›bearbeiten‹, sondern die Entwicklungsthemen des Kindes zu erkennen und dessen eigenständige Entwicklung anregend zu begleiten. Es gilt, die ›Responsivität‹ der Eltern gegenüber ihrem Kind zu fördern und darauf zu achten, dass Mütter und Väter die kindlichen Signale einfühlsam wahrnehmen, darauf angemessen und zeitnah reagieren und das Kind in seiner Exploration der Umwelt konstruktiv unterstützen. In der Orientierung am Kind gleichermaßen wie an den Eltern hat die Heilpädagogin oft einen Balanceakt zu vollbringen, der sowohl eine fundierte Einschätzung des Kindes als auch eine Erkundung der Strukturen und Bedürfnisse der Familie verlangt, »eine Aufgabe, die besonders anspruchsvoll ist, wenn Familie und Fachperson ganz unterschiedlichen sozialen und kulturellen Hintergründen angehören« (Sohns & Weiß 2019, S. 86).

Zu den Aufgaben der psychologischen Fachkräfte gehört es, individuelle Besonderheiten des Kindes mit Kenntnissen über psychodynamische Hintergründe und systemische Interaktionen zu verbinden, krisenhafte Verläufe in der Eltern-Kind-Beziehung zu analysieren und mögliche Konflikte zu erkennen. Beobachtungen ermöglichen Einblicke in Motivation, Ausdauer und Konzentrationsfähigkeit des Kindes; standardisierte Testverfahren erheben kognitive, soziale und emotionale Aspekte. Ärztliche Fachkräfte bringen spezifisches pädiatrisches Fachwissen bezüglich möglicher Auffälligkeiten und Erkrankungen ein, beurteilen Entwicklungsverläufe bei Frühgeburten oder genetischen Syndromen und begründen die Notwendigkeit heilpädagogischer, ergotherapeutischer, logopädischer oder physiotherapeutischer Maßnahmen gegenüber den Leistungsträgern.

Fachkräfte der Logopädie besitzen besondere Erfahrungen in der Beurteilung und Behandlung von Auffälligkeiten in der Sprachentwicklung, aber auch bezüglich möglicher Probleme der Atmung und der Nahrungsaufnahme, die sich bei länger beatmeten Frühgeborenen oder bei Kindern mit muskulären Erkrankungen einstellen können. Ihre Kompetenzen liegen in der alltagsorientierten Anwendung funktioneller Hilfen bei der Atmung, beim Essen und Trinken sowie in der Anwendung von Techniken und Methoden der Sprachförderung und -therapie (VIFF 2021). Physiotherapeutische Fachkräfte kennen die Bedeutung motorischer Aspekte bei der Entfaltung von Handlungsfähigkeit und der Erfahrung von Selbstwirksamkeit. Sie beobachten die motorische Entwicklung und die Eigeninitiative des Kindes und geben Anregungen, um Kinder mit Entwicklungsgefährdungen und ihre Familien in der Umsetzung hilfreicher motorischer Angebote im Alltag zu unterstützen. Fachkräfte der Ergotherapie schauen in der Frühförderung auf die materialen und räumlichen Bedingungen, die notwendig sind, damit Kinder in Bezug auf die Sensomotorik, also im Zusammenspiel von Bewegung und Empfindung und im emotionalen und sozialen Kontakt konstruktive Erfahrungen sammeln, die ihren Erfahrungshorizont und ihre Handlungskompetenz erweitern (ebd.).

5.1.3 Strukturelle und konzeptionelle Ansätze der Frühen Hilfen

Die Angebote der *Frühen Hilfen* richten sich an Eltern ab der Schwangerschaft und an Familien mit kleinen Kindern (mit Schwerpunkt auf der Altersgruppe der 0- bis 3-Jährigen), sollen zum gesunden Aufwachsen der Kinder beitragen und deren Rechte auf Schutz, Förderung und Teilhabe sichern. An den *Frühen Hilfen* beteiligen sich Schwangerschaftsberatungsstellen, Fachkräfte des Gesundheitswesens, der Sozialen Arbeit und der Heilpädagogik. Netzwerke dienen der Koordination der Tätigkeiten der Frühen Hilfen (NZFH 2021). Der Blick richtet sich auf die elterlichen Beziehungs- und Erziehungskompetenzen, die es zu stärken gilt, da der Schutzaspekt im Mittelpunkt steht und eine mögliche Kindeswohlgefährdung geprüft wird.

Innerhalb der *Frühen Hilfen* ist das Erkennen von psychosozialen Belastungen bei den Müttern und Vätern ein wesentlicher Schritt, der durch ein Risikoscreening sowie durch gezielte Beratung der Eltern, durch Förderung der Eltern-Kind-Interaktion durch Angebote der Hilfen zur Erziehung (nach SGB VIII) erfolgt. Das Bestreben der Beteiligten ist es, die Entwicklungsbedingungen und krisenhafte Situationen in den Familien früh zu erkennen und ihnen mit geeigneten Unterstützungsmaßnahmen zu begegnen. Reichen diese Hilfen nicht aus, um eine Gefährdung des Kindeswohls abzuwenden, sind Maßnahmen zum Schutz des Kindes zu ergreifen. Die Arbeit heilpädagogischer Fachkräfte im Bereich der *Frühen Hilfen* besteht darin, Zugang zu den Familien zu finden, die Lebenslagen der Mütter und Väter zu erkunden und ihre Belastungen und Risiken zu erkennen, um die Familien zur Annahme von Hilfen zu motivieren.

Die Zugänge zu den betreffenden Familien sind allerdings oft schwierig. Viele Mütter und Väter leben in prekären Situationen, haben Diskriminierungen und Benachteiligungen erfahren und stehen der Begleitung skeptisch gegenüber. Doch die Akzeptanz von Hilfsangeboten ist eine Voraussetzung für ihre Wirksamkeit. Die *Frühen Hilfen* legen »bei der Unterstützung von Familien größten Wert auf eine diskriminierungsfreie, wertschätzende und partizipative Haltung« (NZFH 2021). Die Fachkräfte realisieren, dass es in den Familien oft mehrere Belastungsfaktoren gibt, z. B. Wohnungsnot und Armut, psychische Krisen und Gewalterfahrungen, die dazu führen, dass Eltern an ihre Grenzen geraten. Gemeinsam mit den Familien ist daher zu prüfen, welche Form der Unterstützung ihnen akzeptabel erscheint:

> »Zentral für die praktische Umsetzung Früher Hilfen ist (…) eine enge Vernetzung und Kooperation von Institutionen und Angeboten aus den Bereichen der Schwangerschaftsberatung, des Gesundheitswesens, der interdisziplinären Frühförderung, der Kinder- und Jugendhilfe und weiterer sozialer Dienste. Frühe Hilfen haben dabei sowohl das Ziel, die flächendeckende Versorgung von Familien mit bedarfsgerechten Unterstützungsangeboten voranzutreiben, als auch die Qualität der Versorgung zu verbessern« (NZFH 2021 – Begriffsbestimmung Frühe Hilfen).

Frühe Hilfen können schon in der Schwangerschaft beginnen, wenn sie als präventives Angebot zur Vermeidung von Vernachlässigung dienen. Die Fachperson ist Anwalt des Kindes und ermittelt Risikofaktoren, was bei Müttern und Vätern nicht selten als Stigmatisierung und als Bedrohung angesehen wird. Eltern fühlen sich als defizitär betrachtet, weil sie nach Einschätzung der Fachperson(en) dem Wohl ihrer

Kinder nicht gerecht werden. Wenn die Frühen Hilfen bereits im ersten Lebensjahr des Kindes oder schon während der Schwangerschaft angenommen werden, sind die Erfolge oft größer und die Entwicklungen in den Familien entspannter (Sohns & Weiß 2019).

5.2 Kindertagesstätten und Heilpädagogische Praxen

5.2.1 Kindertagesstätten

Wenn von »inklusiver Bildung« die Rede ist, dann sind meist die Schulen im Blick – Kindertagesstätten mit ihrem Bildungsauftrag stehen nicht im Zentrum der Aufmerksamkeit. Dabei ist die »Kita für alle« weniger eine ferne Vision als die »Schule für alle«: von den ca. 60.000 Kindertageeinrichtungen in Deutschland arbeiten mehr als 40% inklusiv; Sonderkindergärten gibt es nur noch ca. 200 (Platte 2022). Für inklusive Konzepte in Kitas haben Eltern an vielen Orten lange und erfolgreich gekämpft, die Entwicklung verlief in den Bundesländern allerdings unterschiedlich: Kinder mit körperlichen Beeinträchtigungen (Contergan-Fehlbildungen) besuchten 1963 erstmals einen Modell-Kindergarten, Bremen und Berlin sorgten in entsprechenden Initiativen für die wissenschaftliche Begleitung; in München machte sich ein integrativer Montessori-Kindergarten auf den Weg und wurde durch das Kinderzentrum unterstützt (Hellbrügge 1977); in Niedersachsen wurden im Rahmen der ›Offenen Arbeit‹ erste Erfahrungen mit inklusiven Kitas gesammelt; in Nordrhein-Westfalen etablierten sich in den 1980er Jahren Schwerpunkteinrichtungen mit kleineren Gruppen und heilpädagogischem Fachpersonal: Kinder mit und ohne diagnostiziertem Förderbedarf wurden gemeinsam betreut, die Maßnahmen der Förderung fanden jedoch in getrennten Räumen und im Einzelsetting statt. Die heilpädagogischen Fachkräfte, denen die Einzelförderung übertragen wurde, erhielten lediglich befristete (und oft geringfügige) Verträge, da ihre Anstellung stets von der Anzahl der Kinder mit Beeinträchtigungen abhängig war.

Inzwischen stellt sich die heilpädagogische Arbeit in Kindertagesstätten selbstverständlicher dar: Mit der Ratifizierung der UN-BRK ist Deutschland zur Schaffung inklusiver Strukturen und Institutionen der Bildung verpflichtet (Albers 2012; Groschwald & Rosenkötter 2021). Im erweiterten Verständnis von Inklusion geht es dabei nicht nur um Kinder mit so genanntem Förderbedarf, sondern um alle Kinder und ihre Familien, die aufgrund mannigfaltiger Barrieren in ihrer Teilhabe behindert werden. Die Anerkennung von Vielfalt bezieht sich auch auf Kinder aus prekären sozialen Kontexten, Kinder aus anderen Herkunftsländern, Kinder mit auffälligen Entwicklungsverzögerungen in verschiedenen Teilbereichen (z.B. aufgrund von Autismus-Spektrum-Störungen oder eines fetalen Alkoholsyndroms) und Kinder, die schwierige Trennungs- oder auch Gewalterfahrungen erlebt haben.

Inklusion und Partizipation in der Kita sind abhängig von der fachlichen Fundierung und der Haltung der Fachkräfte sowie von der Ausstattung, den Ressourcen an Zeit, Raum und Material für die Arbeit im Sinne des Inklusionsgedankens. Den Eltern, neuen Mitarbeiter*innen und Praktikant*innen ist zu erläutern, dass eine gute Begleitung des Kindes mit Beeinträchtigung in der Gruppe oft sinnvoller ist als im Eins-zu Eins-Setting. Manche Eltern sind in Sorge, dass wertvolle Zeit verstreicht, wenn ihr Kind nicht einzeln und intensiv gefördert wird. Das zeigt: das didaktische und methodische Vorgehen der Inklusionspädagogik muss allen Beteiligten erläutert werden, um exkludierende Denkstrukturen zu überwinden. Das Erleben von gemeinsamen Gruppenaktivitäten ist essenziell:

> »Da man nie mehr so viel über Beziehungen und Bindungen lernt wie in der frühen Kindheit, wird angenommen, dass es Kindern, die von Anfang an im Austausch und in Gemeinschaft aufwachsen, leichter fällt, in heterogenen Zusammenhängen wertschätzend zu reagieren und inklusive Werte zu schaffen« (Kobelt Neuhaus 2017, S. 12).

Zur Entwicklung inklusiver und partizipativer Konzepte waren und sind folgende Ansätze hilfreich:

1. Der *Index für Inklusion* im Bereich Kita bietet sich als Brücke von der Theorie zur Praxis an: »Der ›Index für Inklusion‹ ist ein Versuch, die praktischen Implikationen der Inklusion für alle Aspekte der Erziehung in Kindertageseinrichtungen, ihre Aktivitäten und Räumlichkeiten für Erwachsene und Kinder und die Beziehungen und Interaktionen (…) festzumachen« (Booth et al. 2009, S. 41). In drei Dimensionen wird die Umsetzung des Inklusionskonzeptes reflektiert: Es geht darum, a) inklusive Kulturen zu entfalten und die inklusive Gemeinschaft mit entsprechenden Werten zu begründen, b) inklusive Leitlinien zu etablieren und c) die inklusive Praxis zu entwickeln. Mit Hilfe des Index-Materials werden die Gegebenheiten der Einrichtung und die Situation der beteiligten Personen (Kinder, Eltern, Fachkräfte) ermittelt und Prioritäten für die Umsetzung von Inklusion und Partizipation in die Praxis gesetzt. Diese Entwicklungsschritte werden dokumentiert und die Ergebnisse evaluiert, allerdings ohne festgelegte Normen, sondern stets einrichtungsbezogen (Booth et al. 2013).
2. *Der Ansatz vorurteilsbewusster Bildung und Erziehung* ist mit der UN-KRK verknüpft, wendet sich gegen Bildungsbenachteiligung und strebt eine Wertorientierung für Bildungsgerechtigkeit an. Positiv formuliert geht es um eine Pädagogik der Vielfalt im Sinn einer bewussten Auseinandersetzung mit Unterschieden und Gemeinsamkeiten und um eine deutliche Positionierung gegen Vorurteile und Diskriminierungen (Wagner 2017).
3. Das *infans-Konzept* von Andres und Laewen, das die natürliche Neugier der Kinder aufgreift und ihre Interessen und selbstgewählten Themen in Beziehung setzt zu den konkreten Zielen, Mitteln und Bedingungen der jeweiligen Kita. Um die intrinsischen Motivationen jedes einzelnen Kindes zu ermitteln, wird ein hohes Maß an Beobachtungen benötigt; diese fließen in ein individuelles Portfolio für jedes Kind ein, werden mit dem Kind, den Eltern und im Team besprochen (Andres & Laewen 2011).

Die drei genannten Konzepte schützen aber nicht davor, dass ein Kind zwar einen Kindergarten mit inklusivem Anspruch besucht, sich aber ausgegrenzt fühlt, sei es im Bewegungsraum, im Freispiel, bei Mahlzeiten, auf Ausflügen oder bei spezifischen Angeboten. Kinder mit kognitiven oder komplexen Beeinträchtigungen, Kinder im Autismus-Spektrum oder mit Auffälligkeiten im Verhalten initiieren von sich aus seltener Spielanlässe und werden auch weniger an sozialen Interaktionen beteiligt als Kinder ohne Beeinträchtigungen. Sie bleiben häufig in beobachtenden Positionen und nehmen eher an Aktivitäten teil, die einen hohen Strukturierungsgrad aufweisen, weniger an Freispielsituationen. So ist die Anzahl an Freundschaften, die sie mit Gleichaltrigen eingehen, geringer (Wiedebusch 2017). Diese Aussagen beruhen allerdings auf Erhebungen mit Kindern ohne Beeinträchtigung, die zur Wahl ihrer Spielpartner*innen interviewt wurden; Kinder mit Beeinträchtigungen wurden nicht befragt. Und Beobachtungen pädagogischer Fachkräfte zeigen, dass Kinder mit Beeinträchtigungen bei der Wahl zwar nicht präferiert, aber auch nicht exkludiert werden (Kreuzer & Ytterhus 2011). Allerdings benötigen sie oft individuelle Formen der Begleitung, um an den Aktivitäten des Tages und den Spielen angemessen teilhaben zu können (Sarimski 2016). Bei bestimmten Projekten kann es auch sinnvoll sein, eine heterogene Gruppe zusammenzustellen, um vielfältige Interaktionen zu ermöglichen. So schildern Welsche und Theil, dass eine Gruppe von Kindern mit und ohne spezifischen Förderbedarf bei einem Angebot der Beziehungsorientierten Bewegungspädagogik eincn hohen Zusammenhalt entwickelte und ihre unterschiedlichen Entwicklungsstufen und diagnostizierten Förderbedarfe quasi spielend überwand (Welsche & Theil 2022).

Der aktuelle Anspruch lautet:

> »Jedes Kind soll heute grundsätzlich in jeder Kita aufgenommen werden und dort gute Rahmenbedingungen finden. Auch Kitas, die bislang wenig oder gar keine Erfahrung damit hatten, sind nun gefordert, Kinder mit diagnostizierten Beeinträchtigungen aufzunehmen, sie bestmöglich zu unterstützen« (Tibussek 2017, S. 478).

Die bestehenden Einrichtungen zeigen in den letzten Jahren unterschiedliche Reaktionen auf diese Anforderung: Viele (Regel-)Kitas, die bislang kaum Erfahrungen mit stark heterogenen Gruppen und Kindern mit Beeinträchtigungen hatten und diese meist an Sonder- bzw. heilpädagogische Einrichtung delegierten, beginnen in beeindruckender Weise damit, ihre Arbeit zu überprüfen und schrittweise weiterzuentwickeln und sich als Kita für alle zu definieren. Andere erleben die neuen Erwartungen und die damit verbundenen notwendigen Veränderungsprozesse als Überforderung und verweisen darauf, dass sie weder die räumlichen noch die fachlichen und personellen Rahmenbedingungen dafür bieten könnten. Dabei haben eigentlich nicht die Kinder ihre ›Eignung‹ für die nächstgelegene Kindertageseinrichtung in ihrem Quartier unter Beweis zu stellen, sondern bei der Institution liegt die Verantwortung, den Kindern und Familien in ihrer spezifischen Situation gerecht zu werden (Platte 2020, S. 90).

Das pädagogische Fachpersonal in der Kita ist – nicht zuletzt durch die gesetzlichen Vorgaben des SGB VIII – mit hohen Erwartungen konfrontiert: Kinder mit und ohne Beeinträchtigung sollen heute gemeinsam begleitet und gefördert werden, ihre Erziehung, Bildung und Betreuung gemäß der anspruchsvollen Bildungs-

und Orientierungspläne ist sicherzustellen, wobei die Interessen und Bedürfnisse jedes einzelnen Kindes aufmerksam zu erkunden und zu berücksichtigen sind, um die Förderung der sozialen, emotionalen, körperlichen und geistigen Entwicklung zu gewährleisten. Wer jedoch keine Erfahrungen mit früh diagnostizierten Beeinträchtigungen, mit erheblichen Risiken für die Entwicklung aufgrund von Krankheiten oder extremer Frühgeburt besitzt und bislang auch nicht in Kontakt zu Frühförderstellen stand, wird kaum die individuell angemessene Bildung und Begleitung der Kinder sichern und die Eltern fachkundig beraten können. Gerade diese Aufgaben sind heute in den Kindertageseinrichtungen viel stärker im Fokus als zu früheren Zeiten. Auch dafür sollte die Aufwertung der frühen Bildung und die Akademisierung von Fachkräften (z. B. in Studiengängen der *Kindheitspädagogik* bzw. der *Elementarpädagogik*) ebenso sorgen wie der Anstieg des Personals insgesamt, der seit zwanzig Jahren tatsächlich erheblich war (Kalicki 2020).

Der Fachkräftemangel ist heute jedoch dramatisch: Bundesweit fehlen 100.000 Erzieher*innen, bald könnten es mehr als 200.000 Fachkräfte sein. Die Auswirkungen sind für alle Beteiligten spürbar: Träger können den Familien nicht ausreichend Kitaplätze zur Verfügung stellen, Betreuungszeiten werden gekürzt, die Kita-Teams arbeiten an der Belastungsgrenze (Deutscher Kitaverband 2022). Die schwierige Situation ist auch der Tatsache geschuldet, dass die Anzahl der Kinder unter drei Jahren, die eine Kindertageseinrichtung besuchen, in den vergangenen Jahren stark gestiegen ist. Als der Rechtsanspruch auf einen KiTa-Platz ab dem zweiten Lebensjahr eingeführt wurde, besuchten ca. 596.300 Kinder unter drei Jahren eine KiTa, inzwischen ist die Zahl um über 40 % auf ca. 838.700 Kinder gestiegen. Bundesweit lag die Betreuungsquote in dieser Gruppe im Jahr 2022 bei 35,5 %. Im Vergleich wird zudem deutlich, dass die Betreuungsquote in den ostdeutschen Bundesländern mit 53,3 % höher ist als im Westen mit 31,8 % (Statistisches Bundesamt 2022).

Auch die fachliche Sicht auf die Unter-Drei-Jährigen hat sich in den letzten Jahrzehnten geändert: Betrachtete man die sehr kleinen Kinder früher als passiv und machtlos, so werden sie heute zwar weiterhin als bindungs- und schutzbedürftig und in ihrer Entwicklung vulnerabel gesehen, aber auch als explorationsfähig und als »deutungsmächtige Akteure ihrer eigenen Entwicklung« (Flämig 2022, S. 495). Faszinierend sind die Prozesse, die sich auf psychischer und physischer, kognitiver und sozialer Ebene in unglaublich kurzer Zeit vollziehen: die motorische Entwicklung, die Sprachentwicklung, die Bindungsbeziehungen und die Entstehung eines Selbstkonzepts. Mentale Strukturen und soziale Kompetenzen entwickeln sich natürlich auch in Abhängigkeit von den jeweiligen gesellschaftlichen Hintergründen. Aufgrund der unbestimmten, offenen Grundstruktur der menschlichen Lernfähigkeit vollzieht sich eine selbsttätige Einarbeitung in die soziale Ordnung und Kultur, die von den pädagogischen Fachkräften aufmerksam begleitet und unterstützt wird.

Die frühe Kindheit ist aus entwicklungspsychologischer Sicht höchst beeindruckend, doch auch die soziologische Perspektive ist wichtig, um gesellschaftliche Bedingungen, konkrete Lebenswelten und Lebenslagen der Familien sowie historisch und kulturell gebundene Haltungen zu Erziehung und Bildung zu erkennen. Gerade die Heilpädagogik sollte sich in den Kindertageseinrichtungen nicht auf die

Fragen zur Entwicklung fokussieren, nicht die Diagnostik von Störungen ins Zentrum ihrer Arbeit stellen und sich nicht auf standardisierte Vorstellungen von altersgemäßer Entwicklung fixieren, sondern den Blick für die Chancen der Vielfalt bewahren: Neuere Untersuchungen zeigen, welche komplexen Kompetenzen und welche Resilienzen Kinder in den Alltag der Kita einbringen (Platte 2020).

Heilpädagog*innen können anderen Fachkräften ihr Hintergrundwissen über die frühe kindliche Entwicklung kollegial vermitteln und ihre spezifischen Kompetenzen in Bezug auf die Psychomotorik, die sensorische Integration oder die basale Stimulation, das kindliche Spiel, die künstlerisch-kreative Arbeit, die Gebärdensprache und die Unterstützen Kommunikation, die musikalische Frühförderung in die gemeinsame Arbeit in der Kita einbringen. Das gilt auch für die Themen *Sprachkompetenz* und *Mehrsprachigkeit:* Die Themen Sprachbildung und Sprachförderung haben in Orientierungsplänen und Konzeptionen eine hohe Bedeutung. Die Heilpädagogin und Supervisorin Katharina Witzke weist darauf hin, dass weltweit in 193 Ländern ca. 7.000 Sprachen gesprochen werden und in deutschen Großstädten mehr als 30 % aller Grundschulkinder mehrsprachig aufwachsen: »Mehrsprachigkeit ist alltägliche Norm, und gleichzeitig hat Deutschland eine lange Tradition, in der Einsprachigkeit angestrebt wurde« (Witzke 2022, S. 25).

In einer offenen Gesellschaft, die Teilhabe für alle anstrebt, stellt sich die Frage nach dem Auftrag in Bezug auf die Sprachförderung der Kinder immer wieder. Die pädagogischen Fachkräfte in der Kita können davon ausgehen, dass Mehrsprachigkeit kein grundsätzliches Risiko für eine gelungene Sprachentwicklung ist (Kaiser-Kratzmann & Sachse 2022). Kinder können Deutsch als Zweitsprache gut lernen, auch wenn die Bezugspersonen verschiedene Sprachen sprechen oder die betreffenden Kinder vor dem Eintritt in die Kita kaum oder gar kein Deutsch gehört haben:

»Die Erfahrung zeigt, dass Kinder mehrere Sprachen problemlos erwerben können, unabhängig davon, ob sie mit den Sprachen gleichzeitig oder hintereinander, in reiner oder gemischter Form konfrontiert werden« (Zollinger 2017, S. 239).

Auf der Basis ihres Wissens über Entwicklungsprozesse im Kindesalter, über die Relevanz von Bindung, Triangulierung und ihren Bezug zur Begriffsbildung erkunden heilpädagogische Fachkräfte die möglichen Hintergründe von Auffälligkeiten in der Sprachentwicklung und ggf. Verbindungen zur motorischen Entwicklung und zu Wahrnehmungsstörungen. Einige Kinder bleiben zurückhaltend und ängstlich, wenn es um Aufforderungen zur sprachlichen Mitteilung geht; andere überspielen ihre Unsicherheiten durch offensives und lautes Verhalten. Ob wirklich eine Sprachstörung vorliegt, ist mit aller Vorsicht zu betrachten: Die diagnostischen Verfahren sind oft defizitär ausgerichtet, so wird z. B. bei Kindern mit Migrationshintergrund der Entwicklungsstand in der Erstsprache häufig nicht angemessen berücksichtigt. Meist ist wenig bekannt vom frühen Kindesalter, den Strukturen, Beziehungen und Erlebnissen in den ersten drei Lebensjahren:

»Kinder, die nicht ausreichend mitmenschliche Zuwendung erfahren, bleiben (…) in ihrer sprachlichen Entwicklung zurück, da ihnen Anregung und Motivation fehlen, sich sprachlich zu äußern. Dem Dialog wird von Geburt an eine zentrale Bedeutung für den sprachlichen Wissenserwerb zugeschrieben« (Willenbring 2018, S. 7).

Hier ist mit der Familie über die Entwicklung und Verbesserung der Sprachkompetenz nachzudenken, um zu ermessen, ob die sprachlichen Mittel in der Muttersprache produktiv und rezeptiv zur Verfügung stehen und in den jeweiligen Kommunikationssituationen angemessen verwendet werden. Wichtig ist auch, unter der Perspektive von Inklusion und Partizipation die Begleitung der Sprachentwicklung nicht an die Sprachheilpädagogik zu delegieren bzw. aus dem Gruppenalltag herauszulösen, sondern eine individualisierte Förderung für alle Kinder zu gewährleisten, möglichst im Setting der Gruppe. Es geht nicht mehr um die Fokussierung auf Kategorien und Zuschreibungen, sondern um die Analyse der fördernden und hemmenden Faktoren bzw. Entwicklungsbedingungen des einzelnen Kindes (ebd., S. 11). Die Heilpädagogin wird heute in einer inklusiven Kita anders wahrgenommen als zuvor: nicht mehr in einer personengebundenen Rolle, sondern als systemische Ressource kann sie unabhängig von diagnostizierten Beeinträchtigungen eingesetzt werden. Sie ist nicht die Überbringerin schlechter Befunde und wird nicht mehr mit der möglichen Beeinträchtigung eines Kindes in Verbindung gebracht, sondern ist da, um die Fachkräfte zu unterstützen und Assistenz zu koordinieren: »In der beratenden Rolle der heilpädagogischen Fachkraft steht die Ausweitung und Vermittlung ihres Fachwissens im Vordergrund« (Karanjuloff et al. 2020, S. 14).

Die heilpädagogischen Fachkräfte sind häufig verantwortlich für die Koordination der Kita-Arbeit mit Sozialpädiatrischen Zentren, Interdisziplinären Frühförderstellen, Beratungsstellen, niedergelassenen Therapeutinnen und Therapeuten sowie mit logopädischen und psychomotorischen Praxen. Sie leiten Assistenzkräfte an, die häufig zur individuellen Begleitung von Kindern mit Beeinträchtigungen eingesetzt werden, und koordinieren ihre konzeptionelle Arbeit mit den Fachberater*innen und den Einrichtungsleitungen: Sie begleiten Kinder mit komplexen Beeinträchtigungen mit differenzierten Methoden und besitzen auch die Expertise, um bei herausforderndem Verhalten reflektiert zu reagieren. Und sie müssen »in der gemeinsamen Planung von Interventionen zur Unterstützung der sozialen Teilhabe mitunter auch akzeptieren, dass Fördermaßnahmen, die aus der Sicht ihrer Fachrichtung wichtig erscheinen, hinter anderen Förderzielen zurückstehen, die für die soziale Partizipation eine höhere Priorität haben« (Sarimski 2016, S. 202).

5.2.2 Heilpädagogische Praxen

Meist wenden sich Eltern auf Empfehlung von Kinderärztinnen und -ärzten sowie von pädagogischen Fachkräften aus der Kita an eine Heilpädagogische Praxis, die vielfältige heilpädagogische Methoden anbietet, um die bestmögliche Entwicklung des Kindes zu fördern und zu begleiten. Zu den Zielen gehören: die Anbahnung von Sprache bzw. die Förderung von Kommunikation und Interaktion, die Förderung der Wahrnehmung und der kognitiven Fähigkeiten sowie die Anbahnung konstruktiver Problemlösungsstrategien, die Steigerung von Konzentration und Ausdauer, die Verbesserung der Körperwahrnehmung, der Bewegungssteuerung und der Fein- und Grobmotorik, die Stärkung des Selbstbewusstseins sowie der Fähigkeit zur Verhaltensregulierung.

Die Handlungsmethoden werden auf das Kind und dessen individuelle Entwicklung abgestimmt. Das Methodenrepertoire kann umfassen: Heilpädagogisches Spiel und spieltherapeutische Verfahren; Heilpädagogische Entwicklungsförderung; Heilpädagogische Wahrnehmungsförderung und sensorische Integration; Elemente aus dem Kinderpsychodrama; Heilpädagogische Sprachförderung und Sprachanbahnung; kunsttherapeutische und musiktherapeutische Elemente; Gestalten mit Medien; Systemische Arbeit mit der Familie; Elemente verhaltenstherapeutischer Interventionen und weitere Methoden (Heilpädagogische Praxis Dreisamtal 2023). Heilpädagogische Praxen können den Schwerpunkt ihrer Arbeit auch auf die Begleitung von Kindern im Autismus-Spektrum legen oder ein Angebot der Legasthenie- und Dyskalkulie-Therapie vorhalten; andere bieten bewegungsorientierte Verfahren, Heilpädagogische Rhythmik und Heilpädagogisches Werken oder arbeiten mit der Marte-Meo-Methode, um anhand alltäglicher Situationen die Ressourcen des Kindes oder der Familie sichtbar zu machen (Schmidt-Potzy 2018).

In Bezug auf die räumlichen und sachlichen Voraussetzungen muss eine Heilpädagogische Praxis mehrere Räume vorhalten, die baulich eindeutig von Privaträumen getrennt sind. Dabei sollten vorhanden sein: ein Raum als Spiel- und Behandlungszimmer, ausgestattet mit vielfältigen Spiel-, Förder- und Diagnostikmaterialien, ein kleinerer Raum mit reizarmer Atmosphäre, ein Büro bzw. ein Sprechzimmer für Elterngespräche, Beratungen, Teamsitzungen sowie sanitäre Nebenräume. Auf den barrierefreien Zugang für mobilitätseingeschränkte Personen ist ebenso zu achten wie auf eine leicht verständliche Beschilderung. Zu den personellen Voraussetzungen gehört ein qualifizierter Abschluss als Heilpädagogin/Heilpädagoge, ein Mindestalter von 27 Jahren, die Qualifikation in unterschiedlichen Methoden der Heilpädagogik (nachzuweisen durch Aus- oder Fortbildungen), die Qualifikation in heilpädagogischer Diagnostik (ebenfalls nachzuweisen durch entsprechende Aus- oder Fortbildung) sowie Nachweise der Berufserfahrung nach Abschluss der heilpädagogischen Ausbildung und Nachweise fachspezifischen Supervisionssitzungen mit inhaltlichem Bezug zur heilpädagogischen Praxistätigkeit.

In Heilpädagogischen Praxen wird – anders als in Arztpraxen mit hoher Fluktuation – die Gestaltung der Beziehung als entscheidend betrachtet:

> »Unsere Profession begreift Beziehung als Erfahrung des Wachsens, d. h. die Qualität des Kontaktes ermöglicht dem Kind Entwicklung: Das Kind lernt, sich in diesem Beziehungsgeschehen selbst zu verstehen, sich selbst zu achten und sein Potenzial zu zeigen. Viele Ansätze sehen die Beziehungsgestaltung als Vorbereitung, um danach mit der eigentlichen Arbeit zu beginnen. In der Heilpädagogik ist die Beziehungsgestaltung Ausgangspunkt für Entwicklungsprozesse. Sie ist ein hochindividueller, professioneller Akt, der basierend auf dem Fachwissen und der Selbstreflexion intuitiv von der Heilpädagogin/dem Heilpädagogen gestaltet wird« (Jofer-Ernstberger 2021, S. 96/97).

5.3 Schulische Bildung

Seit der Ratifizierung der UN-BRK haben Kinder, Jugendliche und Erwachsene in Deutschland einen menschenrechtlich verbürgten Anspruch auf inklusive Bildung. Staat und Bundesländer stehen in der Pflicht, ein »inklusives Bildungssystem auf allen Ebenen« (UN-BRK, Art. 24) zu schaffen und die Voraussetzungen und Strukturen zu sichern, die Kinder mit Beeinträchtigungen benötigen, um »gleichberechtigt mit anderen in der Gemeinschaft, in der sie leben, Zugang zu einem inklusiven, hochwertigen und unentgeltlichen Unterricht zu haben« (ebd.). Schülerinnen und Schüler mit Beeinträchtigungen dürfen also nicht aufgrund ihrer Behinderung vom Besuch einer Grundschule oder einer weiterführenden Schule ausgeschlossen werden, ihnen ist die notwendige Unterstützung für einen inklusiven Unterricht zu gewährleisten. In den letzten Jahren sind daraufhin »forcierte Bemühungen zu verzeichnen, Schülerinnen und Schüler mit und ohne Behinderungen (…) gemeinsam an Regelschulen zu beschulen« (Lübeck 2020, S. 7). Parallel stellen viele Schulen auf Ganztagsbetrieb um, entwickeln sich vom Lernort zum Lebensort der Kinder und betonen, die individuelle Entwicklung und angemessene pädagogische Begleitung jedes Kindes in den Blick zu nehmen, die Gemeinschaft der Kinder zu stärken und einen barrierefreien Zugang zu allen Bildungsangeboten zu ermöglichen (Seitz & Haas 2015).

Für Schulen von heute gilt also, die unterschiedlichen Lebenslagen, Interessen und Ressourcen der Kinder und Jugendlichen zu erkennen, die Bedarfe an individueller Unterstützung zu ermitteln und passgenaue Methoden für individualisierte Bildungsprozesse zu gestalten. Doch die Lehrkräfte sind bislang kaum für die konzeptionellen und didaktischen Aufgaben der Inklusion ausgebildet (Klemm & Zorn 2018). Das wäre, sollte man meinen, eine Chance für Heilpädagoginnen und Heilpädagogen: Von ihrer Kompetenz im individuellen Fallverstehen, in der Diagnostik, in der Elternberatung, in der Assistenz und Förderung unterschiedlicher Bereiche wie Wahrnehmung, Kommunikation und ästhetischer Ausdruck, Spiel und Bewegung, Konzentration und Entspannung, Selbstständigkeit und Gruppenfähigkeit könnten sowohl einzelne Kinder als auch ganze Klassen und Schulen profitieren:

> »Da der zentrale Aspekt in der Heilpädagogik die Ermöglichung eines selbstbestimmten Lebens und eine volle gleichberechtigte gesellschaftliche Teilhabe ist, muss an dieser Stelle insbesondere an eine zukünftige enge Verzahnung von Schule und Heilpädagogik nachgedacht werden« (Jeppel 2020, S. 214).

Doch die Schulverwaltungen und die Ministerien sehen das anders bzw. (er)kennen den möglichen Beitrag der Heilpädagogik in der Regel gar nicht. Die geforderte Umsetzung der UN-BRK hat nichts daran geändert, dass die Bildung von Kindern und Jugendlichen mit und ohne Beeinträchtigungen an inklusiv orientierten Schulen in den Händen von traditionell ausgebildeten Lehrkräften liegt. Inklusive Unterrichtsdidaktik und multiprofessionelles Teamteaching sind für fast alle von ihnen Neuland, was in mannigfaltigen Signalen der Abwehr ihren Ausdruck findet. Von Lehrkräften der Sonderpädagogik, die über Jahrzehnte in Förderschulen tätig waren, wird nun erwartet, dass sie im Kontext inklusiver Schulen als wahre Expertinnen und Experten für Kinder mit Beeinträchtigungen für die ›Entlastung‹ der Regelschullehrkräfte sorgen und das »komplexe Passungsverhältnis« (Pfahl et al 2017, S. 19) zwischen den speziellen Bedürfnissen der Kinder und den Möglichkeiten der allgemeinen Schule erkennen und gestalten. Doch das Zusammenspiel zwischen den Lehrkräften ist nicht eingespielt:

> »Insofern verwundert es nicht, wenn Kooperation nicht immer einfach umzusetzen ist und nicht selten auch scheitert, wenn tradierte und von den Beteiligten internalisierte Unterrichts- und Arbeitsroutinen fest und starr geworden sind« (Fischer et al. 2017, S. 12).

Die Chance, die eine systematische (und nicht nur assistierende) Einbeziehung von Fachkräften der Heilpädagogik an den allgemeinen Schulen bieten könnte, wird in schulpolitischen Stellungnahmen, in Fortbildungskonzepten für inklusive Schulen (Heinrich et al. 2021) und in der Inklusionsforschung (Köpfer 2021) kaum wahrgenommen. Das hat drei Gründe: Erstens sind Heilpädagoginnen und Heilpädagogen im deutschen Schuldienst (anders als in der Schweiz) schon deswegen relativ selten anzutreffen, weil das Schulrecht die Verantwortung für die Vermittlung schulischer Inhalte allein den Lehrkräften mit Erstem und Zweitem Staatsexamen zutraut bzw. anvertraut. Zweitens haben es die Schulen trotz aller Inklusionsrhetorik im Grunde nicht aufgegeben, ihren Auftrag primär in der Selektion sowie der Vorbereitung auf zukünftige berufliche und soziale Karrieren mit Zuweisung in die entsprechenden Bildungsgänge zu sehen und ihre defizitorientierte Beurteilungsstruktur beibehalten. Und drittens wird in den Ministerien und den Schulverwaltungen *Heterogenität* nicht als positives Merkmal von Vielfalt im Sinne des Diversity-Ansatzes verstanden, sondern als beängstigend »hohe Leistungsheterogenität«, die »nicht zuletzt mit Blick auf anhaltende soziale Disparitäten als problematisch« (Nationaler Bildungsbericht 2020, S. 138) eingeschätzt wird und zu Klagen über einen »wachsenden Anteil leistungsschwacher Schüler*innen« (ebd.) führt. Doch auch diejenigen, die Diversität und Heterogenität zelebrieren und bei jeder Gelegenheit Sätze wie *Jeder ist anders* oder *Es ist normal, verschieden zu sein* ausrufen, reflektieren meist nicht, dass sie auf diesem Wege soziale Ungleichheiten kaschieren, reproduzieren und letztlich festschreiben (Tierbach 2021).

Hinzu kommt, dass die Etablierung der sonderpädagogischen Studiengänge und der Auf- und Ausbau von Sonder- bzw. Förderschulen zur Exklusion der Heilpädagogik aus dem Schulwesen in Deutschland geführt hat. Die Gründe liegen in den 1950er Jahren, als der Verband Deutscher Sonderschulen mit der *Denkschrift zu einem Gesetz über das heilpädagogische Sonderschulwesen* die Politik auffordert, einheitliche gesetzliche Regelungen zum Status der Sonderschulen zu schaffen. 1960 legt die Kultusministerkonferenz (KMK) der Bundesrepublik Deutschland mit ihrem *Gutachten zur Ordnung des Sonderschulwesens* den Grundstein für den hohen Differenzierungsgrad an Sonderschulen, die sich in den Empfehlungen der KMK für zehn Sonderschularten konkretisiert, und zwar für Blinde, Sehbehinderte, Gehörlose, Schwerhörige, Geistigbehinderte, Lernbehinderte, Sprachbehinderte, Körperbehinderte, Verhaltensgestörte, Kranke (Ellger-Rüttgardt 2019). Zur Ausbildung von Lehrkräften für diese Schulformen werden an Pädagogischen Hochschulen und Universitäten entsprechend differenzierte Bildungsgänge (Möckel 2007) installiert, die sich im Laufe der Zeit auseinanderentwickeln und mehr Eigenes als Gemeinsames zeigen. Aus den jeweiligen Beeinträchtigungen und ihren spezifischen Anforderungen formulieren sie die Begründungen für ihre Legitimation als separate und separierende Schulform, denn »jede dieser Pädagogiken begann als Pädagogik für den jeweiligen Sonderschultyp« (Textor 2018, S. 46).

Auch wenn der Begriff *Heilpädagogik* noch häufig in Texten, Verbandsorganen und Zeitschriften der Sonderpädagogik auftaucht, haben sich Ausbildungs- bzw. Studiengänge und die Handlungsfelder der beiden Geschwister Heilpädagogik und Sonderpädagogik auseinandergelebt. Sonderpädagoginnen und Sonderpädagogen sind vorzugsweise im Schuldienst tätig, Heilpädagoginnen und Heilpädagogen nur in Ausnahmefällen, z. B. in schulischen Einrichtungen privater Träger, die sich die Bildung und Förderung von Kindern und Jugendlichen mit komplexen Beeinträchtigungen zur Aufgabe gemacht haben. Ansonsten sind die Fachkräfte der Heilpädagogik fast ausschließlich im außerschulischen Bereich angestellt (Bleidick & Ellger-Rüttgardt 2008), auch wenn es immer wieder Bemühungen gibt, Brücken zu schlagen und Aufgabenfelder und Anstellungsmöglichkeiten zu begründen (Walter & Nienaber 2019). Angesichts der »immer vielfältiger werdenden inklusiven Bildungsräume« (Kiessl 2015, S. 95) und der wachsenden Heterogenität der Schülerschaft sowie aktueller gesellschaftlicher Herausforderungen ist es Zeit, die Brücken dauerhaft zu untermauern und die Aufgaben der Inklusion und Partizipation als Herausforderungen fachlicher Kooperation und nicht als Überlastung der traditionellen Lehrkräfte anzusehen. Solange die Profession der Heilpädagogik lediglich als *nicht unterrichtendes Fachpersonal* an Regelschulen nur assistierend geduldet ist und nicht direkt von den Schulen angestellt wird, kann sie ihr Potenzial an innovativen und individualisierten Konzepten in Regelschulen nicht einbringen und die Schulen bleiben »im Umgang mit wachsender Heterogenität der Schülerschaft unvollständig vorbereitet« (Knauf & Knauf 2019, S. 3). Fachkräfte der Heilpädagogik könnten individuell fördern und assistieren, didaktisch passgenaue Lernmaterialien und Medien einsetzen, die Vernetzung zwischen den Schulen und anderen Akteuren im Sozialraum stärken und in der Qualitätssicherung der Inklusion und Partizipation wertvolle Arbeit in den Schulen leisten (Schumann 2019, S. 10).

Im Kontext der Sonder- und Förderschulen sind die Chancen deutlich höher, besonders in einzelnen Förderbereichen, in denen Heilpädagoginnen und Heilpädagogen verantwortlich eingesetzt werden. So ist es nach einer Studie des Berufs- und Fachverbandes Heilpädagogik in einigen Bundesländern (z. B. in Nordrhein-Westfalen, Sachsen, Niedersachsen, Brandenburg, Hamburg und Mecklenburg-Vorpommern) möglich, als *Pädagogisch Mitarbeitende* im Schuldienst tätig zu sein, allerdings sollen die Heilpädagoginnen und Heilpädagogen auch dort keine Unterrichtsverantwortung übernehmen – was im Alltag der Schulklassen immer wieder zu schwierigsten Abgrenzungen führt. Eine Anstellung als unterrichtendes Fachpersonal oder als Lehrkraft an Sonder- und Förderschulen ist weiterhin nicht möglich. Das gilt auch für den offenen Bereich von Ganztagsschulen: Hier sind die Fachkräfte der Heilpädagogik ebenfalls nicht im Pflichtunterricht, sondern in den Angeboten zur individuellen Förderung zu finden, also z. B. in der Lern- und Sprachförderung, in Bewegungsangeboten, in der musisch-ästhetischen Bildung und in diversen Projekten eingesetzt und werden als Honorarkräfte, selten als fest angestellte und pädagogisch anerkannte Fachkräfte beschäftigt. Ihre differenzierten Kenntnisse und Erfahrungen in der Anwendung heilpädagogischer Konzepte und Methoden und in der Förderdiagnostik können sie dort kaum einbringen. Insgesamt heißt das, dass die Heilpädagogik als wichtige Ressource für die Umsetzung von Inklusion »in den Arbeitsplatzbeschreibungen von Schulen und Trägern bisher keine hinreichende Berücksichtigung findet, obwohl Heilpädagoginnen und Heilpädagogen unter uneinheitlich geregelten Bedingungen und in diversen Funktionen wertvolle Unterstützungsleistungen erbringen« (Schumann 2015, S. 84).

Während die Erwartungen und fachlichen Anforderungen an ein inklusives Bildungs- und Schulsetting kontinuierlich steigen, ist die reale Aufgabenverteilung weiterhin statisch: Die Unterrichtstätigkeit liegt bei den Lehrkräften, die Beratung und Krisenbearbeitung erfolgt durch Schulpsycholog*innen, für die Unterstützung von Kindern und Jugendlichen mit erschwerten Lebensbedingungen ist die Schulsozialarbeit zuständig, Aufgaben der Förderung von Kindern und Jugendlichen mit Beeinträchtigungen übernehmen Sonderpädagoginnen und Sonderpädagogen. Im Lehrerzimmer führen die Kolleginnen und Kollegen der Schulpsychologie, der Schulsozialarbeit und der Sonderpädagogik meist ein Satellitendasein, an den Entscheidungen über die Schullaufbahn oder alternative Bildungswege werden sie kaum beteiligt. Für eine verbesserte individuelle Begleitung von Kindern und Jugendlichen mit Beeinträchtigungen und Stärkung des strukturell unausgereiften und überforderten Zusammenspiels im Klassenzimmer sollen nun ausgerechnet Assistenzkräfte sorgen, die als Schulbegleitung (manche sprechen noch von Integrationshilfe) das Bild eines inklusiven Schulsystems komplettieren sollen. Diese Schulbegleiterinnen und -begleiter (bisweilen mit, häufig aber auch ohne spezifische fachliche Qualifikation) sind Personen, die »Kinder und Jugendliche überwiegend im schulischen Alltag begleiten, die aufgrund besonderer Bedürfnisse im Kontext Lernen, Verhalten, Kommunikation, medizinischer Versorgung und/oder Alltagsbewältigung der besonderen und individuellen Unterstützung bei der Verrichtung unterrichtlicher und außerunterrichtlicher Tätigkeiten bedürfen« (Dworschak 2010, S. 133 f).

Konkret unterstützen die Schulbegleitungen die Kinder und Jugendlichen im Unterricht, indem sie z. B. Strukturierungshilfen geben, auf die Konzentrationsfähigkeit achten, die Aufmerksamkeit auf die relevanten Aspekte des Unterrichts lenken und bei individuellen Aufgaben unterstützen. Sie fördern die verbale Kommunikation oder leiten die Unterstützte Kommunikation an. Im psychosozialen Bereich können sie in Krisensituationen und bei herausforderndem Verhalten lenkend eingreifen. Bei Bedarf helfen die Assistenzkräfte bei der Körperpflege, der Mobilität und bei der Überwindung von Barrieren. Die Unterstützung findet je nach Notwendigkeit während der Unterrichtszeit, aber auch in den Pausen, bei Schulausflügen, Klassenfahrten oder im Offenen Ganztagsbereich sowie auf dem Schulweg statt.

Assistenzleistungen zur Inklusion werden als Maßnahmen der Eingliederungshilfe beantragt, wenn ein individueller Bedarf vorliegt bzw. wenn das entsprechende Amt das Kind für anspruchsberechtigt hält und einen entsprechenden Leistungsbescheid ausstellt. Es handelt sich also um Leistungen, die nicht im Schulsystem selbst verankert sind und auch nicht von diesem finanziert werden, sondern von den öffentlichen Trägern der Jugend- und Sozialhilfe. Zu unterscheiden sind dabei Leistungen nach SGB XII für Kinder und Jugendliche mit körperlichen und kognitiven Beeinträchtigungen und Leistungen nach SGB VIII bei Kindern mit *seelischen Behinderungen* – allein dieser Begriff deutet schon an, dass diese Hilfen oft stigmatisieren, weil sie das Kind als defizitär und assistenzbedürftig deklarieren und damit den Grundprinzipien der Inklusion widersprechen:

»Diese Defizitorientierung wird von den Eltern häufig als deutliches Hindernis für eine ›inklusive‹ Beschulung wahrgenommen, zumal sie oftmals mit einer empfundenen Zurückweisung und Abwertung der Entwicklungsleistung des Kindes und auch der Begleitungsleistung der Eltern einhergeht« (Lübeck 2020, S. 11).

Dennoch hat sich die Schulbegleitung in der Regelschule etabliert: Manche halten sie für den entscheidenden »Türöffner«, um Kindern und Jugendlichen mit Beeinträchtigung überhaupt den Zugang zur inklusiven Bildung zu ermöglichen (Dworschak & Reuter 2019).

Weil der Anspruch an ein inklusives Schulsystem steigt, der Umbau dieses System aber schwerfällig und voller Ambivalenzen ist, hat sich in den letzten Jahren ein drastischer Anstieg in Bezug auf die Inanspruchnahme von Schulbegleitungen ergeben. Die Schulen selbst und die Schulverwaltungen scheinen nicht unglücklich zu sein, sich von Aufgaben der strukturellen und konzeptionellen Veränderungen im eigenen Hause entlasten zu können, indem man ›Inklusion‹ in die Hände von fremdfinanzierten Schulbegleitungen legt. Denn aus sozialrechtlicher Perspektive handelt es sich um Einzelfallmaßnahmen der Eingliederungshilfe, die auf dem besten Wege sind, »sich als gängige Unterstützungsmaßnahmen für einzelne, besonders unterstützungsbedürftige Kinder in der inklusiven Schule zu etablieren« (Lübeck 2020, S. 8). Die Antragsverfahren sind für Eltern, Lehrkräfte und Schulleitungen häufig nicht transparent, die Unterschiede in der Bewilligung in den einzelnen Städten, Regionen und Bundesländern sind oft unübersichtlich; auch für einzelne Schulformen kann es unterschiedliche Verfahrensabläufe geben. Vor allem ist die Qualifikation der Schulbegleitungen nicht einheitlich geregelt: Nur im Einzelfall ist die nachgewiesene pädagogische Qualifikation eine notwendige Voraussetzung für die Aufnahme der Tätigkeit als Schulbegleitung/Schulassistenz, die im Ermessen der Leistungsträger liegt und selten an klar beschriebene Kompetenzen gebunden ist (Geist 2017).

Handelt es sich bei den Schulbegleitungen um Maßnahmen nach SGB VIII, also um Bewilligungen von Assistenzkräften für Kinder mit so genannten »seelischen Behinderungen«, dann besteht ein Gebot des Einsatzes von Fachkräften. Dies gilt besonders bei Kindern im Autismus-Spektrum, die nicht unbedingt fachlich im Unterricht überfordert sind, aber z. B. aufgrund sensorischer Besonderheiten, Ängsten vor Veränderungen im täglichen Schulablauf und in Bezug auf die Gestaltung von sozialen Interaktionen überfordert sind. Dann kann eine fachlich ausgebildete, in Sachen Autismus-Spektrum-Störung erfahrene Schulbegleitung hilfreich sein, um allen Beteiligten im Schulkontext, besonders den Mitschülerinnen und Mitschülern und den Lehrkräften Verhaltensweisen und ihre Hintergründe zu erläutern und die Situation für das betreffende Kind in der Klasse so zu strukturieren, dass es vor Reizüberflutungen geschützt ist und sich auf die Anforderungen einlassen kann. Gelingt dies, dann treten oft die Fähigkeiten des Kindes wieder zutage, die zuvor verschüttet oder von Ängsten, Ritualen und Verhaltensbesonderheiten überlagert waren. Hier sind gerade Fachkräfte der Heilpädagogik sehr gefragt, weil sie sich auf die zu unterstützenden Kinder und Jugendlichen gut einlassen und hinter ihren akuten Schwierigkeiten die individuellen Potenziale erkennen können. Und sie haben aufgrund ihrer Orientierung am Einzelfall und an den jeweiligen Ressourcen auch ein gutes Gespür dafür, wann es Zeit ist, von einer zunächst vielleicht notwendigen intensiven Begleitung allmählich abzurücken, mit dem Kind angemessene Strategien zur selbstständigen Gestaltung des Schulalltags und der Interaktionen zu erproben und die eigene Rolle der Begleitung auf ein Coaching im Hintergrund zu reduzieren.

Befragt man die Schülerinnen und Schüler mit zugewiesenem Unterstützungsbedarf selbst nach ihrer Wahrnehmung der Schulassistenz, dann erwähnen sie häufig als positiven Aspekt die persönliche Beziehung: Die Assistenzkraft wird als enger Verbündeter, willkommenes Schutzschild, manchmal auch als Erfüllungsgehilfe mit der notwendigen fachliche Unterstützung empfunden; als negativer Aspekt kommt zum Ausdruck, dass die Schulbegleitung die Eigenständigkeit und die Kontakte mit anderen Schülerinnen und Schülern bisweilen behindert (Böing 2019, S. 22). Studien zeigen, dass die Schulassistenz eine systemstabilisierende Funktion einnehmen kann, wenn bei aller Rhetorik, dass die individuellen Leistungsunterschiede und Verhaltensbesonderheiten bereichernd seien, im Grunde doch normierte, nicht-individualisierte Erwartungshaltungen vorherrschen: »Assistenzhandeln unterliegt insofern der latenten Gefahr, von einer Institution, die ihre impliziten institutionsinhärenten Funktionen und Normen nicht hinterfragt, instrumentalisiert zu werden« (ebd., S. 23).

So lässt sich sagen, dass die Umsetzung der UN-BRK im Bereich der Schulen in Deutschland trotz vielfältiger Bemühungen nur mäßige Fortschritte zeigt: In den Jahren von 2009 bis 2017 ist unter allen Schülerinnen und Schülern der Anteil derjenigen, die eine Förderschule besuchen, um 13% gesunken – aktuell ist eine Stagnation der Inklusion von Schülerinnen und Schülern aus Förderschulen zu konstatieren (Knauf & Knauf 2019). Und in den Regelschulen steigt der Anteil an förderbedürftig diagnostizierten Kindern und Jugendlichen kontinuierlich: 2017 waren es 90.000 Schülerinnen und Schülern aus allgemeinen Schulen mehr als 2009, die mit einem sonderpädagogischen Förderbedarf etikettiert wurden (ebd., S.3). Die Bildungsforschung kommt zu dem Ergebnis, dass dem Inklusionsgebot der UN-BRK in den meisten Förderschwerpunkten an deutschen Schulen nicht nähergekommen ist oder sich von den Vorgaben der Konvention – also dem vorgeschlagenen Abbau der Separation – noch entfernt hat (Klemm & Zorn 2018). Insgesamt bestätigen die Studien zur Umsetzung der UN-BRK in Deutschland die bereits vor Jahren geäußerte Ansicht, dass »die Forderung nach inklusiver Beschulung in einem viel breiteren Kontext als nur der Frage nach der regulären Beschulung von Schülerinnen und Schülern mit sonderpädagogischem Förderbedarf anzusiedeln sei, denn die Inklusion erfordert strukturelle Veränderungen der regulären Institution und ist keinesfalls ein additives Modell im Sinne eines Regelschulbetriebs plus sonderpädagogischer Förderung, die auf der Grundlage von Etiketten als Service- oder Entlastungsleistungen hinzugekauft werden kann« (Moser 2012b).

5.4 Kinder- und Jugendhilfe/Kinder- und Jugendpsychiatrie

Die Kinder und Jugendhilfe sowie die Kinder- und Jugendpsychiatrie und -psychotherapie sind zwei heilpädagogische Handlungsfelder mit langer Tradition und großer aktueller Bedeutung. In diesem Kapitel werden sie gemeinsam vorgestellt, obwohl ihre Denk- und Handlungsansätze sich bisweilen fremd gegenüberstehen. In der Kinder- und Jugendhilfe gilt eine andere Fachkultur als in den kinder- und jugendpsychiatrischen Praxen bzw. den Kliniken der Kinder- und Jugendpsychiatrie und -psychotherapie, die Zusammensetzung der Mitarbeiterschaft divergiert in den beiden Bereichen ebenso wie die Aufträge und die Entscheidungen über Modalitäten der Begleitung und Behandlung und deren Abrechnung (AGJ 2015, S. 4). Dennoch ist es sinnvoll, beide Handlungsfelder hier gemeinsam darzustellen, weil an ihren Schnittstellen hohe Erwartungen an die Begleitung der Kinder, Jugendlichen und ihrer Familien bestehen, heilpädagogische Kompetenzen in beiden Systemen gefragt sind und eine verbesserte Kooperation dringend geboten erscheint.

Viele Familien sind konfrontiert mit finanziellen Schwierigkeiten, nicht ausreichenden Ressourcen zur Kinderbetreuung, psychischen Belastungen aufgrund von Krisen und Trennungen, Suchtproblemen in den Familien, steigendem Medienkonsum: Das ganze System Familie wird offenbar immer anfälliger für psychische Probleme und Störungen (Nicklaus & Chodzinski 2022, S. 4). Dabei sind die Kinder oft die Symptomträger sowohl familiärer als auch gesellschaftlicher Krisen. In den letzten zehn Jahren hat sich die Zahl der Kinder und Jugendlichen, die psychotherapeutische Hilfe in Anspruch nehmen, verdoppelt, die Corona-Pandemie hat die Vulnerabilität für psychische Störungen deutlich erhöht und zu spürbaren Veränderungen in der Lebensrealität von Kindern und Jugendlichen geführt (Bujard et al. 2021; Ravens-Sieberer et al. 2022). Der steigende Einsatz von Psychopharmaka bei Kindern und Jugendlichen löst keine Probleme, sondern verschärft sie noch. Die Krisen der Welt trüben die Zukunftsperspektiven, die Anforderungen in Schulen und Ausbildungsstätten sind hoch, die Sorgen und Ängste wirken sich auf das seelische Gleichgewicht aus und sind nur schwer zu bewältigen. Schutzsuchende Kinder und Jugendliche aus Kriegsgebieten benötigen (heil-)pädagogische und psychotherapeutische Hilfen. Die Fallzahlen an Kindeswohlgefährdungen sind in Corona-Zeiten weiter gestiegen und führen zu Traumafolgestörungen, die oft spät erkannt oder nicht angemessen behandelt werden; unter den gemeldeten Verdachtsfällen ist jedes dritte Kind jünger als fünf Jahre alt (Nicklaus & Chodzinski 2022, S. 5).

Die Aufgaben der (heil-)pädagogischen Arbeit in den beiden Handlungsfeldern bestehen darin, psychosoziale Belastungen, biografische Brüche und traumatische Erfahrungen zu erkennen und die Kinder und Jugendlichen beim Entdecken ihrer Ressourcen zu unterstützen. Auch die Fähigkeiten der sozialen Interaktion gilt es zu stärken, die Wahrnehmung des Körpers zu fördern und Kompetenzen zu erweitern, um mit sich selbst und der Umwelt sorgsam umzugehen. Heilpädagogisches Handeln baut auf Anerkennung der jeweiligen individuellen Lebenskonzepte, bietet

Lernprozesse an und zielt darauf ab, zu einer gelingenden selbstbestimmten Teilnahme am gesellschaftlichen Leben und einer sinnerfüllenden Lebensgestaltung beitragen. Diese erfordert die Bereitschaft, durch Reflexion den »Übertragungen, Gegenübertragungen und Projektionen auf die Spur zu kommen und die Fallen zu entdecken, die das eigene Selbst stellt« (Menth 2022, S. 32).

Die Kinder- und Jugendhilfe (KJH) und die Kinder- und Jugendpsychiatrie und -psychotherapie (KJPP) bieten ambulante und stationäre Settings und tragfähige Beziehungen an, damit die Kinder und Jugendlichen einen Alltag ohne andauernden Stress und Unsicherheiten erfahren und Vertrauen in gute bzw. ausreichende Entwicklungsbedingungen aufbauen können:

> »In Einrichtungen, in denen es gelingt, pädagogisches Handeln und therapeutisches Verstehen in Einklang zu bringen, kann das therapeutische Vertrauensverhältnis daher als Brücke zur realen Welt fungieren und auch im Betreuungsalltag und in der Außenwelt Beziehungs- und Veränderungsprozesse ermöglichen« (Gahleitner 2021, S. 33).

Neben psychotherapeutischen Angeboten ist (heil-)pädagogische Begleitung gefragt, die Chancen der konstruktiven Entwicklung ermöglicht: Kinder und Jugendliche haben für ihre inneren Spannungen oft (noch) keine ›Sprache‹, sie drücken ihre Konflikte über ihren Körper bzw. in Handlungen aus, die das Setting und das Team der Einrichtung oft belasten. Es gilt, provozierte Beziehungsabbrüche zu vermeiden, ohne auf klare Ansagen zu verzichten (Huber & Kirchschläger 2019). Individuelle, an der Psychodynamik orientierte Vorgehensweisen haben Vorrang vor starren Regeln, die vermittelbar bleiben müssen; Grundlage dafür ist eine wertschätzende Einstellung, ausgestattet mit der Idee einer positiven Entwicklung des einzelnen Kindes oder Jugendlichen – auch im Falle von destruktiven Handlungen. Sicherheit gegenüber heftigen Affekten der Kinder und Jugendlichen ist auch dann notwendig, wenn tiefgreifende Ängste und bedrohliche Fantasien ausagiert werden. Pädagogische Fachkräfte sollten fremde und eigene Ängste ebenso wie Abwehrmechanismen reflektieren und die Fähigkeit besitzen, Auseinandersetzungen zuzulassen und mit den inneren Vorgängen »möglichst angstfrei in einem dialogischen Kontakt zu stehen« (Meng & Bürgin 2000, S. 492).

Im Kontext von Praxiseinsätzen während der Ausbildung machen Studierende der Heilpädagogik nicht selten die Erfahrung, dass die spannenden Handlungsfelder der Kinder- und Jugendhilfe bzw. der Kinder- und Jugendpsychiatrie und -psychotherapie nicht nur fordernd, sondern auch überfordernd sein können: Viele innere und äußere Konflikte der Kinder und Jugendlichen sind den Studierenden nicht fremd und wurden unter eigenen Anstrengungen gerade erst selbst – so gut wie möglich – bewältigt; nun werden sie durch die Krisen der jungen Menschen in den Einrichtungen neu wachgerufen; das macht ein positives ›Mitschwingen‹ möglich, aber auch eine eigene seelische Labilisierung, die in Teamgesprächen und Supervisionen angesprochen werden muss, damit die Praxiseinsätze nicht scheitern. Genauso sind die eigenen Sozialisationserfahrungen, die ethischen Maßstäbe und die kulturbezogenen Vorstellungen zu prüfen: Sowohl in der Kinder- und Jugendhilfe als auch in der Kinder- und Jugendpsychiatrie und -psychotherapie sind Situationen zu meistern, in denen unterschiedliche Lebenswelten, Verhaltensweisen, Kommunikationsstile und gesellschaftliche Perspektiven aufeinanderprallen. Wer nur die eigenen Normen und Werte für gültig hält, vergibt die Chance, in Dialog zu treten und sich auf die Welt des Gegenübers einzulassen (Möbius & Friedrich 2010). Insgesamt geht es um die Fähigkeit, die Selbstbeobachtung eigener Verhaltensweisen zu schulen und »eine möglichst präzise Wahrnehmung der eigenen Person in spezifischen beruflichen Kontexten mitsamt ihrer Wirkung auf andere« zu haben (Hansbauer et al. 2020, S. 152).

5.4.1 Handlungsfeld Kinder- und Jugendhilfe

Die Kinder- und Jugendhilfe gilt bei Studierenden der Heilpädagogik aufgrund der Vielfalt an Angeboten der Beratung, Begleitung und Betreuung als ein interessantes Handlungsfeld. In allen Bundesländern, Städten und Gemeinden finden sich Einrichtungen der Kindertagesbetreuung, der Erziehungsberatung, der sozial- und heilpädagogischen Familienhilfe zur Unterstützung von Eltern und Kindern in belastenden Situationen, der Anleitung und Unterstützung von Teenager-Müttern bzw. Eltern, des Kinderschutzes, der Ausbildungshilfen für benachteiligte Jugendliche, der betreuten Wohnformen, der Begleitung von Kindern und Jugendlichen mit Fluchterfahrungen sowie der Inklusion und Partizipation von Kindern und Jugendlichen mit Beeinträchtigungen (Dittmann & Müller 2018). Die sozialrechtliche Grundlage für die unterschiedlichen Angebote bildet das SGB VIII (Kinder- und Jugendhilfegesetz), das in seinen ersten Sätzen deutlich macht: Jeder junge Mensch hat ein Recht auf Förderung seiner Entwicklung und auf Erziehung zu einer eigenverantwortlichen und gemeinschaftsfähigen Persönlichkeit und anschließend die Forderung aufstellt, junge Menschen in ihrer individuellen und sozialen Entwicklung zu fördern und dazu beizutragen, Benachteiligungen zu vermeiden oder abzubauen sowie Kinder und Jugendliche vor Gefahren für ihr Wohl zu schützen.

Diese Leitgedanken prägen seit ca. 30 Jahren die Kinder- und Jugendhilfe, die zuvor stark von einem ordnungspolitischen Auftrag geprägt war und ihr Augenmerk auf verarmte, sozial auffällige und von »Verwahrlosung« bedrohte Familien richtete (Müller 2006). Heute ist die Kinder- und Jugendhilfe nicht mehr von Gedanken der Fürsorge und Fremdbestimmung geprägt, sondern sie stellt einen unverzichtbaren Bestandteil der sozialen Infrastruktur dar:

> »Längst handelt es sich bei der Kinder- und Jugendhilfe nicht mehr nur theoretisch, sondern mit Blick auf die reale Inanspruchnahme ihrer Leistungen von allen jungen Menschen und ihren Familien in bestimmten Phasen des Lebenslaufs (…) um die dritte Sozialisationsinstanz neben Familie und Schule« (Dittmann & Müller 2018, S. 570).

Zu den wichtigsten Handlungsfeldern zählen: die offene Kinder- und Jugendarbeit, die arbeitsbezogene Jugendsozialarbeit, die Schulsozialarbeit, die Angebote der Kindertageseinrichtungen, die Förderung der Erziehung in der Familie sowie die Frühen Hilfen, die Hilfen zur Erziehung und der Schutzauftrag bei Gefährdungen des Kindeswohls (Hansbauer et al. 2020). Die Liste ist unvollständig, täglich kommen neue Anforderungen hinzu, z. B. die Unterstützung in Pandemie-Zeiten, die Begleitung von unbegleiteten Flüchtlingen, die Kurzzeitpflege und Betreuung von Kindern mit Beeinträchtigungen (Farrenberg & Schulz 2021).

In der Kinder- und Jugendhilfe treffen heilpädagogische Fachkräfte auf Mitarbeitende der Sozialen Arbeit, der Sozialpädagogik (Erziehinnen und Erzieher), der Psychologie, der Heilerziehungspflege und der Gesundheits- und Krankenpflege (mit dem Schwerpunkt Pädiatrie). In der pädagogischen Arbeit geht es um die Initiierung und Umsetzung von Entwicklungs- und Lernprozessen, die eine selbstbestimmte Teilnahme am gesellschaftlichen Leben und eine sinnerfüllende Lebensführung ermöglichen sollen. Das gilt auch für die »Hilfen zur Erziehung«, zu denen verschiedene Beratungs- und Unterstützungsangebote für Familien gehören, z. B. die sozialpädagogische Familienhilfe (SPFH), bei der es – als aufsuchendes Angebot – um eine Stärkung und Stützung aller Familienmitglieder und um die Aktivierung von Selbsthilfeprozessen geht. Stationäre Einrichtungen sind hingegen konzipiert als geschützte Räume, in denen Kinder und Jugendliche die Bedingungen in ihrer Herkunftsfamilie und ihre bisherige Lebensgeschichte reflektieren, tragfähige Beziehungen knüpfen und Vertrauen aufbauen können (Burchard & Diebenbusch 2017). Sie sind in den Prozess der Hilfeplanung bzw. Teilhabeplanung aktiv einzubeziehen (Schwabe 2019; Klingler 2019; Pretis 2022).

Oft resultieren Konflikte aus interaktionell entstandenen Zuspitzungen, in denen es um Macht oder Gesichtswahrung geht. Pädagogische Fachkräfte achten darauf, in zugespitzten Krisensituationen nicht selbst völlig unflexibel im eigenen Handeln zu werden und den geringen Abstand, den sie zu ihren Affekten haben, zu reflektieren. Rücksichtsloses, dissoziales und destruktives Verhalten von Kindern und Jugendlichen kann auch mit traumatischen Erfahrungen zusammenhängen; scheinbar unmotivierte, aus nichtigem Anlass herausbrechende Eskalationen treten häufig nach der Aktivierung traumatischer Erlebnisse auf (Burchard & Diebenbusch 2017). Bei Zuspitzungen, in denen die Verhaltensweisen eines Kindes oder Jugendlichen ganz aus dem Rahmen fallen, kann ein anderes Setting erforderlich sein, als es die Konzepte der Kinder- und Jugendhilfe bieten. Wenn ein Kind z. B. den Bezug zur Situation verliert und selbstgefährdende oder fremdgefährdende Reaktionen zeigt, ist oft die fachliche Hilfe der Kinder- und Jugendpsychiatrie in Form ambulanter Unterstützung oder stationärer Behandlung notwendig. Mitunter signalisieren die betreffenden Kinder und Jugendlichen dann sogar Erleichterung bei einer stationären Aufnahme, weil sie selbst realisieren, dass ihnen die Steuerung ihres Erlebens und Verhaltens aus dem Ruder geraten ist (Giertz & Gervink 2017). In anderen Fällen scheint kein Hilfesetting zu passen – nicht die Pflegefamilie, nicht die Wohngruppe, nicht die Psychiatrie.

Diese Kinder und Jugendlichen werden oft als »Systemsprenger« bezeichnet, weil sie zwischen die Systeme und Angebote geraten, ihre Verhaltensweisen und ihr inneres Befinden nicht mehr regulieren können. Der Ausdruck »Systemsprenger« ist nicht neu (Clausen & Eichenbrenner 2016), aber irreführend, denn er orientiert sich an den bestehenden Angeboten der Kinder- und Jugendhilfe. Zu fragen ist, ob die Kinder nicht zu den Angeboten passen oder ob die Angebote nicht auf die so bezeichneten Kinder und Jugendlichen, ihre Lebenserfahrungen und Lebenslagen und ihren speziellen Bedarf zugeschnitten sind.

5.4.2 Handlungsfeld Kinder- und Jugendpsychiatrie und -psychotherapie

Die Aufgaben der Kinder- und Jugendpsychiatrie und -psychotherapie bestehen darin, in Praxen und Kliniken psychische, psychosomatische und entwicklungsbedingte Erkrankungen und Auffälligkeiten im Kindes- und Jugendalter zu erkennen und zu behandeln. Dazu stehen Teams von psychologischen, pädagogischen und pflegerischen Fachkräften unter ärztlicher Leitung zur Verfügung, die ambulant, tagesklinisch oder stationär die notwendigen Untersuchungen, Beratungen und Therapien gestalten und koordinieren. Während im Erwachsenenalter die psychosomatischen Erkrankungen ein eigenes Fachgebiet darstellen, werden im Kindes- und Jugendalter auch somatoforme und psychosomatische Störungen (z. B. Anorexia nervosa) im Kontext der kinder- und jugendpsychiatrischen Versorgung untersucht und behandelt.

Eine schlüssige Klassifikation möglicher Störungsbilder, die im Kindes- und Jugendalter auftreten, ist nicht leicht zu erstellen. Jede Einteilung ist von intensiven Überlegungen begleitet, welche Kriterien die Systematik strukturieren sollen. Manche fragen, ob es überhaupt angemessen sei, Kinder und Jugendliche als psychisch ›krank‹ oder ›gestört‹ zu klassifizieren: Sind es nicht eher Verzögerungen der Entwicklung oder Abweichungen von Normen, deren Aufstellung den Ideen von Heterogenität und Diversity zuwiderlaufen? Was ist schon »normal«? Normal ist bei Säuglingen das Einnässen; bei Kindern im Vorschulalter kommt es gelegentlich vor, später gilt es als behandlungsbedürftige Störung (Gontard 2018). Wann sind die Zwänge eines Jugendlichen ein vorübergehendes Phänomen? Wann sind sie ein Indiz für eine beginnende Fehlentwicklung? Könnten sie auch eine Begleiterscheinung im Autismus-Spektrum darstellen? Ist Autismus überhaupt eine Störung oder eher eine Besonderheit (mit einigen Stärken und Schwächen) im Sinne der Neurodiversität? (Theunissen & Sagrauske 2019; Seng 2021).

Studien der letzten Jahre zeigen, dass folgende Auffälligkeiten in der Kinder- und Jugendpsychiatrie besonders häufig diagnostiziert werden: Bindungsstörungen, emotionale Störungen und Störungen des Sozialverhaltens, traumaassoziierte Syndrome, Essstörungen, Enuresis und Enkopresis sowie Tic-Störungen (Kipman 2022). Angestiegen sind diagnostizierte Autismus-Spektrum-Störungen sowie Störungen von Kindern psychisch erkrankter Eltern und Störungen durch psychotrope Substanzen (Kölch et al. 2020). Relativ neu sind Auffälligkeiten wie Computerspielstörungen, dissoziative Identitätsstörungen und die Geschlechtsdysphorie. Der Begriff »Geschlechtsdysphorie« ist wenig bekannt, er wird im Kontext nonbinärer Lebensweisen jedoch zunehmend verwendet, aber auch oft missverstanden: Das Wort »Dysphorie« stammt aus dem Griechischen und meint einen Zustand starken Unbehagens. Bei transgeschlechtlichen Menschen spricht man von Geschlechtsdysphorie, wenn eine Person Stress empfindet, weil ihre Geschlechtsidentität nicht mit dem Geschlecht übereinstimmt, das ihr bei der Geburt zugewiesen wurde. Trans-Männer und Trans-Frauen, die eine solche Geschlechtsdysphorie erleben, sollen Ansprüche auf entsprechende Beratung und Unterstützung geltend machen können, ohne pathologisiert zu werden (Reininger & Brinken 2021).

Die Pandemie hat zu verstärkten Krisen im Kindes- und Jugendalter geführt: Durch Home-Schooling, fehlenden Kontakt mit Gleichaltrigen, Mangel an Sport- und Freizeitmöglichkeiten ist nicht nur der Medien- und Substanzkonsum gestiegen, auch bei Essstörungen, Depressionen und suizidalen Krisen kam es zu vermehrten Anfragen an eine stationäre Behandlung. Doch die Krisen- und Akutversorgung litt ebenfalls an Einschränkungen durch den Impfschutz und schwierigen Aufnahme- und Entlassungssituationen (Bienioschek 2022). Die Forderung nach einer Erhöhung der stationären Kapazitäten wird nun in einzelnen Bundesländern realisiert, mehr Behandlungsplätze für Kinder und Jugendliche sollen dem Anstieg an psychischen Krisen gerecht werden. Verstärkt werden auch tagesklinische Plätze angeboten, bei denen die betreffenden Kinder und Jugendlichen in ihrem gewohnten Lebensumfeld bleiben und dennoch an unterschiedlichen und intensiven Therapien teilnehmen können. Der abgestufte (und möglichst wohnortnahe) Behandlungsansatz ist häufig besser in der Lage, den Bezug zu Freunden, Familien und Schulen aufrecht zu erhalten und auf die vollstationäre Unterbringung zu verzichten. Das setzt aber voraus, dass die Patientinnen und Patienten in schweren psychischen Krisen nicht mehrere Wochen oder Monate auf einen Platz in der Tagesklinik warten müssen.

In den Kliniken und Tageskliniken der Kinder- und Jugendpsychiatrie werden unterschiedliche Therapien angeboten; der Schwerpunkt liegt auf der einzeltherapeutischen Behandlung durch eine therapeutisch qualifizierte Bezugsperson, die tiefenpsychologisch, verhaltenstherapeutisch oder systemisch arbeitet. Weitere gruppentherapeutische Angebote können körperorientiert (Reiten, Klettern, Psychomotorik usw.) oder kunst- und musiktherapeutisch sein bzw. der Psychoedukation dienen, um das Wissen über die Behandlungsmöglichkeiten bei den Kindern und Jugendlichen und bei ihren Angehörigen zu erhöhen und partizipative Formen der Entscheidungen zu ermöglichen. Der Schulunterricht in der Klinikschule oder der Heimatschule und der Wochenendbesuch in der Familie sind wichtige Bausteine der Therapie. Der Aufenthalt in der Klinik bzw. der Tagesklinik dient also dazu, krisenhafte Situationen zu überstehen und an ihnen zu wachsen, in einem therapeutisch und pädagogisch begleiteten Alltag sich in der Gruppe mit anderen Kindern und Jugendlichen zu erfahren und die nächsten Entwicklungsschritte anzugehen (Rothaus 2015).

Die Behandlung von Kindern und Jugendlichen in psychischen Krisen erfolgt also unter Einbeziehung des familiären und sozialen Umfeldes, sie ist sozialraum- und ressourcenorientiert: »Die Partizipation der Kinder und Jugendlichen selbst wird zunehmend Thema in der stationären Behandlung in der Kinder- und Jugendpsychiatrie« (Bienioschek 2022, S. 11). Kinder und Jugendliche sowie ihre Familien werden nicht nur über die therapeutischen Maßnahmen informiert, sie werden auch an den Entscheidungen für die passenden Therapien beteiligt. Heilpädagoginnen und Heilpädagogen könnten in diesem Feld besonders geeignet sein, Brücken zwischen den unterschiedlichen Fachgebieten zu bauen und die angemessenen Kooperationsformen zu entwickeln:

> »Es ist ein ausgesprochenes Privileg, mit Kindern und Jugendlichen und ihren Familien arbeiten zu dürfen und die stetige Weiterentwicklung und Möglichkeit in einem Schnittstellenfach mit einem dynamischen Team mitgestalten zu können« (ebd., S. 13).

5.5 Sozialpsychiatrische Einrichtungen

Wer von »*der Psychiatrie*« spricht, hat meist die Klinik und ihre Aufgaben der Akutbehandlung, der diagnostischen Abklärung oder der spezifischen Rehabilitation vor Augen. Doch die psychiatrische Landschaft befindet sich »in einem tiefen Umwandlungsprozess von der zentralen zur dezentralen gemeindenahen Organisation, von der vorwiegend stationären Be-Handlung zur ambulanten Ver-Handlung« (Bock 2020, S. 9). Die Verweildauer auf den Stationen ist weiter gesunken, längerfristige Begleitungen und Therapien von Menschen mit psychischen Krisenerfahrungen liegen in den Händen sozialpsychiatrischer Einrichtungen. Dort erhalten sie die Unterstützung, die sie benötigen, um ihren Alltag selbstbestimmt zu gestalten und ihre Teilhabe an der Gesellschaft so gut wie möglich zu sichern. Für die Assistenz stehen Fachkräfte unterschiedlicher Professionen und Menschen mit eigener Psychiatrieerfahrung zur Seite, die zur Genesungsbegleitung bzw. zu Peer-Beratung ausgebildet sind – in der Sozialpsychiatrie spricht man auch von Experten aus Erfahrung (EX-IN = Experienced Involvement) (Utschakowski et al. 2015). Kunstateliers, Theater- und Musikgruppen, Psychose-Seminare, Selbsthilfegruppen, Kontaktstellen oder Firmen mit Angeboten der inklusiven Beschäftigung können genauso bedeutsam sein wie die unterschiedlichen Formen des unterstützten Wohnens (Konrad & Rosemann 2016).

Die Sozialpsychiatrie versteht sich als eine umfassende Konzeption mit dem Ziel, die Lebenssituation psychisch erkrankter Menschen zu erkennen, zu respektieren und, wenn möglich und gewünscht, zu verbessern. Sie berücksichtigt soziologische, psychologische, biologische und rechtliche Aspekte und geht auf individuelle und familiäre Gegebenheiten ein. Die sozialräumliche Organisation der Hilfen im Stadtteil ist wichtig, ebenso der Dialog und die gleichberechtigte Zusammenarbeit aller Beteiligten, getragen vom Respekt gegenüber unterschiedlichen Lebenserfahrungen und Lebensperspektiven. Fachkräfte der Sozialen Arbeit, der Psychologie, der (Heil-)Pädagogik, der Ergotherapie und der Psychiatrischen Pflege unterstützen die betreffenden Menschen und Familien. Die Sozialpsychiatrie ist, wie gesagt, keine Angelegenheit der Professionellen allein, sie entwickelt ihre Hilfeangebote gemeinsam mit den Psychiatrieerfahrenen und ihren Angehörigen (Clausen & Eichenbrenner 2016).

Junge und ältere Menschen mit Psychosen, Depressionen oder Persönlichkeitsstörungen erhalten sozialpsychiatrische Leistungen, manche von ihnen benötigen täglich praktische Assistenz, andere nur zweimal pro Woche kurze Impulse. Die Mitarbeitenden führen Gespräche, begleiten zu Ämtern und Arztbesuchen oder helfen den betroffenen Personen, ihren Alltag zuhause zu bewältigen:

> »Wer unter Alltag Routine und Langeweile versteht, der unterschätzt die Aufgaben sozialpsychiatrischer Unterstützung: Der Alltag psychisch kranker Menschen ist selten alltäglich. Alltagsbegleitung heißt hier: Achtsamkeit beim ständigen Ausbalancieren von Über- und Unterforderung, heißt Krisen erkennen und adäquat reagieren, heißt Aushalten, Dabei sein und oft auch in Ruhe lassen – jeweils zum richtigen Zeitpunkt« (ebd., S. 125).

In diesem Handlungsfeld müssen die Professionellen die psychischen und physischen Verfassungen der zu begleitenden Personen gut erkennen, ihre jeweiligen Fähigkeiten, Lebenswelten und -stile akzeptieren können. Tipps zur Ernährung, Haushaltsführung und Körperpflege mögen hilfreich sein, werden aber bisweilen auch als übergriffig erlebt; die Assistenz in Bezug auf Sauberkeit und Ordnung in der Wohnung ist eine Gratwanderung zwischen den störungsbedingten Eigenheiten der Klienten, ihrem Recht auf Selbstbestimmung und den Interessen der Nachbarn, der Hausverwaltung und des Kostenträgers. Eine vertrauensvolle Beziehung ist notwendig, um in den Austausch über das Erleben einer psychischen Krise, das subjektive Verständnis der Person zur Bedeutung und Bewältigung der Symptome zu gelangen und den Eigensinn zu respektieren. Gleichzeitig können Informationen über den aktuellen Erkenntnisstand zu der betreffenden Störung und ihrer Behandlung im Sinne einer Psychoedukation hilfreich sein. Im Verlauf der Assistenz können gemeinsam Frühwarnzeichen und Bewältigungsmöglichkeiten erforscht und Vereinbarungen für Krisen und Notfälle getroffen werden. Zur fachlich fundierten Assistenz gehört es auch, auf Anzeichen für Suizidalität zu achten, Kontakte zu Ärztinnen und Therapeuten zu halten und Überlegungen zur Reduzierung oder zum Absetzen der Medikamente aufmerksam zu begleiten, wenn dies verantwortet werden kann (vgl. ebd., S. 128 ff).

Das häufigste Bild einer psychischen Störung sind die psychotische Erkrankungen, die lange Zeit als Schizophrenien bezeichnet wurden, obwohl dieser Begriff mehr als fragwürdig ist (Tebartz van Elst 2017). Keine Störung löst so viel Verunsicherung aus wie die Psychosen, ihr zentraler Aspekt ist der Verlust der Realitätsprüfung: Es geht die Fähigkeit verloren, zwischen Eindrücken der äußeren Welt und inneren Erfahrungen zu differenzieren. Die Ich-Grenzen verschwimmen, Dinge und Ereignisse in der Umgebung werden umgedeutet, als enthielten sie verschlüsselte Hinweise. Jemand empfindet z. B. die Worte des Tagesschausprechers als persönliche Botschaften, die nur an ihn gerichtet sind, oder fühlt sich wie eine Marionette von unsichtbaren Fäden gelenkt. Andere hören Stimmen, sehen grausame Gestalten, riechen gefährliche Gase, schmecken Gift im Essen oder fühlt Schlangen im Körper. Es beginnt ein *Ringen um Selbstverständlichkeit* (Bock & Heinz 2016) und zwar auf allen Seiten: Für die betreffende Person ist nicht mehr verständlich, was in der Welt und mit ihr *gespielt wird*; und für das Umfeld wird immer unverständlicher, was sich im Inneren der betroffenen Person *abspielt*. Psychosen haben immer sehr individuelle Ausprägungen, die psychischen Veränderungen beziehen sich auf unterschiedliche Bereiche des Denkens, des Fühlens sowie des Wollens, Handelns und Ich-Erlebens: Lockerungen des Denkzusammenhangs entstehen, die Logik der Gedankengänge ist von außen kaum nachvollziehbar. Manche meinen auch, dass sie nicht mehr ihre eigenen Gedanken denken, sondern fremde, die ihnen von außen eingegeben werden. Andere befürchten, ihre Ideen und Überlegungen würden sich so ausbreiten, dass alle Menschen um sie herum genau das denken, was ihnen selbst gerade durch den Kopf geht. »Dabei gehen oft die selbstreflexiven Fähigkeiten verloren, die es ermöglichen, selbstkritisch und selbstdistanziert die veränderten Erlebnis- und Denkweisen wahrzunehmen und anzuerkennen« (Küchenhoff 2012, S. 9).

Ein Verlust der affektiven Schwingungsfähigkeit zeigt sich darin, dass die Gefühle reduziert, verarmt, steif oder unangemessen sind. Die Stimmungslage wird instabil, eine quälende Ambivalenz entsteht: Jemand fühlt sich zwischen unterschiedlichen Impulsen so hin und her gerissen, dass er sich zu nichts mehr entschließen kann. Die Unmöglichkeit, alle Gedanken und Gefühle zu verarbeiten, führt dazu, sich aus sozialen Kontakten zurückzuziehen, zu verstummen und alles zu vermeiden, was die inneren Turbulenzen noch weiter verstärken könnte. Die Konzentrationsfähigkeit lässt nach, die Sprache wird umständlich, die kognitiven und motorischen Aktivitäten sind eingeschränkt, das Misstrauen wächst, die Person gleitet in einen Zustand der Hoffnungslosigkeit ab. Oft scheut sie sich, überhaupt noch mit Verwandten oder Freunden etwas zu unternehmen oder auch nur den Kontakt zu halten. Doch was als Isolation bzw. als Abbruch aller Beziehungen erscheint, ist vielleicht nur die mühsame Herstellung eines Schutzraums, den die betroffene Person benötigt, um die inneren Turbulenzen überhaupt ertragen zu können. Insofern können die nur schwer nachvollziehbaren Symptome auch als Lösungsversuche einer existenziellen Krise verstanden werden:

> »Psychotische Symptome sind nicht einfach Ausfallerscheinungen (...) oder Störungen. Sie treten als Reaktionen im Zusammenhang mit der Abwehr unerträglicher Impulse auf und stellen (...) einen Bewältigungsversuch dar zur Linderung von Spannungen, Ängsten, Scham- und Schuldgefühlen« (Lütjen 2007, S. 103; vgl. auch: Mentzos 1991, S. 21).

Wahnideen und Halluzinationen werden oft als Zeichen einer Psychose gedeutet, doch auch andere Störungen können Formen des Wahns und der Halluzination zeigen (z. B. Demenzerkrankungen oder Zustände des Delirs). Daher sind sie nicht als Grund-, sondern als Begleitsymptome der Psychosen zu verstehen. Schließlich berichten manche Menschen auch davon, dass sie Stimmen hören oder andere Formen der Halluzination erleben, sich aber ansonsten der Realität verbunden und keineswegs psychisch krank fühlen (Romme & Escher 2013). Von Halluzinationen spricht man, wenn es sich um Wahrnehmungen handelt, die nicht durch reale äußere Reize, sondern gedankliche Prozesse hervorgerufen werden. Die Betroffenen sind sich sicher, dass fremde Mächte sie beeinflussen oder Geheimdienste sie verfolgen. Als Wahn bezeichnet man (kaum korrigierbare) Überzeugungen von sich selbst und der Welt; die Fähigkeit zur Reflexion der eigenen Wahrnehmung geht verloren, selbst eindeutige Argumente können den Wahn nicht entkräften (Garlipp & Haltenhof 2015). Zu den Formen des Wahns gehören: der Verfolgungswahn, der Beziehungswahn, der Eifersuchtswahn, der Schuldwahn, der Verarmungswahn, der hypochondrische Wahn; im Falle von neurologischen und dementiellen Erkrankungen kommt es zu körpernahen Wahnformen mit dem Gefühl, kleine Tierchen hätten sich unter der Haut eingenistet und verursachen ein Kribbeln und Jucken (Tölle 2008, S. 9–15).

Psychische Erkrankungen treten nicht nur als Verzerrungen der Realität auf, sondern zeigen sich auch in Veränderungen des Gefühls und des Antriebs, die als affektive oder bipolare Störungen bezeichnet werden und unterschiedliche Verläufe nehmen können. Die Depression ist ein eingetretener oder drohender innerpsychischer Stillstand, ein Zustand der Niedergeschlagenheit und der Lähmung der vitalen Kräfte; Menschen in solchen Krisen können sich zu nichts mehr aufraffen, fühlen sich müde und leer. Ihr Energiehaushalt ist eingefroren und ihr Selbstwertgefühl auf den Nullpunkt gesunken. Sie empfinden sich als nutzlos und glauben, dass alle Schuld in ihnen vereint sei. Im Zustand der Depression schwindet jedes Zeitgefühl, alles reduziert sich auf die unerträgliche Gegenwart, und die scheint ewig zu währen. Auf ihre Umwelt wirken depressive Menschen unberührbar, fast versteinert. Ihr Gesichtsausdruck verbietet jede Ermunterung; sie fühlen sich unendlich allein, weit entfernt vom wirklichen Leben. Ihr Dasein erscheint ihnen perspektivlos, nur das Gefühl der Gefühllosigkeit und der eigenen Leblosigkeit nehmen sie deutlich wahr. In ihrer Einsamkeit und Verlorenheit ist jedoch die Sehnsucht nach Kontakt, nach Rückkehr in die Welt der Beziehungen spürbar (Bock 2018).

Ganz anders sieht es bei bipolaren Störungen in der Phase der Manie aus: Die Personen gleiten in einen seelischen Höhenflug, der schrill und anstrengend wirken kann, aber Momente der Euphorie und des gestärkten Selbstgefühls enthält: Alles scheint zu gelingen, sie strotzen vor Selbstvertrauen, jede Menge Ideen schießen ihnen durch den Kopf, alle sind von fundamentaler Bedeutung. Die Ziele werden immer weiter gesteckt, die Potenziale scheinen unbegrenzt zu sein. Wenn sich jemand traut, Einwände geltend zu machen, erntet er nur Verachtung angesichts des Zauderns. Das Schlafbedürfnis ist reduziert, der Drang zum Gespräch hoch, die Gedanken ablenkbar, das Tempo der Einfälle ist atemberaubend. Auf körperliche Signale nehmen die Personen kaum noch Rücksicht: Schmerz ist nicht mehr spürbar, Hunger und Durst lassen sich lange zurückstellen gegenüber all jenen Anliegen, die viel bedeutsamer erscheinen (Wolkenstein & Hautzinger 2014, S. 14). Die Stimmung in der Manie ist oft mitreißend, bisweilen auch gereizt und zornig. Die Frustrationstoleranz ist meist gering, sodass es zu sozialen Konflikten kommen kann; Schuldgefühle fehlen, unkontrollierte Handlungen werden so begünstigt, was nach Abklingen der Manie schamhaft empfunden wird (z. B. Geldausgaben, Abschluss von Kaufverträgen, Firmengründungen, Heiratsversprechungen, flüchtige sexuelle Beziehungen).

Wiederum anders sind die Erscheinungsbilder jener psychischen Auffälligkeiten, die bislang mit dem Begriff der *Persönlichkeitsstörungen* bezeichnet wurden. Das ICD-11 hat sich von der kategorialen Diagnostik an dieser Stelle (ähnlich wie bei der Autismus-Spektrum-Störung) verabschiedet und die Aufmerksamkeit auf ein dimensionales Modell gerichtet. Dabei wird keine Liste von Merkmalen mehr dichotom (im Sinne von: »vorhanden« oder »nicht vorhanden«) abgearbeitet, sondern kontinuierliche Dimensionen werden identifiziert, die bei der betreffenden Person unterschiedlich ausgeprägt sein können, und zwar als *Negative Affektivität, Losgelöstheit, Dissozialität* oder *Enthemmung*. Die Abkehr vom kategorialen Vorgehen ist weniger stigmatisierend angelegt, wobei die *Borderline-Störung* nicht aufgegeben wurde: In der Psychiatrie hat der Begriff *Borderline* eine wechselvolle Geschichte. Ursprünglich als Hinweis auf einen Zustand im Grenzbereich von Neurose und Psychose benutzt, gilt die Borderline-Störung nun als eigenständiges Phänomen mit vielen unterschiedlichen Symptomen. Das Selbstbild dieser Menschen ist von Unsicherheiten bezüglich der eigenen Identität geprägt, was zu intensiven, aber instabilen Beziehungen führt. Die Stimmungsschwankungen können auch zu Wutausbrüchen führen und kaum kontrolliert werden. Das Erleben von Einsamkeit ist existenziell bedrohlich, auch suizidale und parasuizidale Verhaltensweisen gehören zum Erscheinungsbild und dienen häufig der Linderung von Angst und Anspannung (Schoppmann et al. 2015).

Weitere psychische Auffälligkeiten und Störungsbilder, die im Handlungsfeld der Sozialpsychiatrie auftreten (z. B. Essstörungen, Angst- und Zwangsstörungen, somatoforme Störungen, Autismus-Spektrum-Störungen, Sensibilitätsstörungen oder plötzlich einsetzende psychogene Taubheit oder Blindheit) können hier nicht umfassender geschildert werden. Wichtig ist eine Haltung, die von der Verschiedenartigkeit und Besonderheit eines jeden Menschen ausgeht und die Reichhaltigkeit des Lebens als gesellschaftlichen Wert anerkennt. Auch sind diejenigen, die selbst Erfahrungen mit psychischen Krisen besitzen, in die Unterstützung einzubeziehen. In den Debatten um Inklusion und Partizipation werden Menschen mit psychischen Beeinträchtigungen noch zu wenig berücksichtigt:

> »Wie die Menschen miteinander umgehen, ob sie sich auch mit ihren Besonderheiten gegenseitig akzeptieren und ob ganz unterschiedliche Lebensentwürfe gleichwertig eingeschätzt werden, ob sie überhaupt miteinander reden, das alles berührt Inklusion« (Bunt 2020, S. 15).

Gefragt ist eine menschenrechtsbasierte Psychiatrie, die sich den Grundsätzen der Selbsthilfe und der Ressourcenorientierung verpflichtet fühlt und eine Kultur des Verhandelns und der Akzeptanz bei psychischen Krisen etabliert (Di Tolla 2017). Wenn Studierende der Heilpädagogik eine Tätigkeit in diesem Feld anstreben, benötigen sie neben einer hohen Belastbarkeit und Reflexionsfähigkeit ein fundiertes Fachwissen, um die Kooperation mit Fachkräften aus Medizin, Psychologie, Sozialer Arbeit, Ergotherapie und Pflege ebenso wie den Dialog mit Angehörigen und Sozialverwaltungen gestalten zu können:

> »Wenn wir uns mit seelischem Leid und psychischer Erkrankung beschäftigen, befinden wir uns sozusagen auf hoher See. Unser eigenes Bewusstsein liegt wie eine Nussschale auf dem Ozean des Unbewussten, und auch das Leiden als Gegenstand unserer Aufmerksamkeit zeigt sich nur in einem kleinen Ausschnitt seiner Oberfläche. Um sich in dieser unübersichtlichen Lage zu orientieren, sind Wassertiefe und Wellengang der in Not geratenen Seele zu bestimmen, Windrichtung und Wetterlage als umgebende Einflussfaktoren einzuschätzen« (Elgeti 2010, S. 31).

5.6 Berufliche Bildung, Arbeit und Beschäftigung

In dem Bereich *Berufliche Bildung, Arbeit und Beschäftigung* ist die Heilpädagogik gefragt, wenn es um inklusive und partizipative Bedingungen für Menschen mit Beeinträchtigungen in der beruflichen Bildung und auf dem allgemeinen Arbeitsmarkt geht. Für Heilpädagoginnen und Heilpädagogen, die Interesse an der Erwachsenenbildung, der Beratung und Assistenz in diesem Feld haben, ergeben sich vielfältige Einsatzmöglichkeiten, die hier vorgestellt werden. Doch zuvor einige grundsätzliche Überlegungen: Die Erwerbsarbeit bildet oft den Kristallisationspunkt des Miteinanders in unserer Gesellschaft. Mit ihr verbunden sind Aspekte wie wirtschaftliche Sicherung, soziale Anerkennung und Persönlichkeitsentfaltung (Niehaus & Baumann 2016).

> »Für die große Mehrzahl der Menschen bildet sie die wichtigste Quelle der materiellen Existenzsicherung und für eine selbstbestimmte Lebensführung. Sie positioniert die Individuen im Schichtungsgefüge und ist die Basis für den Erwerb von sozialem Status. Darüber werden Stolz auf die eigene Leistung und Anerkennung durch andere vermittelt und die soziale Einbindung des Einzelnen befördert« (Kardorff & Ohlbrecht 2015, S. 73).

Über Arbeit wird eine entscheidende Beziehung des Menschen zur Gesellschaft hergestellt. Ohne Teilhabe am System der Erwerbsarbeit bleibt die Chance begrenzt oder verschlossen, sich Konsumgüter leisten und einem sozialen Milieu zuordnen zu können. Die Arbeit soll den Alltag strukturieren, Orientierung geben und Sinn stiften, die Gegenwart und die Zukunft sichern. Doch ist meist nur dann von »Arbeit« die Rede, wenn es sich um eine sozialversicherungspflichtige Tätigkeit auf dem allgemeinen Arbeitsmarkt handelt. Künstlerisches Tun, das gerade Menschen mit Beeinträchtigungen die Möglichkeit bietet, aktiv-gestaltend und in Beziehung mit andern zum gesellschaftlichen Miteinander beizutragen, wird weniger thematisiert. »Durch diese Ausrichtung des Arbeitsbegriffs sind andere Formen der Arbeit, beispielsweise Haus- und Familienarbeit, Ehrenamt und Freiwilligenarbeit nicht als gleichwertig oder vergleichbar angesehen« (Schreiner 2019, S. 161).

Für Menschen mit Beeinträchtigungen wäre eine Beschäftigung auf dem allgemeinen Arbeitsmarkt mit einer rechtlichen Besserstellung im Sinne des Betriebsverfassungsgesetzes verbunden (Kanz 2019): Als regulär beschäftigte Arbeitnehmer*innen könnten sie sich einen angemessenen Lebensstandard selbst erwirtschaften, würden sich weniger abhängig fühlen und wären nicht mehr auf staatliche Transferleistungen angewiesen. Die UN-BRK zielt folgerichtig in Artikel 27 darauf ab, das Recht von Menschen mit Beeinträchtigungen auf Arbeit zu sichern und die Möglichkeit zu schaffen, den Lebensunterhalt durch Arbeit zu verdienen, die in einem offenen, integrativen und für Menschen mit Behinderungen zugänglichen Arbeitsmarkt und Arbeitsumfeld frei gewählt oder angenommen wird. Doch die Realität ist auch viele Jahre nach Ratifizierung der UN-BRK noch weit von ihren Vorgaben entfernt und die Empfehlungen des UN-Fachausschusses nach der zweiten Staatenprüfung (verbesserte Ausstiegsmöglichkeiten inklusive Alterssicherung für WfbM-Beschäftigte, schrittweise Abschaffung der Werkstätten) verhallen weitgehend ungehört (von Drygalski 2020).

In Deutschland beschäftigen ca. 700 Werkstätten ca. 325.000 Menschen mit Beeinträchtigungen; davon sind ca. 275.000 im Arbeitsbereich tätig, ca. 30.000 im Berufsbildungsbereich und ca. 20.000 im Förderbereich (Kranert & Stein 2021). Die Zahlen sind, trotz der Aufforderungen der UN-BRK, keineswegs rückläufig, im Gegenteil, auch heute noch werden Werkstätten für behinderte Menschen (WfbM) neu eröffnet und junge Menschen nach der Sonder- oder Förderschule mehr oder weniger direkt in diese Einrichtungen geschickt. Manche sehen in der WfbM ein Modell mit Vorteilen für Menschen mit Beeinträchtigungen:

> »Sie haben das unbedingte Recht auf eine ihnen angemessene berufliche Bildung und einen angepassten Arbeitsplatz in der WfbM. Hier können diese Menschen für ihr gesamtes Ar-

beitsleben entsprechende Unterstützung finden, sind sozial abgesichert und produktiv tätig« (Storck 2015, S. 28).

Der Preis dafür ist allerdings, so bemerkt der Autor im gleichen Atemzug, »der Ausschluss vom allgemeinen Arbeitsmarkt und die scheinbar gesicherte Erkenntnis, dass dies die einzige und beste Lösung sei« (ebd.).

Die Europaabgeordnete Katrin Langensiepen sagt entschieden deutlicher:

»Dieses Modell ist schon lange nicht mehr rechtskonform. Die UN-BRK sieht in Art. 27 vor, dass Menschen mit Behinderung das Recht haben, Arbeit auf dem offenen, inklusiven und für alle Menschen zugänglichen Arbeitsmarkt zu erfüllen. Die Beschäftigungen in den Werkstätten sind das nicht. Gleichzeitig erschwert das seit Jahren gewachsene, eng vernetzte System (...) aus Industrie und Produktion mit den Werkstätten die Förderung von inklusiven Arbeitsplätzen genau in diesen Bereichen. (...) Die Werkstattbeschäftigten bekommen für ihre Arbeit ein kleines Taschengeld, oftmals weniger als 1 EUR pro Stunde. Dieses Taschengeld ist dermaßen gering, dass damit ein Lebensunterhalt niemals finanziert werden kann. Die Beschäftigten bleiben in einer lebenslangen Abhängigkeit« (Langensiepen 2021).

In einer WfbM findet keine Berufsausbildung im gesetzlichen Sinne statt und auch kein Berufsschulunterricht, der von Erwerbsbetrieben aber vorausgesetzt wird. Beschäftigte, Angehörige oder auch Arbeitgeber gehen vielleicht davon aus, dass der Einstieg in den Berufsbildungsbereich (BBB) einer Werkstatt so etwas wie eine fundierte Ausbildung enthalte. Eigentlich schreibt er jedoch die lebenslange Berufsbildungsunfähigkeit fest. Und so erfolgt der Übergang aus der Berufsorientierung fast ausnahmslos direkt in den Arbeitsbereich der WfbM. Dabei sind die Werkstatt-Träger gesetzlich verpflichtet, den Übergang auf den allgemeinen Arbeitsmarkt durch geeignete Maßnahmen zu fördern. Stigmatisierend ist auch die Tatsache, dass *Behinderung* in den Werkstätten als charakteristische Eigenschaft der Person definiert und nicht als Reaktion der Umwelt auf Beeinträchtigungen gesehen wird. Doch ein Menschenbild, das die gesellschaftlichen Bedingungen des Behindertwerdens ausblendet und Personen den Stempel der »Erwerbsunfähigen« oder der »voll Erwerbsgeminderten« aufdrückt, vergrößert die soziale Distanz und diskreditiert die Werkstatt-Beschäftigten in ihrem Ansehen, ihrer Bedeutung, ihrer Würde (Greving & Scheibner 2021). In diesem System der Separation können Formen der Fremdbestimmung und Gewalt gegenüber Werkstattbeschäftigten entstehen, wie Recherchen von Raul Krauthausen oder dem Team Wallraff aufgedeckt haben (Krauthausen 2017).

Auch die neuen Instrumente des Bundesteilhabegesetzes (BTHG) und das »Budget für Arbeit« haben an der Situation wenig geändert. Gedacht ist es für Personen, die nach einer Alternative zur WfbM-Arbeit suchen, für junge Menschen mit Beeinträchtigungen, die eine Absicherung ihrer beruflichen Orientierung benötigen, sowie für Menschen mit psychischen Krisenerfahrungen, die keinen WfbM-Platz anstreben (Stein et al. 2018). Doch es fehlt weiterhin an Arbeitsplätzen, die auf individuelle Bedürfnisse von Menschen mit Beeinträchtigungen zugeschnitten sind. Und es fehlt an kreativen Fachkräften, die im Integrationsfachdienst, als Job-Coach, in der Unterstützten Beschäftigung, in der Arbeitsassistenz, in Inklusionsbetrieben, in Berufsbildungswerken, Berufsförderungswerken und Berufstrainingszentren die Menschen mit Beeinträchtigungen auf ihrem Weg auf den allgemeinen Arbeitsmarkt begleiten. Hier eröffnet sich mehr und mehr ein wichtiges Handlungsfeld gerade auch für Heilpädagoginnen und Heilpädagogen. Daher werden im Folgenden einige relevante Institutionen auf diesem Gebiet vorgestellt:

Integrationsfachdienste (IFD) beraten und begleiten Menschen mit Beeinträchtigungen bei der Ausbildungs- oder Arbeitsplatzsuche und bemühen sich, Arbeitsverhältnisse dauerhaft zu erhalten. Ihren Auftrag zur Unterstützung erhalten sie vom Integrationsamt, von der Agentur für Arbeit oder einem Rehabilitationsträger. Die Zielgruppen des IFD sind junge Menschen mit Beeinträchtigungen, die nach der Schule eine passende Ausbildung bzw. Beschäftigung suchen, ebenso Beschäftigte der WfbM, die eine Stelle auf dem allgemeinen Arbeitsmarkt anstreben, sowie Personen, die eine arbeitsbegleitende Betreuung benötigen. Für heilpädagogische und inklusionspädagogische Fachkräfte ergeben sich vielfältige Aufgaben im IFD: Zusammen mit ihren Klientinnen und Klienten erarbeiten sie Interessen- und Kompetenz-Profile, bereiten diese auf Arbeitsplätze vor, erkunden das Feld möglicher neuer Arbeitsangebote und stehen unterstützend in der Einarbeitungsphase zur Verfügung. Sie klären Betriebe über notwendige Maßnahmen bei bestimmten Beeinträchtigungen auf und sind in der psychosozialen Beratung und bei Kriseninterventionen gefragt.

Unter *Job-Coaching* versteht man ein betriebliches Arbeitstraining mit dem Ziel, Menschen mit Beeinträchtigungen direkt an ihrem Arbeitsplatz die notwendigen Kompetenzen zu vermitteln, angemessene Arbeitsleistungen zu erreichen und somit ihre Beschäftigung zu sichern. Vom Integrationsamt wird zunächst einmal der Bedarf geklärt. Gemeinsam mit dem beeinträchtigten Menschen und dem Betrieb werden Ziele und Zeiträume der Begleitung vereinbart. Es ist also ein personzentriertes Angebot mit regelmäßigen Treffen, bei denen der Job-Coach nicht nur berät und bei der Kommunikation im Betrieb unterstützt, sondern selbst auch an Arbeitsprozessen teilnimmt.

Unterstützte Beschäftigung zielt darauf ab, gemeinsam mit Menschen mit Beeinträchtigungen einen geeigneten, dauerhaften und regulär bezahlten Arbeitsplatz auf dem allgemeinen Arbeitsmarkt zu finden und zu erhalten. »Unterstützte Beschäftigung« hat in Deutschland das amerikanische Konzept des »Supported Employment« aufgegriffen und umfasst alle Formen der Unterstützung, die hilfreich und erforderlich sind, damit Menschen – unabhängig von der Schwere ihrer Beeinträchtigung – eine passgenaue Beschäftigung finden. Um dies zu erreichen, ist eine Berufs- bzw. Zukunftsplanung, eine Klärung der Fähigkeiten und eine Arbeitsplatzakquisition notwendig. Es folgt eine Qualifizierung im Betrieb (training on the job). Zielgruppe der Unterstützen Beschäftigung sind junge Erwachsene mit Beeinträchtigung, die ihre Schule beendet haben, aber keinen Ausbildungsplatz finden, aber auch psychisch erkrankte Personen und Beschäftigte einer WfbM, die eine Beschäftigung auf dem allgemeinen Arbeitsmarkt erproben wollen.

Arbeitsassistenz soll Menschen, die aufgrund ihrer Beeinträchtigung Hilfen bei der Ausführung von Arbeiten benötigen, ansonsten aber in der Lage sind, ihre arbeitsvertraglichen Pflichten zu erfüllen, die Teilhabe am Arbeitsleben ermöglichen. Der Arbeitnehmer mit Beeinträchtigung selbst hat die Organisations- und Anleitungskompetenz für seine Assistenzkraft. Er stellt die Assistenzkraft selbst ein (Arbeitgebermodell) oder beauftragt einen Anbieter von Assistenzdienstleistungen auf eigene Rechnung mit der Arbeitsassistenz (Dienstleistungsmodell). Wie das Wort »Assistenz« ausdrückt, ist Arbeitsassistenz eine Hilfe bei der Arbeitsausführung, nicht aber die Erledigung von Tätigkeiten, die der Arbeitnehmer mit Beeinträchtigung selbst zu erbringen hat. Arbeitsassistenzkräfte können die Kommunikation im Betrieb (z. B. auch mit Gebärdensprache) erleichtern, handschriftliche Texte vorlesen, Materialien anreichen oder Termine ausmachen, die ein Arbeitnehmer aufgrund seiner Beeinträchtigung nicht selbst ausführen kann.

Inklusionsbetriebe (früher: Integrationsfirmen, Integrationsprojekte) bieten heute schon ca. 12.000 Personen mit anerkannter Schwerbehinderung eine tarifvertraglich geregelte Tätigkeit in ca. 850 Betrieben, die Produkte herstellen oder Dienstleistungen anbieten. In diesen Betrieben arbeiten Menschen mit und ohne Beeinträchtigungen gemeinsam, d. h. mindestens 50 % der Beschäftigten weisen keine Beeinträchtigung auf. Das Spektrum an Branchen ist weit gefächert: Gastronomie, Garten- und Landschaftspflege, Industriedienstleistungen, Recycling, Handel und Verkauf, Handwerk und Kunsthandwerk, Zweirad-Reparatur, Landwirtschaft und Lebensmittelerzeugung.

Berufsbildungswerke (BBW) sind Einrichtungen der beruflichen Rehabilitation für junge Menschen mit Beeinträchtigungen, die dort eine berufliche Erstausbildung oder Berufsvorbereitung absolvieren können. Meist sind die Absolventinnen und Absolventen internatsmäßig untergebracht, erhalten von der Agentur für Arbeit – wie andere Auszubildende – ein Ausbildungsgeld, werden von Fachkräften der Heilpädagogik, der Sozialen Arbeit und der Psychologie unterstützt und von Meisterinnen und Meistern der jeweiligen Fachrichtung angeleitet. Die Gestaltung des Übergangs vom BBW zum allgemeinen Arbeitsmarkt erfolgt über Praktika in verschiedenen Betrieben. Für jungen Menschen mit spezifischen Beeinträchtigungen (z. B. für hör- und sprachbehinderte Jugendliche und Menschen im Autismus-Spektrum) gibt es eigene Berufsbildungswerke.

Berufsförderungswerke (BFW) sind überbetriebliche Einrichtungen für Maßnahmen der Umschulung und der Weiterbildung. Sie richten sich an erwachsene Menschen mit Beeinträchtigungen, die schon beruflich tätig waren, durch Krankheit oder Unfall arbeitslos geworden sind und nun eine neue Berufsausbildung oder eine Weiterbildung (z. B. im kaufmännischen oder im gewerblich-technischen Bereich) anstreben. Übungsbüros, Labors und Werkstätten bieten die Möglichkeit, auch praktisch im neuen Berufsfeld Erfahrungen zu sammeln. Zusätzlich sind medizinische, psychologische und soziale Beratungen eingerichtet, um Menschen mit unterschiedlichen Beeinträchtigungen angemessen zu unterstützen. Manche Berufsförderungswerke sind auf spezifische Beeinträchtigungen (psychische Erkrankungen, Cerebralparesen, Sehbehinderungen usw.) eingestellt.

Berufliche Trainingszentren (BTZ) unterstützen Menschen nach psychischen Krisenerfahrungen dabei, ins Arbeitsleben zurückkehren zu können. Spezielle Bildungs- und Trainingsmaßnahmen dienen der beruflichen Qualifizierung und Wiedereingliederung. Die interdisziplinären Teams (mit Fachkräften der Ergotherapie, der Pädagogik, der Psychologie und der Sozialen Arbeit) beraten und unterstützen die Personen in den (meist 12–15monatigen) Qualifizierungskursen beim Erwerb der notwendigen Kompetenzen für die Rückkehr auf den allgemeinen Arbeitsmarkt.

Berufsvorbereitende Bildungsmaßnahmen (BvB) gehören zu den ausbildungsfördernden Leistungen der Bundesagentur für Arbeit. Sie unterstützen Jugendliche und junge Erwachsene dabei, sich auf dem Arbeitsmarkt zu orientieren und eine geeignete Ausbildung zu finden. Jugendliche, die keinen Ausbildungsplatz gefunden haben oder keinen Schulabschluss besitzen, und junge Menschen, deren Teilhabe am Arbeitsleben aufgrund von Beeinträchtigungen oder Fluchterfahrungen erschwert ist, können hier die Fähigkeiten erwerben, die für eine Ausbildung notwendig sind. So umfasst eine BvB gezielt Bildungsaspekte in den Bereichen: berufliche Grundfertigkeiten, IT- und Medienkompetenz, Bewerbungstraining und Kommunikationsförderung. Berufsvorbereitende Bildungsmaßnahmen gibt es z. B. gezielt für: Gastronomie und Hotellerie, Lagerlogistik, Holztechnik, Metallbereich, Farb- und Raumbereich. Gerade Fachkräfte aus der Heilpädagogik/Inclusive Education können hier die jungen Menschen dabei unterstützen, eigene Stärken zu entdecken, soziale Interaktionen (z. B. im Rahmen eines Bewerbungsverfahrens) angemessen zu gestalten und begleitete Praktika in unterschiedlichen Berufsfeldern und Betrieben zu absolvieren.

Auch die Frage, ob eine Teilhabe an Arbeit für Menschen mit komplexen Beeinträchtigungen denkbar und realisierbar sein könnte, steht seit einiger Zeit auf der Agenda (Sabo & Terfloth 2011; Kistner 2018b; Westecker 2019). Nach gängigem Sozialrecht (§ 219 Abs. 2 SGB IX) erhalten nur Personen, die ein »Mindestmaß wirtschaftlich verwertbarer Arbeitsleistung« erbringen, nach dem Absolvieren des sog. Berufsbildungsbereichs einen dauerhaften Platz in einer WfbM. Menschen mit komplexen Beeinträchtigungen, die ein größeres Maß an Betreuung und Pflege benötigen, sind bislang auf die tagesstrukturierenden Einrichtungen angewiesen. Angebote aus dem Bereich Arbeit erhält die Mehrheit der Klientinnen und Klienten in den Förder- und Betreuungsbereichen nicht, auch kulturelle Angebote sind eher selten (Sabo & Terfloth 2011). Doch es gibt zahlreiche Bestrebungen, hier neue Wege zu beschreiten und diesen Personen arbeitsweltorientierte Tätigkeiten anzubieten:

> »Gemeint sind damit Tätigkeiten, die zur Arbeit hinführen (…); durch die Auseinandersetzung mit Werkstoffen und Werkzeugen, das Erlernen von Arbeitsabläufen und das Wahrnehmen von Veränderungsprozessen (…) werden arbeitsweltorientierte Bildungsprozesse initiiert« (Marzini & Sansour 2019, S. 168).

Das Ziel der arbeitsweltorientierten Tätigkeiten für Menschen mit komplexen Beeinträchtigungen soll nicht die Produktion von Waren sein, sondern die Begegnung und Teilhabe am Alltag eines Betriebes. Nicht förderlich wäre es, beeinträchtige Menschen nur als beigestellte, aber nicht handelnde Akteure in die Firmen aufzunehmen (um das Prestige der Firma erhöhen zu wollen). »Wichtig für Teilhabe ist ein ›gemeinsames Drittes‹, die Wechselwirkung, die soziale Interaktion« (Becker 2016, S. 167). Durch Forschungen (Sabo & Terfloth 2011) und Qualitätsoffensiven (Lamers et a. 2021) gibt es Konzepte für die Entwicklung alltags- und arbeitsweltorientierter Tätigkeiten für diesen Personenkreis. So hat eine Einrichtung in Hamburg ein Programm in drei Schritten entwickelt: Eine berufliche Orientierungsphase (genannt: ›Feinwerk‹) ermittelt geeignete Formen der Beschäftigung und Betreuung; in der Phase ›Auf Achse‹ werden Arbeitsangebote in Institutionen und

Vereinen in der Nachbarschaft ausgebaut, wodurch Menschen mit komplexen Beeinträchtigungen auch in Kontakt zu Bürger*innen in der Nachbarschaft kommen; die dritte Phase (›In Betrieb‹) erweitert arbeitsweltorientierte Angebote mit Kooperationsfirmen und bietet so eine Alternative zu den Förder- und Betreuungsbereiche (Westecker 2019).

In den klassischen *Förder- und Betreuungsbereichen bzw. Tagesförderstätten* werden Menschen mit komplexen Beeinträchtigungen begleitet, die nicht im Arbeitsbereich einer WfbM beschäftigt werden können, z. B. aufgrund eines hohen Pflegebedarfs. Die betreuten Personen haben keinen arbeitnehmerähnlichen Status und sind nicht rentenberechtigt. Förder- und Betreuungsbereiche sind meist an eine Werkstatt für behinderte Menschen angegliedert, organisatorisch und rechtlich sind sie jedoch eigenständige Einrichtungen. Fachkräfte der Heilpädagogik, der Heilerziehungspflege, der Ergotherapie und Physiotherapie arbeiten hier zusammen, gestalten die Bildungsangebote sowie lebenspraktische und kreative Tätigkeiten. Sie setzen die Unterstützte Kommunikation, die Basale Stimulation sowie bewegungsorientierte Verfahren ein, nutzen den Snoezelen-Raum, konzipieren individuelle Förderungen und Gruppenangebote, gehen sensibel auf physische und psychische Veränderungen der Klientinnen und Klienten ein, erkennen mögliche krisenhafte Zuspitzungen und gestalten interdisziplinäre Kontakte.

5.7 Wohnen und Assistenz

Wohnen bedeutet, über einen Ort zu verfügen, der Schutz bietet, zur Erholung einlädt, Wärme, Ruhe und Sicherheit gewährt und Selbstverwirklichung ermöglicht (Seifert 2016). Etymologisch meint »wonen« im Althochdeutschen: »in Frieden sich aufhalten« (Keeley 2017, S. 248). Wohnen kann als ein aktives Aneignen und Gestalten von Raum verstanden werden: »Auf emotionaler Ebene ist es von Bedeutung, die eigene Wohnung als ›Zuhause‹ zu verstehen, in der sich die Person geborgen fühlt« (Trescher 2018, S.47). Das Menschenrecht auf Wohnen ist allerdings »längst nicht überall und für alle realisiert« (Terfloth et al. 2016a, S.7). Den meisten Menschen gilt die Wohnung als Mittelpunkt des Lebens und als Medium der individuellen Entfaltung. In ihr leben sie allein, im familiären oder frei gewählten Kreis zusammen, schirmen sich ab oder öffnen sich zur Nachbarschaft und zum sozialen Umfeld. Im Wohnen manifestiert sich ihr sozialer Status, abhängig von der Region, der Lage sowie der Wohnform und der Architektur. Zum Wohnen gehört es, sich nach eigenen Vorstellungen einzurichten und sich vor unerwünschten Kontakten zu schützen: »Die Wohnungs- bzw. Zimmertür kann als Tür zur Außenwelt verstanden und selbstständig geöffnet oder geschlossen werden. Diese Freiheit ist ein wesentliches Element individueller Autonomie« (ebd.).

Andererseits kann der Wohnraum als Basis für gesellschaftliche Teilhabe angesehen werden: Wer sich in seiner Wohnung geborgen fühlt, kann von dort aus dem Bedürfnis nach gesellschaftlicher Teilhabe nachkommen: »Der Mensch braucht neben der Möglichkeit des Rückzugs und des Schutzes auch die Gemeinschaft und den sozialen Austausch mit anderen« (Klauß 2008, S. 11). Leben und Wohnen sind in anderen Sprachen meist identische Begriffe: so gilt im angelsächsischen Sprachraum der Begriff »to live« gleichermaßen für »wohnen« wie für »leben«: »Where do you live?« In diesem Sinne bedeutet Wohnen auch Heimat und markiert den Ort, an dem man sich zuhause fühlt. Das bezieht sich auf die Wohnung selbst und auf das Wohnumfeld, den Stadtteil, die Region. Ein Umzug in ein anderes Quartier, eine andere Stadt oder ein anderes Land bedeutet für eine Person oder eine Familie in der Regel, dass sie eine Weile braucht, um sich wieder heimisch zu fühlen. In dieser Zeit kommt den *eigenen vier Wänden* und ihrem Schutzcharakter, der als *Unverletzlichkeit der Wohnung* in Art. 13 des Grundgesetzes verankert ist (Wacker 2016), meist eine gesteigerte Funktion zu.

Wohnen weist also physische, psychische und soziale Dimensionen sowie individuelle und regionale Ausprägungen auf und ist ständig gesellschaftlichen Einflüssen unterworfen. Im Wohnen zeigt sich häufig der soziale Status, die Lebenslage der Person oder der Familie, verbunden mit baulichen und infrastrukturellen Bedingungen des jeweiligen Ortes und ihren spezifischen Sozialisationschancen und Möglichkeiten der Entfaltung. Im Laufe des Lebenszyklus verändern sich die Anforderungen und die Ausgestaltungen des Wohnens – wenn es der Person denn ökonomisch überhaupt möglich ist, die eigenen Wünsche und Ansprüche zu realisieren: Wohnen ist zu einer Ware, zu einem hohen Gut geworden, Wohnungslosigkeit ist mit sozialem Abstieg und hohem Exklusionsrisiko verbunden:

»Wohnen ist nicht losgelöst von dem jeweiligen Wohnumfeld zu betrachten. Der Blick auf den sozialen Nahraum öffnet die Chance, die Menschen in ihren Lebensverhältnissen, ihrer Bezogenheit auf andere und ihren Sichtweisen und Deutungsmustern wahrzunehmen« (Seifert 2022, S. 468)

5.7.1 Blick in die Geschichte

Menschen mit Beeinträchtigungen waren im 19. und 20. Jahrhundert meist auf die Aufnahme in eine große Anstalt angewiesen, wenn sie nicht an ihrem Heimatort und ihrer Herkunftsfamilie bleiben konnten. Wohnen bedeutete für sie soziale Ausgrenzung und völlige Fremdbestimmung: Viele von ihnen mussten ihr Leben in einer Großeinrichtung verbringen – gewohnt haben sie dort nicht, wenn Wohnen bedeutet, eigenständig und menschenwürdig den Tag, die Nacht, die Jahre des Lebens zu verbringen und nach individuellen Bedürfnissen gestalten zu können. Sie hielten sich in Gebäuden auf, die kaum jemals grundlegend renoviert worden waren, teilten sich die gleichen Räume mit vielen anderen, schliefen in Schlafsälen mit 30 Betten auf Matratzen, die mit Seegras gefüllt waren. Auf manchen »Stationen« wurden sie mit der gleichen Medikation ruhiggestellt, egal, welche Störung oder Beeinträchtigung jeweils vorlag. Diagnostisch wurde kaum differenziert: Ob Angelman-, Down-, Fragiles-X-, Prader-Willi- oder fetales Alkoholsyndrom, ob Angst-, Zwangs- oder Wachstumsstörung, ob Tetraplegie oder katatoner Stupor, alles und alle galten gleichermaßen als »behindert«. Von einer Trennung der Lebensbereiche Wohnen, Arbeit und Freizeit konnte keine Rede sein, Wünsche nach sozialen

Kontakten außerhalb der Komplexeinrichtung wurden als undenkbar (und oft als undankbar) abgewiesen. Menschenrechtliche und lebensweltliche Prinzipien, wie sie z. B. in Skandinavien seit den 1950er Jahren entwickelt worden waren, prallten ab an den überkommenen Einstellungen in den deutschen Anstalten (Mürner & Sierck 2013, S.17).

Erst mit der Psychiatrie-Enquête ab 1975 gelang die Trennung psychisch erkrankter Menschen einerseits und Menschen mit kognitiven oder komplexen Beeinträchtigungen andererseits. Was als *Enthospitalisierung* gedacht war, entpuppte sich oft als reine Umetikettierung, die Haltung in den Großeinrichtungen blieb paternalistisch, Versorgungsleistungen für beeinträchtigte Menschen wurden als Fürsorge deklariert und meist von jenen Trägern übernommen, die schon die Anstalten mit dunkler Vergangenheit verantwortet hatten. Es bedurfte einer Skandalisierung dieser Unterbringung (Klee 1978), um neue Wohnangebote zu realisieren: Elterninitiativen gründeten Wohnstätten, sozialpsychiatrische Vereine eröffneten Wohngemeinschaften sowie Probe- und Trainingswohngruppen. Die Vielfalt der Angebote wuchs, »ein grundlegender Wandel institutionen- und gruppenbezogenen Wohnens blieb aber aus, die Maßnahmen wurden zwar nach Zeitgeist modifiziert, Menschen mit Behinderungen aber weiter als Hilfeempfänger*innen und nicht als Akteur*innen ihres eigenen Lebens betrachtet« (Wacker 2016, S. 307). Manche Träger benötigten Jahrzehnte, bis Begriffe wie *Selbstbestimmung* und *Empowerment* für beeinträchtigte Menschen den Weg in den fachlichen Diskurs fanden; für Sozialverwaltungen und manche Fachkräfte blieben sie Fremdworte (Theunissen 2013; Huppert 2015a).

5.7.2 Der innovative Schub der UN-BRK

Umso bedeutsamer ist die Innovation, die von der UN-BRK ausgeht und eindringlich formuliert:

> »Die Vertragsstaaten dieses Übereinkommens anerkennen das gleiche Recht aller Menschen in der Gemeinschaft zu leben und treffen wirksame und geeignete Maßnahmen, um Menschen mit Behinderungen den vollen Genuss dieses Rechts und ihre volle Einbeziehung in die Gemeinschaft und Teilhabe an der Gemeinschaft zu erleichtern, indem sie unter anderem gewährleisten, dass Menschen mit Behinderungen gleichberechtigt die Möglichkeit haben, ihren Aufenthaltsort zu wählen und zu entscheiden, wo und mit wem sie leben und nicht verpflichtet sind, in besonderen Wohnformen zu leben« (UN-BRK Art. 19).

Damit besteht für Länder und Kommunen die Pflicht, ein Spektrum an Unterstützungsangeboten im Bereich des Wohnens zur Verfügung zu stellen, um Menschen mit Beeinträchtigungen ein selbstbestimmtes Leben sowie den Zugang zu den Unterstützungsdiensten in der Gemeinde zu ermöglichen (Rohrmann & Weber 2015).

Diese Vorgaben gelten grundsätzlich und für alle Menschen mit Behinderungen, unabhängig von der Art und Schwere ihrer Beeinträchtigungen. Menschen mit hohem Unterstützungsbedarf können also – nach Art. 19 UN-BRK – mit entsprechender Assistenz in ihrer eigenen Wohnung leben, auch wenn Sozialverwaltungen und Träger oft noch von der Annahme ausgehen, dass eine stationäre (oder »besondere«) Wohnform für diese Personen die einzige Möglichkeit darstellt. In der Realität zeigt sich allerdings, dass der Bau barrierefreier Wohnungen und die Planung entsprechender Angebote meist noch sehr rückständig ist:

> »So scheitern alternative Modelle einer Unterstützung häufig daran, dass zum Beispiel eine den individuellen Bedürfnissen entsprechende Wohnung entweder nicht gefunden werden kann oder nicht das für eine selbstbestimmte Lebensführung notwendige Umfeld bietet. Für die Allgemeinheit uneingeschränkt zugängliche inklusive Einrichtungen, wie die UN-BRK sie fordert, sind nur selten vorhanden« (ebd., S. 229).

Und in den bestehenden Einrichtungen ist die Achtung der Privatsphäre nicht immer gewährleistet, obwohl die Konvention verlangt, dass Menschen mit Beeinträchtigungen unabhängig von ihrer Wohnform keinen willkürlichen Eingriffen in ihr Privatleben, ihre Familie, ihre Wohnung oder ihren Schriftverkehr oder andere Arten der Kommunikation ausgesetzt werden dürfen (UN-BRK, Art. 22). Auch wenn diese Grundsätze heute meist beachtet werden, sind die Institutionen im Lebensbereich Wohnen in der Regel nach starren Organisationslogiken strukturiert; das betrifft Dienst- und Essenszeiten, Besuchs- und Ausgangsregelungen, Arzt- und Therapiebesuche, die den Spielraum für selbstbestimmte Entscheidungen stark einschränken. Oft resultiert daraus eine Lebensgestaltung, »die sowohl in alltäglichen Bereichen als auch im Kontext zentraler Lebensentscheidungen durch ein hohes Maß an Fremdbestimmung geprägt ist« (Jennessen et al. 2019, S. 8)

5.7.3 Neuerungen durch das BTHG

Mit dem Bundesteilhabegesetz (BTHG) und seinen Bestrebungen, die Vorgaben der UN-BRK in das deutsche Sozialrecht umzusetzen, hat sich bezüglich der Leistungen die bisherige Unterscheidung von *stationär*, *teilstationär* und *ambulant* geändert. Im BTHG findet sich jedoch kein gesetzlich klar definierter Begriff für die Wohnformen, die bislang *stationäre* Einrichtungen der Eingliederungshilfe waren. Häufig werden diese Angebote nun als *besondere Wohnformen* bezeichnet, andere sprechen von *gemeinschaftlichen Wohnformen*. Relevant ist, dass für diese Wohnformen nun neue Regelungen gelten, vor allem die entscheidende Änderung, dass die Eingliederungshilfe die Lebenshaltungskosten nicht mehr umfasst (*Trennung der Leistung*). Die Kosten dafür müssen Menschen mit Assistenzbedarf selbst bezahlen bzw. im Bedarfsfall einen Antrag auf Sozialleistungen stellen für die Aufwendungen der Unterkunft (§ 42a Abs. 5 und 6 SGB XII) sowie für die Kosten zum Lebensunterhalt (§ 27a SGB XII). An den Wohneinrichtungen selbst ändert das jedoch nichts, erhöht jedoch den Aufwand in Bezug auf die Beantragung der Leistungen (Konrad 2019). Fragen nach der gewünschten Wohnform und der Art der Unterstützung stehen im Mittelpunkt der Gespräche zur Bedarfsermittlung, die die Person mit Beeinträchtigung mit der Sozialverwaltung und den Fachkräften des Leistungsanbieters führt.

5.7.4 Aufgaben der Heilpädagogik im Kontext des Wohnens

Die aktuellen Veränderungen im Kontext des Wohnens von Menschen mit Beeinträchtigungen machen deutlich, dass hier Kenntnisse des BTHG verlangt werden: Heilpädagogische Fachkräfte sollten mit dem differenzierten Angebot an Wohnformen und den darin üblichen Fachleistungen ebenso vertraut sein wie mit den Instrumenten der Bedarfsermittlung und den ICF-Kategorien von Beeinträchtigungen der Aktivitäten und Teilhabe. Zusammen mit den beeinträchtigten Menschen sind Teilhabepläne zu erstellen, Teilhabekonferenzen zu besuchen, ggf. am Gesamtplanverfahren teilzunehmen und die angestrebten Assistenzleistungen aufzuführen (Rosemann & Konrad 2020). Im Alltag sind die Aufgaben im Bereich des Wohnens abhängig von der jeweiligen Wohneinrichtung, ihrer Konzeption, ihrem Umfeld sowie von Formen und Schweregraden der Beeinträchtigung. Wichtig sind Erfahrungen und methodische Kompetenzen in der Ermittlung der persönlichen Lebensplanung und Kompetenzen in der Anleitung anderer Fachkräfte. Unterstützungsleistungen zu beantragen, zu organisieren und zu evaluieren gehört ebenso zu den Aufgaben wie die Vernetzung der Hilfeangebote mit Institutionen bzw. Diensten im Sozialraum. Stets ist zu prüfen, was die Person mit Beeinträchtigung selbst gut kann – was wiederum die Erfahrung stärkt, dass die Wohn- und Lebensform gewisse Freiräume eröffnet und gleichzeitig bei Bedarf die notwendige Assistenz sicherstellt (Emmelmann & Greving 2019).

5.7.5 Unterschiedliche Angebote des Wohnens und der Begleitung

Die Zahl der Menschen mit Beeinträchtigungen, die im Erwachsenenalter in der Herkunftsfamilie leben, ist weiterhin hoch, das Haushalteinkommen und die Vermögensrücklagen gering. Das kann zur Folge haben, dass die gesellschaftliche Teilhabe deutlich eingeschränkt und die Gefahr der Isolation enorm ist. Auch für diese erwachsenen Menschen mit Beeinträchtigungen und ihre Familie sind Formen der Heilpädagogik bezüglich der Entwicklung ihrer Persönlichkeit und ihrer Teilhabe am Leben in der Gemeinschaft sinnvoll. Vielfach ist die Sorge groß, dass ihr (inzwischen erwachsenes) Kind mit dem Umzug ins betreute Wohnen überfordert wäre und sich in der neuen Umgebung mit all den Anforderungen nicht zurechtfinden würde. Aufgaben der Beratung und des Familienunterstützenden Dienstes bestehen also darin, die Familienmitglieder zu stärken und sie im Zusammenleben bzw. bei der Ablösung zu unterstützen (Groß 2014; Emmelmann & Greving 2019).

Das Wohnen in Pflege- oder Gastfamilien ist ein Angebot für Menschen mit körperlichen, kognitiven oder Sinnesbeeinträchtigungen bzw. mit psychischen Erkrankungen, die ein stabiles Zuhause mit Kontakt zur familiären Gemeinschaft suchen. Die Familienmitglieder unterstützen die Person mit Beeinträchtigung in der Gestaltung des Alltags, ermitteln ihre Ressourcen und werden dabei von Mitarbeitenden eines Dienstes begleitet, zu dem auch heilpädagogische Fachkräfte gehören können. Das Leben in einer Pflegefamilie eröffnet Möglichkeiten eines relativ selbstständigen und gleichzeitig strukturierten Lebens mit angemessener Unterstützung. Leistungsträger finanzieren diese Wohnform im Rahmen der sozialen Teilhabe, die Pflegeperson erhält monatliche Aufwandsentschädigungen für die Betreuung. Auch Lebensgemeinschaften oder alleinstehende Personen können im Sinne der Familienpflege ein Zuhause bieten. Beeinträchtigte Menschen profitieren vom betreuten Wohnen in Familien, weil es den Zugang zur Gemeinde, zu Nachbarn und Freunden oder Verwandten der Gastfamilie erleichtert und damit Aspekte der Inklusion und Partizipation umsetzt (Konrad 2013).

Dorfgemeinschaften haben den Anspruch, Menschen mit und ohne Beeinträchtigung einen sicheren Wohnort und ein gemeinsames Leben zu ermöglichen und Aspekte des Familienlebens sowie der Teilhabe an Bildung und Arbeit, an Kultur und Naturerleben zu integrieren. Sie verfügen in der Regel über ein Gelände mit Gartenbau und Landwirtschaft, Tierhaltung, handwerklichen Bereichen und kreativen Angeboten im Bereich Musik und Tanz, bildender Kunst und Theater. Menschen mit und ohne Beeinträchtigung sowie deren Kinder leben in Hausfamilien zusammen; auf dem Gelände vieler Dorfgemeinschaften ist *umgekehrte Inklusion* das Konzept: Dorfläden und Bistros, Arztpraxen und Kindergärten, Konzerte und Therapieangebote laden die Menschen aus der Umgebung zum Erleben der Gemeinschaft ein. Fachkräfte der Heilpädagogik, die sich mit der Anthroposophie identifizieren, finden in der Bildung, Arbeit, Kultur und Natur ihre Aufgaben und sind in der Teilhabe-Planung und der Öffentlichkeitsarbeit tätig:

»Heilpädagoginnen und Heilpädagogen haben viele Rollen: Fachkraft, Teamplayer, Berater, Netzwerker, Vermittler, Anleiter und Navigator im Sozialbereich. Besonders mit Inkrafttreten des BTHG werden Fachkräfte, die Teilhabe-, Hilfe- und Gesamtplanprozesse bei den Rehabilitationsträgern koordinieren und gestalten, gesucht. Heilpädagogin oder Heilpädagoge halten die Fäden in der Hand und koordinieren eine bedarfsgerechte und individuelle Unterstützung« (Camphill-Ausbildungen 2022).

Ambulant betreutes Wohnen kann sich beziehen auf das unterstützte Einzel- und Paarwohnen, auf Wohngemeinschaften, die auch inklusiv besetzt sein können, auf die Einzel- und Paarbegleitung im Bereich Wohnen, auf Mehrgenerationenhäuser und andere innovative Projekte gemeinschaftlichen Wohnens. Die Zielgruppen des ambulant betreuten Wohnens sind kognitiv, körperlich oder komplex beeinträchtigte sowie psychisch erkrankte Menschen. Auch Personen mit Sinnesbeeinträchtigungen können Leistungen des ambulant betreuten Wohnens in Anspruch nehmen. Der Assistenzumfang ist individuell sehr unterschiedlich (von: einmal im Monat bis zu: mehrere Stunden am Tag) und kann im Laufe der Zeit auch ab- oder zunehmen. Grundsätzlich sollen Menschen mit Beeinträchtigungen eine passgenaue Unterstützung erhalten, damit sie – trotz Einschränkungen – die Gestaltung ihres Lebens und ihres Alltags selbstbestimmt realisieren können und ihre soziale Teilhabe gesichert ist.

Aktuell erhalten mehr als 450.000 volljährige Menschen mit Behinderungen Assistenzleistungen innerhalb und außerhalb besonderer Wohnformen sowie Leistungen in Pflegefamilien. Etwa 200.000 Menschen mit Behinderungen leben in einer besonderen Wohnform (gegenüber 2020 ein Rückgang um 0,2 Prozent), mehr als 250.000 erhalten Assistenzleistungen außerhalb besonderer Wohnformen. Fast zwei Drittel der Menschen, die in einer besonderen Wohnform leben, sind Personen mit kognitiven Beeinträchtigungen, 25% sind psychisch beeinträchtigt und

5,7 Prozent leben mit einer körperlichen Beeinträchtigung (BAGüS 2023). Lange Zeit wurde davon ausgegangen, dass Menschen mit hohem Unterstützungsbedarf – nach alter Diktion: *stationär* und Menschen mit weniger Assistenzbedarf *ambulant* zu betreuen seien. Durch die UN-BRK mit der Entscheidungsfreiheit und der Aufhebung der Verpflichtung, bei einem hohen Grad an Beeinträchtigung einer *besonderen Wohnform* leben zu müssen, ist dieser Einteilung die Grundlage entzogen: Es geht um personzentrierte statt um institutionszentrierte Hilfeleistungen (Walther 2021). Die Einteilung zwischen dem stationären Wohnen und dem ambulant betreuten Wohnen ist damit obsolet geworden (Rosemann & Konrad 2020).

Ein heilpädagogisch interessantes Arbeitsfeld ist das Kurzzeitwohnen für Kinder und Jugendliche mit Beeinträchtigungen. Der Bedarf an wohnortnahen Ferien vom Elternhaus ist entschieden höher als das Angebot, wie Studien im Rheinland und in Bayern zeigen (Dworschak 2015). Mit der Idee des Kurzzeitwohnens sind unterschiedliche Perspektiven verbunden: Aus Sicht der Eltern kann es sinnvoll sein, vorübergehend die Versorgung des Kindes mit (oft komplexer) Beeinträchtigung in andere Hände zu geben, um physisch und psychisch aufzutanken, persönliche Freiräume zu eröffnen und sich Dingen in und außerhalb der Familie zuzuwenden, die durch die anspruchsvolle Begleitung des beeinträchtigten Kindes oft zu kurz kommen. Dies kann auch dazu beitragen, das Familiensystem zu stabilisieren, um längerfristige stationäre Unterbringungen zu vermeiden (Dworschak 2015, S. 7). Aus Sicht der Geschwisterkinder mag es hilfreich sein, verstärkt eigene Interessen zu verfolgen und mehr Zeit mit den Eltern zu verbringen (Langer & Frei 2016, S. 13). Aus Sicht des Kindes kann das Kurzzeitwohnen die Chance bieten, neue Möglichkeiten der Teilhabe zu erleben, Bekanntschaften mit Gleichaltrigen zu schließen und zu festigen, an interessanten Freizeitangeboten teilzunehmen, den Ablösungsprozess vom Elternhaus gut vorzubereiten und Erfahrungen auf dem Weg zu einem zunehmend selbstbestimmten Leben zu sammeln (Schädler 2013, S. 258).

Die Aufgaben der heilpädagogischen Fachkräfte – meist im interdisziplinären Team mit Pflegekräften und Sozialarbeiter*innen – sind in den Einrichtungen des Kurzzeitwohnens vielfältig: Ein fundiertes Aufnahme-Management (Langer und Frei 2016) liegt ebenso in ihrer Verantwortung wie die fachliche Beratung der Eltern und Familien. Sie gestalten den Alltag mit den Kindern mit Beeinträchtigungen, kennen deren individuelle Bedingungen der Pflege (z. B. die Nahrungsaufnahme, die Notversorgung bei Epilepsie), der Bildung, der Kultur und Freizeit. Ziel ist es, die Kompetenzen der Kinder und Jugendlichen in Bezug auf Lebenspraxis, Gruppenzugehörigkeit und Selbstständigkeit zu erweitern. Manche Häuser bieten bis zu dreimal im Jahr für jeweils 10–14 Tage diese Angebote (Lebenshilfe Münster 2018, S. 2), so dass sich über die Jahre Beziehungen entwickeln und alle Beteiligten mit Freude dem nächsten Aufenthalt entgegensehen. Anspruchsvoll für die Fachkräfte sind die häufigen Wechsel der Kinder und Jugendlichen, die individuell zu gestaltenden Beziehungen und Beratungen sowie die Schichtdienste, die in einigen Einrichtungen als Schaukelschichten (wer Spätschicht macht, ist auch noch in der Frühschicht da) strukturiert sind, damit jedes Kind am Morgen von der gleichen Person geweckt wird, die es auch abends zu Bett gebracht hat.

Als unübersichtlich und nicht bundeseinheitlich stellt sich die Finanzierung des Kurzzeitwohnens dar (womit auch verbunden ist, dass regional große Lücken in der

Bereitstellung eines solchen Angebots existieren): Entweder übernimmt die Pflegeversicherung für Kinder und Jugendliche mit einem anerkannten Pflegegrad nach § 39 SGB XI (Verhinderungspflege), nach § 42 SGB XI (Kurzzeitpflege) oder nach § 45b SGB XI (Zusätzliche Betreuungsleistungen) die Kosten; oder die Eingliederungshilfe ist nach § 53 ff SGB XII oder nach § 61 SGB XII (Hilfe zur Pflege) als Leistungsträger gefragt (Dworschak 2015, S. 8).

Die Anforderung nach Inklusion und Partizipation im Sinne der UN-BRK bedeutet, dass Menschen mit Beeinträchtigungen mehr verlangen können als nur angemessenen Wohnraum: Benötigt werden a) eine entsprechende Infrastruktur, b) Assistenzleistungen beim Wohnen, c) Sicherung der Mobilität, barrierefreier Zugang zum öffentlichen Raum und Personennahverkehr und d) gesundheitsbezogene Leistungen (Kastl & Metzler 2015). Bei der Stadtplanung, der Wohnungswirtschaft, den Anbietern von sozialen Dienstleistungen und den Verantwortlichen im Gemeinwesen muss eine Idee davon entstehen, wie diese Entwicklung gelingen kann. Dafür wurde der Index für Inklusion zum Wohnen in der Gemeinde entwickelt, eine Sammlung von Fragen, die soziale Entwicklungsprozesse anstoßen und strukturieren können (Buckenmaier et al. 2016). Es geht beim inklusionsorientierten Wohnen darum, die notwendigen Voraussetzungen zu schaffen für die Kommunikation und Partizipation sowie für soziale Netzwerke der Inklusion vor Ort, damit alle Beteiligten ihre Kompetenzen einbringen und ihre Interessen vertreten können:

»Wer Menschen mit Exklusionsrisiken und -erfahrungen – auf Grund von Behinderung, Herkunft, Alter, Geschlecht, sozialer Lage usw. – selbstbestimmte Teilhabe in der Gemeinde ermöglichen will, muss diese dabei unterstützen und begleiten, ihren Platz in der Gemeinschaft zu finden, vor allem aber Entwicklungsprozesse im Gemeinwesen, in den Kommunen anstoßen und sich daran aktiv beteiligen« (Klauß et al. 2018, S. 5).

5.8 Offene Hilfen/Familienunterstützende Dienste

Der Begriff *Offene Hilfen* steht für ein differenziertes Angebot familienunterstützender Dienste und ambulant erbrachter Leistungen für Menschen mit Beeinträchtigungen und ihre Angehörigen. Lange Zeit waren diese Hilfsangebote auf die Zielgruppe der Menschen mit Lernschwierigkeiten (kognitiven Beeinträchtigungen) ausgerichtet, heute gehören Beratungsleistungen, Bildungs-, Urlaubs-, Freizeit- und Sportangebote – unabhängig von der Art und der Schwere der Beeinträchtigung – neben der Familienunterstützung zum Spektrum möglicher Leistungen. Die *Offenen Hilfen* verstanden sich von Beginn an als Alternative zu den – weitgehend – geschlossenen Einrichtungen der Behindertenhilfe und konzipierten ihre Leistungsgestaltung sehr flexibel: Es galt, den betreffenden Personen und ihren Familien Wahlmöglichkeiten zu eröffnen und die Assistenzleistungen auf Selbstbestimmung und Empowerment auszurichten. Gegen den Widerstand etablierter, meist konfessionell geprägter Träger entstanden neue Formen der Hilfen, die schließlich in den 1980er Jahren im Grundsatz *ambulant vor stationär* des Bundessozialhilfegesetzes ihre Verankerung fanden. Zur Sicherung des eigenständigen Wohnens und der Assistenz am Arbeitsplatz ebenso wie zur Unterstützung (zunächst sprach man von *Entlastung*) von Familien mit beeinträchtigten Kindern kamen heilpädagogisch orientierte Angebote für Menschen mit kognitiven Beeinträchtigungen und psychischen Erkrankungen. Etablierte Träger, vor allem die Mitgliedsorganisationen der Bundesvereinigung Lebenshilfe, griffen das Konzept auf, wobei einige Dienste ihre neuen Angebote im Sinne eines komplementären Ansatzes als Ergänzung zu ihren stationären Maßnahmen verstanden, während andere sich im Sinne eines konkurrierenden Ansatzes als Alternative zur Fürsorge in den traditionellen Anstalten positionierten (Rohrmann 2020). Mittlerweile haben sich die *Offenen Hilfen* etabliert und professionalisiert und sind als Fachdienste der Behindertenhilfe anerkannt (Huppert 2015a). Sie definieren sich nicht nur über bestimmte Leistungsangebote, sondern auch durch ihren eigenen Ansatz des fachlichen Umgangs mit dem Hilfe- und Assistenzbedarf, der »im Vergleich mit traditionellen Angeboten durch eine größere Offenheit und eine spezifische Nutzer- und Alltagsorientierung gekennzeichnet ist« (Schädler 2013, S. 259). Unter Aspekten der Inklusion und Partizipation wäre allerdings zu prüfen, ob sich die *Offenen Hilfen* auch für andere Zielgruppen öffnen und die Vernetzung im Sozialraum stärken könnten: »Dies erfordert eine Verlagerung der professionellen Haltung weg von einer umfassenden Betreuung und hin zu einer Unterstützung zur Erschließung persönlicher Netzwerke und zur Gestaltung eines persönlichen Lebensstils« (Huppert 2015b, S. 110). Das würde bedeuten, keine speziellen Dienste mehr für Menschen mit Beeinträchtigungen zu konzipieren, sondern assistierende Begleitung in einer sozialräumlich orientierten Organisation zu entwickeln und die enge Zusammenarbeit mit relevanten Gruppen und Initiativen im Gemeinwesen anzustreben.

5.8.1 Familienunterstützende Dienste

Familienunterstützende Dienste (FUD) sind Angebote für Menschen mit Beeinträchtigungen, deren Eltern und Geschwister. Sie erweitern die Möglichkeiten der selbstbestimmten Lebensgestaltung und der Teilhabe am gesellschaftlichen Leben. Die individuelle Assistenz erfolgt im Haushalt, in der Begleitung von Arzt- und Therapiebesuchen, bei Behördengängen, in der Freizeit, bei kulturellen Aktivitäten (z.B. Kino-, Konzert- und Museumsbesuche), im Sport und im Urlaub. Besonders Kinder mit hohem Unterstützungsbedarf und ihre Familien sind darauf angewiesen, dass eine professionelle Assistenz sie unterstützt, wenn z.B. Eltern erkranken, einen Klinikaufenthalt bzw. eine Kur benötigen oder durch berufliche Belastungen absorbiert sind. Der FUD bietet an Wochentagen nachmittags und in den Ferien ganztags Assistenzleistungen für Kinder mit Beeinträchtigungen und oft auch für deren Geschwister an. Als Teilhabe am Leben in der Gemeinschaft ist der Fokus auf die Freizeitgestaltung, die Bewegungsförderung und kulturelle Aktivitäten ausgerichtet, kann aber auch das gemeinsame Essen bzw. die Zubereitung umfassen. Ein besonderes Angebot besteht für einige Familien in der Betreuung über Tag und

Nacht, wenn dies vorübergehend erforderlich ist. So passt sich der FUD an die jeweiligen Bedürfnisse in Bezug auf die Betreuung, Pflege oder Begleitung an. Die Personen bzw. Familien entscheiden selbst über den Umfang, den Zeitpunkt und die Form der Dienstleistungen. Bei Fragen der Teilhabe an Bildung und Beruf, Kultur und Politik sowie bei Beratungsbedarf in Sachen Behörden oder Finanzen kann der FUD auch den Kontakt zur örtlichen *Ergänzenden unabhängigen Teilhabe-Beratungsstelle* (EUTB) und zu anderen Diensten herstellen.

Familien, die ihre bereits erwachsenen Angehörigen zu Hause versorgen und pflegen, sind physisch und psychisch oft sehr gefordert. Um Erschöpfungszustände zu vermeiden, können kontinuierliche Hilfen durch den FUD angefordert werden, so dass eine langfristige, vertrauensvolle Unterstützung entsteht und es nicht zu dauernd wechselnden Betreuungen kommt. Bei Beratungsgesprächen im Kontext der Unterstützung kann auch über Fragen der Ablösung vom Elternhaus (Emmelmann & Greving 2019) nachgedacht und Möglichkeiten ambulanter Wohn- und Assistenzformen vermittelt werden. Kinder, Jugendliche und erwachsene Menschen mit Beeinträchtigungen profitieren von der Begleitung im Bereich der Freizeit, wenn es um den Zugang zu Informationen und um die Auswahl, Anmeldung, Organisation und Finanzierung sowie um Unterstützungsleistungen auf einer Reise oder einer Freizeitveranstaltung geht (Markowetz 2022). Trotz der hohen und nachgewiesenen Bedeutung für die Familien sind die Rechtsgrundlagen und die Finanzierungsregelungen etwas verwirrend: So werden für Menschen mit Beeinträchtigungen und ihre Familien die Leistungen in der Regel von der Eingliederungshilfe übernommen, aber auch die Kranken- oder Pflegekassen können eine Rolle spielen; so sind Leistungen nach § 45b SGB XI nur bei einem bewilligten Pflegegrad möglich. Bisweilen übernehmen auch Jugendhilfeträger die Kosten. Die Leitung der Familienunterstützenden Dienste liegt oft bei heilpädagogischen Fachkräften, besonders gefragt sind Mitarbeitende, die eine Doppelqualifikation im Bereich der Pädagogik und der Pflege besitzen (Wachtel 2013).

5.8.2 Heilpädagogische Familienhilfe

Die Heilpädagogische Familienhilfe (HPFH) ist ein Angebot zur Begleitung von Familien, in denen Kinder und Jugendliche mit kognitiven, körperlichen oder Sinnesbeeinträchtigungen sowie mit psychischen Belastungen und traumatischen Erfahrungen leben. Auch bei stationären Aufenthalten von Müttern oder Vätern in der Psychiatrie kann eine Unterstützung im Alltag und bei der Erziehung notwendig und sinnvoll sein. Gemeinsam mit den Familien entwickeln heilpädagogische Fachkräfte die Ziele und Maßnahmen und gestalten transparente Hilfeleistungen, die sich an den Ressourcen der Beteiligten und an den Möglichkeiten im Gemeinwesen orientieren und zur Bewältigung sozialer und emotionaler Anforderungen beitragen. Dazu bauen die Mitarbeitenden ein vertrauensvolles Verhältnis zu den Familienmitgliedern auf, besuchen diese regelmäßig und streben gemeinsam die Lösung von Konflikten und die Bewältigung von Krisen an. Heilpädagogische Fachkräfte der HPFH können auch die Kontakte zu Ämtern, Kitas, Schulen und

Vereinen vorbereiten und begleiten, um die Teilhabe am gesellschaftlichen Leben der betreffenden Familien zu stärken.

Ähnlich wie bei der Sozialpädagogischen Familienhilfe (SPFH), die quasi die ältere Schwester der HPFH ist, erfolgen die Leistungen auf Grundlage der §§ 27 ff. SGB VIII (konkret § 31 SGB VIII) und haben sich aus der Erfahrung entwickelt, dass Familien mit beeinträchtigten Angehörigen eine qualifizierte Unterstützung benötigen. So sind Kenntnisse in der Diagnostik von Entwicklungsphasen und Beeinträchtigungen ebenso wichtig wie methodische Kompetenzen zur Unterstützung des Kindes im Bereich der Sprachentwicklung, der Psychomotorik, der Spielförderung und der Begleitung der Eltern, z. B. lösungsorientierte Beratungsansätze (Leginovic 2014). Die HPFH wird von Jugendämtern beauftragt, der Bedarf wird in Hilfeplangesprächen ermittelt und über Fachleistungsstunden abgerechnet. Der Weg, den die Familie und die heilpädagogische Fachkraft gemeinsam gehen, ist dabei nicht festgelegt, sondern orientiert sich an den Bedürfnissen, der jeweiligen Dynamik innerhalb der Familie und am gemeinsam entwickelten Prozess. Dies kann eine Gratwanderung sein, wenn Mütter und Väter mit Beziehungsschwierigkeiten, seelischen Krisen oder ökonomischen Notlagen zu kämpfen haben und das Kindeswohl nicht ausreichend beachtet wird. So kann es notwendig sein, über den Schutz und das Bindungsbedürfnis des Kindes aufzuklären und daran zu arbeiten, dass Eltern die Signale des Kindes aufmerksam wahrnehmen, sie richtig interpretieren und angemessen darauf reagieren (Suess & Hammer 2010; Brisch 2020).

5.8.3 Sozialpädiatrische Zentren

Aufgaben der Familienunterstützung und Beratung nehmen auch Sozialpädiatrische Zentren (SPZ) wahr, die zusätzlich Maßnahmen der Diagnostik, Therapie, Förderung und Koordination anbieten. Unter ärztlicher Leitung und im Austausch mit unterschiedlichen Fachkräften (aus Medizin, Psychologie, Physiotherapie, Logopädie, Ergotherapie und Pflege) haben Heilpädagoginnen und Heilpädagogen die Aufgabe, bei diagnostizierten Beeinträchtigungen, Entwicklungsverzögerungen und chronischen Erkrankungen die Teilhabe und die Lebensqualität der Kinder und ihrer Familien zu verbessern sowie die Vernetzung mit anderen Institutionen und Behandlern zu gewährleisten. Sie sind an der Diagnostik und Beratung beteiligt und übernehmen bei entsprechender Ausbildung auch therapeutischen Tätigkeiten. Das Ziel der multiprofessionellen Arbeit ist die Förderung der Entwicklung, die Stärkung der Selbstbestimmung, die Sicherung des Anspruchs auf Bildung und Förderung und die Unterstützung in der Bewältigung der festgestellten Erkrankung oder Beeinträchtigung.

Die Möglichkeiten der Beratung, der Diagnostik und Therapie eines SPZ werden von Eltern bzw. Familien mit unterschiedlich beeinträchtigten Kindern in Anspruch genommen. Meist werden die Familien durch kinderärztliche oder hausärztliche Praxen auf Sozialpädiatrische Zentren aufmerksam gemacht bzw. dorthin überwiesen, wenn bei Säuglingen ein Verdacht auf eine Entwicklungsstörung oder eine Erkrankung besteht oder wenn motorische, sprachliche oder kognitive Auffälligkeiten abgeklärt werden sollen. Auch Kinder mit Fehlbildungen, Cerebralparesen,

Epilepsie, Spina bifida und neurodegenerativen Erkrankungen werden untersucht und gefördert, ebenso Kinder mit Störungen der Sinnesorgane, einer Autismus-Spektrum-Störung oder einer Enuresis oder Enkopresis (von Gontard 2018). Kinder mit einer fetale Alkoholspektrum-Störung (FASD) oder einer genetischen Besonderheit (z. B. Angelman-Syndrom, Cornelia-de-Lange-Syndrom, Fragiles-X-Syndrom, Rett-Syndrom, Trisomie 21 usw.) werden ärztlich, psychologisch und heilpädagogisch diagnostiziert und in ihrer Entwicklung begleitet, ebenso Kinder, deren Schädelverletzung abgeklärt oder deren Zustand nach Meningitis und Enzephalitis untersucht werden muss (Steinhausen 2001; Sarimski 2014).

Bei Schulkindern kann die Abklärung von Teilleistungsstörungen sinnvoll sein (Lese-, Rechtschreib-, Rechenstörungen), auch mögliche Aufmerksamkeits-, Aktivitäts-, Konzentrations- und Lernstörungen werden im SPZ diagnostiziert (Döpfner & Petermann 2012) und therapeutisch sowie heilpädagogisch begleitet. Kinder mit Regulationsstörungen (Schlaf-, Schrei-, Fütterstörungen) oder mit chronischen Erkrankungen sowie Kinder aus psychisch und sozial belasteten Familien und Lebenssituationen können Unterstützung erhalten, die Beratung von Adoptions- und Pflegefamilien gehört ebenfalls zum Aufgabenspektrum des SPZ, das mit diversen Fachstellen kooperiert, z. B. mit der Frühförderung und den Frühen Hilfen, Heilpädagogischen Praxen, niedergelassenen TherapeutInnen, Psychologischen Beratungsstellen, Kinderkliniken, orthopädischen Kliniken und Selbsthilfegruppen. Die Aufgaben der Heilpädagogik im Sozialpädiatrischen Zentrum bestehen darin, Entwicklungsverläufe von Kindern zu erkennen, drohende Beeinträchtigungen und ihre Folgen durch den reflektierten Einsatz heilpädagogischer Methoden zu vermeiden oder zu mindern, Eltern zu beraten und die Teilhabe der Familien am gesellschaftlichen Leben zu stärken. Die heilpädagogische Ermittlung der Stärken und Schwächen des Kindes erfolgt über standardisierte Testverfahren sowie durch Spiel- und Verhaltensbeobachtungen (Reichenbach & Thiemann 2018). Bei den Empfehlungen für weitere Schritte zur Sicherung der Teilhabe des Kindes und der Familie wird auf den Einbezug des sozialen Umfeldes und auf die Ressourcen des Kindes und seiner Familie geachtet.

Heilpädagogische Fachkräfte in Sozialpädiatrischen Zentren arbeiten in interdisziplinären Teams an der Schnittstelle zwischen individueller Begleitung und Beratung, Diagnostik und Therapie in der klinischen Pädiatrie, der pädiatrischen Rehabilitation und dem öffentlichen Gesundheitsdienst. In ihrem Denken und Handeln stehen die Kinder und ihre Familien und deren Wohlergehen stets im Mittelpunkt; alle medizinischen, psychologischen, technischen und rehabilitativen Vorschläge und Interventionen werden nur in Erwägung gezogen, wenn alle Beteiligten von deren Sinnhaftigkeit überzeugt sind. Kompetenzen zur Beratung, zur Interdisziplinarität und zur Vernetzung mit anderen psychosozialen Diensten sind dabei ebenso wichtig wie die personalen Kompetenzen im Umgang mit schwer beeinträchtigten Kindern und stark belasteten Familien (Ondracek & Greving 2013).

5.9 Teilhabe am kulturellen Leben, an Erholung, Freizeit und Sport

Wenn Kultur die aktive Auseinandersetzung mit den Dingen dieser Welt bedeutet, mit anderen Personen und mit sich selbst, mit weltanschaulichen und religiösen Vorstellungen, mit den Sitten, Gebräuchen und Traditionen einer Gesellschaft (Ziemen 2017), dann muss der gleichberechtigte und barrierefreie Zugang zu kulturellen Gütern und Ausdrucksformen selbstverständlich sein. Denn das kulturelle Leben spiegelt die Vielfalt der Gesellschaft, erweitert und verändert das Bild, das wir von den Menschen um uns herum und von uns selbst besitzen. Kultur ist erlebbar auf der Ebene der Rezeption oder der Produktion; zu beiden Ebenen sollte der Zugang barrierefrei sein, doch Hürden der Mobilität, der Kommunikation oder der sozialen Anerkennung grenzen häufig Menschen mit Beeinträchtigungen oder anderen Exklusionsrisiken aus. In diversen Bereichen des kulturellen Lebens bedarf es engagierter (auch heilpädagogischer) Anstrengungen, um Erschwernisse abzubauen und die strukturellen, personellen und inhaltlichen Voraussetzungen für die Chancen auf kulturelle Teilhabe aller zu verbessern.

Der Begriff *Kultur* hat seine Wurzeln in den lateinischen Worten *colere* (urbar machen) und *cultura* (Landschaft, Bebauung) und beschreibt das *gestaltend Hervorgebrachte* (Palleit & Kellermann 2015). Kultur umfasst »die vom Menschen durch die Bearbeitung der Natur mithilfe von planmäßigen Techniken selbst geschaffene Welt der geistigen Güter, materiellen Kunstprodukte und sozialen Einrichtungen« (Nünning 2009). Die rezeptive kulturelle Partizipation in Form von Besuchen in Kinos, Konzerten und Theatern, in Museen, Bibliotheken, touristischen Stätten und Sehenswürdigkeiten, die produktive Partizipation als aktive Teilnahme in Bands und Chören, in Radio- und TV-Sendungen, in inklusiven Theater- und Tanzgruppen, in Ateliers und Zeitschriftenredaktionen und schließlich die Auseinandersetzung über Wirkungen von Kunst entwickeln und erweitern nicht nur die persönlichen Einstellungen und Vorlieben, sie sind auch Formen der Demokratisierung und Humanisierung von Lebensbedingungen (Ziemen 2017).

Die gleichberechtigte Teilhabe aller Menschen am kulturellen Leben ist seit der Ratifizierung der UN-BRK in Deutschland im Jahre 2009 der unhintergehbare politische und gesellschaftliche Auftrag eines jeden Vertragsstaates, der aufgefordert ist, »Menschen mit Behinderungen die Möglichkeit zu geben, ihr kreatives, künstlerisches und intellektuelles Potenzial zu entfalten und zu nutzen, nicht nur für sich selbst, sondern auch zur Bereicherung des Gesellschaft« (Lamers 2018, S. 95). Mit umfangreichen und geeigneten Maßnahmen muss sichergestellt werden, dass Menschen mit Behinderungen »a) Zugang zu kulturellem Material in zugänglichen Formaten haben; b) Zugang zu Fernsehprogrammen, Filmen, Theatervorstellungen und anderen kulturellen Aktivitäten; c) Zugang zu Orten kultureller Darbietungen oder Dienstleistungen, wie Theater, Museen, Kinos, Bibliotheken und Tourismusdiensten, sowie, so weit wie möglich, zu Denkmälern und Stätten von nationaler kultureller Bedeutung haben« (Welke 2012, S. 50).

Der Artikel 30, Absatz 1 der UN-BRK mit dem geforderten Zugang zum kulturellen Material, zu den Orten und Dienstleistungen, den Programmen, Vorstellungen und Aktivitäten nimmt die rezeptive Ebene der kulturellen Teilhabe in den Blick: Es geht vor allem um das Zuschauen und das Zuhören, um barrierefreie Zugänge zu den kulturellen Gütern. Barrierefreiheit meint nicht nur den Abbau von Mobilitätshürden, genauso wichtig sind barrierefreie und verständliche Informationen für Menschen mit kognitiver Beeinträchtigung, Audiodeskriptionen von Filmen, Induktionsschleifen für Menschen mit Beeinträchtigungen des Hörens, Gebärdendolmetscher in Fernsehprogrammen u.v.a.m. (Merkt 2016). Im zweiten Absatz des Artikel 30 ist von Kompetenzen und Ressourcen von Menschen mit Behinderung in künstlerischer Hinsicht die Rede: Er fordert auf, geeignete Maßnahmen zu treffen, »um Menschen mit Behinderungen die Möglichkeit zu geben, ihr kreatives, künstlerisches und intellektuelles Potenzial zu entfalten und zu nutzen, nicht nur für sich selbst, sondern auch zur Bereicherung der Gesellschaft« (UN-BRK, Art. 30, Abs. 2).

Die aktive Teilhabe an kulturellen Angeboten kann identitätsstiftend und gemeinschaftsstiftend sein und den sozialen Zusammenhalt stärken. Auch wenn die kulturelle Teilhabe nicht selten mit einem Anspruch an Bildung verknüpft ist, stellt sie kein verordnetes Bildungsangebot dar, sondern orientiert sich an den Wünschen und Potenzialen der jeweiligen Altersgruppen und eröffnet neue Kontakte (Markowetz 2022). Lange Zeit fanden kulturelle Aktivitäten von Menschen mit Beeinträchtigungen nur in den Institutionen statt, in denen sie den Großteil ihres Alltags verbrachten. Die Barrieren (auch in den Köpfen) ließen eine Teilhabe im öffentlichen Raum nicht zu: Angebote der Bildung und Kultur waren auf die Einrichtung begrenzt, Freizeit- und Sportgruppen oder Urlaubsfahrten gemeinsam mit Menschen ohne Beeinträchtigungen schienen undenkbar (Theunissen 2013). So entstanden Sonderwelten, die nicht altersadäquat waren und sich vom kulturellen Angebot für Gleichaltrige außerhalb der Institutionen unterschieden. Insofern steht der Art. 30 der UN-BRK für ein Umdenken in Bezug auf die kulturelle Teilhabe, wenn er von dem kreativen, künstlerischen und intellektuellen Potenzial der Menschen mit Behinderung spricht und ihre kulturelle Teilhabe als bereichernd für die Gesellschaft und deren kulturelle Vielfalt ansieht (Lamers 2018).

Einen Schwerpunkt setzt die UN-BRK mit der Forderung einer gleichberechtigten Teilnahme an Erholungs-, Freizeit- und Sportaktivitäten, um sicherzustellen, dass Menschen mit Behinderungen die Möglichkeit haben, behinderungsspezifische Sport- und Erholungsaktivitäten zu organisieren, zu entwickeln und an solchen teilzunehmen. Dazu müssen sie Zugang zu Sport- und Erholungsstätten haben und entsprechende Dienste in Anspruch nehmen können (Art. 30, Abs. 2). Selbstbestimmt die Freizeit zu gestalten heißt auch, gesellig beisammen zu sein, sich in der Familie und im Freundeskreis zu treffen:

> »Freizeit gilt als gute Gelegenheit für ungezwungene soziale Begegnung, da dort oft durch Bildungs- und Berufszusammenhänge vorgeformte soziale Binnenstrukturen durchlässiger sind. Neben Regeneration werden daher auch Chancen auf Vernetzung und Teilhabe gefördert« (Wacker 2014, S. 51).

5.9 Teilhabe am kulturellen Leben, an Erholung, Freizeit und Sport

Um Inklusion und Partizipation im kulturellen Leben, in Freizeit und Sport zu realisieren, sind nicht nur Barrierefreiheit und persönlicher Mobilität wichtig, sondern die Unterstützung in Form persönlicher Assistenzen und materieller Erleichterungen (Markowetz 2022). Doch über die Frage, wann und für wen hier Assistenzleistungen geleistet werden, herrscht nicht immer Einvernehmen, auch wenn diese Leistungen im § 78 Abs. 1 SGB IX verankert sind.

Konzepte zum Thema Freizeit und Erkundungen der Freizeitbedürfnisse von Menschen mit und ohne Beeinträchtigungen greifen meist auf den Freizeitbegriff von Opaschowski zurück, der darauf abzielt, »die Spaltung der menschlichen Existenz in Arbeit und Freizeit tendenziell aufzuheben und zu einem ganzheitlichen Lebenskonzept zurückzufinden« (Opaschowski 1994, S. 943). Sein Drei-Zeiten-Modell, das je nach Individualität und aktueller Lebensphase der Person unterschiedliche Prioritätssetzungen aufweist, differenziert in: die Determinationszeit: hiermit ist die diktierte, festgesetzte Zeit gemeint, die von äußeren Zwängen bestimmt wird (Ausbildung, Arbeit usw.) und kaum Handlungsspielraum lässt; die Obligationszeit: darunter ist die gebundene, verbindliche Zeit zu verstehen, die für zweckbestimmte Tätigkeiten benötigt wird (Kochen, Essen, Waschen, Schlafen) und relativ flexibel gehandhabt werden kann; die Dispositionszeit: gemeint ist freie Zeit, die für subjektiv bedeutsame Aktivitäten (Urlaub, Sport, Hobby, Erholung, Kreativität) genutzt werden kann (Opaschowski 2008).

Im Teilhabebericht der Bundesregierung (BMAS 2022) wird dem *Lebensbereich Freizeit* ein hoher Stellenwert für die Persönlichkeitsentwicklung beigemessen, und zwar erstmals gleichwertig mit den Bereichen Arbeit, Wohnen und Bildung. Doch die Bilanz ist ernüchternd: Gewünschte Aktivitäten können Personen mit Behinderung nicht oder nur mit Schwierigkeiten realisieren, weil Veranstaltungsorte nicht barrierefrei erreichbar sind, Informationen über Freizeitangebote fehlen, die Mittel für Konzerte, Theater, Sportveranstaltungen, Urlaubsreisen usw. nicht ausreichen. So werden oft die Kosten für die Begleitperson nicht bewilligt, obwohl im Alltag der Assistenzbedarf anerkannt und dringend erforderlich ist (BMAS 2022). Das Resultat: »Der Anteil derjenigen, die (sehr) unzufrieden mit ihrer Freizeit sind, ist besonders hoch bei Menschen mit Beeinträchtigungen im Alter von 18–49 Jahren« (ebd., S. 631); sie fühlen sich isoliert und verbringen ihre Freizeit häufiger allein als Menschen ohne Beeinträchtigungen.

Andererseits sind positive Entwicklungen in Richtung Inklusion und Partizipation in der Kunst- und Kulturszene zu verzeichnen: Künstlerinnen und Künstler mit zugeschriebener Behinderung treten an die Öffentlichkeit und erreichen ein breites Publikum, regional, national und international gibt es heute zahlreiche inklusive Theater-, Musik-, Tanz-, Literatur- und Kulturinitiativen, bei denen Menschen mit und ohne Behinderungserfahrungen gemeinsam auf der Bühne stehen bzw. eine wichtige Rolle spielen:

> »Kunst fungiert mittlerweile als ein Medium der Entgrenzung und kann eine Brückenfunktion wahrnehmen zwischen den Erlebniswelten von Menschen mit sehr unterschiedlichen Biografien und Lebenserfahrungen« (Poppe & Schuppener 2015).

Die dialogische Dimension der Kunst macht es möglich, nachhaltige Wirkungen der Anerkennung und der Selbstwirksamkeit zu erzeugen, sowohl bei den Kunstschaffenden als auch bei den Kunstrezipierenden.

Auch im Sport hat es einen Wandel in der Wahrnehmung der Kompetenzen von Athletinnen und Athleten mit Beeinträchtigungen gegeben, vor allem im Spitzensport, den die Medien zum Anlass genommen haben, intensiver und wertschätzender über die Special Olympics und die Paralympics zu berichten. Im Breitensport gibt es vielfache Initiativen, in den Vereinen inklusive Sportgruppen in den verschiedenen Sportarten und Altersgruppen anzubieten, die entsprechende Infrastruktur dafür zu schaffen und diese Prozesse auch wissenschaftlich zu begleiten (Greve 2016). Dabei zeigt sich, dass traditionelle Vereinsstrukturen und -kulturen nicht immer offen sind für inklusive und partizipative Impulse und zu Irritationen bzw. Ambivalenzen im Selbstverständnis führen (Seitz et al. 2016). Oft wird Barrierefreiheit für mobilitätseingeschränkte Personen als Zielsetzung und nicht als gebotene Voraussetzung dafür verstanden, dass Menschen mit Behinderungen »ermutigt und befähigt werden, in der allgemein üblichen Weise an breitensportlichen Aktivitäten selbstbestimmt zu partizipieren« (Kiuppis & Hensel 2019, S. 269).

Im Folgenden werden einige inklusive und partizipative Erfahrungen in den Bereichen der Kunst, der Freizeit und des Sportes aufgeführt. Ausgewählt und skizziert werden nur Projekte, die über einen längeren Zeitraum bestehen und nicht nur einmal oder kurzfristig das Gebot der UN-BRK bezüglich der Teilhabe am kulturellen Leben, an Erholung, Freizeit und Sport umsetzen.

5.9.1 Beispiel 1: Inklusive Theatergruppen

Das Theater *Thikwa* aus Berlin gilt als Deutschlands berühmtestes Theater, in dem Künstler*innen mit und ohne Beeinträchtigung gemeinsam Performances, Tanz-, Text- und Musiktheater auf die Bühnen bringen, und zwar sowohl in ihrer eigenen Spielstätte als auch bei Gastspielen weltweit. Zum Ensemble gehören ca. 40 feste Mitglieder, die mit Künstler*innen der freien Szene kooperieren. In den 1990er Jahren gegründet, greifen die Künstler*innen Themen auf, die sich um Kommunikation, Körperbilder, Lebensentwürfe und Utopien drehen und poetisch und eigenwillig in Szene gesetzt werden.

> »Thikwa arbeitet in besonderem Maße mit der persönlichen Eigenart seiner Performer*innen und sucht neue Ausdrucksformen jenseits festgefügter Genre-Grenzen. Dabei kooperiert es kontinuierlich mit externen Künstler*innen der Freien Szene« (Theater Thikwa 2023).

Weitere Theatergruppen wie das *Theater RambaZamba* sind konzeptionell anders aufgestellt, aber nicht weniger erfolgreich: Die Gruppe wurde ebenfalls in den 1990er Jahren in Berlin gegründet, der Spielplan enthält klassische und moderne Stücke, die Schauspieler*innen werden kontinuierlich ausgebildet, bisweilen arbeiten namhafte Kolleg*innen aus dem Schauspiel sowie professionelle Tänzer*innen und Musiker*innen mit dem Ensemble zusammen. Das *Theater der Begegnung* in Dresden ist ein Forumtheater, bei dem das Theaterspiel dazu dient, eigene Erfahrungen sowie Konflikte im sozialen Miteinander zur Darstellung zu bringen. Das

Theater *Tempus fugit* in Lörrach entstand 1995 aus einem Schultheater und gibt aktuell einem professionellen Ensemble von ca. 30 Personen und weiteren Gruppen mit ca. 150 aktiven Schauspieler*Innen und Musiker*Innen die Basis für ihre Arbeit an unterschiedlichen Stücken. Menschen mit und ohne Beeinträchtigung gestalten die Theaterarbeit auf und hinter der Bühne unabhängig von Alter, Herkunft, Schulform, Bildung, sozialer, religiöser und kultureller Zugehörigkeit. *Tempus fugit* arbeitet außerdem mit Schulklassen zusammen und bietet Projekte zur Gewalt- und Suchtprävention oder zur Sprachförderung an, um die inklusive Kulturarbeit zu stärken (Tempus fugit 2022).

5.9.2 Beispiel 2: Die Band *Station 17*

Die Band *Station 17* wurde von pädagogischen Fachkräften und Bewohnern der Wohngruppe 17 der Stiftung Alsterdorf in Hamburg gegründet, ein erstes Album entstand 1990. Mehrere Live-Auftritte machten die Band in der Republik bekannt, zahlreiche Presseorgane berichteten über das Projekt, Tourneen innerhalb und außerhalb Deutschlands folgten ebenso wie zahlreiche Veränderungen in der Besetzung der Gruppe. Heute fragen sich die Bandmitglieder, ob sie sich mit der öffentlichen Wahrnehmung und Beurteilung ihrer Musik noch identifizieren können und wollen, wenn der Fokus der Berichterstattung meist auf den Status der zugeschriebenen Behinderung einiger Bandmitglieder gerichtet ist. Von Inklusion und Partizipation im Sinne einer selbstverständlichen gemeinsamen kulturellen Teilhabe sei ihre Situation noch weit entfernt (Tiedeken 2018).

5.9.3 Beispiel 3: Magazin Ohrenkuss

Ohrenkuss ist ein Print-Magazin, das 1998 von Katja de Bragança und einigen Menschen mit Trisomie 21/Down-Syndrom gegründet wurde. Alle Texte im Magazin sind von Menschen mit Down-Syndrom geschrieben. Gegenwärtig gehören 10–15 Menschen mit Down-Syndrom zum engeren Kreis des Ohrenkuss-Teams. Sie treffen sich regelmäßig zu Sitzungen in der Redaktion in Bonn. Dazu kommen ca. 50 Korrespondent*innen, die daheim schreiben und ihre Texte per E-Mail an die Redaktion schicken. Jedes Heft hat ein Schwerpunkt-Thema, über zahlreiche Themen haben die Autoren und Autorinnen schon geschrieben: Über Mode, Wunder, Natur, den Anfang der Welt, Ozeane, Mütter, Väter, Geschwister, Humor, Superkräfte, Abenteuer Liebe und über die Mongolei (da sie häufig mit dem Begriff mongoloid konfrontiert werden). Die Texte der Autor*innen werden nicht korrigiert oder zensiert, sie kommen so ins Heft, wie sie geschrieben wurden. Ohrenkuss ist werbefrei und finanziert sich über Abos, Heftverkäufe, Lesungen und Spenden (Ohrenkuss 2022).

5.9.4 Beispiel 4: Inklusion im Sport – das Projekt ›Baskin‹

Für den Bereich des Sports sieht die UN-BRK vor, dass nicht nur der Zugang von Menschen mit Beeinträchtigungen zu Sportstätten und die Möglichkeit ihrer Teilnahme an sportlichen Aktivitäten anzustreben bzw. zu realisieren sei; vielmehr geht es um die gleichberechtigte und selbstbestimmte Teilhabe an breitensportlichen und sportverbandlichen Aktivitäten auf allen Ebenen, außerdem um die Partizipation bei der Gestaltung von inklusiven Sportangeboten (Kiuppis & Kurzke-Maasmeier 2012). Ein Beispiel dafür ist das Projekt *Baskin:* Es handelt sich dabei um eine innovative Sportart mit dem Ziel, eine Aktivität zu schaffen, an der alle teilhaben können und so ausgelastet sind, wie sie es selbst wollen (Kiuppis & Hensel 2019). Anders als beim herkömmlichen Basketball wird *Baskin* nicht auf zwei, sondern auf sechs Körbe mit modifizierten Regeln und unterschiedlichen Funktionsniveaus gespielt. Bei anderen inklusiven Sportarten sind es die Teilnehmenden, die sich an die Regeln und bestehenden Strukturen anpassen müssen. *Baskin* ist so konzipiert, dass sich das Spiel an die Vielfalt der teilnehmenden Personen anpasst. »Vermeintlich paradox ist dabei das Spannungsfeld, das sich zwischen dem Inklusionsanspruch und dem Wettkampfcharakter von Baskin ergibt« (ebd., S. 267). Die Idee hat in Italien, Frankreich, Griechenland, Luxemburg, Spanien bzw. Katalonien zu Gründungen von *Baskin*-Teams geführt.

5.9.5 Beispiel 5: Projekt *Wheelmap*

Auf Initiative von Raul Krauthausen, Aktivist für Inklusion und Barrierefreiheit, entstand vor einigen Jahren das Projekt *Wheelmap*, das darauf abzielt, rollstuhlgerechte Orte zu finden, zu markieren und zu bewerten, z. B. Cafés, Bars und Restaurants, Sportstätten und Schwimmbäder, Bibliotheken und weitere öffentlich zugängliche Orte. Die Wheelmap ist online nutzbar und wird – unterstützt durch Freiwillige, Initiativen, Gruppen und Selbsthilfe-Organisationen – ständig erweitert; inzwischen ist sie international angelegt und in mehr als 30 Sprachen verfügbar, als kostenlose App fürs iPhone und fürs Android-Phone. Das Projekt wurde vielfach national und international ausgezeichnet, dennoch gibt es keine gesicherte Finanzierung; der Verein *Sozialhelden e. V.* ist für die Pflege und Wartung der *Wheelmap* auf Unterstützung angewiesen, damit das Konzept dauerhaft und nachhaltig bestehen kann. Initiator Raul Krauthausen ist optimistisch, dass das gelingt, sein Motto lautet: »Auch Nicht-Behinderte haben ein Recht darauf, mit behinderten Menschen zusammen zu leben!«

Im Bereich der Kultur, der Freizeit, Erholung und des Sports gibt es zweifellos gute Möglichkeiten der Begegnung und Entfaltung, um gesellschaftliche Teilhabe praktisch umzusetzen, Einstellungen zu verändern und Barrieren abzubauen:

> »Inklusion in allen Freizeitbereichen könnte Identitäten stiften statt zu beschädigen, die soziale Kohäsion befördern und das Verlangen nach Schonräumen und speziellen Freizeittrefugien überflüssig machen« (Markowetz 2022, S. 480).

Im Bereich der Ausbildung und Professionalisierung von Menschen mit Beeinträchtigungen als Kulturschaffende ist die Situation allerdings nicht zufriedenstellend: Trotz der Vorgaben der UN-BRK ist es für sie besonders schwer, eine künstlerische Ausbildung und Qualifizierung zu erhalten und auf dem ersten Arbeitsmarkt ein ihren Kompetenzen entsprechendes berufliches Engagement zu erhalten. Für pädagogische Fachkräfte hingegen eröffnet sich im Bereich der kulturellen Teilhabe ein weites Feld an beruflichen Möglichkeiten: Gemeinsam mit Menschen mit Beeinträchtigungen können sie kreative Projekte entwickeln und umsetzen: das Theater, die Musik, die Bildende Kunst, der Sport, das Reisen bieten dazu vielfältige Möglichkeiten. In der Beratung und in der Freizeitassistenz sollten sie die Angebote vor Ort kennen, bei der Auswahl von Freizeitaktivitäten unterstützen, Hilfen und Dienste organisieren und entsprechende Sach- und Sozialkompetenzen aufweisen, um auch bei bestehenden Behinderungserschwernissen die Bedingungen für genussvolle Freizeiterlebnisse zu gestalten. Dies kann bereits im Studium erfolgen: Nicht nur die Praxis, sondern auch die Forschung benötigt neue Impulse und gute Ideen, um die Anforderungen der UN-BRK zu erfüllen und Wege der kulturellen Teilhabe für alle von bestehenden Barrieren zu befreien.

Kapitel 6: Begleitung von Menschen mit spezifischem Unterstützungsbedarf

6.1 Begleitung von Menschen im Autismus-Spektrum

Die Beratung und Begleitung von Kindern, Jugendlichen und Erwachsenen im Autismus-Spektrum ist eine interdisziplinäre Aufgabe, die neben medizinisch-psychiatrischen und psychologischen auch heilpädagogische Kompetenzen erfordert. In der Frühförderung ist die Heilpädagogik gefragt, wenn es gilt, Anzeichen für mögliche autistische Besonderheiten bei Kindern unter drei Jahren zu erkennen und die Eltern über diagnostische, pädagogische oder therapeutische Hilfen zu informieren. In Kindertagesstätten sind die Alltagssituationen für die betreffenden Kinder gut zu strukturieren, auf ihre Besonderheiten in der Kommunikation, im Spielverhalten oder in Bezug auf ihre spezifischen Wahrnehmungen zu achten sowie die Kenntnisse über Autismus-Spektrum-Störungen an das Fachpersonal weiterzugeben. In Sozialpädiatrischen Zentren (SPZ) oder in kinder- und jugendpsychiatrischen Praxen stehen Aspekte der Diagnostik autistischer und anderer Entwicklungsstörungen sowie die Klärung psychiatrischer, psychotherapeutischer und heilpädagogischer Hilfen im Vordergrund, während in den Autismus-Therapie-Zentren (ATZ) umfassend mit Kindern aus dem Autismus-Spektrum und ihren Familien gearbeitet wird. In Schulen wiederum ist über die Schulbegleitung sicherzustellen, dass die Kinder ihre Teilhabe an schulischer Bildung in einem verständnisvollen Setting erhalten. In der Berufsfindung und im Berufsleben können Beratungen über Unterstützungsformen und Job-Coachings gefragt sein. Auch die Gestaltung eines selbstbestimmten Lebens in den Bereichen des Wohnens und der Freizeitgestaltung kann heilpädagogische Assistenzleistungen erfordern.

Häufig beginnen die Ausführungen zum Thema Autismus mit defizitorientierten Auflistungen der Besonderheiten der betroffenen Menschen. Bevor hier grundlegende und methodische Aspekte in Bezug auf die unterschiedlichen heilpädagogischen Arbeitsfelder in der Autismus-Begleitung angesprochen werden, seien einige Stärken dieser Menschen genannt: Kinder, Jugendliche und Erwachsene mit diagnostiziertem Autismus können häufig Objekte und Situationen in ihren kleinsten Details erfassen, besitzen oft enorme Gedächtnisspeicher und verarbeiten Informationen sehr systematisch; sie zeigen vielfach ein hohes Maß an Verantwortung und Zuverlässigkeit, Offenheit und Ehrlichkeit und neigen nicht zu strategischem oder manipulativem Verhalten, im Gegenteil: sie haben ein Bewusstsein für Gerechtigkeit und entwickeln nicht selten kreative Lösungen, auf die neurotypische

Menschen vielleicht nicht gekommen wären. Das heißt nicht, dass alle Menschen im Autismus-Spektrum mit Sonderbegabungen ausgestattet und in gleicher Weise sensibel sind; sie sind unterschiedlich, und der Satz, der inzwischen auf jeder Autismus-Tagung oder -Fortbildung zu hören ist, soll auch hier nicht fehlen: Kennst Du einen Autisten, kennst Du *einen* Autisten, kennst Du eine Autistin, kennst Du *eine* Autistin.

Mit den Bezeichnungen ist es allerdings gar nicht so leicht: Nach der Ablösung von ICD-10 und DSM-IV (siehe unten) ist in den neuen Klassifikationssystemen nun von der »Autismus-Spektrum-Störung« die Rede. Das ist diskussionswürdig, denn Menschen im Autismus-Spektrum sind nicht unbedingt »gestört« und man kann ihre »Störung« auch nicht – wie eine technische Panne – rasch beheben (Riedel & Clausen 2020, S. 33). Der Autismus gehört zu ihnen, er war immer da und wird immer da sein. Es gibt, anders als bei einem Bandscheibenvorfall, »keine Zeit vor der Störung oder nach der Störung bzw. ohne Störung« (Vogeley 2020, S. 10). Betroffene plädieren dafür, sie als Autisten oder als autistische Menschen zu bezeichnen oder eben auch als »Asperger« – viele von ihnen bedauern, dass diese Kategorie im DSM-5 gestrichen und ihnen damit ein Stück Identität genommen wurde, schließlich nennt sich ihre Selbsthilfeorganisation bewusst »Aspies e.V.« (Döhle 2015). In diesem Abschnitt werden die Bezeichnungen »Menschen im Autismus-Spektrum«, »autistische Menschen« oder auch »Autistinnen und Autisten« verwendet und der Begriff »Störung« vermieden. Autismus hat neben den erwähnten Ressourcen viele Aspekte einer Beeinträchtigung; sozialrechtlich gesehen lässt sich der Begriff »Behinderung« nicht umgehen, solange die notwendigen Beratungen, Begleitungen und Therapien nur aufgrund einer entsprechenden Diagnose gewährt werden.

Es gibt trotz umfangreicher Forschung bislang noch kein Erklärungsmodell, das vollständig und schlüssig die Entstehungsursachen von Autismus belegen kann. Unstrittig ist, dass Autismus in seinen vielfältigen Formen weitgehend genetisch bedingt ist, in seinen sozialen und emotionalen Dimensionen aber bei entsprechender Begleitung und Therapie deutlich abgeschwächt werden kann. Unter den zahlreichen Ansätzen, Autismus in seinem Kern zu beschreiben oder gar kausal zu erklären, sollen hier vier knapp vorgestellt werden:

Theory of Mind: Die Theory of Mind (ToM) umfasst verschiedene geistige Konzepte, die es uns ermöglichen, sowohl das eigene als auch das Handeln anderer Menschen zu verstehen, einzuordnen und vorhersagen zu können. Hierzu gehört die Fähigkeit, sich gedanklich in die Perspektive anderer Menschen hineinzuversetzen und deren Perspektive im eigenen kommunikativen Handeln zu berücksichtigen. Viele autistische Menschen haben wenig Zugang zu der inneren Welt ihres Gegenübers und können nur schwer die Intentionen und Gedanken des anderen erfassen. Das heißt nicht zwangsläufig, dass es ihnen an Empathie, an emotionalem Mitfühlen fehlt; es ist mehr das denkende Erfassen mentaler Zustände, das ihnen Schwierigkeiten bereitet.

Zentrale Kohärenz: Damit ist das kognitive Bestreben gemeint, Teilinformationen zu einem sinnvollen Ganzen zu verknüpfen, also Einzelheiten im Bezugskontext wahrzunehmen und zu verarbeiten. Zentrale Kohärenz ist die Informationsverarbeitung im Sinne einer Integrationsleistung. Menschen im Autismus-Spektrum nehmen oft Detailinformationen wahr, ohne einen Gesamtzusammenhang herzustellen. Die Theorie der schwachen zentralen Kohärenz zeigt gleichzeitig Chancen und Grenzen autistischer Menschen auf: Bei Aufgaben, die Detailtreue und Detailaufmerksamkeit erfordern, weisen sie besondere Fähigkeiten auf, während die Verknüpfung unterschiedlicher Sinnesebenen zu einer Ganzheit der Wahrnehmung schwerfällt.

Exekutive Funktionen: Als exekutive Funktionen gelten kognitive Prozesse, die Planung und Kontrolle von Handlungen betreffen. Es geht um die Fähigkeit, geeignete Strategien der Problemlösung für das Erreichen eines zukünftigen Ziels zu entwickeln. Das Ziel muss gedanklich repräsentiert, die Reihenfolge der verschiedenen Handlungen geplant und Ablenkungen unterdrückt werden. Autistischen Menschen fällt es – nach diesem Ansatz – schwer, innere und äußere Prozesse zu planen, zu organisieren und zu priorisieren und dafür andere Impulse zu unterdrücken. Weil die Handlungsplanung erschwert ist und unstrukturiertes Handeln zu Stress führt, gelangen die Betroffenen mitunter nicht an das Ziel.

Intense World Theory: Entsprechend dieser Theorie besitzen autistische Personen eine besondere Empfindsamkeit, eine überdurchschnittliche Wahrnehmung, eine erhöhte Aufmerksamkeit und ein außerordentliches Erinnerungsvermögen. Ihre Umwelt nehmen sie sehr intensiv wahr, hören z. B. das Summen des Beamers im Hörsaal so laut, dass sie sich auf das gesprochene Wort nur schwer konzentrieren können, oder riechen das Deo des Sitznachbarn so stark, dass sie eigentlich den Platz wechseln müssten.

6.1.1 Zur Autismus-Diagnostik

Die Diagnostik im Bereich Autismus-Spektrum ist eine ärztliche Aufgabe – verantwortlich sind also immer Kinder- und Jugendpsychiater*innen. Sie fügen Erkenntnisse aus den Bereichen der medizinisch-psychiatrischen, neuropsychologischen und psychosozialen Diagnostik zusammen. Dennoch sollten auch Heilpädagog*innen diagnostische Kompetenzen in diesem Bereich besitzen und in Kooperation mit den anderen Fachkräften einsetzen. Notwendig ist es, die Diagnostik im interdisziplinären Team unter Anwendung zugelassener Interview- und Beobachtungsverfahren vorzunehmen, um Stärken und Schwächen zu ermitteln. Hilfreich sind auch Beobachtungen des Spielverhaltens, der Motorik, der Situationen von Über- oder Unterforderung und der Interaktion in Einzel- und Gruppenkontakten. Auch in Anamnese- und Beratungsgesprächen mit Eltern kann die heilpädagogische Expertise gefragt sein.

Gegenwärtig befindet sich die Diagnostik der Autismus-Spektrum-Störung in einem Wandel: Galten über viele Jahre die Vorgaben des ICD-10 und des DSM-IV als unumstößlich, so liegt mit dem DSM-5 eine Abkehr vom kategorialen zum dimensionalen Ansatz vor, den auch das ICD-11 übernimmt: Es ist der erste Versuch, ein psychiatrisches Störungsbild dimensional darzustellen. Bislang wurden unter dem Begriff der »tiefgreifenden Entwicklungsstörungen« die Formen des »Frühkindlichen Autismus«, des »Atypischen Autismus« und des »Asperger-Syndroms«

genannt (ergänzt um das »Rett-Syndrom« und um »andere desintegrative Störung des Kindesalters«).

Autismus nach ICD-10 zu diagnostizieren bedeutete, die drei Kernkriterien zu betrachten: a) Beeinträchtigungen der sozialen Interaktion, b) Beeinträchtigungen der Kommunikation und c) repetitive und stereotype Verhaltensweisen und Interessen. Zu den Beeinträchtigungen der sozialen Interaktion zählten die unangemessene Einschätzung sozialer und emotionaler Signale und ein geringer Gebrauch sozialer Signale. Beeinträchtigungen der Kommunikation wurden beispielsweise gesehen in einer fehlenden Gegenseitigkeit im Gesprächsaustausch und einer fehlenden Reaktion auf den eigenen Namen, einer geringen Flexibilität im Sprachausdruck, einem Mangel an emotionaler Resonanz auf verbale und nonverbale Ansprache und einem Mangel an Sprachmelodie und Sprachmodulation. Zu den repetitiven und stereotypen Verhaltensweisen zählte man z. B. die Beschäftigung mit Daten, Fahrtrouten, Fahrplänen sowie die spezifischen Interessen an Teilobjekten. Beim Asperger-Syndrom kamen z. B. noch motorische Stereotypien und auffallende Bewegungsmuster hinzu, während beim Frühkindlichen Autismus allgemeine und kognitive Entwicklungsverzögerungen sowie ein auffälliger Sprachrückstand gegeben sein mussten.

Im DSM-5 wurde der kategoriale Ansatz mit seinen unterschiedlichen Autismus-Formen abgelöst durch einen dimensionalen Ansatz, der alle Varianten unter dem Begriff der Autismus-Spektrum-Störung vereint. Begründet wurde die Veränderung damit, dass sich die Unterscheidung zwischen Frühkindlichem Autismus, Asperger-Syndrom und atypischem Autismus wissenschaftlich nicht mehr halten lässt. An die Stelle der kategorialen Einteilung tritt nun die dimensionale Struktur, die Autismus-Spektrum-Störungen als eine Bandbreite mit Unterschieden im funktionalen Niveau begreift. Auf der ersten Ebene (A-Kriterium) werden Defizite in sozialer Kommunikation und Interaktion untersucht, auf der zweiten Ebene (B-Kriterium) geht es um restriktive, repetitive Verhaltens-, Interessen- und Aktivitätsmuster (wie stereotype und repetitive motorische und sprachliche Auffälligkeiten, starres Festhalten an Routinen und heftiger Widerstand gegen Veränderungen). Neu ist die eingehende Betrachtung der Wahrnehmungsbesonderheiten bzw. der auffälligen Reaktivität hinsichtlich sensorischer Reize. Auf der dritten Ebene (C-Kriterium) muss geklärt werden, ob die Symptome bereits in der frühen Kindheit begannen. Hier wird nun darauf hingewiesen, dass manche Symptome erst dann auffallen, wenn soziale Anforderungen steigen und die Einschränkungen nicht mehr ausreichend kompensiert werden können.

Ergänzend zu DSM-5 und ICD-11 wird es zunehmend wichtig, eine Diagnostik anhand von ICF-Kriterien vorzunehmen. Die Beantragung von Fördermaßnahmen der Eingliederungshilfe (auf der Basis des Bundesteilhabegesetzes BTHG) macht eine Ermittlung des Bedarfs nach 118 SGB IX notwendig. Das Vorgehen orientiert sich am bio-psycho-sozialen Modell der Internationalen Klassifikation der Funktionsfähigkeit, Behinderung und Gesundheit (ICF) (Seidel et al. 2021).

6.1.2 Heilpädagogische Arbeitsfelder im Kontext von Autismus

Heilpädagogische Fachkräfte, die mit autistischen Kindern arbeiten, beobachten die vielfältigen Besonderheiten wie ausgeprägte Abwehrhaltungen gegen Veränderungen, die Bevorzugung der gleichen Wege, des gleichen Essens, der gleichen Tagesabläufe. Unangekündigte Veränderungen verursachen starken Stress, der oft mit motorischen Stereotypien, beispielsweise dem Schaukeln mit dem Oberkörper, dem Flattern mit den Händen oder dem Um-sich-Keisen beantwortet wird. Es fallen auch Überempfindlichkeiten gegenüber Geräuschen, Licht und Berührungen und das konzentrierte Fokussieren auf gewisse Details auf, die dazu führen, dass weitere Anforderungen aus dem Blick geraten.

In der Frühförderung ist die Diagnostik aufgrund der unterschiedlichen Entwicklungsverläufe der Kinder noch unsicher. Zu beachten sind: das Spielverhalten, die Verarbeitung sensorischer Reize, die Interaktionsgestaltung und die Sprachentwicklung. Dazu können Konzepte wie PECS (Picture Exchange Communication System) und Formen der unterstützten Kommunikation eingesetzt werden. Auch Beobachtungen zur »Joint Attention«, also zur geteilten Aufmerksamkeit sind hier wichtig: Ab dem 9. Lebensmonat entwickeln neurotypische Kinder das Bewusstsein, gezielte Aufmerksamkeit mit einem Kommunikationspartner zu teilen. Mit Blickkontakt und Zeigegesten bemühen sie sich, die Aufmerksamkeit ihrer Mitmenschen zu erlangen und aufrecht zu erhalten. »Joint Attention« umfasst äußerlich erkennbare Fertigkeiten wie den triangulären Blickkontakt, das Verständnis und den Einsatz der Zeigegesten.

In der Kita rücken Aspekte der Sprachentwicklung, Formen und Regeln des gemeinsamen Spiels sowie motorische und soziale Kompetenzen ins Blickfeld. Manche Kinder fallen dadurch auf, dass sie nur schwer erreichbar erscheinen, wenig Kontakt zu Gleichaltrigen aufnehmen und sich oft allein beschäftigen (Schuster & Schuster 2021). Sie scheinen ohne sichere Bindung zu sein, was ihr Erregungsniveau ständig erhöht. Den pädagogischen Fachkräften gegenüber zeigen sie entweder eine geringe oder eine sehr starke Anhänglichkeit (Rollett & Kastner-Koller 2018). Heilpädagog*innen tauschen sich mit anderen Fachkräften über ihre Wahrnehmungen bezüglich der Kinder aus, informieren über spezifische Wahrnehmungsbesonderheiten autistischer Kinder, gestalten überschaubare Strukturen bezüglich der Räume, der Aktivitäten, der Zeiten und Abläufe. Sie beachten, dass reizarme Räumlichkeiten vorhanden sind, bieten Möglichkeiten der Entspannung an und arbeiten mit den Eltern (als den Experten ihres Kindes) zusammen. Gefragt ist die Kompetenz, die individuellen Kontaktsignale autistischer Kinder zu erfassen, angemessen zu beantworten und mögliche Kontaktbarrieren abzubauen. Wichtig ist auch, autistische Kinder vor Situationen der Überforderung zu schützen, wenn sich herausstellt, dass z. B. Gruppenregeln (verpflichtende Teilnahme am Morgenkreis o. ä.) für einzelne Kinder (noch) nicht einzuhalten sind.

Im Bereich der Schulen sind autistische Kinder und Jugendliche oft überfordert, die Interaktionen richtig einzuschätzen und den Umgang mit Mitschüler*innen und Lehrkräften sicher zu gestalten. Sie können sich nicht auf ihre Intuition verlassen, die Flut an Informationen, die Veränderungen im Stundenplan oder in der Raumplanung überfordern sie. Sie benötigen klare Strukturierungen in den Aufgaben und den Zeitvorgaben, Ruhepausen sowie wiederkehrende Abläufe und Rituale. Damit ihre Teilhabe gesichert ist, sollten ihnen kompetente Schulbegleiter*innen zur Seite stehen. Heilpädagog*innen mit entsprechender Expertise sind dafür geeignet, wenn sie dem Kind oder Jugendlichen dabei helfen, Aufgaben planvoll anzugehen, Prioritäten zu setzen, Unwichtiges auszublenden.

Die heilpädagogische und interdisziplinäre Arbeit in einem Autismus-Zentrum, einem Autismus-Therapie-Zentrum oder einer Heilpädagogischen Praxis mit Schwerpunkt Autismus geschieht in der Regel auf der Basis spezifischer Fortbildungen, die intern im AZ/ATZ oder auch extern (z. B. von der EAH, AUTEA oder Autismus Deutschland e.V.) angeboten werden. Notwendig sind in diesem Feld gute Kenntnisse in Diagnostik und Beratung sowie Erfahrungen in der Anwendung von Kompetenztrainings für die betroffenen Kinder und Jugendliche, ihre Geschwister und ihre Eltern. Zu den bekanntesten Programmen zählen:

1. *TEACCH:* ist ein heilpädagogisch/verhaltenstherapeutisches Förderprogramm mit den Schwerpunkten: Strukturieren und Visualisieren von Zeit und Raum, Strukturierung von Tätigkeit und Material, Kontrolle störender Außeneinflüsse.
2. *SoKo Autismus:* Förderung sozialer Kompetenz, ein gruppenpädagogisches Angebot zur Förderung von sozialkommunikativen Fähigkeiten, keine modularisiertes Therapie-Programm, sondern eine Sammlung von Vorschlägen mit einer Vielzahl von Ideen, Anregungen, Strukturierungshilfen und Spielen für Kinder, Jugendliche und Erwachsene.
3. *ABA (applied behavior analysis)* ist ein verhaltenstherapeutisches Frühförderprogramm, das auf das Erlernen funktionaler Verhaltensweisen, auf strikte Lerneinheiten und auf die genaue Analyse unerwünschten Verhaltens fokussiert. Es bezieht Eltern mit ein, wird für die Arbeit mit Kindern mit frühkindlichem Autismus vorgeschlagen und von Fachkräften oft kritisch bewertet, weil es wie eine »Dressur« erscheint.
4. *Social Stories:* Darunter versteht man kurze Lerngeschichten bzw. Anleitungen für die Gestaltung von Alltagssituationen. Sie können als Antwort auf eine – für Menschen aus dem Autismus-Spektrum schwer verständliche – Begegnung geschrieben werden und dazu dienen, soziales Wissen zu vermitteln. In knapper Form erläutern sie z. B. implizite Regeln des Small Talks, des Einkaufs oder der Übergabe eines Geschenkes bei einer Geburtstagsfeier. Die Stories können auch mithilfe von Strichmännchen, Sprech- und Gedankenblasen visualisiert und durch Symbole ergänzt werden.
5. *TASK:* Das Training Autismus-Sprache-Kommunikation ist ein Programm für Eltern und andere Bezugspersonen von Kindern mit einer Autismus-Spektrum-Störung im Alter zwischen 3 und 6 Jahren.
6. *TOMTASS:* Das Therapieprogramm »TOMTASS« (Theory of Mind Training bei Autismus-Spektrum-Störungen) ist ein modularisiertes Therapieprogramm, das eine Anleitung zur Durchführung von Gruppentherapien bietet. In Gruppenübungen, Gruppengesprächen, Rollenspielen und gemeinsamen Aktivitäten werden soziale Basiskompetenzen geschult.

7. *FASTER:* Die Freiburger Asperger-Spezifische Therapie für Erwachsene setzt eine ASS- Diagnostik voraus und bietet Menschen aus dem Spektrum die Möglichkeit, sich in einer Gruppe zu erleben, in Interaktion mit anderen zu treten, soziale und kommunikative Kompetenzen zu erweitern und die Unterschiede zwischen der autistischen Welt und der neurotypischen Welt besser zu verstehen.
8. *FAUT-E:* Das Frankfurter Autismus-Elterntraining richtet sich an Eltern von Kindern jeden Alters mit allen Diagnosen im Autismus-Spektrum. Es wird von verhaltenstherapeutisch geschulten Fachkräften angeboten und umfasst acht aufeinander aufbauende Schritte, die zur Wissensvermittlung und Beratung der Eltern dienen und ihnen Techniken für den Umgang mit ihren Kindern an die Hand geben.
9. *FETASS:* Das Freiburger Eltern-Training für Autismus-Spektrum-Störungen ist ein Manual für Fachkräfte und interessierte Eltern, das darauf abzielt, die Erziehungskompetenzen zu reflektieren und zu verbessern. Das Training besteht aus acht Sitzungen in einer Gruppe, die optimal aus 4–6 Elternpaaren mit Kindern zwischen 5 und 12 Jahren besteht.

Heilpädagogische Assistenz kann auch für erwachsene Menschen im Autismus-Spektrum hilfreich sein, z. B. im Studium: Da ein Hochschulstudium ein hohes Maß an Selbstorganisation verlangt, fühlen sich autistische Menschen im Studium oft überfordert. Eine Assistenz kann beraten, Kontakte mit der Hochschulverwaltung begleiten, Anträge zum Nachteilsausgleich stellen, bei der Strukturierung des Studienalltags und bei Klärung von Wohnungsfragen am Studienort hilfreich sein. Eine Ausbildung in einem Berufsbildungswerk bietet diverse Ausbildungen an, die auf die Fähigkeiten, aber auch auf die autistischen Bedürfnisse zugeschnitten sind. Studien zeigen allerdings auch, dass junge Menschen aus dem Autismus-Spektrum oft keinen Einstieg in das Erwerbsleben finden oder nur für kurze Zeit unter Aufbietung höchster Anstrengungen (Dalferth 2013; Riedel et al. 2015). Trotz guter Schulabschlüsse oder Studienabschlüsse gelingt es ihnen nicht, langfristig im Arbeitsleben ihren Platz zu finden; oder sie bekommen Tätigkeiten angeboten, die weit unter ihrem Ausbildungsniveau liegen. Wenn Arbeitgeber*innen und Kolleg*innen nicht auf die spezifischen Anforderungen autistischer Menschen vorbereitet sind und die soziale und therapeutische Unterstützung fehlt, werden mögliche Schwächen bei der Organisation und Priorisierung, in der sozialen Interaktion und in der Flexibilität zum Anlass genommen, Arbeitsverhältnisse zu beenden. Leider besteht an vielen Arbeitsplätzen ein (oft unausgesprochener) hoher Konformitätsdruck, das Wissen um Autismus ist gering und es existieren zu wenige spezifische Jobvermittlungsangebote für diese Personen.

6.2 Begleitung von Menschen mit komplexen Beeinträchtigungen

Ein anspruchsvolles Handlungsfeld der Heilpädagogik stellt die Bildung und Assistenz von Menschen mit komplexen Beeinträchtigungen und hohem Unterstützungsbedarf dar. Anders als bei singulären Behinderungen (des Sehens, des Hörens, der Motorik usw.) steht bei Menschen mit komplexen Beeinträchtigungen kein Leitsymptom im Vordergrund, sondern ihre sensorischen und motorischen, kognitiven und kommunikativen Beeinträchtigungen verknüpfen sich miteinander und verstärken sich bisweilen gegenseitig. Die betreffenden Menschen können sich nur mit Einschränkungen der Welt zuwenden, benötigen Unterstützung darin, das symbolische Denken auszubilden und ihre Möglichkeiten der Kommunikation zu erweitern. Sie sind auf konkrete Lernformen angewiesen und ständig dem Risiko ausgesetzt, von ihrem Gegenüber nicht verstanden zu werden und selbst nicht zu verstehen, was der Andere will. Wenn das Verstehen und Verstanden-Werden nicht gelingt, kann es zu Resignation, innerem Rückzug und Depressionen kommen, die oft nicht erkannt werden.

Menschen, die unter erschwerten Entwicklungsbedingungen leben, haben hohe Barrieren und Stigmatisierungen zu ertragen und werden im Diskurs um Inklusion und Partizipation oft vergessen. Das Recht auf gesellschaftliche Partizipation wird ihnen verwehrt, im Teilhabebericht der Bundesregierung, in den Plänen der Länder und Kommunen zur Umsetzung der UN-BRK in Frühförderung, KiTa, Schule, Beruflicher Bildung, Arbeit und Freizeit kommen sie oft nicht vor. Sie erhalten kaum Möglichkeiten, ihre Kompetenzen auszubilden und unterliegen dem Risiko, ungefragt in Sonderinstitutionen verbleiben zu müssen (Römisch 2020). Menschen mit komplexen Beeinträchtigungen gelten als »vulnerable Gruppe, deren Bedürfnisse nur schwer zu erfassen sind. Aufgrund möglicher kognitiver Beeinträchtigungen, häufiger kommunikativer Einschränkungen und ungewisser Selbsteinschätzung können diese Menschen mit hohem Assistenzbedarf ihre physischen und psychischen Beeinträchtigungen sowie ihre Bedürfnisse nur unzureichend zum Ausdruck bringen. Möglichkeiten der Mitbestimmung und der Selbstbestimmung werden ihnen oftmals nicht gewährt, weil sie als solche gar nicht erkannt werden« (Keeley 2018, S. 20).

Zur Begrifflichkeit: Für Menschen mit komplexen Beeinträchtigungen werden unterschiedliche Bezeichnungen verwendet, die manchmal wie ein »*Begriffschaos*« (Fröhlich & Simon 2008, S. 14) wirken: *Menschen mit schwerer geistiger Behinderung; Menschen mit schweren Behinderungen; Menschen mit mehrfachen Behinderungen; Menschen mit schwersten Beeinträchtigungen; Menschen mit umfassendem Unterstützungsbedarf; Menschen mit intensivem Förderbedarf; Menschen mit intensiven Behinderungserfahrungen; Menschen mit komplexen Beeinträchtigungen; Menschen mit komplexem Assistenzbedarf.* Die Bezeichnung *schwerst-mehrfach behindert* gilt nicht mehr als zeitgemäß, denn sie hat nur die Person selbst und nicht die sozialen Bedingungen der Lebenswelt im Blick (Wieczorek 2018). Daher wird heute eher von *Menschen mit hohem Assistenzbedarf* oder von *Menschen mit komplexen Beeinträchtigungen* gesprochen. *Komplex* meint dabei nicht die Eigenschaft der Person, sondern die existenziellen Bedingungen und Exklusionsgefahren dieser Personengruppe; anders formuliert: nicht die Schädigung der Person, sondern ihre Lebenswirklichkeit ist *komplex* bzw. *komplex beeinträchtigt* (Fornefeld 2008b). Von ca. 400.000 Personen mit einer so genannten geistigen Behinderung gelten 7% als schwer und – in dem skizzierten Sinne einer komplexen Beeinträchtigung – 1% als schwerstbehindert (Terfloth 2022, S. 266).

Zur Kommunikation: Da Menschen mit komplexen Beeinträchtigungen ihre Wahrnehmungen und Bedürfnisse nur erschwert zum Ausdruck bringen können, sind sie auf existenzielle Weise von der aufmerksamen Zuwendung ihres familiären und professionellen Gegenübers abhängig. Wenn das lautsprachliche Ausdrucksvermögen beeinträchtigt ist und ebenso die Fähigkeit, die Verbalsprache anderer zu verstehen, dann müssen Gesten, Laute, eine Blickrichtung oder eine Körperbewegung eingesetzt werden, um in einen Dialog zu treten. Wer die Signale – z.B. für das mögliche Unwohlsein oder die Schmerzen von Menschen mit komplexen Beeinträchtigungen – richtig deuten will, benötigt Sensibilität, Geduld und Erfahrung in der Wahrnehmung und Deutung der entsprechenden Signale. Nur wer sich auf ungewöhnliche Kommunikationsformen einlassen kann, wird einen tragfähigen Kontakt zu den Menschen mit komplexen Beeinträchtigungen herstellen können. Gerade bei motorischen Beeinträchtigungen und Sinneseinschränkungen, die mit kognitiven Beeinträchtigungen verbunden sind, ist das verfügbare Repertoire an vorsprachlichen Kommunikationsmöglichkeiten häufig begrenzt. Dann besteht die Notwendigkeit, das Wohlbehagen oder das Missfallen gegenüber einem Objekt, einer Situation oder einer Person an einer Veränderung der Atmung, einer Verfärbung der Haut, am Schwitzen oder dem Überstrecken bzw. der Zunahme von Zähneknirschen abzulesen (Bienstein & Sarimski 2011).

Während man lange Zeit davon ausging, dass diese Menschen nur in einem schwachen Austausch mit ihrer Umwelt stünden, ist heute offenkundig (und neuropsychologische Studien konnten dies nachweisen), dass Menschen mit komplexen Beeinträchtigungen die Welt um sie herum feinfühlig wahrnehmen und verarbeiten. Sie sind aktive Subjekte, die sich mit den Räumen und Materialien, Stimmen, Geräuschen und Gerüchen und den Personen in ihrer Nähe sensibel auseinandersetzen. Diese Erfahrung machen Eltern, Geschwister und ebenso auch heilpädagogische Fachkräfte, wenn sie ihnen z.B. angemessen dosierte vestibuläre, vibratorische, audiorhythmische, olfaktorische, orale, visuelle oder taktile Reize anbieten und damit in einen Dialog treten (Terfloth 2022, S. 267).

Wenn die Kommunikation der Schlüssel zu einem selbstbestimmten und zufriedenstellenden Leben ist, dann sind spezifische Zugänge erforderlich, um das Wohlbefinden von Menschen mit komplexem Unterstützungsbedarf zu ermitteln. Die Befragung kann durch Abbildungen unterstützt werden. Dies setzt die Fähigkeit voraus, Bilder oder Symbole auf den Lebensbereich zu beziehen. Auch durch teilnehmende Beobachtungen und videogestützte Begleitungen können relevante Situationen erkundet und ausgewertet werden (DHG 2021, S. 111). Andere nutzen Unterstützte Kommunikation: dazu gehören Interaktionen mit Hilfe von Symbolen elektronischer und nicht-elektronischer Art, Kommunikationstafeln und -mappen sowie Ich-Bücher. Weiter gibt es Hilfen zur Umfeldsteuerung und sprechende Tasten (wie BIGmack, StepbyStep, OneStep), statische und dynamische Systeme (Quick Talker, Tobii, Kommunikationshilfen auf Tablet-Basis) sowie Augensteuerungsgeräte mit stetig verbesserter Software.

Die genannten Systeme setzen die Fähigkeit zur Verständigung auf der Symbolebene voraus. Ist diese (noch) nicht ausreichend entwickelt, kommen auch Methoden der körpernahen Kommunikation zum Einsatz, beispielsweise die Basale Stimulation (A. Fröhlich), der tonische Dialog (W. Praschak) oder die Basale Kommunikation (W. Mall). Diese Methoden erfordern eine Regulation von Nähe und Distanz, Einfühlungsvermögen in das Gegenüber, Kenntnisse über die Entwicklungsmöglichkeiten der Kommunikation sowie ein Wissen darüber, welche Körpersignale als Kommunikationsäußerungen verstanden werden könnten:

> »Manchmal gelingt es, ihre Aufmerksamkeit auf etwas zu lenken, häufiger folgt unsere Aufmerksamkeit der ihren. Manchmal wird Faszination, vielleicht auch Erstaunen sichtbar. Häufig erfahren wir aber auch keine sichtbaren Reaktionen. Das macht es schwierig zu erkennen, welcher Weltausschnitt für das Kind gerade relevant ist« (Wieczorek 2018).

Zum Spiel: Menschen mit komplexen Beeinträchtigungen erfahren in ihrem Alltag, der oft durch Pflegesituationen und therapeutische Maßnahmen geprägt ist, nur wenig Gelegenheiten, ihr Bedürfnis nach zweckfreiem Handeln nachzukommen. Spielen bedeutet in diesem Zusammenhang: Das besondere Spielverhalten von Menschen mit komplexen Beeinträchtigungen anzuerkennen, auf alltägliche Situationen (Hantieren mit einer Schnur, Klopfen auf einen Resonanzkörper, Fingerwedeln u. ä.) spielerisch einzugehen, auf spontane, erfinderische Handlungen zu achten und diese nicht als unbedeutende Selbstverständlichkeiten abzuwerten. Wichtig ist, das Erleben von Selbstwirksamkeit und Sinnhaftigkeit zu ermöglichen: die Person darf sich nicht ausgeliefert fühlen, sie sollte das Gefühl der Kontrolle und eine Orientierung darüber haben, was um sie herum geschieht. Die Bedürfnisse nach Ruhe und Erholung sind genauso zu beachten wie die nach sicheren Bindungen (Beck & Franz 2019, S. 150).

Zur Bildung: Erst seit 1978 haben Kinder mit komplexen Beeinträchtigungen in Deutschland die Chance auf Bildungsangebote und Aufnahme in Schulen. Bis dahin wurde ihnen die Bildungsfähigkeit abgesprochen, da sie ja die Kulturtechniken nicht erlernen könnten. Heute weiß man: Auch Kinder mit komplexen Beeinträchtigungen gestalten auf ihre eigene Weise die Auseinandersetzung mit ihrer Umgebung, ihre subjektive Sinngebung, ihre besondere Erfahrung der Welt. Angebote der Bildung sind in diesem Sinne Möglichkeitsräume, in denen sie auf der Basis ihrer Selbstbildungsprozesse entscheiden, welche Aspekte und Momente der Erfahrung sie sich zu eigen machen:

> »Bildung und Entwicklung vollziehen sich entlang der Erfahrungen, die ein Kind in der Auseinandersetzung mit der Welt, in der es lebt, macht. Diese Erfahrungen hinterlassen Spuren. Das Kind entscheidet auf der Basis bereits gemachter Erfahrungen selbst, welche Angebote es für schlüssig und damit für anschlussfähig hält« (Wieczorek 2018).

Zur Arbeit und Beschäftigung: Im »Schwerbehindertengesetz« gilt seit 1974, dass die Frage der *Werkstatt-Fähigkeit* davon abhängt, ob die betreffende Person *ein Mindestmaß an wirtschaftlich verwertbarer Arbeit* leisten kann und somit auch als geeignet zur Berufsbildung gilt. Menschen mit komplexen Beeinträchtigungen werden weiterhin gemäß SGB IX § 219 Abs. 2 als nicht-werkstattfähig eingestuft, weil sie das *Mindestmaß an wirtschaftlich verwertbarer Arbeitsleistung* nicht erbringen können; sie sind nicht sozialversichert und aus der Arbeitswelt exkludiert. Daher stehen für sie in fast allen Bundesländern (außer NRW) die Produktions- und Dienstleistungsbereiche in den Werkstätten für behinderte Menschen (WfbM) nicht offen. Nur der *Förder- und Betreuungsbereich* bietet für sie eine Tagesstruktur. Im Zuge der UN-BRK mit der Zielperspektive der Inklusion und Partizipation ist zu prüfen, ob für Menschen mit komplexen Beeinträchtigungen auch arbeitsweltbezogene Tätigkeiten angeboten werden könnten (Terfloth 2014): So sind Menschen mit komplexen Beeinträchtigungen bei »Alster-Arbeit Hamburg« z. B. im Service tätig: Aktenvernichtung, Brezel-Verkauf in Büros, Bücher-Bote im Stadtteil (Kistner 2018b). Auch die »Qualitätsoffensive Förderbereich« eröffnet Perspektiven, indem sie Mitarbeitenden die Grundlagen vermitteln, um Bildungs-, Förder- und Arbeitsangebote zu entwickeln (Marzini & Sansour 2019).

Zur Interdisziplinarität: In der Begleitung und Unterstützung dieser Personengruppe ist neben der Zugewandtheit sowie dem Interesse an den besonderen Formen der Kommunikation auch ein hoher Grad an Interdisziplinarität und die Akzeptanz der Perspektiven anderer Disziplinen und Professionen erforderlich. Die Heilpädagogik ist hier ebenso gefordert wie die Ergotherapie, die Logopädie, die Physiotherapie und die medizinischen Fachrichtungen Pädiatrie, Neurologie, Orthopädie. Da Menschen mit komplexen Beeinträchtigungen häufig von zusätzlichen chronischen Krankheiten betroffen sind und vergleichsweise häufig akute Infektionen erleiden, ist eine gute Zusammenarbeit mit Pflegekräften, Haus- und Fachärzt*innen sowie Therapeut*innen notwendig, um eine interdisziplinäre Versorgung der Gesundheit zu sichern (Bernasconi & Böing 2015, S. 135).

6.3 Begleitung von Menschen mit herausforderndem Verhalten

Dieses Kapitel ist der Begleitung von Menschen mit herausforderndem Verhalten gewidmet, wobei hier schwerpunktmäßig Personen mit kognitiven Beeinträchtigungen in den Blick kommen, die entweder im Elternhaus oder in Einrichtungen der Behindertenhilfe leben und meist in Förder- und Betreuungsbereichen bzw. Tagesförderstätten tätig sind. Auch in anderen Feldern der Heilpädagogik, der Sozialen Arbeit und der Pflege kommt es zu Konfrontationen mit herausforderndem Verhalten: bei Kindern im Kontext der Kita und der Schule, in Pflegefamilien und Einrichtungen der Jugendhilfe, auf psychiatrischen Stationen, bei suchtmittelabhängigen oder straffälligen Menschen. Zu diesen Bereichen liegen Veröffentlichungen und Studien vor, so z. B. zum herausfordernden Verhalten im Schulalter (Leidig et al. 2021), in stationären Einrichtungen (Huber & Calabrese 2022) und bei psychiatrisch untergebrachten Personen (Hejlskov Elvén & McFarlane 2020). Die

Pflegewissenschaften und die Gerontologie thematisieren das herausfordernde Verhalten vor allem bei demenzerkrankten Menschen, die sich so verändern, dass ihr Verhalten die Lebensqualität von Angehörigen, Pflegenden oder ihnen selbst stark beeinträchtigt (James und Jackman 2019).

An dieser Stelle soll es um die Menschen gehen, die durch herausforderndes und selbstverletzendes Verhalten auffallen und häufig über keine differenzierten verbalen Ausdrucksformen für ihre Befindlichkeit, ihr Stresserleben, ihre Ängste und Wünsche verfügen. Sie entlasten sich hingegen durch stereotype Bewegungen, durch das Schaukeln und Drehen ihres Körpers, durch Wedeln und Flattern mit den Händen, durch Zwirbeln von Fäden, durch das Bewegen der Hände vor den Augen, durch das Reiben, Kratzen und Lecken an Gegenständen oder durch Lautieren und durchdringendes Schreien. Selbstverletzend wird das herausfordernde Verhalten dann, wenn die Personen sich gegen den Kopf bzw. mit dem Kopf gegen Türrahmen schlagen, wenn sie die Faust in die Augen drücken, sich in die Hand beißen, Arme und Beine blutig kratzen, die Haare ausreißen, wenn sie extrem viel Wasser trinken, Dinge (wie z. B. Zigarettenkippen) zwanghaft aufheben und essen oder gefährliche Gegenstände in Körperöffnungen stecken. Das herausfordernde Verhalten kann lebensbedrohlich werden, wenn die Personen Scherben verschlucken, sich die Lippen oder die Zunge aufreißen, in die Augen stechen oder Verletzungen des Kopfes an Wänden und scharfen Kanten vollziehen. Das Verhalten kann auch stark sexuell getönt sein und ist für beobachtende Personen wie Angehörige und pädagogische Fachkräfte erschreckend und kaum nachvollziehbar, jede Schmerzgrenze und jede Selbstkontrolle scheinen zu fehlen, die Intensität ist massiv und wirkt wie automatisiert, die Personen sind sich sozusagen selbst ausgeliefert (Rohmann & Elbing 2002). Um diesem Geschehen nicht hilflos gegenüberzustehen, ist es notwendig, sowohl Hintergründe als auch theoretische Ansätze und methodische Vorgehensweisen zu kennen und zu reflektieren, damit auftretende Spannungen (Barrett & Feuerherd 2011) an Bedrohlichkeit verlieren und konstruktive Zugänge möglich werden. Zuvor ist jedoch – wie so häufig – eine Begriffsklärung notwendig.

6.3.1 Begriffsklärung

Zum Terminus »herausforderndes Verhalten« gibt es einen anhaltenden Diskurs: Ursprünglich von der englischsprachigen Behindertenbewegung (als »challenging behavior«) vorgeschlagen, um eine Alternative zu pathologisierenden und diskriminierenden Termini (wie »abnormes Verhalten« oder »Verhaltensstörung«) anzubieten, hat sich der Begriff weitgehend durchgesetzt (Dieckmann & Haas 2007). Kritisch wird gesehen, dass die Verhaltensweisen wie ein stabiles Merkmal der Person wirken und nicht in den Kontext der Interaktionen oder institutionellen Bedingungen gerückt werden. Die Idee, besser von »*Menschen in herausfordernden Situationen*« (Calabrese 2017) zu sprechen, hätte den Vorteil, herausfordernde Verhaltensweisen nicht als individuelle Eigenschaft der Person zuzuschreiben, sondern als Resultat ungünstiger Wechselbeziehungen zwischen einem Individuum und seiner sozialen Umwelt (Büschi und Calabrese 2019). Der Nachteil ist jedoch, dass »*herausfordernde Situationen*« jeden Menschen und alle denkbaren Situationen betreffen können, die individuell sehr unterschiedlich angegangen werden: eine Prüfung, eine Bergbesteigung, der Beginn oder die Beendigung einer Liebesbeziehung, das Ende des Berufslebens – all das können herausfordernde Situationen für jemanden sein.

Nicht durchgesetzt haben sich auch Parallelbegriffe wie ›festgefahrenes Verhalten‹, ›Dissozialität‹, ›psychosoziale Auffälligkeiten‹, ›systemsprengendes Verhalten‹ oder ›Verhaltensbesonderheit‹, die eine Unsicherheit der einzelnen Disziplinen im Bewerten von Unverstandenem zum Ausdruck bringen oder den Bemühungen geschuldet sind, die Diskriminierung der betreffenden Personen zu vermeiden. Wer Begriffe wie ›originelles‹ oder ›kreatives Verhalten‹ vorschlägt, hat den Blick für die Not, die durch das herausfordernde Verhalten für die Umwelt, aber auch für die Person selbst besteht, verloren (Bienstein 2022). ›Problemverhalten‹ als alternativer Terminus, den Pia Bienstein vorschlägt, ist noch nicht verankert. In der Heilpädagogik bleibt es gegenwärtig beim »Herausfordernden Verhalten«, das auf den Personenkreis bezogen weniger die internalisierenden (Rückzug, Apathie) als die externalisierenden (Selbst und Fremdverletzung, Sachbeschädigung) Verhaltensweisen umfasst, die »bedeutsame Risiken für das körperliche Wohlbefinden von Menschen darstellen oder den Zugang zu Settings im Gemeinwesen deutlich reduzieren« (Dieckmann & Haas 2007, S. 16).

Das Verhalten kann sich durch spezifische Signale ankündigen oder plötzlich auftreten, kann gezielt ausgeübt werden oder impulsiv und unberechenbar wirken. Die Verhaltensweisen sind mehrfach herausfordernd:

> »Sie stellen eine Herausforderung für das interprofessionelle Zusammenwirken dar (Makro-Ebene), weisen auf Herausforderungen innerhalb bestehender Interaktionen und Beziehungsgeflechte hin (Meso-Ebene) und verkörpern auch für die betreffende Person selbst eine Herausforderung (Mikro-Ebene), weil sie mit einer Nichtakzeptanz der Außenwelt einhergehen« (Schuppener et al. 2021, S. 213).

So sind diese Momente mit Stresserleben, Überforderungen und kommunikativen Barrieren der betreffenden Person verbunden und lösen bei Angehörigen, Mitarbeitenden, Mitbewohner*innen und Einrichtungsleitungen Unverständnis und Ohnmacht aus. Für die betreffende Person können sie ein (schwieriger) Versuch der Problemlösung bzw. eine Reaktion auf unerträgliche, stressige oder deprivierende Zustände im aktuellen Lebensumfeld sein (Wüllenweber 2004). Die Heilpädagogik ist gefordert, in einer angemessenen Begleitung alles dafür zu tun, physische, psychische und soziale Schäden und Exklusionsgefährdungen von der Person abzuwenden und das Umfeld entsprechend zu informieren und zu schützen (Bienstein 2022).

6.3.2 Theoretische Hintergründe

Herausforderndes Verhalten kann im Kontext von Selbststimulation und Schmerzbewältigung verstanden werden als ein Versuch, Defizite der Wahrnehmung zu kompensieren. Grundlage dafür waren und sind trostlose Lebensbedingungen, die einen Reizmangel erzeugen, welcher durch Eigenstimulation ausgeglichen wird. Eine sensorische Über- oder Unterempfindlichkeit, ausgelöst durch neurologisch bedingte Wahrnehmungsstörungen, kann ebenfalls zu diesen Defiziten führen (Tschöpe 2011). Selbstverletzungen und Stereotypien dienen dann der Regulation besonderer Sensibilitäten sowie der Integration sensorischer Sinneseindrücke (Kicey 2020).

Auf der Basis eines interaktionistischen Ansatzes sind nicht die Personen selbst und auch nicht die Rahmenbedingungen ihrer Lebenswelt verantwortlich für das herausfordernde Verhalten, sondern es sind »gestörte dysfunktionale, wenig erfolgreich gestaltete interaktionale Wechselbeziehungen« (Calabrese & Büschi 2019, S. 136) zwischen den betreffenden Personen und ihrem sozialen Umfeld. Besonders zu beachten ist, dass Menschen mit kognitiven und komplexen Beeinträchtigungen sehr oft ihren Tag in Gruppen verbringen, deren Zusammensetzung nicht von ihnen gewählt wurde und häufig zu Konflikten führt. Die Anforderungen und Regeln für das Verhalten in den Gruppen liegen bei den institutionellen Hierarchien; Angst, Wut, Enttäuschung haben im Gruppengeschehen kaum Platz, die Kommunikation ist für die betreffenden Menschen schwer zu durchschauen; Störungen der Interaktion können durch Diskrepanzen zwischen Selbstbestimmungswünschen und Anweisungen der Fachpersonen ausgelöst werden.

Im Sinne eines bindungstheoretischen Ansatzes wäre zu fragen, ob Menschen, die herausfordernd und selbstverletzend reagieren, gerade in frühsten Entwicklungsphasen keine Erfahrungen von einfühlsamer und verlässlicher Zuwendung gemacht haben, sondern auf erlebte oder gefühlte Bedrohungen, Vernachlässigungen oder Unverständnis mit extremer Ängstlichkeit und schließlich mit Aggression oder Autoaggression reagieren. Die Stärke oder die Schwäche der Bindung an die primäre Bindungsperson bestimmt letztlich, wie Beziehungen gestaltet werden. Jahrelange Aufenthalte in Kliniken oder Wohneinrichtungen der Behindertenhilfe unter Bedingungen der Fremdbestimmung haben die frühen Bindungsunsicherheiten häufig noch intensiviert (Klauß 2018).

Im Kontext eines lerntheoretischen Ansatzes werden herausfordernde Verhaltensweisen als erlernte Muster angesehen, die dazu dienen, fremdbestimmte Situationen zu kontrollieren bzw. gefürchtete Anforderungen zu vermeiden (Tschöpe 2011). Es sind keine gänzlich bewussten Vorgänge, aber doch zielgerichtete Handlungen, die sich als erfolgreich erwiesen haben, um eigene Absichten gegenüber relevanten Personen im sozialen Umfeld durchzusetzen. Grundlage dafür sind Beobachtungen, die zu dem Lerneffekt führen, aggressives Verhalten als zielführend für die eigenen Interessen zu erachten (ebd., S. 76).

Während die lerntheoretische Perspektive also menschliches Verhalten als Resultat von gelernten Reiz-Reaktions-Mustern versteht, wendet sich der systemökologische Ansatz von diesem linear-kausalen Konzept ab und den Wechselbeziehungen zu, in denen bestimmte Verhaltensweisen als Störungen erscheinen. Damit geht der Blick über die Person hinaus, die sich herausfordernd und selbstverletzend verhält. Der Fokus liegt nun auf dem Austausch zwischen Individuum und Umwelt. Die gesamte Situation und das aktuelle Setting sind zu beleuchten mit dem Ergebnis, dass die herausfordernden Verhaltensweisen weniger als individuelle Eigenschaft einer Person, sondern als Produkt ungünstiger Wechselbeziehungen zwischen dem Individuum und den aktuellen Strukturen seiner Lebenswelt und Lebenslage anzusehen sind (Büschi und Calabrese 2019).

6.3.3 Abgrenzung zu psychiatrischen Störungsbildern

Bei den Überlegungen zu herausfordernden Verhaltensweisen ist es aus heilpädagogischer Sicht ebenso wie aus psychiatrischer Perspektive notwendig, eine Differenzierung vorzunehmen und das herausfordernde Verhalten abzugrenzen von psychischen Störungen bei Menschen mit kognitiven und komplexen Beeinträchtigungen (Schanze 2014; Dôsen 2018). Die somatische Seite ist zu betrachten: So können körperliche Beschwerden herausfordernde Verhaltensweisen verursachen, wenn nicht eindeutig geklärt ist, ob ein organischer Befund vorliegt. Menschen mit genetischen Syndromen (z. B. Down-Syndrom, Cornelia-de-Lange-Syndrom) leiden oft an Schmerzen der Ohren bzw. des Nasen-Rachen-Raumes. Cerebralparesen ebenso wie das Rett-Syndrom sind mit Schmerzen des Bewegungsapparates verbunden, die für die betreffenden Personen ebenso schwer benennbar sind wie Sensibilitäten gegenüber Hitze, Kälte, Lärm und Licht. Der Wasserstrahl beim Duschen kann als Schmerz empfunden und mit Schreien und Verweigerung beantwortet werden; Kopf-, Zahn- und Kieferschmerzen, Bauchschmerzen bei Obstipation oder Unwohlsein bei Reflux können den Hintergrund für herausforderndes Verhalten bilden (Habermann-Horstmeier 2018). Pflegekenntnisse und konsiliarische Dienste zur medizinischen Abklärung sind neben heilpädagogischen Kompetenzen notwendige Bestandteile einer multiprofessionellen Arbeit im Kontext des herausfordernden Verhaltens (Brechenmacher & Amann 2014).

Je weniger Menschen ihre physischen und psychischen Befindlichkeiten verbal artikulieren können, desto stärker besteht ihre Reaktion im sozialen Rückzug, in Schlafstörungen (Martin 2014) und Ängstlichkeit, in Dissoziationen oder auch im Verlust von zuvor erworbenen Fähigkeiten. Vorgänge und Erlebnisse, die sie nicht richtig einordnen können (eine unvorbereitete medizinische Intervention; der Umzug in eine andere Einrichtung oder Wohngruppe; die Trennung von einer vertrauten Bezugsperson) führen zu Irritationen mit herausforderndem Verhalten. Menschen mit kognitiven und komplexen Beeinträchtigungen sind von Traumatisierungen betroffen, z. B. ausgelöst durch sexuelle Übergriffe oder diskriminierende Erfahrungen. Hier sind fundierte Kenntnisse der Biografiearbeit (Lindmeier 2013) sowie Möglichkeiten für kreative Verfahren hilfreich, ebenso psychotherapeutische Interventionen, um belastende Erfahrungen geschützt und begleitet zum Ausdruck bringen zu können (Schuppener et al. 2021).

Die Niveaus der emotionalen Entwicklung, die Art der Verarbeitung belastender Erfahrungen sowie die Formen der Lebensgestaltung sind bei Menschen mit kognitiven Beeinträchtigungen andere als bei Menschen ohne Behinderung (Sappock & Zepperitz 2019). Auch die Symptome psychischer Krisen sind nicht immer klar erkennbar: Depressionen können Gereiztheit und selbstverletzendes Verhalten (Nägelkauen, Kratzen, In-die-Hand-Beißen), aber auch Schlaf- und Essstörungen bzw. Obstipation zur Folge haben. Manche reagieren mit regressivem Verhalten, mit Urin- und Stuhl-Inkontinenz, mit dem Verlust von Fähigkeiten der Selbstversorgung und mit dem weiteren Rückgang kognitiver Funktionen. Bisweilen ist der Alltag durch Klagen und Weinen geprägt. Bei älteren Menschen mit kognitiven und komplexen Beeinträchtigungen werden diese regressiven Symptome nicht selten als Beginn demenzieller Erkrankungen fehlgedeutet. Eine verstehende, rehistorisierende Diagnostik (Jantzen 2018a) kann nach früheren, emotional belastenden Ereignissen forschen und so eventuell Hintergründe und Auslöser des veränderten Verhaltens entdecken.

Angststörungen treten häufig bei genetischen Syndromen wie dem Fragilen-X-Syndrom und dem Williams-Beuren-Syndrom auf. Die Themen (Angst vor Dunkelheit, Gewitter, Tieren, Berührungen durch andere) entsprechen eher dem (frühen) emotionalen Entwicklungsstand als dem aktuellen Alter. Die mit Panikattacken einhergehenden Symptome wie Schweißausbrüche, starkes Herzklopfen, Brustschmerzen, Schwindel- und Erstickungsgefühle führen zum massiven Anstieg der Ängste und müssen, da sie oft mit fortdauernder Ruhelosigkeit und erhöhter Irritabilität verbunden sind, beobachtet und angemessen begleitet werden (Elstner & Salzmann 2014). Zwangsstörungen treten bei Menschen mit kognitiven und komplexen Beeinträchtigungen in vielfältiger Weise auf. Zwangsähnliches Verhalten in Form von Stereotypien, Ritualen und Selbststimulationen sind abzugrenzen von regelrechten Zwangsstörungen, also sich aufdrängenden Aktivitäten, die von der betreffenden Person nicht unterdrückt oder abgestellt werden können, obwohl sie eigentlich als unsinnig erlebt werden. Bei einigen genetischen Syndromen (z. B. Cornelia-de-Lange-Syndrom oder Prader-Willi-Syndrom) sind zwanghafte Verhaltensweisen besonders häufig zu beobachten und haben eher den Charakter von klassischen Ordnungs- und Kontrollzwängen.

Starke Auffälligkeiten in der sozialen Interaktion und Kommunikation, im Blickkontakt und in der Motorik, in repetitiven Verhaltensweisen bzw. Interessen können auf eine Autismus-Spektrum-Störung (ASS) hinweisen, die sehr häufig bei diesem Personenkreis auftritt. Dazu gehören Besonderheiten in der Wahrnehmung, Hyper- oder Hyporeaktivität hinsichtlich sensorischer Reize sowie Vorlieben oder Abneigungen gegen bestimmte Geräusche, Gerüche und Stoffe. Begleitet werden diese Symptome oft durch Hand- und Fingermanierismen, Sprachstereotypien und Echolalien oder durch das Klammern an stereotype Objekte (wie Steine, Klötze, kleine Musikinstrumente oder Radios). Charakteristisch ist bei den betreffenden Personen das Festhalten an bestimmten Routinen und Ritualen. Hinzu kommt häufig eine hohe Irritierbarkeit bei Veränderungen im Alltag, die motorische Stereotypien, Selbst- und Fremdverletzungen auslösen können und eine Reaktion gegenüber der Überforderung darstellen. Durch eine fachgerechte medizinische, heilpädagogische und pflegerische Begleitung und Förderung in einer Autismusfreundlichen Umwelt können zwar nicht die autistischen Kernsymptome, aber die komorbiden psychischen Störungen behandelt und Verhaltensauffälligkeiten reduziert werden:

> »Es ist wichtig, die mit Autismus und Intelligenzminderung assoziierten Erkrankungen zu erkennen und zu behandeln, damit aus kranken Menschen mit Autismus gesunde Menschen mit Autismus werden« (Sappok & Zepperitz, 2019, S. 274).

Menschen mit kognitiven und komplexen Beeinträchtigungen zeigen mitunter Auffälligkeiten im Essverhalten wie Essverweigerung oder exzessives Essen. Die übermäßige Aufnahme fester und flüssiger Nahrung ist vor allem beim Prader-Willi-Syndrom, aber auch bei anderen genetischen Syndromen (z. B. dem Kleine-Levin-Syndrom) zu beobachten. Davon abzugrenzen ist Pica als eine besondere Auffälligkeit, bei der nicht-essbare Substanzen (Abfälle, Sand, Mörtel, Wandfarbe u. ä.) aufgenommen werden, was häufig zu erheblichen Gesundheitsgefährdungen führt. Die Rumination, also das Heraufwürgen und erneute Kauen von geschluckter Nahrung, ist bei Kindern mit schweren Entwicklungsbeeinträchtigungen nicht selten, kommt aber auch bei erwachsenen Menschen mit Deprivationserfahrungen vor. Sie leiden auch häufig unter Schlafstörungen, die meist schon im Kindesalter mit Ängsten vor Dunkelheit und Verlassenheit beginnen. Erwachsene Menschen, die lange in Wohnheimen gelebt und Erfahrungen in psychiatrischen Kliniken gesammelt haben, zeigen oft massive Probleme im Schlafverhalten und Schlafrhythmus: Sie nutzen das Bett als Rückzugsort, ohne darin einen gesunden Schlaf zu finden. Bei einigen genetischen Syndromen wie dem Angelman-Syndrom, dem Sanfilippo-Syndrom und dem Smith-Magenis-Syndrom sind diese Probleme besonders deutlich (Haveman & Stöppler 2020). Hyperaktive und stereotype Verhaltensweisen verhindern das Einschlafen, Albträume und Zähneknirschen erschweren das Durchschlafen. Wenn die Regulation der Affekte nicht gelingt oder depressive Anteile hinzukommen, kann es zu herausforderndem Verhalten (Zerreißen der Bettwäsche, Anschlagen des Kopfes, endloses Schreien, autoaggressiven Impulsen) kommen.

Ein Verdacht auf psychotische bzw. schizophrene Störungen wird bei Menschen mit kognitiven und komplexen Beeinträchtigungen (allzu) häufig geäußert. Während in älteren Lehrbüchern Angaben zur Prävalenz für schizophrene Erkrankungen von bis zu 30 % bei Menschen mit »Geistiger Behinderung« zu finden sind, sprechen ernstzunehmende Studien von 2 % bis 6 % (Hoffmann, 2014; Dôsen 2018). Kritisch wird bemerkt, welche Schwierigkeiten sich bei der Diagnose ergeben: Beeinträchtigungen der betreffenden Personen im Bereich der Introspektion und der Verbalisierungsfähigkeit des inneren Erlebens lassen differenzierte Aussagen oft nur auf der Grundlage fremdanamnestischer Daten und Beobachtungen zu. Die Einschätzung der emotionalen Entwicklung, der individuellen Vulnerabilität sowie der jeweiligen Verarbeitung aktueller Herausforderungen und psychischer Krisen benötigt Zeit und Fachkompetenz, also ein gut geschultes multiprofessionelles Team. Die Frage, ob Störungen des Denkens, der Sprache oder der Wahrnehmung vorliegen, ist nicht leicht zu klären. So müssen die Denk-, Sprach- und Wahrnehmungsstrukturen vor der Erkrankung ermittelt werden, was bei Menschen, die sich nicht oder nur bedingt lautsprachlich äußern können, schwierig sein kann. Die produktiven Symptome einer möglichen akuten psychotischen Krise (Halluzinationen, wahnhafte Gedanken) sind sorgfältig zu beobachten, ebenso die oft bestehenden Angst- und Unruhezustände, Schlafstörungen und aggressiven Impulse. Wichtig sind reflektierte Maßnahmen zur Abschirmung des Patienten gegenüber Stressbelastungen sowie ein angemessenes Eingehen auf basale Bedürfnisse nach Sicherheit, Ruhe und Versorgung (Lingg & Theunissen 2017).

6.3.4 Biografische Einordnung

Um herausfordernde Verhaltensweisen verstehen zu können, sind Kenntnisse der Lebensgeschichte in Bezug auf Bindungen an primäre Bezugspersonen, Auffälligkeiten in der frühen Entwicklung, Gewalt- oder Vernachlässigungserfahrungen oder besondere Ereignisse im familiären Kontext bedeutsam. Dazu gehören Fragen zu Erkrankungen und psychischen Krisen in der Familie, zu Alkoholabusus, der eventuell ein Fetales Alkoholsyndrom verursacht haben könnte, oder zu genetischen Syndromen bei weiteren Angehörigen. Zu klären ist außerdem, ob Klinik- und Heimaufenthalte zu Abbrüchen von Beziehungen geführt haben oder ob traumatische Erfahrungen vorliegen. Genauso relevant ist aber auch die Ermittlung von Ressourcen der betreffenden Person, um Resilienzfaktoren, gelungene Interaktionen, Interessen und Wünsche zu erkennen und eine positive Verhaltensunterstützung (Theunissen 2014) zu ermöglichen. Dazu gehört auch die Diagnostik der Aufmerksamkeitssteuerung und Informationsverarbeitung, des Verstehens sprachlicher Äußerungen und der eigenen Möglichkeiten der Verständigung sowie die Klärung der Vorlieben in Bezug auf präferierte Mahlzeiten, Personen, Objekte, Räume und Aktivitäten (Bienstein & Rojahn 2013).

Im Sinne einer Abklärung möglicher autistischer Anteile sollten Überlegungen zu sensorischen und visuellen Besonderheiten, Empfindlichkeiten gegenüber Geräuschen und Gerüchen, motorischen Stereotypien, Routinen und Ritualen angestellt werden. Auf Blicksteuerung und visuelles Erkennen von Personen, Gegenständen und Räumen ist zu achten, auf das Eingehen oder Vermeiden von Interaktionen, auf soziale Bedürfnisse oder Abneigungen, auf das Ess-, Trink- und Schlafverhalten. Eine Anamneseerhebung nach dem Schema zur emotionalen Entwicklung SEO (Dôsen 2018) enthält Fragen zum Umgang mit dem eigenen Körper, dem Umgang mit anderen Personen, der Selbst-Fremd-Differenzierung, der Objektpermanenz und der Trennungsangst. Die emotionale Entwicklung (Sappok & Zepperitz 2019) der betreffenden Person sollte gut erkundet werden, um Aussagen treffen zu können zur Affektdifferenzierung und Aggressionsregulation und zu bisherigen Lebensbedingungen und Beziehungserfahrungen.

6.3.5 Methodisches Vorgehen

Viele Menschen mit kognitiven, komplexen und autistischen Beeinträchtigungen verfügen kaum über lautsprachliche Ausdrucksfähigkeiten; in diesen Fällen ist die Diagnostik mit dem Beurteilungsschema für vorsprachliche Kommunikationsformen notwendig. Befragt werden die Bezugspersonen nach den Mitteln, die der betreffende Mensch einsetzt, um Aufmerksamkeit auf sich zu lenken, Bedürfnisse und Wünsche mitzuteilen, Ablehnung auszudrücken, einen gemeinsamen Aufmerksamkeitsfokus herzustellen, Kontakt mit seinem Gegenüber aufzunehmen (Bienstein & Rojahn 2013). Das Konzept zum Umgang mit herausforderndem Verhalten von S. Schuster und T. Sappok sieht folgende Schritte vor: 1. Schritt: Ich sehe Dich! – Verhalten und Verhaltensbeobachtung; 2. Schritt: Ich verstehe Dich! Die Verhaltensanalyse; 3. Schritt: Der gute Plan – Absprachen und Vereinbarungen; 4. Schritt: Die Umsetzung – Kommunizieren, kommunizieren, kommunizieren! (Schuster & Sappok 2017). Für jeden dieser Schritte werden detaillierte Fragen und Vorgehensweisen beschrieben; auch die Aspekte der Prävention und der Mitarbeiterfürsorge werden angesprochen. So sollte die Entwicklung geeigneter Präventionsmaßnahmen mit folgenden Fragen beginnen: Was überfordert und stresst die Person? Was sind die Auslöser für Krisen? Was kündigt eine Krise an? Welche Anzeigen für Stress tauchen auf? Gibt es bauliche Rahmenbedingungen, die eine Krise auslösen oder befördern? Leidet die betreffenden Personen unter fehlenden Rückzugsmöglichkeiten? Was hilft in guten Zeiten? Kann diese Hilfe oder Unterstützung auch in schlechten Zeiten angeboten werden? Was könnte verstärkt angeboten werden, um das seelische Gleichgewicht zu stabilisieren? (ebd. S. 74).

Ebenso muss der Schutz der Mitarbeitenden ein Thema sein. So ist zu ermitteln, ob Personalmangel herrscht oder eine hohe Fluktuation die Kontinuität der Arbeit erschwert, ob feste Teams mit Fortbildungen und Erfahrungen der Deeskalation gebildet werden können, die ihr Wissen an die Kolleginnen und Kollegen weitergeben, auch in Zeiten von Personalwechsel und dem Einsatz von unerfahrenen Kräften. Grundsätzlich können die Mitarbeitenden nur dann gute Arbeit mit Menschen mit kognitiven und komplexen Beeinträchtigungen leisten, wenn es ihnen in der Arbeit und im Team gut geht. Daher sollte Unterstützung durch die Leitung gegeben sein, außerdem Teamberatungen und Supervisionen, Angebote zum Deeskalationstraining und angenehme Aufenthalts- und Rückzugsräume in Zeiten hoher Belastung (ebd., S. 75). Wenn die Entwicklung der Heilpädagogik sich in den Fragen charakterisieren lässt: a) Was kann die Person nicht? (defizitorientierte Sichtweise; Fürsorge), b) Was kann die Person? (ressourcenorientierte Sichtweise; Förderung); c) Was möchte die Person? (bedürfnisorientierte Sichtweise; Selbstbestimmung), dann ist bei Menschen mit hohem Unterstützungsbedarf und herausfordernden Verhaltensweisen zusätzlich zu fragen: d) Was braucht die Person? (sinnstiftende Sichtweise; Dialog). Nur wer hinhören kann und die Antworten nicht bereits zu kennen glaubt, kann sein Gegenüber darin begleiten, keine Angst mehr vor dem eigenen Willen zu haben, der so oft im Leben zu Konflikten geführt hat (Bartelt 2021, S. 39).

6.4 Begleitung von schutzsuchenden und traumatisierten Menschen

Der Begriff der ›schutzsuchenden Menschen‹ bezieht sich auf Personen, die vor Krieg und Gewalt, vor Misshandlung und Verfolgung fliehen und einen sicheren Ort zum Leben bzw. Überleben benötigen. Gemeint sind nicht nur anerkannte Flüchtlinge, sondern auch asylsuchende und geduldete Kinder, Jugendliche und Erwachsene. Der Begriff lässt offen, »aus welchen Gründen der Schutz (…) gesucht wird und ob die Gründe nach dem gerade geltenden Migrationsrecht als legitim anerkannt werden oder nicht« (Vogel & Karakasoglu 2017, S. 341). Neben dem Begriff der ›schutzsuchenden Menschen‹ kommen in diesem Kapitel auch traumatisierte Personen in den Blick, die durch körperliche und/oder seelische Verletzungen, Verluste, Gewalterfahrungen und andere Erlebnisse existenziell bedroht sind oder durch Zeugenschaft bei Festnahmen und Folter, dramatischen Fluchtsituationen und Unfällen traumatisiert wurden (Baer 2018).

Für die heilpädagogische Arbeit mit schutzsuchenden und traumatisierten Menschen ist es wichtig, die Hintergründe zu kennen, warum die betreffenden Personen sich auf die (oft lebensgefährliche) Reise begeben haben und was zuvor oder dabei passiert ist: Welche Erlebnisse der Vertreibung und Flucht, der politischen Verfolgung und Menschenrechtsverletzung, der Armut und unzureichenden Versorgung, der Hoffnung auf angemessene Behandlung bringen die Menschen in das Ankunftsland mit? Wie zeigen sich Vorerfahrungen und mögliche traumatische Erlebnisse in den Interaktionen und Verhaltensweisen und wie beeinflussen sie das heilpädagogische Handeln? Personen und Familien, die flüchten mussten und Schutz suchen, sind aufgrund traumatischer Erfahrungen einerseits als sehr vulnerabel anzusehen, andererseits besitzen sie meist vielfältige Ressourcen: sie haben die Flucht bewältigt, sind im Zielland angekommen und bemühen sich nun um eine neue Lebensperspektive (Kramer 2019).

Trotz langer Erfahrung mit zugewanderten Menschen haftet dem Begriff der Migration (aus dem Lateinischen: migratio = Wanderung) etwas Befremdliches an: Als unvertraut werden sprachliche und körperliche Ausdrucksweisen, Rituale und Religionen, Normen und Werte empfunden. Kulturelle Differenzen irritieren offenbar mehr als nationale Grenzen – wenn die Kategorie *Kultur* überhaupt angemessen erscheint. Kulturelle Zuschreibungen beinhalten oft Diskriminierungen, kulturelle oder religiöse Merkmale bilden »die Legitimation für gesellschaftliche Macht- und Dominanzverhältnisse« (Amirpur 2016, S. 46). Jedoch sind Begriffe wie *Migration*, *Kultur* oder *Fremdheit* unverzichtbar, weil in ihnen auch Aspekte der Vielfalt zum Ausdruck kommen. Wichtig für heilpädagogische Fachkräfte ist es, ein Bewusstsein dafür zu entwickeln, dass voreilige Zuschreibungen hypothetisch sind und in einer sensible Begleitung mit einer »subjektorientierten Frage-, Zuhör- und Erzählkultur gemeinsam mit den Familien überprüft und reflektiert werden müssen« (Falkenstörfer & Gasmi 2019, S. 40).

Migrationsbewegungen gab es in weit zurückliegenden ebenso wie in jüngsten Zeiten. Aktuell und zukünftig stellt Zuwanderung eine zentrale Herausforderung dar. Allerdings bieten die europäischen Länder den vertriebenen Menschen, die in Folge von anhaltenden Konflikten, Kriegshandlungen und Naturkatastrophen (z. B. in Afghanistan, Irak, Syrien, Ukraine) sowie Menschenrechtsverletzungen ihr Heimatland verlassen müssen und eine gefährliche Flucht auf sich nehmen, oft keine sichere Basis, die Geschehnisse zu integrieren und angemessene Lebensbedingungen zu finden:

> »Der Prozess der Migration beinhaltet nicht nur die Verarbeitung vieler neuer Erfahrungen und Umstände, sondern auch den Umgang mit Verlusten und zieht normalerweise langwierige Adaptionsprozesse nach sich. Dieser Akkulturationsvorgang kann sehr stressbelastet sein und sowohl zu körperlicher als auch psychischer Anspannung führen« (Kizilhan 2007, S. 54).

6.4.1 Kinder mit Fluchterfahrungen

Nach Angaben der UNHCR waren in den letzten Jahren weltweit mehr als die Hälfte der flüchtenden Menschen jünger als 18 Jahre – besonders beunruhigend ist die Zahl an Kindern, die allein unterwegs waren bzw. von ihren Eltern getrennt wurden. Kinder haben »besondere Bedürfnisse nach Schutz, Förderung und Beteiligung. Mit der Anerkennung dieser Bedürfnisse ist die Erkenntnis verbunden, dass Kinder einen eigenen, auf ihre spezielle Situation zugeschnittenen Menschenrechtsschutz benötigen. Rund 40 Jahre nach der Allgemeinen Erklärung der Menschenrechte haben die Vereinten Nationen daher 1989 die UN-Kinderrechtskonvention verabschiedet, in der die jedem Kind zustehenden Kindermenschenrechte normiert sind« (Maywald 2018, S. 23). Diese Rechte sollten für alle Kinder in Deutschland gelten, dennoch werden Unterschiede gemacht, z. B. erhalten sie nicht die volle Gesundheitsversorgung; meist wird ihnen nur die Erst- und Notversorgung zugestanden. Kinder aus schutzsuchenden Familien benötigen jedoch unbedingt medizinische Hilfe (z. B. bei Infektionen, Atemwegserkrankungen, Zahnproblemen usw.) und psychotherapeutische Begleitung (z. B. bei Angst-, Bindungs- und posttraumatischen Belastungsstörungen).

6.4.2 Schutzsuchende Menschen mit beeinträchtigten Familienangehörigen

Exakte Daten liegen nicht vor, aber geschätzt sind ca. 10% der Menschen mit Fluchterfahrungen von einer Beeinträchtigung betroffen. Wenn nach offiziellen Angaben ca. 2 Millionen schutzsuchende Menschen 2021 in Deutschland lebten und sich zwischen Februar und Oktober 2022 zudem rund eine Million Geflüchtete aus der Ukraine in Deutschland aufhielten, könnten insgesamt mehr als 300.000 Menschen mit Behinderung unter ihnen sein. Laut UN-BRK, EU-Aufnahmerichtlinie und BTHG stehen ihnen Leistungen zur Gesundheit und zur Eingliederung zu, doch die Barrieren sind hoch und die Situation gestaltet sich für diese Menschen schwierig:

> »Das System der Behindertenhilfe in Deutschland ist extrem kompliziert und komplex. Diese Menschen haben ja zusätzlich auch noch viele andere Herausforderungen zu bewältigen, zum Beispiel viel Bürokratie, die Überwindung der Sprachbarrieren und die Bewältigung traumatischer Erfahrungen. Deswegen ist es für sie ungleich schwerer, behinderungsspezifische Unterstützung zu bekommen. Ohne professionelle oder ehrenamtliche Beratung ist es fast aussichtslos. (…) Im Prinzip ist das ganze System der Flüchtlings- und Behindertenhilfe nicht auf diese Personengruppe eingestellt. Sie werden nicht systematisch mitgedacht« (Schwalgin 2023).

Für schutzsuchende Familien mit beeinträchtigten Angehörigen wirkt das komplexe Sozial-, Rechts- und Hilfesystem höchst verunsichert. Barrieren bestehen darin, dass Krankenhäuser und ärztliche Praxen, Frühförder- und Beratungsstellen, Bildungs- und Therapieeinrichtungen mit ihren jeweiligen Zugangsanforderungen schwer zu durchschauen sind. Die Abwehr der eigentlichen Verantwortung staatlicher Stellen erfolgt mit dem Argument, dass Familien aus Kulturen mit anderen

Haltungen sich für die Versorgung pflegebedürftiger Angehöriger selbst verantwortlich fühlen und diese nicht an professionelle Kräfte abgeben wollen. Weil Behörden davon ausgehen, dass es der Tradition schutzsuchender Menschen mit beeinträchtigten Familienmitgliedern entspricht, die Pflege und Unterstützung auf sich zu nehmen, weisen Ämter und Mitarbeitende in Unterkünften den Auftrag zur Sicherung notwendiger Leistungen von sich. Für diejenigen, die sich im Asylverfahren befinden bzw. nicht über den Status der Duldung hinauskommen, sind im Falle von Erkrankungen oder Behinderungen die Leistungen eingeschränkt. Vor jedem Arztbesuch ist ein Behandlungsschein zu beantragen, für chronische Leiden werden keine Unterstützungsleistungen gewährt. In den Unterkünften ist eine soziale und heilpädagogische Beratung kaum gegeben. Dass eine Behinderung asylrelevant sein und vor drohender Abschiebung schützen kann, wird den betreffenden Menschen selten vermittelt. »Hinzu kommt mitunter die Angst, schlechtere Aussichten auf einen Aufenthaltstitel zu haben, wenn man Leistungen des deutschen Systems in Anspruch nimmt« (Koebsell 2019, S. 70): Auch wäre es notwendig, den Status der körperlichen oder kognitiven Beeinträchtigung bei der Erstaufnahme gesondert zu erheben, um eine angemessene medizinische und gesundheitliche Versorgung zu gewährleisten:

> »Um die Schutzbedarfe geflüchteter Menschen mit Behinderung angemessen zu berücksichtigen, müssen diese frühzeitig identifiziert werden. Allerdings findet in Deutschland keine flächendeckende Identifizierung der Schutzbedarfe von Menschen mit Behinderung statt. (…) Der Zugang zu Teilhabe und medizinischen Leistungen, zu bedarfsgerechten Beratungs- und Begleitangeboten, zu behinderungsspezifischen Infektionsschutzmaßnahmen, zu inklusiven Beschulungsangeboten, zu Verfahrensgarantien im Asylverfahren und nicht zuletzt zu bedarfsgerechter Unterbringung ist blockiert« (Handicap International 2021).

Auch bei Beratungsstellen, Sozialpädiatrischen Zentren, Einrichtungen der Frühförderung oder familienunterstützenden Diensten gibt es für schutzsuchende Familien mit behinderten Kindern diverse Barrieren: Es beginnt mit Informations- und Kommunikationsproblemen, die sich nicht nur aus geringen Kenntnissen der jeweiligen Sprachen und dem Fehlen von Dolmetscher*innen ergeben, sondern auch mit differenten Wahrnehmung-, Deutungs- und Erklärungsmustern von Beeinträchtigungen zu tun haben (Halfmann 2014). Es setzt sich fort in der Suche nach geeigneten Fachstellen, wo die Beratungen und Interaktionen »aufgrund unterschiedlich verfügbarer Ressourcen zwischen Beratenden und Ratsuchenden häufig durch Machtasymmetrien gekennzeichnet sind. (…) Viele Eltern fühlen sich in der Kommunikation mit den Institutionen nicht ernst genommen und respektiert. Schwerwiegende Entscheidungen werden über ihren Kopf hinweg getroffen und schaffen ein Gefühl der Ohnmacht« (Amirpur 2019, S. 273). Weit entfernt von einer transkulturellen Diagnostik, die sich durch Wertschätzung gegenüber ungewohnten kulturellen Traditionen und Überzeugungen auszeichnen würde (Kaiser-Kauczor 2019), ist vielen Beteiligten auf beiden Seiten nicht bewusst, dass schutzsuchende Personen, die traumatisiert sind, im Sinne der UN-BRK als behindert gelten und einen Rechtsanspruch auf psychosoziale Versorgung haben.

6.4.3 Trauma und Traumatisierung

Nun fallen bei schutzsuchenden Menschen mit Fluchterfahrungen sehr häufig die Begriffe Trauma und Traumatisierung.

> »Selten wird sprachlich wie inhaltlich die Abgrenzung vorgenommen, ab wann traumatische Erfahrungen als störungswertig und damit als therapeutisch behandlungsbedürftig eingestuft werden (Henkel & Neuß 2018, S. 201).

Der altgriechische Begriff Trauma bedeutet zunächst einmal: Wunde, Verletzung. Ein Trauma beschreibt ein Ereignis, das einen Organismus schädigt und nachhaltige Folgen zeigt, besonders in Form einer starken psychischen Erschütterung. Es handelt sich meist um Verletzungen mit körperlicher, seelischer und/oder sexueller Gewalt sowie um Verluste und Verlustdrohungen, die als existenziell bedrohlich erlebt werden. Die Erfahrungen können nicht integriert und bewältigt werden und zeigen nachhaltige und schwerwiegende Wirkungen – vielleicht nicht sofort, aber im Laufe der folgenden Wochen, Monate, Jahre. Auch die Zeugenschaft bei Gewalt, Folter, Unfällen kann traumatisieren. Manchmal drängt das Erlebte immer wieder nach vorn; die dramatischen Erfahrungen werden durch eigentlich unauffällige Momente getriggert und erzeugen ›Flashbacks‹: »Wie ein Blitz werden Szenen oder Ausschnitte der traumatisierenden Situation lebendig, als würden sie jetzt geschehen« (Baer 2018, S. 21). Den Ursprung bilden Ereignisse oder Geschehen von außergewöhnlicher Bedrohung mit katastrophalem Ausmaß, die nahezu bei jedem tiefgreifende Verzweiflung auslösen würden.

> »Trauma ist die gefährliche ›Schnittstelle‹, an der eine Aufspaltung von Verstand und Gefühl, von Körper und Geist oder von Teilen unseres eigenen Selbst geschieht. Die ›schlimmen Teile‹ des Körpers oder die ›schlimmen Gefühle‹ gehören irgendwann einfach nicht mehr dazu, sie werden fremd« (Fischer 2001, S. 126 f).

Neben dieser Spaltung ist die extreme Einsamkeit bedeutsam, die bei traumatisierten Menschen eintritt, wenn sie an den erlebten Beziehungen (ver-)zweifeln und bei sich selbst eine gewisse Beziehungsunfähigkeit vermuten.

Im DSM-5 wird die Posttraumatische Belastungsstörung (PTBS) zusammen mit weiteren akuten Belastungsstörungen, Anpassungsstörungen und ähnlichen Erkrankungen in einem spezifischen Kapitel aufgeführt. Für die Diagnose der PTBS wird zunächst unterschieden, ob die Betroffenen älter als sechs Jahre sind oder jünger. Für alle Betroffenen, die älter als sechs Jahre sind, gelten folgende Diagnosekriterien: Die Betroffenen waren dem Tod (tatsächlich oder angedroht), schwerwiegenden Verletzungen oder sexueller Gewalt ausgesetzt, und zwar durch direktes Erleben, persönliches Miterleben, wie das traumatisierende Ereignis anderen zustößt, oder der Information, dass das traumatisierende Ereignis einem engen Familienmitglied oder einem engen Bekannten zugestoßen ist. Mit dem Trauma können folgende Symptome verbunden sein: Wiederholte, unwillkürliche und aufdrängende Erinnerungen an das traumatische Ereignis, Albträume, bei denen Inhalte mit dem traumatischen Ereignis assoziiert sind, Dissoziationen (z. B. Flashbacks), in denen sich der Betroffene so fühlt oder sich so verhält, als ob das traumatisierende Ereignis wieder stattfinden würde, sowie deutliche physische Reaktion auf innere oder externe Reize, die das traumatische Ereignis symbolisieren. Es besteht eine anhaltende Vermeidung von Stimuli, die mit dem traumatischen Ereignis assoziiert sind, wie zum Beispiel eine Vermeidung von Personen oder Orten, die mit dem traumatisierenden Ereignis verbundene Gefühle hervorrufen (Schäfer et al. 2019).

Nicht alle schutzsuchenden Menschen entwickeln aufgrund der Traumatisierung schwere seelische Störungen, die der Behandlung bedürfen. Schutzsuchende Personen, die sich als widerstandfähig erleben, können einerseits unter dem Erlebten leiden und andererseits Ressourcen der Bewältigung aktivieren (Henkel & Neuß 2018). Doch für Kinder und unbegleitete Jugendliche ist oft ein erhöhter Therapiebedarf angezeigt, auch dann, wenn das Trauma weniger psychische, sondern somatische Symptome entwickelt: Eigentlich vorhandene Angststörungen und Depressionen zeigen sich z. B. in Brust-, Ganzkörperschmerzen, Herz-Rhythmus-Störungen, Gleichgewichtsstörungen, Ess-Störungen, brennenden Missempfindungen (»Ameisen überall auf dem Körper!«) oder in Form von Enuresis (Einnässen) und elektivem Mutismus (Schepker 2017, S. 24 f). Deswegen ist es wichtig, dass die heilpädagogische oder therapeutische Arbeit mit Kindern nicht auf der Basis einer klassischen Diagnostik und einer starren Methodik ansetzt, sondern individuell und unvoreingenommen vorgeht.

Zunächst benötigen die Kinder einen äußeren sicheren Ort, der ihnen Abstand vor Situationen und Personen der Traumatisierung sowie Schutz vor Gewalt und Gewaltandrohung bietet. Um innerlich einen sicheren Ort zu entwickeln, sind geschulte Teammitglieder und aufmerksame Bezugspersonen notwendig, die sich mit Dynamiken von Traumata und Belastungssymptomen auskennen, sich auf die Biografie jedes einzelnen Kindes einlassen und Phänomene der Übertragung und Gegenübertragung gut reflektieren können (Tammerle-Krancher 2018). Spieltherapeutische Ansätze bei Kindern müssen berücksichtigen, dass Formen des kindlichen Spiels in einem neuen kulturellen Kontext anders begonnen und durchgeführt werden oder anders wirken und dass sich traumatisierte Kinder vielleicht schwer tun und schüchtern und unsicher auftreten, wenn sie in einem reich ausgestatteten Spielzimmer die Spielmaterialien selbst aussuchen sollen. Heilpädagogische Fachkräfte sollten offen dafür sein, dass neue Begegnungen mit kulturellen Differenzen auch für sie »kulturbildend« sind:

> »Wenig reflektiert wird, dass sich unsere eigene Kultur mitentwickelt und verändert und dass unsere Entwicklungstheorien sich vor dem Hintergrund des Kontaktes mit ›Fremden‹ weiterentwickeln müssen« (Schepker 2017, S. 9).

6.5 Begleitung von Kindern in spezifischen Belastungssituationen

6.5.1 Kinder in Trauer

Zu den schwierigsten Belastungssituationen für Kinder und Jugendliche gehört zweifellos der Tod eines Familienmitglieds, besonders eines Elternteils oder eines Geschwisters. Kinder jeden Alters erleben eine tiefe Verunsicherung und eine fundamentale Veränderung ihres Alltags. Doch es gibt kaum Worte dafür – zumal die anderen (erwachsenen) Familienmitglieder in ihrer eigenen Trauer meist nur wenig Zeit und Raum für die Unterstützung des Kindes aufbringen. Kitas und Schulen können diese Krise nur auffangen, wenn sie personell und konzeptionell darauf vorbereitet sind und von den Familien klare Signale zur Unterstützung erhalten. Um den Bedarf an kompetenter Hilfe zu sichern, haben Hospizdienste oder konfessionelle Träger in einigen Regionen Trauergruppen und Beratungsstellen gegründet, die »Sternenland«, »Kinder in Trauer«, »Trauerland« oder »Begleitung nach dem Abschied« heißen. In ihnen sind pädagogisch und psychologisch ausgebildete Fachkräfte tätig, die altersentsprechende Angebote für Kinder und Jugendliche und ihre Familien vorhalten, Kitas, Schulen und Firmen beraten sowie Fortbildungen für Pädagog*innen und Lehrer*innen anbieten. Zusammengeschlossen sind diese Einrichtungen im »Bundesverband Trauerbegleitung e.V.«

In der akuten Situation des Sterbens oder des eingetretenen Todes wollen viele Erwachsene das Kind zunächst vor der Konfrontation mit dem Tod schützen (Hirschberg 2010, S. 5). Doch ein *Mantel des Schweigens* hilft dem Kind nicht, sondern fördert eher Ängste und Schuldgefühle. Diffuse Fantasien darüber, was geschehen ist und welche Bedeutung das für die Familie hat, sind oft schwieriger zu integrieren als das Ereignis selbst. Wenn der Tod nicht beim Namen genannt wird, kapselt sich das Kind vielleicht ab, versteht die aktuelle Situation nicht und fühlt sich unverstanden. Manches Kind entwickelt Konzentrations- und Lernstörungen, psychosomatische Symptome oder zeigt depressive oder aggressive Impulse. Auch regressive Tendenzen, also Rückzüge auf Entwicklungsstufen, die eigentlich bewältigt schienen, sind zu beobachten: Kinder in Trauer werden enorm anhänglich und bedürftig, verlangen nach dem Stofftier von einst, verändern ihre Essgewohnheiten oder nässen wieder ein. In dieser Situation benötigen sie Verständnis und Sicherheit. Ausgebildete Fachkräfte, die keine Angst vor den vielfältigen Formen der kindlichen Trauer haben, können ebenso hilfreich sein wie Gruppen von gleichaltrigen Kindern, die ebenfalls einen Verlust erlitten haben.

> »Erleben Kinder und Jugendliche, dass die Trauer eine gesunde Reaktion mit vielen Facetten auf einen schmerzlichen Verlust ist, (…) kann sich ihre Trauer mit der Zeit verändern und in ihr Leben integriert werden. Der Blick richtet sich nicht nur auf den Verlust, sondern auch auf eigene Ressourcen, auf ihre Gegenwart und Zukunft« (Fuchs 2021).

Der erste Kontakt erfolgt meist durch ein Familienmitglied, bisweilen auch durch eine Erzieherin oder Lehrerin. In der Beratungsstelle ermitteln die Beteiligten, also das erwachsene Familienmitglied, das Kind und die Trauer-Begleiterin gemeinsam, welche Unterstützung notwendig und sinnvoll ist. Neben Einzelgesprächen und kreativen Angeboten der Trauergestaltung (in Bildern, Collagen, Briefen oder Tagebüchern) sind es vor allem die Gruppen für (etwa) Gleichaltrige, die stabilisieren: Kinder und Jugendliche können hier die Erfahrung machen, dass sie in ihrer Trauer nicht allein sind und ihre Gefühle einen Ausdruck finden. Ebenso erleben sie, dass sie ohne Schuldgefühle schweigen, lachen und spielen können. Und die Kinder entscheiden selbst, wie lange ihnen die Unterstützung durch die Gruppe guttut. Die Erfahrung, dass es erleichternd ist, Erlebnisse, Gedanken und Sorgen miteinander zu teilen, ermutigt oft auch andere Familienmitglieder, den Trauerprozess offener zu gestalten.

Heilpädagog*innen sind für die Tätigkeit der Trauerbegleitung sehr gut geeignet, wenn sie die Fähigkeit besitzen, sich in die Gefühlswelt des Kindes hineinzuversetzen und mit der Trauer kreativ und angstfrei umgehen können. Erforderlich ist neben einer fundierten Beratungskompetenz meist eine spezifische Fortbildung zur Trauerbegleiterin sowie Erfahrungen in der Begleitung von Familien in Krisensituationen. Eine gute Selbstfürsorge, eine reflektierte Auseinandersetzung mit eigenen Verlust- und Trauererfahrungen sowie die Bereitschaft zur Überprüfung des eigenen Erlebens und Handelns im Team und in der Supervision sind Grundvoraussetzungen für diese Tätigkeit.

6.5.2 Kinder onkologisch erkrankter Eltern

Ein weiteres heilpädagogisches Arbeitsfeld kann die Begleitung von Kindern onkologisch erkrankter Eltern sein: Viele Mütter oder Väter mit einer Krebsdiagnose haben Kinder unter 18 Jahren, und die Erkrankung führt nicht nur zu physischen und psychischen Herausforderungen bei der erkrankten Person, sondern auch zu seelischen, sozialen und finanziellen Problemen in der Familie. Die Diagnose und die Behandlung prägen die Atmosphäre: Kinder, selbst sehr kleine, spüren intuitiv, dass eine Bedrohung besteht. Eltern und anderen Bezugspersonen mag es schwerfallen, Kindern zu eröffnen, dass ein Elternteil schwer (und für die Kinder unsichtbar) erkrankt ist. Die Erwachsenen sind stark mit ihren eigenen Ängsten und Alltagserfordernissen beschäftigt und haben wenig Energie, die Situation klar zu benennen. Und sie bemühen sich, den bisherigen Alltag aufrecht zu erhalten, um die Kinder nicht mit der Diagnose zu belasten. Doch die Erfahrung zeigt, dass die Unsicherheit der Kinder nur steigt, wenn die Erkrankung verschwiegen wird bzw. das Schweigen andauert (Heinemann et al. 2011).

Die schwierige Familiensituation führt zu unterschiedlichen Reaktionen: Kleine Kinder spüren, dass sich die elterliche Aufmerksamkeit verändert, fühlen sich alleingelassen und spüren den möglichen Verlust an Fürsorge und Trost. Im Vorschulalter sehen sich Kinder im Zentrum der Ereignisse und denken, dass die Erkrankung mit ihnen zusammenhängt. Ihre eigenen Erfahrungen mit Krankheiten bieten ihnen keine angemessene Folie zum Verständnis der Krebserkrankung des Elternteils. Kinder im Schulalter denken über Krankheit und Tod nach, wollen eventuell Details zur Behandlung und zur Prognose erfahren und sind mit Ängsten des Verlustes und der eigenen Sterblichkeit konfrontiert. Jugendliche neigen entweder zum sozialen Rückzug, wenn ein Elternteil an Krebs erkrankt ist, fragen kaum nach, werden in der Schule immer passiver oder aggressiver und suchen nach eigenen Wegen der Entlastung. Andere sind an medizinischen Informationen interessiert, übernehmen besonders viel Verantwortung und kümmern sich um die Aufrechterhaltung des familiären Alltags – oft mit der Tendenz zur Überforderung. Kinder und Jugendlichen aller Altersgruppen benötigen angemessene Formen der Beratung und Begleitung, die ihnen im Kontext der Familie oder der Nachbarschaft kaum geboten werden können.

An verschiedenen Orten stellen sich Beratungsstellen der Aufgabe, eine Unterstützung für Kinder und Jugendliche aus Familien mit einem an Krebs erkrankten Elternteil anzubieten. Sie heißen »Stiftung Phönikks« (in Hamburg), »Verein Lebensmut« (in München), »Tigerherz« (in Freiburg) oder »Flüsterpost« (in Mainz) und gehen davon aus, dass die Krebserkrankung kein Tabu-Thema sein darf, im Gegenteil: Kinder kommen mit der Realität eher zurecht, wenn sie die Stimmungen und Gefühle in der Familie einordnen können. Sie erfahren dabei, dass man mit Belastungen besser umgehen kann, wenn Offenheit unter den Beteiligten besteht. Und sie können ihre Fantasien und Schuldgefühle sowie ihre Fragen zur Sprache bringen: Ist Krebs ansteckend – werde ich auch krank? Ist Mama/Papa krank geworden, weil ich nicht artig war – bin ich schuld? Muss Mama/Papa sterben – wirst sie/er wieder gesund? Die Einzel- und Gruppenangebote bieten Raum für solche Fragen und Ängste, und daneben können die Kinder und Jugendlichen in kreativen Angeboten und bei Aktionstagen Freude und Freundschaft in der Gruppe erleben. Das Beratungsangebot richtet sich an manchen Orten auch an weitere Familienmitglieder sowie an Lehrer*innen, Erzieher*innen und interessierte Menschen. In der Regel sind die Angebote kostenfrei und werden über Spendengelder finanziert.

6.5.3 Kinder psychisch erkrankter Eltern

Etwa 3 Millionen Kinder leben in Deutschland mit psychisch erkrankten Eltern zusammen, 175.000 von ihnen sind jährlich mit der Aufnahme der Mutter oder des Vaters in eine psychiatrische Klinik konfrontiert. Lange Zeit wurde den Kindern psychisch erkrankter Eltern wenig Aufmerksamkeit geschenkt, erst in den letzten Jahren wurde ihre Situation umfassend erforscht (Wiegand-Grefe et al 2019). Studien zeigen, dass

- die Kinder psychisch erkrankter Eltern (aus medizinisch-psychiatrischer Sicht) eine vulnerable Gruppe darstellen: Sie sind besonders gefährdet, in ihrem späteren Leben selbst psychisch zu erkranken, so dass Maßnahmen der Prävention besonders notwendig sind;
- bei einigen von ihnen (aus juristischer Sicht) aufgrund der Erkrankung des Elternteils eine Gefährdung des Kindeswohls vorliegen kann, so dass Gerichte und Jugendämter aufgefordert sind, die Situation der Kinder zu prüfen;
- die Kinder (aus psychotherapeutischer Sicht) die Erlebnisse und Ängste mit ihrem erkrankten Elternteil nur schwer verarbeiten können, so dass therapeutische Unterstützung notwendig werden kann;

- die Kinder (aus heilpädagogischer Sicht) auch Stärken aufweisen, wenn sie die vielfältigen Belastungen nicht allein und ohne Besprechung ihrer Sorgen tragen müssen, so dass eine ressourcenorientierte Begleitung in Einzel- oder Gruppensettings sinnvoll sein kann (Lenz 2022).

Kinder psychisch erkrankter Eltern nehmen die Veränderungen im Verhalten der Mutter oder des Vaters sensibel wahr. Ihre Befürchtungen kreisen um folgende Aspekte: Sie haben Angst vor dem erkrankten Elternteil (kommt es zum Kontrollverlust, tut er/sie mir etwas an?), Angst um den erkrankten Elternteil (wird sie/er wieder gesund, tut sie/er sich etwas an?), Angst um den nicht-erkrankten Elternteil (erträgt sie/er die Situation, verlässt sie/er mich?) und Angst um sich selbst (ist die Krankheit vererbbar? werde ich auch so? ist alles meine Schuld?). Oft wirken die Kinder in ihrem Auftreten sehr vernünftig, weil sie eine Beobachtungsgabe für Stimmungen und Konflikte entwickelt haben. In den meisten Fällen aber bestimmen Gefühle der Verwirrung das Erleben der Kinder: Sie können die Atmosphäre und das veränderte Verhalten (z. B. bei affektiven Störungen, bei Borderline-Erkrankungen oder bei akuten psychotischen Schüben) nicht einordnen, müssen Loyalitätskonflikte ertragen, wenn sich die Situation zwischen den Eltern zuspitzt. Und sie leiden unter der Tabuisierung, die noch immer mit psychischen Erkrankungen verknüpft ist, können in der Kita, in der Schule oder in der Nachbarschaft meist nicht offen über die Situation daheim sprechen, ohne das Gefühl zu haben, den erkrankten Elternteil zu verraten.

Für Säuglinge und sehr kleine Kinder kann die psychische Erkrankung eines Elternteils gravierende Folgen für die Entwicklung zeigen: Handelt es sich um eine depressive Störung, die Überforderung, Antriebslosigkeit und Hoffnungslosigkeit signalisiert, kann das auch beim Säugling zu einem passiven, in sich gekehrten und wenig explorativen Verhalten führen. Geht der erkrankte Elternteil eher mit hoher Anspannung auf das Kleinkind zu, kann dies zu Abwehrverhalten mit viel Weinen und Schreien, gestörtem Schlaf- und Essrhythmus und dies wiederum zu weiteren Impulsdurchbrüchen bei dem erkrankten Elternteil führen. Ein Säugling, deren Mutter aufgrund einer so genannten Wochenbett-Psychose oder -Depression in den ersten Lebenswochen nicht als primäre Bindungsperson zur Verfügung steht, entwickelt eventuell eine ambivalente oder vermeidende, jedenfalls wenig sichere Bindung. Doch es ist keineswegs so, dass psychisch erkrankte Eltern grundsätzlich kein Interesse an ihren Kindern aufbringen, im Gegenteil: Viele lieben ihre Kinder, können sich jedoch phasenweise nicht ausreichend emotional und alltagspraktisch um sie kümmern. Und problematisch daran ist, dass Anfragen nach Unterstützung oft erst auftauchen, wenn psychische Krisen der betroffenen Elternperson und die Situationen der Überforderung in der Familie weit fortgeschritten sind.

Im Rahmen von Modellprojekten und inzwischen als Angebote der Regelversorgung bieten heute zahlreiche Beratungsstellen Begleitungskonzepte und vielfältige Handlungsansätze. In Kooperation mit Kliniken, Arztpraxen und Sozialdiensten geht es (in Einzel- oder Gruppenangeboten) um die kindgemäße Aufklärung über psychische Störungen und deren Behandlung, um die Stärkung und Entlastung der Kinder, um die Förderung individueller Bewältigungsformen oder um das Angebot von unbeschwerter Freizeitgestaltung. Die Projekte der Patenschaft in

Berlin und Bremen, die Hilfen für Kinder psychisch erkrankter Eltern im Rheinland (KipE), die »Auryn-Projekte« in Leipzig, Chemnitz, Trier, Münster und Frankfurt sind durch Gründungen von Bundes- und Landesarbeitsgemeinschaften für psychisch erkrankte Eltern und ihre Kinder inzwischen gut vernetzt, allerdings sind die meisten dieser Einrichtungen in ihrer Arbeit auf Spendengelder angewiesen. Fachkräfte der Heilpädagogik, der Sozialarbeit und der Psychologie sind aufgrund ihrer jeweiligen Kompetenzen in den Teams sehr geeignet, die Beratung und Unterstützung der Kinder und ihrer Familien vorzunehmen.

6.5.4 Kinder aus suchtbelasteten Familien

Die Anzahl an Kindern, die in Deutschland in suchtbelasteten Familien aufwachsen, konnte bislang nicht präzise erforscht werden; Studien gehen davon aus, dass ca. 4 Millionen Kinder und Jugendliche unter 18 Jahren in Familien leben, wo es zu riskantem Alkoholkonsum oder zum regelmäßigen Konsum von Cannabis, Kokain oder anderen psychoaktiven Substanzen kommt (Zobel 2017). Gesichert ist auch, dass eine elterliche Abhängigkeit in vielfacher Hinsicht ein Risiko für die kindliche Entwicklung darstellt: Schon bei der Geburt ist z. B. der Alkoholgehalt im Blut eines Säuglings so hoch wie der Blutalkoholgehalt im Kreislauf der Mutter, wenn diese in der Schwangerschaft Alkohol konsumiert. Die Wirkung kann Fehlbildungen verursachen bzw. zur fetalen Alkoholembryopathie (FAE) oder zum fetalen Alkoholsyndrom (FAS) führen (Sarimski 2014). Wachstums- und Bindungsstörungen, Entwicklungsbeeinträchtigungen und Angststörungen können die Folge sein, ebenso Auffälligkeiten im Sozialverhalten. In suchtbelasteten Familien kommt es oft zu massiven Formen der Vernachlässigung, zu körperlichen und/oder emotionalen Misshandlungen (Zobel 2017). Kinder, die früh Erfahrungen der Missachtung ihrer notwendigen Versorgung durchlebt haben und zentrale Entwicklungsschritte nicht erfolgreich bewältigen konnten, leiden oft ein Leben lang unter diesen Voraussetzungen und tragen ein dauerhaftes Risiko, selbst eine Suchtproblematik zu entwickeln (Klein et al. 2017).

Die Kinder können häufig keine tragfähigen Beziehungen zu Gleichaltrigen aufnehmen, leben unter schwierigen sozioökonomischen Bedingungen und erleben die Situation daheim als konflikthaft und belastend. Kinder aus drogenbelasteten Familien sind auch mit Phänomenen der Drogensubkultur (Trennungen, Beziehungsabbrüche wegen stationärer Aufenthalte, Beschaffungskriminalität, Prostitution, Strafverfolgung) konfrontiert. Schließlich sind sie den Stimmungsschwankungen des konsumierenden Familienmitglieds ausgesetzt – was übrigens auch für die Lebenswelt von Kindern glücksspielsüchtiger Eltern gilt: Pathologisches Spielen führt zu starker Verschuldung und damit zu Existenzunsicherheiten und Konflikten innerhalb der Familie. Kinder suchtkranker Eltern geraten in soziale Isolation, entwickeln Scham- und Schuldgefühle, erleben keine verlässliche Zuwendung und müssen Verantwortung für Eltern und Geschwister übernehmen (›Parentifizierung‹).

Unter dem Begriff der Resilienz ist allerdings bemerkenswert: Trotz vielfältiger Faktoren der sozialen und emotionalen Einschränkungen können Kinder aus suchtbelasteten Familien (ebenso wie die Kinder psychisch erkrankter Eltern) durchaus eine gesunde Entwicklung zeigen. Manche entfalten besondere soziale Kompetenzen, besitzen früher als andere Kinder die Fähigkeit zur Regulation ihrer Emotionen und zur Selbstreflexion oder organisieren vorausschauend den Alltag in der Familie. In den Angeboten der entsprechenden Begleitung gilt es, ihre Selbstwirksamkeitserfahrung zu stärken und sie von übermäßiger Verantwortung und von Schuldgefühlen zu entlasten. Dazu können sich (heil-)pädagogische Fachkräfte in entsprechenden Fortbildungen für die Arbeit mit diesen Kindern und den Risikofamilien die notwendigen Kenntnisse und Methoden aneignen und Unterstützung in Form von Beratung und Trainings anbieten (Klein et al. 2017). Themenfelder solcher Gruppentreffen können sein: Das eigene Selbstbild, der Umgang mit Gefühlen, die spezifische Suchterkrankung des Elternteils und die Suchtprävention. Ergänzend zur Gruppe werden Einzelberatungen angeboten; die Teams in diesem Bereich sind multiprofessionell besetzt, bestehend aus Fachkräften der Sozialarbeit, der Heilpädagogik und der Psychologie.

6.5.5 Junge Mütter (und Väter) und ihre Kinder

Zu den Kindern, die unter besonderen und belastenden Bedingungen aufwachsen, gehören jene, deren Eltern selbst noch sehr jung sind. Die Situation dieser »Teenager-Eltern« ist oft geprägt durch Unsicherheiten bezüglich der Verantwortung und durch Fragen, wie sie mit der häufig ungewollten Situation umgehen können und wie die eigenen Freizeitwünsche oder die Ausbildungssituationen mit der Elternschaft in Einklang zu bringen seien. Nicht selten hemmen eigene ungünstige Bindungs- und Erziehungserfahrungen daran, dem Kind eine sichere Basis zu geben und die Anforderungen in der Partnerschaft zu meistern.

Zahlreiche Einrichtungen unterschiedlicher Träger bieten schwangeren Frauen und jungen Müttern ab dem 14. Lebensjahr, die nicht in ihrem bisherigen Lebensumfeld bleiben und nicht allein für ihr Kind Sorge tragen können, differenzierte Angebote der Begleitung, Beratung und Unterstützung an. Rechtliche Grundlage dafür ist der § 19 des SGB VIII, d.h. die Angebote der Beratung, Begleitung und Unterstützung sind sicher finanziert. Wenn die Mutter zustimmt, kann auch der Vater in das Angebot der pädagogischen Begleitung einbezogen werden, um die Verantwortung für die gemeinsame Elternschaft sowie die emotionalen, sozialen und alltagspraktischen Kompetenzen zu stärken.

Die Aufgaben der pädagogischen Fachkräfte bestehen darin, die jungen Eltern dabei zu unterstützen, ihr Kind und ihre neue Rolle anzunehmen, eine tragfähige Eltern-Kind-Beziehung zu entwickeln, ggf. bei der Pflege und Versorgung des Kindes zu helfen, Spielangebote für das Kind vorzuhalten, bei Behördengängen zu unterstützen und zur eigenständigen Haushaltsführung und selbstbestimmten Lebensgestaltung anzuregen.

Manche dieser Einrichtungen sind als Tagesgruppen konzipiert, einige bieten jungen Eltern und ihren Kindern ein betreutes Einzelwohnen in deren Wohnungen an und sind bemüht, das Bestreben nach Autonomie und selbstbestimmter Lebensgestaltung der Mütter und Väter in der eigenen Wohnung zu stützen und sie gleichzeitig – mit Blick auf den Schutz des Kindeswohls – zu einem feinfühligen Handeln ihrem Kind gegenüber anzuleiten. Andere Einrichtungen weisen eine Palette an unterschiedlichen Wohn- und Unterstützungsformen vor: neben Apartments für Mütter und ihre Kinder gibt es Intensivgruppen sowie Trainingswohnungen für Mütter, die einen sicheren Rahmen suchen, weil sie aufgrund von Krisen einen entsprechenden Ort für sich benötigen. Mit Hilfe ausgewählter Konzepte werden in vielen Einrichtungen elterliche Kompetenzen gestärkt und das eigenen Erziehungsverhalten reflektiert. Zu diesen Konzepten zählen beispielsweise »SAFE« (Brisch 2020), »STEEP« (Erickson & Egeland 2009), »PEKiP« (Polinski 2021) oder »Primäre Prävention« (Schneewind & Berkic 2007), wobei einige Programme nicht nur für sehr junge Mütter und Väter konzipiert sind, sondern auch für Eltern, die aus psychosozial belasteten Familien stammen, selbst unzureichende Bindungen erlebt haben und von der Anleitung zur elterlichen Feinfühligkeit profitieren können; denn in den Kursen geht es nicht um den perfekten, sondern um einen ausreichend guten Umgang mit dem Kind.

6.6   Begleitung von Eltern mit Beeinträchtigungen

Von Selbstbestimmung und Empowerment, von Inklusion und Partizipation, von Lebensqualität und Assistenz ist meist dann die Rede, wenn es um die gesellschaftliche und die berufliche Teilhabe, die Entwicklung von inklusiven Angeboten der Bildung, des Wohnens, der Kultur und Freizeit oder um die gesundheitliche Versorgung geht. Die Themen Sexualität, Partnerschaft und Kinderwunsch von Menschen mit Beeinträchtigungen kommen hingegen seltener in den Blick. Dabei ist auch hier die UN-BRK bedeutsam, die in Art. 23 die Vertragsstaaten verpflichtet, Diskriminierungen in Bezug auf Elternschaft, Ehe und Familie zu beseitigen. Konkret nennt die Konvention das Recht von Menschen mit Behinderungen, Ehen zu schließen, Familien zu gründen und selbstbestimmt zu entscheiden, ob, wann und wie viele Kinder sie bekommen. Und sie verpflichtet auch dazu, den altersgemäßen Zugang zu Informationen und Beratung in diesem Themenbereich zu sichern.

Wenn Eltern aufgrund einer Sinnesbeeinträchtigung oder einer Körperbehinderung Unterstützung im Kontext der Familie benötigen, dann kann die *Elternassistenz* eine pädagogische Aufgabe sein. Im Bundesteilhabegesetz (§ 78 Abs.1 & 3 SGB IX) ist dazu (erstmals) die Rechtsgrundlage für eine solche Assistenzleistung geschaffen worden. Bei einfachen Assistenzleistungen kann es sich um praktische Hilfen im Alltag handeln. Qualifizierte Assistenzleistungen sehen z. B. Formen der Kinderbetreuung vor, um gewisse Bildungs- und Betreuungsangebote zur altersgerechten Entwicklung des Kindes zu ermöglichen, die von den Eltern aufgrund ihrer Beeinträchtigung nicht geleistet werden können (z. B. Vorlesen, Spielplatzbeaufsichtigung, Mobilität, Erlernen des Fahrradfahrens). Ob und ggf. welche Dienstleistungen oder Hilfsmittel in Anspruch genommen werden, entscheiden und beantragen die Eltern in der Regel selbst, und zwar auf der Grundlage des SBG IX § 90 Abs. 5; dort ist geregelt, dass die Elternassistenz eine Leistung zur sozialen Teilhabe darstellt, also die gleichberechtigte Teilhabe am Leben in der Gemeinschaft ermöglicht oder erleichtert.

Neben dieser Elternassistenz gibt es – und hier sind heilpädagogische Kompetenzen besonders relevant – die *Begleitete Elternschaft*, die Eltern mit kognitiven Beeinträchtigungen unterstützten soll, um ihre Erziehungskompetenzen zu stärken und ein gutes und förderliches Zusammenleben in der Familie zu ermöglichen. Der Blick richtet sich sowohl auf die Grundbedürfnisse der Kinder als auch auf die Sicherung ihrer Entwicklungschancen. Begleitete Elternschaft ist angesiedelt an der – bisweilen konflikthaften – Schnittstelle von Jugendhilfe und Behindertenhilfe: Die Jugendhilfe richtet ihr Augenmerk auf die Interessen der Kinder und Jugendlichen und damit vor allem das Kindeswohl, »dessen Gefährdung als Legitimationsgrundlage [...] für staatliche Eingriffe ins elterliche Sorgerecht« (Lenz et al. 2010, S. 237) dienen kann; die Behindertenhilfe befasst sich primär mit den »Interessen der Eltern und deren Recht auf Selbstbestimmung und auf gleichberechtigte Teilhabe« (ebd., S. 238).

Zur Entwicklung der Begleiteten Elternschaft: Dass Menschen mit kognitiven Beeinträchtigungen Eltern werden, galt lange Zeit als ein »Bruch der gesellschaftlichen Normalitätserwartungen« (Pixa-Kettner & Rischer 2013, S. 251); auch heute sind Reaktionen auf eine Schwangerschaft bzw. auf den Kinderwunsch von jungen Menschen mit der Diagnose ›geistig behindert‹ oft emotionsgeladen und ablehnend: »Wie stellen die sich das vor?« »Das schaffen die doch nie!« Die Skepsis ist nicht nur im sozialen Umfeld, sondern auch bei den Eltern (also den zukünftigen Großeltern) anzutreffen, die befürchten, dass ihre Sorge nun auf die Erziehung und Pflege des Enkelkindes übergeht. Und auch pädagogische Fachkräfte zeigen Vorbehalte, weil sie die betreffenden Eltern aus Einrichtungen des Wohnens oder der Beschäftigung kennen und nicht sicher sind, ob sie die notwendigen Kompetenzen für eine Elternschaft aufweisen. Aber was sind notwendige Kompetenzen für eine Elternschaft? Und wer hat das Recht, diese bei der Gruppe der Eltern mit kognitiven Beeinträchtigungen in Zweifel zu ziehen, während andere junge Menschen natürlich ›ungeprüft‹ Eltern werden?

Es waren die Studien von Ursula Pixa-Kettner und ihrem Team in Bremen, die den Stein ins Rollen brachten und auch den Begriff der *Begleiteten Elternschaft* prägten: In ihrer ersten Studie von 1996 dokumentierte sie 969 Elternschaften mit 1366 Kindern in 1700 befragten Einrichtungen (Pixa-Kettner, 1996); elf Jahre später waren es bei einer Folgeuntersuchung 1584 Elternschaften mit 2199 Kindern (Pixa Kettner, 2007). Diese Zahlen machten deutlich, dass man sich nicht bei der Frage aufhalten konnte, ob junge Menschen mit ›geistiger Behinderung‹ Eltern werden dürfen – sie waren es bereits. Und es zeigte sich, dass eine fundierte und reflektierte Begleitung dazu beiträgt, dass eine mögliche Gefährdung des Kindeswohls weitgehend verhindert werden kann, wenn die Eltern bei der Tages- und Lebensstrukturierung, beim Aufbau eines tragfähigen sozialen Umfelds, vor allem bei Fragen der Erziehung und Förderung der Kinder angemessen begleitet werden. Damit stieg bei vielen betreffenden Eltern die Akzeptanz dieser Unterstützungsleistung, andere empfanden es aber auch als spannungsreich und befremdlich, dass ihre Form der

Erziehung und ihr Zusammenleben in der Familie dauernd beobachtet und bewertet wurde bzw. wird (Düber et al. 2021).

In Bremen, in Nordrhein-Westfalen, in Hamburg und Berlin entstanden in den folgenden Jahren Initiativen der Begleiteten Elternschaft, die 2002 zur Gründung einer Bundesarbeitsgemeinschaft führten, in der systematisch über Fragen des Kindeswohls und des Elternrechts, der Finanzierung von Angeboten zur Begleiteten Elternschaft in stationären und ambulanten Settings, der Kooperation von Jugendhilfe und Eingliederungshilfe, der Vernetzung und Konzeptentwicklung nachgedacht wurde. Unabhängig von der spezifischen Ausgestaltung der Begleiteten Elternschaft wurde die Erfahrung geteilt, dass es vorrangig darum geht, die Mütter und Väter in der Gestaltung ihrer Elternrolle zu stärken, damit sie diejenigen sind und bleiben, die Entscheidungen für sich und ihre Kinder treffen (BAG – Begleitete Elternschaft).

Unterschiedliche Einrichtungen der Begleiteten Elternschaft: Mit dem Begriff der Begleiteten Elternschaft verbinden sich sehr unterschiedliche Konzepte und Unterstützungsformen: Im ambulanten Setting (z. B. Lebenshilfe Bremen, Mobile e.V. Dortmund, Stiftung Liebenau Singen) werden die Familien in ihrer eigenen Wohnung durch pädagogische Fachkräfte bei der Pflege, Erziehung und Versorgung der Kinder unterstützt und in psychosozialen Fragen begleitet. Dies kann auch im Ambulant Betreuten Wohnen (ABW) bzw. durch die Sozialpädagogische Familienhilfe (SPFH) geschehen (z. B. in Darmstadt und Hamburg). In stationären Settings (z. B. in Aalen, Berlin, Bielefeld, Köln) bietet die Einrichtung der Behindertenhilfe sowohl die Apartments (oft mit Spielzimmer, Gemeinschaftsküche, Garten mit Spielgeräten) als auch das feste Team an Bezugsmitarbeitenden. Kombinierte Projekte (z. B. in Rostock) bieten individuelle Betreuung der Eltern und ihrer Kinder zunächst in einem ›Stammhaus‹ und ergänzen dann, bei Stabilisierung und Wunsch nach mehr Eigenständigkeit, flexible ambulante Hilfen. Und es gibt das Angebot der Unterstützung in Gastfamilien (z. B. in Ravensburg), wo Mütter mit Beeinträchtigungen bereits in der Schwangerschaft aufgenommen und in den ersten Lebensjahren des Kindes begleitet werden.

Begleitete Elternschaft im Alltag: Manche Eltern benötigen Unterstützung im lebenspraktischen Bereich (Wohnungsangelegenheiten, Ernährung, Wäschewechsel, Umgang mit Geld) und im Umgang mit Behörden. (Heil-)Pädagogische Fachkräfte begleiten die Eltern mit Beeinträchtigungen auch bei den Gesamt- und Teilhabekonferenzen, die über die Erbringung der Leistung entscheiden. Bezüglich der Kinder gilt es zu klären, was das Kind in der jeweiligen Entwicklungsphase benötigt, welche Pflege- und Gesundheitsaspekte zu beachten sind, welche Spielanregungen gegeben werden können oder wie ein kindgerechter Tagesablauf aussehen kann. Die Auseinandersetzung (und mögliche Stigmatisierung) mit der Behinderung, mit eigenen Ängsten und wahrgenommenen Vorbehalten kann ebenso ein Thema sein wie die Frage nach der angemessenen Erziehung und Förderung der Kinder, wenn diese älter werden, in ihren Kompetenzen die Eltern übertreffen, mit Schulproblemen oder Pubertätskrisen konfrontiert sind.

> »Damit dies gelingt ist es notwendig, die spezifischen Bedingungen und Herausforderungen, die diese Elternschaft mit sich bringt, nicht zu ignorieren, sondern – im Gegenteil – mehr fundiertes Wissen darüber zu gewinnen« (Orthmann Bless 2021, S. 7).

Professionelle Kompetenzen in der Begleiteten Elternschaft: Die Fachkräfte in der Begleiteten Elternschaft sind in der Motivation, Begleitung und Beratung tätig. Zu ihrem Aufgabenkreis gehört die Unterstützung bei Terminen im Jugendamt, in der Schule, beim Arzt, bei Anmeldungen der Kinder in Sportvereinen, ebenso die Erläuterung der Mitteilungen von Behörden und Krankenkassen, eventuell auch die Entwicklung geeigneter beruflicher Perspektiven für die Eltern. Heilpädagogische Kompetenzen können besonders gefragt sein bei der Einschätzung der Lernschwierigkeiten der Eltern, z. B. in Bezug auf das Erfassen von komplexen Sachverhalten. Lässt sich eigenes Handeln in Worte fassen, damit Reflektionsgespräche konstruktiv verlaufen? Wie können Handlungsalternativen entwickelt werden, ohne Kränkungen und Gefühle des Versagens hervorzurufen? Ist die Fähigkeit, von eigenen Erfahrungen zu abstrahieren und sich in die Welt des Kindes einzufühlen, vorhanden? Das Video-Home-Training kann hier hilfreich sein, weil es zum Gespräch einlädt und die Interaktionen zwischen Eltern und Kindern anschaulich zeigt. Auch Freizeitangebote können den Erfahrungsaustausch fördern und neue Handlungsformen erproben.

Dabei muss berücksichtigt werden, dass nicht alle Eltern die Angebote der Begleiteten Elternschaft freiwillig und unvoreingenommen annehmen können: Manche empfinden die Beratung bei Fragen der Geldausgaben, der Ernährung, der Tagesgestaltung und der Erziehung als Übergriffe, sehen sich aber gezwungen, die Begleitete Elternschaft anzunehmen, »wenn sie nicht Gefahr laufen wollen, dass ihre Kinder fremdplatziert werden« (Pixa-Kettner & Rischer 2013, S. 261). Denn Eltern mit kognitiven Beeinträchtigungen haben selbst häufig Erfahrungen mit Gewalt, Missbrauch und Vernachlässigung in der eigenen Kindheit gemacht (Orthmann Bless 2016) und sind sehr feinfühlig, wenn sie Eingriffe in ihr Handeln erleben. Es ist also für die pädagogische Fachkraft immer ein Balanceakt, Momente der Fremdbestimmung zu minimieren, das Selbstbestimmungspotenzial zu aktivieren und nicht eine völlige »Anpassung an gesellschaftliche Normalitätsstandards« (Lenz et al 2010, S. 16) anzustreben.

Neben einer guten und reflektierten Regulation von Nähe und Distanz ist die Verwendung eine angemessene Sprache besonders wichtig, wobei auch Piktogramme und Bilder eingesetzt werden können. Inzwischen haben die Anbieter der Begleiteten Elternschaft ihre Internet-Auftritte meist auch in Leichter Sprache gestaltet, daneben gibt es zahlreiche Infomaterialien und Broschüren zum Thema bzw. zu grundsätzlichen Aspekten der Elternschaft von Menschen mit Beeinträchtigungen, so z. B. ein Familienkompass der Landeshauptstadt Hannover (www.hannover.de/familienkompass) oder Eltern-Assistenz-Ratgeber des bbe e.V. (Bundesverbandes behinderter und chronisch erkrankter Eltern).

Ausblick: Der menschenrechtsbasierte Ansatz der Konvention macht grundsätzlich deutlich, dass für Eltern mit Behinderungen die gleichen Rechte und Pflichten gelten wie für alle anderen Eltern auch (Orthmann-Bless 2021, S. 7). Eltern mit kognitiven Beeinträchtigungen sind so zu unterstützen, dass sie als Familien dauerhaft gemeinsame Lebensperspektiven entwickeln können und gleichzeitig das Wohl der Kinder gesichert ist. Studien (Orthmann-Bless & Hellfritz 2016) zeigen, dass die Formen der Begleiteten Elternschaft im Zuge der Umsetzung des Artikels 23 der UN-BRK zugenommen haben, aber häufig nicht ausreichend bzw. nicht wohnortnah verfügbar sind. Es besteht ein Bedarf an Beratung, der nicht trägergebunden sein muss (z. B. in einer EUTB), an flexiblen Angeboten der Begleitung in einem möglichst normalen Wohnumfeld mit guter barrierefreier und inklusiver Infrastruktur und an einer guten Kooperation mit Sozial-Pädiatrischen Zentren und den Sozialverwaltungen bzw. der Leistungsträgern. Die Fortbildung der multiprofessionellen Teams ist ebenfalls noch erweiterungsbedürftig.

6.7 Begleitung von älteren Menschen mit Beeinträchtigungen

Wer eine heilpädagogische Ausbildung beginnt, richtet das Augenmerk der angestrebten Praxis meist auf die Begleitung von Kindern im Vorschul- und Schulalter, auf die Beratung von Familien, auf die Teilhabe von erwachsenen Menschen mit Assistenzbedarf in Bereichen des Wohnens, der Arbeit sowie der gesellschaftlichen Partizipation oder auf die pädagogisch-therapeutische Arbeit in klinischen Handlungsfeldern. Das Spektrum an Zielgruppen und Tätigkeitsbereichen der Heilpädagogik ist jedoch weiter und umfasst auch die Arbeit mit Seniorinnen und Senioren, die in das Blickfeld der Profession rücken (Schmalenbach 2016a). Die Wissenschaft unterscheidet dabei zwischen Menschen, die ein Leben mit einer Beeinträchtigung geführt haben (Aeging with disability), und jenen, deren Leben in einer späten Lebensphase beeinträchtigt wurde (Aeging into disability) (Dieckmann 2022). Zur ersten Gruppe zählen Personen mit vorgeburtlichen oder früh erworbenen Beeinträchtigungen und Exklusionsrisiken, die Assistenz benötigen; die zweite Gruppe betrifft Personen, die im fortgeschrittenen Alter eine Beeinträchtigung entwickeln und nun einen erhöhten Unterstützungsbedarf aufweisen. Die Hintergründe für die hohe Nachfrage an heilpädagogischen Leistungen bei älteren Menschen sind unterschiedlich:

a) Menschen mit Beeinträchtigungen erreichen heute – wie andere Seniorinnen und Senioren auch – ein höheres Lebensalter. Ihr Eintritt in den Ruhestand erfordert andere Unterstützungsleistungen als in ihren vorangegangen Lebensphasen (Dieckmann 2022).
b) Für Maßnahmen der gesundheitlichen Prävention benötigen Menschen mit kognitiven oder psychischen Beeinträchtigungen eine Begleitung, da weder die Versorgungsstrukturen noch die gesundheitsbezogenen Informationen auf ihren Bedarf abgestimmt sind (Schäper 2021).
c) Die Zahl an Demenzerkrankungen steigt kontinuierlich an; dies gilt für Personen, die zuvor keine Anzeichen einer Behinderung hatten, ebenso wie für beeinträchtigte Menschen, die im Falle von genetischen Dispositionen besonders gefährdet sind (Gusset-Bährer 2018).

d) Psychische Erkrankungen bei älteren Menschen werden häufiger: Dies gilt neben demenziellen Erkrankungen auch für Depressionen (Hautzinger 2016), Angststörungen (Schmidt-Traub 2011) sowie für Sucht- bzw. Abhängigkeitserkrankungen (Wolter 2010).
e) Chronische Erkrankungen mit hohem Pflege- und Assistenzbedarf nehmen zu. Die betreffenden Menschen sollten dadurch nicht ihren Anspruch auf individuelle Leistungen der Eingliederung verlieren und in Pflegeeinrichtungen eingewiesen werden; schließlich gilt der Art. 19 der UN-BRK auch für sie und spricht ihnen das Recht zu, ihren Aufenthaltsort frei zu wählen und selbst zu entscheiden, wo und mit wem sie leben möchten (Kruse 2021; Schäper 2021).

6.7.1 Das Bild vom Alter – die Bewältigung des Alterns

Menschen gehen unterschiedlich mit der Anerkennung und Bewältigung ihres Alterns um: Manche ziehen sich aus Verpflichtungen und sozialen Kontakten zurück und realisieren vor dem Hintergrund schwächer werdender Kräfte, dass Zufriedenheit auch darin bestehen kann, sich mehr um sich selbst zu kümmern. Andere fühlen sich befreit vom Druck des Arbeitslebens, verstärken ihre Aktivitäten, genießen die Möglichkeit, das zu tun, was sie schon immer wollten, und erleben sich zufriedener als vor ihrem Ruhestand; andere hören gar nicht auf, das zu tun, was sie schon immer getan haben, arbeiten genauso viel wie zuvor, wollen ihre Erfahrungen einbringen und gehen davon aus, dass ihre Kompetenzen unverzichtbar sind. Diese Bewältigungsformen des Alterns sind weitgehend dem Bild der ›jungen Alten‹ zuzuordnen: materiell abgesichert, sozial eingebunden, rüstig, reiselustig und ehrenamtlich aktiv. Dieser positiv konnotierten Seite vom Alter stehen die ›alten Alten‹ gegenüber, die seh-, hör- und mobilitätseingeschränkt, sturzgefährdet und pflegebedürftig sind (Pichler 2010):

> »Nicht nur als Zielgruppe für die Konsumindustrie sind die ›jungen Alten‹ interessant geworden, sondern ihnen wird im Paradigma des aktivierenden Sozialstaates darüber hinaus eine aktive Rolle im Gemeinwesen zugesprochen. (…) Die ›alten Alten‹ dagegen werden überwiegend als unproduktiv attribuiert. Die Personengruppe der älteren Menschen, die von Geburt an oder seit ihrer Kindheit mit einer Behinderung leben, ist in der Regel einem doppelt defizitären Blick ausgesetzt, denn sie wird nicht nur als ›alt‹, sondern auch als ›behindert‹ wahrgenommen. Sie sind besonders gefährdet, nicht (mehr) als Subjekte wahrgenommen, sondern auf den Status als hilfsbedürftige Objekte von Pflege reduziert zu werden. (…) Sie bleiben auf stationäre Lebenskontexte verwiesen und werden als ›nicht inklusionsfähig‹ deklariert« (Frewer-Graumann & Schäper 2015, S. 172).

Bei den betreffenden Personen werden altersbedingte Veränderungen oft nicht als solche erkannt, sondern als Teil der Beeinträchtigung gesehen (Franz 2016). Die Fokussierung allein auf die Defizite mündet schließlich in einer »Kumulation von Negativzuschreibungen« (Dieckmann et al. 2013, S. 17). Älter werdende Menschen mit Beeinträchtigung spüren diese Stigmatisierung und erleben, dass sie nicht dazu gehören, dass ihre Teilhabemöglichkeiten geringer werden und ihre Lebensqualität sinkt. Für Personen mit demenziellen Erkrankungen ebenso wie für diejenigen, die ihr Leben aufgrund einer Beeinträchtigung zu einem erheblichen Teil in Einrichtungen der Behindertenhilfe verbracht haben, stellt sich die Frage nach dem Erhalt der sozialen Teilhabe umso mehr. Eigentlich wären strukturelle und organisatorische Umgestaltungen sowie Erweiterungen der pädagogisch-psychologischen Begleitung älter werdender Menschen mit Beeinträchtigung längst notwendig (Schuppener et al. 2021, S. 295). Und es wäre zu fragen, wo Menschen mit und ohne Behinderung zusammenkommen können, wie die Quartiere und ihre Infrastruktur zu gestalten wären, um das Zugehörigkeitsgefühl vor Ort zu stärken.

Hier könnte die heilpädagogische Aufgabe darin bestehen, alle älteren Menschen in ihrem Recht auf gemeindenahes und selbstbestimmtes Wohnen zu unterstützen. Die Quartiersentwicklung hat auf die Lebenslagen älterer Menschen einzugehen und entsprechende Dienstleistungen anzubieten (Schuppener et al. 2021, S. 307). Dass assistierte Wohngemeinschaften auch für Menschen mit kognitiven Beeinträchtigungen, die zusätzlich dementiell erkrankt sind, mit einer fundierten Begleitungsstruktur möglich sind, zeigen Erfahrungen einer solchen Einrichtung in Hamburg (Gusset-Bährer 2012). Für manche Menschen mit Beeinträchtigungen könnten sich auf diesem Feld ganz neue Erfahrungen ergeben: Sie haben ihr Leben vielleicht von Kindheit an in Anstalten und Heimen verbracht, verfügen im Alter kaum noch über familiäre Bindungen, soziale Kontakte sind begrenzt, Arbeitskollegen aus der Werkstatt mit Beginn des Ruhestands außer Reichweite, Partnerschaften und Liebesbeziehungen auf den Wohngruppen hat es für sie vielleicht nie gegeben, eine eigene Familie konnten sie nicht gründen. Altersbedingt zunehmende motorische und kommunikative Beeinträchtigungen machen es nicht leichter, neue soziale Kontakte zu knüpfen. Sie verfügen über bescheidene finanzielle Mittel und haben kein Vermögen ansparen können. Manche von ihnen haben traumatische Erfahrungen machen müssen (Dieckmann 2022). Ihr Selbstbild ist geprägt von Erfahrungen des Ausgeschlossenseins. Aber auch für sie sollten sich im Alter neue Chancen eröffnen, sich nicht gebrechlich und abgeschoben zu fühlen, sondern frei vom Arbeitsdruck nun mehr Zeit für Freizeitaktivitäten zu haben, die bei guten Bedingungen im Wohnquartier inklusiv strukturiert sein sollten.

Dementielle Erkrankungen treten bei Menschen mit kognitiven Beeinträchtigungen häufig auf, bisweilen werden sie als fünfmal höher (Schuppener et al. 2021, S. 299) eingeschätzt als in der übrigen Bevölkerung. Bei Menschen mit Down-Syndrom kann der Erkrankungsbeginn deutlich früher liegen, ca. 18% der 50–54 Jährigen, 32% der 55–59 Jährigen und 36% der über 60-Jährigen zeigen die Symptome einer Demenz (Haveman & Stöppler 2020). Vor diesem Hintergrund werden jedoch in den Einrichtungen der Behindertenhilfe häufig vorschnelle Annahmen bezüglich einer Demenzerkrankung getroffen und andere Möglichkeiten (Depression, Schilddrüsenunterfunktion, Parkinson-Krankheit) nicht systematisch überprüft. Die Tatsache, dass die gängigen Testungen zum Screening dementieller Erkrankungen, beispielsweise der Mini Mental State Test (MMST), bei Menschen mit kognitiven Beeinträchtigungen kaum einsetzbar sind, verlangen von den Fachkräften in der Behindertenhilfe ein sehr genaues Beobachten der Veränderungen; ein wiederholtes Befragen des körperlichen Befindens, ein Einschätzen der kognitiven Fertigkeiten und Fähigkeiten und die Dokumentation des Verhaltens bzw. möglicher Verhaltensauffälligkeiten über einen längeren Zeitraum sind notwendig, um zu prüfen, ob die Einschränkungen auf eine dementielle Entwicklung zurückzuführen sind (Deutsche Alzheimer Gesellschaft 2022).

6.7.2 Methodische Ansätze:

Zahlreiche Methoden kommen in der heilpädagogischen Begleitung älterer Menschen zum Einsatz. Manche sind auf Menschen mit kognitiven und komplexen Beeinträchtigungen oder Personen mit Demenzerkrankungen abgestimmt (Positive Personenarbeit, 10-Minuten-Aktivierung, Selbsterhaltungstherapie, Validation), andere werden in unterschiedlichen Altersgruppen eingesetzt (Kunsttherapie, Musiktherapie, Biografiearbeit, Kreatives Geschichtenerfinden, Gartenarbeit, tiergestützte Therapien, Basale Stimulation).

Die *Positive Personenarbeit* nach Tom Kitwood orientiert sich am Grundbedürfnis des Menschen, tätig und sinnvoll beschäftigt zu sein:

> »Beschäftigt sein heißt in diesem Sinne, Dinge geschehen zu lassen und Wirkungen beim Gegenüber hervorzurufen. Es bedeutet aber auch, sich selbst und seine Fähigkeiten zu leben und zu erleben bzw. neu zu entdecken und damit das Selbstbewusstsein zu stärken« (Mierelmeier & Wandrey 2016, S. 33).

Dabei wir die Person als einzigartig erkannt und in ihren jeweiligen Kompetenzen gestärkt (Kitwood 2019). Die *10-Minuten-Aktivierung* ist vorgesehen für Menschen mit Demenz in einem fortgeschrittenen Stadium, die nur wenig am Alltagsgeschehen beteiligt sind. Durch Zeigen, Herumreichen und Anfassen von Gegenständen aus vergangenen Zeiten, die in Bezug stehen zum Leben der betreffenden Person(en), können Erinnerungen und Emotionen wachgerufen werden (Schmidt-Hackenberg 2013). Die *Selbsterhaltungstherapie* (SET) zielt ab auf die Teilhabe dementiell erkrankter Personen am Alltagsgeschehen und wendet sich systematisch der Anpassung des sozialen und materiellen Umfeldes an die Bedürfnisse der Betroffenen zu. Dazu gehören angemessene, bestätigende Kommunikationsformen, die optimale Nutzung vorhandener Ressourcen und die Erinnerungsarbeit, um das Selbstvertrauen der Person zu stabilisieren (Zerfass & Romero 2021).

Das primäre Ziel der *Validation* ist es, den aktuellen Stress des dementiell erkrankten Menschen zu reduzieren, Konflikte aus der Vergangenheit im neuen Licht zu sehen und probeweise zu lösen und das Selbstwertgefühl zu stärken. Sekundäres Ziel der *Validation* ist es, den sozialen Rückzug zu verhindern, zur Verbesserung der verbalen und nonverbalen Kommunikation beizutragen und den Einsatz von (chemischen und physikalischen) Zwangsmitteln zu reduzieren. Für Naomi Feil sind alle Menschen einzigartig und als Individuen zu behandeln, ihr auffälliges Verhalten ist nicht nur Folge anatomischer Veränderungen im Zusammenhang mit der Demenz, sondern meist das Ergebnis einer Kombination von körperlichen, sozialen und psychischen Veränderungen, die ihren Hintergrund in der jeweiligen Lebensgeschichte haben. Da schmerzliche Gefühle stärker werden, wenn man sie ignoriert und unterdrückt, sollte man ihnen mit Einfühlung begegnen, was zu einem größeren Vertrauen führt, die Angstzustände verringert und die Würde wieder herstellt (Feil & de Klerk-Rubin 2017). *Validation* nach Nicole Richard fragt danach, was beim Verhalten eines dementiell erkrankten Menschen das verborgene Gefühl sein könnte. Es gilt, dieses Gefühl zuzulassen, zu akzeptieren und wertzuschätzen und damit auch das Verhalten, welches mit dem Gefühl verbunden ist, zu bestätigen. Verwirrte und verwirrende Gefühls- und Verhaltensäußerungen sollten weder korrigiert noch abgeschwächt werden, auch sollte die verwirrte Person nicht um allen Preis »in unsere Realität« zurückgeholt werden (Richard 2016; Dammert et al. 2016).

Kunsttherapeutische Angebote für ältere Menschen können eine Brückenfunktion einnehmen zwischen den Erlebniswelten von Menschen mit und ohne Beeinträchtigungen und ihren jeweiligen Lebenserfahrungen (Poppe & Schuppener 2015). Im Sinne der sensorischen Integration sprechen sie viele Sinnesbereiche an (Sehen, Tasten, Riechen, Schmecken, Hantieren). Erinnerungen werden dabei wach, die Orientierung und das Selbstwertgefühl werden gestärkt. Im eigenen kreativen Tun oder in der Betrachtung von Bildern, im Betasten von Skulpturen und im Besuch eines Museums sind heute Menschen mit kognitiver Beeinträchtigung oder dementieller Erkrankung durchaus willkommen und profitieren von diesen Erfahrungen (Menzen 2008; Hampe & Wigger 2020). *Musiktherapeutische* und *musikpädagogische* Angebote für ältere Menschen mit und ohne Beeinträchtigung können positive Emotionen wachrufen, Trost, Freude und Stärke für die einzelne Person und die Gruppe vermitteln, besonders dann, wenn eine gewisse Bindung zur Musik (unterschiedlichster Art: von Schlagern und Volksmusik, Pop und Jazz bis zur Klassik) besteht, wenn Gesang und Tanz in der Vergangenheit eine Rolle gespielt haben oder wenn in der Gegenwart die Verbalsprache nicht oder nur begrenzt zur Verfügung steht. *Musiktherapie* kann Aktivität und Spannung regulieren, sich auf Stimmungslagen positiv auswirken, bei psychischen und psychosomatischen Erkrankungen sowie bei körperlichen und kognitiven Beeinträchtigungen neue Energien freisetzen (Decker-Voigt et al. 2020), und das nicht nur in geschlossenen Räumen, sondern auch als Angebot in der Natur (Pfeifer 2012; Pfeifer 2019).

Kreatives Geschichtenerfinden hat das Ziel, über die Betrachtung eines Bildes und die Entwicklung einer dazu passenden Geschichte in einer kleinen Gruppe ein kreatives Gemeinschaftserlebnis zu ermöglichen. Es regt die Phantasie jedes Einzelnen an, stärkt die Kommunikation untereinander, regt den Austausch biografischer Ereignisse an und aktiviert weit zurückliegende Erinnerungen. Die Arbeit mit *Schlüsselwörtern* kann ebenfalls hilfreich sein, um Menschen mit Demenz oder kognitiver Beeinträchtigung ein Tor zur eigenen Biografie und zu ihren Gefühlen zu öffnen. Es ist eine Methode, die es ermöglicht, respektvoll auf die betreffenden Personen einzugehen und eine erwachsenengerechte Haltung und Sprache zu zeigen. Das Verwenden von Schlüsselwörter berührt den Menschen, erzeugt Vertrautheit und nimmt Verbindung zu seiner Geschichte und Identität auf (Schneberger et al. 2008).

Einige Studiengängen der Heilpädagogik und der Sonderpädagogik haben in den letzten Jahren Lehr-Forschungsprojekte zur Erkundung der *Biografien von Menschen mit Beeinträchtigungen* entwickelt, z. B. in Bonn-Alfter (B. Schmalenbach) oder in Zürich (I. Hedderich). Wenn solche Projekte partizipativ angelegt sind, also die Teilnehmenden nicht zu Objekten der Forschung machen, sondern sie aktiv als Expertinnen und Experten in den Forschungsprozess einbeziehen, wird erfahrbar, welche Ereignisse Menschen mit Behinderungserfahrungen erzählen möchten, was ihnen wichtig war und ist, welche Barrieren sie erlebt haben, wie sie ihre Lebensgeschichte bewerten und wie sie gesellschaftliche Veränderungen wahrgenommen haben (Hedderich et al. 2015). Auf der Basis dieses partizipativen Ansatzes ist die beeindruckende Ausstellung »Touchdown« entstanden, woraus sich inzwischen ein eigenes Forschungsinstitut (Touchdown 21) entwickelt hat.

Grundsätzlich ist die *Biografiearbeit* mit Menschen mit Behinderungserfahrungen bzw. in inklusiven Settings eine hilfreiche Methode, das eigene Leben zu betrachten, zu befragen, zu erkennen und zu verwandeln (Kistner 2014). Auf der Grundlage von echtem Interesse an der Vergangenheit können die betreffenden Menschen zusammen mit Heilpädagoginnen und Heilpädagogen über Erlebtes und Erreichtes nachdenken und Zukunftserwartungen formulieren. Denn *Biografiearbeit* beschränkt sich nicht darauf, in die Vorgeschichte zu schauen, sie ist auch *Zukunftsarbeit* (Kistner 2018a). Zunächst werden einzelne Lebensereignisse, -stationen oder -themen ausgewählt, dann werden die äußeren Ereignisse mit dem inneren Erleben verknüpft und aus heutiger Sicht reflektiert (Lindmeier 2013). Die Biografiearbeit ist hilfreich, über die Hinwendung zur subjektiven Lebensgeschichte den Weg zur Selbstbestimmung und zur Partizipation zu stärken (Lindmeier & Oermann 2017). Weitere methodische Ansätze in der Arbeit mit kognitiv beeinträchtigten oder dementiell erkrankten Menschen sind in Kapitel 4.1 (Konzepte und Methoden) (▶ Kap. 4.1) beschrieben. Auf der Grundlage der ICF sollten heilpädagogische Fachkräfte außerdem die Kompetenz erwerben, Handlungsspielräume und Teilhabeaspekte der einzelnen Person auszuloten und die Aspekte a) Versorgung und Einkommen, b) Kontakt und Kooperation, c) Lernen und Erfahrungen, d) Muße und Regeneration, e) Disposition und Partizipation sowie f) Pflege- und Unterstützungsbedarf abzuklären und zu dokumentieren (Frewer-Graumann & Schäper 2015).

Kapitel 7: Mögliche Vertiefungsbereiche der Heilpädagogik/Inclusive Education

7.1 Bewegungsorientierte Verfahren, Psychomotorik und Rhythmik

Zu den wahrnehmungs- und körperorientierten Verfahren der Heilpädagogik gehören in vielen Ausbildungsgängen beziehungsorientierte Konzepte der Bewegungspädagogik, der Rhythmik und Psychomotorik – entweder als Profilbildung im Bachelorstudium oder ergänzend zum Studium in Fort- und Weiterbildungen. Ein Masterstudium kann mit dem Abschluss »Motologie« abgeschossen werden. Anerkannte Weiterbildungen setzen ein Studium der Sozialen Arbeit, der (Heil-) Pädagogik oder die Ausbildung in Ergotherapie oder Physiotherapie voraus (Kuhlenkamp 2022). In der *Beziehungsorientierten Bewegungspädagogik* und der *Psychomotorik* gibt es unterschiedliche Konzepte, die hier nur knapp skizziert werden können. Gemeinsam ist ihnen die Erkenntnis, dass Bewegung die Basis für die Entwicklung vielfältiger Fähigkeiten darstellt. Über die Bewegung erschließt sich bereits dem kleinen Kind die Welt, sie schärft die Sinne und macht Platz für Erfahrungen von Räumen und Objekten. In der Bewegung, die in Beziehung geschieht, erfährt das Kind sich und die anderen und stärkt sein Selbst (Mummendey 2006).

Angebote der *Beziehungsorientierten Bewegungspädagogik* können für alle Altersgruppen und unterschiedliche Settings sinnvoll sein, da sie das Selbstwertgefühls und die Beziehungsfähigkeit stärken (Welsche & Theil 2021). Moderne Konzepte gehen von der motorischen Entwicklungsfähigkeit auch komplex beeinträchtigter Menschen aus und achten auf individuelle Bewegungskompetenzen. Die Erfahrung von Gegenseitigkeit durch Körperkontakt und gemeinsames Interagieren stärkt die Wahrnehmung und ermutig, initiativ und kreativ zu sein: »Mit der Beziehungsorientierung werden Lernmöglichkeiten gegeben, Sensibilität für andere zu entwickeln, zu kommunizieren sowie positive Erfahrungen zu teilen« (Welsche 2018). Die Gestaltung der Beziehungen vollzieht sich im Spiel und in der Bewegung – für Kinder sind dies die elementaren Erfahrungen und die bevorzugten Medien ihres Bedürfnisses nach Ausdruck und Selbstwirksamkeit.

Orientiert am Ansatz von Sherborne zielt die *Beziehungsorientierte Bewegungspädagogik* darauf ab, dass Kinder eine positive Wahrnehmung ihrer eigenen Person entwickeln, sich in ihrem Körper zu Hause fühlen und ihn zunehmend kontrollieren können. Dies gibt ihnen die Basis, Sicherheit im Raum zu erlangen und gute Beziehungen zu den anderen Kindern zu gestalten. Gezielte Aktivitäten können im

›Füreinander‹, ›Gegeneinander‹ und ›Miteinander‹ erfolgen – wobei es beim ›Füreinander‹ um den unterstützenden Umgang mit einer anderen Person geht mit dem Ziel, körperliche und emotionale Sicherheit zu entwickeln durch die körperliche Unterstützung und das Erleben der Kompetenz in der Unterstützung eines/einer Anderen. Beim ›Gegeneinander‹ werden die Kräfte gemessen, die eigene Stärke entdeckt, die Abgrenzung erprobt und die Selbstständigkeit gefördert. Beim ›Miteinander‹ ist die Erfahrung der gegenseitigen Abhängigkeit wichtig, die sich in der Bewegung und in der Aufgabe der ›stabilen Position‹ zeigt (ebd., S. 35).

Der Begriff *Psychomotorik* verweist in seiner Zusammensetzung aus *Psyche* (= Seele, Seelenleben) und *Motorik* (= Bewegung) auf die Ganzheit des Menschen, die Einheit von Leib und Seele, von Körper und Geist. *Psychomotorik* fördert die Persönlichkeit und stellt die Wechselbezüge von Bewegen, Wahrnehmen, Denken und Erleben in sozialen Bezügen in den Mittelpunkt der Arbeit (Zimmer 2019). Bewegung dient dem Ausdruck und der Erweiterung des Erkundungsraumes. Die Erfahrungen, die über die Bewegung gewonnen werden, bilden die Basis von Lernprozessen und stärken die Identitätsbildung und Beziehungsgestaltung (Kuhlenkamp 2022). In dem Ansatz von Bernard Aucouturier wird das Kind als kompetenter Akteur seiner Reifungs- und Lernprozesse gesehen, das sein Selbst konstruiert und Verantwortung trägt für seine Wünsche und Handlungen – ein echtes Subjekt seines Lernens und nicht ein Objekt aufgezwungenen Wissens und Belehrungen. Die psychomotorische Praxis bildet Fachpersonen aus, »die dem Kind helfen, sich als jemand zu fühlen, der sich im Blick von Erwachsenen spiegelt, die es nicht bewerten und beurteilen, sondern es mit Interesse betrachten und seinen Handlungen Wertschätzung und Anerkennung entgegenbringen – Erwachsene, deren Blick dem Kind Halt gibt und es stützt« (Aranzabal 2022, S. 35).

In der psychomotorischen Arbeit im Einzelsetting oder in Gruppen gilt es also, die Bewegungen und Interaktionen gut zu beobachten, die Äußerungen und Handlungen ernst zu nehmen und ihnen Sinn beizumessen, ohne sie vorschnell zu deuten, und anzuerkennen, dass die Person Schöpfer dieser Handlungen ist und nicht bloß Übungen und Handlungen, die ihm beigebracht wurden, wiederholt.

»Das Kind bringt durch die Art und Weise, wie es sich bewegt, handelt oder spielt, seine persönliche Geschichte, sein inneres Bewegt-Sein zum Ausdruck. Wenn wir das Kind wirklich verstehen wollen, ist es an uns, ihm zuzuhören, es emotional in uns aufzunehmen« (Kokemoor 2005, S. 3).

Das erfordert die Bereitschaft der psychomotorischen Fachkraft, Kinder und Erwachsene als aktive und kreative, kommunikative und kritische Persönlichkeiten zu sehen und selbst neugierig, begeisterungsfähig und interessiert an den Entwicklungspotenzialen zu sein.

Die *Tiefe Rückversicherung* von Aucouturier geht den Weg der emotionalen Zuwendung und bemüht sich, die körperliche und psychische Gestimmtheit der anderen Person wahrzunehmen, zu respektieren und zu verstehen. Das Kind muss nicht sein Denken, Fühlen und Handeln über die Sprache erläutern, es findet seinen Ausdruck in der Bewegung und Interaktion. Das Bemühen, ein Kind zu verstehen, bedeutet vor allem, »den Sinn dessen zu verstehen, was es uns zeigt und über seinen Körper mitteilt – manchmal über Instabilität, Agitiertheit, psychische und motorische Gehemmtheit« (Aucouturier 2022, S. 6). Kinder werden in ihrem Selbstvertrauen gestärkt, wenn ihnen erwachsene Personen vertrauen; dies steigert die Bereitschaft, sich neuen Erfahrungswelten zuzuwenden, Veränderungen zu gestalten und zu lernen.

Der Aufstieg der Psychomotorik zu einem bedeutsamen Konzept in pädagogischen Ausbildungen in Deutschland trägt die Handschrift von Ernst Jonny Kiphard. Sein Engagement begann in der Klinik für Kinder und Jugendliche in Gütersloh und in Hamm, wo er zusammen mit Helmut Hünnekens und Elisabeth Hecker die so genannte »Psychomotorische Übungsbehandlung« (PMÜ) entwickelte. Darin verknüpfte Kiphard Übungen zur Förderung der Wahrnehmung mit rhythmisch-musikalischen Angeboten, die zur erfinderischen Selbsttätigkeit und zum pantomimischen Darstellen ebenso wie zu Behutsamkeit und Selbstbeherrschung anregen. Auch bei Kiphard ging das Bewegungsverständnis über die körperliche Aktivität und das Einüben motorische Funktionen hinaus. Psychomotorik habe eine sinngebende Bedeutung, die bei Kindern und Jugendlichen mit Entwicklungsverzögerungen und Verhaltensproblemen den Knoten der Leistungsorientierung lösen und zur Entfaltung eigenständiger Persönlichkeiten beitragen könne. Kinder erproben sich in ihren Bewegungen, gehen auf Entdeckung, improvisieren und realisieren ihre Vorstellungen (Kiphard 1989).

Auf der Basis vieler Studien zur Wirkungsweise psychomotorischer Angebote geht es der Deutschen Gesellschaft für Psychomotorik (DGfPM) darum, durch Vernetzungen und Kooperationen die Praxis und Theorie zu verbinden und für eine bessere Wahrnehmung in der Fachöffentlichkeit und der Gesellschaft zu sorgen. Für Kinder, die heute in prekären Verhältnissen aufwachsen, gilt es anregende Spiel- und Bewegungssituationen zu schaffen, in denen sie ihre sozialen Kompetenzen in Gruppen erweitern, eigene Ideen einbringen, Selbstwirksamkeitserfahrungen machen und ihre Möglichkeiten realistisch einschätzen lernen. Da die psychomotorischen Angebote meist in Gruppen stattfinden, ist es in der Gemeinschaft wichtig, sich abzusprechen, aufeinander Rücksicht zu nehmen, miteinander und auch gegeneinander zu spielen, Regeln zu erstellen, zu akzeptieren und einzuhalten.

Da es die heilpädagogischen Fachkräfte oft mit Kindern und Jugendlichen zu tun haben, bei denen die Stärkung emotionaler und sozialer Kompetenzen im Vordergrund steht, bedarf es spezifischer Angebote und Räume, in denen sie ihre Bedürfnisse nach lustvoller Bewegung und Kontakt erleben und ausleben können. Das Konzept »Ringen und Raufen« (Beudels & Andres 2014) gliedert sich in vier aufeinander aufbauende, im Anspruchsgrad steigende Stufen: a) Entfaltung der Bewegungsfreude; b) Bereitschaft zur Aufnahme von Körperkontakt und Akzeptanz individueller Grenzen; c) Stabilisierung des Vertrauens zueinander und zu sich selbst; d) Ringen und Raufen mit einem ansteigenden Anspruchsniveau. Auch für Kinder, die in der Gruppe eher zurückhaltend und schüchtern auftreten, können spielerische Formen des »Ringens und Raufens« das Selbstbild erweitern, wenn die Interaktionen angebahnt werden durch Bewegungsspiele mit hohem Aufforderungscharakter und wenigen Anforderungen. Innerhalb ihres Studiums waren die Teilnehmenden eines Seminares in der Heilpädagogik zum Konzept »Ringen und Raufen« zunächst skeptisch (Sorge um Verletzungsgefahr oder zu nahem Körperkontakt), konnten dann jedoch erfahren, welches entwicklungsfördernde Potenzial dem pädagogisch angeleiteten »Ringen und Raufen« innewohnt (Welsche 2016, S. 13).

Heterogene und inklusionsorientierte Gruppen sind in besonderer Weise geeignet, auf die Entfaltung des individuellen Potenzials eines jeden Kindes zu achten und dazu anzuregen, dass die Kinder bei sich und den anderen die Ressourcen entdecken und gegenseitig stärken. Alle Kinder, auch die mit besonderen Bedürfnissen oder diagnostiziertem Förderbedarf, sollen sich selbstbestimmt, angst- und stressfrei Herausforderungen suchen, in denen sie sich körperlich spüren, ihre Energien wahrnehmen und erleben, dass sie etwas bewirken können (und den Effekt einer Handlung tatsächlich auf sich selbst zurückführen können), in der Gruppe Anerkennung und Wertschätzung erfahren und die Beziehungen zu anderen konstruktiv gestalten (Zimmer 2020).

In der *Rhythmik* verknüpfen sich Musik, Bewegung, Tanz, Sprache, Materialien und Instrumente und finden ihren Ausdruck in Wahrnehmungs- und Bewegungsspielen, in musikalisch begleiteten Liedern und Reimen. Angeregt von Impulsen durch Émile Jaques-Dalcroze, Mimi Scheiblauer und Charlotte Pfeffer entwickelte sich die *Rhythmik* von der tänzerischen Umsetzung von Musik in Bewegung zu einer wichtigen Methode in pädagogischen bzw. heilpädagogischen Feldern, in denen es um die Entwicklung von Wahrnehmung, Sprache und sozial-emotionalen Kompetenzen geht. Abgestimmt auf die jeweilige Altersstufe werden Interaktionen und Kommunikationen auf der Basis von Musik und Bewegung, Sprache und Stimme spielerisch umgesetzt. Grobmotorische und feinmotorische Angebote wechseln sich dabei ebenso ab wie dynamische Polaritäten (laut – leise, schnell – langsam, allein – in der Gruppe). In gespielten und getanzten Phänomenen der Natur (z. B. Sturm, Schneefall) wird die Verbindung von Musik und Bewegung in der Gruppe erlebbar. Neben der ganzheitlichen Förderung der Sinneswahrnehmung werden Sprachkompetenz, Kreativität und Fantasie gefördert. Bewertungsfreiheit und Akzeptanz sind die pädagogischen Grundlagen der Rhythmik (Hirler 2020).

7.2 Heilpädagogische Spielbegleitung und Spieltherapie

Das Spiel, da sind sich Heilpädagogik, Psychologie und Neurowissenschaften einig, hat eine hohe Bedeutung für die kindliche Entwicklung: Aus pädagogischer Sicht stellt es den Schlüssel für die Anbahnung von Beziehungen, Bildung und Gemeinschaft dar. Aus dem Blickwinkel der Psychologie und der Bindungstheorie gehören Spielen und Explorieren eng zusammen, beides sind intrinsisch motivierte Aktivitäten (Flitner 2011), die zur Erfahrung des eigenen Selbst und der Selbstwirksamkeit beitragen. Die Hirnforschung versteht das Spielen als eine grundlegende menschliche Aktivität, die kreative Potenziale freisetzt. Das trifft nicht nur auf Kinder zu; auch in Organisationen, bei Seminaren und Schulungen hilft das Spiel, innovative Lösungen für ernsthafte Problemstellungen zu finden. Die Kulturentwicklung der Menschheit sei, darin stimmen Hirnforschung und Philosophie überein, eine Folge immer komplexerer Spiele (Hüther & Quarch 2018). Das freie Spielen fördert außerdem die Impulskontrolle, die Fähigkeit zur Imagination, Kooperation, Selbsteinschätzung und ermöglicht es, sich in verschiedenen Rollen zu erleben; kurz: »Freies Spiel macht intelligent« (Zimbel 2019, S. 36).

Bei so viel wissenschaftlich fundierter Begeisterung für das kindliche Spiel verwundert es eigentlich, dass diese Basis der kreativen Entfaltung heute gefährdet ist, gewissermaßen ›auf dem Spiel steht‹: Einerseits von einigen Familien mit hohen Bildungsanspruch, die von ihren Kindern Anstrengungen in Musik, Kunst, Sprachen und Sport verlangen und den Wert des freien Spiels geringschätzen. Solche Ambitionen sind auch in den Orientierungsplänen für die Bildung von Kindern in Tageseinrichtungen zu finden: Hochwertige pädagogische Arbeit in den Kitas wird in Bildungsangeboten gesehen, nicht im freien Spiel. Doch diese Empfehlungen vergessen, dass das freie Spielen dem angeleiteten Lernen überlegen ist:

> »Im Spiel können sich Kinder über eine lange Zeitdauer in eine Aufgabe vertiefen, eine hohe Konzentration aufrechterhalten und spezifisches Wissen und Fertigkeiten erwerben« (Tanner Merlo & Vogel 2021).

Instruktives Lernen ist weniger effizient als Spielerfahrungen, wie aktuelle Studien zeigen: Im freien Spiel sammeln Kinder wichtige Erkenntnisse, »begreifen ihre Welt als gestaltbar, loten Grenzen aus und werden selbstständiger und selbstbewusster. Damit stellen sie die Weichen für ihr ganzes späteres Leben« (Zimbel 2019, S. 35).

Pädagogische Fachkräfte sind aufmerksame Beobachter von Spielprozessen, in denen die Kinder prüfen und entscheiden, wer die Bereitschaft mitbringt, sich auf ihre Spielideen einzulassen. Wenn das Spiel neben der individuellen Entwicklung eines Kindes auch dessen Gemeinschaftsfähigkeit stärkt, kann das Erleben und Realisieren von Inklusion und Partizipation dauerhaft werden. Wo die Teilhabe am gemeinsamen Spiel mit anderen gefördert wird, ist das Spiel als Schutzfaktor und Motor einer kreativen Entwicklung zu verstehen (Mogel 2008), denn das Kind ist dabei sowohl Akteur als auch Regisseur. Es gestaltet eine Spielhandlung selbstbestimmt nach eigenen Vorstellungen. So kann es etwas bewegen und sich dabei als kompetent erfahren. Handlungen werden häufig wiederholt und im Prozess mitunter verändert (Simon & Weiss 2018). Das Spiel ist durch einen spezifischen Zeitbezug gekennzeichnet, die Aufmerksamkeit ist ganz auf die Gegenwart gerichtet, die Spielenden vergessen Zeit und Raum. Das Spielgeschehen verbindet Vergangenes und Zukünftiges miteinander, es findet im Hier-und-Jetzt statt, ist gegenwärtig, aber nicht unbedingt gegenwartsbezogen. Vergangenheit, Gegenwart und Zukunft verschmelzen durch die Spielrealität miteinander und bilden ein Ganzes.

7.2.1 Spielentwicklung

Kinder erlernen und präferieren in ihrer Entwicklung unterschiedliche Formen des Spiels: Die ersten Lebensmonate sind geprägt von Explorations-, Funktions-, Objekt- und Übungsspielen: Die kleinen Kinder erkunden die »Beschaffenheit der Welt«

(Traxl 2018b, S. 10) mit allen Sinnen, betasten und beriechen Gegenstände und Materialien, nehmen sie in den Mund oder horchen, ob Geräusche zu hören oder herzustellen sind. Sie sind ganz konzentriert damit beschäftigt, die Regelhaftigkeit von Dingen, Bewegungen und Effekten herauszubekommen. Objekte und Materialien werden dabei noch unspezifisch genutzt, auch der eigene Körper ist Objekt der Exploration und wird spielerisch erprobt, ebenso die von Eltern oder Geschwistern angebotenen Türme aus Holz oder Burgen aus Sand, die eher umgeworfen bzw. platt gemacht werden, weil in dieser Phase das Destruieren rascher zum Erfolg führt als das Konstruieren und so Erfahrungen der Selbstwirksamkeit möglich werden. Auf die Funktionsspiele folgen frühe ›Als-Ob‹- bzw. Symbolspiele, die sich darin zeigen, dass einfache Ereignisse in andere Kontexte versetzt und neu ›inszeniert‹ werden: Das kann das Motorengeräusch eines Autos, das Putzen der Zähne der Puppe oder das Fahren mit dem Bus (als Busfahrer) sein, inklusive dem geräuschvollen Öffnen und Schließen der Türen. Auf diese Weise entwickeln sich Fähigkeiten der Nachahmung und der mentalen Repräsentation, die später für differenzierte Rollenspiele benötigt werden. In den ersten Lebensjahren spielt auch das Hören von Erzählungen und das Betrachten von Büchern – allein und gemeinschaftlich – eine wichtige Rolle. In der Identifikation mit den Figuren in den Geschichten erweitert das Kind sein Wissen und seine Wahrnehmung von sich und der Welt. Diese Formen der ›Rezeptionsspiele‹ dienen der Spannungsregulation, beispielsweise in Gute-Nacht-Geschichten (Simon & Weiss 2018).

Im Alter von vier bis fünf Jahren erweitert sich das Symbolspiel zum vielfältigen Rollenspiel: Darin können »die im Alltag gebildeten mentalen Schemata und Skripts mithilfe von unterschiedlichen Rollen, Handlungen und Rahmengeschichten immer wieder neu konstruiert, inszeniert und eingeübt werden« (Traxl 2018b, S. 10). Grundlage dafür ist die Fähigkeit des Kindes, durch symbolisches Denken den ursprünglichen Gegenstand mit seinen typischen Merkmalen und Verhaltensweisen symbolisch zu ersetzen. Und so wie Gegenstände in ein neues Licht gerückt werden, kann das Kind auch in die Schuhe einer anderen Person schlüpfen. Aus den Wahrnehmungen und Handlungen, in denen das Kind die Welt und seine Objekte aus einer neuen Perspektive betrachtet, wird es sich auch seiner selbst mehr und mehr bewusst: »Um dieses bewusste Selbst würdigen, einschätzen und nutzen zu können, benötigen Menschen (…) sehr viel Zeit zum Spielen« (Zimbel 2019, S. 33). Die Rollenspiele stellen sozusagen die psychische Realität des Kindes dar und ermöglichen es, unerfüllbare Wünsche Wirklichkeit werden zu lassen, die Realität nach eigenen Vorstellungen zu gestalten und schwierige Erfahrungen zu bewältigen.

Im Grundschulalter kommen Regelspiele hinzu, die geeignet sind, die soziale Interaktion zu erproben, in einen Wettkampf einzutreten, Wahrnehmungen für die eigene Leistung im Verhältnis zu anderen zu erlangen und die Fähigkeit zur Impulskontrolle zu stärken. Bewegungsspiele fördern die körperliche Flexibilität und die Kinder lernen, ihre Emotionen wie Freude und Stolz oder Wut und Ärger zu kontrollieren. In Denkspielen sind die kognitive Kombinationsfähigkeit und die Handlungsplanung gefragt. Bei Konstruktionsspielen geht es um Tätigkeiten, die ebenfalls besondere Kompetenzen in der Planung, der Strategiebildung und der Zielentwicklung erfordern und außerdem die Fähigkeit zum Bedürfnisaufschub, zur Motivation und zum ausdauernden Handeln beinhalten. Beeindruckend ist, wie »die Spielentwicklung, in Wechselwirkung mit den Reifungsbedingungen und Umwelterfahrungen, sich zu immer komplexeren und qualitativ höheren Spielvarianten entfaltet, die sowohl Ursache als auch Folge der kindlichen Entwicklungsprozesse sind« (Traxl 2018b, S. 11).

7.2.2 Ansätze der Spieltherapie

Die Heilpädagogische Spieltherapie auf der Basis der personzentrierten Psychologie von Carl Rogers mit den Grundhaltungen der Empathie, Akzeptanz und Kongruenz setzt sich zum Ziel, Kinder bei der Verarbeitung ihrer aktuellen Themen und beim Ausdruck ihrer inneren Welt behutsam zu begleiten. Dies geschieht allein im Spiel – ohne das Spielgeschehen zu besprechen, interpretieren und zu deuten. Die Heilpädagogin bemüht sich, die Erfahrungswelt des Kindes zu verstehen, die Gefühle und die Bedeutungsgehalte, die vom Kind im Spiel erlebt und (re-)inszeniert werden, zu erspüren (Goetze 2016). Das Kind stellt in symbolischen Spielhandlungen seelische Spannungen entsprechend seiner kognitiven Entwicklung dar. Wenn es entscheiden kann, was, wie und wie lange es spielen möchte, kann es alle Gefühle in die Handlungen einbringen. Die Heilpädagogin spielt mit, lässt sich auf Geschichten ein, bietet Raum und Halt, ohne vorschnell entschlüsseln zu wollen, welche Lebenserfahrungen den Hintergrund für die jeweiligen Szenen des Kindes bilden: »Nur so kann sich Bedeutung entfalten. Containment ist hier wichtiger als Verstehen« (Wittenberger 2018, S. 69).

In einem Spielzimmer hat das Kind die Möglichkeit, sich selbst und seine eigenen Fähigkeiten neu kennenzulernen bzw. sie wiederzuentdecken. Das Spielzimmer ist mit einer Vielfalt von Spielsachen ausgestattet. Das Kind darf selbst entscheiden, welche Spiele es mag und auf welche Art es spielt. Das Kind übernimmt die Führung bei den selbst ausgewählten Spielen, nicht die Heilpädagogin. Die Möglichkeit, Gefühle und Konflikte in Szene zu setzen, ist aber nur durch die gewährende Haltung der Heilpädagogin und ihre Akzeptanz dem Kind gegenüber möglich. Diese Haltungen stellt Virginia Axline in folgenden acht Grundprinzipien zusammen:

1. Die Therapeutin entwickelt eine freundliche Beziehung zum Kind, die möglichst zu einem guten Kontakt führt.
2. Sie nimmt das Kind ganz so an, wie es ist.
3. Sie gründet die Beziehung auf Akzeptanz, so dass das Kind alle Gefühle ungehemmt ausdrücken kann.
4. Sie ist wachsam, um die Gefühle des Kindes zu erkennen.
5. Sie achtet die Fähigkeit des Kindes, mit seinen Schwierigkeiten selbst fertig zu werden, wenn man ihm Gelegenheit dazu gibt.
6. Sie versucht nicht, die Handlungen oder Gespräche des Kindes zu beeinflussen. Das Kind weist ihr den Weg, die Therapeutin folgt ihm.
7. Sie versucht nicht, den Gang der Therapie zu beschleunigen.
8. Sie setzt nur dort Grenzen, wo diese notwendig sind (Axline 2016).

Bisweilen kommt es in der Spieltherapie allerdings auch zu destruktiven, ›traumatischen Spielen‹: Wiederholungen von Spielhandlungen ohne inhaltliche Entwicklung, überflutende Affekte, Unruhe und abrupte Spielabbrüche machen deutlich, dass hier die ›Als-ob-Ebene‹ verlassen wird und keine Symbolisierungen mehr stattfinden, sondern real erfahrene Angst und Wut im Spiel ist. Kinder versuchen dann vielleicht, die Therapeutin anzugreifen, Spielzeug und andere Objekte im Raum zu beschädigen, oder sie laufen aus dem Spielzimmer, um genau diese Aggressionen zu vermeiden (Winnicott 2012). Die Arbeit im Kontext der Spieltherapie besteht dann darin, einen Zustand, der ein konstruktives Spielen nicht zulässt, zu begrenzen und geduldig auf den Punkt hinzuarbeiten, der das Spielen (wieder) ermöglicht:

> »Mit der Inszenierung ihres Dramas im Spielzimmer testen unsere Patienten uns, ob das sein darf, was sie in sich spüren, ob wir ertragen, was sie innerlich umtreibt und nach außen drängt und nicht selten sie selbst und ihre Eltern zutiefst beunruhigt, erschreckt und verstört« (Wittenberger 2018, S. 66).

Manchmal spielen Kinder auch ganz für sich allein, treten nicht in Beziehung zu der Heilpädagogin, ignorieren sie fast demonstrativ. Doch sie nehmen wahr, dass ihre angstvollen, destruktiven Phantasien weder bagatellisiert noch verboten werden (Schroer et al. 2016). Die Kinder erleben, dass Turbulenzen und Aggressionen ausgehalten werden und der Kontakt weiterhin aufmerksam bleibt. Denn das Ziel der Spieltherapie besteht darin, die individuellen Themen des Kindes, die sich im Spiel und in der Gestaltung der Beziehung zeigen, wahrzunehmen und angemessen zu spiegeln. Nur so können korrigierende Erfahrungen gemacht, Erlebnisse aufgearbeitet und Bewältigungsstrategien entwickelt werden.

Wer die Spieltherapie zu seinem Ansatz in der heilpädagogischen Arbeit macht, benötigt eine ganze Reihe von Grundvoraussetzungen und Kompetenzen. Dazu gehört es, auf standardisierte, modular konzipierte Programme der Förderung zu verzichten und stattdessen individuell und flexibel zu handeln und dabei die Vorerfahrungen, Lebenswelten und Stärken des jeweiligen Kindes im Blick zu haben. Es gilt, eine entwicklungsförderliche Atmosphäre herzustellen und das Interaktions- und Beziehungsgeschehen im Spiel höchst aufmerksam zu begleiten (Hockel 2011). Die Methode der Spieltherapie auf der Basis der humanistischen Psychologie verzichtet darauf, zu dirigieren oder zu dominieren, sondern bietet dem Kind Raum zur Selbsterfahrung und Selbstentfaltung. Im Spiel- und Interaktionsstrom mit dem Kind wendet die Spieltherapeutin keine trainierte Technik an, sondern nutzt ihre spezifische Ausbildung und Erfahrung, um professionell-intuitiv zu entscheiden, welche Impulse des freien kindlichen Spiels sie aufgreift und begleitet. »Spieltherapeutisches Handeln fordert den Mut, ohne die Anwendung eines Regelwerks auszukommen« (Jofer-Ernstberger 2019, S. 15).

7.2.3 Das Kinderpsychodrama

Die Methode des Kinderpsychodramas ist ein pädagogisch-therapeutischer Ansatz, der Kindern helfen kann, Zugänge zu sich selbst und zu anderen zu finden und Handlungsmöglichkeiten zu erweitern. Hervorgegangen ist das Konzept aus dem

Psychodrama mit Erwachsenen nach Moreno (Weiss, Erat & Kleiner 2008). Wichtig ist im Kinderpsychodrama, »dass Kinder im Symbolspiel nicht die Realität rekonstruieren, wie dies im Erwachsenenpsychodrama von Bedeutung ist, sondern diese nach ihren Bedürfnissen und Wünschen umformen« (Weiss 2019; S. 6.). Die Kinder sind die Akteure des Spiels, sie machen Vorschläge und geben sich gegenseitig Spielanweisungen (Aichinger & Holl 2010). Die Gruppen bestehen aus vier bis sechs Kindern und meist zwei begleitenden Personen; gemeinsam entwickeln sie Geschichten, die im Spiel umgesetzt werden. Rollen werden nicht zugewiesen, jedes Kind wählt seine Rolle selbst aus. Aggressive Kinder werden begrenzt und kennen die Regel: »Wehtun gilt nicht!« – weder körperlich noch in Form von Auslachen oder beschämenden Bemerkungen.

Das Kinderpsychodrama kann die Kompetenzen der Kinder stärken, z. B. eigene Gefühle mimisch und sprachlich auszudrücken, Gefühle bei anderen zu erkennen, Stress zu regulieren, Rückmeldungen anzunehmen, mit Kritik umzugehen, um Hilfe bitten zu können und sich als selbstwirksam zu erleben.

»Während viele Trainingsprogramme zur sozialen Kompetenz stark verhaltenstherapeutisch orientiert sind (…), bietet die Psychodrama-Gruppentherapie spieltherapeutische Stunden in der Gruppe, in denen soziale Kompetenzen (…) auf der Grundlage der Wünsche und Ideen der Kinder in den Spielsituationen gelernt und geübt werden« (Weiss 2019, S. 8).

Eine Kinderpsychodramastunde hat einen klaren Aufbau, der sich stets wiederholt:

1. Initialphase: Themenfindung, Rollenwahl, Aufbau der notwendigen Szene.
2. Spielphase mit einer gemeinsamen Spielgeschichte oder mehreren Geschichten, die sich aufeinander zubewegen, sowie der Möglichkeit der heilpädagogischen Hilfestellung.
3. Reflexionsphase mit den Rückmeldungen der einzelnen Kinder, einem Raumplan-Soziogramm und der Möglichkeit, der Gruppe und einzelnen Kindern Feedback zu geben und Ideen für die kommenden Stunden zu sammeln.

Zu den Materialien gehören Tücher in allen Farben und Größen für Landschaften, Kleidung, Schätze, Piratenflaggen usw., außerdem Seile, Wäscheklammern sowie Tische, Stühle, Matten und Schaumstoffwürfel, um Häuser, Burgen und Höhlen zu bauen. Es kann allerdings auch passieren, dass Kinder mitunter nicht spielen wollen, weil sie zu müde sind, keine Ideen haben oder weil ihnen ein Thema emotional zu dicht wird und sie versuchen, sich zu schützen. »Letzteres muss respektiert werden, denn Kinder spüren oft sehr genau, wann sie sich überfordern könnten. Spielwiderstand kann aber auch direkt zum Spielanlass gemacht werden« (Weiss 2010, S. 118) – z. B. mit dem Vorschlag: »Heute nix los im Zirkus – alle Clowns, Artisten und Tiere schlafen«. Vermutlich wird sich auch daraus eine Spielidee ergeben.

7.2.4 Das therapeutische Sandspiel

Das Therapeutische Sandspiel nach Dora M. Kalff ist eine therapeutische und diagnostische Methode, die ihre Wurzeln in der »World Technique« von Margaret Lowenfeld und in der Psychologie von C.G. Jung hat. In zwei Sandkästen, deren

Größe dem menschlichen Blickfeld entspricht (75 x 52 x 7 cm), wird jeweils nasser und trockener Sand angeboten. Für das Bauen und Gestalten im Sand stehen Figuren und Objekte und Naturmaterialien zur Verfügung. Im therapeutischen Prozess entstehen Sandbilder, die innere Prozesse des Kindes sichtbar machen: Konflikte und Befindlichkeiten, Wünsche und Ängste, die nur nonverbal abgebildet werden können, weil die Worte dafür fehlen, werden so in symbolischer Gestalt sichtbar. Etwas anders als in der Kunsttherapie werden im Sandspiel-Kasten keine Objekte gestaltet, sondern innere Welten in Szene (bzw. ›in den Sand‹) gesetzt. Diese Form der szenischen Darstellung geschieht, ohne dass die Kinder dafür Worte finden müssen. »Dadurch wird der sandspieltherapeutische Zugang auch für die Arbeit mit Kindern aus anderen Kultur- und Sprachgebieten interessant und bedeutsam« (Simon 2018, S. 170).

Das Sandspiel erweist sich im Rahmen der heilpädagogischen Arbeit als eine wirksame Methode bei Kindern, kann aber auch bei Jugendlichen und Erwachsenen eingesetzt werden (Knappstein 2004). Im Gegensatz zum medizinischen Paradigma geht es nicht um die Feststellung von Defiziten, Störungen oder Verhaltensauffälligkeiten, sondern um einen förderungsorientierten Ansatz. Es zielt wesentlich darauf, wieder einen Zugang zu den verschütteten Ressourcen und Quellen des Selbst zu finden und eröffnet die Möglichkeit, durch ein szenisches Verstehen der Bilder an der inneren Welt des Kindes teilzuhaben. In seiner vorwiegend nonverbalen Konzeption eignet sich das Sandspiel sehr gut für die Arbeit mit Menschen, deren Stärke eher im konkreten Tun und weniger im verbalen Dialog liegen.

7.3 Heilpädagogische Kunsttherapie

Künstlerische Therapien, also die Kunst-, Musik-, Tanz- und Theatertherapie, streben grundsätzlich die Verbesserung der Lebensqualität von Menschen mit psychischen und somatischen Erkrankungen, mit emotionalen, kognitiven oder sozialen Beeinträchtigungen, mit traumatischen und schwer zu bewältigenden Lebensereignissen an. Ihr Auftrag ist es, zur psychischen und physischen Gesundheit und zur psychosozialen Inklusion und Partizipation beizutragen. Künstlerische Therapien leben von der Interaktion und Kommunikation und vom schöpferischen Prozess. In der individuellen Begleitung können sie einen Zugang zu präverbalen und nonverbalen psychischen Inhalten bahnen und die Integration von krisenhaften Erlebnissen und Erfahrungen erleichtern. Methodisch sind sie darauf ausgerichtet, schöpferische Potenziale zu aktivieren, das Erleben des eigenen Selbst und der Umwelt zu vertiefen, Stabilität und gleichzeitig Flexibilität der eigenen psychischen Disposition zu erzielen sowie das persönliche Befinden zu verbessern (Haberstroh 2021).

Die genannten Grundsätze machen deutlich, dass künstlerische Therapien als Vertiefungsbereich der Heilpädagogik/Inclusive Education naheliegend sind und oft gewählt werden, entweder in Form einer Zusatzausbildung oder eines Masterstudiums. Die Gründe liegen vielleicht auch darin, dass die Heilpädagogik von Beginn an eine enge Verbindung, fast könnte man sagen: ein geschwisterliches Verhältnis zu künstlerisch-kreativen Ansätzen eingegangen ist: In der ersten wissenschaftlichen Veröffentlichung zur Heilpädagogik betonen Georgens und Deinhardt (1861/1863) – zusammen mit der am Entstehungsprozess des Werkes beteiligten Jeanne Marie von Gayette – die Bedeutung des Einsatzes von ästhetisch-bildnerischen Mittel zur Unterstützung der kindlichen Entwicklung; und sie ergänzen, dass die Wahrnehmungsförderung von Kindern mit kognitiven Beeinträchtigungen ohne entsprechend anregende Materialien undenkbar sei. Der Einsatz kreativer Mittel ermögliche es, neue Sinneserfahrungen zu erlangen, sich die Welt anzueignen und selbst schöpferisch tätig zu sein.

Ähnlich denken Pestalozzi und Fröbel, Montessori und Steiner über die Bedeutung der ästhetischen Erfahrung und propagieren das ›Begreifen‹ der Welt mit allen Sinnen als Grundlage von Bildung (Kuhlmann 2013). Es sind sowohl die Prozesse als auch die Produkte der Gestaltung, die mit Gedanken, Wünschen und Ängsten assoziiert sind und die anregen, die inneren Wege und Wandlungen zu reflektieren, um kreative Ressourcen zu entdecken und Selbstwirksamkeitserfahrungen zu stärken (Hampe & Wigger 2020). Doch wie genau stehen *Kunst* und *Therapie* zueinander? Wann kann von Heilpädagogischer Kunsttherapie gesprochen werden? *Kunst* und *Therapie* – eine »Amalgamierung zweier in ihren Interessen gegenläufiger Instrumente des sozialen Handelns« (Menzen 2021, S. 9) – gehen eine Beziehung ein, die für viele Fachkräfte der Heilpädagogik und auch für andere Professionen attraktiv erscheint, weil sie die pädagogische Ebene um eine therapeutische Dimension erweitert. Während *Kunst* – im systemtheoretischen Sinne – die Funktion hat, alternative Formen möglicher Gesellschaft und kontingenter Realität darzustellen (Luhmann 1984b) und die gesellschaftlichen Verhältnisse zu reflektieren und zu transformieren, geht *Therapie* von dem Auftrag aus, Menschen in leidvollen Lebenssituationen so zu begleiten, dass sie ihren Platz im gesellschaftlichen Kontext (wieder-)finden und sich geborgen fühlen können (Menzen 2021). So planvoll und systematisch geht es jedoch in den Künstlerischen Therapien nicht unbedingt zu, im Gegenteil: Sie leben von der Offenheit des Prozesses, kreieren immer wieder neue Momente der Begegnung mit dem künstlerischen Medium, mit dem therapeutischen Gegenüber, ggf. mit der Gruppe, mit sich selbst. Sie sind abhängig von den Ressourcen der Person(en), des Raumes und des Materials. Wissenschaftliche Forschung, die für notwendig erachtet wird, um im großen Spektrum der therapeutischen Verfahren Anerkennung zu erhalten oder zu sichern, ist insofern schwierig, als Studien mit einem standardisierten Design kaum zu entwickeln sind (Tüpker & Gruber 2017).

Intensiv diskutiert wird in der Kunsttherapie die Frage, wie es gelingen kann, die Anerkennung als wissenschaftlich fundierte Therapieform im Gesundheitswesen zu verbessern. Die Evaluation der kunsttherapeutischen Arbeit hat deutlich zugenommen und positive Forschungsbefunde helfen nicht nur dem kunsttherapeutischen Verfahren, sondern der ganzen Berufsgruppe, in den Augen der relevanten Leistungsträger die volle Anerkennung zu erlangen (Martius 2018). Kontrovers wird innerhalb der künstlerischen Therapien die Frage diskutiert, welcher Weg erfolgversprechender ist, bei den Sozialversicherungsträgern im Gesundheitswesen eine berufs- und abrechnungsrechtliche Regelung zu erzielen: Ist es sinnvoller, nicht alle kreative Verfahren an den Start zu bringen, die mit Kunst zu tun haben, sei es Skulptur und Ton, Musik, Tanz und Performance, Sprechtheater und Bibliotherapie, sondern sich als Kunsttherapie ganz auf eine spezifische Kunstform zu konzentrieren?

> »Man bekommt (…) den Eindruck vermittelt, dass Kunsttherapie ein Sammelbecken verschiedener therapeutischer Formen ist, die im weitesten Sinn alle unter künstlerische Ausdrucksformen zu subsumieren seien. Dem ist nicht so, wenn diesen künstlerischen Ausdrucksformen auch allen gemeinsam ist, dass sie (…) einen Gegenpol zur naturwissenschaftlichen Medizin bilden« (Steger 2018, S. 173).

Oder ist es unklug, in Konkurrenz miteinander um die Anerkennung zu ringen und Gefahr zu laufen, dass sich eine künstlerische Therapieform gegen die andere profiliert?

> »Durch die Vielfältigkeit der theoretischen Ansätze der Künstlerischen Therapien entstanden verschiedene, in sich schlüssige wissenschaftliche Positionen, deren Vertreter aber die Neigung haben, sich gegenseitig zu bekämpfen« (Junker 2018, S. 386).

Zukünftig sollte man das Verbindende suchen, Kooperationen eingehen und die Ausbildungskonditionen aufeinander abstimmen.

Wer Interesse an der Kunsttherapie hat (die bisweilen als »Gestaltungstherapie« bezeichnet wird und nicht verwechselt werden darf mit der »Gestalt-Therapie« nach Fritz und Laura Perls), wird den Fokus auf malerische, plastische oder grafische Methoden legen, die nonverbale Ausdrucksmöglichkeiten zur Verfügung stellen, um Möglichkeiten der individuellen Entwicklung und Gestaltung zu schaffen. Eine solche »besonders zuwendungsorientierte Therapie« (Buchheim et al 2018, S. 391) kann z. B. auf die gegenstandslose Malerei setzten, die es erleichtert, seine eigene bildnerische Ausdrucksform zu finden. Kunsttherapeutinnen und -therapeuten müssen dazu für den Moment »die rationale Kontrolle ausschalten und sich ganz auf das einlassen, was im Gegenüber entsteht, mag es auch erschrecken, hässlich, beschämend oder bedrohlich sein« (Schottenloher 2018, S.40). Sie müssen den sicheren Rahmen bieten, der zum Arbeiten an dem Werk (und an sich) einlädt:

> »In der Konzentration ist der Mensch bei sich, er sammelt seine Kräfte, um von dort aus in die Welt hinauszuwirken. Die Konzentration lässt den Gestaltenden ganz im Augenblick sein. (…) Quälende Gedanken an die Zukunft oder aus der Vergangenheit, wie Kritik und Zweifel, sind ausgeschaltet, der Intellekt bleibt für eine Weile still. In dieser Konzentration hat der Gestaltende Zugang zu inneren Welten« (ebd. S. 38).

Kunsttherapie wird heute in zahlreichen medizinisch-rehabilitativen Maßnahmen angeboten, vor allem in der Begleitung psychisch erkrankter Menschen (Bäuml et al 2018, S. 419), wo diese Therapie eine lange Tradition besitzt: Menschen, die in der Psychiatrie eingeschlossen und abgeschlossen lebten, erhielten kaum Agebote der sinnvollen Beschäftigung. Meist wurden die Werke psychisch erkrankter Künstlerinnen und Künstler achtlos behandelt bzw. vernichtet, »zumal sie in der Regel weder formal noch inhaltlich der offiziellen Ausstellungskunst glichen und oft von ihren Urhebern nicht einmal als Kunst gemeint waren« (Röske 2018, S. 270); schließlich wurden sie von Sammlern und Fachleuten (C. Lombroso, M. Réjà, W. Morgenthaler, H. Prinzhorn, J. Dubuffet; L. Navratil) doch für wertvoll erachtet und ausgestellt. Heute sind kunsttherapeutische Bereiche und offene Ateliers selbstverständlich, in Kliniken ebenso wie im sozialpsychiatrischen Bereich und in der ambulanten psychotherapeutischen Versorgung (Dannecker 2021).

Welche Bedeutung das künstlerische Schaffen haben kann, schildert eindrücklich der Psychiater Piet C. Kuiper, der selbst eine Depression mithilfe der Kunsttherapie überwand:

> »Die Beschäftigung mit Farben bewirkte noch mehr. Ich machte für mich eine existenzielle Entdeckung. Ich merkte, dass es mir gelang, aufkommende Angst zu beherrschen, wenn ich Skizzen anfertigte oder Fotos betrachtete, die mir für Malstudien dienen sollten, die ich am nächsten Tag machen wollte. (…) Es war mir deutlich bewusst, wie voller Angst ich gewesen war, und ebenso, dass die Angst manchmal noch auf der Lauer lag. Aber ich hatte nun eine Methode gefunden, mit der ich mich über die Angst hinwegsetzen konnte« (Kuiper 1991, S. 178).

In der Klinik Waldau in Bern, in der Adolf Wölfli mehr als 30 Jahre verbrachte und in der die Schriftsteller Robert Walser und Friedrich Glauser lange behandelt wurden, sammelte man früh die Exponate künstlerisch produktiver Patientinnen und Patienten; gefragt, was heute das Attraktive an der Kunstwerkstatt sei, sagen die Kunstschaffenden: »Hier sind wir nicht krank!« (Kunstwerkstatt Waldau 2021).

Ein aktuelles Feld der Kunsttherapie sind Ateliers und Kunstwerkstätten, die sich dem Anspruch der Inklusion und Partizipation verpflichtet haben und z. T. schon lange bestehen: In Lobetal bei Berlin wurde 1967 die *Kreative Werkstatt* als Ateliergemeinschaft zur Förderung von KünstlerInnen und Kreativen mit kognitiven und psychischen Beeinträchtigungen gegründet. Raum, Zeit, Material und Assistenz stehen bereit, um die Menschen, die künstlerisch tätig sein wollen, zu unterstützen. In Bremen entstand in den 1980er Jahren im Zuge der Schließung der Anstalt Blankenburg ein Projekt von Menschen mit und ohne Beeinträchtigung, das bildende Kunst und Literatur, Maskenbau und Schauspiel, Musik und Fotografie zusammenführte und unter dem Namen *Blaumeier-Atelier* durch Konzerte, Aufführungen und Ausstellungen auf sich aufmerksam machte. In Köln entwickelte sich um 1990 die *Kreative Werkstatt Allerhand*, die heute als *Kunsthaus KAT 18* Künstlerinnen und Künstler mit Beeinträchtigungen vielfältige Möglichkeiten der Gestaltung in Aufführungen und Ausstellungen, Lesungen und Publikumsgesprächen bietet. In den Ateliers des *kaethe:k Kunsthauses* in Brauweiler können Menschen mit und ohne Beeinträchtigung entsprechend ihren Neigungen in der Malerei, Plastik und Grafik, aber auch im Bereich der Neuen Medien ihrem Wunsch nach kreativer Tätigkeit nachgehen. Der *Kunstverein Zinnober* in Magdeburg bietet Menschen mit und ohne Beeinträchtigung den Raum und die Anleitung, um künstlerische Ideen umzusetzen. Im *Kunsthaus Kannen* in Münster-Amelsbüren können kognitiv und psychisch beeinträchtigte Menschen ihren künstlerischen Ausdruck finden und in der inklusiven Begegnungsstätte dokumentieren, in der auch Kunstmessen (wie das internationale 2x2-Forum for Outsider-Art) stattfinden (Inckmann & Wendt 2016). Diese und andere Ateliers und Kunstwerkstätten bieten meist Praktika an, um sich mit den Anforderungen an die kunsttherapeutische Arbeit vertraut zu machen.

Neben der Kunsttherapie im psychiatrischen, psychosomatischen und neurologischen Bereich gibt es eine Reihe anderer, facettenreicher Tätigkeitsfelder, in denen Heilpädagoginnen und Heilpädagogen kreativ und gestaltend arbeiten können:

- Impulse der Wahrnehmung und Selbstwirksamkeit in der Frühförderung und in der Kita; das Bereitstellen von sinnlich-haptischen Materialien und die feinfühlige begleitende Interaktion schafft einen intermediären Raum und stärkt Erfahrungen der Selbstwirksamkeit;
- Einsatz kreativer, kunsttherapeutischer Verfahren in Einrichtungen der Jugendhilfe, in der ambulanten Arbeit mit Kindern in Trauer oder mit Kindern psychisch erkrankter Eltern;
- Künstlerische Arbeit von Menschen mit kognitiven oder komplexen Beeinträchtigungen im Rahmen von Bildung, Schule, Arbeit und Beschäftigung oder in spezifischen Ateliers (Schädler 2007; Miller 2023)
- Kunstpädagogisches Malprojekt »Pinsel des Friedens – Kleine Hände. Große Werke« mit Kindern mit Fluchterfahrung (Chaabane 2016);
- Kunsttherapie mit und für Menschen im Strafvollzug, in der Onkologie, in der Geriatrie, im Kontext der palliativen Medizin (Gruber 2016);
- Kunsttherapie mit traumatisierten Kindern, z.B. nach der Hochwasserkatastrophe im Ahrtal und mit schutzsuchenden Menschen (Wigger 2021; Hampe & Wigger 2023).
- Kunsttherapie im Kontext der Pränatal-Diagnostik bzw. bei Schwangerschaft mit positivem PND-Ergebnis (Pischel 2022);
- Künstlerisch und kunsttherapeutisch begleitete offene Ateliers für Menschen mit und ohne Beeinträchtigung im Stadtteil, im Kulturzentrum, im Bürgerhaus (Eucrea 2023);
- Kreative Angebote und kunsttherapeutische Verfahren im Museum, z.B. in Projektgruppen zu aktuellen Ausstellungen.

Die Beispiele möglicher Tätigkeitsfelder (die Liste ließe sich noch erweitern) machen deutlich, dass kunsttherapeutische Arbeit sehr unterschiedliche Alters- und Bevölkerungsgruppen anspricht und auf diesem Wege Menschen an Kunst teilhaben, die von kulturellen Angeboten oft ausgeschlossen werden, wie z.B. im Strafvollzug, in geschützten psychiatrischen Abteilungen, in Einrichtungen der Behindertenhilfe, in Senioren- und Pflegeheimen (Schottenloher 2018). Kunsttherapeutisch zu arbeiten kann auch bedeuten, Menschen mit Beeinträchtigungen zu ermutigen und zu unterstützen, eigene Projekte und Ausstellungen auf die Beine zu stellen – wie geschehen im Projekt »Touchdown«, bei dem Menschen mit und ohne Down-Syndrom sich mit der Geschichte und Gegenwart dieser genetischen Besonderheit, den Erfahrungen der Ausgrenzungen und den Forderungen nach Inklusion und Partizipation auf außergewöhnliche Weise auseinandergesetzt haben. Dabei herausgekommen ist eine viel beachtete Ausstellung, die in der Bundeskunsthalle in Bonn und anschließend in der Kultur-Ambulanz Bremen und im Zentrum Paul Klee in Bern gezeigt wurde (Bundeszentrale für politische Bildung 2016).

Kunsttherapeutische Ansätze dienen auch der interkulturellen Verständigung, wenn Menschen ihre Erfahrungen der Flucht und Vertreibung sowie ihre Suche nach Schutz, Sicherheit und einer neuen Chance der Lebensgestaltung in kreativen Prozessen ausdrücken können. Davon profitieren alle Beteiligten, denn im interkulturellen Austausch wird das Fremde und das Eigene zum Thema und es entsteht eine intensivere Wahrnehmung sowohl des Gemeinsamen als auch der Differenz.

Neben geografischen, sozialen und kulturellen Fragestellungen werden die inneren Transitionsprozesse in den Werken bildlich und (be-)greifbar (Widdascheck 2019).

7.4 Musiktherapie und Konzepte der Inklusion im Tanz

Dieses Kapitel weist eine Verbindung zu den Ausführungen im Abschnitt 5.9 (Kulturelle Teilhabe) (▶ Kap. 5.9) auf, legt den Schwerpunkt aber nicht auf die Partizipation, sondern auf die therapeutische Dimension von Musik und Tanz. In diesen Bereichen können Fachkräfte der Heilpädagogik tätig sein und qualifizierte Aufgaben übernehmen, wenn sie die notwendigen therapeutischen Kompetenzen durch Aus-, Fort- und Weiterbildungen erworben haben und entsprechend geschult sind. Für die Musiktherapie gibt es zahlreiche Studiengänge an verschiedenen Hochschulen und Instituten in Deutschland. Weniger vielfältig sind die Möglichkeiten der akademischen Ausbildung in Tanztherapie, die sich durch Interaktions- und Kommunikationsangebote auszeichnet und tiefe Schichten menschlichen Erlebens berührt. Die entsprechenden Studiengänge vermitteln tanztherapeutische Verfahrensweisen für die Begleitung individueller und sozialer Entwicklungs- und Veränderungsprozesse und sind in der Prävention, Behandlung und Rehabilitation von Kindern, Jugendlichen und Erwachsene in psychiatrischen Einrichtungen sowie in der inklusiven Arbeit und in freier Praxis anwendbar.

7.4.1 Musiktherapie

Musik tröstet, stimuliert, hilft bei der Überwindung von Krisen; sie kann »die Seele zum Schwingen bringen« (Brettschneider et al 2008) und »Magische Momente des Kontaktes« (Heine 2018) erzeugen, sie kann – therapeutisch reflektiert angewandt – die Sinne koordinieren, die Gefühle regulieren und die Beziehungsfähigkeit erweitern (Schumacher 2017). Musik »berührt ganz tief« (Decker-Voigt 2016), auch und gerade Personen, die auf Begleitung und Unterstützung angewiesen sind. Menschen steuern über Musik ihre Spannung, beruhigen oder motivieren sich, hören in besonderen Zuständen bestimmte Melodien und Rhythmen und erstellen Playlists für ihr Wohlbefinden (Bauer 2018). Musik ist ein machtvolles Medium, um Brücken zu bilden und zur Affektabstimmung zwischen Menschen jeden Alters beizutragen. Dies gilt für die Arbeit mit neugeborenen Kindern ebenso wie für die Begleitung von Menschen mit komplexen Beeinträchtigungen oder demenziellen Erkrankungen. Denn »die Gefühle sind nicht behindert« (Meyer 2016). In Frühförderstellen, Sozialpädiatrischen Zentren, Kitas, in Schulen und heilpädagogischen Einrichtungen eröffnen musiktherapeutische Begleitungen entwicklungsfördernde Erfahrungen und vertiefen sowohl diagnostische als auch therapeutische Prozesse.

Musiktherapie wird definiert als »die gezielte Verwendung des Mediums Musik oder seiner Elemente zu therapeutischen Zwecken, Sie ist immer in eine bewusst gestaltete therapeutische Beziehung eingebunden. (…) Ihre spezifische Möglichkeit ist, dass sie Menschen über einen präverbalen bzw. extraverbalen, emotionsbetonten Zugang erreicht« (Oberegelsbacher 2020). Säuglinge, Kinder, Jugendliche und erwachsene Menschen mit Beeinträchtigungen können von der Musiktherapie profitieren, ebenso Kinder und Jugendliche im Autismus-Spektrum, Menschen in der stationären Psychiatrie und der Psychosomatik, Personen mit neurologischen Erkrankungen bzw. im Wachkoma ebenso wie auf der Palliativstation und im Hospiz. Sich durch Musik ausdrückende Menschen lösen Resonanzen aus, die im therapeutischen Rahmen einfühlsam und dialogisch begleitet werden (Decker-Voigt et al. 2020). Rezeptiv können auch Patientinnen und Patienten der Inneren Medizin von der Musiktherapie profitieren: Dabei geht es sowohl um die emotionale Verarbeitung körperlicher Erkrankungen als auch um das Lösen von inneren Blockaden und die Entdeckung heilender Ressourcen (Timmermann & Oberegelsbacher 2020).

Musiktherapie ist also eine praxisorientierte Wissenschaftsdisziplin, die eine enge Verbindung nicht nur zur Heilpädagogik, sondern auch zu anderen Wissenschaften besitzt, vor allem zur Medizin, zur Psychologie und zur Pädagogik. Sie bietet vielfältige Möglichkeiten, über eigene Wahrnehmungs-, Erlebnis-, Symbolisierungs- und Beziehungsfähigkeiten nachzudenken, Ressourcen zu aktivieren und intrapsychische und intrapersonelle Prozesse zu reflektieren. Durch den gezielten Einsatz von Musik im Kontext einer therapeutischen Beziehung kann die körperliche und seelische Gesundheit erhalten oder wiederhergestellt werden. Die therapeutische Wirkung von Musik liegt dabei vor allem »in ihrer Funktion als Medium im Förderprozess« (Goll 2016, S. 366). Als psychotherapeutisches Verfahren geht Musiktherapie auf die seelische Verfassung und Dynamik der betreffenden Person ein und kann bei Depressionen, Angst- und Zwangsstörungen, Persönlichkeits- und Verhaltensstörungen sowie bei somatoformen Störungen erfolgreich sein (Schmidt et al. 2019). Weil Klänge die Gestimmtheit der Person und ihr Erleben beeinflussen, bahnen sie den Weg zu therapeutischen Reflexionen, die in Gesprächen so nicht erreichbar wären. In der Neurologischen Rehabilitation wird Musiktherapie als nonverbales erlebnisorientiertes Verfahren eingesetzt, um Kontakt und Beziehung anzubahnen und Prozesse der Regulation zu unterstützen. So kann Musiktherapie hilfreich sein, physische, sprachliche und kognitive Folgen erworbener Schädigungen zu mindern und verloren gegangene Funktionen wiederzuerlangen (Mertel 2016).

Musiktherapeutische Interventionen können rezeptiv und auch sensomotorisch ausgerichtet sein, Reproduktionen und kreative Improvisationen enthalten. Das therapeutische Songwriting ist ebenso hilfreich wie entwicklungspsychologische und familienbasierte Methoden (Geretsegger & Bergmann 2017). Dafür steht eine Bandbreite an Angeboten zur Verfügung: die multisensorische Verwendung von Objekten, der Einsatz von Vibration und Rhythmus, auf den Körper geklopfte oder mit einfachen Mitteln bzw. Instrumenten erzeugte Klänge sowie die Bewegungsbegleitung beim Schaukeln in der Hängematte, um eine Verknüpfung unterschiedlicher Sinneswahrnehmungen zu ermöglichen. Erzeugte Töne, zarte und starke, gestrichen oder gehämmert, »berührten über den Schalldruck der Schallwelle die Haut. Auch wenn wir diese Berührungen bei leiser Musik oft nicht empfinden – sie tangiert uns ebenso durchgängig wie die laute Musik, deren Schalldruck wir merken« (Decker-Voigt 2016, S. 51). Der Einsatz einer Klangschale, einer Rahmentrommel oder eines Glockenspiels, einer Flöte oder einer Mundharmonika kann ausreichen, die Faszination des Klanges auszulösen. Dabei sind Fähigkeiten der Beobachtung erforderlich, um zu erkennen, wer von den Klängen positiv berührt und angezogen und wer vielleicht befremdet und abgestoßen wird.

Den Teilnehmenden an der Musiktherapie wird ausreichend Raum zur Eigeninitiative gegeben, d.h. die möglichen Musikformen und Stilrichtungen, die Musikstücke und Instrumente werden von der Person, die das musiktherapeutische Angebot wahrnimmt, ausgewählt. Die musiktherapeutische Fachkraft begleitet und unterstützt die teilnehmende Person und achtet auf die Botschaften, die sich in der Regel nonverbal in der Auswahl und Ausgestaltung des Angebots bzw. im musikalischen Dialog zeigen. Die aktuelle Befindlichkeit und vielleicht auch frühe Musikerfahrungen kommen so zum Ausdruck, auf die im Spiel geantwortet wird. Die Musiktherapie kann auch ›outdoor‹ stattfinden, wo sich der Raum der Bewegung vergrößert und das Spüren des eigenen Körpers intensiv erlebt werden kann (Pfeifer 2021). Die Materialien, die *im Offenen* zur Verfügung stehen, sind noch einmal andere als die im (Musik-)Therapiezimmer einer Einrichtung: Steine, Wasser, Holz und andere Naturstoffe können den musiktherapeutischen Prozess bereichern und auf nonverbaler Ebene Erfahrungen entstehen lassen, die auf andere Lebensbereiche übertragen werden können (Pfeifer 2019).

In der Arbeit mit Menschen im Autismus-Spektrum können elementare Musik-, Bewegungs- und Sprachspiele darin unterstützend wirken, die unterschiedlichen Sinnesfunktionen zu integrieren und akustische, visuelle, taktile, propriozeptive und vestibuläre Reize zu koordinieren. Gleichzeitig stellt die Musiktherapie für autistische Menschen ein Beziehungsangebot dar, das allmählich realisiert, zugelassen, als sinnvoll und bereichernd erfahren und positiv besetzt wird (Schumacher 2017). Andererseits enthalten musikalische Interaktionen auch spezifische Wahrnehmungen, Reaktionen oder Bewegungen autistischer Menschen. Diese ›Fenster‹ werden in der Diagnostik der Autismus-Spektrum-Störung genutzt, um Menschen mit eigeschränkter Verbalsprache untersuchen zu können. Wenn die Autismus-Spektrum-Störung bis ins Erwachsenenalter unerkannt geblieben ist oder starke kognitive und kommunikative Beeinträchtigungen vorliegen, ist die musiktherapeutisch konzipierte Autismus-Diagnostik eine Möglichkeit, gewisse Verhaltensweisen zu verstehen und eine adäquate Förderung einzuleiten. Die musikbasierte Skala zur Autismus-Diagnostik (MUSAD) findet heute Anwendung in psychiatrischen und psychosomatischen Kliniken, Ambulanzen und Praxen und in Autismus-Zentren (Bergmann et al. 2020).

7.4.2 Tanztherapie und Konzepte der Inklusion im Tanz

Der Tanz gilt als eine der ersten und ältesten Formen menschlichen Ausdrucksstrebens überhaupt. Das Umsetzen von gehörten und gespürten Klängen und

Rhythmen in kreative Bewegungen sowie das Darstellen von Emotionen durch Körperhaltungen, Gebärden, Schrittfolgen, Freudensprünge oder Gesten lässt Körper, Geist und Seele eine ausdrucksvolle und zugleich integrierende Verbindung eingehen. So kann der Tanz das Fühlen und Denken beeinflussen und das Selbstwertgefühl stärken (Lovatt 2021). Denn alles, was wir »auf unserem Weg in verschiedenen sozialen Räumen erleben, geht uns unter die Haut, prägt und ›informiert‹ uns, manches geht uns in Fleisch und Blut über und kommt wieder zum Ausdruck in Haltung und Bewegung« (Hubert Bolland 2013, S. 192). Im Verständnis der Tanztherapie sind es nicht Krankheiten, die zu heilen sind, sondern Aspekte der Entwicklung und Reifung, der Angstreduktion und spontanen Kommunikation, die mithilfe des Tanzes angeregt werden. Die Tanztherapie und die Formen des fähigkeitsgemischten Tanzes eröffnen Möglichkeiten, unabhängig von der Verbalsprache neue Beziehungsformen zu erleben und zu verinnerlichen. Die therapeutisch ausgebildeten Fachkräfte können in vielen Arbeitsfeldern die Bewegung und den Tanz mit einzelnen Personen oder Gruppen einsetzen und dabei unterschiedliche Dimensionen der Wahrnehmung, der Beziehung oder der Emotionsregulierung ansprechen (Willke 2020).

In den letzten Jahren haben sich auch im Bereich des Tanzes inklusive Formen entwickelt, die nicht als Tanztherapie im engeren Sinne konzipiert sind, sondern auf die Partizipation von Tänzerinnen und Tänzern mit unterschiedlichen Fähigkeiten und körperlichen Voraussetzungen abzielen. Angelehnt an den Ausdruck *mixed-abled dance* wird vom *fähigkeitsgemischten Tanz* (Quinten und Schwiertz 2015) gesprochen, um die künstlerische Arbeit von Menschen mit und ohne Beeinträchtigung möglichst wertneutral zu benennen. Andere Begriffe sind: *community dance*, *inclusive dance* oder *adapted dance*, die zeitgenössische Tanzmethoden zur Ermöglichung kultureller Teilhabe bezeichnen und für eine Vielzahl von inklusiven Tanzgruppen weltweit gelten. Wie in der Kontaktimprovisation werden die Ideen von Grazie und Virtuosität verworfen und stattdessen alltägliche Bewegungspraktiken als tanzästhetische Ausdrucksformen bevorzugt. Dabei geht es um gleichberechtigte Begegnungen unter künstlerischen Aspekten (Parker 2007; Quinten 2017). Der *mixed-abled-dance* ist explorativ, er greift individuelle Ressourcen der Teilnehmenden auf und schlägt kreative Lösungen in der tänzerischen Interaktion vor:

»Die Bewegungen, die ein Mensch (…) vielleicht ganz anders ausführt als gemeinhin üblich, sind als Qualität zu verstehen. Den Bewegungen ist der Sinn beizumessen, den sie in der Körperstruktur der betreffenden Person haben« (Mindt 2007, S. 43).

Ein neues Verständnis von Ästhetik und die Suche nach innovativen Bewegungen sowie ein demokratischer Stil kennzeichnen den inklusiven bzw. fähigkeitsgemischten Tanz, d. h. Menschen mit unterschiedlichen Kompetenzen, Ideen und ggf. auch Beeinträchtigungen nehmen teil und streben keine Einheit an, sondern streichen den kreativen Umgang mit Diversität heraus:

»Eine Ästhetik der Verschiedenheit wird erschaffen, die nicht nur den untrainierten Körper respektiert, sondern auch ungewöhnliche Körperformen oder eine unkonventionelle und neuartige Bewegungssprache« (Parker 2007, S. 146).

Wichtig für das Gelingen dieser Ausdrucksform ist der Abbau von Barrieren, die den Zugang zu Räumen und Finanzen erschweren oder sich auf den ästhetischen Anspruch und die Einstellungen beziehen. Noch ist die Zahl der Angebote und der ausgebildeten Vermittler*innen gering, es bedarf neuer Qualifikations- und Beschäftigungsmöglichkeiten für Professionelle, die sich für inklusive und partizipative Formen der Kontaktimprovisation begeistern. Erfahrungen des Tanzes sind eigentlich prädestiniert, Zugehörigkeit zu einer Gemeinschaft zu erleben, weil an die Stelle der Verbalsprache andere Formen der Kommunikation, der Interaktion und der Resonanz treten, die zur Anerkennung beitragen, Ängste abbauen und Chancen der Teilhabe erhöhen:

> »Meine Motivation nähert sich nicht daraus, Menschen helfen zu wollen. Tanz hat zweifelsohne einen tiefen und signifikanten Nutzen – ob nun psychologisch, sozial, emotional, physisch oder spirituell. Ich glaube, dass dies für alle gilt« (ebd., S. 147).

7.5 Unterstützte Kommunikation

Gelingende Kommunikation ist ein fundamentales Bedürfnis. Das gilt für Säuglinge genauso wie für Schulkinder, für Jugendliche ebenso wie für Erwachsene und ältere Menschen. Kommunikation ist die Grundlage für Entwicklung, Bildung und Sozialisation (Ehrenberg et al. 2019). Mit der Zunahme an kommunikativen Kompetenzen wachsen die Möglichkeiten der Selbstbestimmung, der Anerkennung bzw. das Gefühl der Zugehörigkeit sowie das Erleben von sozialer und emotionaler Teilhabe. Der Zugang zur Kommunikationskultur ist Voraussetzung für die Entwicklung inklusiver und partizipativer Strukturen in einer Gesellschaft. Nur wenn allen Menschen dieser Zugang offensteht, auch Personen mit komplexen Beeinträchtigungen, kann von Selbstbestimmung und Selbstvertretung gesprochen werden. Hierfür sind kommunikative Kompetenzen mit und ohne Unterstützte Kommunikation entscheidend »und tragen dazu bei, wie subjektive Kriterien der Lebensqualität von den Betreffenden wahrgenommen und beurteilt werden« (Lage 2022, S. 389).

Gelingende Kommunikation ist in der Regel mit dem sprachlichen Austausch verbunden. Ergänzt wird dieser Austausch durch Mimik und Gesten, durch Blicke und das Zeigen auf Objekte – was mitunter genauso intensiv sein kann wie das Kommunizieren mit Worten. In fremden Ländern ohne Kenntnis der jeweiligen einheimischen Sprachen werden oft non-verbalen Ressourcen aktiviert, um einen Weg zur Verständigung zu finden. In Zeiten, in denen sich Kommunikation immer mehr über digitale Medien vollzieht, ändern sich die Anforderungen rasant: Wer mit der Familie, mit Freunden und Bekannten, mit der Firma in Kontakt stehen, am gesellschaftlichen Leben teilhaben und weltweite Foren besuchen will, muss als aktiver Nutzer die neuen Technologien gut beherrschen. Die dafür notwendigen kommunikativen Kompetenzen zeigen sich auf unterschiedlichen Ebenen: Besitzt eine Person ausreichend linguistische Fähigkeiten, entweder in der Lautsprache, in der Schriftsprache oder in einer UK-Sprache? Besitzt die Person die operationalen

Kompetenzen, um die Medien oder die Hilfsmittel der Kommunikation zu bedienen? Zeigt die Person soziale Fähigkeiten, um jeweils zu entscheiden, in welcher Situation welche Kommunikationsform angemessen ist? Hat die Person die strategischen Kompetenzen, um adäquat zu entscheiden, mit welchen vorhandenen Mitteln die kommunikative Absicht am besten umzusetzen ist? Kann sich das Umfeld (z. B. in der Familie und in der Nachbarschaft, beim Einkauf, im öffentlichen Nahverkehr usw.) auf außergewöhnliche Formen der Kommunikation einstellen? Welche Barrieren sind abzubauen, um die berufliche Teilhabe von Menschen mit schwerer Kommunikationsbeeinträchtigung zu fördern? (Renner 2015)

In den Einrichtungen der Behindertenhilfe leben und arbeiten oft Menschen, die keine Lautsprache sprechen – bis auf Formen des »Lautierens«, die auch ein kommunikatives Handeln darstellen. Viele von ihnen haben nur schwach entwickelte verbalsprachliche Kompetenzen. In manchen Wohnheimen und Werkstätten sind mehr als die Hälfte der Menschen mit Beeinträchtigungen nicht in der Lage, lautsprachlich zu kommunizieren – gleichzeitig sind Angebote und Anleitungen zur Unterstützten Kommunikation (UK) dort nicht selbstverständlich (Bober 2018). Weiter verbreitet sind die neuen Formen der UK an den Schulen, wo der Austausch zwischen Kindern und Jugendlichen untereinander und mit den Lehrkräften durch Unterstützte Kommunikation möglich wird. Sie dient als Ersatz für die Lautsprache bei normalem Sprachverständnis, zur Verbesserung des vorhandenen Sprachverständnisses oder bei manchen Kindern zum Erwerb symbolischer Fähigkeiten und hilft auch beim Schriftspracherwerb. Außerdem finden es die Kinder und Jugendlichen meist »cool«, iPads und Smartphones mit den großen technologischen Möglichkeiten und den IT-unterstützten Lernformen zu nutzen (Krstoski et al. 2019).

Unterstützte Kommunikation ist nicht nur für Menschen mit kognitiven Beeinträchtigungen hilfreich, der Nutzerkreis für UK vergrößert sich und wird heterogener: Neben Menschen mit kognitiven Entwicklungsstörungen und vorsymbolischem Entwicklungsniveau können Personen mit erworbenen Schädigungen (z. B. Schädel-Hirn-Trauma, Locked-in-Syndrom) oder älter werdende Menschen mit Demenz von der UK profitieren (Lage 2022). Insgesamt kann Unterstützte Kommunikation dazu dienen, eigene Wünsche und Bedürfnisse auszudrücken, in Beziehung zu treten und soziale Nähe herzustellen, Informationen auszutauschen und soziale Regeln des gesellschaftlichen Miteinanders zu vermitteln. Unterstützte Kommunikation kann auch zu einer Reduktion von herausforderndem Verhalten beitragen und für Menschen im Autismus-Spektrum erleichternd sein, weil es so möglich wird, Vorlieben und Abneigungen, eventuell auch Schmerzen oder körperliches Unbehagen zum Ausdruck zu bringen (Castaneda & Fröhlich 2020).

Unterstützte Kommunikation (UK) ist international unter dem Begriff »Augmentative and Alternative Communication« (AAC) bekannt. Sie hat sich in den letzten 30 Jahren stetig weiterentwickelt, wird intensiv beforscht und sucht den Austausch mit den Herstellern von Kommunikationshilfen, um für jede Person ein passgenaues Angebot machen zu können (Renner 2020). Das Ziel aller Beteiligten ist es, die kommunikative Situation für Menschen mit schweren kommunikativen Beeinträchtigungen und ihren Gesprächspartner*innen zu verbessern, also das gegenseitige Verstehen und Verständigen zu erleichtern. Um die Lautsprache oder die

Schriftsprache zu ersetzen oder zu ergänzen, stehen ganz unterschiedliche Hilfen zur Verfügung: 1. Basale Kommunikationsmittel, 2. Handzeichen, Gesten und Gebärden, 3. Greifbare und grafische Symbole, 4. Elektronische Hilfen.

7.5.1 Basale Kommunikationsmittel

In diesem Bereich ist ein sehr weit gefasster Begriff von Kommunikation grundlegend. Jeder Ausdruck eines Wunsches, eines Gefühls, eines Bedürfnisses oder einer Information ist als kommunikativer Akt zu verstehen (selbst dann, wenn er nicht intentional darauf ausgerichtet ist, dass eine andere Person ihn aufnimmt und versteht). Das kann eine basale, nicht-intentionale Äußerungen eines Säuglings genauso sein wie das Lautieren eines Menschen mit komplexen Beeinträchtigungen. Um eine solche Äußerung als kommunikativen Akt zu verstehen, muss der Kommunikationspartner den betreffenden Menschen sehr gut kennen und auch den Kontext der Äußerung einbeziehen. Denkbar wäre es, auf einer basalen Entwicklungsstufe kommunikative Hilfen einzusetzen, neben dem Nicken oder dem Augenblinzeln z. B. auch eine Klingel oder einen Schalter für ein einfaches kommunikatives Signal. Setzt die Person das Signal in Gang, erlebt sie einen Zusammenhang zwischen der eigenen Handlung und der Konsequenz im Sinne einer »Selbstwirksamkeitserfahrung«. Allerdings ist zu klären, ob mit dem Benutzen des Signals wirklich eine kommunikative Intention verbunden ist – oder ob es einfach Freude bereitet, das Geräusch zu erzeugen. Kommunikationsförderung ist auf dieser Ebene sehr individuell und von den Kontexten der Beziehung und der Umgebung abhängig. Dazu notwendig ist eine Diagnostik der präintentionalen Kommunikation, die viel Einfühlungsvermögen und Geduld erfordert: »Sie ist die Grundlage dafür, präintentional kommunizierenden Menschen so passgenau wie möglich die kleinsten nächsten Schritte in der Entwicklung ihrer Kommunikation zu ermöglichen« (Leber 2020, S. 177).

7.5.2 Handzeichen, Gesten und Gebärden

Kinder, deren Lautsprache (noch) nicht entwickelt ist, nutzen oft Gesten des Zeigens und erreichen auf diesem Wege Momente der geteilten Aufmerksamkeit (joint attention), wenn sie z. B. auf einen Vogel im Baum, ein Flugzeug am Himmel oder eine Katze im Vorgarten hinweisen. Diese geteilte Aufmerksamkeit mit einer Bezugsperson ist sehr bedeutsam für die Entwicklung der sozialen und emotionalen Welt und für die gelingende Interaktion zwischen dem Kind und dem Erwachsenen. Nicht nur Gesten, sondern manchmal auch selbst entwickelte Gebärden helfen dem Kind, Wünsche und Anliegen deutlich zu machen. Gehörlose Menschen nutzen seit Jahrhunderten Gebärden und haben diese zu einer systematischen Gebärdensprache (bei uns: die Deutsche Gebärden-Sprache DGS) entwickelt. In früheren Zeiten war man in Deutschland der Auffassung, dass die Nutzung von Gebärden die rezeptive Entwicklung der Lautsprache behindern würde. Heute weiß man, dass dies nicht zutrifft (Hänel-Faulhaber 2018). In der Behindertenhilfe werden Gebärden der DGS häufig in vereinfachter Form und ohne komplexe grammatikalische Strukturen verwendet. Im Rahmen der Unterstützten Kommunikation existieren aber auch eigene Gebärdensammlungen wie »Schau doch meine Hände an!«, die inzwischen auch als Apps für die Betriebssysteme Android (Google) und iOS (Apple) erhältlich sind.

Bei lautsprachbegleitenden Gebärden (LBG) werden alle Wörter und Sätze der gesprochenen Sprache gleichzeitig mit dem Aussprechen gebärdet. Ohne differenzierte Kenntnisse der Lautsprache ist diese Form der UK allerdings kaum zu nutzen; Menschen mit kognitiven Beeinträchtigungen können damit überfordert sein – daher ist die ausschließliche Gebärde hier oft angebrachter. Wenn man Gebärden gut erlernt hat und häufig anwendet, ist die Nutzung von Gebärden – das zeigt sich oft in inklusiven Kindergärten – sowohl eine Erleichterung der Kommunikation als auch ein echter Zugewinn an sozialer Interaktion. Auch die Kommunikation mit Kindern und ihren Eltern aus anderen Kulturkreisen wird ggf. durch die Nutzung von Gebärden erleichtert: Gebärden sind visuell wahrnehmbar, in der Ausführung leicht korrigierbar, sie machen prägnant und anschaulich deutlich, was zum Ausdruck gebracht werden soll (Leonhardt 2022).

7.5.3 Greifbare und grafische Symbole

Greifbare Symbole sind verkleinerte Darstellungen von Objekten (z. B. Löffel, Bus, Bett), die in Setz-Kästen angeordnet, aber auch mitgeführt werden können. Der Löffel kann den Beginn einer Mahlzeit symbolisieren, der Bus kann das Ende des Schultags signalisieren, das Bett die Nachtruhe. Greifbare Symbole können kommunikative Möglichkeiten eröffnen: Bei kognitiv und komplex beeinträchtigten Menschen können sie helfen, Befindlichkeiten und Wünsche auszudrücken; die Anforderungen an das Abstraktionsvermögen sind nicht so hoch wie bei bildlichen Darstellungen. Breiter ist das Angebot der an grafischen Symbolen, Symbolsystemen und Symbolsammlungen:

> »Symbolsysteme stellen eine begrenzte Anzahl an Grundelementen zur Verfügung, die nach festen Regeln kombiniert werden und damit eine unbegrenzte Menge an Symbolen bilden können. (…) Symbolsammlungen enthalten gegenüber den Symbolsystemen eine begrenzte Anzahl an Symbolen, die für einzelne Wörter stehen« (Fröhlich 2020, S. 241).

Auf einem einfachen Niveau kann man Kärtchen mit (laminierten) Fotos von realen Gegenständen als Bezeichnung für eine Aktivität nutzen (die Tasse für das Trinken, die Wanderschuhe für einen Spaziergang, den Badeanzug für die Schwimmstunde). Ähnlich lassen sich diese Gegenstände auf einem elektronischen Gerät nutzen, die mit einer speziellen Software erstellt werden. Die Software »Boardmaker« hilft beispielsweise beim Erstellen von gedrucktem, symbolbasiertem Material in der Unterstützten Kommunikation und enthält mehr als 10.000 Symbole. Grafische Symbole lassen sich als Zeichen in Heften, auf Karten, Tafeln oder Talkern anbringen, zu Systemen zusammenstellen und mit Kombinationsregeln verknüpfen. Bei komplexen Geräten sind die Symbole auf mehreren Ebenen angeordnet und können zu ganzen Sätzen kombiniert werden. Dies setzt nicht nur eine differenzierte Symbolisierungsfähigkeit voraus, sondern auch motorisches Geschick, um das gewünschte Symbol zu markieren.

Zu den zahlreichen Symbolsammlungen und -systemen gehören: Metacom, Makaton und PECS, das häufig verwendet wird. Das System PECS (Picture Exchange Communication System) ermöglicht eine didaktisch sinnvolle Schrittfolge der Anbahnung, Nutzung und Weiterentwicklung in sechs Stufen:

1. Abgeben einer Bildkarte an einen Kommunikationspartner;
2. Anlegen eines Buches mit den Bildkarten;
3. Differenzierte Arbeit mit jeweils zwei ähnlichen Karten, um die Unterschiede zu erarbeiten;
4. Nutzung einer »Ich-möchte«-Karte in Kombination mit einer Bildkarte und verbaler Begleitung;
5. Beantwortung der Frage »Was möchtest Du?« mit einer Bildkarte;
6. Training des Austausches von Bildkartenfolgen.

Für die Nutzung der Symbole ist ein schrittweises Anbahnen und Erläutern wichtig. Es gilt, die Geschwindigkeit der Kommunikation zu reduzieren, die eigenen Sprachgewohnheiten zu reflektieren und geduldig die neue, besondere Kultur der Kommunikation zu entwickeln. Wichtig ist auch, das soziale Umfeld der unterstützt-kommunizierenden Person in die Nutzung einzubeziehen und in der Familie, am Ausbildungs- oder Arbeitsplatz eine gewisse Routine in der Verwendung zu etablieren.

7.5.4 Elektronische Hilfen

Unter den elektronischen Hilfen versteht man in der Unterstützten Kommunikation alle tragbaren oder stationären Computer sowie die »kleinen Helfer« (Big-Mack, Step-by-step, GoTalk). Während man die zuletzt genannten Geräte nutzbringend einsetzen kann, um die Zusammenhänge von Ursache und Wirkung erkennbar zu machen, dienen die Geräte mit hoher Komplexität und Sprachausgabe dazu, eine begrenzte oder unbegrenzte Zahl von Aussagen flexibel zu generieren. Es gibt heute zahlreiche komplexe Geräte, bei denen auch die Eingabehilfen jeweils an die motorischen Fertigkeiten angepasst werden können. Meist werden grafische Symbole eingesetzt, die für ganze Aussagen oder Fragen stehen. Bei Geräten mit Sprachausgabe erklingt dann beim Drücken der entsprechenden Symboltaste eine dem Symbol zugeordnete Aussage oder Frage, die zuvor entweder individuell aufgespielt oder synthetisch erzeugt wurde. Für Menschen, die grob- und feinmotorisch stark beeinträchtigt sind, kann eine Augensteuerung (Eyetracking) eingesetzt werden, um das Symbol zu fixieren (Karl & et al. 2015). In den letzten Jahren werden in diesem Bereich zunehmend Tablets und Smartphones genutzt, die ein differenziertes Angebot an Software und Apps realisieren können, universell – an jedem Ort und zu jeder Zeit – verfügbar und sozial besser akzeptiert sind als Sonder-Geräte mit befremdlichen Programmen. Bei Smartphones ist allerdings zu bedenken, dass sie empfindlich in der Handhabung sind und nur ein sehr kleines Display besitzen. Menschen mit Einschränkungen in der Sehfähigkeit sowie kognitiv und feinmotorisch beeinträchtigte Menschen können damit überfordert sein. Hier sind nicht-elektronische Unterstützungssysteme – wie Bildkarten u. ä. – im Alltag oft sinnvoller.

7.5.5 Unterstützte Kommunikation und der Abbau von Teilhabe-Barrieren

In der UN-BRK wird in den Begriffsbestimmungen im Art. 2 gerade der Aspekt der Kommunikation besonders ausgeführt. Zur Kommunikation gehören Sprachen, Textdarstellung, Brailleschrift, taktile Kommunikation, Großdruck, leicht zugängliches Multimedia sowie schriftliche, auditive, in einfache Sprache übersetzte, durch Vorleser zugänglich gemachte sowie ergänzende und alternative Formen, Mittel und Formate der Kommunikation. Die Teilhabe von Menschen mit Beeinträchtigungen wird verbessert, wenn angemessene Vorkehrungen und technische Hilfen zur Verfügung stehen, damit das Ausüben aller Menschenrechte und Grundfreiheiten im politischen, sozialen, wirtschaftlichen und kulturellen Bereich – durch leicht zugängliche Informations- und Kommunikationstechnologie – gesichert ist. Auch in Artikel 24 der UN-BRK zum Thema »Bildung« heißt es im Absatz 3:

> »Die Vertragsstaaten ermöglichen Menschen mit Behinderungen, lebenspraktische Fertigkeiten und soziale Kompetenzen zu erwerben, um ihre volle und gleichberechtigte Teilhabe an der Bildung und als Mitglieder der Gemeinschaft zu erleichtern. Zu diesem Zweck ergreifen die Vertragsstaaten geeignete Maßnahmen; unter anderem erleichtern sie das Erlernen von Brailleschrift, alternativer Schrift, ergänzenden und alternativen Formen, Mitteln und Formaten der Kommunikation«.

Damit sind nicht nur Bildungseinrichtungen, sondern auch Behörden, Firmen, Organisationen der Behindertenhilfe wie auch des öffentlichen Lebens aufgefordert, *Unterstützte Kommunikation* als selbstverständlichen Bestandteil ihrer Arbeit und als Qualitätsstandard zu etablieren. In der Persönlichen Zukunftsplanung kann UK ebenfalls selbstbestimmte Entscheidungsfindung stärken. UK sollte nicht mehr nur ein heilpädagogisches Thema sein, sondern im gesellschaftlichen Alltag sichtbar werden. Damit ist sowohl die Bereitstellung geeigneter Medien zur *Unterstützten Kommunikation* als auch der verstärkte Einsatz *Leichter Sprache* gemeint. Ein verbesserter Zugang zu den modernen Medien der Informationstechnologie kann die gesellschaftliche Partizipation von Menschen mit kommunikativen Beeinträchtigungen erleichtern und deren Anerkennung erhöhen. Von einer UK-Kultur im Rahmen einer inklusiven Gesellschaft sind wir jedoch weit entfernt:

> »Gesellschaftliche Inklusion geht nicht ohne Bildung, deshalb braucht es Zugang zur Bildung für alle. Bildung geschieht über Kommunikationsprozesse. Der barrierefreie Zugang zu allen Kommunikationsformen (…) ist herzustellen« (Lage 2022, S.388).

7.5.6 Gestützte Kommunikation

Gestützte Kommunikation (engl: Facilitated Communication) ist der Begriff für eine Methode der Kommunikation, die Menschen befähigen kann, auf Items (Bilder, Symbole, Wörter und Buchstaben) zu zeigen und sich auf diesem Wege mitzuteilen

(Nußbeck 2018). Als kognitiv beeinträchtigt oder als autistisch diagnostizierte Personen verfügen häufig über deutlich mehr Fähigkeiten, als sie – ohne fremde Hilfe – zum Ausdruck bringen können. Die Hilfestellung, die es diesen Menschen ermöglicht, ihre motorischen und/oder psychischen Barrieren zu überwinden, besteht in einer körperlichen und emotionalen Stütze während des Zeigens. Die *Gestützte Kommunikation* wurde durch verschiedene Veröffentlichungen (Sellin 1995; Zöller 2001) außerhalb von Fachkreisen populär:

> »Menschen, die zuvor als schwer geistig behindert galten, produzieren gestützte Texte auf hohem schriftsprachlichem Niveau, was bei diesem Personenkreis durch keine andere Methode der ›Unterstützten Kommunikation‹ möglich wäre. Während Eltern und Betreuer endlich Zugang zu den nunmehr als schwer kommunikationsbeeinträchtigt (…) bezeichneten Menschen gefunden zu haben glaubten, bleiben andere angesichts der überraschenden Wirkung der Methode skeptisch, ob die so hervorgebrachten Mitteilungen wirklich authentische Texte der Schreiber sind« (Nußbeck 2018, S. 238).

Zur physischen Stützung kommt die emotionale Begleitung, die neben die Berührung tritt und die feste Überzeugung von den Fähigkeiten der gestützten Schreiber quasi überträgt. Die stützende Person (Facilitator) darf keinesfalls die Führung übernehmen, sondern nur die vom FC-Schreiber ausgehenden Impulse umsetzen. Fernziel der Methode sollte eine unabhängige und selbständige Benutzung der Kommunikationstafel oder Computertastatur sein.

Gestützte Kommunikation kann sich für Menschen als hilfreich erweisen, die durch Störungen im komplexen System der Muskel- und Gehirnkoordination daran gehindert werden, sich lautsprachlich und autonom zu verständigen. Häufig wurden sie allein aufgrund ihrer Kommunikationsprobleme als kognitiv beeinträchtigt und verschlossen angesehen. Für Elisabeth Eichel, eine in der Ambulanz *Hilfe für das autistische Kind* in Dortmund tätige Pädagogin, ist *Gestützte Kommunikation* im Spektrum der ergänzenden Kommunikationssysteme einzuordnen (Eichel 2001) und als sprachtherapeutischer Ansatz zu verstehen, der darauf abzielt, die Kommunikationsmöglichkeiten nichtsprechender Menschen durch die Bereitstellung von Alternativen zur Lautsprache zu verbessern. Angewandt wird die Methode bei Personen, die nicht lautsprachlich kommunizieren, aber auch bei Menschen mit komplexen oder autistischen Beeinträchtigungen, deren Sprache durch Echolalie und Stereotypien begrenzt ist. Die Befürchtung, die Entwicklung der verbalen Verständigung würde wegen der Gestützten Kommunikation blockiert, hat sich nicht bestätigt. Es wird sogar von Fällen berichtet, in denen Betroffene versuchen, nach und nach Geschriebenes auszusprechen. Das Alter der Benutzer spielt bei FC keine große Rolle. So wird in den USA die Methode bei Kindern im Vorschulalter eingesetzt, etwa ab dem vierten Lebensjahr – auch wenn nicht Buchstaben, sondern Gegenstände, Bilder oder Fotos im Vordergrund stehen. Da viele autistische Kinder aber ein sehr frühes Interesse für Zahlen und Buchstaben zeigen, können sie oft verhältnismäßig früh eingeführt werden. Umstritten ist allerdings weiterhin, wie eine Unterscheidung zwischen eigenen und fremden Impulsen wissenschaftlich ermittelt werden kann. Beobachtungen oder Befragungen der stützenden oder der schreibenden Person können nicht zweifelsfrei feststellen, welche Aussagen welcher Person zugeschrieben werden können bzw. welche schriftlichen Produktionen als authentisch oder nicht authentisch zu identifizieren sind (Nußbeck 2018).

7.6 Sexualpädagogische Bildung und sexuelle Selbstbestimmung

Sexualität lässt sich als Lebensenergie verstehen, die allen Menschen mit und ohne Beeinträchtigung eigen ist, die gesamte Person umfasst, zur Persönlichkeitsentwicklung gehört, sich aus vielfältigen Quellen speist und unterschiedliche Ausdrucksformen kennt (Sielert 2015; Ortland 2020). Sexualität ist ein »kreatives, kommunikatives Potenzial« (Walter 2006, S. 34). Niemand ist von einem solchen elementaren Bestandteil des Lebens zu exkludieren. Doch die Geschichte der Behindertenhilfe ist eine Geschichte der Tabuisierung von Sexualität – so wie die Geschichte der Sexualität über lange Zeit die Geschichte ihrer Unterdrückung ist (van Ussel 1970). Die strikte Trennung der Geschlechter in den Anstalten, die riesigen Schlafsäle, die stumpfen Tagesabläufe, die völlige Fremdbestimmung, die konfessionelle Strenge mit ihren lustfeindlichen Regeln verhinderten sexuelle Interaktionen unter den »Eingeschlossenen« bzw. »Ausgeschlossenen« (Kremsner 2017) – was sie allerdings nicht vor Übergriffen durch Mitarbeitende schützte (Zemp 2002; Schröttle & Hornberg 2014) – und zwar sowohl in der Heimerziehung als auch in den Einrichtungen der Eingliederungshilfe (Sierck 2019).

Vorenthalten wurde ihnen lange Zeit nicht nur das selbstbestimmte sexuelle Erleben, sondern jede Form von Partnerschaft und Intimität mit anderen Personen. Gerade das konnte auffälliges Verhalten provozieren oder zu Apathie und Desinteresse gegenüber dem eigenen Körper führen. Schließlich fehlte den Menschen in den »totalen Institutionen« jede Möglichkeit, sich als attraktiv zu erleben und damit die Selbstakzeptanz zu erhöhen. Ihren dramatischen Ausdruck fand die Unterbindung der Sexualität von Menschen mit Beeinträchtigungen in den Zwangssterilisationen während der Nazizeit 1933 bis 1945, die in Kirchenkreisen viele Befürworter fand. So schrieb der Theologe Hentrich aus Bethel (der später Bischof in Hamburg wurde), man müsse »diejenigen preisen, die heute durch Erbgesetzgebung diesem namenlosen Elend wirkungsvoll begegnen« und die »uns in neuer Weise gelehrt haben, den Leib rein zu halten« (zit. n. Klee 2010, S. 45).

Auch in Zeiten der so genannten »Normalisierung« ab den 1970er Jahren wurden sexuelle Wünsche und deren Verwirklichung nicht akzeptiert, sondern behindert, weil die meist konfessionell geführten Einrichtungen das tägliche Zusammenleben strengstens kontrollierten und zu entmündigender Überbehütung neigten (Herrath 2013). Diese »Fürsorge« beinhaltete entwürdigende Maßnahmen der physischen, psychischen und sexuellen Gewalt:

> »Der Sprachlosigkeit vieler Betroffener steht die Sprachgewalt der Täter gegenüber. Es gibt Menschen, die aufgrund ihrer Behinderung nicht über verbale Kommunikation verfügen. Andere sind sprachlos, weil sie nie sexuell aufgeklärt wurden und von daher gar nicht benennen oder verstehen können, was mit ihnen passiert, wenn sie sexuelle Gewalt erfahren. (…) Das Geheimhaltungsgebot wird mit Drohungen gegen die Betroffenen (…) unterstrichen« (Zemp 2002, S. 613).

Die ungebrochenen Gewaltverhältnisse hatten traumatische Folgen für Frauen und Männer in stationären Einrichtungen, für Patientinnen und Patienten der Psychiatrie, für Heimkinder und Verschickungskinder (Engelbracht & Hauser 2013; Röhl 2021). Auch heute sind beeinträchtigte Menschen nur unzureichend geschützt vor Misshandlungen und Missbrauch, wie Skandale aus jüngster Zeit belegen (Resch 2021). Die Aufarbeitung der Gewalt und des sexuellen Missbrauchs begann auf nationaler Ebene mit Publikationen in Zeitschriften und Fachbüchern (z. B. Wensierski 2006) und mit dem Runden Tisch zur Heimerziehung in den 1950er und 1960er Jahren. Die dort dokumentierten Aussagen belegen, wie unfassbar demütigend und schwer zu verarbeiten die Erlebnisse des Leidens, der Willkür und der Rechtlosigkeit für die betroffenen Personen waren und wie sie ihr späteres Leben über Jahrzehnte prägten (Siebert et al. 2016).

Heute gibt es trotz aller Ideen für mehr Selbstbestimmung nach wie vor viele Frauen und Männer mit Beeinträchtigungen, die ihre Sexualität nicht leben können. Manche wohnen als Erwachsene weiter im Elternhaus, andere in Wohnstätten, die in ihren Konzeptionen Sexualität geflissentlich aussparen. Dabei wäre eine sexualfreundliche Haltung gegenüber Menschen mit Beeinträchtigungen wichtig: Nur wenn es gelingt, die Vermittlung von sexuellen Themen, die Reflexion von Erfahrungen und die Klärung angemessener Formen der Begleitung in den Institutionen sinnvoll zu platzieren, kann ein angstfreies Klima entstehen:

»Da immer die eigene Haltung zur Sexualität, die eigenen Grenzen und Werte das pädagogische, betreuende Handeln der verantwortlichen Fachkräfte prägen, treffen in professionellen Teams der Behindertenhilfe sehr unterschiedliche Wahrnehmungen und Deutungen zu sexuell konnotierten Situationen aufeinander« (Czarski 2013, S. 239/240).

Mitarbeitende sollten ihre Einstellungen und ihr pädagogisches Vorgehen prüfen und Handlungssicherheit anstreben:

»Fragen nach Haltung und Ethos, der themenspezifischen Qualifikation der Fachleute, der Reflexion von Haltungen, Strukturen und Praktiken innerhalb der Institutionen und der Vernetzung des unterstützenden Systems stellen allesamt Ansatzpunkte zur Verwirklichung der (sexuellen) Selbstbestimmung dar« (Jennessen et al. 2019, S. 10).

Im Jahr 2006 verabschiedete die Generalversammlung der Vereinten Nationen das Übereinkommen der Vereinten Nationen über die Rechte von Menschen mit Behinderungen (die UN-BRK). Mit der Ratifizierung der UN-BRK hat sich Deutschland – wie andere Staaten auch – zu weitreichenden Maßnahmen verpflichtet, die den Schutz von Menschen mit Beeinträchtigungen »vor Eingriffen in ihre Freiheit und andere Rechte umfassen (respect), sie vor Rechtseingriffen Dritter schützen (protect), aber auch faktisch in die Lage versetzen, ihre Menschenrechte zu verwirklichen (fulfill)« (Zinsmeister 2013, S. 49). Das Recht auf sexuelle Selbstbestimmung ist darin und im Bundesteilhabegesetz (BTHG) jedoch nicht explizit geregelt. Es resultiert vielmehr aus dem allgemeinen Selbstbestimmungsrecht, das in Art. 1 Abs. 1 GG (Schutz der Menschenwürde) und Art. 2 Abs. 1 GG (Schutz der persönlichen Entwicklung und Freiheit) formuliert ist, während das Strafrecht Übergriffe gegen das sexuelle Selbstbestimmungsrecht von Menschen mit Behinderungen ahndet (§§ 174a, 174c StGB).

Dennoch lässt sich aus der UN-BRK implizit ableiten, dass der Staat und die Träger der Einrichtungen verpflichtet sind, Menschen mit Beeinträchtigungen vor Diskriminierung zu schützen, ihre Würde zu achten und ihnen die volle Teilhabe an der Gesellschaft zu ermöglichen; das gilt auch für Fragen rund um Partnerschaft, Verhütung, Ehe, Familiengründung und Kinderwunsch. Weder die Einrichtungen der Behindertenhilfe noch gesetzliche Betreuungspersonen sind befugt, das Recht von Menschen mit Beeinträchtigungen auf sexuelle Selbstbestimmung zu beschränken. Zulässig sind nur solche Unterstützungsmaßnahmen, die »den Menschen mit Behinderungen Entscheidungsfreiheit belassen oder erst ermöglichen, d. h. ihre Selbstbestimmung respektieren und bei Bedarf auch fördern. Hierzu zählen Informationsangebote über Sexualität, Partnerschaft und Familienplanung, Flirtkurse und Selbstbehauptungstrainings, die ergebnisoffene Beratung oder die Begleitung zu spezialisierten Beratungsstellen oder Ärztinnen sowie tatsächliche Hilfestellungen im Alltag, die sich an Wünschen und Vorstellungen der Adressat*innen orientieren« (Zinsmeister 2013, S. 52). Die UN-BRK handelt vom Schutz der Würde und vom Schutz vor Diskriminierung; gleichzeitig wird dem Schutz der Privatsphäre mit dem Artikel 22 (Achtung der Privatsphäre) ein besonderes Gewicht zuerkannt.

Sexualität ist – wie eingangs dargestellt – eine Lebensenergie und eine Ressource, die jeder Person zur Verfügung steht, zumindest als Option, und die an keine äußere Form oder Norm gebunden ist. Sie kann Erfüllung bedeuten, zur Zufriedenheit und Ausgeglichenheit beitragen. Liebe und Sexualität können die Grundbedürfnisse nach Bindung und Anerkennung stärken, sie können aber auch mit der Erfahrung von Abweisungen und Trennungen verbunden sein. Weil Liebe und Sexualität einen Raum von Verletzlichkeit und Abhängigkeit eröffnen, in denen Begegnungen und intime Beziehungen entstehen und scheitern können, sind Fragen der sexuellen Selbstbestimmung ein Ziel der Entwicklung für jeden Menschen:

> »Sexuelle Selbstbestimmung beinhaltet, dass individuelle Entscheidungen für oder gegen verschiedenste Formen sexuellen Lebens durch das Individuum in der jeweils aktuellen Lebenssituation selbst getroffen werden. Die geschieht auf der Grundlage unterschiedlicher emotionaler, körperlicher und kognitiver Lebensvoraussetzungen« (Ortland 2020, S. 62).

Auf der Handlungsebene sichert das Recht auf sexuelle Selbstbestimmung einer Person die Freiheit, ihre Sexualität nach eigenen Vorstellungen alleine oder im Einvernehmen mit Sexualpartnerinnen und Sexualpartnern zu gestalten und nicht sexuell ausgebeutet oder belästigt zu werden. Dazu ist es notwendig, entsprechende Kenntnisse zu besitzen und zu erweitern. Die (sexuellen) Menschenrechte zu achten und zu wahren kann nur gelingen, wenn Menschen mit und ohne Beeinträchtigung Zugang zu Informationen erhalten. Um das Wirrwarr der eigenen Gefühle und Fantasien zu entflechten und intime Beziehungen eingehen zu können, sind für Heranwachsende mit und ohne Beeinträchtigung Gespräche in der Peer-Group sowie Angebote der sexuellen Bildung wichtig. Mit den physischen und psychischen Veränderungen in der Adoleszenz und den zunehmenden sozialen und kommunikativen Kompetenzen können, wenn eine Unterstützung angenommen wird, Ängste abgebaut, neue Erfahrungen integriert und das sexuelle Erleben erweitert werden.

> »Die Annahme der Realisierung sexueller Selbstbestimmung für jeden Menschen schließt aufgrund deren hoher Individualität die Benennung eines definierbaren ›richtigen‹ oder ›erwachsenen‹ Sexualverhaltens aus. Subjektiv befriedigendes Sexualverhalten ist in allen

individuellen Variationen denk- und lebbar und findet seine klare Grenze immer in der Persönlichkeit und den Rechten des Anderen« (ebd.).

Im unterstützten Einzelwohnen, in den Wohngruppen, Wohn- und Werkstätten leben und arbeiten Menschen mit Beeinträchtigungen zusammen, die auf vielen Ebenen sehr unterschiedlich sind: In den Ursachen und Ausprägungen ihrer Beeinträchtigung, in ihren kognitiven und kommunikativen Kompetenzen, in ihren physischen und psychischen Ressourcen, in ihren sexuellen Erfahrungen und Präferenzen. Für sie ergeben sich heute weit mehr Möglichkeiten der Gestaltung von Beziehungen als zu früheren Zeiten: Die Einstellung zu Partnerschaften und intimen Beziehungen ändert sich, nach jahrzehntelanger Tabuisierung und Unterdrückung ist ein offeneres Zusammenleben nun weitgehend Alltag. Doch die Mitarbeitenden sind unsicher, über welches Wissen die Klient*innen in Bezug auf ihren Körper, ihre Bedürfnisse und Wünsche verfügen und welche Erfahrungen sie bislang gemacht haben:

> »In der Regel wird reaktiv gehandelt. Gespräche werden häufig erst nach einem Kontakt mit der Freundin/dem Freund geführt, die dann eher einer Krisensitzung gleichen als einem vertrauten Gespräch über wichtige Fragen« (Bundesvereinigung Lebenshilfe 2014, S. 14).

Es braucht Zeit, bis das Vertrauen hergestellt, die jeweiligen Verhaltensweisen reflektiert und eine gemeinsame Sprache gefunden ist. Offensive Appelle (»Mit uns kann man über alles reden!«) verstärken eher vorhandene Hemmungen und verdecken die Tatsache, dass es zwischen den Mitarbeitenden unterschiedliche Einstellungen und Beratungskompetenzen in diesen Fragen gibt. Partizipativ erarbeitete, mit allen Beteiligten abgestimmte sexualpädagogische Konzeptionen können dazu dienen, Verunsicherungen abzubauen, Vertrauen zu stärken und akzeptable Absprachen zu treffen. Zusätzlich sollten Angebote der Weiterbildung für Klient*innen und für Mitarbeitende zur Kompetenzerweiterung beitragen.

Menschen mit unterschiedlichen Behinderungen haben auch hinsichtlich der sexuellen Ausrichtung dieselben Rechte wie alle anderen. Von den Betroffenen wird häufig das Problem der doppelten Außenseiterrolle beschrieben, die mit vielfacher Diskriminierung verbunden sein kann: So berichten z.B. Lesben und Schwule mit Beeinträchtigungen davon, dass sie in der Behindertenszene aufgrund ihrer sexuellen Ausrichtung eine Randgruppe bilden und innerhalb der Lesben- oder Schwulenszene aufgrund ihrer Beeinträchtigung nicht immer voll akzeptiert würden (Bazinger 2007, S. 114). Schwierig ist es auch dann für sie, ihre sexuellen Wünsche und Präferenzen zu leben, wenn sie auf Assistenzleistungen in unterschiedlichen Lebensbereichen angewiesen sind. Dadurch erhalten die Personen, die sie im Alltag unterstützen und von denen sie in gewissen Bereichen abhängig sind, Einblicke in ihre Privat- und Intimsphäre. Lesbische und schwule Menschen mit Beeinträchtigungen ebenso wie Trans*-Menschen befürchten daher, dass ein Coming-out eventuell auf Ablehnung stoßen und die Basis der Assistenz negativ beeinflussen könnte. Dabei garantiert das Recht auf Selbstbestimmung jedem Menschen die Möglichkeit, sein Leben frei von Zwang nach eigenem Willen und Vorstellungen zu gestalten, ungeachtet dessen, ob der Einzelne von der Freiheit auch Gebrauch machen will oder kann. Dies beinhaltet natürlich auch das Recht der freien sexuellen Orientierung.

Wenig wird bislang auch das Thema der Konstruktion von Geschlechtern, Geschlechternormen und Geschlechtsidentitäten angesprochen und die Notwendigkeit von queeren Perspektiven diskutiert (Timmermanns & Böhm 2020). Zahlreiche Menschen mit Beeinträchtigungen, die sich von der Heteronormativität abgrenzen oder sehr verunsichert sind, ob sie sich der LGBTIQ-Community zugehörig fühlen oder nicht, sind der doppelten Diskriminierung ausgesetzt: Der Rahmen zur Gleichstellung von LSBTIQ (also lesbisch, schwul, bisexuell, trans, inter und queer-Menschen) mag sich in letzter Zeit verbessert haben; doch Diskriminierungen im Kontext von LSBTIQ sind häufig und oft mit Gewalt verbunden:

> »Die Biographien und die Lebenslagen von LSBTIQ mit Behinderung sind von Mehrfachdiskriminierung geprägt. Es ist sinnvoll, Mehrfachdiskriminierungen intersektional zu betrachten, denn sie sind nicht nur die Summe von Benachteiligungen, sondern eine Verschränkung von Benachteiligungsformen, welche die Teilhabemöglichkeiten verringern, bis hin zur Verhinderung und zum Ausschluss« (Vogt 2020, S. 12).

Die Anerkennung sexueller und geschlechtlicher Vielfalt bei Menschen mit Behinderungserfahrungen wird in den Einrichtungen ebenso wie in der Forschung nur zögerlich thematisiert: »Hier bieten sich intersektionale Zugänge an, um die in sich hochkomplexen Diskriminierungsebenen Behinderung und Queerness zusammen zu denken, zu beschreiben und zu analysieren« (El Ismy et al. 2022, S. 146).

7.7 Inklusive Quartiersentwicklung

Ein Quartier (vom Lateinischen *quarterium* = Viertel) bezeichnet einerseits eine Unterkunft bzw. ein Nachtlager (im militärischen Sinne), andererseits einen Bezirk, eine Gemeinde oder einen Stadtteil (Weiss 2019b). Soziologisch kann unterschieden werden zwischen dem Quartier als Planungsraum für kommunale Entwicklungsprozesse, dem Quartier als individuellem Lebens- und Handlungsraum und dem Quartier als Mittelpunkt der emanzipatorischen Leitidee der Sozialraumorientierung, bei der die Bedarfslagen von Personengruppen mit den Angeboten und Ressourcen vor Ort sinnvoll verknüpft werden (Schäper 2016, S. 91). In der Sprache der Stadtsoziologie ist das *Quartier* ein »kontextuell eingebetteter, durch externe und interne Handlungen sozial konstruierter, jedoch unscharf konturierter Mittelpunkt-Ort alltäglicher Lebenswelten und individueller sozialer Sphären, deren Schnittmengen sich im räumlich-identifikatorischen Zusammenhang eines überschaubaren Wohnumfeldes abbilden« (Schnur 2014, S. 43). Einfacher ausgedrückt: Das Quartier ist jener Raum, »in dem Menschen zusammenleben, in dem sie sich auskennen, sich zuhause fühlen, sich versorgen, ihre sozialen Netze knüpfen und – im Idealfall – sich engagieren für Verbesserungen, die allen zugutekommen« (Seifert 2017, S. 10). Wichtig ist der Gedanke, dass der Raum stets ein relationaler Begriff ist: »Es gibt keinen Raum, der unabhängig von konkreten sozialen Praktiken ist« (Kessl & Reutlinger 2010, S. 30).

Quartiere zeichnen sich durch das Zusammenspiel der lokalen Akteure aus. Private Haushalte, Geschäfte und Unternehmen, Einrichtungen des Bildungs-, Sozial- und Gesundheitswesens und der Kultur und Freizeit sowie Entscheidungsträger*innen in Politik und Verwaltung agieren in Verbindung oder Konkurrenz zueinander. Quartiere werden einerseits geformt durch soziale Gemeinsamkeiten wie Nachbarschaften, Kindergärten, Parks, Schulen, Kirchengemeinden, Sportvereine, Spielplätze, Geschäfte und gastronomische Einrichtungen, die Menschen verbinden und gemeinsames Erleben ermöglichen. Andererseits repräsentieren sie nicht unbedingt die ganze gesellschaftliche Bandbreite, sondern werden von einzelnen Milieus dominiert und sind charakterisiert durch soziale Differenzen, die in unterschiedlichen Einkommen und Lebensstandards, individuellen Lebensentwürfen und kulturellen Prägungen ihren Ausdruck finden. Das bedeutet auch: Quartiere zeichnen sich in der Wahrnehmung der Menschen einer Stadt durch ihre unterschiedliche Qualität aus; Kriterien wie die Substanz der Wohnungen und des Wohnumfeldes, Grünflächen und Parks, Anbindungen an den privaten und öffentlichen Verkehr, Infrastruktur bzw. Angebote an Einkaufsmöglichkeiten und Dienstleistungen sowie Beziehungen und soziale Kontakte bilden ein gewisses Image, das von Stadtteil zu Stadtteil, von Gemeinde zu Gemeinde, von Quartier zu Quartier variiert.

Menschen mit Beeinträchtigungen waren über Jahre und Jahrzehnte aus den Quartieren fast gänzlich verschwunden, ihr Alltag war über Jahre und Jahrzehnte in Deutschland geprägt von einem »typisch behinderungsbedingten Lebenslauf« (Aselmeier 2012, S. 81): Nicht ihr Wunsch und Wille und auch nicht ihr individueller Bedarf an Assistenz waren ausschlaggebend für den Ort ihrer *Unterbringung* und für das fachliche Handeln, sondern die etablierte Systemlogik der Behindertenhilfe: Vorgaben der Wohlfahrtsverbände, Organisationsstrukturen der traditionellen Einrichtungen, bestehende Rechtslagen und Finanzierungsstrukturen der Eingliederungshilfe bestimmten den Lebenslauf und Lebensort behinderter Menschen (Stadel 2015). Meist fernab ihres ursprünglichen Zuhauses lagen die alten Anstalten und Heime; dort vollzog sich die Pflege und Verwahrung, die keinerlei Trennung der Lebensbereiche Wohnen, Arbeit und Freizeit kannte. Entmündigende Versorgungsstrukturen wurden für selbstverständlich erachtet, den Sozialverwaltungen und auch den Fachkräften fehlte die Vorstellungskraft, behinderte Menschen als Bürgerinnen und Bürger, als Subjekte mit dem Recht auf Selbstbestimmung und gesellschaftliche Teilhabe wahrzunehmen. Bei der Gewährung von Leistungen wurde auf das individuelle Defizit geschaut, nicht auf die behindernden Bedingungen des jeweiligen Umfelds (Beck 2016a, S. 33). Gemeindeintegrierte, dezentrale Wohnformen und inklusive Angebote der Beschäftigung und Kultur waren rar. Gerade Menschen mit kognitiven Beeinträchtigungen und komplexem Unterstützungsbedarf lebten quasi auf segmentierten Inseln: Sonderkindergärten und Förderschulen bildeten den Anfang des typischen Lebenslaufes, der sich in Wohn- und Werkstätten fortsetzte und in Dauerwohnheimen endete. Sichtbar in den Quartieren waren die betreffenden Menschen auch deswegen nicht, »weil ihre separierten Sonderwelten von Kleinbussen angesteuert wurden und keinen oder wenig Bezug zum umgebenden Sozialraum besaßen« (Clausen 2020, S. 87).

Heute macht es sich die inklusive Quartiersentwicklung zur Aufgabe, möglichst unter Einbeziehung aller Gruppen der Bevölkerung danach zu fragen, wie ein gutes Leben für alle Menschen im Wohn- und Lebensbereich gewährleistet werden kann. Unter dem Grundsatz der Sozialraumorientierung ist die Unterstützung, Begleitung und Assistenz an dem Willen, den Interessen und den Eigenaktivitäten sowie den Zielen des leistungsberechtigten Menschen auszurichten. Ein Wandel im professionellen Verständnis der beteiligten Professionen ist dafür dringend notwendig:

> »Natürlich hat sich gerade in der Behindertenhilfe in den letzten Jahren bezüglich der Autonomie der leistungsberechtigten Menschen vieles in positiver Hinsicht entwickelt. Dennoch gibt es – sowohl bei den Fachkräften wie auch gleichsam eingegossen in Strukturen – immer noch dieses paternalistische Verständnis, aus dem heraus man meint, den Willen anderer Menschen besser beurteilen zu können als diese selbst. (…) Die Frage ist also immer wieder, ob wir ernst nehmen, was die Menschen wollen, oder ob wir schon zu wissen glauben, was gut für sie ist« (Hinte 2018, S. 15).

Vor dem Hintergrund der großen Vielfalt an Lebensentwürfen und Lebenserfahrungen sind sehr individuelle Lösungen in diesem neuen System der Unterstützung gefragt, die Menschen in schwierigen Lebenssituationen schnell und flexibel helfen. So genannte Sozialraumbudgets könnten eingesetzt werden, damit die Verrechnung erbrachter Leistungen nicht mehr auf der Basis einzelner Fälle und der Bewilligung individueller Maßnahmen erfolgen muss, sondern über ein fixes Budget für den jeweiligen Sozialraum. Dies würde für die Anbieter von Assistenzleistungen mehr Planungssicherheit, Flexibilität und Autonomie in der Fallbearbeitung bedeuten. Im Konzept der Sozialraumorientierung sind die personenbezogenen Versorgungsleistungen innerhalb eines Quartiers, in dem die Nutzer*innen leben, erst in zweiter Linie relevant. In erster Linie geht um die Ressourcen derer, die das Zusammenleben gestalten, und nicht um die Veränderung einzelner Menschen und deren Lebensgewohnheiten (Becker 2020).

Die Sozialraumorientierung ist in den Sozialwissenschaften nicht ohne Widerspruch geblieben. So kritisieren H.-J. Dahme und N. Wohlfahrt, dass damit eine Umsteuerung des Systems der Hilfen zu Lasten der Familien und der gesellschaftlichen Institutionen verbunden sei. Dieses Konzept würde Sparmaßnahmen rechtfertigen, die zu Einschränkungen der Hilfen und zur Verschlechterung der Unterstützung der betroffenen Personen und ihrer Familien führten. Für die Sozialverwaltungen käme die Idee gerade recht, weil sie in Zeiten der Finanzkrisen auf das Ehrenamt setzen und deutlich weniger professionelle Kräfte einsetzen könnten (Dahme & Wohlfahrt 2012). Andere bezweifeln, ob die Verknüpfung von Sozialraumorientierung und Quartiersentwicklung als einem transdisziplinären Projekt mit enger Kooperation zwischen der Zivilgesellschaft und den beteiligten Professionen heute schon umsetzbar ist:

> »Faktisch zeigen sich (…) in der Bevölkerung insgesamt höchst ungleiche Wahlmöglichkeiten im Gemeinwesen in Abhängigkeit von Geschlecht, Alter, Ethnizität, Klasse oder Schicht. Zugleich sind diese Unterschiede auch in der Gruppe der Menschen mit Beeinträchtigungen ausgebildet. Optionen und Beschränkungen von Wahlmöglichkeiten im Gemeinwesen entscheiden sich nicht allein anhand eines isolierten Merkmals ›Behinderung‹, sondern sind auch in der Verwobenheit und Wechselwirkung (Intersektionalität) mit anderen Heterogenitätsdimensionen zu betrachten« (Wansing 2016, S. 261).

Die Quartiersentwicklung setze Solidarpotenziale voraus, die es vielfach erst zu entwickeln gälte; und es müssten »wirksame Formen der politischen Partizipation durch Installierung von Vertretungsgremien oder Schaffung des Zugangs zu bestehenden Gremien« (Schäper 2016, S. 99) eingerichtet und gefördert werden.

Anhand von fünf Good-Practice-Beispielen soll an dieser Stelle deutlich werden, dass die Idee der inklusionsorientierten Quartiersentwicklung durchaus nicht unrealistisch sein muss:

1. Die Berliner »Kundenstudie« ermittelte bereits vor vielen Jahren den Bedarf an Dienstleistungen zur Unterstützung des Wohnens von Menschen mit Behinderung im Quartier (Seifert 2010a). Die Ziele der UN-BRK stellten die Einrichtungen und Dienste der Behindertenhilfe damals vor große Herausforderungen. Die auf das Individuum ausgerichteten Unterstützungsleistungen sollten durch eine sozialräumliche Perspektive, die auch die Ressourcen des Gemeinwesens in den Blick nahm, ergänzt werden. Vor diesem Hintergrund zeigte die »Kundenstudie« mit quantitativen und qualitativen Erhebungen Strategien auf, wie Menschen mit kognitiven Beeinträchtigungen und komplexem Unterstützungsbedarf in die Entwicklung ihrer Quartiere einzubeziehen sind. (https://www.psychosozial-verlag.de/23171)
2. Die Stadt Rostock setzte sich zum Ziel, auf lange Sicht die Inklusionsarbeit in der gesamten Stadt zu stärken. Dabei nahmen die Stadtteil- und Begegnungszentren (SBZ) eine wichtige Rolle ein. Sie förderten den Austausch zwischen Menschen aller Generationen unabhängig von Status, Ethnie, Geschlecht, zugeschriebener Beeinträchtigung oder anderen Merkmalen. In Quartier Rostock-Mitte wurden Initiativen zusammengeführt, damit sich mehr Bürgerinnen und Bürger der Vision von inklusiven Quartieren öffnen. Im Rahmen des Projektes »Kommune Inklusiv« konzentrierte sich in Rostock auf Kinder und Jugendliche mit körperlicher Beeinträchtigung, Rentner*innen mit Werkstatthintergrund und Menschen mit Migrationshintergrund. https://www.aktion-mensch.de/kommune-inklusiv/initiative-kommune-inklusiv/kommunen-im-ueberblick/rostock
3. Die Stadt Schwäbisch Gmünd zählt zu den fünf Modellkommunen, die von der Aktion Mensch im Projekt »Kommune Inklusiv« ausgewählt wurden (außerdem sind dies: Erlangen, Nieder-Olm, Rostock und Schneverdingen). Im Zeitraum zwischen 2018 und 2023 sollen in diesen Kommunen Maßnahmen der Inklusion und Partizipation erarbeitet, Netzwerke erweitert und Strukturen der Verwaltung und der Trägerlandschaft überprüft sowie inhaltliche Ansätze entwickelt werden. Schwäbisch Gmünd zeichnet sich durch einen hohen Grad an Bürgerbeteiligung aus, Inklusion und Partizipation werden als gesamtgesellschaftliche Aufgabe verstanden, die alle Menschen der Kommune – mit und ohne Beeinträchtigungen, mit und ohne besondere Bedarfe – einbezieht. https://www.kommuneinklusiv-gmuend.de/kommune-inklusiv-schwaebisch-gmuend.html
4. Unter dem Motto »Quartiere bewegen« arbeitet das Projekt Q8 in Hamburg seit Jahren an Antworten auf Fragen des demographischen Wandels, des Fachkräftemangels und der Erkenntnis, dass immer mehr Menschen aufgrund von Alter, Krankheit, Pflege- oder Assistenzbedarf Hilfen benötigen, die danach verlangen, *das Soziale* neu zu organisieren. Das Projekt Q8 verbindet die Sozialraumorien-

tierung, die Quartiersentwicklung und das Inklusions- und Partizipationsgebot zu einer Gesamtstrategie: Alle Menschen im Quartier sollen selbstbestimmt leben können und dafür die Unterstützung finden, die sie benötigen. Eine Verknüpfung von Nachbarschaftshilfe und Selbsthilfe in Verbindung mit professioneller Unterstützung und technikbasierten Lösungen soll dabei entstehen. Beispielhaft ist dies gelöst für den Stadtteil Altona, der bekannt ist für seine kulturelle Vielfalt und seine offene Haltung. Fast 30.000 Menschen aus vielen verschiedenen Nationen leben in dem vielfältigen, dicht bebauten und beliebten Quartier. Viele Netzwerke, Gremien, soziale Akteure und Initiativen, die sich an der Mitgestaltung beteiligen, sind für die inklusiven Projekte zu gewinnen. So wird auf einem Gelände in Altona ein neues Quartier mit 3.500 neuen Wohnungen, gebaut, zusätzlich entstehen auf dem Gelände der Holsten-Brauerei weitere 1.300 Wohnungen. Dafür und für die Gestaltung der Infrastruktur sind barrierefreie, inklusive und partizipative Vorgaben zu erstellen und umzusetzen. https://www.q-acht.net/altona/projekte/eine-mitte-fuer-alle.php

5. In Freiburg wurde mit dem Quartier »Rieselfeld« ein innovatives Konzept unter Beteiligung von Initiativen, Vereinen und Verbänden vor Ort entwickelt und umgesetzt. Es galt, die Partizipation der Bürgerinnen und Bürgern zu sichern und das Quartier zu »ihrem« Stadtteil zu machen. Die Bauformen mit maximal fünf Etagen, viel Grün und Freiraum wirken »klassisch«, sind aber mit gemeinschaftlichen Innenbereichen ausgestattet. Ein Mix von bezahlbaren Mietwohnungen, Eigentumswohnungen und einigen Einfamilienhäusern wurde ergänzt durch selbstverwaltete Räume und Cafés für Vereine und Initiativen. Kindertages-Einrichtungen, inklusive Schulen, Geschäfte, Restaurants, Praxen und moderne Dienstleistungsbetriebe bieten ›kurze Wege‹ und schaffen Arbeitsplätze vor der Haustür. Die Straßen sind verkehrsberuhigt und verkehrsgünstig: Per Straßenbahn gelangt man zügig zum Hauptbahnhof oder zum Freiburger Altstadtzentrum. https://www.nationale-stadtentwicklungspolitik.de/NSP/SharedDocs/Projekte/WSProjekte_DE/Freiburg_Rieselfeld.html

6. In Zürich (CH) legte die Genossenschaft Kalkbreite ein ambitioniertes Konzept vor: 5000 Quadratmeter kleinteiliger Gewerbe- und Geschäftsräume mit Arbeitsplätzen für 200 Personen, gekoppelt mit 7500 qm Wohnfläche für 250 Einwohner. Dazu noch 600 qm Gemeinschaftsfläche. Erklärtes Ziel war es, Menschen unterschiedlicher Einkommen, Nationalitäten, Altersgruppen und Haushaltskonstellationen zusammenzubringen, um die Vielfalt im Stadtteil zu sichern. Neben Wohnungen mit 2 bis 5 Zimmern für »traditionelle« Familien plante man Studios für Singles und unterschiedliche große Wohnungen für Wohngemeinschaften. Für unvorhergesehene Bedarfe und Veränderungen in einem Haushalt sind »Joker« vorgesehen, also unabhängige Zimmer mit Bad, die für maximal vier Jahre zu einer Wohnung hinzugemietet werden können – ob für den Großvater oder das Au-pair oder den Teenager auf dem Absprung von seiner Familie. Weil es gut an den öffentlichen Nahverkehr angebunden ist, ist das Quartier Kalkbreite autofrei – rechtliche Grundlagen hierfür sind ein Mobilitätskonzept sowie ein Gestaltungsplan nach einem Minimal-Energie-Konzept. https://www.kalkbreite.net/

In all diesen Projekten und Feldern könnte die Heilpädagogik ihren Beitrag einbringen und sich auf den Dialog mit der Politik, der Verwaltung, der Wirtschaft und den Geschäftsleuten, den Bürgerinnen und Bürgern im Quartier einlassen. Zur heilpädagogischen Professionalität und fachlichen Expertise gehörten bislang ja vor allem fundierte Kenntnisse und Fertigkeiten in Bezug auf die individuelle Bildung, Beratung, Förderung und Therapie von Kindern, Jugendlichen und erwachsenen Menschen mit Beeinträchtigungen. Im Kontext der Sozialraumorientierung und Quartiersentwicklung sind nun weitere Kompetenzen gefragt: Um die »Alltagskompetenz von Betroffenen zum Steuerungsprinzip professioneller Interventionen« (Früchtel & Budde 2010, S. 55) zu machen und die Teilhabe aller Bürgerinnen und Bürger an den Aktivitäten vor Ort uneingeschränkt zu sichern, sind die Prinzipien der Selbstbestimmung, des Empowerments und der Lebensweltorientierung unverzichtbar:

> »Das Menschenrecht auf Inklusion verbindet sich zugleich mit einem Gestaltungsauftrag, die Systeme und Organisationen so zu entwickeln, dass ihre Nutzung für alle möglich ist und durch diese Nutzung ein Gefühl der Zugehörigkeit entwickelt werden kann« (Rohrmann 2014, S. 27).

Es gilt, die Bedingungen und Chancen der Inklusion und Partizipation zu erkennen, Teilhabebarrieren zu identifizieren bzw. abzubauen, Gleichbehandlungsgrundsätze und individuelle Anspruchsrechte zu erfassen und damit das Handlungsspektrum der Heilpädagogik erheblich zu erweitern. Die alten institutionellen Konzepte müssen kritisch hinterfragt und neue Strukturen entwickelt werden, um das Selbstbestimmungsrecht der betreffenden Personen zum Mittelpunkt des fachlichen Denkens und Handelns zu machen:

> »Es geht demnach nicht mehr um das Öffnen von Türen und Fenstern, sondern langfristig um die Gestaltung einer Gesellschaft, in der sich alle als selbstverständlich dazugehörig erleben können« (Bielefeld 2012, S. 158).

Bislang hat die Heilpädagogik die Bedeutung des sozialen Raumes und die neuen Anforderungen mit erheblicher Verspätung auf ihre Agenda gesetzt (Weber 2020). Noch sind die heilpädagogischen Ausbildungsgänge nur bedingt darauf ausgerichtet, Kooperationen mit der Stadtplanung, dem Quartiersmanagement und der Sozialen Arbeit als Aufgabenfeld zu erkennen und zu gestalten.

Für die Heilpädagogik stellt die Quartiersentwicklung also eine »enorme Komplexitätssteigerung« (BHP 2016, S. 4) dar. Gute Lebensbedingungen, neue Wohnkonzepte mit barrierefreien Strukturen für alle Menschen eines Stadtteils oder einer Gemeinde sowie inklusive und partizipative kulturelle und gesellschaftliche Angebote sind nur zu gewährleisten, wenn engagierte Bürgerinnen und Bürger mit unterschiedlichen Professionen kooperieren, die sich in den Quartieren mit den Bedürfnissen und Ressourcen der Menschen auskennen. Denn realisiert werden die Anforderungen nicht von der Wohnungswirtschaft oder den kommunalen Verwaltungen einer Stadt oder Gemeinde. Partizipation meint, Beratungsangebote vor Ort zu platzieren und die Menschen im Quartier selbst einzubeziehen, wenn es um Gebäude, Plätze, Verkehrsanbindungen, infrastrukturelle Bedingungen, Netzwerke und Feste in den Nachbarschaften geht. Dazu gehört es auch, Spielplätze unter sozialraumanalytischer Perspektive zu betrachten und die Konzepte und Materialien der Anlagen fachlich und partizipativ daraufhin zu überprüfen, ob sie multifunktional von Kindern mit und ohne Beeinträchtigung genutzt werden können (Hünersdorf 2015). Auch hier gilt: Die Bedürfnisse der betreffenden Menschen sind zentral für die Entwicklung der passgenauen Maßnahmen. Damit Teilhabebarrieren erkannt werden, kann fachliche Assistenz notwendig sein. Davon hängt es ab, »ob und inwieweit Wohnquartiere und Ortsteile, Einrichtungen und Wohnmodelle eine Chance auf eine inklusive Entwicklung haben und damit Wohnungssuchenden mit Exklusionsrisiken und (…) eine selbstbestimmte Teilhabe und ein ›Dazugehören‹ beim Wohnen ermöglicht wird« (Klauß et al. 2018, S. 6).

Beratungskonzepte und Assistenzformen, die zum heilpädagogischen Kompetenzprofil gehören, sind zu erweitern um methodische Zugänge. So können Methoden der Sozialraumanalyse (Spatschek & Wolf-Ostermann 2016) und Ansätze der Persönlichen Zukunftsplanung (Doose 2019) sowie das Konzept »Unter Dach und Fach« (Terfloth et al. 2016b) die heilpädagogische Arbeit in diesem Feld intensivieren. Sozialraumanalysen mit den betreffenden Personen können in Form von subjektiven Landkarten und Autofotografien eingesetzt werden. Bei Subjektiven Landkarten arbeiten die heilpädagogischen Fachkräfte mit einer Gruppe von drei bis sechs Teilnehmer*innen (entweder aus dem gleichen Quartier oder aus unterschiedlichen Stadtteilen). Es werden Bilder, Zeichnungen, Skizzen oder ausgewählte Karten zu ihrem Quartier, ihrer Gemeinde, ihrer Stadt zusammengestellt, um darüber ins Gespräch zu kommen, welche Räume, Plätze und Einrichtungen im Quartier für sie relevant sind. Bei der Autofotografie sind Orte der Lebenswelt fotografisch auszuwählen, um sie gemeinsam zu betrachten und zu besprechen. »Ein Bild erzählt mehr als tausend Worte« – Fotos bilden Eindrücke der »Verortung« im Quartier ab und zeigen die subjektiv empfundenen Qualitäten der Orte (Spatschek & Wolf-Ostermann 2016, S. 77). Lieblingsorte und auch Orte, an denen die Teilnehmer*innen sich nicht gern aufhalten, oder auch Orte mit Bedeutungen aus der Vergangenheit (»dort habe ich dieses und jenes erlebt«) oder der Zukunft (»dort möchte ich hin!«) können somit sichtbar und diskutierbar gemacht werden.

Der Ansatz »Unter Dach und Fach« bietet die Möglichkeit, Menschen daraufhin zu befragen, wie ihr Wohnraum sowie ihre räumliche und soziale Umgebung gestaltet sein könnten und welche Angebote der Unterstützung ihnen ein selbstbestimmtes Leben sichern. Inklusionsorientierte Wohnangebote gibt es noch zu wenig, sie müssen dringend entwickelt werden. Dazu brauchen Wohnanbieter und Dienstleister im Quartier Anregungen, wie diese Entwicklung gelingen kann. Die in einem Index zusammengestellten Materialien bieten dafür Hilfen (Terfloth et al. 2016b). In einem dreijährigen Forschungsprojekt entwickelt und an verschiedenen Praxisstandorten getestet, zeigen sie auf, wie Exklusionsrisiken zu erkennen und wie die Bedingungen für inklusive Entwicklungen beim Wohnen in der Gemeinde zu gestalten und zu verändern sind. https://www.lebenshilfe.de/shop/artikel/unter-dach-und-fach

Kapitel 8: Die Wissenschaft der Inklusion und Partizipation und die Forschung in der Heilpädagogik

Die Notwendigkeit einer Beschäftigung mit Wissenschaftstheorie(n) erschließt sich für Studierende der Heilpädagogik vermutlich nicht auf den ersten Blick. Denn wer ein Studium an einer Hochschule für angewandte Wissenschaften beginnt, strebt in erster Linie eine berufliche Qualifikation an, die den Weg in die Berufswelt – mit einem anerkannten akademischen Abschluss – eröffnet. Doch die Studiengänge an den Hochschulen für angewandte Wissenschaften sind – genau wie Universitäten – dazu verpflichtet, ein wissenschaftliches Profil vorzuhalten, das sich auszeichnet in der Befähigung, Wissen auf der Basis wissenschaftlicher Methoden zu generieren, Forschungsschwerpunkte zu benennen und zu realisieren, kritische Reflexionen, Überprüfungen und Bewertungen bestehender Wissensbestände zu ermöglichen, wissenschaftlich gesichertes Wissen gegenüber anderen Formen und Beständen des Wissens zu unterscheiden und Transparenz im wissenschaftlichen Diskurs zu sichern. Dabei versteht sich die Heilpädagogik als Menschenrechtsprofession, die sich für gleiche Teilhabechancen von Menschen mit Beeinträchtigungen einsetzt, in ihrer Lehre, Forschung und Praxis zur Entwicklung von Analyse- und Reflexionskompetenz beiträgt und dabei den Blick auf Widersprüche, Bedingungsgefüge und Gefährdungen der Teilhabe richtet.

Wie es um die Fundamente dieses Auftrags bestellt ist, welche wissenschaftstheoretischen Ansätze eine Rolle spielen und wie sie in knapper Form umrissen werden können, darum soll es im folgenden Kapitel gehen. Im Abschnitt »Vom Journal Club zur Bachelor-Thesis« werden mögliche Schritte skizziert, die bei der Suche nach Themen mit wissenschaftlichem und methodischem Profil den Weg zu einem erfolgreichen Studienabschluss bahnen können. Skizziert wird darin auch, was unter dem Begriff des »forschenden Lernens« zu verstehen ist. Nicht eingegangen wird hier auf Detailfragen des wissenschaftlichen Arbeitens bzw. der Erstellung von Hausarbeiten, Essays, Protokollen und des Zitierens – alles Aspekte, die meist zu Beginn des Studiums in den Lehrveranstaltungen vermittelt werden. Mit heilpädagogischer Forschung war lange Zeit die Forschung *an* Menschen mit Beeinträchtigung (mit allen Formen der Verletzung der Menschenwürde) gemeint, abgelöst von der Forschung *über* behinderte Menschen (vor allem medizinische, psychologische und pädagogische Grundlagenforschung und Diagnostik), später konnte sich die Forschung *für* behinderte Menschen (im Sinnen der Erkundung von Lebensqualität, Integration, Selbstbestimmung) etablieren, heute geht es vielfach um die Forschung *mit* den betreffenden Menschen, also die Entwicklung von Disability Studies, Partizipativer Forschung und Teilhabeforschung. Überlegungen zu einer »Hochschule für alle« sowie ein Ausblick über eine zukünftige Heilpädagogik als eine Wissenschaft der Inklusion und Partization schließen dieses Gesamtkapitel ab.

8.1 Wissenschaftstheorie im Studium der Heilpädagogik

Heilpädagogik ist eine a) wissenschaftliche Disziplin mit eigenständiger Theorie, Forschung und Lehre, b) Profession mit spezifischen Kompetenzen, unterschiedlichen Ausbildungsabschlüssen und staatlichen Anerkennungen sowie c) Praxis in vielfältigen Handlungsfeldern, die sich in den letzten Jahren um die Beratung und Begleitung von Prozessen und Projekten der Inklusion und Partizipation erweitert haben (Menth 2022). Jede Dimension ist gefordert, ihre Ziele, Aufgaben und Methoden zu begründen und die Theoriebildung, die Forschung und die pädagogische Praxis wissenschaftlich zu reflektieren und transparent zu machen (Dederich 2005). Hier hat die Wissenschaftstheorie nicht nur Verfahren der Gewinnung wissenschaftlicher Erkenntnis zu prüfen, sondern auch die Interessen des Wissenschaftsbetriebs zu reflektieren und zu fragen, auf welchen Grundlagen gelehrt und geforscht wird. Die Wissenschaftstheorie untersucht, was den Wissenschaftsdisziplinen gemeinsam ist und behandelt die charakteristischen Unterschiede einzelner Wissenschaftsarten. Denn »Wissenschaft meint immer Wissenschaften, also den Plural. Es gibt nicht die Wissenschaft, sondern immer nur verschiedene Wissenschaften« (Wessel & Diesner 2010, S. 48). Die Medizin arbeitet mit anderen Theorien und Modellen als die Psychologie, die Rechtswissenschaft verwendet andere Kategorien als die Soziologie. Wie sie die gesellschaftlichen und individuellen Realitäten zu erkennen versuchen, muss ebenso überprüft werden wie Fragen zu den gemeinsamen Grundlagen. Gerade weil die Heilpädagogik die Erkenntnisse ihrer Bezugswissenschaften in ihre Konzepte integriert, sind Kompetenzen über wissenschaftstheoretische Fragen notwendig. Denn eine theorielose Praxis kann zwar etwas beobachten und beschreiben, aber nichts verstehen und erklären, wenn die Verbindung der Praxis zur Theorie fehlt.

Die Wissenschaftstheorie stellt also Fragen nach Gegenstand und Ziel wissenschaftlicher Erkenntnis, klärt Voraussetzungen, Begriffsbildungen und methodische Vorgehensweisen und reflektiert Grenzen der Erkenntnis (Carrier 2021). Weit entfernt von der Vorstellung, dass die Wissenschaften in der Lage wären, ewig gültige Wahrheiten zu entwerfen, geriet das Erkenntnisideal im Zuge der Aufklärung in die Kritik. Heute sind wir nicht sicher, wann wissenschaftliche Erkenntnisse den Anspruch auf langfristige Geltung einlösen können. Zu häufig stellen wir fest, dass Aussagen nur vorläufig stimmen und als Hypothesen angesehen werden müssen, bis ihr Erkenntniswert schwindet und neuen Hypothesen und Paradigmen Platz macht. Das Vertrauen auf die Wissenschaft, erst recht das Vertrauen auf die Lösbarkeit gesellschaftlicher Probleme durch die Wissenschaft ist in letzter Zeit eher kleiner als größer geworden. Andererseits ist eine Trennung von Wissenschaft und Alltagswelt bzw. Lebenswelt heute unhaltbar.

Die Fragestellungen der Wissenschaft sind ja nicht nur solche der Grundlagenforschung, sie werden durch lebensweltliche Zusammenhänge und Interessen ihrer Auftraggeber bestimmt. Hier hat die Wissenschaftstheorie die Verfahren der Gewinnung wissenschaftlicher Erkenntnis zu prüfen, die Funktionen und Interessen des Wissenschaftsbetriebs zu reflektieren und zu fragen, in welchen Kontexten sich die Forschungsfragen, -aufträge und -methoden entwickelt haben und wie sie in der jeweiligen Disziplin eingesetzt werden (Stein & Müller 2016). Dabei ist in der Wissenschaftstheorie heute unstrittig, dass »Erkenntnis- und Verwertungsinteressen, Entdeckungszusammenhänge, der Einfluss der gewählten Methoden und hinter ihnen stehende Forschungstraditionen, das implizit und explizit zugrunde gelegte Menschenbild (...) einen erheblichen Einfluss auf die jeweilige Erkenntnisproduktion haben« (Dederich 2016b, S. 333).

8.1.1 Zum Begriff des *Paradigmas*

Der Begriff *Paradigma* bedeutet im Griechischen ursprünglich: Beweis, Beispiel, Vorbild. Nach Thomas S. Kuhn sind Paradigmen konkrete wissenschaftliche Leistungen, Problemlösungen, über deren Charakter in einer Wissenschaftsgemeinschaft Konsens besteht (Kuhn 1996). Paradigmen leiten auf unbewusster Ebene ganzen Wissenschaftsdisziplinen; sie sind nirgends komplett kodifiziert und niemand muss sich zwingend einem Paradigma verschreiben. Aber es sind dominante Netze von grundsätzlichen Annahmen, Begriffen und Methoden, die sich als sinnvoll für die Erforschung von Problemen erwiesen haben und weiterführend neue Fragestellungen eröffnen. Paradigmen haben tiefgreifenden Einfluss darauf, wie eine bestimmte Wissenschaft zu einem gegebenen Zeitpunkt vorgeht, welche Theorien den Forschungen zugrunde liegen. So bilden Paradigmen eine Legitimation dafür, was in der Disziplin gerade gedacht und erforscht wird und entlasten von der Anforderung, die Grundlagen, Begriffe sowie das Handwerkszeug oder Methodenspektrum stets neu definieren zu müssen.

Nun gibt es in der Entwicklung wissenschaftlicher Erkenntnis Paradigmenwechsel, eingeleitet von *vor-paradigmatischen* Phasen, Phasen der *normalen* Wissenschaftsentwicklung und *revolutionären* Phasen der außerordentlichen Wissenschaftsentwicklung und Neuausrichtung. In der *vor-paradigmatischen* Phase gibt es keinen verbindlichen Forschungsrahmen, sondern verschiedene Ansätze. In dieser Phase hat die Wissenschaftsgemeinschaft kein gemeinsames Bild von ihrer Disziplin. Hat sich aber ein Paradigma etabliert, so geht die Wissenschaft bzw. das Fachgebiet in eine *normalwissenschaftliche* Phase über. Eine *normale* Phase liegt vor, wenn sich ein Paradigma in der Wissenschaft durchgesetzt hat, d. h. wenn für die Forschung ein kohärentes System existiert, das Aussagen darüber enthält, welche Grundannahmen, Theorien und Methoden aktuell als anerkannt gelten und welche Fragestellungen für relevant gehalten werden. Bisweilen steigern und verschärfen sich die Fragen, die mit dem Paradigma nicht zu lösen sind. Die *normal-paradigmatische* Phase gerät in eine Krise (Kuhn 1996). Treten dann alternative Paradigmen auf, beginnt eine *revolutionäre* Phase der betreffenden Wissenschaft, in der das alte Paradigma von einem neuen verdrängt wird. Hat sich das neue Paradigma durchgesetzt, so kann eine neue *normalwissenschaftliche* Phase beginnen (Lueken 2010).

Dazu ein Beispiel: Lange Zeit galt in der Entwicklungspsychologie die Annahme von Margaret Mahler als schlüssig, dass der Säugling in den ersten Lebensmonaten als hilflos zu betrachten sei und eine autistische Phase durchlebe, in der er mit der Mutter in Form einer Symbiose verschmolzen sei. Erst spät gelange er aus dieser symbiotischen Phase heraus und entwickle ein von der Mutter getrenntes Selbst. Das Paradigma von *Symbiose und Individuation* war quasi geboren (Mahler 1998). Neuere Forschungen, die auf systematischen Säuglingsbeobachtungen gründeten, stellten jedoch fest, dass Säuglinge bereits mit wenigen Tagen und Wochen aktiv, kontaktsuchend und auf Dialog ausgerichtet sind. Die vielfältigen Interaktionen zwischen dem Kind und Mutter sind nicht mehr als einseitige Prozesse zu verstehen (von der *autistischen Phase* ist schon gar keine Rede mehr), sondern als wechselseitige Kommunikationen, die für die Entwicklung des Selbst als entscheidend gelten. So entstand das Bild (oder: das Paradigma) vom *kompetenten Säugling* (Stern 2020, Dornes 2009).

8.1.2 Der Ansatz der Phänomenologie

Die *Phänomenologie* (griech. phainomenon: das Erscheinende) taucht in unterschiedlichen wissenschaftstheoretischen Kontexten auf: Zunächst verstehen wir unter *Phänomenen* diejenigen Dinge, die sich unseren Sinnen zeigen. Die Fragen dazu lauten: Was können wir erkennen? Was können wir beschreiben? Wie gelangen wir zu Begriffen? Wie *Phänomene* in unser Bewusstsein dringen, ob sie *an sich* und *für sich* – außerhalb der individuellen Wahrnehmung – sind, wie sie von uns verstanden, verarbeitet und klassifiziert werden, diese Überlegungen sind in jenen wissenschaftlichen Disziplinen von besonderer Bedeutung, deren Thema das menschliche Erleben, Verstehen und Handeln ist. So kann es in der Pädagogik wichtig sein, bei der Beschreibung des Verhaltens eines Kindes oder eines älteren Menschen phänomenologisch vorzugehen, also nur zu beschreiben, ohne zu deuten und zu werten, auf Erklärungen zu verzichten und auch Theorien zunächst einmal hinter sich zu lassen. So kann der phänomenologische Ansatz ein Korrektiv bilden gegenüber voreilig verwendeten Theorien, die sich vermittelnd und möglicherweise verfälschend zwischen die menschliche Beobachtung und die Geschehnisse in der Welt stellen.

Edmund Husserl gilt als wichtiger Vertreter der Phänomenologie. Seine Devise *zu den Sachen selbst!* wurde in den 1970er Jahren im Existenzialismus, aber auch im sozialwissenschaftlichen Kontext der *Lebenswelt-Orientierung* zu konkreter Anwendung gebracht. Ausgangspunkt der Phänomenologie ist für Husserl *das Seiende*, also das, was vor aller Theoriebildung gegeben ist. Ziel aller Bestrebungen des phänomenologischen Ansatzes ist es, nachvollziehbares Arbeiten im Kontakt mit den Lebenserfahrungen der Menschen und mit der wissenschaftlichen Empirie zu ermöglichen. Theorien gefährden aus phänomenologischer Sicht die Unbefangenheit des forschenden Subjekts, sie schieben sich zwischen die menschliche Erfahrung und die *Welt an sich* und verbauen den Blick auf *die Sache selbst* (Husserl 2009).

Für die Sozial- und Humanwissenschaften ist es wichtig, die Lebenswelten der Menschen zu erkennen und auch deren Binnenperspektive in die Forschung einzubeziehen, sie teilnehmend zu beobachten, zu begleiten und sie erzählen zu lassen. Das gewonnene Material wird erst nachträglich systematisch bearbeitet mit dem Ziel, die darin steckende Lebendigkeit und Ursprünglichkeit zu bewahren. Auf diesem Wege erhalten gleichzeitig die »Objekte der Forschung« ihren Subjektstatus zurück und werden zu Lehrmeistern der Wissenschaft (Lévinas 2012).

Hermann Schmitz setzte sich in seiner »Neuen Phänomenologie« zum Ziel, die Bedeutung sowohl der Lebenserfahrung als auch der Leiberfahrung in den wissenschaftlichen Kontext einzuführen. Gerade in den Humanwissenschaften seien diese Dimensionen von Bedeutung – viel zu häufig würde in den wissenschaftstheoretischen Ansätzen der Aspekt der Leiblichkeit und der Lebenserfahrung aus dem Denken eliminiert. Die äußere Welt werde so reduziert auf eine Anzahl von Merkmalen, die zu den statistischen und experimentellen Methoden der Wissenschaften passen, während man die Gefühle als nicht-messbare Vorkommnisse einfach in die Seele als Hort der Subjektivität verlege (Schmitz 2007). Damit fallen zahlreiche Sinnesebenen in den Bereich der Unwissenschaftlichkeit, obwohl sie von Bedeutung sind, z. B. als situative, atmosphärische, kommunikative, räumliche oder leibliche Erfahrung.

8.1.3 Der Ansatz der Hermeneutik

Das Wort *Hermeneutik* verweist auf Hermes, den Götterboten der griechischen Mythologie. Dieser hatte die Aufgabe, Botschaften und Weisungen der Götter den Menschen zu überbringen. Daraus entwickelte sich die Interpretationskunst, also die Fähigkeit, göttliche Zeichen und Weisungen sowie die Sprüche des Orakels richtig zu deuten, ihren (göttlichen) Sinn zu verstehen und angemessen weiterzugeben. In der Zeit der Renaissance erschien es wichtig, die hermeneutische Methode zur Sinnerschließung alter Texte und Gesetze zu nutzen. Dabei wurde deutlich, dass es im Kontext der überlieferten Gesetze zu unterscheiden gilt zwischen der Systematik der Gesetze, dem historischen Willen des Gesetzgebers und den Möglichkeiten der Anwendung des Gesetzes. Sinnverstehen ist in den geisteswissenschaftlichen Disziplinen (Theologie, Philosophie, Sprachwissenschaft, Geschichte) besonders gefragt. Auch in der Pädagogik, der Soziologie und der Psychologie ist die *hermeneutische Methode* von hoher Bedeutung.

Zur Erfassung des Sinngehalts einer Aussage bzw. eines Textes ist der *hermeneutische Zirkel* berühmt geworden: Das Erfassen des Gesamten setzt immer das Verstehen der Bestandteile voraus – das Verstehen der Bestandteile setzt immer eine Idee des Gesamtsinnes voraus. Und weiter: Der Sinn eines Satzes setzt sich aus der Bedeutung der einzelnen Wörter zusammen, die Bedeutung der einzelnen Wörter ist aber ihrerseits nur im Lichte des Gesamtsinnes zu verstehen. Nach Wilhelm Dilthey ist es die Aufgabe der *Hermeneutik*, hinter gesellschaftlichen und individuellen Bindungen den *allgemeinen Geist* zu erfassen: »Die Natur erklären wir, das Seelenleben verstehen wir« (Dilthey 1981). Für Hans Georg Gadamer heißt gelingendes Verstehen: die Horizonte des Aussagenden und des Rezipienten zu verbinden: Zu den Bedingungen des Verstehens gehöre es, die Persönlichkeit des Gegenübers in den Mittelpunkt zu rücken, sich in den anderen Menschen hineinzuversetzen und vorsichtig die individuellen und kulturellen Bedingungen zu erkunden, die den anderen Menschen umgeben und ausmachen (Gadamer 1975).

Das erklärte Ziel des hermeneutischen Ansatzes ist es, eine Wissenschaft der interpretierenden Sinnvermittlung zu begründen. Die *objektive Hermeneutik* beruft sich auf den Soziologen Ulrich Oevermann, dem die Entwicklung transparenter qualitativer Methoden der Sozialforschung ein großes Anliegen war. Zwar seien quantitative Methoden unverzichtbar zur Erfassung sozialer Phänomene. Doch sie beantworten eigentlich keine Fragen, sondern werfen diese erst auf. Ziel der objektiven Hermeneutik sei es, die Binnenperspektive der Akteure zu ermitteln, an ihrer Lebenswelt teilzunehmen, Handlungssituationen und Handlungsmotive zu beforschen. Um dem Anspruch des *Sinnverstehens* gerecht zu werden, benutzt die neuere *Hermeneutik* spezifische Verfahren und Gütekriterien der Textanalyse (Wernet 2010).

Einige Kritikpunkte gegenüber der Hermeneutik: Die *empirisch-analytischen Wissenschaften* werfen der *Hermeneutik* vor, willkürlich und spekulativ zu sein und es nicht zu erreichen, formalisierte, verifizierbare und falsifizierbare Aussagen zu treffen. Die *Kritische Theorie* verweist darauf, dass man Aussagen, Texte, kommunikative Akte nie *an sich* und *für sich*, sondern nur im Zusammenhang mit Kommunikationsanlässen, Interessen, Macht- und Herrschaftsstrukturen ermitteln und begreifen könne.

8.1.4 Der Ansatz des Symbolischen Interaktionismus

Der *Symbolische Interaktionismus* ist ein wissenschaftstheoretischer Ansatz, der sich mit den Handlungen und ihren Bedeutungen, den Motiven, Gefühlen und individuellen Bezügen des Menschen zu seiner Umgebung, seiner Kultur und seiner Sozialstruktur befasst. Im Kontext des *Symbolischen Interaktionismus* geht es in den Humanwissenschaften (z. B. in der Psychologie, der Soziologie und der Heilpädagogik) um die Schnittstellen von Interaktion, Biografie und Sozialstruktur. Auf der Grundlage des Symbolischen Interaktionismus können diverse Bereiche menschlichen und gesellschaftlichen Seins untersucht werden, z. B.: abweichendes Verhalten, Bewältigung sozialer Probleme und neuer gesellschaftlicher Aufgaben, kollektives Verhalten in Klein- und Großgruppen, Rollenverhalten in sozialen Organisationen. In der Soziologie und der Sozialpsychologie fragen wissenschaftliche Untersuchungen auf der Grundlage des *Symbolischen Interaktionismus* danach, was die Motive, die Intentionen unseres Hadelns sind, ob wir unser Tun selbstbestimmt, selbstbewusst und selbstwirksam erleben: Handeln wir aus unserer charakterlichen Veranlagung, unserer Identität heraus? Oder orientieren wir uns an der antizipierten Reaktion des Anderen?

Georg H. Mead ist der Begründer dieser Wissenschaftsrichtung; für ihn erhält das Individuum seine Identität ausschließlich durch Interaktionen mit anderen Personen (Mead 1973). In Handlungen in einer Gemeinschaft ist das Individuum in der Lage, sich selbst – im Spiegel der anderen – zu erleben. Mead unterscheidet a) Gesten, die bei anderen Reaktionen unmittelbar auslösen, und b) Symbole, die eine Reaktion durch das Verständnis der Bedeutung auslösen. *Signifikante Symbole* haben eine gemeinsame Bedeutung für alle beteiligten Interaktionspartner. Kleinkinder richten ihr Handeln an der konkreten, (bindungs-)relevanten Person aus, später erfolgt die Orientierung an *generalisierten Anderen*, was zu vorweg genommenen Erwartungen an das eigene Handeln führt. Kinder lernen in Spiel- und Wettkampfsituationen, die möglichen Handlungen der anderen zu antizipieren, sich auf das Verhalten der *verallgemeinerten Anderen* einzustellen und zu ihnen in Beziehung zu treten:

> »Durch die wechselseitige Orientierung an eben diesem Generalisierten Anderen kommt es zu einer sozialen Strukturierung des Selbst, das nach Mead aus drei Teilen besteht: ME, I und SELF. Die objektivierten Haltungen der anderen bilden das organisierte ME, es enthält die Normen und Ansprüche der Gesellschaft an den Akteur. Die Instanz des I dient der Selbstbehauptung, in ihm werden eigene Ansprüche und Gefühle artikuliert. Das Selbst (SELF) versucht, die Ansprüche von ME und I in ein gewisses Gleichgewicht zu bringen« (Sander 2016).

Meads Ansatz wurden später in zwei verschiedene Richtungen weiterentwickelt: Einerseits zu einer Persönlichkeits- und Sozialisationstheorie, andererseits zu einer gesellschaftstheoretischen Haltung, in der die »soziale Konstruktion der Wirklichkeit« im Vordergrund steht (Blumer 2013), die sich mit der Untersuchung von Lebenswelten beschäftigt. Von dem Gedanken ausgehend, dass es sich bei den Eigenschaften von Menschen um Zuschreibungen handelt, die mit Hilfe von Kontrollprozeduren (diagnostische Verfahren, psychologische und ärztliche Gutachten, Prüfungen usw.) hergestellt werden, haben die Erkenntnisse und Forschungen zur Stigmatisierung bzw. Etikettierung und zum abweichenden Verhalten große Bedeutung erhalten. Dieser Ansatz der ›sozialen Konstruktion der Wirklichkeit‹ eröffnet Fragen, die den Blick richten auf die Produktion und gesellschaftliche Funktion von Theorie und Erkenntnis. Wenn sozialwissenschaftliche Erkenntnis zur sozialen Kontrolle verwendet wird, dann stellt sich die Frage, auf welcher Seite die Wissenschaft im Prozess der gesellschaftlichen Anwendung ihrer Forschungen steht.

8.1.5 Der Ansatz des Kritischen Rationalismus

Wenn wir rationale Entscheidungen treffen, so vertrauen wir auf unsere Vernunft und kennen gleichzeitig die weniger vernünftigen Seiten an uns. Wissenschaftstheoretisch meint *Rationalismus* etwas ähnliches, nämlich die Auffassung, dass wir vernunftbegabt genug sind, die Wirklichkeit zu erkennen und diese Erkenntnisse angemessen in unser Handeln umzusetzen. Hervorgegangen ist der *Kritische Rationalismus* aus dem *Klassischen Rationalismus*, der davon ausging, dass es möglich sei, sicheres Wissen zu erlangen. Ein Beispiel ist die euklidische Geometrie, ein axiomatisch-deduktives System, in dem aus obersten Sätzen (den Axiomen) alle anderen Sätze logisch gefolgert (deduziert) werden. Mit dem Einsetzen der Aufklärung wurden diese Annahmen bezweifelt, bis sie sich im 20. Jahrhundert als nicht haltbar erwiesen. Selbst für die Mathematik als letzte Bastion der Gewissheit axiomatisch-deduktiven Wissens konnten Einstein und Russel die Allgemeingültigkeit widerlegen.

Karl Popper, Hauptvertreter des *Kritischen Rationalismus*, der sich von seinen klassischen Vorläufern abgrenzte, suchte nach den Bedingungen der Möglichkeit von Erkenntnis und entwickelte eine Wissenschaftslehre, die neue Antworten auf die Frage geben sollte, wie wir aus Erfahrung lernen können. Für ihn ist die Forderung nach sicherer Begründung schon deshalb fragwürdig, weil jede Erkenntnis, die man für eine solche Begründung benutzen will, selbst wieder in Frage gestellt werden kann. Keine Erkenntnis sei somit absolut sicher, immer seien Irrtümer denkbar, da der Mensch bei der Lösung seiner Probleme fehlbar sei. Ebenso wie Popper betrachtet Hans Albert unser Wissen als hypothetisch, als Vermutungswissen, das prinzipiell der Falsifizierung auszusetzen sei, durch die Methode der Kritik erhärtet und der Wahrheit nähergebracht oder verworfen werde. So bleiben die Resultate der Wissenschaft Hypothesen, deren Wahrheit nie sicher sei, die wir aber strengen Prüfungen aussetzen müssen, damit sie sich bewähren können. Stets müsse davon ausgegangen werden, dass eine Theorie für lange Zeit als sicher und wahr angenommen werde, bis sie durch eine neue Theorie mit höherer Erklärungskraft abgelöst würde (Engler 2020).

Im *Kritischen Rationalismus* wird die Suche nach Erkenntnis und nach Wahrheit damit keinesfalls aufgegeben, wohl aber die Suche nach absoluten Gewissheiten. Theorien können nur so lange Gültigkeit (nicht »Wahrheit«!) beanspruchen, wie sie nicht falsifiziert werden, und sind so zu formulieren, dass sie allgemeingültig bleiben, also nicht abhängig sind von Zeit und Raum. Wichtig sei, so Popper, die methodische Transparenz, die Zuverlässigkeit und die intersubjektive Überprüfbarkeit wissenschaftlicher Erkenntnisse. Paul Feyerabend, zunächst ein Schüler Poppers und später sein schärfster Kritiker, verwarf die Vorstellung, dass sich die Wissenschaft nach rationalen Regeln entwickeln würde. Zwischen Mythos und wissenschaftlichen Theorien gäbe es keinen klar formulierbaren Unterschied: »anything goes!« (Feyerabend 1983).

In neuerer Zeit ist der Gedanke, dass nur die Erkenntnis Bestand haben soll, die messbar sei, in Form des Evidenzbasierungsanspruchs in die Humanwissenschaften gelangt. Die Auswahl einer Methode soll am Nachweis der Effektivität ausgerichtet sein. Evidenzbasierte Praxis strebt also danach, die Wirksamkeit von Interventionen (medizinische, psychotherapeutische, heilpädagogische u. a. Verfahren) zu überprüfen und über die unterschiedlichen Optionen für spezifische Klientinnen und Klienten zu entscheiden. »Bei der Evaluation einer Maßnahme geht es darum, Effekte der Maßnahme auf die interessierenden Merkmale (...) zu ermitteln und zu erfahren, ob die Maßnahme ihre Ziele erreicht und wirksam ist« (Menold 2007, S. 27). Ob dieser Wirksamkeitsnachweis (z. B. der Delphin-Therapie für kognitiv beeinträchtigte Kinder) immer gelingen kann, ist nicht nur methodisch, sondern auch wissenschaftstheoretisch fragwürdig.

8.1.6 Der Ansatz der Kritischen Theorie

Die *Kritische Theorie* der Frankfurter Schule stellt den Versuch dar, wissenschaftliche Forschung mit sozialphilosophischer Reflexion und gesellschaftskritischer Analyse zu verbinden. Zu den Begründern gehören: Max Horkheimer, Theodor W. Adorno, Herbert Marcuse und Walter Benjamin. Aktuellere Namen sind: Jürgen Habermas, Klaus Mollenhauer, Wolfgang Klafki, Wolfgang Jantzen, Georg Feuser. Am Institut für Sozialforschung in Frankfurt am Main bildete Max Horkheimer ein interdisziplinäres Team von Wissenschaftlerinnen und Wissenschaftlern, die sich intensiv mit gesellschaftskritischen Fragen befassten. In ihren Augen muss jede Wissenschaft ihren Auftrag und ihre Einbettung in das Herrschaftssystem reflektieren. Überhaupt sollte das Aufdecken von Ideologien, Stigmatisierungen und gesellschaftlichen Ausgrenzungen ausdrücklich eine Fragestellung von Wissenschaft sein. Somit verlangten die Vertreter der *Frankfurter Schule*, dass forschendes Handeln die gesellschaftliche Praxis erfassen und den Zusammenhang zwischen dem *System Wissenschaft* und dem *System Herrschaft* erkennen müsse, um die Emanzipation aller Menschen zu ermöglichen (Wiggerhaus 2001).

Über den Unterschied von traditioneller und kritischer Wissenschaft formulierte Max Horkheimer: Traditionelle Wissenschaft habe die Beherrschung der Natur zum Ziel, in den Sozialwissenschaften gehe es hingegen um die Beherrschung von sozialen Mechanismen in Bezug auf die Gesellschaft. Traditionelle wissenschaftstheoretische Ansätze benennen nicht den Entstehungszusammenhang von Fragestellungen und Hypothesen; sie verheimlichen oft den Verwertungszusammenhang. Dies sei eine unhaltbare Ideologie der *Freiheit der Wissenschaft*. Zwar glauben die Wissenschaftler an ihre individuelle Freiheit der Forschung und Lehre, eigentlich seien sie verborgenen Mechanismen unterworfen, die ihnen keine wirklichen individuellen Freiheiten erlauben. Weiter unterliege die traditionelle Wissenschaft einem falschen Objektivitätsglauben, wenn sie postuliere, dass sie die Tatsachen objektiv erforschen wolle. Die Sprache der Wissenschaft sei voll von gesellschaftlich determinierten Begriffen und Vorstellungen, auch die Interpretation der Forschungsergebnisse sei voller subjektiver Annahmen. Eine objektive Darstellung sozialer Tatsachen sei nicht möglich (Haeberlin 2005).

Ihre größte Resonanz erhielt die Kritische Theorie in den 1970er Jahren, stark beeinflusst von dem Versuch einer Aufarbeitung der Erfahrung totalitärer Herrschaft. Jürgen Habermas diskutierte in seinen wissenschaftstheoretischen Schriften die Bedingungen der Möglichkeit von Erkenntnis und kam zu dem Schluss: Jede wissenschaftliche Erkenntnis ist auf gesellschaftliche Interessen bezogen, genauer gesagt in das technische Erkenntnisinteresse, das praktische Erkenntnisinteresse und das emanzipatorische Erkenntnisinteresse. Diesen drei Interessen seien drei Typen von Wissenschaft zugeordnet: die Naturwissenschaften, die historischen Humanwissenschaften und die kritischen Sozialwissenschaften. Herrschaft sei vermittelt in verzerrter Kommunikation; entsprechend habe emanzipatorisches Handeln das Ziel, zur Selbstreflexion der handelnden Individuen und Gruppen beizutragen (Habermas 1973). In seiner Theorie des kommunikativen Handelns ist die Fähigkeit des Menschen zu emanzipatorischer Erkenntnis im freien Diskurs zentral:

»Forschung wird bei Habermas als Prozess der Konstitution von Intersubjektivität verstanden, die auf die rationalen Grundlagen der Alltagskommunikation zurückgreift und sie ins Bewusstsein bringt. In der Alltagssprache stecke bereits das Ideal gleichberechtigter Verständigung« (Schweppenhäuser 2010, S. 222).

8.1.7 Der Ansatz des Materialismus

Nicht weit entfernt von der Kritischen Theorie und unter Verwendung der Ideen des *Dialektischen Materialismus* entwirft Wolfgang Jantzen die materialistische Behindertenpädagogik: Analysen zur Lebenssituation beeinträchtigter Menschen und den gesellschaftlichen Bedingungen veranlassen ihn, den klassischen Begriff der Behinderung in Frage zu stellen und in der Isolation den entscheidenden Faktor der Behinderung zu erkennen (Jantzen 1992). Zu den Grundideen des Materialismus gehört es, die Einheit der Welt in der Materie zu sehen und Unterschiede von Sein und Bewusstsein, von Materie und Geist, von unbelebten und belebten Dingen in der Materie zu verorten. Als Prinzip des Materialismus gilt die Widerspiegelungstheorie, nach der sich die Wirklichkeit im Bewusstsein des Menschen abbildet. Der Materialismus analysiert die Strukturen traditioneller Ökonomien, die zu überwinden seien, um den Menschen die Möglichkeit zu eröffnen, sich selbst zu entfalten und – begrenzt durch die natürlichen Ressourcen und die Bedürfnisse der Mitmenschen – am Reichtum der Gesellschaft zu partizipieren. Wer sich als autonomes Subjekt versteht und nicht die alten Herrschaftsformen akzeptiert, sondern sein Leben selbst in die Hand nimmt, kann die Fesseln sprengen und den Determinismus überwinden, »in einem produktiven Prozess, der ein ständiges Werden, ein Wachsen von Mensch und Gesellschaft ist« (Rexilius 1991, S. 87).

Die Wirklichkeit ist in diesem Sinne von Gesetzen geprägt, ihre Dynamik resultiert aus dem Kampf von Gegensätzen. Die Fundamente der materialistischen Behindertenpädagogik gelten vielen heute als wichtige Bausteine der Inklusionspädagogik, da ihre Grundannahmen den Diskurs um Integration und Inklusion seit Jahren beeinflussen. Die Formulierung einer neuen Sicht auf den Begriff der Behinderung ist ihr Verdienst, der Behinderung als sozialen Prozess, als Entwicklung im Mensch-Welt-Verhältnis versteht, das gekennzeichnet ist durch Exklusion und Isolation. Behinderung wird nicht als Defizit verstanden, sondern als ein Herausfallen aus dem Prozess der Produktion, wo »Individuen aufgrund erhöhter Verletzbarkeit in prekäre Lebenslagen geraten, innerhalb derer ihre sprachliche, soziale, kulturelle und ökonomische Partizipation nicht hinreichend gesichert ist« (Jantzen 2002, S. 337). Der Ansatz wird von Georg Feuser (1995) und Peter Rödler (2009) weiter ausdifferenziert, die theoretische und empirische Aspekte des gemeinsamen Unterrichts sowie der schulischen und gesellschaftlichen Integration hinzufügen. Auch für sie ist Behinderung weder ein Merkmal der Person noch ein Merkmal der Umwelt, sondern das Resultat von Austauschbeziehungen in einer menschlichen Welt (Moser & Sasse 2008, S. 67).

Jantzen, Feuser und Rödler beziehen sich auch auf Ideen der *Kulturhistorischen Schule*, die sich politisch und gesellschaftskritisch versteht: Vygotskij konstatiert schon 1924, dass der größte Fehler darin bestünde, kindliche Besonderheiten als

Krankheit zu sehen und zu ignorieren, dass Anomalien das Ergebnis anomaler gesellschaftlicher Bedingungen sind. Nicht das Syndrom oder die individuelle Schädigung sei entscheidend für die Barrieren, sondern die Verweigerung von Teilhabe sei der Faktor für das Entstehen von Behinderung. Daher richten die Vertreter dieses Ansatzes ihr Augenmerk auf die Analyse der politischen, ökonomischen und sozialen Umstände und auf die Lebensgeschichte der betroffenen Menschen. Sie rezipieren Lew Vygotskij, Alex Leontjew und Alexander Luria, die zwischen Behinderung und Beeinträchtigung unterscheiden und das Verhältnis von biologischen, sozialen und psychischen Anteilen im Prozess der Subjektwerdung zum Gegenstand ihrer Forschungen machen. Das Konzept der »Zone der nächsten Entwicklung« (Vygotskij 2002) geht davon aus, dass Tests meist nur das erfassen, was bis zu dem jeweiligen Zeitpunkt an Entwicklung bereits vollzogen ist. Noch nicht voll entwickelte, aber im Prozess des Werdens befindliche psychische Funktionen würden als wesentliche Aspekte vernachlässigt. Wichtig sei es, die Zone der nächsten Entwicklung zu erkennen und heilpädagogisch diesen Möglichkeitsraum zu öffnen. Dafür sei die Kooperation mit den Eltern notwendig, um die individuellen Perioden für neue Anforderungen zu sensibilisieren.

8.1.8 Der Ansatz des Konstruktivismus

Das Kernproblem jeder wissenschaftstheoretischen Auseinandersetzung ist die Frage, inwieweit die Welt durch den Menschen überhaupt erkannt werden kann und wie verlässlich diese Erkenntnis ist. Anders gefragt: »Wie wirklich ist die Wirklichkeit?« (Watzlawick 2005). Die beschriebenen Ansätze der *Phänomenologie* und des *Kritischen Rationalismus* gehen von einer erkennbaren Außenwelt aus, die durch Erfahrung und Erforschung ins menschliche Bewusstsein gelangt. Im Ansatz des *Konstruktivismus* ist hingegen die Welt, wie wir sie wahrnehmen, ein individuelles Konstrukt, das nicht auf die Übereinstimmung mit der Realität überprüft werden kann. Konstruktivistische Diskurse bilden in der Soziologie, der Psychologie und der Pädagogik seit den 1980er Jahren zentrale Grundlagen und haben Konzepte der Beratung und Therapie verändert:

> »Wir sind alle aufgefordert, unsere alltägliche Einstellung beiseite zu legen und aufzuhören, unsere Erfahrung als versehen mit dem Siegel der Unanzweifelbarkeit zu betrachten – so als würde sie eine absolute Welt widerspiegeln« (Maturana & Valera 2011, S. 31).

Menschen haben ganz unterschiedliche Konstruktionen dessen im Kopf, was geschieht; sie bauen es in die Strukturen ein, die in ihnen entstanden sind, und überführen es gleichzeitig in neue Strukturen. Das Verhältnis von Wissen und Wirklichkeit lässt sich also nicht als Relation von (mehr oder minder vollständiger) bildhafter Übereinstimmung betrachten, sondern muss als Anpassung im funktionalen Sinne verstanden werden. Es gibt keine Wahrnehmung ohne einen Wahrnehmenden: »Gegenstände, Personen und Ereignisse existieren in der Wahrnehmung von Beobachtern« (Lindemann 2019, S. 31). Nach dieser Auffassung geschieht Erfahrung nicht durch die Aufnahme von Umweltreizen und durch steuerbare Stimuli zur Integration der Umwelt oder zur Änderung des Verhaltens. Vielmehr handelt es sich beim Erkennen der Welt und auch beim Lernen grundsätzlich um dynamische, konstruktive, intrapersonelle Prozesse des Individuums. Im radikalen Konstruktivismus wird die Existenz objektiver Tatbestände außerhalb der subjektiven ›konstruierten‹ Welt des Individuums in Frage gestellt bzw. als irrelevant erachtet. Wissenschaftliche Erkenntnis wird hier als Konstruktionsprozess gesehen, der aus sich selbst heraus erfolgt (Stein & Müller 2016). Eigentlich ist es unmöglich, Aussagen über die Welt und die Wirklichkeit zu treffen, die nicht an unsere individuelle Wahrnehmung gebunden sind.

Jede Person entwickelt ihre sensorischen, kognitiven und emotionalen Strukturen in der – immer wieder neuen – Erkundung und Auseinandersetzung mit den Erlebnisgehalten, die für sie relevant sind und die über ihre Umwelt (Räume, Dinge, Interaktionen, Kommunikationen, Prozesse des Erforschens) vermittelt werden. Durch die Suche nach optimalen Prozessen der Erfahrung der Welt kommt es zu einer ständigen Neuorganisation der vorhandenen und der sich neu herausbildenden Strukturen. Dieser Prozess ist gebunden an kulturelle Erfahrungen, doch Lernen kann nach Ansicht der konstruktivistischen Theoretiker nur gelingen, wenn den Lernenden genügend Raum für ihre eigenständigen Konstruktionen gegeben wird: Das »Wissen« steckt nicht in den Dingen und gelangt auf dem Weg des Bildungstransports in den Lernenden, das Wissen existiert im Lernenden, es muss sich dort organisieren, motivieren, strukturieren, zum Ausdruck gelangen. Bereits Jean Piaget hat – ohne dass er sich selbst als »Konstruktivist« bezeichnet hätte – das Verständnis der Erfahrung der Welt und der Stufen des Lernens verändert und erweitert (Piaget 1975). Er wies darauf hin, dass im Zuge von Lernprozessen Konstruktionen der Wirklichkeit vorgenommen werden: Lernende konstruieren mit der Erfahrung neuer Zusammenhänge auch neue Wirklichkeiten, die sie dann an ihren konkreten Umwelten überprüfen.

8.1.9 Der Ansatz der Systemtheorie

In vielen Wissenschaftsbereichen sind in der zweiten Hälfte des 20. Jahrhunderts statt kausaler Erklärungen zirkuläre Betrachtungen getreten; die Objekte der Wissenschaft werden nicht mehr isoliert analysiert, der Fokus richtet sich nun auf die Relationen zwischen ihnen. Der *systemtheoretische Ansatz* blickt auf das Ganze des jeweiligen Systems und die Beziehungen unter seinen Elementen. Diese Grundlegung versteht *Wissen* nicht als Ansammlung widerspruchsfreier Konzepte, sondern als sich selbst in Frage stellende kommunikative Praxis (Levold & Wirsching 2016). Systeme sind von der Umwelt abgrenzbare Ganzheiten, deren Elemente in Beziehung zu einander stehen und ihren Aufbau, ihre Dynamik und ihr Verhalten beeinflussen. Die Grenze zwischen System und Umwelt wird in der Systemtheorie nicht räumlich gedacht, sie ergibt sich aus der Abgrenzung des Systems durch seine Operationsform zu etwas anderem (Kaack 2017). Der Autopoiesis (Selbstorganisation) fällt dabei eine zentrale Rolle zu. Ein System kann man als autopoietisch bezeichnen, wenn es in seiner Arbeitsweise (Operation) andauernd die inneren Prozesse, aus denen es selbst besteht, herstellt und damit erhält und wenn es diese Prozesse als Netzwerk innerhalb eines zur Umwelt hin abgrenzbaren Bereichs aufrechterhält (Bartelmess 2014).

Wissenschaftsgeschichtlich wurde die Systemtheorie von der Biologie und der Kybernetik geprägt; sie findet heute Anwendungen in der Informationstechnologie, der Soziologie, der Ökonomie und Ökologie, der Psychologie und Psychotherapie, der Heilpädagogik und der Sozialen Arbeit. Als ihre Hauptvertreter gelten: Ludwig von Bertalanffy, Heinz von Foerster, Ernst von Glasersfeld, Humberto Maturana, Francisco Varela, Gregory Bateson, Margaret Mead, Paul Watzlawick und Niklas Luhmann. In seiner Theorie sozialer Systeme richtet Niklas Luhmann den Blick auf die Kommunikationen – und nicht auf die Menschen. Systeme existieren danach nicht an sich und werden nicht durch sich selbst bestimmt, sondern erst dadurch, dass ein Beobachter etwas als System beschreibt und dafür eine Reihe von Komponenten und Relationen benennt. Die Auswahl der Komponenten und Relationen führt zur Konkretisierung der Systemgrenzen und zur Reduktion von Komplexität. Gleichzeitig ist die Anschlussfähigkeit des Systems relevant, und auch diese vollzieht sich durch Kommunikation. Insofern ist das Entstehen sozialer Systeme für Luhmann »nichts weiter als dieser ständige Prozess des Reduzierens und Öffnens von Anschlussmöglichkeiten« (Luhmann 1988, S. 888).

Die Gesellschaft besteht aus Kommunikationen, die es selbst produziert, reproduziert und festlegt, worüber sinnvoll kommuniziert werden kann. Diese Reduktion von Komplexität macht es überhaupt erst möglich, sich in der Welt zu orientieren. Komplexität innerhalb eines Systems heißt aber auch: Selektionszwang, denn eine Reihe von Optionen, die nicht gewählt werden, bleiben als potenzielle Verbindungen bestehen: »Diese ›Auch-anders-möglich-Sein‹ wird als Kontingenz bezeichnet. Der Begriff umfasst alle inneren Beziehungsalternativen und Möglichkeiten der Abstimmung, die derzeit nicht aktualisiert werden« (Bartelmeß 2014, S. 23). Systeme haben mehrere Anschlussmöglichkeiten, müssen Prioritäten setzen, Entscheidungen treffen und Unsicherheiten aushalten (Kiessl 2019, S. 32).

Heute ist der systemische Ansatz in allen Bereichen der Therapie und Beratung, der Supervision und im Coaching weit verbreitet, ebenso in der Personalentwicklung und in der Organisationsberatung. In seiner spezifischen Vorgehensweise (z. B. paradoxe Intervention, Reframing, Genogramm-Arbeit) wird nicht gefragt: Wo liegt das Problem? Oder: Bei wem? Es geht darum zu erkennen, wer als bedeutsam im Kontext angesehen wird und wer ›das Problem‹ in welcher Weise beschreiben würde.

> »Die Systemtheorie nimmt nicht den Einzelmenschen oder den Organismus, sondern vielmehr dessen Einbettung in größere Einheiten in den Blick. Deren komplexe Dynamik soll betrachtet werden: ihre Elemente, die Relationen zwischen diesen, die Funktionen von Systemen und deren Unterscheidung (Differenz) zur Umwelt. Erklärungen werden nicht mehr kausal gesehen, sondern (…) ›zirkulär‹« (Stein & Müller 2016, S. 28).

8.2 Vom Journal Club zur Bachelor-Thesis

Möglichst früh im Studium sollte die Möglichkeit bestehen, dass Studierende wissenschaftliche Texte kritisch lesen, analysieren, selbst erstellen und die Fähigkeit entwickeln, Fragen an die spezifische Fachliteratur zu stellen, relevante Aufsätze auszuwählen und Quellen zu prüfen. Dies kann, wenn es ein einsamer Vorgang ist, zu Verunsicherungen führen: Besitze ich die notwendigen Kompetenzen, gute von schlechten Fachtexten zu unterscheiden? Nach welchen Qualitätskriterien sind die Texte zu bewerten? Wo finde ich bei meiner Recherche jene Bücher und Aufsätze, die den aktuellen Stand der Diskussion zu einem Thema tatsächlich repräsentieren? Kommen in den Texten, die ich für wichtig erachte, theoretische Positionen, methodische Konzepte, Forschungsergebnisse und Impulse zu ›meinem‹ heilpädagogischen Gebiet vor? Oder sind es Forschungen aus anderen Wissenschaften, die nur bedingt mit heilpädagogischen Themen kompatibel sind?

Es kann hilfreich sein, diese Fragen nicht für sich allein oder zwischen Tür und Angel zu diskutieren, sondern vorbereitet und zielgerichtet innerhalb eines Seminars oder einer Arbeitsgruppe. Ein *Journal Club* – eingerichtet als Lehrveranstaltung oder angeboten außerhalb von prüfungsrelevanten Modulen – wendet sich an Studierende, um regelmäßig aktuelle Veröffentlichungen in einer kleinen Gruppe zu besprechen. Fachartikel aus wissenschaftlichen Zeitschriften werden ausgewählt und versendet, vielleicht auch zu einem Themenblock zusammengestellt. Zur Vorbereitung der Sitzung des *Journal Clubs* lesen alle Gruppenmitglieder den betreffenden Artikel bzw. die Studie und notieren sich Fragen. In der Sitzung selbst wird der Artikel von einer teilnehmenden Person oder einer Kleingruppe vorgestellt und eine Eingrenzung der Fragen, eine Einordnung in den Themenblock sowie eine Einschätzung der Relevanz der Studie vorgenommen. Anschließend werden die Fragen und Überlegungen aller Teilnehmenden besprochen und in einem Protokoll zusammengefasst.

Wer bislang im Studium noch nicht mit Fachzeitschriften gearbeitet hat, dem wird spätestens im *Journal Club* deutlich: Fachartikel in Zeitschriften sind das eigentliche Medium der wissenschaftlichen Kommunikation und dienen der Vermittlung von Forschungsergebnissen. Meist herausgegeben von Fachgesellschaften erscheinen manche Fachzeitschriften monatlich, andere vier- oder sechsmal pro Jahr und enthalten Zusammenfassungen von Studien sowie Überlegungen und Diskurse zu theoretischen Positionen der Wissenschaft. Elektronische Zeitschriftenbibliotheken machen es möglich, relevante Artikel auch daheim oder unterwegs zu finden und zu lesen. Erfahrungen mit *Journal Clubs* zeigen, dass a) es Studierenden leichter fällt, sich mit Fachartikeln zu befassen, wenn der inhaltlich Austausch in einer Gruppe erfolgt; b) Gespräche *auf Augenhöhe*, also nicht dozierend und ohne Benotung, anregend und effektiv sind; c) in Gruppendiskussionen – je nach Potenzial der Teilnehmenden – vielfältige Erkenntnisse und neue Perspektiven zu einer Thematik auftauchen; d) die fachliche Einordnung besser gelingt, wenn die Qualitätskriterien zuvor gemeinsam erarbeitet und besprochen wurden; e) die Lesegewohnheiten und Kompetenzen, Fachartikel kritisch einzuordnen, über das Format des *Journal Clubs* deutlich verbessert werden (Deenadayalan et al. 2008). *Journal-Clubs* tragen also dazu bei, das wissenschaftliche Vokabular und die Kenntnis über aktuelle Forschungsergebnisse und einfallsreiche Forschungsdesigns zu erweitern, Gütekriterien zu prüfen und die Prozesshaftigkeit wissenschaftlicher Erkenntnis zu erleben.

Die regelmäßigen Sitzungen des *Journal Clubs* haben definierte Themen und wechselnde Personen als Moderator*innen; diese bereiten die Präsentation und Diskussion vor, geben eventuell weitere Hintergrundinformationen und leiten das Gespräch. Der Zeitaufwand ist nicht hoch, bei Studierenden verringert sich der Widerstand und erhöht sich die Lust am Lesen von wissenschaftlichen Studien. Die Forschungsergebnisse und Forschungsmethoden können kritisch beurteilt und ethische Fragen im Kontext der heilpädagogischen und inklusiven Forschung diskutiert werden. Häufig bieten die Artikel auch Anregungen für die Gewinnung von Themen- oder Fragestellungen der Bachelor-Thesis (Klösch & Dieplinger 2020). Vielleicht kann das Format auch über das Studium hinaus bestehen bleiben und den Impuls geben, einen *Journal Club* mit Kolleginnen und Kollegen zu initiieren und darin aktuelle Erkenntnisse im Berufsfeld auszutauschen. Zu den Aufgaben gehört es, die Meetings zu organisieren, Raum und Zeit festzulegen, die Moderation (im Wechsel) zu bestimmen, passende, innovative Artikel in Fachzeitschriften der Heilpädagogik zu finden und sich auf die Fragen vorzubereiten. In der Sitzung arbeitet die ganze Gruppe, die Moderation legt Wert auf die Beteiligung aller und auf konstruktive Rückmeldungen zu den vorgestellten Artikeln. Um die Meetings entspannt zu gestalten, können auch Getränke und Snacks gereicht werden: so bereitet es noch mehr Freude, sich in interessanter und interessierter Runde der Wissenschaft und ihrer Forschung zu nähern, Zugang zu neuen Themen, Positionen und Blickwinkeln zu erhalten und in knapper Zeit Wissen zu transferieren.

Journal Clubs sind natürlich nur eine von vielen Möglichkeiten, Themen für die Bachelorthesis zu finden. Studierende haben im letzten Drittel ihres Studiums meist Ideen für die Abschlussarbeit, z. B. aus forschungsorientierten Projekten und Lehrveranstaltungen sowie aus Anregungen der Lehrenden, aus Erfahrungen an Praxisstellen oder aufgrund von Anfragen der Einrichtungen, aus Gesprächen mit Eltern und Klient*innen. Oder die Impulse stammen aus öffentlichen Diskursen um die gesellschaftliche Teilhabe von Menschen mit Beeinträchtigungen oder aus Erfahrungen im eigenen Umfeld bzw. im Sozialraum. Es empfiehlt sich jedenfalls, ein Thema zu wählen, das tragfähig, durchführbar und mit positiver Energie besetzt ist, wenn man sich damit über viele Wochen beschäftigen will. Ein Quantum an Vorwissen ist hilfreich, die Einarbeitung in einen völlig neuen Themenbereich hingegen aufwendig. Prüfungsordnungen der Hochschulen und Studiengänge enthalten Hinweise, welche Vorgaben bei Abschlussarbeiten zu erfüllen sind. In den Seminaren am Ende des Studiums und in den Sprechstunden der Lehrenden lässt sich klären, ob Vorschläge für Studien im Fachbereich kursieren, ob die Entscheidung über das Thema der Bachelorthesis allein bei den Studierenden liegt und ob ein Exposé erstellt und von der erst- und zweitlesenden Lehrperson abgezeichnet werden muss. Wichtig ist, dass das Prüfungsamt in einem offiziellen Schreiben abschließend das Thema benennt und dieses dann nicht mehr verändert werden darf.

Die Themenfindung, die Fragestellung, die Einschätzung der Forschungsmethodik und das Durchhaltevermögen beim Schreiben sind entscheidende Faktoren für den Erfolg der BA-Thesis. Das Thema und die Gliederung sollten klar und eindeutig formuliert sein, im weiteren Schreibprozess kann das Thema nicht revidiert, aber die Gliederung modifiziert werden. Der Weg zum endgültigen Thema kann folgende Schritte enthalten: a) Ideenfindung (kreative Suche, z. B. durch Mind-Map); b) Themenprüfung (Abwägung und Bewertung nach eingehender Recherche); c) Themenstrukturierung (erste vorläufige Gliederung des Themas); d) Themenauswahl (Entscheidung und Ausgestaltung); e) Themenbestätigung durch das Prüfungsamt und die prüfenden Lehrpersonen. Einige Studierende gehen noch einmal die Materialien und Notizen aus Seminaren durch, die in guter Erinnerung sind, um Anregungen daraus zu ziehen und in einem ersten Brainstorming eine Liste mit allen Ideen, Fragen und Assoziationen zu favorisierten Themen zu erstellen. Gespräche mit anderen Studierenden über inhaltliche und methodische Aspekte können ebenso hilfreich wie verunsichernd sein, je nachdem, wie klar man selbst in der Wahl und methodischen Gestaltung der Arbeit ist. Bisweilen bieten Lehrende oder Mentoren des Studiengangs Kleingruppen zur Vorbereitung der Abschlussprüfungen an, in denen die Prozesse der Erstellung der BA-Thesis reflektiert werden. Manches klärt sich dort, ohne dass die Sprechstunde der betreuenden Lehrperson aufgesucht werden muss.

Auf den Weg durch das Studium, möglichst von Beginn an und nicht erst kurz vor dem Abschluss, sollte das *Forschende Lernen* (manche sagen auch einfach: *Forschen Lernen*) die Ausbildung begleiten und vertiefen. Forschendes Lernen ermöglicht die Teilhabe an wissenschaftlichen Projekten, eröffnet den fachlichen Diskurs zwischen Lehrenden und Lernenden und fördert eine reflexive Haltung zur eigenen Lernbiografie. *Forschen* meint in diesem Zusammenhang sowohl die Entwicklung und Umsetzung eigener Forschungsprojekte als auch die Reflexion des heilpädagogischen Handelns auf der Basis wissenschaftlich fundierter Evaluationen. Die Studierenden sind z. B. in den Prozess der Entwicklung und Gestaltung eines Forschungsprojektes voll einbezogen, sie entwerfen Hypothesen und Fragestellungen, wählen den methodischen Ansatz aus, führen die Forschung entsprechend durch, präsentieren die Ergebnisse und reflektieren sowohl den gemeinsamen Gruppenprozess als auch ihre individuellen Lernerfahrungen (Eck 2019).

Wer das *Forschen* lernt, erwirbt im Studium die notwendigen Schlüsselqualifikationen, die für eine wissenschaftlich fundierte Abschlussarbeit und für die Tätigkeit in den Handlungsfeldern der Heilpädagogik wichtig sind: Recherchekompetenzen, Erstellung von Überblickswissen, vernetztes Denken, Kreativität im Vorgehen und Gestalten der Forschung, Kommunikations-, Kooperations- und Teamfähigkeit und Verantwortungsbereitschaft. *Forschendes Lernen* ist in der Regel ein vertieftes und nachhaltiges Lernen, das weit über die klassische Aneignung von Prüfungswissen hinausgeht, weil die Lernenden (und Forschenden) sich aktiv einbringen und das strukturierte Arbeiten selbst und verantwortungsvoll durchführen. Die Lehrenden haben für eine konstruktive Lernumgebung zu sorgen, die Studierenden in allen Phasen der Forschungsprojekte beratend zu begleiten, ihnen Zugänge zu Wissensbeständen, Forschungsmethoden und didaktischen Möglichkeiten zu eröffnen, sie zu motivieren und ihre Ressourcen anzuerkennen. Geschieht dies in fachlich und kommunikativ angemessener Weise, dann erfahren Studierende und Lehrende einen qualitativen Sprung in Bezug auf die eigene Professionalität und können ihr Denken und Handeln noch fundierter begründen und reflektieren als zuvor (Schneider & Wildt 2009).

8.3 Aktuelle Forschungsansätze

8.3.1 Disability Studies

Die *Disability Studies* sind – ähnlich wie die Gender Studies, Queer Studies, Diversity Studies oder Post Colonial Studies – eine politisch und wissenschaftstheoretisch reflektierte, emanzipatorische und partizipative Forschungsrichtung, deren Anliegen es ist, die gesellschaftlichen und kulturellen Theorien und Modelle von Behinderung zu rekonstruieren. Sie erforschen, wie Zuschreibungen und Projektionen von Normalität und Behinderung funktionieren bzw. die Basis dieser Differenzkategorie bilden und analysieren, wie *Behinderung* produziert, tradiert und gesellschaftlich implementiert wird (Dederich 2012). Zusätzlich erkunden die *Disability Studies* in wissenschaftlichen Projekten, wie es um die Lebenslagen und die Lebenserfahrungen von behinderten Menschen in ihren jeweiligen gesellschaftlichen Kontexten bestellt ist und welche Mechanismen bewirken, dass Menschen mit Beeinträchtigungen in der Gestaltung ihres Lebens und ihres Alltags tatsächlich behindert werden. In zahlreichen Studien werden die Felder der Geschichte, Bildung, Recht, Architektur, Kunst und Technologie untersucht, um die Bedingungen zur Entstehung von real erlebter Exklusion und gesellschaftlichem Ausschluss zu erfassen. Als interdisziplinäre Forschungsrichtung verstehen sich die *Disability Studies* als Kritik und Korrektiv gegenüber medizinisch, psychologisch, pädagogisch und rehabilitativ geprägten Sichtweisen auf Behinderung und greifen die aktuellen Debatten um die Perspektivierung von Körper, Normalität und Subjekt als historisch, gesellschaftlich und kulturell geformte Phänomene auf (Waldschmidt 2020, S. 178). Dadurch prägen die *Disability Studies* »eine wissenschaftliche Optik, die für die Erforschung von Gesellschaft insgesamt von zentraler Bedeutung ist« (Dederich et al. 2016, S. 386).

Die Entwicklung der Disability Studies ist verknüpft mit dem Kampf der Behindertenbewegungen um *Independent Living* in den 1970er und 80er Jahren in den USA und in Großbritannien. Wissenschaftler wie Irving Kenneth Zola (USA) und Michael Oliver (GB) gelten als Begründer, die sich nicht nur für die Selbstbestimmung und Nichtdiskriminierung behinderter Menschen im Alltag einsetzten, sondern auch den herrschenden Wissenschaftsbetrieb kritisch hinterfragten. Als Studierende und später als Wissenschaftler gründeten sie die *Society for Disability Studies* in den USA und die Forschungsgruppe *Disability Research Unit* an der Universität in Leeds (GB). Sie wendeten sich gegen das Verständnis von Behinderung, das traditionell medizinisch und sozial-karitativ geprägt war und die individuelle Pathologie »als persönliche Tragödie und Gegenstand der Fürsorge« (ebd.) auffasste. Im Gegenzug formulierten sie Ansätze der *Disability Studies* als (De-)Konstruktion von

Normalität und Behinderung aus dem Blickwinkel verschiedener Wissenschaftsdisziplinen und betonten folgende Aspekte: a) Das Erfahrungswissen von Forscher*innen und Akteur*innen mit Beeinträchtigungen; b) die kritische Analyse von Wissensordnungen, die sich u. a. in Diskursen, Dokumenten, Gesetzen und Praktiken manifestieren; c) die Analyse der Praktiken des Behinderns, z. B. Diskriminierung, Exklusion und paternalistische Fürsorge (Brehme et al. 2020, S. 9). Inzwischen sind die Disability Studies mit ihrer Betonung der Interdisziplinarität als eigenständiges Fachgebiet etabliert, und zwar nicht nur in den USA und Großbritannien, sondern auch an Universitäten in Kanada und Australien, in europäischen Ländern wie Frankreich, Schweden, Norwegen und Irland. In einigen dieser Länder sind neben Bachelor- und Masterabschlüssen auch Promotionen in *Disability Studies* möglich. In Deutschland habe sich Hochschulen in Bochum und Köln, in Hamburg und Berlin auf den Weg gemacht, Institute für *Disability Studies* zu gründen, zu entwickeln und zu stärken (ebd.).

Zur Heil-, Sonder- und Behindertenpädagogik besitzen die *Disability Studies* ein kritisches Verhältnis: Sie werfen diesen Disziplinen vor, bei der Institutionalisierung von Aussonderung und Stigmatisierung eine treibende Kraft gewesen zu sein und sich zurückhaltend zu zeigen, wenn es um die Umsetzung der Inklusion geht (Waldschmidt 2020). Auch die Rehabilitationspädagogik ist aus ihrer Perspektive eine interventionsorientierte Disziplin und Profession nicht nur mit der gesellschaftlichen Tendenz, »Behinderung als bearbeitungsbedürftiges Problem zu definieren«, sondern auch Produzent »von Behinderung als negativ aufgeladener, bearbeitungs- und normalisierungsbedürftiger Differenz« zu sein (Dederich et al. 2016, S. 386). Diese pädagogischen Richtungen würden an einem Konzept festhalten, das »*medizinisch-therapeutisch, individualistisch und defizitorientiert*« (ebd.) sei und mehr auf die Expertise der Fachkräfte als auf die Perspektive der Betroffenen in Lehre und Forschung setze. Nach wie vor stehe Anpassung der Abweichung an die gesellschaftliche Norm im Vordergrund, sei es durch spezielle Körperkorrekturen in der Medizin oder durch erzieherische Maßnahmen in den pädagogischen und psychologischen Wissenschaften.

Ein Umdenken der interventionsorientierten Disziplinen sei erforderlich, deren Definitions- und Gestaltungsmacht radikal in Frage zu stellen sei. Die Forderung *Nothing about us – without us!* formuliere eindeutig den Perspektivenwechsel, der endlich behinderte Menschen in die Forschung einbeziehen müsse und sie zum Subjekt (und nicht länger zum Objekt) der Forschung mache. Die Erfahrungen und Sichtweisen behinderter Menschen bilden den Mittelpunkt von Untersuchungen über Behinderung, d. h. diese Menschen werden ernst genommen, sichtbar gemacht und ihre Blickwinkel dienen als Grundlage für die Entwicklung von Lösungen (Hermes & Rohrmann 2006; Pfahl & Köbsell 2014). Primär gehe es um Forschungen, die Grund- und Menschenrechte, Inklusion und Partizipation, Gleichstellung und Barrierefreiheit in den Vordergrund stellen: »Die Leitprinzipien Selbstbestimmung und Selbstvertretung spiegeln sich in den methodologischen Debatten, Forschungsdesigns und angewandten Methoden wider« (Waldschmidt 2020, S. 178).

Drei thematische Schwerpunkte sind in den letzten Jahren in den *Disability Studies* bearbeitet worden: a) Die Institutionalisierung von ›Behinderung‹ als Kategorie sozialer Ungleichheit und die Folgen in Bezug auf Identitäten und Lebenswelten von Menschen mit Beeinträchtigungen; b) Geschichtliche Aspekte des Umgangs mit Beeinträchtigungen in verschiedenen Epochen; c) Repräsentationsweisen von Behinderung in Literatur, Kunst, Film und Massenmedien. Diskutiert wurde und wird auch, ob die *Disability Studies* offen für alle seien oder nur von Menschen mit Beeinträchtigungen betrieben werden sollten:

> »Zwar geht es dem Diskurs darum, die hierarchisierten Beziehungen in der Wissenschaft einzuebnen und insbesondere Menschen mit Behinderungen Partizipations- und Karrierechancen zu eröffnen. Jedoch sind selbstverständlich auch die Disability Studies der Freiheit von Forschung und Lehre verpflichtet, weshalb es keine von persönlicher Betroffenheit abhängigen Zugangsbarrieren geben kann« (ebd. S. 180).

Kritisch wird bisweilen auch die Wissenschaftlichkeit dieser neuen Disziplin betrachtet, weil die *Disability Studies* dem Wissenschaftssystem eigentlich fremde Zielsetzungen wie Emanzipation und Teilhabe verfolgen. Daher sei es nicht verwunderlich, dass sie sich mit dem Vorwurf konfrontiert sehen, eine normativ-politische Wissenschaft zu sein. Doch klar ist auch: »Der akademische Diskurs benötigt kritische Rückmeldungen aus Alltagspraxis und Politik, um seinem Anspruch auf Innovativität und Relevanz gerecht zu werden« (ebd.).

Eine Erweiterung der Disability Studies erfolgt zunehmend in Richtung Intersektionalitätsforschung: Es geht darum, die Wechselbeziehungen von Behinderung-Sexualität-Geschlecht zu untersuchen, wie dies von Forschenden der Queer Studies geschieht, oder die gegenseitigen Verknüpfungen und Wechselbeziehungen von Behinderung und Migration zu analysieren (Wansing & Westphal 2014). Betont wird dabei, dass intersektionale Analysen nicht auf den Nachweis reduziert werden sollten, dass sich soziale Ungleichheiten überschneiden: »Vielmehr besteht das kritische Potenzial des Paradigmas darin, nach den Funktionen zu fragen, welche die gleichzeitige Aufrufung sozialer Kategorien im pädagogischen Feld hat« (Walgenbach 2022, S. 673).

8.3.2 Partizipative Forschung

Der besondere Ansatz der Partizipativen Forschung besteht darin, die Expertise von Menschen mit Beeinträchtigungen bzw. Behinderungserfahrungen in den Forschungsprozess einzubeziehen, also die Wahl der Fragestellung, die Methoden des Forschens und die Interpretation der Ergebnisse gemeinsam vorzunehmen. Partizipative Forschung ist im Spektrum der qualitativen Forschung angesiedelt und setzt sich zum Ziel, sowohl Erkenntnisse über die Lebenswelt von Menschen zu generieren und gleichzeitig eine Veränderung in dieser Lebenswelt zu bewirken (Munde & Tillmann 2022). Die Menschen, deren Lebenswelt untersucht wird, werden systematisch in die Planung und Durchführung von Forschungsprojekten einbezogen. Die innovative Idee einer solchen Forschung besteht darin, »den Wissens- und Erfahrungsschatz bestimmter sozialer Akteur*innen nicht nur als Informationsquelle zu nutzen, sondern ihn von vornherein in den Forschungsprozess zu integrieren« (Dederich 2018, S. 148). Manchmal geht die Initiative zu den betreffenden Forschungsvorhaben von Betroffenen aus, manchmal bleibt es bei einer Form der

Teilnahme an Fachgesprächen, Beratungen und Mitwirkung von Menschen mit Beeinträchtigungen bei bestimmten Projektaufgaben. Komplett partizipativ ist die Forschung dann, wenn die Zusammenarbeit von wissenschaftlichen Fachkräften und Menschen mit und ohne Beeinträchtigung absolut gleichberechtigt erfolgt (Farin-Glattacker et al. 2014).

Impulse zur Partizipativen Forschung kommen von Selbsthilfe- und Interessenvertretungsgruppen, die sich an Forscher*innen wenden, um einer für sie relevanten Fragestellung wissenschaftlich nachzugehen, oder von Hochschulen und Universitäten, die sich mit ihren Forschungsaufträgen an Menschen mit Beeinträchtigungen wenden, um Projekte und Vorgehensweisen partizipativ zu klären. Allen Beteiligten sollte daran gelegen sein, die Forschung nicht *an*, sondern *mit* den Menschen zu betreiben und keine abstrakten Daten und Fakten zu ermitteln, sondern Erfahrungen, Einstellungen und Vorstellungen über das Leben bzw. die Arbeit der Menschen zu gewinnen (Wright 2013, S.123). Erst wenn alle Personen, die sich an einem Forschungsprojekt beteiligen wollen, das Recht haben, Entscheidungen hinsichtlich der Konzipierung, Methodik, Durchführung, Auswertung und Reflexion des Forschungsprozesses zu treffen, kann von einer Partizipativen Forschung gesprochen werden (Reisel et al. 2022).

Nun ist nicht davon auszugehen, dass eine gleichgewichtige Beteiligung von Beginn an gegeben ist. Der Grad der Partizipation kann unterschiedlich sein, eher unsicher und zurückhaltend zu Beginn, und sich dann allmählich steigern. Die wissenschaftlichen Fachkräfte müssen ihr Vorgehen und ihre Kommunikation darauf einstellen und Entwicklungen in der Gruppe gut reflektieren (Burtscher 2019, S. 25). Ein sorgfältiger Methodeneinsatz ist notwendig, um neben dem Ziel des Erkenntnisgewinns auch die Teilhabe an Entscheidungen, das Empowerment für Forschung überhaupt und die Identifizierung mit dem Projekt zu stärken – immer mit dem Ziel, die erforschte soziale Wirklichkeit nicht nur zu verstehen, sondern darüber hinaus auch zu verändern (von Unger 2016). Partizipative Forschung benötigt innovative Methoden, um über die Beratung und Mitwirkung von Menschen mit Beeinträchtigungen zur gleichberechtigten Zusammenarbeit zu gelangen. Dazu können *Fokusgruppen* ebenso hilfreich sein wie Methoden des *Shadowing* oder des *Photovoice* (Munde & Tillmann 2022).

1. Fokusgruppen: Anders als klassische Gruppendiskussionen, die von Forschungsleitungen einberufen werden und an einem Thema arbeiten, das bereits feststeht und zu dem die Teilnehmenden im Gruppengespräch ihre Erfahrungen, Ideen und Meinungen einbringen (Lamnek & Krell 2016), ist in Fokusgruppen die Trennung zwischen den wissenschaftlichen Fachkräften und den Personen der Zielgruppen aufgehoben; die einzelnen Schritte der Forschung werden gemeinsam entwickelt und durchgeführt, d.h. die Vorbereitungsphase, Durchführung und Auswertung werden partizipativ konzipiert und gestaltet, damit Veränderungsprozesse möglich werden. Notwendig sind klare Rahmenbedingungen (vorbereitete Leitfragen, Zeitdauer usw.) sowie kommunikative Kompetenzen (inklusive Gebärdendolmetscher*in, Leichte Sprache und ggf. Unterstützte Kommunikation).

2. Fotovoice: Das Ziel dieser – nicht-sprachgebundenen – Methode besteht darin, den Blick für individuelle Perspektiven zu öffnen, indem die Teilnehmenden durch Fotos ihre Umwelt präsentieren. Gemeinsam werden zunächst Themen und differenzierte Fragestellungen entwickelt, dann machen sich die Beteiligten auf den Weg, um entsprechende Motive, Orte, Situationen per Foto festzuhalten, die Aufschluss über ihr Erleben geben. Menschen mit Beeinträchtigungen werden so zu Subjekten des Forschungsprozesses, wobei stets reflektiert werden muss, welche kognitiven, visuellen und technischen Kompetenzen benötigt werden, um an dem Forschungsprozess teilzunehmen (Munde & Tillmann 2022).
3. Shadowing: Bei dieser Methode begleiten wissenschaftliche Fachkräfte die Teilnehmenden in ihrer Lebenswelt und schauen ihnen als »Schatten« über die Schulter. Anregungen für den Forschungsprozess entstehen dadurch, dass sich die Interaktionen zwischen Forschenden und Beforschten verändern: Die wissenschaftlichen Fachkräfte erleben die Menschen mit Beeinträchtigungen in ihrem Alltag und erkennen bzw. besprechen, welche Barrieren und Exklusionsmechanismen zu bewältigen sind. Den Prozess der Lebenswelterkundung, die Auswahl der Orte und Begegnungen bestimmen die Menschen mit Beeinträchtigungen, gemeinsam achten alle Beteiligten auf die Wahrung der Privatsphäre (ebd.)

Die Partizipative Forschung fordert in gewissem Sinne die traditionelle Wissenschaft heraus, über neue Formen der Erkenntnisgewinnung nachzudenken und die Forschungsprozesse – gerade in den Sozialwissenschaften und im Kontext der Inklusions- bzw. Teilhabe-Diskurse – noch intensiver zu reflektieren. Sicher ist, dass die Partizipative Forschung Impulse setzt für ganz neue, vielfältige und komplexe Lernprozesse auf allen Seiten (Reisel et al. 2022). Die akademische Seite der Forschung muss bereit sein, »die eigene Perspektive in Frage zu stellen und sich mit anderen Perspektiven auseinanderzusetzen« (von Unger 2016, S. 64). Dies gilt als Grundvoraussetzung der Partizipativen Forschung, die bei allen Beteiligten gegeben sein muss. Und es bedeutet auch, das professionelle Forscher*innen »kein Privileg auf Wissen beanspruchen können und ihre Sichtweisen nicht den Sichtweisen der Akteur*innen übergeordnet ist« (ebd.).

8.3.3 Teilhabeforschung

Der Begriff der Teilhabeforschung umfasst eine große Bandbreite von Forschungsaktivitäten, die sich auf die UN-Behindertenrechtskonvention beziehen, besonders auf den Artikel 31 der UN-BRK, der die Staaten verpflichtet, umfassende Informationen und statistische Angaben bzw. Forschungsdaten zu generieren, um politische und rechtliche Schritte zur Durchführung der Konvention umzusetzen. Erste Diskussionspapiere der Fachverbände der Behindertenhilfe und der Deutschen Vereinigung für Rehabilitation griffen die Verpflichtung auf; 2015 wurde dann das *Aktionsbündnis Teilhabeforschung* gegründet, das sich zum Ziel setzte, mit der Teilhabeforschung »die Lebenslagen behinderter und chronisch erkrankter Menschen grundlegend und zukunftsorientiert weiterzuentwickeln und auszubauen« (Aktionsbündnis, 2015, S. 2). Konkret sollen mit der Teilhabeforschung bestehende Strukturen und Barrieren sowie zukünftige Perspektiven für ein selbstbestimmtes Leben ermittelt werden. Eine intersektionale Sichtweise soll leitend sein und helfen, auch die Faktoren Armut und soziale Ungleichheit, Migration und Herkunft, Sexualität, Geschlecht und Alter als Risiken der Exklusion einzubeziehen.

Dem bundesweiten *Aktionsbündnis Teilhabeforschung* gehören gegenwärtig zahlreiche Verbände und Einzelpersonen an, Hochschulen und Institute, Verbände der Freien Wohlfahrtspflege und Selbsthilfe, beeinträchtigte Menschen als Expert*innen in eigener Sache, Behindertenbeauftrage, der Berufs- und Fachverband Heilpädagogik (BHP) und die Deutsche Heilpädagogische Gesellschaft (DHG), die anstreben, im Einklang mit den Prinzipien Partizipation, Inklusion, Barrierefreiheit und Gleichstellung (Beck 2022) die Forschung im Interesse der betreffenden Menschen voranzubringen. »Das Aktionsbündnis versteht sich als gemeinsames Dach, unter dem verschiedene Akteure (Personen, Zusammenschlüsse und Organisationen) mit unterschiedlichen Zugängen zur Teilhabeforschung Platz finden« (Aktionsbündnis Teilhabeforschung 2015). Der Blick der Teilhabeforschung richtet sich einerseits auf bestehende Zugangsbeschränkungen zu gesellschaftlichen Funktionsbereichen, zu bedeutsamen Teilsystemen und Gütern. Diese Barrieren und Exklusionsrisiken gilt es zu erfassen und zu analysieren. Andererseits sind die Erfahrungen des Ausschlusses, der ungerechten Verteilung der Ressourcen, der Einschränkungen von Teilhabe quantitativ und qualitativ zu ermitteln und innovative Entwicklungen und neue Konzepte (im Sinne von Good-Practice) in spezifischen sozialen Feldern wissenschaftlich zu begleiten und zu evaluieren (Dederich & Dietrich 2022).

Die Teilhabeforschung versteht sich als pluralistisch orientiert und umfasst die unterschiedlichsten Fächer, Disziplinen und Forschungsfelder. Dementsprechend kommt ein breites Spektrum von Forschungsmethoden in Betracht. Das angestrebte Ziel besteht eben nicht nur darin, Daten zu sammeln und Strukturen zu beschreiben, sondern Impulse zu setzen für Transformationsprozesse in Hinblick auf eine inklusive Gesellschaft: »In diesem Sinne ist Teilhabeforschung praxisrelevant und anwendungsorientiert« (Aktionsbündnis Teilhabeforschung 2015). Bedeutsam sind partizipative Forschungsansätze, um die Bedingungen für die selbstbestimmte Teilhabe nicht *über* oder *für*, sondern *mit* den betreffenden Menschen zu gestalten, ihre Sichtweisen, Ideen und Präferenzen zu berücksichtigen (Brütt et al. 2016). Dazu gehört es, in allen Phasen der Forschungsförderung und -durchführung für gleichberechtigte Entscheidungen zu sorgen

> »War es lange Tradition, dass über ihre Köpfe hinweg geforscht wurde, und ihnen damit nur die Rolle des Objekts zukam, geht es nun darum, behinderte Menschen unabhängig von Art und Umfang ihrer Beeinträchtigung als rechtsfähige Subjekte anzuerkennen und mit ihnen gemeinsam Forschung zu Fragen der Teilhabe zu gestalten« (Wesselmann 2016, S. 55).

Was zunächst engagiert klingt, kann sich in der wissenschaftlichen Praxis als schwierig erweisen: Denn bei Menschen mit Beeinträchtigungen und Exklusionsrisiken handelt es sich nicht um eine homogene Gruppe; Personen mit psychischen oder chronischen somatischen Erkrankungen kommunizieren anders als jene mit Hör-, Seh- oder motorischen Beeinträchtigungen, und diese wiederum anderes als

Personen mit kognitiven Beeinträchtigungen; auf sehr unterschiedliche Weise sind sie von Teilhabebarrieren betroffen. Wer im Kontext der Teilhabeforschung in eine Doppelrolle als forschende und beforschte Person gerät, kann nur schwer entscheiden, wie die unterschiedlichen Positionen, Rollen und Erkenntnisinteressen zu vereinbaren sind. Wenn von Entscheidungsprozessen *auf Augenhöhe* die Rede ist, dann sollten es am Ende nicht die Professionellen allein sein, die für das Forschungsdesign und den Forschungsprozess verantwortlich sind (Bartelheimer et al. 2020).

Erfolgreich ist die Teilhabeforschung darin, die Berichterstattung über die Lage der Bevölkerung und die Situation von Menschen mit Beeinträchtigungen – die von der Bundesregierung regelmäßig zu erstellen ist – quantitativ und qualitativ aufgewertet zu haben. Für Jahrzehnte beschränkten sich die so genannten Behindertenberichte auf statistische Angaben, ohne über die Lebensverhältnisse der Menschen Auskunft zu geben und ohne die betroffenen Menschen und ihre Interessensvertretungen zu befragen. Heute liegen wissenschaftlich qualifizierte und partizipativ angelegte Teilhabeberichte vor, die repräsentative Daten auf der Grundlage des biopsychosozialen Konzepts der ICF erstellen und Teilhabebarrieren im Wechselspiel zwischen Individuum und Umfeld bzw. Umwelt verorten. Innerhalb der gruppenbezogenen Daten sind anhand der angelegten intersektionalen Perspektive auch Aufschlüsse über den Einfluss von Merkmalen wie Alter, Geschlecht und Migrationshintergrund möglich.

> »Wie sich die Zusammenhänge genau darstellen, was sie bewirken und welchen Einfluss Faktoren wie z. B. der Grad der Behinderung und das Alter oder aber strukturelle Bedingungen haben, kann im Rahmen des Teilhabeberichts nicht untersucht werden. So werden politische Maßnahmen und Leistungen zwar dargestellt, eine weitergehende Analyse erfolgt jedoch nicht« (Beck 2022, S. 38).

Immerhin, der Einblick in die Lebenslagen und die subjektive Einschätzung dessen, was als Barriere und als Teilhabeeinschränkung erlebt wird, wird durch breit angelegte repräsentative Befragungen zu den Lebensbedingungen und zum Unterstützungsbedarf von erwachsenen Menschen mit und ohne Beeinträchtigung, die in eigenen Haushalten oder in Wohn- bzw. Pflegeangeboten leben, gestärkt. Dazu werden auch »problemzentrierte und narrative Interviews zu subjektiven Lebenserfahrungen durchgeführt« (ebd.). So enthält der dritte Teilhabebericht von 2021 (auf ca. 800 Seiten) Erkenntnisse in folgenden Dimensionen: Daten zu den Lebenslagen von Menschen mit Beeinträchtigungen; zu dem sozialen Netz (mit den unterschiedlichen Haushaltsformen und sozialen Beziehungen); zur Bildung und Ausbildung; zur Erwerbstätigkeit und materiellen Lebenssituation; zur alltäglichen Lebensführung (Wohnen, Barrierefreiheit im öffentlichen Raum, selbstbestimmte Lebensführung); zur Gesundheit; zur Teilhabe an Freizeit, Kultur und Sport; zum Schutz der Person und zur politischen und gesellschaftlichen Teilhabe. Der Bericht ist auch als Hörbuch erhältlich, Zusammenfassungen gibt es in Leichter Sprache, als Braille-Druck oder als Video in Deutscher Gebärdensprache (Bundesministerium für Arbeit und Soziales (BMAS; 2021).

8.4 Eine »Hochschule für alle«?

Wenn über Inklusion, Partizipation und Barrierefreiheit im Bildungswesen gesprochen wird, dann ist meist von schulischer Bildung die Rede. Doch auch die Hochschulen sind gemeint, wenn die UN-BRK fordert, für Menschen mit Behinderung notwendige und angemessene Formen der Unterstützung bereitzustellen, damit ihnen ein chancengleicher, diskriminierungsfreier Zugang zum Bildungssystem offensteht und sie ihre Persönlichkeit, ihre Begabung und ihr kreatives Potenzial entfalten können (UN-BRK, Art. 24). Direkt nach der Ratifizierung der Konvention hat die Hochschulrektorenkonferenz (HRK) unter dem Titel *Eine Hochschule für alle* Empfehlungen für die Gestaltung des Studiums für Studierende mit Behinderungen und/oder chronischen Krankheiten formuliert. Erklärtes Ziel der HRK ist es, Universitäten und Hochschulen, Pädagogische Hochschulen und Kunsthochschulen in die Pflicht zu nehmen, barrierefreie Bedingungen im akademischen Bereich zu schaffen. Ob diese Leitlinien in den Prüfungsämtern und Verwaltungen überall angekommen und auf die Bereitschaft zur Umsetzung gestoßen sind, ist fraglich. Die Ergebnisse erster Studien zeigen, dass psychische Beeinträchtigungen bei Studierenden eine starke Auswirkung auf das Studium hatten, gefolgt von somatischen Erkrankungen wie Diabetes, Epilepsie oder Multipler Sklerose. Teilleistungsstörungen, Sehstörungen, Hör- oder Sprachbeeinträchtigungen sowie Mobilitätseinschränkungen werden auch genannt. Für zahlreiche Studierende wirken sich mehrere Beeinträchtigungen auf das Studium aus. Insgesamt geht man davon aus, dass etwa 14 % aller Studierenden von einer studienerschwerenden Beeinträchtigung physischer oder psychischer Art betroffen sind (Busch 2014).

Eine zweite Studie kam zu noch aussagekräftigeren Ergebnissen: So berichteten Teilnehmende, aufgrund einer Beeinträchtigung nicht ihren Wunschstudiengang absolvieren zu können. Auch ein Mangel an Unterstützung am Studienort, strukturelle, kommunikative und architektonische Barrieren sowie fehlende Kenntnisse und Akzeptanzhaltungen von Lehrenden und dem Verwaltungspersonal gegenüber den Studierenden führten zu Schwierigkeiten und Studienabbrüchen. Hürden im Bau und in der Ausstattung der Gebäude sowie bei deren Anbindung an den öffentlichen Nahverkehr sowie Widerstände bei der Bereitstellung von Assistenz in Lehr- und Prüfungssituationen und bei der Gewährung von Nachteilsausgleichen wurden von Studierenden als Problembereiche benannt (Poskowsky et al. 2018).

Zur sozialen Lage Studierender in Deutschland gaben ca. 30 % der Befragten an, dass sie aus gesundheitlichen Gründen häufig pausieren müssen und sich ihre Studiendauer wegen akuter oder chronischer Erkrankungen um zwei bis drei Semester verlängert. Da psychische bzw. chronische Erkrankungen für Lehrende, Mitstudierende und Verwaltungskräfte oft nicht sichtbar seien, würden die spezifischen Bedarfe selten erkannt und die notwendige Unterstützung nicht gewährt. So sei es schwierig, die Pflicht zur Anwesenheit zu flexibilisieren oder bei hoher Dichte von Prüfungen angemessene Zeiten oder Optionen des Teilzeitstudiums für beeinträchtigte Studierende anzusetzen (Knauf 2022). Für Studierende im Autismus-Spektrum, die häufig über detaillierte Fachkenntnisse verfügen und sich zeitlich und inhaltlich intensiv mit den gestellten Anforderungen des Studiums auseinandersetzen, können kurzfristige Änderungen (z. B. Ausfall eines Seminars oder Raumwechsel) und unvorhersehbare Anforderungen schwer zu bewältigen sein. Hinzu kommen für sie akustische und optische Reize, die von den anderen Studierenden kaum bemerkt werden, für Menschen im Autismus-Spektrum aber zu ›Overloads‹ führen können (Eckert & Anderegg 2016).

Positiv ist anzumerken, dass die Hochschulen in den letzten Jahren ihre Sensibilität und ihr Beratungsangebot für Studierende mit Beeinträchtigungen ausgeweitet, Behindertenbeauftragte eingesetzt und Hilfen bei Anträgen an Prüfungsämter oder Sozialleistungsträger bereitgestellt haben. Auch in Bezug auf die technische Ausstattung (z. B. Braille-Displays, Induktionsschleifen, barrierefreie Bewerbungs- und Zulassungsverfahren sowie barrierefreie Homepages) und die Zugänglichkeit zu Gebäuden, Bibliotheken und Mensen gibt es an vielen Studienorten positive Entwicklungen. Der technische Fortschritt ist beachtlich – er kann aber auch zur Barriere werden, wenn E-Learning-Programme, Informationsplattformen und digitale Bibliothekskataloge nicht mit Unterstützung von Screenreadern, entsprechender Bildschirmtastatur oder Software angeboten werden (Manthe 2017). Und es zeigt sich, dass es an Fortbildungen für Mitarbeitende sowie an Richtlinien zur Umsetzung der HRK-Empfehlungen fehlt und Studierende mit Beeinträchtigungen nur mühsam an Informationen zur besseren Gestaltung ihres Studiums gelangen:

> »Häufig erwarten die Akteure in den Hochschulen, dass Studierende mit Behinderungen über das notwendige Know-how verfügen, um die im Hochschul- und Sozialrecht verankerten Nachteilsausgleich sowie die Beratungs- und Unterstützungsangebote der Hochschulen und Studierendenwerke zu nutzen und vorhandene Regelungs- oder Angebotslücken zu kompensieren. Studierende mit Behinderungen sehen sich daher neben den üblichen mit zusätzlichen und häufig auch zeitraubenden Anforderungen konfrontiert, die das Gelingen des Studiums gefährden können« (Gattermann-Kasper 2016, S. 107/108).

Weil die Themen Inklusion, Partizipation und Barrierefreiheit alle Ebenen einer Hochschule betreffen, sollten sie nicht an einzelne Fachkräfte oder Behinderungsbeauftragte delegiert und nicht nur über Nachteilsausgleiche reguliert werden. Es macht mehr Sinn, gemeinsam Pläne zu entwickeln und Lehrende, Studierende und Verwaltung unter Berücksichtigung einzubeziehen. So verschiebt sich der Fokus von der individuellen zur institutionellen Verantwortung; eine gelingende Inklusion wird zur Aufgabe der gesamten Hochschule und liegt nicht in der Hand von Einzelpersonen. Beispielhaft sind die TU Dortmund, die Universität Kiel und die EH Bochum diesen Weg gegangen: Der Einsatz von Gebärdenübersetzer*innen, die Barrierefreiheit der Zugänge zu den Seminarräumen und Entwicklung einer barrierefreien Didaktik sind realisierbar und machen Mut, hinterfragen eigener Rollenbilder und Erwartungen (Gundlach et al. 2022) und tragen dazu bei, heilpädagogische und partizipative Kompetenzen zu erwerben und den Blick zu sensibilisieren für die Infrastrukturen an Hochschulen und ihre Zugänglichkeit (Möller-Dreischer 2019a).

Inzwischen zeichnet sich ab, dass »Eine Hochschule für alle« mehrere unterschiedliche Perspektiven umfasst: Während sich erstens der Blick auf Studierende mit Beeinträchtigung (der Mobilität, der physischen und psychischen Gesundheit, der Sinnesorgane usw.) und auf die Frage richtet, ob ihnen an Hochschulen barrierefreie Infrastrukturen sowie angemessene Formen der Assistenz begegnen, ist zweitens zu prüfen, ob sich soziale, kulturelle und ökonomische Aspekte identifizieren lassen, die Zugänge zu den Hochschulen erschweren: der Herkunfts-, Bildungs- oder Migrationshintergrund der Familie, die Elternschaft von Studierenden, die Notwendigkeit der Erwerbstätigkeit; drittens ist zu fragen, ob die Wertschätzung von Vielfalt auch die Einstellung von Lehrenden mit Beeinträchtigung betrifft, ob sie in Berufungsverfahren angemessen berücksichtigt werden und sich die Einstellung von Fachkräften der Verwaltung unter Heterogenitätsdimensionen vollzieht (Knauf 2022); und viertens ist zu ermitteln, welche Aus- und Fortbildungen für Menschen mit kognitiven Beeinträchtigungen angeboten werden können, damit sie als Bildungsfachkräfte den Studierenden (heil-)pädagogischer Studiengänge Erfahrungswissen vermitteln und den Dialog über Inklusion und Partizipation mit Berichten und Studien über ihre Lebensumstände gestalten und bereichern könnten: »An dieser Stelle setzt die Idee an, Menschen mit Behinderungserfahrungen als Lehrende und Forschende im akademischen Raum zu beschäftigen« (Hauser & Schuppener 2015). Denn die UN-BRK fordert dazu auf, einen barrierefreien Zugang zu allen Anbietern von Aus-, Fort- und Weiterbildungen zu gewährleisten:

> »Will eine Hochschule sich als inklusive Bildungseinrichtung entwickeln und damit Orientierung nicht nur für andere Hochschulen, sondern für ihre AbsolventInnen und damit deren zukünftige pädagogische Tätigkeitsfelder sein, so müsste sie neben dem Abbau zielgruppenspezifischer Barrieren eine umfassende Entwicklung inklusiver Kulturen, Strukturen und Praktiken anregen« (Platte 2015, S. 139).

Zu diesem Zweck richten Hochschulen mit pädagogischen Studiengängen auch Lernwerkstätten ein, die sich als Räume der Erprobung von neuen Bildungs- und Unterstützungskonzepten verstehen. In diesem Rahmen erleben Studierende in der Begegnung mit Kindern und Eltern die Möglichkeiten ihres heilpädagogischen Handelns und reflektieren fachliche und personale Voraussetzungen einer kompetenten Arbeit. »Lernwerkstätten an Hochschulen haben den Anspruch, die Brücke zwischen Theorie und Praxis darzustellen, dazu müssen sie zu Orten werden, an denen eine Begegnung mit der Praxis für Studierende auch möglich wird« (Franz & Sansour 2016, S. 56). Die Vertiefung spezifischer Studieninhalte in der konkreten Begegnung mit Kindern bzw. mit Klientinnen und Klienten kann auch ein Heilpädagogisches Zentrum (HPZ) leisten. Es hat die Aufgabe, Erkenntnisse der Forschung und der wissenschaftlichen Lehre mit der Berufspraxis zu verbinden und inklusive und partizipative Angebote zu implementieren und zu evaluieren. Das HPZ einer Hochschule ist gleichzeitig die Anlauf- und Koordinationsstelle für pädagogische Problemlagen im Sozialraum; es arbeitet mit Kitas und Schulen, Einrichtungen der Kinder- und Jugendhilfe und der Behindertenhilfe sowie mit Beratungsstellen zusammen. Studierende erproben in Lehr-Forschungs-Projekten, diagnostischen und pädagogischen Angeboten in Begleitung von Lehrenden ihr erworbenes Wissen; in den Räumen haben vielfältige psychomotorische, spiel-, musik- und kunsttherapeutische Begegnungen mit Kindern, Jugendlichen und Erwachsenen ihren Platz; ebenso können Gruppengespräche (z. B. der Psychoedukation) im HPZ stattfinden.

Die Themen der Inklusion und Partizipation, des Abbaus von Barrieren und der gesellschaftlichen Teilhabe von Menschen mit Behinderungserfahrungen sind in den Studiengängen der Heilpädagogik, der Sonderpädagogik und der Sozialen Arbeit zentrale Gegenstände und prägen Lehrveranstaltungen und Forschungsprojekte gleichermaßen. Doch es wird meist über Menschen mit Beeinträchtigungen gesprochen und nur selten mit ihnen (Pazen et al. 2021), die Perspektiven der betreffenden Personen werden selten systematisch berücksichtigt: Für die »Lehre zur Querschnittsthematik Inklusion ist es allerdings wesentlich, theoretische Konzepte vor dem Hintergrund von persönlichen Inklusions- und Exklusionserfahrungen zu reflektieren. Dies erfordert neue Wege in der Hochschullehre« (Mechler et al. 2022, S. 249). Mit dieser Motivation und dem Slogan *Barrieren in den Köpfen überwinden* begann in Kiel die Qualifizierung von Menschen mit Beeinträchtigungen als Dozierende an Fachschulen und Hochschulen. Als Alternative zur WfbM wurden Arbeitsverhältnisse für Interessierte im Bereich der Bildung geschaffen: »Als qualifizierte Lehrende vermitteln sie ihre Expertise – insbesondere ihr Wissen und ihre Kompetenzen zur Bewältigung des Alltags und der Auseinandersetzung mit Teilhabebarrieren in unserer Gesellschaft – an Studierende« (Hauser & Schuppener 2015, S. 105).

Inzwischen wird dieses Lehr-Lern-Konzept in mehreren Bundesländern angeboten. In Heidelberg sind seit 2020 sechs qualifizierte Bildungsfachkräfte fest angestellt und erhalten eine tariflich gesicherte Entlohnung. Sie bieten inhaltlich und didaktisch gut vorbereitet – den Studierenden pädagogischer Studiengänge ihr Erfahrungswissen über Möglichkeiten und Hürden der gesellschaftlichen Teilhabe an und fordern zum Dialog auf: »Inklusive Handlungskompetenzen für die Zusammenarbeit mit Menschen mit Behinderungen können erfolgreicher ausgebildet werden, wenn inklusive Settings praktisch erfahrbar sind« (Pazen et al. 2021, S.13). Für die Bildungskräfte eröffnen sich dadurch neue berufliche Perspektiven und Möglichkeiten des Empowerment; Studierende können Unsicherheiten in der Kontaktaufnahme zu Menschen mit Beeinträchtigungen abbauen, Gesprächsforen konzipieren und Gruppengespräche gestalten sowie Erkenntnisse für ihre zukünftige Praxis erhalten; Lehrende können neue Blickwinkel für die eigene Forschung und Lehre reflektieren. »Für alle am Prozess Beteiligten kann die Auseinandersetzung mit pädagogischen Beziehungs- und Interaktionsdynamiken als weiteres Sensibilisierungsmoment genutzt werden« (Mechler et al. 2022, S. 249).

Wie in Europa galt auch in den USA die Öffnung der Hochschulen für Menschen mit kognitiven Beeinträchtigungen lange Zeit als unvorstellbar:

> »In der Zwischenzeit haben das Engagement der Inklusionsbewegung und das zunehmende Interesse an inklusiven Bildungs- und Arbeitsmöglichkeiten dazu geführt, dass das Thema Partizipation innerhalb des amerikanischen Hochschulsystems mehr Aufmerksamkeit erfährt« (Rink & Zehntel 2018, S. 126).

In unterschiedlichen Varianten werden Studienprogramme angeboten, die z. B. inklusive Seminare und gemeinsame soziale Aktivitäten auf dem Campus enthalten, aber auch separate Seminare zu Themen wie dem selbstbestimmten Leben, Wohnen und Arbeiten. Die Studienpläne und Bildungsprogramme werden gemeinsam von Studierenden mit und ohne Beeinträchtigungen entwickelt, fachlich durch Lehrende unterstützt und auf die persönlichen Interessen und Motivationen zugeschnitten. Inklusive WG's auf dem Campus, Kurse zu Gesundheitsthemen und zur Persönlichen Zukunftsplanung gehören beispielsweise am *Institute for Community Inclusion* der Universität Boston zum festen Programm für Studierende mit kognitiven Beeinträchtigungen (ebd.). Von einem solchen nachschulischen Bildungsangebot (mit Chancen der Vernetzung zum allgemeinen Arbeitsmarkt) sind deutsche Hochschulen – auch solche mit inklusionsorientierten Studiengängen – weit entfernt. Wenn Inklusion jedoch die Anerkennung von Vielfalt in allen gesellschaftlichen Bereichen bedeutet, ist eine inklusive Hochschulentwicklung notwendig, die auch die Organisation und die Forschung betrifft:

»Ob und inwieweit es Hochschulen gelingt, Inklusion umzusetzen, könnte eine Nagelprobe für das gesamte Bildungssystem sein« (Knauf 2022, S. 311).

Literatur

Abderhalden, Chris; Needham, Ian (2015). Psychoedukation. In: Sauter, Dorothea; Abderhalden, Chris; Needham, Ian; Wolff, Stephan (Hrsg.), Lehrbuch Psychiatrische Pflege. 3., vollst. überarb. u. erw. Aufl. Bern: Hans Huber Verlag, S. 533–541.
AGJ (Arbeitsgemeinschaft für Kinder- und Jugendhilfe) (2015). Junge Menschen an der Schnittstelle von Kinderund Jugendpsychiatrie und Kinder- und Jugendhilfe. Online unter: https://www.agj.de/fileadmin/files/positionen/2015/Kinder-_und_Jugendpsychiatrie_und_KJH_.pdf
Ahrbeck, Bernd; Rauh, Bernhard (Hrsg.) (2004). Behinderung zwischen Autonomie und Angewiesensein. Stuttgart: Kohlhammer.
Ahrens-Eipper, Sabine; Leplow, Bernd; Nelius, Katrin (2010). Mutig werden mit Til Tiger. Ein Trainingsprogramm für sozial unsichere Kinder. 2., erw. Aufl. Göttingen: Hogrefe.
Aichele, Valentin (2019). Eine Dekade UN-Behindertenrechtskonvention in Deutschland. APuZ (Aus Politik und Zeitgeschichte) Nr. 6–7, Bonn: Bundeszentrale für Politische Bildung (bpb), S. 4–10.
Aichinger, Alfons; Holl, Walter (2010). Psychodrama – Gruppentherapie mit Kindern. 2. Aufl. Wiesbaden: Verlag der Sozialwissenschaften (VS).
Ainsworth, Mary (2015). Muster von Bindungsverhalten, die vom Kind in der Interaktion mit seiner Mutter gezeigt werden. In: Grossmann, Klaus E.; Grossmann, Karin (Hrsg.), Bindung und menschliche Entwicklung. 7. Aufl. Stuttgart: Klett-Cotta, S. 102–111.
Aktionsbündnis Teilhabeforschung (2015). Gründungserklärung. Online unter: https://www.teilhabeforschung.org/fileadmin/bibliothek/Aktionsbuendnis_Teilhabeforschung_Gruendungserklaerung.pdf
Albers, Tim (2012). Mittendrin statt nur dabei. Inklusion in Krippe und Kindergarten. München u. Basel: Reinhardt-Verlag.
Alisch, Monika; May, Michael (Hrsg.) (2015). »Das ist doch nicht normal…!« Sozialraumentwicklung, Inklusion und Konstruktionen von Normalität. Opladen: Verlag B. Budrich.
Altgeld, Thomas; Bittlingmayer, Uwe H. (2017). Verwirklichungschancen/Capabilities. Online unter: https://leitbegriffe.bzga.de/alphabetisches-verzeichnis/verwirklichungschancen-capabilities/
Amirpur, Donja (2016). Migrationsbedingt behindert? Familien im Hilfesystem. Eine intersektionale Perspektive. Bielefeld: transcript.
Amirpur, Donja (2019). Migration und Behinderung in der inklusionsorientierten Kindheitspädagogik. In: Westphal, Manuela; Wansing, Gudrun (Hrsg.), Migration, Flucht und Behinderung. Wiesbaden: Springer/VS, S. 265–280.
Amirpur, Donja; Platte, Andrea (Hrsg.) (2017). Handbuch inklusive Kindheiten. Opladen: Verlag B. Budrich/UTB.
Amrhein, Bettina (Hrsg.) (2016). Diagnostik im Kontext inklusiver Bildung. Theorien, Ambivalenzen, Akteure, Konzepte. Bad Heilbrunn: Klinkhardt.
Andres, Beate; Laewen, Hans-Joachim (2011). Das infans-Konzept der Frühpädagogik. Bildung und Erziehung in Kindertagesstätten. Grundlagen, Instrumente, Praxisbeispiele. Kiliansroda: verlag das netz.
Anselmann, Sebastian; Faßhauer, Uwe (2020). Selbstwirksamkeitserfahrung. In: socialnet-Lexikon. Online unter: https://www.socialnet.de/lexikon/Selbstwirksamkeitserfahrung
Anter, Andreas (2021). Theorien der Macht. 5. überarb. Aufl. Hamburg: Junius Verlag.

Antonovsky, Aaron (1993). Gesundheitsforschung versus Krankheitsforschung. In: Franke, Alexa; Broda, Michael (Hrsg.), Psychosomatische Gesundheit. Versuch einer Abkehr vom Pathogenese-Konzept. Tübingen: dgvt-Verlag, S. 3–14.
Antor, Georg (2001). Lebenswelt. In: Antor, Georg; Bleidick, Ulrich (Hrsg.), Handlexikon der Behindertenpädagogik. Schlüsselbegriffe aus Theorie und Praxis. Stuttgart: Kohlhammer, S. 202–205.
Antor, Georg; Bleidick, Ulrich (2016). Bildung. In: Dederich, Markus; Beck, Iris; Bleidick, Ulrich; Antor, Georg (Hrsg.), Handlexikon der Behindertenpädagogik. Schlüsselbegriffe aus Theorie und Praxis. 3., erw. u. überarb. Aufl. Stuttgart: Kohlhammer, S. 19–28.
Aranzabal, Alvaro B. (2022). Psychomotorische Grundprinzipien als Anregung für eine aktive Pädagogik. In: Menschen, Zeitschrift für gemeinsames Leben, Lernen und Arbeiten, Nr. 3/4, 45 Jg., S. 33–40.
Arbeitskreis OPD-KJ (Hrsg.) (2020). Operationalisierte Psychodynamische Diagnostik im Kindes- und Jugendalter. 3., aktualisierte und ergänzte Aufl. Bern: Verlag Hans Huber.
Arendt, Hannah (2000). Macht und Gewalt. 14. Auf. München: Piper Verlag.
Arnade, Sigrid (2013). Sichtbarer denn je: Würde und Chancengleichheit. Die Behindertenrechtskonvention und die sexuelle Selbstbestimmung behinderter Menschen. In: Clausen, Jens; Herrath, Frank (Hrsg.), Sexualität leben ohne Behinderung. Das Menschenrecht auf sexuelle Selbstbestimmung. Stuttgart: Kohlhammer, S. 35–46.
Arnade, Sigrid (2014). Persönliche Assistenz – Schlüssel für ein selbstbestimmtes Leben. ISL Deutschland
Arnade, Sigrid (2016). Ableismus erkennen und begegnen. Strategien zur Stärkung von Selbsthilfepotenzialen. Berlin: Interessenvertretung Selbstbestimmt leben in Deutschland e.V..
Arnold, Rolf; Erpenbeck, John (2021) Wissen ist keine Kompetenz. Dialoge zur Kompetenzreifung. 5. Aufl. Hohengehren: Schneider Verlag.
Aselmeier, Laurenz (2012). Behindertenhilfe auf dem Prüfstand. Auswirkungen für Dienste und Einrichtungen durch die UN-Behindertenrechtskonvention. In: Teilhabe 51, S. 279–284.
Aucouturier, Bernhard (2022). Das Prinzip der »tiefen Rückversicherung«. In: Menschen, Zeitschrift für gemeinsames Leben, Lernen und Arbeiten, Nr. 3/4, 45 Jg., S. 4–7.
Aulenbacher, Brigitte; Riegraf, Birgit (2012). Intersektionalität und soziale Ungleichheit. Online unter: http://portal-intersektionalitaet.de/uploads/media/Aulenbacher_Riegraf.pdf
AWMF (Arbeitsgemeinschaft der Wissenschaftlichen Medizinischen Fachgesellschaften) (2021). Entscheidungen über die Zuteilung intensivmedizinischer Ressourcen im Kontext der COVID-19-Pandemie – Klinisch-ethische Empfehlungen. Online unter: https://www.awmf.org/leitlinien/detail/ll/040-013.html
Axline, Virginia M. (2016). Kinder-Spieltherapie im nicht-direktiven Verfahren. 11. Aufl. München: Ernst Reinhardt Verlag.
Aydin, Nilüfer; Fritsch, Katharina (2015). Stigma und Stigmatisierung von psychischen Krankheiten. In: Psychotherapeut 60 (3), S. 245–257.
BBE – Bundesverband behinderter und chronisch kranker Eltern (Hrsg.) (2019). Elternassistenz. Unterstützung für Eltern mit Behinderungen und chronischen Erkrankungen. Löhne: bbe e.V.
Bär, Gesine; Kasberg, Azize; Geers, Silke; Clar, Christine (2022). Fokusgruppen in der partizipativen Forschung. In: Hartung, Susanne; Wihofszky, Petra; Wright, Michael T. (Hrsg.), Partizipative Forschung. Ein Forschungsansatz für Gesundheit und seine Methoden. Berlin: Springer, S. 207–232.
Baer Udo (2018). Traumatisierte Kinder sensibel begleiten. Weinheim u. Basel: Beltz.
Bärmig, Sven (2019). Ende oder Anfang. Anstoß einer Debatte zur Transformation der Behindertenhilfe? In: Behindertenpädagogik. Vierteljahresschrift für Praxis, Forschung und Lehre. S. 345–369.
Bäuml, Josef; Berendt, Bernd; Henningsen, Peter; Pitschel-Walz, Gabi (Hrsg.) (2016). Handbuch der Psychoedukation für Psychiatrie, Psychotherapie und Psychosomatische Medizin. Stuttgart: Schattauer.

Bäuml, Josef; Eberl, Johanna; von Spreti, Flora (2018). Kunsttherapie aus der Sicht von Patienten und Angehörigen: eine empirische Untersuchung. In: von Spreti, Flora; Martius, Philipp; Steger, Florian (Hrsg.), Kunsttherapie. Wirkung – Handwerk – Praxis. Stuttgart: Schattauer, S. 419–429.

BAfF – Bundesweite Arbeitsgemeinschaft der Psychosozialen Zentren für Flüchtlinge und Folteropfer (2017). Traumasensibler und empowernder Umgang mit Geflüchteten. Ein Praxisleitfaden. Berlin: BafF.

BAGüS – Bundesarbeitsgemeinschaft der überörtlichen Träger der Sozialhilfe und der Eingliederungshilfe (2023). Aktueller Kennzahlenvergleich 2023 für das Berichtsjahr 2021. Online unter: https://www.lwl.org/spur-download/bag/Bericht_2023_final.pdf

Baldin, Dominik (2014). Behinderung – eine Kategorie für die Intersektionalitätsforschung? In: Wansing, Gudrun; Westphal, Manuela (Hrsg.), Behinderung und Migration: Inklusion, Diversität, Intersektionalität. Wiesbaden: Springer VS, S. 49–71.

Balz, Hans-Jürgen; Benz, Benjamin; Kuhlmann, Carola (Hrsg.) (2012). Soziale Inklusion. Grundlagen, Strategien und Projekte in der Sozialen Arbeit. Wiesbaden: Springer/VS.

Balzer, Nicole (2022). Psychologie: Anerkennung, Inklusion und Identität. In: Hedderich, Ingeborg; Biewer, Gottfried; Hollenweger, Judith; Markowetz, Reinhard (Hrsg.), Handbuch Inklusion und Sonderpädagogik. 2., akt. u. erw. Aufl. Bad Heilbrunn: Klinkhardt/UTB, S. 589–595.

Bamberger, Günter (2022). Lösungsorientierte Beratung. 6. überarb. Aufl. Weinheim: Beltz.

Bandura, Albert (1997). Self-efficacy: The exercise of control. New York: Freeman.

Barrett, Brian F.; Feuerherd, Christian (2011). Verhaltensauffälligkeiten und psychische Störungen bei Menschen mit geistiger Behinderung. In: Hennicke, Klaus (Hrsg.), Verhaltensauffälligkeiten, Problemverhalten, Psychische Störung – Herausforderungen an die Praxis. Berlin: DGSGB-Eigenverlag, Bd. 25, S. 79–95.

Barthelmess, Manuel (2014). Systemische Beratung. Eine Einführung für psychosoziale Berufe. Weinheim und Basel: Beltz/Juventa.

Bartelheimer, Peter (2007). Politik der Teilhabe. Ein soziologischer Beipackzettel. Arbeitspapier der Friedrich-Ebert-Stiftung. Online unter: https://library.fes.de/pdf-files/do/04655.pdf

Bartelheimer, Peter; Behrisch, Birgit; Daßler, Henning; Dobslaw, Gudrun; Henke, Jutta; Schäfers, Markus (2020). Teilhabe – eine Begriffsbestimmung. Wiesbaden: Springer/ S.

Bartelt, Heiner (2021). Aus-Halten als aktive heilpädagogische Intervention. Herausforderndes Verhalten von Menschen mit Intelligenzminderung verstehen und annehmen. Stuttgart: Kohlhammer.

Basaglia, Franco (1973). Die negierte Institution oder Die Gemeinschaft der Ausgeschlossenen. Ein Experiment der psychiatrischen Klinik in Görz. Frankfurt am Main: Suhrkamp.

Bauer, Susanne (2018). Musiktherapie. Wege der Psychotherapie. München u. Basel: E. Reinhardt Verlag.

Bauer, Gero; Kechaja, Maria; Engelmann, Sebastian; Haug, Lean (Hrsg.) (2021). Diskriminierung und Antidiskriminierung. Beiträge aus Wissenschaft und Praxis. Bielefeld: transcript.

Baumann, Thomas (2020). Atlas der Entwicklungsdiagnostik: Vorsorgeuntersuchungen von U1 bis U10/J1. 6. Aufl. Stuttgart: Thieme.

Baumgartner, Frank; Dalferth, Matthias; Vogel, Heike (Hrsg.) (2013). Berufliche Teilhabe für Menschen aus dem autistischen Spektrum. Heidelberg: Edition S/Universitätsverlag Winter.

Bausewein, Claudia; Roller, Susanne (2021). Leitfaden Palliative Care: Palliativmedizin und Hospizbegleitung. 7. Aufl. München: Urban & Fischer/Elsevier.

Bazinger, Irene (2007). Liebe geht nicht nur durch den Magen. In: Bundesministerium für Familie, Senioren, Frauen und Jugend (Hrsg.), Einmischen. Mitmischen. Informationsbroschüre für behinderte Mädchen und Frauen. Berlin. Online unter: https://www.bmfsfj.de/resource/blob/93592/4087a6152f9fd2ef9933affec7823055/einmischen-mitmischen-data.pdf

Beck, Iris (2013). Partizipation – Aspekte der Begründung und Umsetzung im Feld von Behinderung. In: Teilhabe 1/13, 52. Jg., S. 4–11.

Beck, Iris (2016a). Historische und aktuelle Begründungslinien, Theorien und Konzepte. In: Beck, Iris (Hrsg.), Inklusion im Gemeinwesen. Stuttgart: Kohlhammer, S. 17–84.

Beck, Iris (2016b). Gemeinde, Sozialer Raum. In: Dederich, Markus; Beck, Iris; Bleidick, Ulrich; Antor, Georg (Hrsg.), Handlexikon der Behindertenpädagogik. 3. erw. u. überarb. Aufl. Stuttgart: Kohlhammer, S. 391–395.

Beck, Iris (2022). Teilhabe als konstitutiver Begriff für die Forschung. In: Wansing, Gudrun; Schäfers, Markus; Köbsell, Swantje (Hrsg.), Teilhabeforschung – Konturen eines neuen Forschungsfeldes. Berlin: Springer, S. 35–66.

Beck, Iris; Greving, Heinrich (Hrsg.) (2012). Lebenslage und Lebensbewältigung. Stuttgart: Kohlhammer.

Beck, Iris; Franz, Daniel (2019). Personorientierung bei komplexer Beeinträchtigung. Herausforderungen für Handlungsspielräume und bedarfsgerechte Unterstützungssettings. In: Teilhabe 4/2019, Jg. 58, S. 146–152.

Beck, Iris; Nieß, Meike; Silter, Katharina (2018). Partizipation als Bedingung von Lebenschancen. In: Dobslaw, Gudrun (Hrsg.), Partizipation – Teilhabe – Mitgestaltung. Interdisziplinäre Zugänge. Opladen: Budrich, S. 17–41.

Becker, Heinz (2016). ... inklusive Arbeit. Das Recht auf Teilhabe an der Arbeitswelt auch für Menschen mit hohem Unterstützungsbedarf. Weinheim u. Basel: Beltz/Juventa.

Becker, Martin (Hrsg.) (2020). Handbuch Sozialraumorientierung. Kohlhammer: Stuttgart.

Becker, Uwe (2019). Inklusion – das Ganze neu denken. In: Kerbe 4/2019, S.19–21.

Becker, Klaus-Peter; Burtscher, Reinhard (Hrsg.) (2019). Gemeinsam forschen – Gemeinsam lernen. Menschen mit Lernschwierigkeiten in der Partizipativen Gesundheitsforschung. Berlin: Stiftung Rehabilitationszentrum Berlin-Ost. Online unter: https://www.khsb-berlin.de/de/system/files/GESUND_PGF-1-192-optimiertonline.pdf

Becker-Carus, Christian; Wendt, Mike (2017). Allgemeine Psychologie: Eine Einführung. 2., vollst. überarb. Aufl. Berlin: Springer.

Beigang, Steffen; Fetz, Karolina; Kalkum, Dorina; Otto, Magdalena (2017). Diskriminierungserfahrungen in Deutschland. Herausgegeben von der Antidiskriminierungsstelle des Bundes. Baden-Baden: Nomos.

Belardi, Nando (2020). Supervision und Coaching für Soziale Arbeit, Pflege, Schule. Freiburg: Lambertus.

Bell, Patricia (2016). Sexualisierte Gewalt gegen Kinder und Partnergewalt: Zusammenhänge und Interventionsmöglichkeiten bei häuslicher Gewalt. Opladen: Verlag B. Budrich.

Bengel, Jürgen; Lyssenko, Lisa (2012). Resilienz und Schutzfaktoren im Erwachsenenalter. Köln: BZgA, Bd. 43. https://www.npg-rsp.ch/fileadmin/npg-rsp/Themen/Bengel_2012_Resilienz_und_Gesundheitsfoerderung.pdf

Berger, Klaus; Riedel-Heller, Steffi; Pabst, Alexander, Rietschel, Marcella; Richter, Dirk (2021). Einsamkeit während der ersten Welle der SARS-CoV-2-Pandemie – Ergebnisse der NAKO-Gesundheitsstudie. Bundesgesundheitsblatt 64(9), 1157–1164. https://doi.org/10.1007/s00103-021-03393-y

Bergmann, Thomas; Sappok, Tanja; Dziobek, Isabel; Ziegler, Matthias; Heinrich, Manuel (2020). Musikbasierte Skala zur Autismus Diagnostik. Göttingen: Hogrefe.

Bernasconi, Tobias; Böing, Ursula (2015). Pädagogik bei schwerer und mehrfacher Behinderung. Stuttgart: Kohlhammer.

Bernasconi, Tobias; Böing, Ursula (Hrsg.) (2016). Schwere Behinderung und Inklusion: Facetten einer nicht ausgrenzenden Pädagogik. Oberhausen: Athena-Verlag.

Bernasconi, Tobias (2020). ICF und UK: Chancen einer aktivitätsbezogenen Perspektive. In: Boenisch, Jens; Sachse, Stefanie K. (Hrsg.), Kompendium Unterstützte Kommunikation. Stuttgart: Kohlhammer, S. 365–371.

Berne, Eric (2002). Spiele der Erwachsenen: Psychologie der menschlichen Beziehungen. 21. Aufl. Reinbek bei Hamburg: Rowohlt.

Bethke, Andreas; Kruse, Klemens; Rebstock, Markus; Welti, Felix (2015). Barrierefreiheit. In: Degener, Theresia; Diehl, Elke (Hrsg.), Handbuch Behindertenrechtskonvention. Teilhabe als Menschenrecht – Inklusion als gesellschaftliche Aufgabe. Bonn: bpb-Verlag (Bundeszentrale für politische Bildung), S. 170–188.

Beudels, Wolfgang; Lensing-Conrady, Rudolf; Beins, Hans Jürgen (2013). ... das ist für mich ein Kinderspiel. Handbuch zur psychomotorischen Praxis. 11. Aufl., Dortmund: Borgmann.

Beudels, Wolfgang; Anders, Wolfgang (2014). Wo rohe Kräfte sinnvoll walten. Handbuch zum Ringen und Raufen in Pädagogik und Therapie. 5. Aufl. Dortmund: Borgmann.

BHP – Berufs- und Fachverband Heilpädagogik e.V. (2016). Zur Situation älter werdender Menschen mit sog. geistiger Behinderung (Fachpapier des Berufsverbandes). Online unter: https://bhponline.de/download/BHP%20Informationen/BHP%20Stellungnahmen,%20BHP%20Position/Fachpapier_Betreuung-von-Menschen-mit-sog.-geistiger-Behinderung_dementieller-Erkrankungen_Juni-2016.pdf

BHP – Berufs- und Fachverband Heilpädagogik e.V. (2019). Heilpädagoginnen und Heilpädagogen in der Frühförderung. Online unter: https://bhponline.de/download/BHP%20Informationen/BHP%20Stellungnahmen,%20BHP%20Position/20150504-P06.pdf

BHP – Berufs- und Fachverband Heilpädagogik e.V. (2021). Heilpädagogik in der Kita. Inklusive Konzepte zu Diagnostik, Methoden und Beratung im Elementarbereich. Berlin: BHP-Verlag.

BHP – Berufs- und Fachverband Heilpädagogik e.V. (2022). Berufsbild Heilpädagogin/Heilpädagoge. Profession, Disziplin, Praxis. Berlin: BHP-Verlag.

Bielefeldt, H. (2008). Menschenwürde: der Grund der Menschenrechte. Berlin: Deutsches Institut für Menschenrechte. https://nbn-resolving.org/urn:nbn:de:0168-ssoar-316083

Bielefeld, Heiner (2012). Inklusion als Menschenrechtsprinzip: Perspektiven der UN-Behindertenrechtskonven-tion. In: Moser, Vera; Horster, Detlef (Hrsg.), Ethik der Behindertenpädagogik. Menschenrechte, Menschenwürde, Behinderung. Eine Grundlegung. Stuttgart: Kohlhammer, S. 149–166.

Bienioschek, Stefanie (2022). Zur aktuellen Situation der stationären Behandlung in der Klinik für Psychiatrie, Psychotherapie und Psychosomatik im Kindes- und Jugendalter. In: Soziale Psychiatrie 03/2022, 46. Jg., S. 10–13.

Bienstein, Pia (2018). STARK mit SAM: Ein Präventionstraining für Kinder und Jugendliche mit geistiger Behinderung. In: Bienstein, Pia; Verlinden, Karla (Hrsg.), Prävention von sexuellem Missbrauch an Menschen mit geistiger Behinderung. Ausgewählte Aspekte. Berlin: Materialien der DGSGB, Bd. 40, S. 65–88.

Bienstein, Pia (2022). Herausforderndes Verhalten: In: Hedderich, Ingeborg; Biewer, Gottfried; Hollenweger, Judith; Markowetz, Reinhard (Hrsg.), Handbuch Inklusion und Sonderpädagogik. Eine Einführung. 2. akt. u. erw. Aufl. Bad Heilbrunn: Klinkhardt/UTB, S. 369–375.

Bienstein, Pia; Sarimski, Klaus (2011). Unterstützung von psychischer Gesundheit als psychologischer Beitrag zur Förderung von Lebensqualität. In: Fröhlich, A.; Heinen, N.; Klauß, Th.; Lamers, W. (Hrsg.), Schwere und mehrfache Behinderung – interdisziplinär. Oberhausen: Athena Verlag, S. 109–128.

Bienstein, Pia; Rojahn, Johannes (Hrsg.) (2013). Selbstverletzendes Verhalten bei Menschen mit geistiger Behinderung. Grundlagen, Diagnostik und Intervention. Göttingen: Hogrefe.

Biewer, Gottfried (2017). Grundlagen der Heilpädagogik und Inklusiven Pädagogik. 3. Aufl. Bad Heilbrunn: Klinkhardt/UTB.

Bischof-Köhler, Doris (2011). Soziale Entwicklung in Kindheit und Jugend. Bindung, Empathie und Theory of Mind. Stuttgart: Kohlhammer.

Bleidick, Ulrich; Ellger-Rüttgardt, Sieglind (2008). Behindertenpädagogik – eine Bilanz. Bildungspolitik und Theorieentwicklung von 1950 bis zur Gegenwart. Stuttgart: Kohlhammer.

Blumer, Herbert (2013). Symbolischer Interaktionismus: Aufsätze zu einer Wissenschaft der Interpretation. Frankfurt a. M.: Suhrkamp.

BMAS – Bundesministerium für Arbeit und Soziales (2022). Abschlussbericht Repräsentativbefragung zur Teilhabe von Menschen mit Behinderung. Bonn: infas.

Boban, Ines; Hinz, Andreas (2016). Dialogisch-systemische Diagnostik – eine Möglichkeit in inklusiven Kontexten. In: Amrhein, Bettina (Hrsg.), Diagnostik im Kontext inklusiver Bildung. Theorien, Ambivalenzen, Akteure, Konzepte. Bad Heilbrunn: Klinkhardt, S. 64–78.

Boban, Ines; Kruschel, Robert (2012). Die Weisheit der vielen Weisen – Zukunftsfeste und andere Weisen miteinander diagnostisch klug zu handeln: Inklusion als Prinzip sozialer Ästhetik. Online unter: https://www.inklusion-online.net/index.php/inklusion-online/article/view/46

Bober, Almuth (2018). Angebote Unterstützter Kommunikation in Wohnheimen für Menschen mit geistiger Behinderung. In: Wilken, Etta (Hrsg.), Unterstützte Kommunikation. Eine Einführung in Theorie und Praxis. 5., erw. u. überarb. Aufl., Stuttgart: Kohlhammer, S. 262–296.

Bock, Thomas (2018). Achterbahn der Gefühle. Mit Manie und Depression leben lernen. 4., überarb. Aufl. Köln: Psychiatrie-Verlag.

Bock, Thomas (2020). Menschen mit Psychose-Erfahrung begleiten. Köln: Psychiatrie-Verlag.

Bock, Thomas; Heinz, Andreas (2016.) Psychosen: Ringen um Selbstverständlichkeit. Köln: Psychiatrie-Verlag.

Bodensohn, Rainer Michael (2002). Die inflationäre Anwendung des Kompetenzbegriffs fordert die bildungs-theoretische Reflexion heraus. Online unter: https://www.uni-landau.de/schulprakt-studien/Kompetenzen_bildungstheoretisch.pdf

Boeckh, Albrecht (2015). Gestalttherapie: Eine praxisbezogene Einführung. Gießen: Psychosozial-Verlag.

Böing, Ursula (2019). Assistenzleistungen für Kinder und Jugendliche in der Institution Schule. In: heilpaedagogik.de 4/2019, S. 21–23.

Böing, Ursula; Bernasconi, Tobias (2015). Pädagogik bei schwerer und mehrfacher Behinderung. Stuttgart: Kohlhammer.

Boenisch, Jens; Sachse, Stefanie K. (Hrsg.) (2020). Kompendium Unterstützte Kommunikation. Stuttgart: Kohlhammer.

Bönsch, Manfred (2006). Allgemeine Didaktik. Ein Handbuch zur Wissenschaft vom Unterricht. Stuttgart: Kohlhammer.

Bösl, Elsbeth; Klein, Anne; Waldschmidt, Anne (Hrsg.) (2010). Disability History. Konstruktionen von Behinderung in der Geschichte. Eine Einführung. Bielefeld: transcript.

Booth, Tony (2009). Der Index für Inklusion in der frühen Kindheit. In: Heimlich, Ulrich; Behr, Isabel (Hrsg.), Inklusion in der frühen Kindheit. Internationale Perspektiven. Berlin: LIT-Verlag, S. 41–55.

Booth, Tony; Ainscow, Mel; Kingston, Denise (2013.) Index für Inklusion (Tageseinrichtungen für Kinder). Lernen, Partizipation und Spiel in der inklusiven Kindertageseinrichtung entwickeln. 7. Aufl. Frankfurt a. M.: GEW.

Borde, Theda; David, Matthias (Hrsg.) (2007). Migration und psychische Gesundheit. Belastungen und Potentiale. Frankfurt a. M.: Mabuse-Verlag.

Borke, Jörn; Lamm, Bettina; Schröder, Lisa (2019). Kultursensitive Entwicklungspsychologie (0–6 Jahre). Grundlagen und Praxis für pädagogische Arbeitsfelder. Göttingen: Vandenhoeck & Ruprecht.

Bourdieu, Pierre (1993). Soziologische Fragen. Frankfurt a. M.: Suhrkamp.

Bourdieu, Pierre (2011). Der Tote packt den Lebenden. Hamburg: VSA-Verlag.

Bourdieu, Pierre (2012). Die männliche Herrschaft. Frankfurt a. M.: Suhrkamp.

Bowlby, John (2016). Frühe Bindung und kindliche Entwicklung. 7. Aufl. München: E. Reinhardt Verlag.

Bradl, Christian; Niehoff, Ulrich (2020). Was bedeutet Fachlichkeit in der Assistenz im Rahmen des Bundesteilhabegesetzes? In: Teilhabe 4/20, S. 167–172.

Bräu, Karin; Schwerdt, Ulrich (Hrsg.) (2005). Heterogenität als Chance. Vom produktiven Umgang mit Gleichheit und Differenz in der Schule. Münster: LIT-Verlag.

Brandes, Sven; Stark, Wolfgang (2021) Empowerment/Befähigung. Online unter: https://leitbegriffe.bzga.de/alphabetisches-verzeichnis/empowermentbefaehigung/

Brechenmacher, Julian; Amann, Ralph (2014). Psychiatrische Pflege bei Menschen mit Intelligenzminderung. In: Schanze, Christian (Hrsg.), Psychiatrische Diagnostik und Therapie bei Menschen mit Intelligenzminderung, 2. Aufl. Stuttgart: Schattauer, S. 376–383.

Brehme, David; Fuchs, Petra; Köbsell, Swantje; Wesselmann, Carla (Hrsg.) (2020). Zwischen Emanzipation und Vereinnahmung. Disability Studies im deutschsprachigen Raum. Weinheim und Basel: Beltz/Juventa.

Breitenbach, Erwin (2014). Psychologie in der Heil- und Sonderpädagogik. Stuttgart: Kohlhammer.

Bretländer, Bettina; Schildmann, Ulrike (2012). Gewalt gegen Frauen mit Behinderungen: Studie und Tagung zu Lebenssituation und Belastungen von Frauen mit Beeinträchtigun-

gen und Behinderungen in Deutschland. In: Gender: Zeitschrift für Geschlecht, Kultur und Gesellschaft, hrsg. vom Netzwerk Frauenforschung NRW, 4 (3), S. 146–151.
Brettschneider, Eva-Marie; Debus. Lutz; Lenz, Martin (2008). Die Seele zum Schwingen bringen. Geschichten aus der Musiktherapie. Bonn: Psychiatrie-Verlag/edition balance.
Brisch, Karl-Heinz (2019). Bindungsstörungen: Von der Bindungstheorie zur Therapie. 16. Aufl. Stuttgart: Klett-Cotta.
Brisch, Karl-Heinz (2020). SAFE – Sichere Ausbildung für Eltern. 10. Aufl. Stuttgart: Klett-Cotta.
BRK-Allianz (2013). Für Selbstbestimmung, gleiche Rechte, Barrierefreiheit, Inklusion! Erster Bericht der Zivilgesellschaft zur Umsetzung der UN-Behindertenrechtskonvention in Deutschland. Online unter: http://www.brk-allianz.de/index.php/parallel-bericht.html
Bröckling, Ulrich (2004). Empowerment. In: Bröckling, U.; Krasmann, S.; Lemke, T. (Hrsg.), Glossar der Gegenwart. Frankfurt a. M.: Suhrkamp, S. 55–62.
Bröckling, Ulrich (2007). Das unternehmerische Selbst. Soziologie der Subjektivierungsform. Frankfurt a. M.: Suhrkamp.
Bröckling, Ulrich (2017). Gute Hirten führen sanft. Über Menschenregierungskünste. Frankfurt a. M.: Suhrkamp.
Brokamp, Barbara; Lawrenz, Wiebke (2013). Inklusion vor Ort. Erfahrungen mit dem Kommunalen Index für Inklusion. Zeitschrift für Inklusion. http://www.inklusiononline.et/index.php/inklusion/article/view/15/15.
Bronfenbrenner, Urie (1993). Die Ökologie der menschlichen Entwicklung. Frankfurt a. M.: Fischer.
Brütt, Anna Levke; Buschmann-Steinhage, Rolf; Kirschning, Silke; Wegscheider, Karl (2016). Teilhabeforschung: Bedeutung, Konzepte, Zielsetzung und Methoden. In: Bundesgesundheitsblatt, Jg. 59, Nr. 9, S. 1068–74. Online unter: https://doi.org/10.1007/s00103-016-2403-y
Bruhn, Lars; Homann, Jürgen (2013). Behinderungsdiskurse: Heil- und Sonderpädagogik im Vergleich mit ›Disability Studies‹. In: Rohrmann, Eckhard (Hrsg.), Aus der Geschichte lernen, Zukunft gestalten. Inklusive Bildung und Erziehung in Vergangenheit, Gegenwart und Zukunft. Marburg: Tectum Verlag, S. 137–159.
Brumlik, Micha (2017). Advokatorische Ethik. Zur Legitimation pädagogischer Eingriffe. 3. Aufl. Hamburg: Europäische Verlagsanstalt.
Bubeck, Ben (2020). Adieu Heilpädagogik? Theoretische Überlegungen zur Funktionalität einer Profession. Eine systemtheoretische Anfrage. Berlin: Internationales Archiv für Heilpädagogik/BHP.
Buber, Martin (2009). Das dialogische Prinzip. 11. Aufl. Gütersloh: Gütersloher Verlagshaus.
Bucher, Anton A. (2011). Kinder, die sich nicht biegen lassen. Psychologische Skizzen zur Resilienz. In: Sedmak, Clemens; Babic, Bernhard; Bauer, Reinhold; Posch, Christian (Hrsg.), Der Capability-Approach in sozialwissenschaftlichen Kontexten. Überlegungen zur Anschlussfähigkeit eines entwicklungspolitischen Konzepts. Wiesbaden: VS – Verlag der Sozialwissenschaften, S. 187–202.
Buchheim, Anna (2018). Bindung, Exploration und Kreativität. In: von Spreti, Flora; Martius, Philipp; Steger, Florian (Hrsg.) (2018), Kunsttherapie. Wirkung – Handwerk – Praxis. Stuttgart: Schattauer, S. 19–26.
Buchheim, Peter; Buchheim, Marianne; von Spreti, Flora (2018). Supervision und Integration in der Kunsttherapie. In: Von Spreti, Flora; Martius, Philipp; Steger, Florian (Hrsg.), Kunsttherapie. Wirkung – Handwerk – Praxis. Stuttgart: Schattauer, S. 391–400.
Buchka, Maximilian (2013). Grundlegendes zur Biografiearbeit. In: Greving, Heinrich; Schäper, Sabine (Hrsg.), Heilpädagogische Konzepte und Methoden. Orientierungswissen für die Praxis. Stuttgart: Kohlhammer, S. 186–204.
Buchka, Maximilian; Grimm, Rüdiger; Klein, Ferdinand (Hrsg.) (2002). Lebensbilder bedeutender Heilpädagoginnen und Heilpädagogen des 20. Jahrhunderts. 2. Aufl. München: E. Reinhardt.
Buchmann, Ulrike; Bylinski, Ursula (2013). Ausbildung und Professionalisierung von Fachkräften für eine inklusive Bildung. In: Döbert, Hans; Weishaupt, Horst (Hrsg.), Inklusive Bildung professionell gestalten. Situationsanalyse und Handlungsempfehlungen. Münster: Waxmann, S. 147–202.

Buchner, Tobias; Koenig, Oliver; Schuppener, Saskia (2011). Gemeinsames Forschen mit Menschen mit intellektueller Behinderung. Geschichte, Status Quo und Möglichkeiten im Kontext der UN-Behindertenrechtskonven-tion. In: Teilhabe 1/2011, Jg. 50, S. 4–10.
Buchner, Tobias; Pfahl, Lisa, Traue, Boris (2015). Zur Kritik der Fähigkeiten: Ableismus als neue Forschungsperspektive der Disability Studies und ihrer Partner_innen. https://www.inklusion-online.net/index.php/inklusion-online/article/view/273/256
Buchner, Tobias; Koenig, Oliver; Schuppener, Saskia (Hrsg.) (2016). Inklusive Forschung. Gemeinsam mit Menschen mit Lernschwierigkeiten forschen. Bad Heilbrunn: Klinkhardt.
Buckenmaier, Sabrina; Terfloth, Karin; Niehoff, Ulrich; Klauß, Theo (2016). »Wer, wie, was? Wieso, weshalb,warum? Wer nicht fragt, bleibt dumm!«. Der Index für Inklusion zum Wohnen in der Gemeinde als Instrument. In: Terfloth, Karin; Niehoff, Ulrich; Klauß, Theo; Buckenmaier, Sabrina (Hrsg.), Inklusion – Wohnen – Sozialraum. Grundlagen des Index für Inklusion zum Wohnen in der Gemeinde. Marburg: Lebenshilfe, 163–176
Budde, Jürgen (Hrsg.) (2013). Unscharfe Einsätze: (Re-)Produktion von Heterogenität im schulischen Feld. Wiesbaden: VS – Verlag der Sozialwissenschaften.
Budde, Jürgen (2015a). Heterogenitätsorientierung. Zum problematischen Verhältnis von Heterogenität, Differenz und sozialer Ungleichheit im Unterricht. In: Budde, Jürgen; Blasse, Nina; Bossen, Andrea; Rißler, Georg (Hrsg.), Heterogenitätsforschung. Empirische und theoretische Perspektiven. Weinheim u. Basel: Beltz/Juventa, S. 21–38.
Budde, Jürgen (2015b). Zum Verhältnis von Inklusion und Heterogenität. In: Häcker, Thomas; Walm, Maik (Hrsg.), Inklusion als Entwicklung. Konsequenzen für Schule und Lehrerbildung. Bad Heilbrunn: Klinkhardt, S. 117–133.
Budde, Jürgen (2018). Heterogenität in Schule und Unterricht. Bonn: Bundeszentrale für politische Bildung (bpb).
Bude, Heinz (2015). Inklusion als sozialpolitischer Leitbegriff. In: Degener, Theresia; Diehl, Elke (Hrsg.), Handbuch Behindertenrechtskonvention. Teilhabe als Menschenrecht – Inklusion als gesellschaftliche Aufgabe. Bonn: bpb-Verlag (Bundeszentrale für politische Bildung), S. 388–398.
Bürli, Alois (2020). Behindertenpädagogik international. Grundlagen – Perspektiven – Beispiele. Stuttgart: Kohlhammer.
Büschi, Eva; Calabrese, Stefania (Hrsg.) (2019). Herausfordernde Verhaltensweisen in der Sozialen Arbeit. Stuttgart: Kohlhammer.
Bujard, Martin; von den Driesch, Ellen; Ruckdeschel, Kerstin (2021). Belastungen von Kindern, Jugendlichen und Eltern in der Corona-Pandemie. BiB-Bevölkerungsstudien. Wiesbaden: Bundesinstitut f. Bevölkerungsforschung. Online unter: https://www.bib.bund.de/Publikation/2021/Belastungen-von-Kindern-Jugendlichen-und-Eltern-in-der-Corona-Pandemie.html?nn=1219558
Bundesarbeitsgemeinschaft für Rehabilitation (2021). Bedarfsermittlung nach dem SGB IX. Bundesteilhabegesetz kompakt. Frankfurt. Online unter: https://www.bar-frankfurt.de/fileadmin/dateiliste/_publikationen/reha_grundlagen/pdfs/BTHGKompaktBedarfsermittlung.pdf
Bundesministerium für Arbeit und Soziales (BMAS) (2021). Dritter Teilhabebericht der Bundesregierung über die Lebenslagen von Menschen mit Beeinträchtigungen. https://www.bmas.de/SharedDocs/Downloads/DE/Publikationen/a125-21-teilhabebericht.pdf?__blob=publicationFile&v=5
Bundesministerium für Familie, Senioren, Frauen und Jugend (Hrsg.) (2007). Einmischen. Mitmischen. Informationsbroschüre für behinderte Mädchen und Frauen. Berlin. Online unter: https://www.bmfsfj.de/resource/blob/93592/4087a6152f9fd2ef9933affec7823055/einmischen-mitmischen-data.pdf
Bundesvereinigung Lebenshilfe (Hrsg.) (2014). Sexualpädagogische Materialien für die Arbeit mit geistig behinderten Menschen. 6. Aufl. Weinheim und Basel: Beltz/Juventa.
Bundesvereinigung Lebenshilfe (Hrsg.) (2021). Recht auf Teilhabe. Ein Wegweiser zu allen wichtigen sozialen Leistungen für Menschen mit Behinderung. 6. Aufl. Marburg: Lebenshilfe-Verlag.
Bundeszentrale für politische Bildung (Hrsg.) (2016). Touchdown. Die Geschichte des Downsyndroms. Katalog zur Ausstellung. Bonn: bpb.

Bundschuh, Konrad; Heimlich, Ulrich; Krawitz, Rudi (Hrsg.) (2007). Wörterbuch Heilpädagogik. 3. Aufl. Bad Heilbrunn: Klinkhardt/UTB.
Bundschuh, Konrad; Winkler, Christoph (2019). Einführung in die sonderpädagogische Diagnostik. 9., überarb. Aufl. München: E. Reinhardt Verlag.
Bunt, Svenja (2020). Inklusion – wie, was und warum? In: Ratzke, Katharina; Bayer, Wolfgang; Bunt, Svenja (Hrsg.), Inklusion für die gemeindepsychiatrische Praxis: Erfahrungen aus einem Modellprojekt. Köln: Psychiatrie-Verlag, S. 13–21.
Burchard, Falk; Diebenbusch, Teresa (2017). Krisenintervention in einer Versorgungsklinik für Kinder- und Jugendpsychiatrie. In: Praxis der Kinderpsychologie und Kinderpsychiatrie, Nr. 66/2017, S. 5–25.
Burckhardt, Holger; Jäger, Bennet (2022), Menschenrechte. In: Hedderich, Ingeborg; Biewer, Gottfried; Hollenweger, Judith; Markowetz, Reinhard (Hrsg.), Handbuch Inklusion und Sonderpädagogik. 2., akt. u. erw. Aufl. Bad Heilbrunn: Klinkhardt/UTB, S. 89–94.
Burger Thorsten (2016). Leiden – Leidensdruck – Beratung. Wann und für wen ist die »Ressource Beratung« besonders wichtig? In: dfgs forum 2016, 24. Jg., S. 23–26.
Burger, Thorsten; Messmer, Alexandra (2018). Das Selbstwertgefühl von Jugendlichen mit einer Hörschädigung. Zeitschrift für Heilpädagogik 10/2018, 69. Jg., S. 481–493.
Burghardt, Daniel; Dederich, Markus; Dziabel, Nadine; Höhne, Thomas; Lohwasser, Diana; Stöhr, Robert; Zirfas, Jörg (2017). Vulnerabilität. Pädagogische Herausforderungen. Stuttgart: Kohlhammer.
Burtscher, Reinhard (2022). Erwachsenenbildung. In: Hedderich, Ingeborg; Biewer, Gottfried; Hollenweger, Judith; Markowetz, Reinhard (Hrsg.), Handbuch Inklusion und Sonderpädagogik. 2., akt. u. erw. Aufl. Bad Heilbrunn: Klinkhardt/UTB, S. 296–301.
Burtscher, Reinhard (2019). Einführung und Überblick. In: Becker, Klaus-Peter; Burtscher, Reinhard (Hrsg.), Gemeinsam forschen – Gemeinsam lernen. Menschen mit Lernschwierigkeiten in der Partizipativen Gesundheitsforschung. Berlin: Stiftung Rehabilitationszentrum Berlin-Ost. Online unter: https://www.khsb-berlin.de/de/system/files/GESUND_PGF-1-192-optimiertonline.pdf
Busch, Stefani (2014). Eine Hochschule für Alle – Ausgewählte Ergebnisse der Evaluation der HRK-Empfehlung. In: Zeitschrift für Inklusion Nr. 1/2, online unter: https://www.inklusion-online.net/index.php/inklusion-online/article/view/211/212
Butler, Judith (2005). Gefährdetes Leben. Politische Essays. Frankfurt a. M.: Suhrkamp.
Buttner, Peter (2013). Diagnose und Kritik. In: Gahleitner, Silke; Hahn, Gernot; Glemser, Rolf (Hrsg.), Psychosoziale Diagnostik. Köln: Psychiatrie-Verlag, S. 35–48.
Calabrese, Stefania (2017). Herausfordernde Verhaltensweisen – herausfordernde Situationen. Ein Perspektivenwechsel. Bad Heilbrunn: Klinkhardt.
Calabrese, Stefania (2022). Intensivbetreuung im Kontext der Behindertenhilfe. In: Huber, Sven; Calabrese, Stefania (Hrsg.), Herausforderndes Verhalten in stationären Einrichtungen. Stuttgart: Kohlhammer, S. 208–217.
Calabrese, Stefania; Büschi, Eva (2019). Herausfordernde Verhaltensweisen von Menschen mit kognitiven Beeinträchtigungen. In: Büschi, Eva; Calabrese, Stefania (Hrsg.), Herausforderndes Verhaltensweisen in der Sozialen Arbeit. Stuttgart: Kohlhammer, S. 128–150.
Camphill-Ausbildungen (2022). Ausbildungen – Weiterbildungen – Fortbildungen. Online unter: https://www.camphill-ausbildungen.de/ausbildung/heilp%C3%A4dagogik
Capovilla, Dino (2021). Behindertes Leben in der inklusiven Gesellschaft. Ein Plädoyer für Selbstbestimmung. Weinheim u. Basel: Beltz/Juventa.
Carrier, Martin (2021). Wissenschaftstheorie zur Einführung. 5., überarb. Aufl. Hamburg: Junius Verlag.
Castaneda, Claudio; Fröhlich, Nina (2020). Unterstützte Kommunikation für Menschen aus dem Autismus Spektrum. In: Boenisch, Jens; Sachse, Stefanie K. (Hrsg.), Kompendium Unterstützte Kommunikation. Stuttgart: Kohlhammer, S. 269–279.
Chaabane, Rihab (2016). Pinsel des Friedens – Kleine Hände. Große Werke. Ein kunstpädagogisches Malprojekt. https://www.hss.de/news/detail/pinsel-des-friedens-news142/
Charta der Vielfalt (2021). Für Diversity in der Arbeitswelt. Online unter: https://www.charta-der-vielfalt.de/.

Cierpka, Manfred (2011) Faustlos – Wie Kinder Konflikte gewaltfrei lösen können. 2 Aufl. Freiburg: Herder.
Ciompi, Luc (1998). Affektlogik. Über die Struktur der Psyche und ihre Entwicklung. Ein Beitrag zur Schizophrenieforschung. 5. Aufl. Stuttgart: Klett-Cotta (orig. 1982).
Clausen, Jens Jürgen (2011). ›Community Care‹ oder ›Enabling Community‹? Der steinige Weg der Behindertenhilfe in die Kommune. In: Dahme, Heinz-Jürgen; Wohlfahrt, Norbert (Hrsg.), Handbuch kommunale Sozialpolitik. Wiesbaden: VS-Verlag, S. 254–266.
Clausen, Jens Jürgen (2012) Dimensionen der Inklusion in der Behindertenhilfe und der Sozialpsychiatrie. In: Balz, Hans-Jürgen; Benz, Benjamin; Kuhlmann, Carola (Hrsg.) Soziale Inklusion. Wiesbaden: Springer / VS, S. 211–223.
Clausen, Jens Jürgen (2020). Inklusion im Kaleidoskop – die Perspektiven der Behindertenhilfe und der Sozialpsychiatrie. In: Greving, H.; Reichenbach, C.; Wendler, M. (Hrsg.), Inklusion in der Heilpädagogik. Diskurse, Leitideen, Handlungskonzepte. Stuttgart: Kohlhammer, S. 85–96.
Clausen, Jens Jürgen (2022). Rehabilitation. In: Hedderich, Ingeborg; Biewer, Gottfried; Hollenweger, Judith; Markowetz, Reinhard (Hrsg.), Handbuch Inklusion und Sonderpädagogik. Eine Einführung. 2. akt. u. erw. Aufl. Bad Heilbrunn: Klinkhardt/UTB, S. 329–35.
Clausen, Jens; Herrath, Frank (Hrsg.) (2013). Sexualität leben ohne Behinderung. Das Menschenrecht auf sexuelle Selbstbestimmung. Stuttgart: Kohlhammer.
Clausen, Jens; Eichenbrenner, Ilse (2016). Soziale Psychiatrie. Grundlagen, Zielgruppen, Hilfeformen. 2., überarb. u. erw. Aufl. Stuttgart: Kohlhammer.
Cloerkes, Günther (2000). Die Stigma-Identitäts-These. In: Gemeinsam leben, Nr. 3/2000, S. 104–111.
Cloerkes, Günther (2007). Soziologie der Behinderten. Eine Einführung. 3., neu bearb. u. erw. Aufl. Heidelberg: Universitätsverlag Winter/Edition »S«.
Cohn, Ruth C. (2021). Von der Psychoanalyse zur themenzentrierten Interaktion. Von der Behandlung einzelner zu einer Pädagogik für alle. 20. Aufl. Stuttgart: Klett-Cotta.
Collard, Patrizia (2016). Das kleine Buch vom achtsamen Leben: 10 Minuten am Tag für weniger Stress und mehr Gelassenheit. München: Heyne Verlag.
Conradi, Elisabeth (2001). Take Care. Grundlagen einer Ethik der Achtsamkeit. Frankfurt a. M.: Campus.
Conradi, Elisabeth (2013). Ethik im Kontext sozialer Arbeit. In: EthikJournal 1, Jg.1, S. 1–19.
Cullberg, Johan (2008). Krise als Entwicklungschance. Gießen: Psychosozial-Verlag.
Czarski, Rosemarie (2013). Sexualpädagogische Konzeptionen in Einrichtungen der Behindertenhilfe: Entwickeln – leben – fortschreiben. In: Clausen, Jens; Herrath, Frank (Hrsg.), Sexualität leben ohne Behinderung. Das Menschenrecht auf sexuelle Selbstbestimmung. Stuttgart: Kohlhammer, S. 239–247.
Czedik, Stephanie; Pfahl, Lisa (2020). Aktivierende Arbeitsmarktpolitiken und berufliche Rehabilitation. Gouvernementalitätskritische Überlegungen zu Organisation, Funktion und Beschäftigungsbedingungen von Werkstätten für behinderte Menschen. In: VHN 2/2020, S. 80–92.
Dahl, Christina; Dlugosch, Gabriele (2020). Besser leben! Ein Seminar zur Stärkung der Selbstfürsorge von psychosozialen Fachkräften. In: Prävention und Gesundheitsförderung Nr. 15, S. 27–35.
Dahme, Heinz-Jürgen; Wohlfahrt, Norbert (2012). Der Sozialraum als Rettungsanker mit antikapitalistischer Durchschlagskraft? In: Teilhabe 2/2012, Jg. 51., S. 69–70.
Dalferth, Matthias (2000). Enthospitalisierung konkret. Soziale Eingliederung von langzeithospitalisierten, schwerst geistig behinderten Menschen mit autistischen Verhaltensweisen in eine heilpädagogische Einrichtung. Heidelberg: Edition S.
Dammert, Matthias; Keller, Christine; Beer, Thomas, Bleses, Helma (2016). Person-Sein zwischen Anspruch und Wirklichkeit: Eine Untersuchung zur Anwendung der Integrativen Validation und der Basalen Stimulation in der Begleitung von Personen mit Demenz. Weinheim u. Basel: Beltz/Juventa.
Dangl, Oskar (2019). Bildung im Horizont von Inklusion. Zum Bildungsverständnis der UN-BRK. In: von Stechow, Elisabeth; Hackstein, Philipp; Müller, Kirsten; Esefeld, Marie; Klo-

cke, Barbara (Hrsg.), Inklusion im Spannungsfeld von Normalität und Diversität. Bad Heilbrunn: Klinkhardt, S. 126–133.
Dannecker, Karin (2021). Psyche und Ästhetik: Die Transformationen der Kunsttherapie. 4. Aufl. Berlin: MWV (Medizinisch Wissenschaftliche Verlagsgesellschaft).
Dannenbeck, Clemens; Dorrance, Carmen, Moldenhauer, Anna; Oehme, Andreas; Platte, Andrea (Hrsg.) (2016). Inklusionssensible Hochschule. Grundlagen, Ansätze und Konzepte für Hochschuldidaktik und Organisationsentwicklung. Bad Heilbrunn: Klinkhardt.
Danz, Simone (2011). Behinderung. Ein Begriff voller Hindernisse. Frankfurt a. M.: Fachhochschulverlag.
Danz, Simone (2015). Vollständigkeit und Mangel. Das Subjekt in der Sonderpädagogik. Bad Heilbrunn: Klinkhardt.
Danz, Simone; Sauter, Sven (Hrsg.) (2020). Inklusion, Menschenrechte, Gerechtigkeit. Professionstheoretische Perspektiven. Stuttgart: Evangelischer Verlag.
Danz, Simone; Sauter, Sven (2020). Inklusion, Menschenrechte, Gerechtigkeit. Menschenrechtsbildung für alle? In: Danz, Simone; Sauter, Sven (Hrsg.), Inklusion, Menschenrechte, Gerechtigkeit. Stuttgart: Evangelischer Verlag, S. 8–25.
Decker-Voigt, Hans-Helmut (2016). »…das berührt mich tief« – Musiktherapie und Basale Stimulation / Basale Bildung. Wiesbaden: Reichert Verlag.
Decker-Voigt, Hans-Helmut; Oberegelsbacher, Dorothea; Timmermann, Tonius (2020). Lehrbuch Musiktherapie, 3., akt. Aufl. München u. Basel: E. Reinhardt/UTB.
Dederich, Markus (2005). Über Wissenschaft, Erkenntnis, Repräsentation und die Singularität des anderen Menschen. In: Hörster, Detlef; Hoyningen-Suess, Ursula; Liesen, Christian (Hrsg.), Sonderpädagogische Professionalität. Beiträge zur Entwicklung der Sonderpädagogik als Disziplin und Profession. Wiesbaden: VS – Verlag für Sozialwissenschaften, S. 169–186.
Dederich, Markus (2012). Körper, Kultur und Behinderung. Eine Einführung in die Disability Studies. 2. Aufl. Bielefeld: transcript.
Dederich, Markus (2013). Philosophie in der Heil- und Sonderpädagogik. Stuttgart: Kohlhammer.
Dederich, Markus (2016a). Selbstbestimmung. In: Dederich, Markus; Beck, Iris; Bleidick, Ulrich; Antor, Georg (Hrsg.), Handlexikon der Behindertenpädagogik. Schlüsselbegriffe aus Theorie und Praxis. 3., erw. u. überarb. Aufl. Stuttgart: Kohlhammer, S. 169–171.
Dederich, Markus (2016b) Wissenschaft, Wissenschaftstheorie. In: Dederich, Markus; Beck, Iris; Bleidick, Ulrich; Antor, Georg (Hrsg.) Handlexikon der Behindertenpädagogik. Schlüsselbegriffe aus Theorie und Praxis. 3., erw. u. überarb. Aufl., Stuttgart: Kohlhammer, S. 332–335.
Dederich, Markus (2017). Anerkennung. In: Ziemen, Kerstin (Hrsg.), Lexikon Inklusion. Göttingen: Vandenhoeck & Ruprecht, S. 11–12.
Dederich, Markus (2018). Vom Gegenstand zum Teilnehmer der Forschung. Ethische Überlegungen zur partizipativen Forschung. In: Behindertenpädagogik 2/2018, Jg. 57., S. 147–164.
Dederich, Markus (2020a). Heilpädagogische Verantwortung in einer sich wandelnden Gesellschaft. In: BHP (Hrsg.) Zusammenhalt durch Haltung – Heilpädagogik in der Verantwortung zwischen Person und Gesellschaft. Berlin: BHP-Verlag, S. 29–43.
Dederich, Markus (2020b). Prävention von Behinderung als Herrschaftstechnik. Eine Polemik. In: VHN 1/2020, S. 1–6.
Dederich, Markus (2020c). Anerkennung und Vulnerabilität. Inklusionspädagogische Überlegungen in Anschluss an Butler und Levinas. Zeitschrift für Inklusion (1), abrufbar unter: https://www.inklusion-online.net/index.php/inklusion-online/article/view/554.
Dederich, Markus; Greving, Heinrich; Mürner, Christian; Rödler, Peter (Hrsg.) (2006). Inklusion statt Integration? Heilpädagogik als Kulturtechnik. Gießen: Psychosozial-Verlag.
Dederich, Markus; Greving, Heinrich; Mürner, Christian; Rödler, Peter (Hrsg.) (2009). Heilpädagogik als Kulturwissenschaft. Menschen zwischen Medizin und Ökonomie. Gießen: Psychosozial-Verlag.
Dederich, Markus; Jantzen, Wolfgang (Hrsg.) (2009). Behinderung und Anerkennung. Stuttgart: Kohlhammer.

Dederich, Markus; Schnell, Martin W. (Hrsg.) (2011). Anerkennung und Gerechtigkeit in Heilpädagogik, Pflegewissenschaft und Medizin. Auf dem Weg zu einer nichtexklusiven Ethik. Bielefeld: transcript Verlag.

Dederich, Markus; Schnell, Martin W. (2011). Ethische Grundlagen der Behindertenpädagogik. In: Behinderte Menschen, Zeitschrift für gemeinsames Leben, Lernen und Arbeiten, Nr. 4/5/2011, S. 35–46.

Dederich, Markus; Beck, Iris; Bleidick, Ulrich; Antor, Georg (Hrsg.) (2016). Handlexikon der Behindertenpädagogik. Schlüsselbegriffe aus Theorie und Praxis. 3., erw. u. überarb. Aufl. Stuttgart: Kohlhammer.

Dederich, Markus; Dietrich Cornelie (2022). Das Subjekt der Teilhabe – ein Orientierungsversuch. In: Teilhabe 2/2022, Jg. 61, S. 54–60.

Deenadayalan, Y.; Grimmer-Somers, K.; Prior, M.; Kumar, S. (2008). How to run an effective journal club: a systematic review. In: Journal of Evaluation in Clinical Practice; Vol.14/5, S. 898–911.

Degener, Theresia (2009). Menschenrechte und Behinderung. In: Dederich, Markus; Jantzen, Wolfgang (Hrsg.), Behinderung und Anerkennung. Stuttgart: Kohlhammer, S. 160–169.

Degener, Theresia (2015). Die UN-Behindertenrechtskonvention – ein neues Verständnis von Behinderung. In: Degener, Theresia; Diehl, Elke (Hrsg.), Handbuch Behindertenrechtskonvention. Teilhabe als Menschenrecht – Inklusion als gesellschaftliche Aufgabe. Bonn: bpb-Verlag (Bundeszentrale für politische Bildung), S. 55–74.

Deutsche Alzheimer-Gesellschaft (2022). Demenz bei geistiger Behinderung. Online unter: https://www.deutsche-alzheimer.de/fileadmin/Alz/pdf/factsheets/infoblatt16_geistige_behinderung_dalzg.pdf

Deutsche Gesellschaft für Erziehungswissenschaft (2017). Inklusion: Bedeutung und Aufgabe für die Erziehungswissenschaft. Berlin: DGfE-Stellungnahmen.

Deutsche Gesellschaft für Kinder- und Jugendpsychiatrie, Psychosomatik und Psychotherapie (DGKJP) (2022). Leitlinien für Diagnosetypen bzw. Symptomkomplexe. Online: https://www.dgkjp.de/wissen/aktuelle-leitlinien/

Deutsche Gesellschaft für Supervision e.V. (2011). Das Ende eines unerklärlichen Unterschiedes. Stellungnahme der DGSv zur Diskussion der Begriffe Supervision und Coaching. In: journal supervision, 3/2011.

Deutsche Gesellschaft für Tanztherapie (DGT) (2023) https://www.dgt-tanztherapie.de/Modulares_Fortbildungssystem_Ausbildung_Weiterbildung.html

Deutsche Heilpädagogische Gesellschaft (DHG) (Hrsg.) (2017). Quartiersentwicklung – Chancen für behinderte Menschen mit komplexem Unterstützungsbedarf? Jülich: DHG.

Deutsche Heilpädagogische Gesellschaft (DHG) (Hrsg.) (2021). Standards zur Teilhabe von Menschen mit kognitiver Beeinträchtigung und komplexem Unterstützungsbedarf. Stuttgart: Kohlhammer.

Deutsche Musiktherapeutische Gesellschaft (DMTG) (Hrsg.) (2021). Studien- und Ausbildungslandschaft Musiktherapie. Berlin: DMTG.

Deutscher Bundestag (2006). Vor- und Nachteile der Gesamtschule und des dreigliedrigen Schulsystems. Ausarbeitung WD (Wissenschaftliche Dienste) 8–231/2006.

Deutscher Kitaverband (2022). Positionspapier Fachkräftemangel. Online unter: https://www.deutscher-kitaverband.de/wp-content/uploads/2022/09/Deutscher-Kitaverband_Positionspapier_Fachkraeftemangel-wirksam-bekaempfen_2022.pdf

Deutscher Verein für öffentliche und private Fürsorge e.V. (Hrsg.) (2015). Inklusion und Heilpädagogik. Kompetenzen für ein teilhabeorientiertes Gemeinwesen. Berlin: bhp-Verlag.

Deutsches Jugendinstitut (Hrsg.) (2011). Sexuelle Gewalt gegen Mädchen und Jungen in Institutionen. München. Online unter: https://www.dji.de/fileadmin/user_upload/izkk/IzKK_DJIAbschlussbericht_Sexuelle_Gewalt.pdf

Dieckmann, Friedrich; Haas, Gerhard (2007). Beratende und therapeutische Dienste für Menschen mit geistiger Behinderung und herausforderndem Verhalten. Stuttgart: Kohlhammer.

Dieckmann, Friedrich (2022). Altern und Alter. In: Hedderich, Ingeborg; Biewer, Gottfried; Hollenweger, Judith; Markowetz, Reinhard (Hrsg.), Handbuch Inklusion und Sonderpädagogik. Eine Einführung. 2. akt. u. erw. Aufl. Bad Heilbrunn: Klinkhardt/UTB, S. 515–520.

Dieckmann, Friedrich; Graumann, Susanne; Schäper, Sabine, Greving, Heinrich (2013). Bausteine für eine sozialraumorientierte Gestaltung von Wohn- und Unterstützungsarrangements mit und für Menschen mit geistiger Behinderung im Alter. Münster: Katholische Hochschule.

Dietrich, Heiko (2021). Geschlechtsdysphorie und Transidentität. Die therapeutische Begleitung von Trans*Jugendlichen. Göttingen: Vandenhoeck & Ruprecht.

Dietz, Gunther (2011). Interkulturelle Dimensionen der Bildungspraxis. In: Neumann, Ursula; Schneider, Jens (Hrsg.), Schule mit Migrationshintergrund. Münster: Waxmann, S. 102–111.

Dilthey, Wilhelm (1894). Ideen über eine beschreibende und zergliedernde Psychologie. Gesammelte Schriften Bd. 5, Leipzig.

Dilthey, Wilhelm (1981). Der Aufbau der geschichtlichen Welt in den Geisteswissenschaften. Frankfurt a. M.: Suhrkamp

Di Tolla, Patrizia (2017). Rechte psychisch erkrankter Menschen durchsetzen. In: Soziale Psychiatrie 03/2017, S. 4–6.

Dittmann, Eva; Müller, Heinz (2018). Die Kinder- und Jugendhilfe im Kontext von Flucht und Migration – aktuelle Herausforderungen und Perspektiven. In: Hartwig, Luise; Mennen, Gerald; Schrapper, Christian (Hrsg.), Handbuch Soziale Arbeit mit geflüchteten Kindern und Familien. Weinheim u. Basel: Beltz/Juventa, S. 570–588.

Döhle, Rainer (2015) Aspies e. V. In: Theunissen, Georg; Kulig, Wolfram; Leuchte, Vico; Paetz, Henriette (Hrsg.) Handlexikon Autismus-Spektrum: Schlüsselbegriffe aus Forschung, Theorie, Praxis und Betroffenen-Sicht. Stuttgart: Kohlhammer, S. 34–35.

Döpfner, Manfred; Petermann, Franz (2012). Diagnostik psychischer Störungen im Kindes- und Jugendalter (Leitfaden Kinder- und Jugendpsychotherapie). 3., überarb. Aufl. Göttingen: Hogrefe.

Döring, Nicola; Bortz, Jürgen (2016). Forschungsmethoden- und Evaluation in den Sozial- und Humanwissenschaften. 5., vollst. überarb. Aufl. Berlin u. Heidelberg: Springer.

Dörner, Klaus; Plog, Ursula; Bock, Thomas; Brieger, Peter; Heinz, Andreas; Wendt, Frank (Hrsg.) (2017). Irren ist menschlich: Lehrbuch der Psychiatrie und Psychotherapie. 24. Aufl. Köln: Psychiatrie-Verlag.

Doose, Stefan (2019) Persönliche Zukunftsplanung. Ein gutes, passendes Leben in Verbundenheit gestalten. In: Teilhabe 4/2019, Jg. 58, S. 176–180.

Doose, Stefan (2020). »I want my dream!« Persönliche Zukunftsplanung. Neue Perspektiven und Methoden einer personenzentrierten Planung mit Menschen mit und ohne Beeinträchtigungen. 11., aktual. Aufl. Neu-Ulm: Verein zur Förderung sozialpolitischer Arbeit.

Doose, Stefan (2022). Arbeit. In: Hedderich, Ingeborg; Biewer, Gottfried; Hollenweger, Judith; Markowetz, Reinhard (Hrsg.), Handbuch Inklusion und Sonderpädagogik. 2., akt. u. erw. Aufl. Bad Heilbrunn: Klinkhardt / UTB, S. 462–467.

Doose, Stefan; Emrich, Carolin; Göbel, Susanne (2013). Käpt'n Life und seine Crew. Ein Arbeitsbuch zur persönlichen Zukunftsplanung. Neu-Ulm: Verein zur Förderung der sozialpolitischen Arbeit.

Dornes, Martin (2009). Der kompetente Säugling. Die präverbale Entwicklung des Menschen. 12. Aufl. Frankfurt a. M.: Fischer.

Dôsen, Anton (2018). Psychische Störungen, Verhaltensprobleme und intellektuelle Behinderung. Ein integrativer Ansatz für Kinder und Erwachsene. 2., überarb. Aufl. Göttingen: Hogrefe.

Düber, Miriam; Rohrmann, Albrecht; Windisch, Marcus (Hrsg.) (2015). Barrierefreie Partizipation. Entwicklungen, Herausforderungen und Lösungsansätze auf dem Weg zu einer neuen Kultur der Beteiligung. Weinheim und Basel: Beltz/ uventa.

Düber, Miriam; Remhof, Constance; Riesberg, Ulla; Rohrmann, Albrecht; Sprung, Christiane (Hrsg.) (2021). Begleitete Elternschaft in den Spannungsfeldern pädagogischer Unterstützung. Weinheim u. Basel: Beltz/Juventa.

Duncker, Heinfried; Hampe, Ruth; Wigger, Monika (Hrsg.) (2018). Gestalten – Gesunden. Zur Salutogenese in den Künstlerischen Therapien. Freiburg i. Br.: K. Alber Verlag.
Dworschak, Wolfgang (2004). Lebensqualität von Menschen mit geistiger Behinderung. Theoretische Analyse, empirische Erfassung und grundlegende Aspekte qualitativer Netzwerkanalyse. Bad Heilbrunn: Klinkhardt.
Dworschak, Wolfgang (2010). Schulbegleiter, Integrationshelfer, Schulassistent? Begriffliche Klärung einer Maßnahme zur Integration in die Allgemeine Schule bzw. die Förderschule. In: Teilhabe 49, 3, S. 131–135.
Dworschak, Wolfgang (2015). Kurzzeitwohnen für Kinder und Jugendliche. Bedarfsanalyse in Bayern. Online unter: C:/Users/user/Downloads/lhlv_leb_dworschak_studie_kurzzeitwohnen_260515.pdf
Dworschak, Wolfgang; Reuter, Ulrich (2019). Schulbegleitung im Förderschwerpunkt geistige Entwicklung. In: Schäfer, Holger (Hrsg.) Handbuch Förderschwerpunkt geistige Entwicklung. Weinheim und Basel: Beltz, S. 234–242.
Dziobek, Isabel; Stoll, Sandra (2019). Hochfunktionaler Autismus bei Erwachsenen. Ein kognitiv-verhaltenstherapeutisches Manual. Stuttgart: Kohlhammer.
Eberhardt, Melanie; Nußbeck, Susanne (2016). Diagnostik und Förderung bei Autismus. In: Kuhl, Jan; Euker, Nils (Hrsg.), Evidenzbasierte Diagnostik und Förderung von Kindern und Jugendlichen mit intellektueller Beeinträchtigung. Bern: Hogrefe, S. 277–304.
Eck, Sandra (2019). Forschendes Lernen - Lernendes Forschen: Partizipative Empirie in Erziehungs- und Sozialwissenschaften. Weinheim u. Basel: Beltz/Juventa.
Eckart, Rita; Faltin, Myrtha (2018). Menschen in Krisengebieten. Verloren zwischen Vergangenheit und Zukunft. In: Von Spreti, Flora; Martius, Philipp; Steger, Florian (Hrsg.), Kunsttherapie. Wirkung – Handwerk – Praxis. Stuttgart: Schattauer, S. 489–497.
Eckert, Ela; Waldschmidt, Ingeborg (Hrsg.) (2010). Inklusion: Menschen mit besonderen Bedürfnissen und Montessori-Pädagogik. Münster: LIT-Verlag.
Eckert, Andreas; Anderegg, Niels (2016). Studieren mit dem Asperger-Syndrom oder Hochfunktionalem Autismus. Implikationen für ein inklusives Studium. In. Klein, Ute (Hrsg.), Inklusive Hochschule. Neue Perspektiven für Praxis und Forschung. Weinheim und Basel: Beltz Juventa, S. 178–195.
Egen, Christoph (2020). Was ist Behinderung? Abwertung und Ausgrenzung von Menschen mit Funktionseinschränkungen vom Mittelalter bis zur Postmoderne. Bielefeld: transcript.
Ehrenberg, Katrin; Jungnik, Lina; Lindmeier, Bettina (2019). Teilhabe durch Unterstützte Kommunikation bei frühkindlichem Autismus. In: Teilhabe 3/2019, 58. Jg., S. 115–121.
Ehrhardt, Klaudia; Grübner, Katrin (2013). Teilhabe von Menschen mit geistiger Behinderung am Leben in der Kommune. In: Teilhabe 1/2013, S. 12–17.
Eichel, Elisabeth (2001). Gestützte Kommunikation bei Menschen mit autistischer Störung. 2. Aufl. Dortmund: Verlag Projekt.
Elgeti, Hermann (2010). Wofür steht die Sozialpsychiatrie? In: Sozialpsychiatrische Informationen 3/2010, 40. Jg., S. 31–35.
El Ismy, Ingy; Jennessen, Sven; Prchal, Katarina (2022). Behinderung, Queerness und Sexualität. Intersektionale Zusammenhänge und Erfahrungsberichte. In: Teilhabe 4/2022, Jg. 61, S. 146–151.
Ellger-Rüttgardt, Sieglind (2016). Inklusion. Vision und Wirklichkeit. Stuttgart: Kohlhammer.
Ellger-Rüttgardt, Sieglind (2019). Geschichte der Sonderpädagogik. 2., aktual. Aufl. München: E. Reinhardt/UTB.
Ellger-Rüttgardt, Sieglind (2022). Historischer Rückblick. In: Hedderich, Ingeborg; Biewer, Gottfried; Hollenweger, Judith; Markowetz, Reinhard (Hrsg.), Handbuch Inklusion und Sonderpädagogik. 2., akt. u. erw. Aufl. Bad Heilbrunn: Klinkhardt, S. 19–29.
Ellinger, Stephan (2013). Förderung bei sozialer Benachteiligung. Stuttgart: Kohlhamm
Ellinger, Stephan (2016). Pädagogische Beratung. In: Dederich, Markus; Beck, Iris; Bleidick, Ulrich; Antor, Georg (Hrsg.), Handlexikon der Behindertenpädagogik. Schlüsselbegriffe aus Theorie und Praxis. 3., erw. u. überarb. Aufl., Stuttgart: Kohlhammer, S. 267–269.
Elstner, Samuel; Salzmann, Eckhart (2014) .Angst- und Zwangsstörungen, Belastungs-, dissoziative undsomatoforme Störungen. In: Schanze, Christian (Hrsg.), Psychiatrische Dia-

gnostik und Therapie bei Menschen mit Intelligenzminderung. 2. Aufl., Stuttgart: Schattauer, S. 129–131.
Emmelmann, Ingo; Greving, Heinrich (2019). Erwachsene Menschen mit geistiger Behinderung und ihre Eltern. Vom Ablösekonzept zum Freiraumkonzept. Stuttgart: Kohlhammer.
Emmerich, Marcus; Hormel, Ulrike (2016). Pädagogik: Differenz und Intersektionalität. In: Hedderich, Ingeborg; Biewer, Gottfried; Hollenweger, Judith; Markowetz, Reinhard (Hrsg.) (2016), Handbuch Inklusion und Sonderpädagogik. Bad Heilbrunn: Klinkhardt/UTB, S. 569–573.
Emrich, Carolin; Gromann, Petra; Niehoff, Ulrich (2017). Gut Leben. Persönliche Zukunftsplanung realisieren – ein Instrument. 4. Aufl. Marburg: Lebenshilfe-Verlag.
Emrich, Carolin; Kemme, Martina (2021). »Das Wichtigste ist die Haltung. Das ist das A und O«. Bedarfsermittlung trifft Ideen der Persönlichen Zukunftsplanung. In: Teilhabe 3/2021, Jg. 60, S. 116–121.
Engelbracht, Gerda; Hauser, Andrea (2013). Mitten in Hamburg. Die Alsterdorfer Anstalten 1945–1979. Stuttgart: Kohlhammer.
Engler, Fynn Ole (2010). Kritischer Rationalismus. In: Horster, Detlev; Jantzen, Wolfgang (Hrsg.), Wissenschaftstheorie. Stuttgart: Kohlhammer, S. 214–218.
Erdin, Gisela (2021). Gestützte Kommunikation mit nichtsprechenden Menschen. Eine empirische Untersuchung. Gießen: Psychosozial-Verlag.
Erhardt, Klaudia; Grüber, Katrin (2013). Teilhabe von Menschen mit geistiger Behinderung am Leben in der Kommune. In: Teilhabe 1/13, Jg. 52., S. 12–17.
Erickson, Martha; Egeland, Byron (2009). Die Stärkung der Eltern-Kind-Bindung. Frühe Hilfen für die Arbeit mit Eltern von der Schwangerschaft bis zum zweiten Lebensjahr des Kindes durch das STEEP-Programm. Stuttgart: Klett-Cotta.
Erikson, Erik H. (1973). Identität und Lebenszyklus. Frankfurt a. M.: Suhrkamp.
Esser, Günter; Petermann, Franz (2010). Entwicklungsdiagnostik. Kompendium psychologische Diagnostik. Göttingen: Hogrefe.
Eucrea (2023). Das Portal zu Kunst/Behinderung/Inklusion: Kontakte & Links Bildende Kunst. https://www.eucrea.de/infos-und-links/ateliers-kunsthaeuser-kunstgruppen-und-galerien
Ewinkel, Carola; Hermes, Gisela (1985). Geschlecht: behindert. Besonderes Merkmal: Frau. München AG SPAK.
Fachbereichstag Heilpädagogik (2014). Stellungnahme zum Übereinkommen der Vereinten Nationen über die Rechte von Menschen mit Behinderungen. Münster/Darmstadt/Berlin. Online abrufbar unter https://fbt-hp.de/wp-content/uploads/2017/12/2015-11-FBT_HP_Positionspapier_UN-BRK.pdf.
Falk, Wiebke (2016). Deinstitutionalisierung durch organisatorischen Wandel. Bad Heilbrunn: Klinkhardt.
Falkai, Peter; Wittchen, Hans-Ulrich (Hrsg.) (2015). Diagnostische Kriterien DSM-5. Göttingen: Hogrefe.
Falkenstörfer, Sophia (2017). Migration. In: Ziemen, Kerstin (Hrsg.), Lexikon Inklusion. Göttingen: Vandenhoeck & Ruprecht, S. 177–178.
Falkenstörfer, Sophia (2020a). Zur Relevanz der Fürsorge in Geschichte und Gegenwart. Eine Analyse im Kontext komplexer Behinderungen. Wiesbaden: Springer VS.
Falkenstörfer, Sophia (2020b). Implizite Behinderungsvorstellungen und Menschenbilder im BTHG. In: Teilhabe 1/2020, Jg. 59, S. 4–9.
Falkenstörfer, Sophia (2020c). Sonderpädagogik als Wirkungsforschung. In: Grosche, Michael; Gottwald, Claudia; Trescher, Hendrik (Hrsg.), Diskurs in der Sonderpädagogik. Widerstreitende Positionen. München: Ernst Reinhardt Verlag, S. 57–63.
Falkenstörfer, Sophia; Gasmi, Julia (2019). Migration und Behinderung als Widerfahrnisse und ihr Einfluss auf die Lebenswelten von Familien. In: Westphal, Manuela; Wansing, Gudrun (Hrsg.), Migration, Flucht und Behinderung. Wiesbaden: Springer/VS, S. 27–41.
Falkson, Sandra; Heitmann, Dieter; Tiesmeyer, Karin; Schmidt, Lydia (2022). Beratung von Familien mit einem Kind mit andauernden gesundheitlichen Beeinträchtigungen. In: Teilhabe 3/2022, Jg. 61, S. 114–121.
Faltermeier, Toni (2017). Gesundheitspsychologie. 2., überarb. u. erw. Aufl. Stuttgart: Kohlhammer.

Farin-Glattacker, Erik; Kirschning, Silke; Meyer, Thorsten; Buschmann-Steinhage, Rolf (2014). Partizipation an der Forschung – eine Matrix zur Orientierung. Ausschuss Reha-Forschung der DVfR u. DGRW. https://www.dvfr.de/fileadmin/user_upload/DVfR/Downloads/Fachausschuesse/Forschung/Partizipation_an_der_Forschung_%E2%80%93_eine_Matrix_zur_Orientierung.pdf

Farrenberg, Dominik; Schulz, Marc (2021). Kinder- und Jugendhilfe. Arbeitsfelder und ihre Rahmungen. Frankfurt a. M.: Wochenschau-Verlag.

Farzin, Sina (2006). Inklusion/Exklusion. Entwicklungen und Probleme einer systemtheoretischen Unterscheidung. Bielefeld: transcript.

Feil, Naomi; de Klerk-Rubin, Vicki (2017). Validation: Ein Weg zum Verständnis verwirrter alter Menschen. 11. Aufl. München: Reinhardt.

Felce, David; Perry, Jonathan (1996). Exploring current conceptions of quality of life: A model for people with and without disabilities. In R. Renwick, I. Brown, & M. Nagler (Eds.), Quality of life in health promotion and rehabilitation. New York: Sage Publications, S. 51–62.

Felder, Franziska (2022). Anerkennung. In: Hedderich, Ingeborg; Biewer, Gottfried; Hollenweger, Judith; Markowetz, Reinhard (Hrsg.), Handbuch Inklusion und Sonderpädagogik. 2., akt. u. erw. Aufl., Bad Heilbrunn: Klinkhardt/UTB, S. 98–103.

Feuser, Georg (1995). Behinderte Kinder und Jugendliche zwischen Integration und Aussonderung. Darmstadt: Wissenschaftliche Buchgesellschaft.

Feuser, Georg (2008). Von der Selektion/Segregation über die Integration zur Inklusion. In: Fachverband Sozial- und Sonderpädagogik; Referate der Tagung Sonderschulung 2008, Extra-Bulletin 28, 6, 6–18.

Feuser, Georg (2017). Inklusive Pädagogik. In: Ziemen, Kerstin (Hrsg.), Lexikon Inklusion. Göttingen: Vandenhoeck u. Ruprecht, S. 132–134.

Feyerabend, Paul (1983). Wider den Methodenzwang. Frankfurt a. M.: Suhrkamp.

Feyerer, Ewald; Prammer, Wilfried; Prammer-Semmler, Eva; Kladnik, Christine; Leibetseder, Margit; Wimberger, Richard (Hrsg.) (2018). System. Wandel. Entwicklung. Akteurinnen und Akteure inklusiver Prozesse im Spannungsfeld von Institution, Profession und Person. Bad Heilbrunn: Klinkhardt.

Filipp, Sigrun-Heide; Aymanns, Peter (2018). Kritische Lebensereignisse und Lebenskrisen: Vom Umgang mit den Schattenseiten des Lebens. 2., akt. Aufl. Stuttgart: Kohlhammer

Fingerle, Michael (2000). Vulnerabilität. In: Borchert, Johann (Hrsg.), Handbuch der Sonderpädagogischen Psychologie. Göttingen: Hogrefe, S. 287–293.

Fingerle, Michael (2017). Resilienz. In: Ziemen, Kerstin (Hrsg.), Lexikon Inklusion. Göttingen: Vandenhoeck & Ruprecht, S. 197–199.

Fingerle, Michael (2022). Vulnerabilität. In: Hedderich, Ingeborg; Biewer, Gottfried; Hollenweger, Judith; Markowetz, Reinhard (Hrsg.), Handbuch Inklusion und Sonderpädagogik. 2. Aufl. Bad Heilbrunn: Klinkhardt / UTB, S. 436–440.

Finke, Jobst (2003). Verbalisierung emotionaler Erlebnisinhalte. In: Stumm, Gerhard; Wiltschko, Johannes; Keil, Wolfgang W. (Hrsg.), Grundbegriff der Personzentrierten und Focusing-orientierten Psychotherapie und Beratung. Stuttgart: Pfeiffer bei Klett-Cotta, S. 331–332.

Fischer, Erhard (Hrsg.) (2014). Heilpädagogische Handlungsfelder. Grundwissen für die Praxis. Stuttgart: Kohlhammer.

Fischer, Erhard; Markowetz, Reinhard (Hrsg.) (2016). Inklusion im Förderschwerpunkt geistige Entwicklung. Stuttgart: Kohlhammer.

Fischer, Erhard; Preiß, Holger; Quandt, Juliane (2017). Kooperation – der Schlüssel für Inklusion? Studien zur Zusammenarbeit zwischen Lehrkräften allgemeiner Schulen und Lehrkräften für Sonderpädagogik. Oberhausen: Athena.

Fischer, Gottfried (2001). Neue Wege nach dem Trauma. Information und Hilfen für Betroffene. Konstanz: Vesalius-Verlag.

Fischer, Heidi (2021). Nicht alle Eltern brauchen das Gleiche – Kooperation mit Eltern aus heilpädagogischer Perspektive. In: BHP-Verlag (Hrsg.), Heilpädagogik in der Kita. Inklusive Konzepte zu Diagnostik, Methoden und Beratung im Elementarbereich. Berlin: BHP-Verlag, S. 67–88.

Fischer, Heidi; Renner, Michael (2015). Heilpädagogik. Heilpädagogische Handlungskonzepte in der Praxis. 2. Aufl. Freiburg: Lambertus.
Flämig, Katja (2022). Frühe Kindheit. In: Hedderich, Ingeborg; Biewer, Gottfried; Hollenweger, Judith; Markowetz, Reinhard (Hrsg.), Handbuch Inklusion und Sonderpädagogik. Eine Einführung. 2. akt. u. erw. Aufl., Bad Heilbrunn: Klinkhardt/UTB, S. 494–498.
Flieger, Petra (2015). Nirgends ein sicherer Ort. Gewalt an Menschen mit Behinderungen. In: Juridikum 1/2015, S. 108–119.
Flieger, Petra (2017). Partizipation. In: Ziemen, Kerstin (Hrsg.), Lexikon Inklusion. Göttingen: Vandenhoeck & Ruprecht, S. 179–180.
Flitner, Andreas (2011). Spielen-Lernen: Praxis und Deutung des Kinderspiels. Weinheim und Basel: Beltz.
Fonagy, Peter; Gergely, György; Jurist, Elliottb L.; Target, Mary (2022). Affektregulierung, Mentalisierung und die Entwicklung des Selbst. 8. Aufl. Stuttgart: Klett-Cotta.
Fornefeld, Barbara (2008a). Diagnostik als interdisziplinäre heilpädagogische Aufgabe. In: Hiller, Gotthilf G.; Trost, Rainer; Weiß, Hans (Hrsg.), Der Diagnostische Blick. Laupheim: A. Vaas Verlag, S. 17–27.
Fornefeld, Barbara (Hrsg.) (2008b). Menschen mit Komplexer Behinderung. Selbstverständnis und Aufgaben der Behindertenpädagogik. München und Basel: Ernst Reinhardt Verlag.
Fornefeld, Barbara (2017). Komplexe Behinderung. In: Ziemen, Kerstin (Hrsg.), Lexikon Inklusion. Göttingen: Vandenhoeck & Ruprecht, S. 152–154.
Fornefeld, Barbara (2019). Teilhabe ist Gabe. Zum Verständnis von Teilhabe im Kontext von Erwachsenen und alternden Menschen mit Komplexer Behinderung. In: Teilhabe 1/2019, Jg. 58, S 4–9.
Foucault, Michel (2005). Analytik der Macht. Frankfurt a. M.: Suhrkamp.
Foulkes, Siegmund H. (2017). Gruppenanalytische Psychotherapie. Der Begründer der Gruppentherapie über die Entwicklungsstationen seiner Methode in Theorie und Praxis. 3. Aufl. London: Westarp Science.
Franz, Alexandra (2002). Selbstbestimmt Leben mit Persönlicher Assistenz – Eine alternative Lebensform behinderter Frauen. Neu-Ulm: AG SPAK.
Franz, Daniel (2016). Menschen mit geistiger Behinderung im Alter. Impulse zur inklusiven Weiterentwicklung der Dienste und Einrichtungen. Marburg: Lebenshilfe-Verlag.
Franz, Eva-Kristina; Sansour, Teresa (2016). Alle(s) drin? – Lernwerkstattarbeit und Professionalisierung im Kontext von Inklusion. In: Schmude, Corinna; Wedekind Hartmut (Hrsg.), Lernwerkstätten an Hochschulen. Orte einer inklusiven Pädagogik. Bad Heilbrunn: Klinkhardt, S. 51–64.
Fraser, Nancy; Honneth, Axel (2003). Umverteilung oder Anerkennung? Eine politisch-philosophische Kontroverse. Frankfurt a. M.: Suhrkamp.
Freud, Thomas; Lindner, Werner (Hrsg.) (2001). Prävention. Zur kritischen Bewertung von Präventionsansätzen in der Jugendarbeit. Opladen: Leske & Budrich.
Frewer-Graumann, Susanne; Schäper, Sabine (2015). Die unsichtbaren Alten – Bilder über das Altern von Menschen mit lebenslanger Behinderung. In: Journal für Psychologie, Jg. 23/Nr. 1, S. 167–191.
Frey, Michael (2021). Psychische Krisen bei Kindern und Jugendlichen. In: Nervenheilkunde, Heft 40, S. 691–696.
Frisch, Max (1967). Öffentlichkeit als Partner. Frankfurt a. M.: Suhrkamp.
Friske, Andrea (1995). Als Frau geistig behindert sein. Ansätze zu frauenorientiertem heilpädagogischen Handeln. München u. Basel: E. Reinhardt-Verlag.
Friske, Andrea (2006). Frauen mit geistiger Behinderung. Die Wahrnehmung von Weiblichkeit in der Heilpädagogik. In: BHP (Hrsg, Jahrbuch Heilpädagogik 2006. Berlin: BHP-Verlag, S. 109–118.
Fröhlich, Andreas (2007). Schwerste Behinderung. In: Greving, Heinrich (Hrsg.), Kompendium der Heilpädagogik, Bd. 2, Troisdorf: Bildungsverlag EINS, S. 222–228.
Fröhlich, Andreas (2014) Inklusion für Menschen mit schwerer Behinderung. Zeitschrift für Heilpädagogik 65 (10), S. 379–384.
Fröhlich, Andreas (2015). Basale Stimulation – Ein Konzept für die Arbeit mit schwer beeinträchtigten Menschen. Düsseldorf: verlag selbstbestimmtes leben.

Fröhlich, Andreas (2019). Vom Spielen. In: Riegert, Judith; Sansour, Teresa; Musenberg, Oliver; Buder, Anne; Molnár, Tina; Müller, Stefanie; Richter, Benita; Thäle, Angelika (Hrsg.), Spielen. Menschen mit schwerer Behinderung und die Potenziale des Spiels. Aachen: Mainz-Verlag, S. 15–23.
Fröhlich, Andreas; Simon, Angela (2008). Gemeinsamkeiten entdecken. Mit schwerbehinderten Kindern kommunizieren. Düsseldorf: verlag selbstbestimmtes leben.
Fröhlich, Nina (2020). Grafische Symbole und nicht-elektronische Kommunikationshilfen in der UK. In: Boenisch, Jens; Sachse, Stefanie K. (Hrsg.), Kompendium Unterstützte Kommunikation. Stuttgart: Kohl-hammer, S. 240–249.
Fröhlich-Gildhoff, Klaus (2022). (Psycho-)Therapie. In: Hedderich, Ingeborg; Biewer, Gottfried; Hollenweger, Judith; Markowetz, Reinhard (Hrsg.), Handbuch Inklusion und Sonderpädagogik. Eine Einführung. 2. akt. u. erw. Aufl. Bad Heilbrunn: Klinkhardt, S. 335–341.
Fröhlich-Gildhoff, Klaus; Rönnau-Böse, Maike (2017). Resilienz- und Gesundheitsförderung. In: Petermann, Franz; Wiedebusch, Silvia (Hrsg.), Praxishandbuch Kindergarten. Entwicklung von Kindern verstehen und fördern. Göttingen: Hogrefe, S. 363–381.
Fröhlich-Gildhoff, Klaus; Rönnau-Böse, Maike (2019). Resilienz. 5., aktual. Aufl. München: E. Reinhardt Verlag/UTB.
Frohn, Julia; Brodesser, Ellen; Moser, Vera; Pech, Detlef (Hrsg.) (2019). Inklusives Lehren und Lernen. Allgemein- und fachdidaktische Grundlagen. Bad Heilbrunn: Klinkhardt.
Früchtel, Frank; Budde, Wolfgang (2010). Bürgerinnen und Bürger statt Menschen mit Behinderungen. Sozialraumorientierung als lokale Strategie der Eingliederungshilfe. In: Teilhabe 2/2010, Jg. 49, S. 54–61.
Frühauf, Theo (2012). Von der Integration zur Inklusion – ein Überblick. In: Hinz, A.; Körner, I.; Niehoff, U. (Hrsg.), Von der Integration zur Inklusion. Marburg: Lebenshilfe-Verlag, S. 11–35.
Fuchs, Peter (2011). Inklusionssysteme. Vorbereitende Überlegungen zu einer Ethik der Amicalität. In: Dederich, Markus; Schnell, Martin W. (Hrsg.), Anerkennung und Gerechtigkeit in Heilpädagogik, Pflegewissenschaft und Medizin. Auf dem Weg zu einer nichtexklusiven Ethik. Bielefeld: transcript Verlag, S. 241–256.
Fuchs, Peter (2022a). Inklusion/Exklusion – theoretische Präzisierungen. In: Hedderich, Ingeborg; Biewer, Gottfried; Hollenweger, Judith; Markowetz, Reinhard (Hrsg.), Handbuch Inklusion und Sonderpädagogik. Eine Einführung. 2. akt. u. erw. Aufl., Bad Heilbrunn: Klinkhardt/UTB, S. 409–413.
Fuchs, Petra (2022b). ›Behinderung‹ – eine bewegte Geschichte. In: Waldschmidt, Anne (Hrsg.), Handbuch Disability Studies. Wiesbaden: Springer, S. 35–54.
Fuchs, Wilfried (2021). Kinder in Trauer e.V. Hamburg; persönliche Mitteilung.
Fürst, Roland; Hinte, Wolfgang (Hrsg.) (2020). Sozialraumorientierung 4.0: Das Fachkonzept: Prinzipien, Prozesse & Perspektiven. Wien: UTB.
Fuhse, Jan Arendt (2018). Soziale Netzwerke: Konzepte und Forschungsmethoden. 2., überarb. Aufl. Konstanz u. München: UVK-Verlagsgesellschaft/UTB.
Furger; Martha; Kehl, Doris (2003). …und bist du nicht willig, so brauch ich Gewalt: Zum Umgang mit Aggression und Gewalt in der Betreuung von Menschen mit geistiger Behinderung. Luzern: SZH
Gadamer, Hans-Georg (1975) Wahrheit und Methode: Grundzüge einer philosophischen Hermeneutik. Tübingen: Mohr.
Gaedt, Christian (1987). Normalisierung: Anmaßung – Anpassung – Verweigerung. Aufsätze und Vorträge. Sickte: Neuerkeröder Anstalten.
Gäng, Marianne (Hrsg.) (2015). Heilpädagogisches Reiten und Voltigieren. 7. überarb. u. erw. Aufl. München: E. Reinhardt.
Gahleitner, Silke (2021). Das pädagogisch-therapeutische Milieu in der Arbeit mit Kindern und Jugendlichen. Trauma- und Beziehungsarbeit in stationären Einrichtungen. Köln: Psychiatrie Verlag.
Gahleitner, Silke; Wahlen, Karl; Bilke-Hensch, Oliver; Hillenbrand, Dorothee (Hrsg.) (2013). Biopsychosoziale Diagnostik in der Kinder- und Jugendhilfe. Interprofessionelle und interdisziplinäre Perspektiven. Stuttgart: Kohlhammer.

Gahleitner, Silke; Hahn, Gernot; Glemser, Rolf (Hrsg.) (2013). Psychosoziale Diagnostik. Köln: Psychiatrie-Verlag.
Galtung, Johan (1975). Strukturelle Gewalt. Beiträge zur Friedens- und Konfliktforschung. Reinbek bei Hamburg: Rowohlt.
Garlipp, Petra; Haltenhof, Horst (2015). Umgang mit wahnkranken Menschen. Köln: Psychiatrie-Verlag.
Gast, Lilli (2010). »Kein Ort. Nirgends?« Das Subjekt der Erkenntnis und die Idee der Universität: Einige Gedanken aus psychoanalytischer Perspektive. In: Psychologie und Gesellschaftskritik 33/34, S. 153–171.
Gattermann-Kasper, Maike (2016). Nachteilsausgleiche – Alles klar... oder? Kritischer Blick auf ein etabliertes Instrument im Lichte der UN-BRK. In: Klein, Uta (Hrsg.), Inklusive Hochschule. Neue Perspektiven für Praxis und Forschung. Weinheim: Beltz, S. 104–122.
Gebhard, Britta; Möller-Dreischer, Sebastian; Seidel, Andreas; Sohns, Armin (Hrsg.) (2019). Frühförderung wirkt – von Anfang an. Stuttgart: Kohlhammer.
Geiling, Ute; Simon, Toni (2017). Inklusion in der Grundschule. In: Ziemen, Kerstin (Hrsg.), Lexikon Inklusion. Göttingen: Vandenhoeck & Ruprecht, S. 102-104
Geist, Eva-Maria (2017) Qualifikation und Qualifizierung von Schulbegleiter/innen. In: Laubner, Marian; Lindmeier, Bettina; Lübeck, Anika (Hrsg.) Schulbegleitung in der inklusiven Schule. Weinheim und Basel: Beltz, S. 50–65.
Georgens, Johann D.; Deinhardt, Heinrich M. (1861/1863) Die Heilpädagogik mit besonderer Berücksichtigung der Idiotie und der Idiotenanstalten. 2 Bände, Leipzig: F. Fleischer.
Gerards, Marion (2019). Kulturelle Teilhabe und Teilgabe als Herausforderungen und Potentiale Sozialer Kulturarbeit in der Migrationsgesellschaft. In: Spetsmann-Kunkel, Martin (Hrsg.), Kultur interdisziplinär – eine Kategorie in der Diskussion. Opladen: Verlag B. Budrich, S. 83–116.
Geretsegger, Monika; Bergmann, Thomas (2017). Musiktherapie für Menschen aus dem Autismus-Spektrum. In: Musiktherapeutische Umschau 38/3, S. 5–14.
Gerland, Juliane (Hrsg.) (2017.) Kultur, Inklusion, Forschung. Weinheim u. Basel: Beltz/Juventa.
Gerspach, Manfred (2009). Psychoanalytische Heilpädagogik. Ein systematischer Überblick. Stuttgart: Kohlhammer.
Giertz, Karsten; Gervink, Thomas (2017). »Systemsprenger« oder eher PatientInnen mit einem individuellen und komplexen Hilfebedarf? In: Psychotherapie Forum. Band 22, Nr. 4, S. 105–112.
Giertz, Karsten; Werner, Antje; Kölch, Michael (2022). Adoleszenzpsychiatrie: Teilhabechancen für junge Menschen in Klinik und Gemeinde. Köln: Psychiatrie-Verlag.
Glammeier, Sandra (2018). Machtmissbrauch in Institutionen für Kinder und Erwachsene mit Behinderungen. In: Gemeinsam leben 1/2018, 26. Jg., S. 13–20.
Glasenapp, Jan (2010). Im Spannungsfeld von Sicherheit und Freiheit. Über Deinstitutionalisieren in der Behindertenhilfe. Berlin u. Münster: LIT-Verlag.
Glasenapp, Jan (2013). Emotionen als Ressource. Manual für Psychotherapie, Coaching und Beratung. Basel: Beltz.
Glasl, Friedrich (2020). Konfliktmanagement: Ein Handbuch für Führung, Beratung und Mediation. 12. Aufl. Stuttgart: Haupt.
Glatzer, Wolfgang; Zapf, Wolfgang (Hrsg.) (1984). Lebensqualität in der Bundesrepublik. Objektive Lebensbedingungen und subjektives Wohlbefinden. Frankfurt a. M.: Campus.
Gobin, Robyn L. (2021). Das kleine Buch der Selbstfürsorge. Mit Stress umgehen lernen, Ängste reduzieren und Wohlbefinden fördern. Paderborn: Junfermann.
Goetze, Herbert (2016). Kompetenzgewinne in der Spieltherapie. In: heilpaedagogik.de 4/2016, S. 17–23.
Goffman, Erving (1973). Asyle. Über die soziale Situation psychiatrischer Patienten und anderer Insassen. Frankfurt a. M.: Suhrkamp.
Goffman, Erving (2010). Stigma. Über Techniken der Bewältigung beschädigter Identität. Frankfurt: Suhrkamp (orig. 1963).

Gogolin, Ingrid (2016). Interkulturalität. In: Dederich, Markus; Beck, Iris; Bleidick, Ulrich; Antor, Georg (Hrsg.) (2016). Handlexikon der Behindertenpädagogik. Schlüsselbegriffe aus Theorie und Praxis. 3., erw. u. überarb. Aufl. Stuttgart: Kohlhammer, S. 404–407.

Gold, Ilja; Weinberg, Eva; Rohr, Dirk (2021). Das hat ja was mit mir zu tun!? Macht- und rassismuskritische Perspektiven für Beratung, Therapie und Supervision. Heidelberg: Carl-Auer-Verlag.

Goll, Harald (2016). Musiktherapie. In: Dederich, Markus; Beck, Iris; Bleidick, Ulrich; Antor, Georg (Hrsg.), Handlexikon der Behindertenpädagogik. Schlüsselbegriffe aus Theorie und Praxis. 3., erw. u. überarb. Aufl. Stuttgart: Kohlhammer, S. 365–366.

Gollwitzer, Mario; Schmitt, Manfred (2019). Sozialpsychologie kompakt. 2. vollst. überarb. u. erw. Aufl. Weinheim u. Basel: Beltz.

Gontard, Alexander von (2018). Enuresis. Leitfaden Kinder- und Jugendpsychotherapie. 3., vollst. überarb. Aufl. Göttingen: Hogrefe.

Gottwald, Claudia (2009), Lachen über das Andere. Eine historische Analyse komischer Repräsentationen von Behinderung. Bielefeld: transcript.

Gottwald, Claudia (2019), Behinderung. In: socialnet.de-lexikon. Online abrufbar unter: https://www.socialnet.de/lexikon/Behinderung

Gräßer, Melanie; Hovermann, Eike (Hrsg.) (2019). Schwierige Elterngespräche in der Kita – und wie sie gelingen. Stuttgart: Klett.

Grampp, Gerd (2018). Die ICF verstehen und nutzen. 2. Aufl. Köln: Balance-Verlag.

Grampp, Gerd (2022). Entstehung und Entwicklung der ICF-basierten Bedarfsermittlung und Bedarfsdeckung. In: heilpaedagogik.de 1/2022, 37. Jg., S. 17–24.

Graumann, Sigrid (Hrsg.) (2004). Ethik und Behinderung. Ein Perspektivwechsel. Frankfurt: Campus.

Graumann, Sigrid (2011). Assistierte Freiheit. Von der Behindertenpolitik der Wohltätigkeit zu einer Politik der Menschenrechte. Frankfurt a. M.: Campus Verlag.

Graumann, Sigrid (2018). Forschung mit, an und für Menschen mit Behinderung. In: Behindertenpädagogik 2/2018, 57. Jg., S. 118–133.

Greve, Steffen (2016). Inklusion im Sportverein. Eine nutzenfokussierte Evaluationsstudie am Beispiel von Freiwurf Hamburg e.V. In: Zeitschrift für Inklusion-online.net 3/2016; online abrufbar unter: https://www.inklusion-online.net/index.php/inklusion-online/article/view/386

Greve, Werner; Thomsen, Tamara (2019). Entwicklungspsychologie. Eine Einführung in die Erklärung menschlicher Entwicklung. Wiesbaden: Springer.

Greving, Heinrich (2007). Kompendium der Heilpädagogik. Bd. 1 und Bd. 2, Troisdorf: Bildungsverlag EINS.

Greving, Heinrich (2011). Heilpädagogische Professionalität. Stuttgart: Kohlhammer.

Greving, Heinrich (2020). Heilpädagogisches Handeln in kontingenten Handlungsfeldern. In: Greving, Heinrich; Schäper, Sabine (Hrsg.), Heilpädagogische Konzepte und Methoden. Orientierungswissen für die Praxis. 2., erw. u. überarb. Aufl. Stuttgart: Kohlhammer, S. 15–23

Greving, Heinrich; Ondracek, Petr (2005). Handbuch Heilpädagogik. Köln: Bildungsverlag EINS.

Greving, Heinrich; Ondracek, Petr (Hrsg.) (2009). Spezielle Heilpädagogik. Eine Einführung in die handlungsfeldorientierte Heilpädagogik. Stuttgart: Kohlhammer.

Greving Heinrich; Scheibner Ulrich (2017). BildungsArbeit. Schlüssel zur Inklusion. Ein neues Verständnis von Arbeit und Bildung in »Werkstätten für behinderte Menschen«. Berlin: BHP Verlag.

Greving, Heinrich; Ondracek, Petr (2019). Heilpädagogisches Denken und Handeln: Eine Einführung in die Didaktik und Methodik der Heilpädagogik. 2., überarb. Aufl. Stuttgart: Kohlhammer.

Greving, Heinrich; Schäper, Sabine (Hrsg.) (2020). Heilpädagogische Konzepte und Methoden. Orientierungswissen für die Praxis. 2., erw. u. überarb. Aufl. Stuttgart: Kohlhammer.

Greving, Heinrich; Reichenbach, Christina; Wendler, Michael (Hrsg.) (2020). Inklusion in der Heilpädagogik. Diskurse, Leitideen, Handlungskonzepte. Stuttgart: Kohlhammer.

Greving, Heinrich; Scheibner, Ulrich (Hrsg.) (2021). Werkstätten für behinderte Menschen. Sonderwelt und Subkultur behindern Inklusion. Stuttgart: Kohlhammer.

Gröschke, Dieter (2002a) Leiblichkeit, Interpersonalität und Verantwortung – Perspektiven der Heilpädagogik. In: Schnell, Martin W. (Hrsg.) Pflege und Philosophie. Interdisziplinäre Studien über den bedürftigen Menschen. Bern: Verlag Hans Huber, S. 81–108.

Gröschke, Dieter (2002b). Für eine Heilpädagogik mit dem Gesicht zur Gesellschaft. In: Greving, Heinrich; Gröschke, Dieter (Hrsg.), Das Sisyphos-Prinzip. Gesellschaftsanalytische und gesellschaftskritische Dimensionen der Heilpädagogik. Bad Heilbrunn: Klinkhardt, S. 9–32.

Gröschke, Dieter (2004). Psychologische Mittel und heilpädagogische Zwecke? Zur Diagnose der heilpädagogischen Diagnostik. In: Jahrbuch Heilpädagogik 2004; Berlin: BHP Verlag, S. 9–31.

Gröschke, Dieter (2005). Psychologische Grundlagen der Heilpädagogik: Ein Lehrbuch zur Orientierung für Heil-, Sonder- und Sozialpädagogen. 3. Aufl. Bad Heilbrunn: Klinkhardt.

Gröschke, Dieter (2007). Konzept. In: Greving, Heinrich (Hrsg.), Kompendium der Heilpädagogik. Bd. 2, Troisdorf: Bildungsverlag EINS, S. 67–75.

Gröschke, Dieter (2008). Heilpädagogisches Handeln. Eine Pragmatik der Heilpädagogik. Bad Heilbrunn: Klinkhardt.

Grötzbach, Holger; Hollenweger, Judith; Iven, Claudia (Hrsg.) (2014). ICF und ICF-CY in der Sprachtherapie: Umsetzung und Anwendung in der logopädischen Praxis. 2., akt. u. überarb. Aufl. Idstein: Schulz-Kirchner-Verlag.

Grosche, Michael; Gottwald, Claudia; Trescher, Hendrik (Hrsg.) (2020). Diskurs in der Sonderpädagogik. Widerstreitende Positionen. München: Ernst Reinhardt Verlag.

Groschwald, Anne; Rosenkötter, Henning (2021). Inklusion in Krippe und Kita: Ein Leitfaden für die Praxis. Freiburg i.B.: Herder.

Grossmann, Klaus E.; Grossmann, Karin (Hrsg.) (2015). Bindung und menschliche Entwicklung. 7. Aufl. Stuttgart: Klett-Cotta.

Grossmann, Karin; Grossmann, Klaus E. (2021). Bindungen – das Gefüge psychischer Sicherheit. 8. Aufl. Stuttgart: Klett-Cotta.

Grossman, Paul; Reddemann, Luise (2016). Achtsamkeit. Wahrnehmen ohne Urteilen – oder ein Weg, Ethik in der Psychotherapie zu verkörpern? In: Psychotherapeut Nr. 61, S. 222–228.

Groß, Peter (2014). Wohnen. In: Fischer, Erhard (Hrsg.), Heilpädagogische Handlungsfelder. Grundwissen für die Praxis. Stuttgart: Kohlhammer, S. 206–229.

Groß, Peter (2017). Personenorientierte Behindertenhilfe. Individuelle Hilfen zum Wohnen für erwachsene Mitbürger mit geistiger Behinderung. Oberhausen: Athena.

Groß, Peter (2019). Respekt, Partizipation und Schutz. Personenorientierte Gestaltung helfender Beziehungen im Gemeinwesen. In: Behinderte Menschen 1/2019, 42. Jg., S. 55–60.

Groß, Peter (2022). ICF-basierte Bedarfsermittlung im Bereich der Eingliederungshilfe für erwachsenen Bürger*innen mit Behinderung. In: heilpaedagogik.de 1/2022, 37. Jg., S. 6–11.

Großmaß, Ruth; Perko, Gudrun (2011). Ethik für soziale Berufe. Paderborn: F. Schöningh / UTB.

Gruber, Harald (2016). »Meine Worte wiederfinden« – Kunsttherapie in der Onkologie und der Palliativmedizin. In: Gruber, Harald; Reichelt, Stefan (Hrsg.), Kunsttherapie in der Palliativmedizin. Berlin: EB-Verlag, S. 141–160.

Grunwald, Klaus; Thiersch, Hans (2006). Lebensweltorientierung in der Behindertenhilfe. Das Reden von Lebensweltorientierung ist ubiquitär. In: VHN 75. Jg., S. 144–147.

Gstach, Johannes (2015) Kretinismus und Blödsinn. Zur fachlich-wissenschaftlichen Entdeckung und Konstruktion von Phän.omenen der geistig-mentalen Auffälligkeit zwischen 1780 und 1900 und deren Bedeutung für Fragen der Erziehung und Behandlung. Bad Heilbrunn: Klinkhardt.

Gudjons, Herbert; Winkel, Rainer (Hrsg.) (2011). Didaktische Theorien. Hamburg: Bergmann & Helbig.

Gudjons, Herbert; Traub, Silke (2020). Pädagogisches Grundwissen. 13., akt. Aufl. Bad Heilbronn: Klinkhardt.

Gundlach, Hanna; Silter, Katharina; Panzer, Meike; Schreiber-Barsch, Silke, Beck, Iris (2022). Inklusive Lehr-Lern-Settings. Studierende und Menschen mit Lernschwierigkeiten an der Hochschule. In: Teilhabe 3/2022, Jg. 61., S. 100–106.
Gusset-Bährer, Sinikka (2018). Demenz bei geistiger Behinderung. 3., akt. u. erw. Aufl. München: E. Reinhardt.
Habermann-Horstmeier, Lotte (2018). Grundlagen der Gesundheitsförderung in der stationären Behindertenhilfe. Bern: Hogrefe.
Habermas, Jürgen (1973). Erkenntnis und Interesse. Frankfurt a. M.: Suhrkamp.
Habermas, Jürgen (1976). Hannah Arendts Begriff der Macht. In: Merkur, Nr. 341, S. 946–960.
Haberstroh, Julia (2021). Psychosoziale und nichtpharmakologische Interventionen. In: Pantel, Johannes et al. (Hrsg, Praxishandbuch Altersmedizin. Geriatrie – Gerontopsychiatrie – Gerontologie. 2., erw. u. überarb. Aufl., Stuttgart: Kohlhammer, S. 856–862.
Haeberlin, Urs (2005). Grundlagen der Heilpädagogik. Bern: Haupt / UTB.
Hänel-Faulhaber, Barbara (2018). Gebärdensprache, lautsprachenunterstützende Gebärden und Bildkarten. München: Deutsches Jugendinstitut.
Hähner, Ulrich; Niehoff, Ulrich; Sack, Rudi; Walther, Helmut (2005). Kompetent begleiten: Selbstbestimmung ermöglichen, Ausgrenzungen verhindern! Die Weiterentwicklung des Konzepts ›Vom Betreuer zum Begleiter‹. Marburg: Lebenshilfe-Verlag.
Härter, Gregor (2017). Krisen in stationären Einrichtungen für Menschen mit geistiger Behinderung. Merseburg: Hochschulschriften.
Halfmann, Julia (2014). Migration und Behinderung. Stuttgart: Kohlhammer.
Hafen, Martin (2011). Inklusion und soziale Ungleichheit. In: Systemische Soziale Arbeit – Journal der dgssa, 2. Jg., Heft 2+3, S. 75–92.
Hampe, Ruth; Wigger, Monika (2020). Heilpädagogische Kunsttherapie. Grundlagen, Methoden, Anwendungsfelder. Stuttgart: Kohlhammer.
Hampe, Ruth; Wigger, Monika (2023). »Ein Haus für uns«. Eine heilpädagogisch-kunsttherapeutische Projektarbeit an einer Grundschule nach der Flutkatastrophe in Bad Münstereifel. In: heilpaedagogik.de 2/2023, 38. Jg., S. 27–31.
Handicap International (2021). Bedarfsgerechte Versorgung aller geflüchteten Menschen mit Behinderung. Online unter: https://www.hi-deutschland-projekte.de/crossroads/wp-content/uploads/sites/3/2022/12/bedarfsgerechte-versorgung-aller-gefluechteten-menschen-mit-behinderung.pdf
Handicap International (2023). Unsere Geschichte seit 1982. https://www.handicap-international.de/de/handicap-international-eine-erfolgsgeschichte-seit-1982
Hanisch, Lena (2015). Heilpädagogik im klinischen Bereich. Eine heilpädagogisch Begleitung auf einer pädiatrischen Station. In: heilpaedagogik.de, 3/2015, S. 6–10.
Hansbauer, Peter; Merchel, Joachim; Schone, Reinhold (2020). Kinder- und Jugendhilfe. Grundlagen, Handlungsfelder, professionelle Anforderungen. Stuttgart: Kohlhammer.
Hanselmann, Heinrich (1946.) Einführung in die Heilpädagogik. 3. Aufl. Erlenbach-Zürich: Rotapfel-Verlag.
Hargens, Jürgen; von Schlippe, Arist (2002). Das Spiel der Ideen. Reflektierendes Team und systemische Praxis. 2. Aufl., Dortmund: Borgmann.
Harten, Hans-Christian (1997). Kreativität, Utopie und Erziehung: Grundlagen einer erziehungswissenschaftlichen Theorie sozialen Wandels. Wiesbaden: VS- Verlag für Sozialwissenschaften.
Hartung, Susanne; Wihofszky, Petra; Wright, Michael T. (Hrsg.) (2022). Partizipative Forschung. Ein Forschungsansatz für Gesundheit und seine Methoden. Berlin: Springer.
Hartwig, Luise; Mennen, Gerald; Schrapper, Christian (Hrsg.) (2018). Handbuch Soziale Arbeit mit geflüchteten Kindern und Familien. Weinheim u. Basel: Beltz/Juventa.
Hartwig, Susanne (Hrsg.) (2020). Behinderung. Kulturwissenschaftliches Handbuch. Stuttgart: J. B. Metzler.
Haubenreisser, Karen; Örtel, Armin (2016). Q8 – Quartiere bewegen. In: Terfloth, K. et al. (Hrsg.) (2016), Inklusion – Wohnen – Sozialraum. Grundlagen des Index für Inklusion zum Wohnen in der Gemeinde. Marburg: Lebenshilfe-Verlag, S. 124–135.

Haubl, Rolf (2015). Behindertenfeindlichkeit – narzisstische Abwehr der eigenen Verletzlichkeit. In: Schnell, Irmtraud (Hrsg.), Herausforderung Inklusion. Theoriebildung und Praxis. Bad Heilbrunn: Klinkhardt, S. 103–115.

Häußler, Anne (2016). Der TEACCH-Ansatz zur Förderung von Menschen mit Autismus. Einführung in Theorie und Praxis. 5. Aufl. Dortmund: verlag modernes lernen.

Häußler, Anne (2018). TEACCH – ein kommunikationsorientierter Ansatz zur ganzheitlichen Förderung von Menschen mit Autismus. In: Wilken, Etta (Hrsg.), Unterstützte Kommunikation. Eine Einführung in Theorie und Praxis. 5., erw. u. überarb. Aufl., Stuttgart: Kohlhammer, S. 188–210.

Hauser, Mandy; Schuppener, Saskia (2015). Menschen mit Lernschwierigkeiten an der Hochschule. Entwicklungen in Großbritannien, Irland und Deutschland. In: Teilhabe 3/2015, Jg. 54, S. 100–106.

Hautzinger, Martin (2016). Depression im Alter: Psychotherapeutische Behandlung für das Einzel- und Gruppensetting. 2., vollst. überarb. Aufl. Weinheim u. Basel: Beltz.

Haveman, Meindert; Stöppler, Reinhilde (2020). Altern mit geistiger Behinderung. Grundlagen und Perspektiven für Begleitung, Bildung und Rehabilitation. 3. überarb. Aufl. Stuttgart: Kohlhammer.

Hebenstreit-Müller, Sabine (2021). Beobachten lernen. 2., erw. u. überarb. Aufl. Berlin: Dohrmann Verlag.

Hedderich, Ingeborg; Egloff, Barbara; Zahnd, Raphael; Spiess Huldi, Claudia; Eichenberger, Lea; Arn, Luise (2015). Das Projekt »Lebensgeschichten« – ein Beitrag zur partizipativen Forschung. Schweizerische Zeitschrift für Heilpädagogik, 21(7–8), S. 48–54.

Hedderich, Ingeborg; Biewer, Gottfried; Hollenweger, Judith; Markowetz, Reinhard (Hrsg.) (2022). Handbuch Inklusion und Sonderpädagogik. 2., akt. u. erw. Aufl. Bad Heilbrunn: Klinkhardt / UTB.

Heilpädagogische Praxis Dreisamtal (2023). Was beinhaltet eine Heilpädagogische Behandlung. Online unter: https://heilpaedagogik-dreisamtal.de/ziele-in-der-heilpaedagogischen-arbeit/

Heimlich, Ulrich (2017). Inklusive Momente im Bildungsprozess. In: Pädagogische Rundschau 2/2017, S. 171–185.

Heine, Hannah-Marie (2018). Magische Momente des Kontaktes. Der musiktherapeutische Ansatz nach Karin Schumacher und seine Bedeutung für die heilpädagogische Arbeit mit autistischen Kindern. In; heilpaedagogik.de 1/2018, 33. Jg., S. 22–25.

Heinemann, Claudia; Reinert, Elke (Hrsg.) (2011). Kinder krebskranker Eltern. Therapie für Kinder, Eltern und die gesamte Familie. Stuttgart: Kohlhammer.

Heinrich, Martin; Gasterstädt, Julia; Geese, Natalie; Lübeck, Anika; Rißler, Georg; Strecker, Alica; Blasse, Nina; Budde, Jürgen; Demmer, Christine; Rohrmann, Albrecht; Urban, Michael; Wemmer Hanna (2021). Rollenklärung in der inklusiven Schule. Konzepte und Materialien für die Aus- und Fortbildung. In: Die Materialwerkstatt 3/2021, S. 1–7.

Heinzel, Friederike; Prengel, Annedore (2012). Heterogenität als Grundbegriff inklusiver Pädagogik. Online unter: https://www.inklusion-online.net/index.php/inklusion-online/article/view/39/39

Hejlskov Elvén, Bo; McFarlane, Sophie A. (2020). Herausforderndes Verhalten bei Menschen mit psychischen Störungen: Praxisbuch für Pflege- und Gesundheitsberufe. Göttingen: Hogrefe.

Helfrich, Hede (2019). Kulturvergleichende Psychologie. 2., überarb. Aufl. Berlin: Springer.

Hellbrügge, Theodor (1977). Unser Montessori-Modell. München: Kindler.

Hellbrügge, Theodor (1981). Klinische Sozialpädiatrie. Ein Lehrbuch der Entwicklungs-Rehabilitation im Kindesalter. Berlin, Heidelberg, New York: Springer.

Henkel, Jennifer; Neuß, Norbert (Hrsg.) (2018). Kinder und Jugendliche mit Fluchterfahrung. Pädagogische Perspektiven für die Schule und Jugendhilfe. Stuttgart: Kohlhammer.

Hennicke, Klaus (2011). Psychotherapie – ein notwendiges gesundheitsbezogenes Angebot für Menschen mit geistiger Behinderung. In: Hennicke, Klaus (Hrsg.), Praxis der Psychotherapie bei erwachsenen Menschen mit geistiger Behinderung. Marburg: Lebenshilfe-Verlag, S. 7–22.

Hennicke, Klaus (2017). Seelische Gesundheit bei Kindern und Jugendlichen mit intellektueller Beeinträchtigung. Eine Herausforderung für die gesundheitliche Versorgung. In: Teilhabe 2/2017, Jg. 56, S. 50–55.
Hennig, Birgit (2011). Interaktion und Kommunikation zwischen Menschen mit schwerster Behinderung und ihren Bezugspersonen: Aspekte des Gelingens. In: Fröhlich, A.; Heinen, N.; Klauß, Th.; Lamers, W. (Hrsg.), Schwere und mehrfache Behinderung – interdisziplinär. Oberhausen: Athena Verlag, S. 273–297.
Henning, Tom (2019). Allgemeine Ethik. Paderborn: Verlag W. Fink/UTB.
Henning, Ina; Sauter, Sven; Witte, Katharina (Hrsg.) (2019). Kreativität grenzenlos!? Inner- und außerschulische Expertisen zu inklusiver Kultureller Bildung. Bielefeld: transcript.
Herbart, Johann-Friedrich (1806). Allgemeine Pädagogik aus dem Zweck der Erziehung abgeleitet. Göttingen: Röwer.
Hermes, Gisela (Hrsg.) (2006). »Nichts über uns – ohne uns!«: disability studies als neuer Ansatz emanzipatorischer und interdisziplinärer Forschung über Behinderung. Neu-Ulm: AG SPAK.
Hermes, Gisela (2013). »Es ist normal, verschieden zu sein« (v. Weizsäcker) – Grundlagen und Perspektiven der ›diversity studies‹. In: Rohrmann, Eckard (Hrsg.), Aus der Geschichte lernen, Zukunft gestalten. Inklusive Bildung und Erziehung in Vergangenheit, Gegenwart und Zukunft. Marburg: Tectum Verlag, S. 179–.190.
Hermes, Gisela; Rohrmann, Eckhard (Hrsg.) (2006) Nichts über uns – ohne uns! Disability Studies als neuer Ansatz emanzipatorischer und interdisziplinärer Forschung über Behinderung. Neu-Ulm: AG SPAK.
Hermes, Veronika (2017). Beratung und Therapie bei Erwachsenen mit geistiger Behinderung. Das Praxishandbuch mit systemisch-ressourcenorientiertem Hintergrund. Göttingen: Hogrefe.
Herrath, Frank (2013). Menschenrecht trifft Lebenswirklichkeit: Was behindert Sexualität? In: Clausen, Jens; Herrath, Frank (Hrsg.), Sexualität leben ohne Behinderung. Das Menschenrecht auf sexuelle Selbstbestimmung. Stuttgart: Kohlhammer, S. 19–34.
Herriger, Norbert (2020). Empowerment in der Sozialen Arbeit. 6., erw. u. akt. Aufl. Stuttgart: Kohlhammer.
Herz, Andreas (2022). Soziale Netzwerkforschung. In: Hedderich, Ingeborg; Biewer, Gottfried; Hollenweger, Judith; Markowetz, Reinhard (Hrsg.) (2022), Handbuch Inklusion und Sonderpädagogik. 2., akt. u. erw. Aufl. Bad Heilbrunn: Klinkhardt/UTB, S. 711–716.
Hien, Wolfgang (2014). Soziale Ungleichheit und Gesundheit. In: Feuser, Georg; Herz, Birgit; Jantzen, Wolfgang (Hrsg.), Emotion und Persönlichkeit. Stuttgart: Kohlhammer, S. 288–292.
Hierdeis, Helmwart (2016). Psychoanalytische Pädagogik – Psychoanalyse in der Pädagogik. Stuttgart: Kohlhammer.
Hierdeis, Helmwart (2017). Autonomie. In: Ziemen, Kerstin (Hrsg.), Lexikon Inklusion. Göttingen: Vandenhoeck & Ruprecht, S. 24–25.
Hierholzer, Stefan (2020). Psychologie, Psychiatrie und Psychotherapie für sozial-, sonder- und heilpädagogische Berufe. Hamburg: Verlag Handwerk und Technik.
Hillenbrand, Clemens; Hennemann, Thomas; Schell, Annika (2016). »Lubo aus dem All!« – Vorschulalter: Programm zur Förderung sozial-emotionaler Kompetenzen. 2. Aufl. München: E. Reinhardt.
Hinte, Wolfgang (2016). Sozialraumorientierung – was ist das eigentlich? In: Terfloth, Karin; Niehoff, Ulrich; Klauß, Theo; Buckenmaier, Sabrina (Hrsg.), Inklusion – Wohnen – Sozialraum. Grundlagen des Index für Inklusion zum Wohnen in der Gemeinde. Marburg: Lebenshilfe-Verlag, S. 78–90.
Hinte, Wolfgang (2018). Sozialraumorientierung – ein Fachkonzept als Grundlage des Umbaus der Eingliederungshilfe. In: Hinte, Wolfgang; Pohl, Oliver (Hrsg.), Der Norden geht voran. Sozialraumorientierung in der Eingliederungshilfe im Landkreis Nordfriesland. Marburg: Lebenshilfe, S. 13–27.
Hinz, Andreas (2006). Integration und Inklusion. In: Wüllenweber, Ernst; Theunissen, Georg; Mühl, Heinz (Hrsg.), Pädagogik bei geistigen Behinderungen. Stuttgart: Kohlhammer, S. 251–261.

Hinz, Andreas (2018)., Integration oder Inklusion? Aktuelle Befunde zwischen Sonderpädagogik und Bildungswissenschaften. In: Lang-Wojtasik, Gregor; König, Stefan (Hrsg.), Inklusion als gesellschaftliche, pädagogische und hochschulische Herausforderung. Ulm: Klemm & Oelschläger, S. 65–80.

Hinz, Andreas; Boban, Ines (2008). Inklusion. Schlagwort oder realistische Perspektive für die Geistigbehindertenpädagogik? In: Geistige Behinderung 3/08, 47, Jg., S. 204–214.

Hinz, Andreas; Körner, Ingrid; Nienhoff, Ulrich (Hrsg.) (2010). Von der Integration zur Inklusion. Grundlagen, Per-spektiven, Praxis. Marburg: Lebenshilfe-Verlag.

Hirler, Sabine (2020). Handbuch Rhythmik und Musik: Theorie und Praxis für die Arbeit in der Kita. Freiburg i. Br.: Herder.

Hirsch, Stephan; Kasper, Clemens (2010). Arbeit – Geschichte eines Handlungsfelds. In: Grampp, Gerd; Hirsch, Stephan; Kasper, Clemens; Scheibner, Ulrich; Schlummer, Werner (Hrsg.), Arbeit. Herausforderung und Verantwortung der Heilpädagogik. Stuttgart: Kohlhammer, S. 15–41.

Hirschberg, Marianne (2010) Partizipation – ein Querschnittanliegen der UN-Behindertenrechtskonvention. Als Positionspapier (Nr. 3) der Monitoring-Stelle der UN-BRK online verfügbar unter www.institut-fuer-menschenrechte.de/monitoring-stelle/publikationen.htlm.

Hirschberg, Marianne (2021). Barrieren als gesellschaftliche Hindernisse – Sozialwissenschaftliche Überlegungen. In: Schäfers; Markus; Welti, Felix (Hrsg.), Barrierefreiheit – Zugänglichkeit – Universelles Design. Zur Gestaltung teilhabeförderlicher Umwelten. Bad Heilbrunn: Klinkhardt, S. 23–35.

Hirschberg, Marianne (2022). Modelle von Behinderung in den Disability Studies. In: Waldschmidt, Anne (Hrsg.), Handbuch Disability Studies. Wiesbaden: Springer, S. 93–108.

Hirschberg, Marianne; Köbsell, Swantje (2022). Disability Studies, Diversity und Inklusion. In: Hedderich, Ingeborg; Biewer, Gottfried; Hollenweger, Judith; Markowetz, Reinhard (Hrsg.), Handbuch Inklusion und Sonderpädagogik. 2., akt. u. erw. Aufl., Bad Heilbrunn: Klinkhardt, S. 571–584.

Hockel, Curd Michael (2011). Personzentrierte Kinderpsychotherapie: Eine Einführung mit Falldarstellung. München: E. Reinhardt Verlag.

Hölter, Gerd (2011). Bewegungstherapie bei psychischen Erkrankungen – Grundlagen und Anwendung. Lehrbuch für Theorie und Praxis. Köln: Deutscher Ärzte-Verlag.

Hömberg, Nina (2018). With a little help from your friends. Unterstützte Kommunikation im integrativen Unterricht. In: Wilken, Etta (Hrsg.), Unterstützte Kommunikation. Eine Einführung in Theorie und Praxis. 5., erw. u. überarb. Aufl. Stuttgart: Kohlhammer, S. 166–187.

Hoffmann, Knut (2014). Schizophrenie. In Schanze, Christian (Hrsg.), Psychiatrische Diagnostik und Therapie bei Menschen mit Intelligenzminderung, 2. Aufl., Stuttgart: Schattauer, S. 106–116.

Hoffmann, Thomas (2010). Bildung und Entwicklung: die Kulturhistorische Schule der russischen Psychologie und ihr Beitrag zur Geistigbehindertenpädagogik. In Musenberg, Oliver; Riegert, Judith (Hrsg.), Bildung und geistige Behinderung: Bildungstheoretische Reflexionen und aktuelle Fragestellungen. Oberhausen: Athena, S. 142–167.

Hoffmann, Nicolas; Hofmann, Birgit (2020). Selbstfürsorge für Therapeuten und Berater. Grundlagen und Anwendung. 3. Aufl. Weinheim und Basel: Beltz.

Hollenweger, Judith (2003). Behindert, arm und ausgeschlossen. Bilder und Denkfiguren im internationalen Diskurs zur Lage behinderter Menschen. In: Cloerkes, Günther (Hrsg.), Wie man behindert wird. Texte zur Konstruktion einer sozialen Rolle und zur Lebenssituation betroffener Menschen. Heidelberg: Universitätsverlag Winter (Edition ›S‹), S. 141–164.

Hollenweger, Judith; Kraus de Camargo, Olaf (2019). ICF – CY. Internationale Klassifikation der Funktionsfähigkeit, Behinderung und Gesundheit bei Kindern und Jugendlichen. 2., korrig. Aufl. Göttingen: Hogrefe.

Honneth, Axel (1990). Integrität und Missachtung. Grundmotive einer Moral der Anerkennung. In: Merkur 501, S. 1043–1054.

Honneth, Axel (2018). Anerkennung: Eine europäische Ideengeschichte. Frankfurt a. M.: Suhrkamp (orig. 1994).

Horster, Detlef (2009). Anerkennung. In: Dederich, Markus; Jantzen, Wolfgang (Hrsg.), Behinderung und Anerkennung. Stuttgart: Kohlhammer, S. 153–159.
Horster, Detlef; Jantzen, Wolfgang (Hrsg.) (2010). Wissenschaftstheorie. Stuttgart: Kohlhammer.
Hoyer, Jürgen; Knappe, Susanne (Hrsg.) (2021). Klinische Psychologie & Psychotherapie. 3., überarb. u. erw. Aufl. Berlin: Springer.
Huber, Johannes; Walter, Heinz (Hrsg.) (2015). Der Blick auf Vater und Mutter. Wie Kinder ihre Eltern erleben. Göttingen: Vandenhoeck & Ruprecht.
Huber, Sven; Calabrese, Stefania (Hrsg.) (2022.). Herausforderndes Verhalten in stationären Einrichtungen. Stuttgart: Kohlhammer.
Huber, Sven; Kirchschläger, Stephan (2019). Grenzen und Strafe in der Heimerziehung: Eine sozialpädagogische Studie. Opladen: Budrich.
Hubert Bolland, Anne-Dominique (2013). Was im Tanz zur Sprache kommt – Praxis der Integrativen Bewegungs- und Tanztherapie im ambulanten Setting. In: Rössler, Wulf; Matter, Birgit (Hrsg.), Kunst- und Ausdruckstherapien. Ein Handbuch für die psychiatrische und psychosoziale Praxis. Stuttgart: Kohlhammer, S. 191–200.
Hülshoff, Thomas (2022). Medizinische Grundlagen der Heilpädagogik. 4., überarb. Aufl. München: UTB.
Hünersdorf, Bettina (Hrsg.) (2015). Spiel-Plätze in der Stadt: Sozialraumanalytische, kindheits- und sozialpädagogische Perspektiven. Hohengehren: Schneider.
Hüther, Gerald; Quarch, Christoph (2018). Rettet das Spiel! Weil Leben mehr als Funktionieren ist. München: btb.
Hugoth, Matthias (2016). Allen Kindern gerecht werden? Inklusion, die Kinderrechte und der Capability-Ansatz. In: Hugoth, Matthias; Schwendemann, Wilhelm; Stöbener, André P. (Hrsg.), Menschenrechte und Inklusion. Münster: LIT-Verlag, S. 111–135.
Hummrich, Merle (2012) Zum Umgang mit interkultureller Heterogenität. In: Zeitschrift für Inklusion-online.net. https://www.inklusion-online.net/index.php/inklusion-online/article/view/41
Hummrich, Merle; Budde, Jürgen (2015). Intersektionalität und reflexive Inklusion. In: Sonderpädagogische Förderung heute, Heft 2/2015, S. 165–173.
Huppert, Christian (2015a). Inklusion und Teilhabe. Herausforderung zur Weiterentwicklung der Offenen Hilfen für behinderte Menschen. Marburg: Lebenshilfe-Verlag.
Huppert, Christian (2015b.) Offene Hilfen – Möglichkeiten und Grenzen der Mitgestaltung eines Weges zu einem inklusiven Gemeinwesen. In: Teilhabe 54 (3), S. 107–113.
Huppert, Christian (2017). Ambulante Dienste für behinderte Menschen – Entwicklungen, Herausforderungen und Perspektiven. In: Wansing, Gudrun; Windisch, Matthias (Hrsg.), Selbstbestimmte Lebensführung und Teilhabe. Stuttgart: Kohlhammer, S. 153–167.
Hurrelmann, Klaus (2008). Sozialisation. In: Mertens, Gerhard; Böhm, Winfried; Frost, Ursula; Ladenthin, Volker (Hrsg.), Handbuch der Erziehungswissenschaften, Bd. 1, Paderborn: F. Schöningh Verlag, S. 313–357.
Hurrelmann, Klaus; Bauer, Ulrich (2018). Einführung in die Sozialisationstheorie: Das Modell der produktiven Realitätsverarbeitung. 12. Aufl. Weinheim u. Basel: Beltz.
Husserl, Edmund (2009). Ideen zu einer reinen Phänomenologie und phänomenologischen Philosophie. Hamburg: Felix Meiner Verlag.
Huxel, Katrin (2013). Interkulturell. In: Inklusion-Lexikon. Online unter http://www.inklusion-lexikon.de/interkulturell_huxel.pdf
Iffländer, Raphaela; von Rhein, Michael (2022). Beratung und Begleitung im Rahmen der heilpädagogischen Früherziehung. In: Schweizerische Zeitschrift für Heilpädagogik, Jg. 28, 3/2022, S. 36–43.
Inckmann, Lisa; Wendt, Karin (Hrsg.) (2016). Das Kunsthaus Kannen Buch. Kunst der Gegenwart – Art Brut und Outsider Art. Bielefeld: Kerber-Verlag.
Interessenvertretung Selbstbestimmt Leben – ISL (2013). ABC des selbstbestimmten Lebens – Glossar. Online unter: https://www.isl-ev.de/index.php/verband-zentren/selbstbestimmt-leben-das-original-isl

Interessenvertretung Selbstbestimmt Leben – ISL (2018). Hamburger Programm. Online unter: https://www.isl-ev.de/attachments/article/962/Hamburger%20Programm%20der%20ISL_barrierefrei.pdf

Jäger, Ursula; Clausen, Jens Jürgen (2016). Kinder mit Aussicht. Leben und Erleben des (inklusiven) Alltags in einem Montessori-Kindergarten. Münster: LIT-Verlag.

James, Ian Andrew; Jackman, Loiusa (2019). Herausforderndes Verhalten bei Menschen mit Demenz: Einschätzen, verstehen und behandeln. 2. Aufl. Göttingen: Hogrefe.

Jantzen, Wolfgang (1992). Allgemeine Behindertenpädagogik, Bd. 1., Weinheim und Basel: Beltz.

Jantzen, Wolfgang (1999). Aspekte struktureller Gewalt im Leben geistig behinderter Menschen. Versuch, dem Schweigen eine Stimme zu geben. In: Seidel, Michael; Hennicke, Klaus (Hrsg.), Gewalt im Leben von Menschen mit geistiger Behinderung. Reutlingen: Diakonie-Verlag, S. 45–65.

Jantzen, Wolfgang (2002). Identitätsentwicklung und pädagogische Situation behinderter Kinder und Jugendlicher. In: Hackauf, Horst (Hrsg.), Gesundheit und Behinderung im Leben von Kindern und Jugendlichen (Materialien zum 11. Kinder- und Jugendbericht, Band 4). München: Deutsches Jugendinstitut, S. 317–394.

Jantzen, Wolfgang (2010). Integration und Exklusion. In: Kaiser, Astrid; Schmetz, Ditmar; Wachtel, Peter, Werner, Birgit (Hrsg.), Bildung und Erziehung. Stuttgart: Kohlhammer, S. 96–104.

Jantzen, Wolfgang (2016). Einführung in die Behindertenpädagogik. Eine Vorlesung. Berlin: Lehmanns.

Jantzen, Wolfgang (2018a). »Es kommt darauf an, sich zu verändern...«. Zur Methodologie und Praxis rehistorisierender Diagnostik und Intervention. Gießen: Psychosozial-Verlag.

Jantzen, Wolfgang (2018b). Behindertenpädagogik als synthetische Humanwissenschaft. In: Behindertenpadagogik 4/2018, 57. Jg., S. 349–373.

Jantzen, Wolfgang; Lanwer, Willehad (Hrsg.) (1996). Diagnostik als Rehistorisierung. Methodologie und Praxis einer verstehenden Diagnostik am Beispiel schwer behinderter Menschen. Berlin: Edition Marhold.

Jennessen, Sven; Ortland, Barbara (2018). Selbstbestimmte Sexualität – Wege der sexuellen Gesundheit für Menschen mit Behinderung. In: Walther, Kerstin; Römisch, Kathrin (Hrsg.), Gesundheit inklusive: Gesundheitsförderung in der Behindertenarbeit. Wiesbaden: Springer, S. 145–158.

Jennessen, Sven; Marsch, Kim; Schowalter, Rahel; Trübe, Jenny (2019). »Wenn wir Sex haben würden, dann wäre aber was los!« Sexuelle Selbstbestimmung als Element von Selbstbestimmung. In: Schweizerische Zeitschrift für Heilpädagogik, Jg. 25, 4/2019, S. 6–13.

Jeppel, Holger (2020). Das Schulprojekt »Herausspaziert – Erlebe Deine Fähigkeiten« im Kontext schulischer Inklusion. In: Greving, Heinrich; Reichenbach, Christina; Wendler, Michael (Hrsg.), Inklusion in der Heilpädagogik. Diskurse – Leitideen – Handlungskonzepte. Stuttgart: Kohlhammer, S.213–221.

Jödecke, Manfred (2017). Therapie. In: Ziemen, Kerstin (Hrsg.), Lexikon Inklusion. Göttingen: Vandenhoeck & Ruprecht, S. 222–224.

Jofer-Ernstberger, Stephanie (2018). Personzentrierte Spieltherapie lehren: Zugänge zu einer spieltherapeutischen Lehrkunst. Hohengehren: Schneider.

Jofer-Ernstberger, Stephanie (2019). Die spieltherapeutische Könnerschaft im Kontext heilpädagogischer Entwicklungsförderung von Kindern. In: heilpaedagogik.de 1/2019, S. 12–17.

Jofer-Ernstberger, Stephanie (2021). Heilpädagogik auf Einladung. Perspektiven auf die Arbeit heilpädagogischer Praxen als ambulante Dienstleister im Arbeitsfeld der Kindertagesstätte. In: BHP – Berufs- und Fachverband Heilpädagogik e.V. (Hrsg.), Heilpädagogik in der Kita. Inklusive Konzepte zu Diagnostik, Methoden und Beratung im Elementarbereich. Berlin: BHP-Verlag, S. 89–106.

Jogschies, Peter (2022). Prävention. In: Hedderich, Ingeborg; Biewer, Gottfried; Hollenweger, Judith; Markowetz, Reinhard (Hrsg.), Handbuch Inklusion und Sonderpädagogik. 2., akt. u. erw. Aufl. Bad Heilbrunn: Klinkhardt/ UTB, S. 314–318.

Jonas, Susanne Maria (2021). Heilpädagogisches Handeln in inklusiven Kindertageseinrichtungen. In: BHP-Verlag (Hrsg.), Heilpädagogik in der Kita. Inklusive Konzepte zu Diagnostik, Methoden und Beratung im Elementarbereich. Berlin: BHP-Verlag, S. 31–50.
Jordan, Micah; Schreiner, Mario (2017). Peer Counseling als Methode zur Unterstützung einer selbstbestimmten Lebensführung – ein Beratungskonzept und seine Wirkweisen. In: Wansing, Gudrun; Windisch, Matthias (Hrsg.), Selbstbestimmte Lebensführung und Teilhabe. Stuttgart: Kohlhammer, S. 168–180.
Juckel, Georg, Mavrogiorgou, Paraskevi (2021). »Liebe« und »Zärtlichkeit« als subjektive Bedürfnisse psychiatrischer Patienten. In: Nervenheilkunde 40/12, S. 946–951.
Julius, Henri; Goetze, Herbert (2000). Resilienz. In: Borchert, Johann (Hrsg.), Handbuch der Sonderpädagogischen Psychologie. Göttingen: Hogrefe, S. 294–304.
Jungbauer, Johannes (2017). Entwicklung des Kindes- und Jugendalters. Ein Lehrbuch für Studium und Praxis sozialer Berufe. Weinheim u. Basel: Beltz/Juventa.
Junker, Johannes (2018). Die Künstlerischen Therapien: ein Kooperationsmodell? In: von Spreti, Flora; Martius, Philipp; Steger, Florian (Hrsg.), Kunsttherapie. Wirkung – Handwerk – Praxis. Stuttgart: Schattauer, S. 385–389.
Kaack, Martina (2017). Inklusion und Exklusion in der Interaktion. Systemtheoretische Betrachtung am Beispiel einer pädagogischen Studie. Bielefeld: transcript-Verlag.
Kahle, Ute (2018). Einrichtungen der Behindertenhilfe im Wandel. In: Behindertenpädagogik 3/2018, S. 234–253.
Kahle, Ute (2019). Inklusion, Teilhabe und Behinderung. Herausforderungen und Perspektiven der Transformationsprozesse von Organisationen der Behindertenhilfe aus institutioneller Sicht. Marburg: Lebenshilfe-Verlag.
Kaiser-Kauczor; Cornelia (2019). Vom Fremdsein im gemeinsamen Alltag. In: Westphal, Manuela; Wansing, Gudrun (Hrsg.), Migration, Flucht und Behinderung. Wiesbaden: Springer/VS, S. 207–235.
Kaldenberg, Brigitte (2016). Entwicklung von Handlungsfähigkeit in der Ausbildung. In: Schmalenbach, Bernhard (Hrsg.,) Dimensionen der Heilpädagogik. Entwicklungsbegleitung, Gemeinschaftsbildung und Inklusion. Oberhausen: Athena Verlag, S. 317–331.
Kalff, Dora M. (2016). Sandspiel. Seine therapeutische Wirkung auf die Psyche. 5. Aufl. München: Ernst Reinhardt Verlag.
Kalicki, Bernhard (2020). Perspektiven einer Professionalisierung des Systems der Kindertagesbetreuung in Deutschland. In: heilpaedagogik.de 1/2020, 35. Jg., S. 6–9.
Kalisch, Raffael (2017). Der resiliente Mensch: Wie wir Krisen erleben und bewältigen. Neueste Erkenntnisse aus Hirnforschung und Psychologie. Berlin: Berlin-Verlag.
Kanz, Barbara (2019). Arbeitsrecht statt Werkstattstatus. In: Gemeinsam leben 3/2019, S. 169–174.
Karanjuloff, Britta; Ullrich, Stephan; Heüveldop, Dörte (2020). Inklusionsförderliche Aspekte Offener Arbeit in der Frühpädagogik – am Beispiel des Programms »Hannoversche Kindertagesstätten auf dem Weg zur Inklusion«. In: heilpaedagogik.de 1/2020, 35. Jg., S. 10–15.
Kardorff, Ernst von (2012). Stigmatisierung, Diskriminierung und Exklusion von Menschen mit Behinderungen. In: Moser, Vera; Horster, Detlef (Hrsg.), Ethik der Behindertenpädagogik. Menschenrechte, Menschenwürde, Behinderung. Eine Grundlegung. Stuttgart: Kohlhammer, S. 118–134.
Kardorff, Ernst von; Ohlbrecht, Heike (2015). Zugang zum allgemeinen Arbeitsmarkt für Menschen mit Behinderungen. Ergebnisse einer Expertise im Auftrage der Antidiskriminierungsstelle des Bundes. In: impulse Nr. 72, 01/2015, S. 22–27.
Karl, Dustin; Markl, Tobias; Renner, Gregor (2015). Ansteuerungsmöglichkeiten von elektronischen Kommunikationshilfen. In: Gesellschaft für Unterstützte Kommunikation (Hrsg.) Handbuch der Unterstützten Kommunikation. Karlsruhe: von Loeper.
Karpa, Jonas (2019). Warum »Handicap« das falsche Wort für Behinderung ist. https://leidmedien.de/aktuelles/warum-handicap-das-falsche-wort-fuer-behinderung-ist/
Kaschubowski, Götz (2016). Heilpädagogik in der Jugendhilfe. In: Schmalenbach, Bernhard (Hrsg.), Dimensionen der Heilpädagogik. Entwicklungsbegleitung, Gemeinschaftsbildung und Inklusion. Oberhausen: Athena Verlag, S. 236–247.

Kastl, Jörg M. (2017), Einführung in die Soziologie der Behinderung. 2. überarb. Aufl. Wiesbaden: Springer/VS.
Kastl, Jörg M.; Metzler, Heidrun (2015). Dezentralisierung und Inklusion. Tübingen: Zentrum zur interdisziplinären Erforschung der Lebenswelten behinderter Menschen.
Katzenbach, Dieter (2004). Anerkennung, Missachtung und geistige Behinderung. In: Ahrbeck, Bernd; Rauh, Bernhard (Hrsg.), Behinderung zwischen Autonomie und Angewiesensein. Stuttgart: Kohlhammer, S. 127–144.
Katzenbach, Dieter (2010), Bildung und Anerkennung. In: Musenberg, Oliver; Riegert, Judith (Hrsg.), Bildung und geistige Behinderung. Oberhausen: Athena Verlag, S. 93–114.
Kautter, Hansjörg; Klein, Gerhard; Laupheimer, Werner; Wiegand, Hans-Siegfried (1998). Das Kind als Akteur seiner Entwicklung. Idee und Praxis der Selbstgestaltung in der Frühförderung entwicklungsverzögerter und entwicklungsgefährdeter Kinder. 4. Aufl. Heidelberg: Universitätsverlag Winter.
Keeley, Caren (2017). Wohnen. In: Ziemen, Kerstin (Hrsg.), Lexikon Inklusion. Göttingen: Vandenhoeck & Ruprecht, S. 248–250.
Keeley, Caren (2018). Teilhabe durch Bildung – Bildung durch Teilhabe. Zugangsmöglichkeiten zur Erwachsenenbildung für Menschen mit Komplexer Behinderung. In: Erwachsenenbildung und Behinderung 1/2018, S. 18–29.
Keeley, Caren (2019). Partizipativ Forschen mit Menschen mit komplexem Unterstützungsbedarf. In: Teilhabe 3/19, Jh. 58, S. 96–102.
Keeley, Caren; Dins, Timo (2022). Verstehen und Verständigen in der (Gesundheits-)Krise: Ergebnisse des Forschungsprojekts ComCri zu den Auswirkungen der Corona-Pandemie auf Menschen mit komplexen Behinderungen. In: heilpaedagogik.de 4/2022, 37. Jg., S. 24–28.
Kempf, Matthias (2015). Kommunale Teilhabeplanung – ein Beispiel partizipativer und inklusiver Planungsprozesse im politischen Raum. In: Düber, Miriam; Rohrmann, Albrecht, Windisch, Marcus (Hrsg.), Barrierefreie Partizipation. Weinheim u. Basel: Beltz / Juventa, S. 218–234.
Kessl, Fabian (2018). Zukunft der Sozialpsychiatrie im Licht der gesellschaftlichen Megatrends. In: Kerbe – Forum für soziale Psychiatrie, Heft 1, 36. Jg., S. 4–8.
Kessl, Fabian; Reutlinger, Christian (2010). Sozialraum. Eine Einführung. 2.Aufl. Wiesbaden: VS-Verlag.
Keupp, Heiner (2000). 25 Jahre Gemeindepsychiatrie – Erfahrungen für Community Care? In: Ev. Stiftung Alsterdorf, Selbstbestimmung von Menschen mit Behinderung. Dokumentation des Kongresses Community Care. Hamburg, S. 12–15.
Kicey, Julia (2020). Aggression und selbstverletzendes Verhalten bei Menschen mit geistiger Beeinträchtigung: Körperorientierte Begleitangebote zur Unterstützung der Selbstregulation in Akutsituationen. Bern: Fachhochschule Soziale Arbeit. Online unter: https://files.www.soziothek.ch/source/BFH%20Bachelor-Thesen/Aggression_und_selbstverletzendes_Verhalten%20_Kicey.pdf
Kiefer, Christoph (2019). Kompetent ausbilden in der Kita: Ein Lehr- und Methodenbuch für Praxisanleiter/innen. Köln: Carl-Link-Verlag
Kiel, Ewald; Haag, Ludwig; Keller-Schneider, Manuela; Zierer, Klaus (Hrsg.) (2015). Umgang mit Heterogenität. Praxisorientierung, Fallbeispiele, Reflexionsaufgaben. Berlin: Cornelsen.
Kiessl, Heidrun (2015). Heilpädagogisches Know-how in der Begleitung von Kindern und Jugendlichen mit besonderen Herausforderungen im Kontext der Hilfen zur Erziehung. In: Deutscher Verein für öffentliche und private Fürsorge e.V.; Berufs- und Fachverband Heilpädagogik (BHP) e.V. (Hrsg.), Inklusion und Heilpädagogik. Kompetenz für ein teilhabeorientiertes Gemeinwesen. Berlin: Verlag des Deutschen Vereins für öffentliche und private Fürsorge, S. 89–124.
Kiessl, Heidrun (2019). Systemische Ansätze in der Heilpädagogik. Stuttgart: Kohlhammer.
Kießling, Ulrich; Flor, Susanne (2019). Jugendpsychiatrie und Jugendhilfe – eine unendliche Geschichte von Missverständnissen, fehlendem Vertrauen und Kompetenzstreit. Ideen zur Befriedung in Form einiger Fallstudien. In: Sozialpsychiatrische Informationen 1/2019, S. 18–23.
Kiphard, Ernst J. (1989). Psychomotorik in Theorie und Praxis. Gütersloh: Flöttmann Verlag.

Kipman, Ulrike (2022). Häufige Störungsbilder bei Kindern und Jugendlichen. Diagnostik und Fördermöglichkeiten. Berlin: Springer-Verlag.
Kiso, Carolin; Lotze, Miriam (2014). Ressourcenorientierung als Grundhaltung. In: Schwer, Christina; Solzbacher, Claudia (Hrsg.), Professionelle pädagogische Haltung. Bad Heilbrunn: Klinkhardt, S. 139–156.
Kiso, Carolin; Lotze, Miriam; Behrensen, Birgit (2014). Ressourcenorientierung in KiTa & Grundschule. Niedersächsisches Institut für frühkindliche Bildung und Entwicklung: Themenheft 24.
Kissling, Werner; Pitschel-Walz, Gabi (2004). Psychoedukation: Wirksamkeit und Durchführung. In: Rössler, Wulf (Hrsg.), Psychiatrische Rehabilitation. Berlin: Springer, S. 391–411.
Kistner, Hein (2014). Das eigene Leben studieren – vom Leben lernen. Biografiearbeit mit Menschen mit schwerer Behinderung im Umfeld von Sterben, Tod und Trauer. In: Maier-Michalitsch, Nicola; Grunick, Gerhard (Hrsg.), Leben bis zuletzt – Sterben, Tod und Trauer bei Menschen mit schweren und mehrfachen Behinderungen. Düsseldorf: verlag selbstbestimmtes leben, S. 155–177.
Kistner, Hein (2018a). LebensWege: Biografiearbeit von Menschen mit Behinderung. Düsseldorf: verlag selbstbestimmtes leben.
Kistner, Hein (2018b). Arbeitsassistenz. Ein Arbeitsbuch aus der Praxis für die Praxis. Düsseldorf: verlag selbstbestimmtes leben.
Kittay, Eva (2004). Behinderung und das Konzept der Care Ethik. In: Graumann, Sigrid (Hrsg.), Ethik und Behinderung. Ein Perspektivwechsel. Frankfurt: Campus, S. 67–80.
Kittay, Eva (2011). Die Ethik der Pflege, Abhängigkeit und Behinderung. In: Ratio Juris 24/1, S. 49–58.
Kitwood, Tom (2019). Demenz. Der person-zentrierte Ansatz im Umgang mit verwirrten Menschen. 8. Aufl. Göttingen: Hogrefe.
Kiuppis, Florian (2014). Heterogene Inklusivität, inklusive Heterogenität. Fallstudie über den Bedeutungswandel imaginierter pädagogischer Konzepte im Kontext internationaler Organisationen. Münster, New York: Waxmann.
Kiuppis, Florian (2018). Interkulturelle Öffnung und die verdrängte Thematik: Kinder mit Behinderungen und Zuwanderungsgeschichte. 5. Diversity-Tag. Freiburg, S. 54–60. Online unter: https://www.freiburg.de/pb/site /Freiburg/get/params_E-10532183/1234339/retrospektive_Diversitytag_2017.pdf
Kiuppis, Florian (2022). Inklusion und Bildung international: UNESCO. In: Hedderich, Ingeborg; Biewer, Gottfried; Hollenweger, Judith; Markowetz, Reinhard (Hrsg.) (2016), Handbuch Inklusion und Sonderpädagogik. 2., akt. u. erw. Aufl. Bad Heilbrunn: Klinkhardt/UTB, S.638–643.
Kiuppis, Florian; Kurzke-Maasmeier, Stefan (Hrsg.) (2012). Sport im Spiegel der UN-Behindertenrechtskonvention. Interdisziplinäre Zugänge und politische Positionen. Stuttgart: Kohlhammer.
Kiuppis, Florian; Hensel; Philipp (2019). Sport und Inklusion. Ein neues Verständnis von Wir im Team. In: Vierteljahrsschrift für Heilpädagogik und ihre Nachbargebiete (VHN) 4/2019, S. 264–277.
Kizilhan, Jan Ilhan (2007). Potenziale und Belastungen psychosozialer Netzwerke in der Migration. In: Theda Borde, Theda; David, Matthias (Hrsg.), Migration und seelische Gesundheit. Psychische Belastungen und Potenziale. Frankfurt a.M.: Mabuse, S. 53–68.
Klafki, Wolfgang (2007). Neue Studien zur Bildungstheorie und Didaktik. 6.AuflWeinheim u. Basel: Beltz.
Klafki, Wolfgang (2011). Die bildungstheoretische Didaktik im Rahmen kritisch-konstruktiver Erziehungswissenschaft. In: Gudjons, Herbert; Winkel, Rainer (Hrsg.), Didaktische Theorien. Hamburg: Bergmann & Helbig, S. 13–34.
Klauß, Theo (2008). Wohnen so normal wie möglich. Ein Wohnprojekt für Menschen mit Autismus. Heidelberg: Winter-Verlag/Edition Schindele.
Klauß, Theo (2018). »Weshalb tut er das…?« Herausfordernde Verhaltensweisen bei Menschen mit kognitiver Beeinträchtigung. In: Domenig, Dagmar; Schäfer, Urs (Hrsg.), Auffallend herausfordernd! Begleitung zwischen Selbstbestimmung und Überforderung. Zürich: Seismo Verlag, S. 15–32.

Klauß, Theo; Niehoff, Ulrich; Terfloth, Karin (2018). Das Recht auf sozialraum- und inklusionsorientiertes Wohnen – aber wie? In: Teilhabe 1/2018, Jg. 57, S. 4–9.
Klee, Ernst (1978). Psychiatrie- Report. Frankfurt a. M.: Fischer.
Klee, Ernst (2010). ›Euthanasie‹ im Dritten Reich. Die Vernichtung lebensunwerten Lebens. Frankfurt a. M.: Fischer.
Klein, Barbara (2021). Assistive und andere Technologien. In: Schäfers; Markus; Welti, Felix (Hrsg.), Barrierefreiheit – Zugänglichkeit – Universelles Design. Zur Gestaltung teilhabeförderlicher Umwelten. Bad Heilbrunn: Klinkhardt, S. 122–132.
Klein, Martin; Tenambergen, Thomas (2016). Berufliche Teilhabe für Menschen mit Behinderungen. Integrationsprojekte in Deutschland. Stuttgart: Kohlhammer.
Klein, Michael; Thomasius, Rainer; Moesgen, Diana (2017). Kinder von suchtkranken Eltern – Grundsatzpapier zu Fakten und Forschungslage. In: Kinder aus suchtbelasteten Familien, hrsg. von der Drogenbeauftragten der Bundesregierung. Online unter: https://www.bundesgesundheitsministerium.de/fileadmin/Dateien/5_Publikationen/Drogen_und_Sucht/Broschueren/Broschuere_Kinder_aus_suchtbelasteten_Familen.pdf
Klein, Ute (Hrsg.) (2010). Inklusive Hochschule. Neue Perspektiven für Praxis und Forschung. Weinheim und Basel: Beltz Juventa.
Klein-Landeck, Michael; Pütz, Tanja (2019). Montessori-Pädagogik. Einführung in Theorie und Praxis. Freiburg i.B.: Herder.
Klemm, Klaus (2020. Bildungspolitische Strategien inklusiver Bildung in Deutschland. Expertise im Auftrag des AFET-Bundesverband für Erziehungshilfe e.V., Essen. URL: https://www.afet-ev.de/assets/projekte/2020-03_Expertise_Prof.Dr.Klemm_ism.pdf
Klemm, Klaus; Zorn, Dirk (2018). Lehrkräfte dringend gesucht. Bedarf und Angebot für die Primarstufe. Bertelsmann-Stiftung. Online unter: https://www.bertelsmann-stiftung.de/fileadmin/files/BSt/Publikationen/GrauePublikationen/BST-17-032_Broschuere-Lehrkraefte_dringend_gesucht_GESAMT_WEB.pdf
Klie, Thomas; Bruker, Christine (2016). Versorgungskoordination bei Familien mit schwer und lebensverkürzend erkrankten Kindern. Freiburg: Institut für angewandte Sozialforschung an der Ev. Hochschule Freiburg.
Klinger, Cornelia; Knapp, Gudrun (Hrsg.) (2008). Über-Kreuzungen: Fremdheit, Ungleichheit, Differenz. 2. Aufl. Münster: Westfälisches Dampfboot.
Klingler, Birte (2019). Arbeit am Subjekt? Kinder und Jugendliche in der Hilfe-Planung. München: Reinhardt.
Klingst, Martin (2017). Menschenrechte. Bonn: Bundeszentrale für politische Bildung (bpb).
Klösch, Michael, Dieplinger, Anna-Maria (2020). Qualitätskriterien von Journal Clubs. In: Das Journal-Club-Booklet. Wiesbaden: Springer, S. 3–6. Online unter: https://doi.org/10.1007/978-3-658-29466-3_2
Knappstein, Thomas (2004). Das Sandspiel in der psychosozialen Praxis. In: BHP (Hrsg.), Jahrbuch Heilpädagogik 2004. Berlin: BHP-Verlag, S. 50–9. Online unter: https://www.sandspiel.net/download/sandspiel_psychosoziale_praxis.pdf
Knauer, Raingard; Sturzenhecker, Benedikt (Hrsg.) (2016). Demokratische Partizipation von Kindern. Weinheim und Basel: Beltz / Juventa.
Knauf, Helen (2022). Hochschule. In: Hedderich, Ingeborg; Biewer, Gottfried; Hollenweger, Judith; Markowetz, Reinhard (Hrsg.), Handbuch Inklusion und Sonderpädagogik. 2., akt. u. erw. Aufl. Bad Heilbrunn: Klinkhardt, S. 307–312.
Knauf, Helen; Knauf, Marcus (2019). Schulische Inklusion in Deutschland 2009–2017. Eine bildungsstatistische Analyse aus Anlass des 10. Jahrestags des Inkrafttretens der UN-Behindertenrechtskonvention. Online unter: https://www.pedocs.de/volltexte/2019/16689/pdf/Knauf_2019_Schulische_Inklusion_in_Deutschland.pdf
Kniel, Adrian; Windisch, Matthias (1999). Neue Konzepte für ein Leben mit Behinderung in der Kommune. In: Dietz, Berthold; Eißel, Dieter; Naumann, Dirk (Hrsg.), Handbuch der kommunalen Sozialpolitik. Opladen: Leske & Budrich, S. 271–284.
Kniel, Adrian; Windisch, Matthias (2005). People First. Selbsthilfegruppen von und für Menschen mit geistiger Behinderung. München u. Basel: Reinhardt.
Knödler, Christoph (2022). Grundlagen – SGB VIII: Kinder- und Jugendhilfe: Textausgabe mit praxisorientierter Einführung. Regensburg: Walhalla Rechtshilfen.

Kobelt Neuhaus, Daniela (2017). Methodenbuch Inklusion in der frühen Kindheit. Planungsschritte in der Praxis umsetzen. Freiburg i. Br.: Herder.
Kobi, Emil E. (1982). Heilpädagogik im Abriss. 4. Aufl. Liestal: SVHS.
Kobi, Emil E. (2009). Grundfragen der Heilpädagogik. Eine Einführung in heilpädagogisches Denken. 5. Aufl. Bern: Haupt.
Koch, Katja; Ellinger, Stephan (Hrsg.) (2015). Empirische Forschungsmethoden in der Heil- und Sonderpädagogik: eine Einführung. Göttingen: Hogrefe.
Köbsell, Swantje (2009). Behindertenbewegung. In: Dederich, Markus; Jantzen, Wolfgang (Hrsg.), Behinderung und Anerkennung. Stuttgart: Kohlhammer, S. 217–221.
Köbsell, Swantje (2012). Integration/Inklusion aus Sicht der Disability Studies: Aspekte aus der internationalen und der deutschen Diskussion. In: Rathgeb, Kerstin (Hrsg.), Disability Studies. Kritische Perspektiven für die Arbeit am Sozialen. Wiesbaden: Springer-VS, S. 39–54.
Köbsell, Swantje (2013). »Sonderpädagogik – nein danke!«. Sonderpädagogik und die Krüppel- und Behindertenbewegung. In: Rohrmann, Eckhard (Hrsg.), Aus der Geschichte lernen, Zukunft gestalten. Inklusive Bildung und Erziehung in Vergangenheit, Gegenwart und Zukunft. Marburg: Tectum Verlag, S. 95–107.
Köbsell, Swantje (2019). »Disabled asylum seekers? ... They don't really exist«. Zur Unsichtbarkeit behinderter Flüchtlinge im Hilfesystem und im behindertenpolitischen Diskurs. In: Westphal, Manuela; Wansing, Gudrun (Hrsg.) ‚Migration, Flucht und Behinderung. Wiesbaden: Springer/VS, S. 63–80.
Kölch, Martin; Ziegenhain, Ute; Fegert, Jörg M. (Hrsg.) (2014). Kinder psychisch kranker Eltern. Herausforderungen für eine interdisziplinäre Kooperation in Beratung und Versorgung. Weinheim und Basel: Beltz/Juventa.
Kölch, Michael; Rassenhofer, Miriam; Fegert, Jörg M. (Hrsg.) (2020). Klinikmanual: Kinder und Jugendpsychiatrie und -psychotherapie. 3. Aufl. Berlin: Springer.
Köpcke, Jessica L. (2019). Experten in eigener Sache – Menschen mit Beeinträchtigung in der Ausbildung von Sonder- und Heilpädagogen. Hamburg: Verlag Dr. Kovac.
Köpfer, Andreas (2017). Unterstützung/Support. In: Ziemen, Kerstin (Hrsg.) Lexikon Inklusion. Göttingen: Vandenhoeck & Ruprecht, S. 239–240.
Köpfer, Andreas (2021). Rekonstruktion und Inklusion – Perspektiven und Spannungsfelder rekonstruktiver Inklusionsforschung in der Erziehungswissenschaft – In: QfI – Qualifizierung für Inklusion 3 (2021) 1. Online unter: https://www.pedocs.de/volltexte/2021/23421/pdf/Koepfer_2021_1_QfI_Rekonstruktion.pdf
Kohler, Jürgen (2022). Wissenschaftlich denken und handeln in der Heil- und Sonderpädagogik: Zur Gemeinsamkeit von Forschung und Praxis. Weinheim und Basel: Beltz.
Kokemoor, Klaus (2005). Die Psychomotorische Praxis Aucouturier in der Arbeit mit autistischen Kindern. In: Denkschrift Autismus Deutschland, Heft 60. Online unter: https://www.autismuskonzept.de/publikationen/artikel-in-fachzeitschriften/artikel-psychomotorik-aucouturier-mit-autistischen-kindern/?L=0
Kokemoor, Klaus (2017). Inklusion und die Bedeutung der eigenen Kraft. In: Amirpur, Donja; Platte, Andrea (Hrsg.,) Handbuch inklusive Kindheiten. Opladen: Verlag B. Budrich/UTB, S. 367–382.
Kollodzieyski, Tanja (2020). Ableismus. Berlin: Subkultur-Verlag.
Konrad, Michael (2013). Psychiatrische Familienpflege – Geschichte und Forschung. In: Praxiswissen Psychosozial 15/2103. Online unter: https://www.psychiatrie.de/fileadmin/user_files/Gemeinsame_Dateien/PDF-Datein/konrad_Familienpflege.pdf
Konrad, Michael (2019). Die Assistenzleistung. Anforderungen an die Eingliederungshilfe durch das BTHG. Köln: Psychiatrie-Verlag.
Konrad, Michael; Rosemann, Matthias (2016). Betreutes Wohnen – Mobile Unterstützung zur Teilhabe. Köln: Psychiatrie Verlag.
Kopyczinski, Wolfgang (2020). Assistenz im Bundesteilhabegesetz. In: Teilhabe 2/2020, Jg. 59, S. 72–76.
Korte, Hermann; Schäfers, Bernhard (Hrsg.) (2016). Einführung in die Hauptbegriffe der Soziologie. 9., überarb. u. akt. Aufl. Wiesbaden: Springer/VS.

Kramer, Myriam (2019). Frühe Förderung von Kindern mit Fluchterfahrung. In: Gebhard, Brigitte; Möller-Dreischer, Sebastian; Seidel, Andreas; Sohns, Armin (Hrsg.), Frühförderung wirkt – von Anfang an. Stuttgart: Kohlhammer, S. 184–190.
Kranert, Hans-Walter; Stein, Roland (2021). Berufliche Bildung in Werkstätten für Menschen mit Behinderung. Evaluation der harmonisierten Bildungsrahmenpläne. Bielefeld: wbv Media.
Krappmann, L. (2000). Soziologische Dimensionen der Identität. Strukturelle Bedingungen für die Teilnahme an Interaktionsprozessen. Stuttgart: Klett-Cotta.
Kraus, Björn (2006). Lebenswelt und Lebensweltorientierung. Eine begriffliche Revision als Angebot an eine systemisch-konstruktivistische Sozialarbeitswissenschaft. In: Kontext. Zeitschrift für Systemische Therapie und Familientherapie. 37/2006, S. 116–129. Online unter: https://www.pedocs.de/volltexte/2016/12387/pdf/Kontext_2006_2_Kraus_Lebenswelt.pdf (Stand 07.07.2021)
Kraus, Björn (2016). Macht – Hilfe – Kontrolle. Grundlegungen und Erweiterungen eines systemisch-konstrukti-vistischen Machtmodells. In: Kraus, Björn; Krieger, Wolfgang (Hrsg.), Macht in der Sozialen Arbeit – Interaktionsverhältnisse zwischen Kontrolle, Partizipation und Freisetzung. 4. überarb. u. erw. Aufl. Jacobs, S. 101–130.
Krauthausen, Raul (2014). Dachdecker wollte ich eh nicht werden. Das Leben aus der Rollstuhlperspektive. Reinbek bei Hamburg: Rowohlt.
Krauthausen, Raul (2017). Team Wallraff und die Konsequenzen. Online unter: https://raul.de/leben-mit-behinderung/wallraff-lebenshilfe-und-die-konsequenzen/
Kremsner, Gertraud (2017). Vom Einschluss der Ausgeschlossenen zum Ausschluss der Eingeschlossenen. Biografische Erfahrungen von so genannten Menschen mit Lernschwierigkeiten. Bad Heilbrunn: Klinkhardt.
Kreuzer, Max; Ytterhus, Borgunn (Hrsg.) (2011). Dabeisein ist nicht alles. Inklusion und Zusammenleben im Kindergarten. 2., akt. Aufl. München: Reinhardt.
Kriz, Jürgen (2014). Grundkonzepte der Psychotherapie. 7., überarb. u. erw. Aufl. Weinheim u. Basel: Beltz.
Krönig, Franz K. (2017). Inklusion, Prävention und Diagnostik. Rekonstruktionsversuch verdeckter Widersprüche. In: Amirpur, Donja; Platte, Andrea (Hrsg.), Handbuch inklusive Kindheiten. Opladen: Verlag B. Budrich/UTB, S. 51–63.
Kronauer, Martin (2010). Exklusion. Die Gefährdung des Sozialen im hochentwickelten Kapitalismus. 2., akt. u. erw. Aufl. Frankfurt a. M.: Campus.
Kronenberg, Beatrice (2016). Was heilt die Heilpädagogik? Was ist besonders an der Sonderpädagogik? Überlegungen zu einigen Grundbegriffen der Heil- und Sonderpädagogik. In: Schweizerische Zeitschrift für Heilpädagogik, Jg. 22, Heft 5–6, S. 6–14.
Krstoski, Igor; Fröhlich, Nina; Reinhard, Sven (2019). Das Tablet in der Unterstützten Kommunikation. Tipps und Ideen zur Förderung von Kommunikationsfähigkeiten mithilfe des iPads. Hamburg: Persen Verlag.
Krüger, Heinz-Hermann; Helsper, Werner (2010). Einführung in die Grundbegriffe und Grundfragen der Erziehungswissenschaft. 9. Aufl. Opladen: Verlag B. Budrich.
Krüger-Potratz, Marianne (2017). Interkulturelle Pädagogik und inklusive Bildung. In: Amirpur, Donja; Platte, Andrea (Hrsg.) (2017), Handbuch inklusive Kindheiten. Opladen: Verlag B. Budrich/UTB, S. 101–114.
Kruschel, Robert; Hinz, Andreas (Hrsg.) (2015). Zukunftsplanung als Schlüsselelement von Inklusion. Praxis und Theorie personenzentrierter Planung. Bad Heilbrunn: Klinkhardt.
Kruse, Andreas (2021). Gerontologie. In: Pantel, Johannes; Bollheimer, Cornelius; Kruse, Andreas; Schröder, Johannes; Sieber, Cornel; Tesky, Valentina (Hrsg.), Praxishandbuch Altersmedizin. Geriatrie – Gerontopsychiatrie – Gerontologie. 2., erw. u. überarb. Aufl. Stuttgart: Kohlhammer, S. 65–68.
Kuckartz Udo (2018). Qualitative Inhaltsanalyse. Methoden, Praxis, Computerunterstützung. 4. überarb. Aufl. Weinheim und Basel: Beltz / Juventa.
Küchenhoff, Joachim (2012). Psychose. Gießen: Psychosozial-Verlag.
Küppers, Carolin (2014). Intersektionalität. Gender Glossar. Online unter: https://gender-glossar.de/i/item/25-intersektionalitaet

Kuhl, Jan; Euker, Nils (Hrsg.) (2016). Evidenzbasierte Diagnostik und Förderung von Kindern und Jugendlichen mit intellektueller Beeinträchtigung. Bern: Hogrefe.
Kuhlenkamp, Stefanie (2022). Lehrbuch Psychomotorik. 2., überarb. Aufl. München: E. Reinhardt Verlag/UTB.
Kuhlmann, Carola (2013). Erziehung und Bildung. Einführung in die Geschichte und Aktualität pädagogischer Theorien. Wiesbaden: VS-Verlag.
Kuhn, Andreas (2015). Ungleichheit, Teilhabe, Exklusion. Systematische Anfänge der Sonderpädagogik als pädagogische Theorie und Praxis. Bad Heilbrunn: Klinkhardt.
Kuhn, Thomas S. (1996). Die Struktur wissenschaftlicher Revolutionen. 13. Aufl. Frankfurt a. M.: Suhrkamp.
Kuhn-Zuber, Gabriele; Bohnert, Cornelia (2016). Recht in der Heilpädagogik und Heilerziehungspflege. 2. Aufl. Freiburg i.Br.: Lambertus.
Kuiper, Piet C. (1991). Seelenfinsternis. Die Depression eines Psychiaters. Frankfurt a.M.: Fischer.
Kulig, Wolfram (2006). Soziologische Anmerkungen zum Inklusionsbegriff in der Heil- und Sonderpädagogik. In: Theunissen, Georg; Schirbort, Kerstin (Hrsg.), Inklusion von Menschen mit geistiger Behinderung. Stuttgart: Kohlhammer, S. 49–55.
Kulig, Wolfram; Leuchte, Vico (2015). Diskriminierung (Etikettierung, Stigmatisierung, Ausgrenzung). In: Theunissen, Georg; Kulig, Wolfram; Leuchte, Vico; Paetz, Henriette (Hrsg.), Handlexikon Autismus-Spektrum. Stuttgart: Kohlhammer, S. 104–106.
Kulig, Wolfram; Theunissen, Georg (2022). Empowerment. In: Hedderich, Ingeborg; Biewer, Gottfried; Hollenweger, Judith; Markowetz, Reinhard (Hrsg.), Handbuch Inklusion und Sonderpädagogik. 2., akt. u. erw. Aufl, Bad Heilbrunn: Klinkhardt / UTB, S. 116–120.
Kunstwerkstatt Waldau (2021). Die Kunstwerkstatt Waldau gewinnt den Preis der Bürgergemeinde Bern für Inklusion. Online: https://www.kunstwerkstattwaldau.ch/index-Dateien/verein.php
Kunz, Daniel (2022). Der Befähigungsansatz als Schlüsselaspekt von Behinderung und Sexualität in der Behindertenhilfe. In: Menschen. Zeitschrift für gemeinsames Leben, Lernen und Arbeiten, 5/2022, 45. Jg., S. 61–66.
Kurzke-Maasmeier, Stefan (2009). Vor der Fürsorge zur Selbstbestimmung. Die UN-Behindertenrechtskon-vention als Herausforderung für Soziale Dienste, Soziale Professionen und Gemeinwesen. Institut Mensch, Ethik und Wissenschaft.
Kusay-Merkle, Ursula (2021). agiles Projektmanagement im Berufsalltag. Berlin: Springer.
Kuster, Jürg; Bachmann, Christian; Huber, Eugen; Hubmann, Mike; Lippmann, Robert; Schneider, Emil; Schneider, Patrick; Witschi, Urs; Wüst, Roger (2019), Handbuch Projektmanagement. Agil – Klassisch – Hybrid. 4. vollst. überarb. u. erw. Aufl. Heidelberg: Springer.
Ladenthin, Volker (2010). Kompetenzorientierung als Indiz pädagogischer Orientierungslosigkeit. In: Vierteljahresschrift für wissenschaftliche Pädagogik 86/3, S. 346–358.
Lage, Dorothea (2022). Unterstützte Kommunikation. In: Hedderich, Ingeborg; Biewer, Gottfried; Hollenweger, Judith; Markowetz, Reinhard (Hrsg.), Handbuch Inklusion und Sonderpädagogik. 2., akt. u. erw. Aufl. Bad Heilbrunn: Klinkhardt, S. 385–390.
Lamers, Wolfgang (Hrsg.) (2018). Teilhabe von Menschen mit schwerer und mehrfacher Behinderung an Alltag, Arbeit, Kultur. Oberhausen: Athena-Verlag.
Lamers, Wolfgang; Musenberg, Oliver; Sansour, Teresa (Hrsg.) (2021). Qualitätsoffensive – Teilhabe von erwachsenen Menschen mit schwerer Behinderung. Oberhausen: Athena-Verlag.
Lamnek, Siegfried; Krell, Claudia (2016). Qualitative Sozialforschung. Weinheim und Basel: Beltz.
Langensiepen, Katrin (2021). Überwindung des Werkstattsystems. Online unter: https://www.katrin-langensiepen.eu/de/article/157.%C3%BCberwindung-des-werkstattsystems.html
Langer, Andreas; Frei, Fabian (2016). Kurzzeitwohnen für Kinder und Jugendliche mit Behinderung und deren Familien: eine wissenschaftliche Evaluation im Neuen Kupferhof. Münster: Waxmann.
Langmaack, Barbara (2017). Einführung in die Themenzentrierte Interaktion. 6. Aufl. Weinheim und Basel: Beltz.

Langner, Anke (2012). Inklusion – eine »enorme« Kraftanstrengung für die Eltern. Neu-Ulm: SPAK.
Langner, Anke (2017). Assistenz – unter der Bedingung schwerster Behinderung. In: Ziemen, Kerstin (Hrsg.), Lexikon Inklusion. Göttingen: Vandenhoeck & Ruprecht, S. 16–18.
Lanwer, Willehad (2006). Diagnostik. Methoden in Heilpädagogik und Heilerziehungspflege. Troisdorf: Bildungsverlag EINS.
Lanwer, Willehad (2009). Zur Bedeutung und Funktion von Therapie im (heil-)pädagogischen Handeln. In: Dederich, Markus; Greving, Heinrich; Mürner, Christian; Rödler, Peter (Hrsg.), Heilpädagogik als Kulturwissenschaft. Menschen zwischen Medizin und Ökonomie. Gießen: Psychosozial-Verlag, S. 151–168.
Largo, Remo H. (2017). Das passende Leben: Was unsere Individualität ausmacht und wie wir sie leben können. Frankfurt a. M.: Fischer.
Largo, Remo H. (2019). Kinderjahre. Die Individualität des Kindes als erzieherische Herausforderung. 2. Aufl. München: Piper.
Laubner, Marian; Lindmeier, Bettina; Lübeck, Anika (Hrsg.) (2022). Schulbegleitung in der inklusiven Schule. Grundlagen und Praxis. 2. Aufl. Weinheim und Basel: Beltz.
Lebenshilfe Münster (2018). Der Kurzzeitwohnbereich im Wohnnest. Unser Konzept. Münster. Online unter: https://www.lebenshilfe-muenster.de/de/wohnen/wohnnest/kurzzeitbereich.php
Leber, Irene (2020). Diagnostik der präintentionalen Kommunikation. In: Boenisch, Jens; Sachse, Stefanie K. (Hrsg.), Kompendium Unterstützte Kommunikation. Stuttgart: Kohlhammer, S. 170–178.
Lehmhaus, Dagmar; Reiffen-Züger, Bertke (2018). Spiel und Spielen in der psychodynamischen Kinder- und Jugendlichen-Psychotherapie. Stuttgart: Kohlhammer.
Leginovic, Sandra (2014). Heilpädagogische Familienhilfe. Ein neues Konzept für die ambulante Jugendhilfe. Berlin: BHP-Verlag.
Leidig, Tatjana; Hanisch, Charlotte; Vögele, Ulrike; Niemeier, Émilie; Gerlach, Silke; Hennemann, Thomas (2021). Professionalisierung im Kontext externalisierender Verhaltensprobleme. Entwicklung eines Qualifizierungs- und Begleitkonzepts für Lehrkräfte an Förderschulen mit dem Förderschwerpunkt Emotionale und soziale Entwicklung. In: Emotionale und soziale Entwicklung in der Pädagogik der Erziehungshilfe und bei Verhaltensstörungen, ESE 3/2021, S. 88–98.
Leith, Katherine (2021). Grundlagen ethischen Handelns in der Sozialen Arbeit. 2. Aufl. Bremen: Apollon University Press.
Lelgemann, Reinhard; Müller, Jörn (Hrsg.) (2018). Menschliche Fähigkeiten und komplexe Behinderungen Philosophie und Sonderpädagogik im Gespräch mit Martha Nussbaum. Darmstadt: wbg-academic.
Lenz, Albert (2022). Kinder psychisch kranker Eltern stärken. Informationen zur Förderung von Resilienz in Familien, Kindergarten und Schule. Göttingen: Hogrefe.
Lenz, Albert; Riesberg, Ulla; Rothenberg, Birgit; Sprung, Christiane (2010). Familie leben trotz intellektueller Beeinträchtigung. Begleitete Elternschaft in der Praxis. Freiburg: Lambertus.
Leonhardt, Annette (2022). Grundwissen Hörgeschädigten-Pädagogik (Basiswissen der Sonder- und Heilpädagogik). 5. Akt. Aufl. München: E. Reinhardt Verlag/UTB.
Lévinas, Emmanuel (2012). Die Spur des Anderen: Untersuchungen zur Phänomenologie und Sozialphilosophie. Baden-Baden: Verlag Karl Alber.
Levold, Tom; Wirsching, Michael (Hrsg.) (2016). Systemische Therapie und Beratung. Heidelberg: Carl Auer.
Lieb, Hans (2020). Krisen: Merkmale, Varianten, Bewältigung. In: Psychotherapie im Dialog, Heft 21, S. 25–32.
Lindemann, Holger (2019). Konstruktivismus, Systemtheorie und praktisches Handeln. Eine Einführung für pädagogische, psychologische, soziale, gesellschaftliche und betriebliche Handlungsfelder. Göttingen: Vandenhoeck & Ruprecht.
Lindmeier, Bettina; Lindmeier, Christian (2012). Pädagogik bei Behinderung und Benachteiligung. Band 1: Grundlagen. Stuttgart: Kohlhammer.
Lindmeier, Bettina; Oermann, Lisa (2017). Biographiearbeit mit behinderten Menschen im Alter. Weinheim u. Basel: Beltz/Juventa.

Lindmeier, Christian (2013). Biografiearbeit mit geistig behinderten Menschen. Ein Praxisbuch für Einzel- und Gruppenarbeit. 4. Aufl. Weinheim u. Basel: Beltz/Juventa.
Lindmeier, Christian (2016). Heilpädagogisches Handeln in Zeiten der Inklusion. In: Schmalenbach, Bernhard (Hrsg.), Dimensionen der Heilpädagogik. Entwicklungsbegleitung, Gemeinschaftsbildung und Inklusion. Oberhausen: Athena Verlag, S. 30–41.
Lindmeier, Christian (2019) Differenz, Inklusion, Nicht/Behinderung. Grundlinien einer diversitätsbewussten Pädagogik. Stuttgart: Kohlhammer.
Lingg, Albert; Theunissen, Georg (2017). Psychische Störungen und geistige Behinderungen: Ein Lehrbuch und Kompendium für die Praxis, 7., akt. Aufl. Freiburg i.Br.: Lambertus.
Lob-Hüdepohl, Andreas (2007). Exklusive versus inklusive Solidaritäten. In: Dederich, Markus; Grüber, Kathrin (Hrsg.), Herausforderungen. Mit schwerer Behinderung leben. Frankfurt: Mabuse-Verlag, S. 161–174.
Lob-Hüdepohl, Andreas (2010). Vielfältige Teilhabe als Menschenrecht – ethische Grundlage inklusiver Praxis. In: Wittig-Koppe, Holger; Bremer, Fritz; Hansen, Hartwig (Hrsg.), Teilhabe in Zeiten verschärfter Ausgrenzung? Kritische Beiträge zur Inklusionsdebatte. Neumünster: Paranus-Verlag, S. 13–21.
Lob-Hüdepohl, Andreas (2018). Vielfalt als Bereicherung? Die Behindertenrechtskonvention zwischen Toleranz und Neugier. In: Kerbe. Forum für soziale Psychiatrie 36 Nr. 1, S. 15–17.
Loeken, Hiltrud; Windisch, Matthias (2013). Behinderung und Soziale Arbeit. Beruflicher Wandel – Arbeitsfelder – Kompetenzen. Stuttgart: Kohlhammer.
Lohaus, Arnold; Vierhaus, Marc (2019). Entwicklungspsychologie des Kindes- und Jugendalters für Bachelor. 4., vollst. überarb. Aufl. Berlin: Springer.
Lorde, Audre (1999). There is no hierarchy of oppression. In: Brandt, Eric (Hrsg.) Dangerous Liasons: Blacks, Gays and the struggle for Equalitz, New York: New York Press.
Lotz, Dieter (Hrsg.) (2013). Heilpädagogische Diagnostik – Erkenntniswege zum Menschen. Berlin: BHP-Verlag.
Lotz, Dieter (2020). Heilpädagogik – über die Beharrlichkeit eines Begriffs. In: heilpaedagogik.de 2/2020, 35. Jg., S. 22–24.
Lovatt, Peter (2021). Tanz einfach! Wie Rhythmus und Musik gesund, glücklich und stark macht. Kirchzarten: VAK Verlag.
Ludwig, Harald; Fischer, Reinhard; Klein-Landeck, Michael (Hrsg.) (2009). 100 Jahre Montessori-Haus. Geschichte und Aktualität eines pädagogischen Konzepts. Münster: LIT-Verlag.
Ludwig-Körner, Christiane (2014). Frühe Hilfen und Frühförderung. Eine Einführung aus psychoanalytischer Sicht. Stuttgart: Kohlhammer.
Ludwig-Körner, Christiane; Krauskopf, Karsten; Stegemann, Ulla (Hrsg.) (2016). Frühe Hilfen – Frühförderung – Inklusion. Stärkung der Eltern-Kind-Beziehung im Kindergarten. Gießen: Psychosozial-Verlag.
Lübeck, Anika (2019). Außen vor und doch dabei? Zur Einbindung der Schulbegleitung im schulischen Kollegium. In: Laubner, Marian; Lindmeier, Bettina; Lübeck, Anika (Hrsg.), Schulbegleitung in der inklusiven Schule. Grundlagen und Praxis. 2. Aufl., Weinheim und Basel: Beltz, S. 66–73.
Lübeck, Anika (2020). Schulbegleitung in der inklusiven Schule. Chancen und Grenzen einer einzelfallorientierten Teilhabeförderung. In: Behindertenpädagogik 1/2020, 59. Jg., S. 7–28.
Lueken, Geert-Lueke (2010). Paradigma/Paradigmawechsel. In: Horster, Detlef; Jantzen, Wolfgang (Hrsg.), Wissenschaftstheorie. Stuttgart: Kohlhammer, S. 162–166.
Lütjen, Reinhard (2007). Psychosen verstehen. Modelle der Subjektorientierung und ihre Bedeutung für die Praxis. Bonn: Psychiatrie-Verlag
Ludewig, Kurt (2018). Einführung in die theoretischen Grundlagen der systemischen Therapie. 3. Aufl. Heidelberg: Carl Auer Verlag.
Luhmann, Niklas (1984a). Soziale Systeme. Grundriss einer allgemeinen Theorie. Frankfurt a.M.: Suhrkamp.
Luhmann, Niklas (1984b). Das Kunstwerk und die Selbstreproduktion der Kunst. In: Delphin Jg. 3, S. 51–69.

Luhmann, Niklas (1988). Wie ist das Bewusstsein an Kommunikation beteiligt? In: Gumbrecht, Hans Ulich; Pfeiffer, Karl Ludwig (Hrsg.), Materialität der Kommunikation. Frankfurt a. M.: Suhrkamp, S. 884–905.
Luhmann, Niklas (1997). Die Gesellschaft der Gesellschaft. Frankfurt a. M.: Suhrkamp.
Luthe, Ernst-Wilhelm (2015). Begriff der Rehabilitation und des Rehabilitationsrechts. In: Luthe, Ernst-Wilhelm (Hrsg.), Rehabilitationsrecht. 2. Aufl. Berlin: Erich Schmidt Verlag, S. 3–36.
Maaser, Wolfgang (2015). Lehrbuch Ethik: Grundlagen, Problemfelder und Perspektiven. 2., überarb. Aufl. Weinheim u. Basel: Beltz/Juventa.
Machowiak, Katja; Wadepohl, Heike; Beckerle, Christine (Hrsg.) (2021). Interaktionen im Kita-Alltag gestalten: Grundlagen und Anregungen für die Praxis. Stuttgart: Kohlhammer.
Mahler, Margaret S. (1998). Symbiose und Individuation. Unter Mitarbeit von Manuel Furer. Aus dem Amerikanischen von Hildegard Weller. 7. Aufl. Stuttgart: Klett-Cotta.
Mall, Winfried (2014). Sensomotorische Lebensweisen: Wie erleben Menschen mit geistiger Behinderung sich und ihre Umwelt? 3., aktual. Aufl. Heidelberg: Universitätsverlag Winter (edition »s«).
Manthe, Rainald (2017). Eine Hochschule für alle. Inklusiv studieren. Berlin: Friedrich-Ebert-Stiftung. Online unter: https://library.fes.de/pdf-files/studienfoerderung/13227.pdf.
Markowetz, Reinhard (2014). Freizeit im Leben von Menschen mit Behinderungen. In: Fischer, Erhard (Hrsg.), Heilpädagogische Handlungsfelder. Grundwissen für die Praxis. Stuttgart: Kohlhammer, S. 230–250.
Markowetz, Reinhard (2022). Freizeit. In: Hedderich, Ingeborg; Biewer, Gottfried; Hollenweger, Judith; Markowetz, Reinhard (Hrsg.), Handbuch Inklusion und Sonderpädagogik. 2., akt. u. erw. Aufl. Bad Heilbrunn: Klinkhardt/UTB, S. 473–480.
Markowetz, Reinhard; Reich, Kersten (2022). Didaktik. In: Hedderich, Ingeborg; Biewer, Gottfried; Hollenweger, Judith; Markowetz, Reinhard (Hrsg.), Handbuch Inklusion und Sonderpädagogik. 2. Akt. u. erw. Aufl. Bad Heilbrunn: Klinkhardt/UTB, S. 348–356.
Marona-Glock, Karin; Höhl-Spenceley, Uta (2016). Praxisanleitung. Anleiter*innen-Qualifikation in sozialpädagogischen Berufen. 2. Aufl., Berlin: Cornelsen.
Martens, Jens-Uwe; Begus, Birgit M. (2018). Das Geheimnis seelischer Kraft: Wie Sie durch Resilienz Schicksalsschläge und Krisen überwinden. 2. Aufl. Stuttgart: Kohlhammer.
Martin, Peter (2014). Schlafstörungen. In: Schanze, Christian (Hrsg.), Psychiatrische Diagnostik und Therapie bei Menschen mit Intelligenzminderung. 2. Aufl. Stuttgart: Schattauer, S. 161–188.
Martius, Philipp (2018). Forschung und Kunsttherapie; ein Überblick. In: von Spreti, Flora; Martius, Philipp; Steger, Florian (Hrsg.), Kunsttherapie. Wirkung – Handwerk – Praxis. Stuttgart: Schattauer, S. 437–441.
Marzini, Marlen; Sansour, Teresa (2019). Teilhabe an Arbeit für Menschen mit schwerer Behinderung. In Teilhabe 4/2019, S. 166–170.
Maskos, Rebecca (2015). Ableism und das Ideal des autonomen Fähig-Seins in der kapitalistischen Gesellschaft. In: Zeitschrift für Inklusion 2/2015.
Mattke, Ulrike (2018). Schutz vor sexueller Gewalt in Institutionen der Behindertenhilfe. In: Bienstein, Pia; Verlinden, Karla (Hrsg.), Prävention von sexuellem Missbrauch an Menschen mit geistiger Behinderung. Berlin: DGSGB, Tagungsband 40, S. 17–30.
Mattlin, Friedgard; Lotz, Dieter (2012) Heilpädagogische Diagnostik – Wesensbestimmung, Problemaufrisse und Konkretisierungen. Berlin: B.HP-Verlag.
Maturana, Humbert; Varela, Francisco (2011). Der Baum der Erkenntnis. Die biologischen Wurzeln menschlichen Erkennens. Frankfurt a. M.: Fischer.
May, Michael; Ehrhardt, Angelika; Schmidt, Michael (Hrsg.) (2018.) MitLeben: Sozialräumliche Dimensionen der Inklusion geistig behinderter Menschen. Opladen: Verlag B. Budrich.
Mayrhofer, Hemma; Fuchs, Walter (2020). Gewalt an Menschen mit Behinderungen. Ausgewählte Ergebnisse der ersten österreichweiten Prävalenzstudie. In: Menschen, Heft 3, 43. Jg., S. 15–24.
Maywald, Jörg (2017). Das Kind als Träger eigener Rechte: Vorgaben der UN-Kinderrechtskonvention. In: Amirpur, Donja; Platte, Andrea (Hrsg.), Handbuch inklusive Kindheiten. Opladen: Verlag B. Budrich/UTB, S. 321–335.

Maywald, Jörg (2018). Zwischen Trauma und Resilienz – Zur Situation der Flüchtlingskinder in Deutschland. In: Henkel, Jennifer; Neuß, Norbert (Hrsg.), Kinder und Jugendliche mit Fluchterfahrung. Pädagogische Perspektiven für die Schule und Jugendhilfe. Stuttgart: Kohlhammer, S. 21–32.
Mead, Georg H. (1973). Geist, Identität und Gesellschaft. Frankfurt a. M.: Suhrkamp.
Mechler, Christina; Dörrer, David, Scheer, David; Terfloth, Karin Terfloth, Heyl, Vera (2022). Inklusive Hochschulbildung partizipativ. Wissenschaftliche Begleitung am Annelie-Wellensiek-Zentrum für Inklusive Bildung. In: VHN 3/2022, S. 249–251.
Meng, Heiner; Bürgin, Dieter (2000). Qualität der Pädagogik in der Kinder- und Jugendpsychiatrie. In: Praxis Kinderpsychologie u. Kinderpsychiatrie 49, S. 489–496.
Menold, Natalja (2007). Methodische und methodologische Aspekte der Wirkungsmessung. In Sommerfeld, Peter; Hüttemann, Matthias (Hrsg.), Evidenzbasierte Soziale Arbeit. Baltsmannsweiler: Schneider, S. 26–39.
Menth, Michaela (2022). Heilpädagogische Haltung. Denkbewegungen zwischen Heilpädagogik und Philosophie. Berlin: BHP-Verlag.
Mentzos, Stavros (1991). Psychodynamische Modelle in der Psychiatrie. Göttingen: Vandenhoeck & Ruprecht.
Menzen, Karl-Heinz (2008). Kunsttherapie mit altersverwirrten Menschen. München: Reinhardt.
Menzen, Karl-Heinz (2021). Grundlagen der Kunsttherapie. 5., akt. Aufl. München: E. Reinhardt Verlag.
Menzl, Marcus (2017). Inklusive Quartiersentwicklung – worauf kommt es an? In: Deutsche Heilpädagogische Gesellschaft (Hrsg.), Quartiersentwicklung. Chance für Menschen mit geistiger Behinderung und komplexem Unterstützungsbedarf? Hamburg u. Jülich: DHG, S. 21–28.
Merkt, Irmgard (2016). Kultur und das »Übereinkommen der Vereinten Nationen über die Rechte von Menschen mit Behinderungen«. In: Gerland, Juliane; Keuchel, Susanne; Merkt, Irmgard (Hrsg.), Kunst, Kultur und Inklusion. Teilhabe am künstlerischen Arbeitsmarkt. Regensburg: ConBrio-Verlagsgesellschaft, S. 14–20.
Mertel, Kathrin (2016). Neurologische Musiktherapie. In: Meyer, Hansjörg; Zentel, Peter; Sansour, Teresa (Hrsg, Musik und schwere Behinderung. Karlsruhe: von Loeper Literaturverlag, S. 119–131.
Mertens, Krista (2017). Snoezelen. Eine Einführung in die Praxis. Dortmund: verlag modernes lernen.
Mertens, Wolfgang (2015).. Psychoanalytische Behandlungstechnik: Konzepte und Themen psychoanalytisch begründeter Behandlungsverfahren. Stuttgart: Kohlhammer.
Metzinger, Thomas (2014). Der Ego-Tunnel: Eine neue Philosophie des Selbst: Von der Hirnforschung zur Bewusstseinsethik. München: Piper.
Meyer, Hansjörg (2016). Musikbasierte Kommunikation für Menschen mit schwerer Behinderung. 2. Aufl. Karlsruhe: von Loeper Verlag.
Meyer, Hansjörg; Zentel, Peter; Sansour, Teresa (Hrsg.) (2016). Musik und schwere Behinderung. Karlsruhe: von Loeper Literaturverlag.
Mierelmeier, Sabine; Wandrey, Elvira (2016). Begleitung von Menschen mit geistiger Behinderung und Demenz. In: Landesinitiative Demenz-Service NRW (Hrsg.),. Menschen mit Demenz und geistiger Behinderung begleiten. Eine Handreichung für Mitarbeitende in der Behinderten- und Altenhilfe. Düsseldorf, S. 33–37. Online unter: https://alter-pflege-demenz-nrw.de/wp-content/uploads/2019/05/LID-Band-16-WEB-2018.pdf
Migge, Björn (2018) Handbuch Coaching und Beratung. Wirkungsvolle Modelle, kommentierte Falldarstellungen, zahlreiche Übungen. 4., überarb. Aufl. Weinheim u. Basel: Beltz.
Miles-Paul, Ottmar (1992). Wir sind nicht mehr aufzuhalten – Behinderte auf dem Weg zur Selbstbestimmung. München: AG-SPAK.
Miles-Paul, Ottmar; Frehse, Uwe (1994), Persönliche Assistenz: Ein Schlüssel zum selbstbestimmten Leben Behinderter. In: Gemeinsam leben 2, S. 12–16.
Miller, Julia (2023). Künstlerische Tätigkeiten in einer kreativen Werkstatt. In: heilpaedagogik.de 2/2023, 38. Jg., S. 32–33.

Mindt, Corinna (2007). Die Ästhetik der Verschiedenheit. Die »tanzbar_bremen«. In: Müller, Angela; Schubert, Jutta (Hrsg.), Show up! Beiträge zur künstlerischen Aus- und Fortbildung geistig beeinträchtigter Menschen. Hamburg: Eucrea Deutschland e.V., S. 42–47.

Möbius, Thomas; Friedrich, Sibylle (2010). Ressourcenorientiert arbeiten: Anleitung zu einem gelingenden Praxistransfer im Sozialbereich. Wiesbaden: VS – Verlag der Sozialwissenschaften.

Möckel, Andreas (2007). Geschichte der Heilpädagogik. 2., völlig überarb. Aufl. Stuttgart: Klett-Cotta.

Möckel, Andreas (2019). Das Paradigma der Heilpädagogik. Würzburg: Edition Bentheim.

Möller, Jens; Trautwein, Ulrich (2020). Selbstkonzept. In: Wild, Elke; Möller, Jens (Hrsg.) (2020), Pädagogische Psychologie. 3., vollst. überarb. u. akt. Aufl. Berlin: Springer, S. 187–210.

Möller-Dreischer, Sebastian (2019a). Inklusive Pädagogik und Didaktik unter Berücksichtigung intersektionaler Perspektiven, exemplarisch dargestellt auf dem Feld der Ausbildung für soziale Berufe. In: Gemeinsam leben 1/2019, 27. Jg., S. 14–23.

Möller-Dreischer, Sebastian (2019b). Zur Möglichkeit des Verzichts auf Normalitätskonstruktionen – Transnormalistische Strategien im Kontext Inklusiver Pädagogik. In: In: von Stechow et al. (Hrsg.), Inklusion im Spannungsfeld von Normalität und Diversität. Bad Heilbrunn: Klinkhardt, S. 48–56.

Mogel, Hans (2008). Psychologie des Kinderspiels. Von den frühesten Spielen bis zum Computerspiel. 3., akt. u. erw. Aufl. Heidelberg: Springer.

Mohr, Günther (2020). Einführung in die systemische Transaktionsanalyse von Individuum und Organisation. Heidelberg: Carl-Auer-Verlag.

Montessori, Maria (2022). Kinder sind anders. 23. Aufl. Stuttgart: Klett-Cotta.

Morfeld, Matthias (2016). Rehabilitation. In: Dederich, Markus; Beck, Iris; Bleidick, Ulrich; Antor, Georg (Hrsg.), Handlexikon der Behindertenpädagogik. Schlüsselbegriffe aus Theorie und Praxis. 3., erw. u. überarb. Aufl., Stuttgart: Kohlhammer, S. 162–167.

Moser, Vera (2003). Konstruktion und Kritik. Sonderpädagogik als Disziplin. Opladen: Leske und Budrich.

Moser, Vera (2012a). Gründungsmythen der Heilpädagogik. In: Zeitschrift für Pädagogik 58 (2012), S. 262–274.

Moser, Vera (2012b). Braucht die Inklusionspädagogik einen Behinderungsbegriff? In: Zeitschrift für Inklusion 3/2012, Online un.ter: https://www.inklusion-online.net/index.php/inklusion-online/article/view/40

Moser, Vera (2020). Professionstheoretische Perspektiven. In: Danz, Simone; Sauter, Sven (Hrsg.), Inklusion, Menschenrechte, Gerechtigkeit. Stuttgart: Evangelischer Verlag, S. 242–247.

Moser, Vera; Sasse, Ada (2008), Theorien der Behindertenpädagogik. München: Erst Reinhardt Verlag.

Müller, Conny (2011). Persönliche Assistenz. Kompendium von der Praxis für die Praxis. Hamburg: Diplomica-Verlag.

Müller, C. Wolfgang (2006). Wie Helfen zum Beruf wurde. Weinheim und München. Eine Methodengeschichte der Sozialen Arbeit. 6. Aufl. Weinheim u. Basel: beltz/Juventa.

Müller, Angela; Schubert, Jutta (Hrsg.) (2007). Show up! Beiträge zur künstlerischen Aus- und Fortbildung geistig beeinträchtigter Menschen. Hamburg: Eucrea Deutschland e.V.

Müller-Forwergk, Susanne (2015). »Außer professioneller Hilfe gibt es doch nichts…« Soziale Netzwerke von Menschen mit psychischer Beeinträchtigung. In: Alisch, Monika; May, Michael (Hrsg.), »Das ist doch nicht normal…!« Sozialraumentwicklung, Inklusion und Konstruktionen von Normalität. Opladen: B. Budrich, S. 123–136.

Müller-Rückwitt, Anne (2008). ›Kompetenz‹ – Bildungstheoretische Untersuchungen zu einem aktuellen Begriff. Würzburg: Ergon Verlag.

Mürner, Christian (1996). Philosophische Bedrohungen. Kommentare zur Bewertung der Behinderung. Frankfurt a. M.: Verlag Peter Lang.

Mürner, Christian; Sierck, Udo (2013). Behinderung. Chronik eines Jahrhunderts. Bonn: bpb (Bundeszentrale für politische Bildung).

Mürner, Christian; Sierck, Udo (2015). Der lange Weg zur Selbstbestimmung. Ein historischer Abriss. In: Degener, Theresia; Diehl, Elke (Hrsg.), Handbuch Behindertenrechtskonvention. Teilhabe als Menschenrecht – Inklusion als gesellschaftliche Aufgabe. Bonn: bpb (Bundeszentrale für politische Bildung), S. 25–37.

Mummendey, Hans D. (2006). Psychologie des »Selbst«. Theorien, Methoden und Ergebnisse der Selbstkonzeptforschung. Göttingen: Hogrefe.

Munde, Vera; Tillmann, Vera (2022). Partizipative Forschung. Umsetzungsbeispiele und Zukunftsperspektiven. In: Teilhabe 2/2022, Jg. 61., S. 74–80.

Musenberg, Oliver; Riegert, Judith; Sansour, Teresa (Hrsg.) (2018). Dekategorisierung in der Pädagogik. Notwendig oder riskant? Bad Heilbrunn: Klinkhardt.

Nahnsen, Ingeborg (1992). Lebenslagenvergleich. In: Henkel, Heinrich; Merle, Ulrich (Hrsg.), Magdeburger Erklärung. Neue Aufgaben in der Wohnungswirtschaft. Regensburg: Transfer.

Nationaler Bildungsbericht (2020). Bildung in Deutschland 2020. Ein indikatorengestützter Bericht mit einer Analyse zu Bildung in einer digitalisierten Welt. Online unter: https://www.bildungsbericht.de/de/bildungsberichte-seit-2006/bildungsbericht-2020/pdf-dateien-2020/bildungsbericht-2020-barrierefrei.pdf

Naumann, Thilo (2010). Beziehung und Bildung in der kindlichen Entwicklung. Psychoanalytische Pädagogik als kritische Elementarpädagogik: Gießen: Psychosozial.

Nehring, Ina; Riedel, Christopher; Baghi, Ladan; Moshammer-Karb, Tanja; Schmid, Raimund; von Kries, Rüdiger (2015). Psychosoziale Lage von Familien mit chronisch kranken Kindern: Eine Befragung betroffener Eltern in Selbsthilfegruppen. In: Das Gesundheitswesen 77/2015, S. 102–107.

Neuhoff, Katja (2020). Erziehungswissenschaften als eine Menschenrechtsprofession? In: Danz, Simone; Sauter, Sven (Hrsg.), Inklusion, Menschenrechte, Gerechtigkeit. Professionstheoretische Perspektiven. Stuttgart: Evangelischer Verlag, S. 28–68.

Nicklas-Faust, Jeanne (2011). Schwere und mehrfache Behinderung – Medizinische Aspekte. In: Fröhlich, A.; Heinen, N.; Klauß, Th.; Lamers, W. (Hrsg.), Schwere und mehrfache Behinderung – interdisziplinär. Oberhausen: Athena Verlag, S. 61–86.

Nicklaus, Sandra; Chodzinski, Claudia (2022). Psychische Gesundheit von Kindern und Jugendlichen in Deutschland. Probleme und Herausforderungen. In: Soziale Psychiatrie 03/2022, 46. Jg., S. 4–6.

Niedeck, Imke (2016). Reflexionen zum Blick auf das Individuum in der Bedarfsermittlung. In: Schäfers, Markus; Wansing, Gudrun (Hrsg.), Teilhabebedarfe von Menschen mit Behinderungen. Zwischen Lebenswelt und Hilfesystem. Stuttgart: Kohlhammer, S. 59–72.

Niehaus, Mathilde; Baumann, Anne (2016). Arbeit, Beruf. In: Dederich, Markus; Beck, Iris; Bleidick, Ulrich; Antor, Georg (Hrsg.), Handlexikon der Behindertenpädagogik. 3., erw. u. überarb. Aufl. Stuttgart: Kohlhammer, S. 234–237.

Niehoff, Ulrich (2009). Diversity Management oder Umgang mit Vielfalt. Eine hilfreiche Strategie auf dem Weg zur Inklusion. In: Teilhabe 4/2009, 48. Jg., S. 186–190.

Nirje, Bengt (1994). Das Normalisierungsprinzip – 25 Jahre danach. In: Vierteljahrsschrift für Heilpädagogik und ihre Nachbargebiete, Heft 63, S. 12–35.

Noll, Heinz-Herbert (2000). Konzepte der Wohlfahrtsentwicklung: Lebensqualität und neue Wohlfahrtskonzepte. Berlin: WZB. Online unter: https://www.econstor.eu/dspace/bitstream/10419/50283/1/311841732.pdf

Nünning, Ansgar (2009). Vielfalt der Kulturbegriffe. Bonn: Bundeszentrake für politische Bildung. Online unter: https://www.bpb.de/lernen/kulturelle-bildung/59917/vielfalt-der-kulturbegriffe/

Nussbaum, Martha (2015). Fähigkeiten schaffen: Neue Wege zur Verbesserung menschlicher Lebensqualität. Baden-Baden: Verlag Karl Alber.

Nußbeck, Susanne (2016). Unterstützte Kommunikation. In: Kuhl, Jan; Euker, Nils (Hrsg.), Evidenzbasierte Diagnostik und Förderung von Kindern und Jugendlichen mit intellektueller Beeinträchtigung. Bern: Hogrefe, S. 193–217.

Nußbeck, Susanne (2018). Das Konzept der Gestützten Kommunikation – Beschreibung und kritische Bewertung. In: Wilken, Etta (Hrsg.), Unterstützte Kommunikation. Eine Einführung in Theorie und Praxis. 5., erw. u. überarb. Aufl. Stuttgart: Kohlhammer, S. 238–261.

NZFH – Nationales Zentrum Frühe Hilfen (2021). Frühe Hilfen – Hintergrund und Entwicklung. Online unter: https://www.fruehehilfen.de/grundlagen-und-fachthemen/grundlagen-der-fruehen-hilfen/fruehe-hilfen-hintergrund-und-entwicklung/

Oberegelsbacher, Dorothea (2020). Definition Musiktherapie. In: Decker-Voigt, Hans-Helmut; Oberegelsbacher, Dorothea; Timmermann, Tonius (Hrsg.), Lehrbuch Musiktherapie, 3. Aufl., München: E.Reinhardt/UTB, S.18-20.

Ochsner, Beate; Grebe, Anna (Hrsg.) (2013). Andere Bilder. Zur Produktion von Behinderung in der visuellen Kultur. Bielefeld: transcript.

Ohrenkuss (2022). ... da rein, da raus ... Online verfügbar unter: https://ohrenkuss.de/projekt

Ondracek, Petr (2020a). Personzentriertes Arbeiten in sozialen Berufen. Stuttgart: Kohlhammer.

Ondracek, Petr (2020b). Quo vadis, Heilpädagogik? Überlegungen zum Selbstverständnis der Heilpädagogik im Zeitalter der Inklusion. In: Greving, Heinrich; Reichenbach, Christina; Wendler, Michael (Hrsg.), Inklusion in der Heilpädagogik. Diskurse, Leitideen, Handlungskonzepte. Stuttgart: Kohlhammer, S. 23–33.

Ondracek, Petr; Greving, Heinrich (2013). Beratung in der Heilpädagogik. Stuttgart: Kohlhammer.

Opaschowski, Horst W. (1994). Freizeit und Pädagogik. In: Roth, Leo (Hrsg.), Pädagogik. Handbuch für Studium und Praxis. München: Oldenbourg Wissenschaftsverlag, S. 933–945.

Opaschowski, Horst W. (2008). Einführung in die Freizeitwissenschaft. 5. Aufl. Wiesbaden: VS – Verlag der Sozialwissenschaften.

Opp, Günther (2022). Sonderpädagogische Klassifizierungen. In: Hedderich, Ingeborg; Biewer, Gottfried; Hollenweger, Judith; Markowetz, Reinhardt (Hrsg.), Handbuch Inklusion und Sonderpädagogik. 2. Aufl. Bad Heilbrunn: Klinkhardt, S. 149–154

Orthmann Bless, Dagmar (2016). Eltern mit geistiger Behinderung und ihre Kinder unterstützen Evaluation zur Begleiteten Elternschaft in Deutschland. Befunde aus der SEPIA-D-Studie. Freiburg (CH): Heilpädagogisches Institut.

Orthmann Bless, Dagmar; Hellfritz, Karina (2016). Eltern mit geistiger Behinderung und ihre Kinder unterstützen. Evaluation zur Begleiteten Elternschaft in Deutschland. Befunde aus der SEPIA-D-Studie. Freiburg: Heilpädagogisches Institut der Universität Freiburg/Schweiz.

Orthmann Bless, Dagmar (Hrsg.) (2021). Elternschaft bei intellektueller Beeinträchtigung. Weinheim und Basel: Beltz/Juventa.

Ortland, Barbara (2020). Behinderung und Sexualität. Grundlagen einer behinderungsspezifischen Sexualpädagogik. 2., erw. u. überarb. Aufl. Stuttgart: Kohlhammer.

Ose, Irina; Preusche, Bernhard (2022). Moderationsmaterial Ethische Fallbesprechungen: Eine Arbeitshilfe. Freiburg i. Br.: Lambertus.

Palleit, Leander; Kellermann, Gudrun (2015). Inklusion als gesellschaftliche Zugehörigkeit – das Recht auf Partizipation am politischen und kulturellen Leben. In: Degener, Theresia; Diehl, Elke (Hrsg.), Handbuch Behindertenrechtskonvention. Bonn: bpb-Verlag (Bundeszentrale für politische Bildung), S. 275–288

Palmowski, Winfried; Heuwinkel, Matthias (2010). Normal bin ich nicht behindert! Wirklichkeitskonstruktionen bei Menschen, die behindert werden – Unterschiede, die Welten machen. 3. Aufl. Dortmund: Borgmann.

Parker, Janice (2007). Tanz ist voller Möglichkeiten. In: Müller, Angela; Schubert, Jutta (Hrsg.), Show up! Beiträge zur künstlerischen Aus- und Fortbildung geistig beeinträchtigter Menschen. Hamburg: Eucrea Deutschland e.V., S. 146–151.

Paulick, Christian (2018). Macht. In: socialnet Lexikon. Online unter https://www.socialnet.de/lexikon/716

Pazen, Claudia; Scheller, Jessica; Wulf-Schnabel, Jan (2021). Partizipation für systemische Wirkung. Ein Erfahrungsbericht aus dem Institut für inklusive Bildung. In: Heilpaedagogik.de 4/2021, 36. Jg., S. 12–16.

Perko, Gudrun; Czollek Leah C. (2022). Lehrbuch Gender, Queer und Diversity. Grundlagen, Methoden und Praxisfelder. 2., vollst. überarb. u. erw. Aufl. Weinheim u. Basel: Beltz/Juventa.

Perls, Fritz (2019). Grundlagen der Gestalt-Therapie. Einführung und Sitzungsprotokolle. 12. Aufl. Stuttgart: Klett-Cotta.
Petzold, Hilarion; Möller, Heidi; Müller, Lotti; Rauber, Alexander; Schigl, Brigitte; Schley, Wilfried (2018). Worüber man in der Supervision nicht oder vielleicht zu wenig spricht. Online unter: https://www.researchgate.net/publication/325194847
Pfahl, Lisa (2011). Techniken der Behinderung. Der deutsche Lernbehinderungsdiskurs, die Sonderschule und ihre Auswirkungen auf Bildungsbiografien. Bielefeld: transcript.
Pfahl, Lisa; Köbsell, Swantje (2014). Was sind eigentlich Disability Studies? In: Forschung & Lehre 7/2014, S. 554–555. www.forschung-und-lehre.de/wordpress/Archiv/2014/ful_07-2014.pdf
Pfahl, Lisa; Plangger, Sascha; Schönwiese, Volker (2017). Institutionelle Eigendynamik, Unübersichtlichkeit und Ambivalenzen im Bildungswesen: Wo steht Inklusion? In: Kruschel, Robert (Hrsg.), Menschenrechtsbasierte Bildung. Bad Heilbrunn: Klinkhardt, S. 17–26.
Pfeifer, Eric (2012). Outdoor Musiktherapie. Musiktherapie jenseits des klassischen Settings Wiesbaden: Reichert Verlag.
Pfeifer, Eric (Hrsg.) (2019). Natur in Psychotherapie und Künstlerischer Therapie. Theoretische, methodische und praktische Grundlagen. Gießen: Psychosozial-Verlag.
Pfeifer, Eric (2021). Natur und Musiktherapie. In: Decker-Voigt, Hans-Helmut; Weymann, Eckhard (Hrsg.), Lexikon Musiktherapie. Unter Mitarbeit von Monika Nöcker-Ribaupierre und Eric Pfeifer. 3., vollst. überarb. u. erw. Aufl. Göttingen: Hogrefe, S. 425–430.
Piaget, Jean (1975). Das Erwachen der Intelligenz beim Kinde. Stuttgart: Klett.
Pichler, Barbara (2010). Aktuelle Altersbilder: »junge Alte« und »alte Alte«. In: Aner, Kirsten; Karl, Ute (Hrsg.), Handbuch Soziale Arbeit und Alter. Wiesbaden (VS – Verlag der Sozialwissenschaften), S. 415–425.
Pieper, Annemarie (2017). Einführung in die Ethik. 7., akt. Aufl. Tübingen: A. Francke Verlag.
Pischel, Elisabeth (2022). Kunsttherapie bei Schwangerschaft mit positivem PND-Ergebnis. In: heilpaedagogik.de 4/2022, 37. Jg., S. 15–19.
Pitsch, Hans-Jürgen (2006). Normalisierung. In: Wüllenwerber, Ernst; Theunissen, Georg; Mühl, Heinz (Hrsg.), Pädagogik bei geistigen Behinderungen. Stuttgart: Kohlhammer, S. 224–236.
Pixa-Kettner, Ursula (1996). »Dann waren sie sauer auf mich, dass ich das Kind haben wollte...«. Eine Untersuchung zur Lebenssituation geistig behinderter Menschen mit Kindern in der BRD. Schriftenreihe des Bundesministeriums für Gesundheit, Band 75. Baden-Baden: Nomos Verlagsgesellschaft.
Pixa-Kettner, Ursula (2007). Elternschaften von Menschen mit geistiger Behinderung in Deutschland. Ergebnisse einer zweiten bundesweiten Fragebogenerhebung. In: Geistige Behinderung, Jg. 46, Heft 4, S. 309–321.
Pixa-Kettner, Ursula; Rischer, Christiane (2013). Elternschaft von Menschen mit Behinderung – Entdiskriminierung und Ermutigung. In: Clausen, Jens; Herrath, Frank (Hrsg.), Sexualität leben ohne Behinderung. Stuttgart: Kohlhammer, S. 251–265.
Platte, Andrea (2015). Inklusive Bildung: Leitidee von der Kindertagesstätte bis zur Hochschule. In: Degener, Theresia; Diehl, Elke (Hrsg.), Handbuch Behindertenrechtskonvention. Teilhabe als Menschenrecht – Inklusion als gesellschaftliche Aufgabe. Bonn: bpb-Verlag (Bundeszentrale für politische Bildung), S. 130–146.
Platte, Andrea (2022). Kindertageeinrichtungen. In: Hedderich, Ingeborg; Biewer, Gottfried; Hollenweger, Judith; Markowetz, Reinhard (Hrsg.), Handbuch Inklusion und Sonderpädagogik. 2., akt. u. erw. Aufl. Bad Heilbrunn: Klinkhardt/UTB, S. 276–281.
Platte, Andrea; Amirpur, Donja (2017). Inklusive Kindheiten als pädagogische Orientierung. In: Amirpur, Donja; Platte, Andrea (Hrsg.), Handbuch inklusive Kindheiten. Opladen: Verlag B. Budrich/UTB, 9–37.
Pörtner, Marlis (2021). Ernstnehmen – Zutrauen – Verstehen: Personzentrierte Haltung im Umgang mit geistig behinderten und pflegebedürftigen Menschen. 14. Aufl. Stuttgart: Klett-Cotta.
Polinski, Liesel (2021). PEKiP: Spiel und Bewegung mit Babys: Mehr als 100 Anregungen für das erste Jahr. 2. Aufl. Reinbek bei Hamburg: Rowohlt.

Poppe, Frederik; Schuppener, Saskia (2015). Zugang zu Kunst und künstlerischer Bildung für Menschen mit Assistenzbedarf – Das europäische Projekt ART FOR ALL. Online verfügbar unter: https://www.inklusion-online.net/index.php/inklusion-online/article/view/253/244
Porsch, Raphaela (Hrsg.) (2016). Einführung in die Allgemeine Didaktik. Münster: UTB/Waxmann.
Poskowsky, Jonas; Heißenberg, Sonja; Zaussinger, Sarah; Brenner, Julia (2018). Beeinträchtigt studieren –best2. Datenerhebung zur Situation Studierender mit Behinderung und chronischer Krankheit. Berlin: Deutsches Studentenwerk (DSW). Online unter: https://www.studentenwerke.de/sites/default/files/beeintraechtigt_studieren_2016_barrierefrei.pdf
Prengel, Annedore (2019a). Pädagogik der Vielfalt. 4. Aufl. Wiesbaden: SpringerVS.
Prengel, Annedore (2019b). Pädagogische Beziehungen zwischen Anerkennung, Verletzung und Ambivalenz. 2. Aufl. Opladen: Verlag B. Budrich.
Pretis, Manfred (2020). Frühförderung und Frühe Hilfen. Einführung in Theorie und Praxis. München: Reinhardt.
Pretis, Manfred (2022). Teilhabeziele planen, formulieren und überprüfen. ICF leicht gemacht. 2. Aufl. München: Reinhardt.
Preuss-Lausitz, Ulf (2012). Inklusion – Modewort oder Hoffnungsträger? Was ist neu an Inklusion und wie kann sie gelingen? In: Pädagogik 9/2012, S. 41–45.
Prosetzky, Ingolf (2009). Isolation und Partizipation. In: Dederich, Markus; Jantzen, Wolfgang (Hrsg.), Behinderung und Anerkennung. Stuttgart: Kohlhammer, S. 87–95.
Pütz, Tanja (2016). Maria Montessori. In: Pädagogische Handlungskonzepte von Fröbel bis heute. Kindergarten heute – Wissen kompakt, S. 10–17.
Quinten, Susanne (2017). Verkörperte Teilhabe. Praktische Beispiele aus tanzkünstlerischen Kontexten und theoretische Spurensuche. In: Gerland, Juliane (Hrsg.), Kultur, Inklusion, Forschung. Weinheim u. Basel: Beltz/Juventa, S. 72–88.
Quinten, Susanne; Schwiertz, Heike (2015). Fähigkeitsgemischter Tanz – Der aktuelle Forschungsstand. In: Zeitschrift für Inklusion (4). Online verfügbar unter https://www.inklusion-online.net/index.php/inklusion-online/article/view/254
Raab, Heike (2012). Intersektionalität und Behinderung – Perspektiven der Disability Studies. Online unter: http://portal-intersektionalitaet.de/theoriebildung/ueberblickstexte/raab/
Radtke, Nati (2019). Fremd und Anders-Sein. In: Sierck, Udo (Hrsg.), Macht und Gewalt – Tabuisierte Realitäten in der Behindertenhilfe. Weinheim u. Basel: Beltz/Juventa, S. 122–134.
Rappe-Giesecke, Kornelia (2009). Supervision für Gruppen und Teams. 4. Aufl. Berlin u. Heidelberg: Springer.
Ratzka, Adolf (1988). Aufstand der Betreuten. In: Mayer, Anneliese; Rütter, Jutta (Hrsg.), Abschied vom Heim. München: AG SPAK, S. 183–201.
Ratzka, Adolf (1996). Persönliche Assistenz in Schweden. Independent Living Institute. Online unter: https://www.independentliving.org/docs5/PersAssistenzinSchweden.html
Rauchenstein, Andrea (2022). Einblicke in die systemische Beratung im Fokus der heilpädagogischen Praxis. In: Schweizerische Zeitschrift für Heilpädagogik, Jg. 28, 3/2022, S. 44–51.
Ravens, Sieberer, Ulrike et al. (2022). Psychische Gesundheit von Kindern und Jugendlichen während der COVID-19-Pandemie: Ergebnisse der Drei-Wellen-Längsschnitt-COPSY-Studie. Online unter: https://papers.ssrn.com/sol3/papers.cfm?abstract_id=4024489
Reddemann, Luise (Hrsg.) (2017). Kontexte von Achtsamkeit in der Psychotherapie. Stuttgart: Kohlhammer.
Reich, Kersten (2012). Konstruktivistische Didaktik. 5. Aufl. Weinheim und Basel: Beltz.
Reich, Kersten (Hrsg.) (2017). Inklusive Didaktik in der Praxis. Weinheim und Basel: Beltz.
Reichenbach, Christina (Hrsg.) (2023). Handbuch heilpädagogischer Konzepte und Methoden – ein Leitfaden für die Praxis. Stuttgart: Kohlhammer.
Reichenbach, Christina; Thiemann, Helge (2018). Lehrbuch diagnostischer Grundlagen der Heil- und Sonderpädagogik. 2. Aufl. Dortmund: verlag modernes lernen.
Reichstein, Martin F. (2022). Exklusionssphären und (k)ein Ende. Nebenfolgen und Perspektiven wohnbezogener Hilfen für Menschen mit sogenannter geistiger Behinderung und komplexem Unterstützungsbedarf. In: Behindertenpädagogik 2/2022, S. 158–179.

Reininger, Klaus M.; Brinken, Peer (2021). Sexualstörungen: Sexuelle Funktionsstörungen, Paraphilien und Geschlechtsidentitätsstörungen. In: Rief, Winfried; Schramm, Elisabeth; Strauß, Bernhard. (Hrsg.), Psychotherapie – ein kompetenzorientiertes Lehrbuch. München: Elsevier, S. 303–321.

Reisel, Monika; Egloff, Barbara; Hedderich, Ingeborg (2022). Partizipative Forschung. In: Hedderich, Ingeborg; Biewer, Gottfried; Hollenweger, Judith; Markowetz, Reinhard (Hrsg.), Handbuch Inklusion und Sonderpädagogik. Bad Heilbrunn: Klinkhardt / UTB, S. 655–664.

Reiser, Helmut (2003). Vom Begriff Integration zum Begriff Inklusion – Was kann mit dem Begriffswechsel angestoßen werden? In: Sonderpädagogische Förderung 4., 48. Jg., S. 305–312.

Renner, Gregor (2015). Berufliche Teilhabe (Partizipation) von Menschen mit motorischer Bewegungseinschränkung und schwerer Kommunikationsbeeinträchtigung. Analyse qualitativer Fallstudien und -beschreibungen. In: Zeitschrift für Heilpädagogik 66/2015, S. 43–59.

Renner, Gregor (2020). Internationale Perspektiven auf die Unterstützte Kommunikation – Objektive Entwicklungen und subjektive Einschätzungen. In: Boenisch, Jens; Sachse, Stefanie K. (Hrsg.), Kompendium Unterstützte Kommunikation. Stuttgart: Kohlhammer, S. 81–87.

Resch, Birke C. (2021). Die Vergessenen. In: Wohlfahrt intern 4/2021, S. 12–15.

Rexilius, Günter (1991). Theoretische Grundlagen und Perspektiven einer kritischen Psychologie. Psychologie und Gesellschaftskritik, 15(1), S. 73–100. https://nbn-resolving.org/urn:nbn:de:0168-ssoar-18636

Richard, Nicole (2016). Die integrative Validation. Menschen mit Demenz wertschätzend begegnen. 2. Aufl. Kassel: Institut für Integrative Validation (Eigenverlag).

Richter, Tobias; Souvignier, Elmar; Hertel, Silke; Heyder, Anke; Kunina-Habe nicht, Olga (2019). Positionspapier zur Lage der Pädagogischen Psychologie in Forschung und Lehre. In: Psychologische Rundschau 2019, 70/2, S. 109–118.

Riedel, Andreas; Ebert, Dieter; Fangmeier, Thomas (2015). Überdurchschnittlich ausgebildete Arbeitslose – Bildung, Beschäftigungsverhältnisse und Komorbiditäten bei Erwachsenen mit hochfunktionalem Autismus in Deutschland. In: Psychiatrische Praxis 42, S. 1–7.

Riedel, Andreas; Clausen, Jens Jürgen (2020). Autismus-Spektrum-Störungen bei Erwachsenen. Köln: Psychiatrie-Verlag.

Rief, Winfried; Schramm, Elisabeth; Strauß, Bernhard (2021) (Hrsg.). Psychotherapie – ein kompetenzorientiertes Lehrbuch. München: Elsevier.

Riegert, Judith; Musenberg, Oliver (2018). Kulturelle Teilhabe von Menschen mit schwerer und mehrfacher Behinderung. In: Lamers, Wolfgang (Hrsg.), Teilhabe von Menschen mit schwerer und mehrfacher Behinderung an Alltag, Arbeit, Kultur. Oberhausen: Athena-Verlag, S. 95–108.

Rink, Sven; Zentel, Peter (2018). Wege in eine selbstbestimmte Zukunft. Menschen mit geistiger Behinderung an US-amerikanischen Hochschulen. In: Teilhabe 3/2018, Jg. 57, S. 126–131.

Rödler, Peter (2007.) Kompetenzorientierung. In: Bundschuh, Konrad; Heimlich, Ulrich; Krawitz, Rudi (Hrsg.), Wörterbuch Heilpädagogik. 3. Aufl. Bad Heilbrunn: Klinkhardt/UTB, S. 176–177.

Röh, Dieter (2011). »…was Menschen zu tun und zu sein in der Lage sind.« Befähigung und Gerechtigkeit in der Sozialen Arbeit: Der capability approach als integrativer Theorierahmen?! In: Mührel, Eric; Birgmeier, Bernd (Hrsg.), Theoriebildung in der Sozialen Arbeit. Wiesbaden: VS, S. 103–121.

Röh, Dieter (2018). Soziale Arbeit in der Behindertenhilfe. 2., völlig überarb. Aufl., München und Basel: E. Reinhardt Verlag

Röhl, Anja (2021). Das Elend der Verschickungskinder. Kindererholungsheime als Orte der Gewalt. Gießen: Psychosozial-Verlag.

Römisch, Kathrin (2020). Teilhabe von Menschen mit schweren und mehrfachen Beeinträchtigungen als Maßstab gelingender Inklusion. In: Greving, Heinrich; Reichenbach, Christi-

na; Wendler, Michael (Hrsg.), Inklusion in der Heilpädagogik. Diskurse, Leitideen, Handlungskonzepte. Stuttgart: Kohlhammer, S. 75–84.
Röske, Thomas (2018). Diagnostik versus Ästhetik. Die Entwicklung der Sicht auf künstlerische Werke im psychiatrischen Kontext. In: Von Spreti, Flora; Martius, Philipp; Steger, Florian (Hrsg.), Kunsttherapie. Wirkung – Handwerk – Praxis. Stuttgart: Schattauer, S. 269–280.
Rösner, Hans-Uwe (2006). Inklusion allein ist zu wenig! Plädoyer für eine Ethik der Anerkennung. In: Dederich, Markus; Greving, Heinrich; Mürner, Christian; Rödler, Peter (Hrsg.), Inklusion statt Integration? Heilpädagogik als Kulturtechnik. Gießen: Psychosozial-Verlag, S. 126–141.
Rösner, Hans-Uwe (2014). Behindert sein – behinderte werden. Texte zu einer dekonstruktiven Ethik der Anerkennung behinderter Menschen. Bielefeld: transcript.
Rogers, Carl R. (1972). Die nicht-direktive Beratung: Counseling and Psychotherapy. München: Kindler.
Rogers, Carl R. (1985). Die klientbezogene Gesprächstherapie. Client-Centered Therapy. München: Kindler.
Rogers, Carl (2018). Entwicklung der Persönlichkeit: Psychotherapie aus der Sicht eines Therapeuten. 23. Aufl. Stuttgart: Klett-Cotta.
Rohmann, Ulrich; Elbing, Ulrich (2002). Selbstverletzendes Verhalten. Überlegungen, Fragen und Antworten. 3. Aufl. Dortmund: verlag modernes lernen.
Rohrmann, Albrecht (2013) Aussonderung – Integration – Inklusion. Zur Wohn- und Lebenssituation Behinderter im Lichte der Inklusionsdebatte. In: Rohrmann, Eckhard (Hrsg.), Aus der Geschichte lernen, Zukunft gestalten. Inklusive Bildung und Erziehung in Vergangenheit, Gegenwart und Zukunft. Marburg: Tectum Verlag, S. 121–135.
Rohrmann, Albrecht (2014). Die Entwicklung inklusiver Gemeinwesen als Chance für Kommunen. In: Hartwig, Jürgen; Kroneberg, Dirk W. (Hrsg.) (2014), Inklusion – Chance und Herausforderung für Kommunen. Berlin: Deutscher Verein, S. 26–40.
Rohrmann, Albrecht (2020). Hilfen für Menschen mit Behinderungen. Socialnet Lexikon. Online unter: https://www.socialnet.de/lexikon/Hilfen-fuer-Menschen-mit-Behinderungen
Rohrmann, Albrecht; Weber, Erik (2015). Selbstbestimmt leben. In: Degener, Theresia; Diehl, Elke (Hrsg.), Handbuch Behindertenrechtskonvention. Teilhabe als Menschenrecht – Inklusion als gesellschaftliche Aufgabe. Bonn: bpb-Verlag (Bundeszentrale für politische Bildung), S. 226–240.
Rohrmann, Eckhard (2011). Mythen und Realitäten des Anders-Seins – Gesellschaftliche Konstruktionen seit der frühen Neuzeit. 2., überarb. u. erw. Aufl. Wiesbaden: VS – Verlag der Sozialwissenschaften.
Rohrmann, Eckhard (2017). Integration. In: Ziemen, Kerstin (Hrsg.), Lexikon Inklusion. Göttingen: Vandenhoeck & Ruprecht, S. 142–143.
Rollett, Brigitte; Kastner-Koller, Ursula (2018). Praxisbuch Autismus. Für Erzieher, Lehrer, Psychologen, Therapeuten und Eltern. 5. Aufl. München: Elsevier (München, Jena) 2018.
Romme, Marius; Escher, Sandra (2013). Stimmenhören verstehen. Der Leitfaden zur Arbeit mit Stimmenhörern. 2. Aufl. Köln: Psychiatrie-Verlag.
Rosemann, Matthias (2018). BTHG: Die wichtigsten Neuerungen für die psychiatrische Arbeit. Köln: Psychiatrie-Verlag.
Rosemann, Matthias; Konrad, Michael (Hrsg.) (2020) Selbstbestimmtes Wohnen kompakt. Köln: Psychiatrie-Verlag.
Rosenberg, Marshall B. (2012). Gewaltfreie Kommunikation: Eine Sprache des Lebens. 10.Aufl. Paderborn: Junfermann Verlag.
Rothaus, Wilhelm (2015). Systemische Kinder- und Jugendpsychiatrie. Heidelberg: Carl-Auer-Verlag.
Rüsch, Nicolas (2021). Das Stigma psychischer Erkrankung. Strategien gegen Ausgrenzung und Diskriminierung. München: Elsevier.
Rutschky, Katharina (1977). Schwarze Pädagogik. Quellen zur Naturgeschichte der bürgerlichen Erziehung. Frankfurt a.M.: Ullstein.
Saal, Fredi (2011). Warum sollte ich jemand anders sein wollen? Erfahrungen eines Behinderten. Neumünster: Paranus-Verlag (orig. Gütersloh 1982).

Sabo, Thomas; Terfloth, Karin (2011). Lebensqualität durch tätigkeits- und arbeitsweltbezogene Angebote. In: Fröhlich, Andreas; Heinen, Norbert; Klauß, Theo; Lamers, Wolfgang (Hrsg.), Schwere und mehrfache Behinderung interdisziplinär. Oberhausen: Athena-Verlag, S. 345–366.

Sachse, Steffi; Bockmann, Ann-Kathrin; Buschmann, Anke (Hrsg.) (2020). Sprachentwicklung: Entwicklung – Diagnostik – Förderung im Kleinkind- und Vorschulalter. Berlin: Springer.

SAGB (Schweizerische Arbeitsgemeinschaft von Ärzten für Menschen mit geistiger oder mehrfacher Behinderung) (2022). Medizinische Krisenintervention bei Menschen mit geistiger oder mehrfacher Behinderung. Online unter: https://files.specialolympics.ch/Homepage/Ueber_SOSWI/Downloads/Allgemeing%C3%BCltige_Dokumente/Medizinische-Krisenintervention-bei-Menschen-mit-geistiger-oder-mehrfacher-Behinderung-Schlussversion.pdf

Sagebiel, Juliane; Pankofer, Sabine (2015). Soziale Arbeit und Machttheorien. Reflexionen und Handlungsansätze. Freiburg: Lambertus.

Salomonsson, Björn (2017). Intervision. In: Hamburger, Andreas; Mertens, Wolfgang (Hrsg.), Supervision – Konzepte und Anwendungen, Bd. 1, Stuttgart: Kohlhammer, S. 118–132.

Sander, Klaus; Ziebertz, Torsten (2021). Personzentrierte Beratung: Ein Lehrbuch für Ausbildung und Praxis. 2. Aufl. Weinheim u. Basel: Beltz/Juventa.

Sander, Wolfgang (2016). Wie bin ich geworden, wer ich bin? Der Symbolische Interaktionismus. Bundeszentrale für politische Bildung (bpb). Online unter: https://www.bpb.de/lernen/angebote/grafstat/krise-und-sozialisation/240818/der-symbolische-interaktionismus/

Sappok, Tanja (Hrsg.) (2019). Psychische Gesundheit bei intellektueller Entwicklungsstörung. Ein Lehrbuch für die Praxis. Stuttgart: Kohlhammer.

Sappok, Tanja; Zepperitz, Sabine (2019). Das Alter der Gefühle. Über die Bedeutung der emotionalen Entwicklung bei geistiger Behinderung. 2., überarb. Aufl. Bern: Hogrefe.

Sarimski, Klaus (2014). Entwicklungspsychologie genetischer Syndrome. 4. Aufl. Göttingen: Hogrefe

Sarimski, Klaus (2016). Soziale Teilhabe von Kindern mit komplexer Behinderung in der Kita. München und Basel: Ernst Reinhardt Verlag.

Sarimski, Klaus (2017). Handbuch interdisziplinäre Frühförderung. München: Ernst Reinhardt Verlag.

Sarimski, Klaus; Hintermair, Manfred; Lang, Markus (2021). Familienorientierte Frühförderung von Kindern mit Behinderung. 2. Aufl. München: Ernst Reinhardt Verlag.

Satir, Virginia (2019). Mein Weg zu dir. Kontakt finden und Vertrauen gewinnen. 12. Aufl. München: Kösel.

Sauter, Dorothea (2015). Gesundheit und Gesundheitsförderung. In: Sauter, Dorothea; Abderhalden, Chris; Needham, Ian; Wolff, Stephan (Hrsg.), Lehrbuch Psychiatrische Pflege. Bern: Verlag H. Huber, S. 110–131.

Schablon, Kai-Uwe (2013). Die Syndromanalyse als diagnostische Methode in der Heilpädagogik. In: Greving, Heinrich; Schäper, Sabine (Hrsg.), Heilpädagogische Konzepte und Methoden. Orientierungswissen für die Praxis. Stuttgart: Kohlhammer, S. 166–185.

Schädler, Johannes (2007). »Künstlerwerkstatt oder Künstler in der Werkstatt« – Neue Unterstützungsmodelle als Modernisierungsherausforderungen für Werkstätten für behinderte Menschen. In: Müller, Angela; Schubert, Jutta (Hrsg.), Show up! Beiträge zur künstlerischen Aus- und Fortbildung geistig beeinträchtigter Menschen. Hamburg: Eucrea Deutschland e.V., S. 103–109.

Schädler, Johannes (2013). Offene Hilfen. In: Theunissen, Georg; Kulig, Wolfram; Schirbot, Kerstin (Hrsg.), Handlexikon Geistige Behinderung. 2. Aufl. Stuttgart: Kohlhammer Verlag. S. 258–259.

Schädler, Johannes, Wittchen, Jan-Frederik; Reichstein, Martin F. (2019). Koordinationspotenziale kommunaler Teilhabepolitik in der Pflege, Behindertenhilfe und Sozialpsychiatrie (KoKoP). Düsseldorf: Forschungsinstitut für gesellschaftliche Weiterentwicklung e.V. (FGW). https://nbn-resolving.org/urn:nbn:de:0168-ssoar-67145-7.

Schäfer, Holger; Rittmeyer, Christel (Hrsg.) (2015). Handbuch Inklusive Diagnostik. Weinheim u. Basel: Beltz.

Schäfer, Ingo; Gast, Ursula; Hofmann, Arne; Knaevelsrud, Christine, Lampe, Astrid; Liebermann, Peter; Lotzin, Annett; Maercker, Andreas; Rosner, Rita; Wöller, Wolfgang (Hrsg.) (2019). S3-Leitlinie Posttraumatische Belastungsstörung. Berlin: Springer.

Schäfers, Markus (2008). Lebensqualität aus Nutzersicht. Wie Menschen mit geistiger Behinderung ihre Lebenssituation beurteilen. Wiesbaden: VS – Verlag der Sozialwissenschaften.

Schäfers, Markus (2022). Lebensqualität. In: Hedderich, I.; Biewer, G.; Hollenweger, J.; Markowetz, R. (Hrsg.), Handbuch Inklusion und Sonderpädagogik. Stuttgart: Klinkhardt, S. 135–140.

Schäfers, Markus (2017). Personenzentrierung als sozialpolitische Programmformel. Zum Diskurs in der Eingliederungshilfereform. In: Wansing, Gudrun; Windisch, Matthias (Hrsg.), Selbstbestimmte Lebensführung und Teilhabe. Behinderung und Unterstützung im Gemeinwesen. Stuttgart: Kohlhammer, S. 33–48.

Schäfers; Markus; Welti, Felix (Hrsg.) (2021). Barrierefreiheit – Zugänglichkeit – Universelles Design. Zur Gestaltung teilhabeförderlicher Umwelten. Bad Heilbrunn: Klinkhardt,

Schäper, Sabine (2006). Ökonomisierung in der Behindertenhilfe. Praktisch-theologische Rekonstruktionen und Erkundungen zu den Ambivalenzen eines diakonischen Praxisfeldes. Münster: LIT-Verlag.

Schäper, Sabine (2010). Ethik unter erschwerten Bedingungen. Heilpädagogische Ethik als Orientierung in Grenzsituationen. In: Blätter der Wohlfahrtspflege 1/2010, S. 24–27.

Schäper, Sabine (2016). Quartiersentwicklung und/oder Sozialraumorientierung? Lernprozesse an der Schnittstelle von Behindertenhilfe und Altenhilfe. In: Terfloth, K. et al. (Hrsg.), Inklusion – Wohnen – Sozialraum. Grundlagen des Index für Inklusion zum Wohnen in der Gemeinde. Marburg: Lebenshilfe-Verlag, S. 91–102.

Schäper, Sabine (2020). Heilpädagogische Ethik unter dem Primat der Praxis. In: Greving, Heinrich; Schäper, Sabine (Hrsg.), Heilpädagogische Konzepte und Methoden. Orientierungswissen für die Praxis. 2. Aufl. Stuttgart: Kohlhammer, S. 31–52.

Schäper, Sabine (2021). Die Potenziale des Alter(n)s wahrnehmen – Teilhabe im Alter gestalten. Zur heilpädagogischen Begleitung älterer Menschen mit Behinderungen. In: heilpaedagogik.de 1/2021, S. 6–11

Schäper, Sabine; Dieckmann, Friedrich; Rohleder, Christiane; Rodekohr, Bianca; Katzer, Michael; Frewer-Graumann, Susanne (2019). Inklusive Sozialplanung für Menschen im Alter. Ein Manual für die Planungspraxis. Stuttgart: Kohlhammer.

Schär, Wiebke (2014). Von Ableismus, seinen Facetten und Auswirkungen. In: Forum Psychosomatik, 24. Jg., S. 12–18. Online unter: http://www.lebensnerv.de/fp/fp14-1/fp14-1-04-001--ableismus-facetten-und-auswirkungen.html

Schanze, Christian (Hrsg.). (2014) Psychiatrische Diagnostik und Therapie bei Menschen mit Intelligenzminderung. 2. Aufl. Stuttgart: Schattauer.

Schanze, Christian; Rauch, Petra; Koch, Stefan (2017). Deeskalation und Krisenmanagement bei Menschen mit Lernschwierigkeiten – Herausforderungen für den pädagogischen Alltag. In: Grunick, Gerhard; Maier-Michalitsch, Nicola (Hrsg.), Herausforderndes Verhalten bei Menschen mit komplexer Behinderung. Düsseldorf: verlag modernes leben, S. 130–143.

Scheibner, Ulrich (2020). Inklusion im Arbeitsleben: Grundsätze für eine gemeinsame Arbeitswelt. In: Greving, H.; Reichenbach, C.; Wendler, M. (Hrsg.), Inklusion in der Heilpädagogik. Diskurse, Leitideen, Handlungskonzepte. Stuttgart: Kohlhammer, S. 134–162.

Schepker, Renate (2017). Kultursensible Psychotherapie mit Kindern und Jugendlichen. Göttingen: Vandenhoeck & Ruprecht.

Scherr, Albert (2016). Sozialisation, Person, Individuum. In: Korte, Hermann; Schäfers, Bernhard (Hrsg.), Einführung in die Hauptbegriffe der Soziologie. 9., überarb. u. akt. Aufl. Wiesbaden: Springer-VS, S. 49–72.

Scherr, Albert (2017). Diskriminierung/Antidiskriminierung – Begriffe und Grundlagen. In: Amirpur, Donja; Platte, Andrea (Hrsg.), Handbuch inklusive Kindheiten. Opladen: Verlag B. Budrich/UTB, S. 185–196.

Schick, Andreas; Cierpka, Manfred (2003). Faustlos: Evaluation eines Curriculums zur Förderung sozial-emotionaler Kompetenzen und zur Gewaltprävention in der Grundschule. In: Kindheit und Entwicklung, Heft 12/2003, S. 100–110.

Schildmann, Ulrike (1983). Lebensbedingungen behinderter Frauen. Gießen: Focus.

Schildmann, Ulrike (2006). Die Geschlechterperspektive in der Geistigbehindertenpädagogik. In: Wüllenweber, Ernst; Theunissen, Georg; Mühl, Heinz (Hrsg.), Pädagogik bei geistigen Behinderungen. Ein Handbuch für Studium und Praxis. Stuttgart: Kohlhammer, S. 514–519.

Schildmann, Ulrike; Schramme, Sabrina; Libuda-Köster, Astrid (2018). Die Kategorie *Behinderung* in der Intersektionalitätsforschung. Theoretische Grundlagen und empirische Befunde. Bochum u. Freiburg: Projekt-Verlag.

Schindler, Wolfgang (2020). Kollegiale Beratung. Online unter: https://www.socialnet.de/lexikon/Kollegiale-Beratung

Schirilla, Nausikaa (2003). Autonomie in Abhängigkeit. Selbstbestimmung und Pädagogik in postkolonialen, interkulturellen und feministischen Debatten. Frankfurt a. M. IKO-Verlag für Interkulturelle Kommunikation.

Schirmer, Uwe B. (2018). Einfühlsam Gespräche führen. Empathische Kommunikation in Gesundheits-, Pflege- und Sozialberufen. Bern: Hogrefe.

Schmalenbach, Bernhard (2012). Diagnostik als Kunst? Elemente einer phänomenologisch orientierten Heilpädagogischen Diagnostik. Berlin: BHP-Verlag.

Schmalenbach, Bernhard (2016a). Heilpädagogische Perspektiven auf das Alter: Anregungen zur Aus- und Weiterbildung für die Begleitung von Menschen mit Behinderung. Unter Mitarbeit von Sören Roters-Möller. Oberhausen: Athena Verlag.

Schmalenbach, Bernhard (2016b). Über das Verhältnis von Wissen, Wahrnehmung und Handlung vom Gesichtspunkt der Waldorfpädagogik. In: Schmalenbach, Bernhard (Hrsg.), Dimensionen der Heilpädagogik. Entwicklungsbegleitung, Gemeinschaftsbildung und Inklusion. Oberhausen: Athena Verlag, S. 64–84.

Schmalenbach, Bernhard (2020). Skizzen zum Verhältnis von Heilpädagogik, Inklusion und Kunst. In: BHP (Hrsg.), Zusammenhalt durch Haltung – Heilpädagogik in der Verantwortung zwischen Person und Gesellschaft. Berlin: BHP-Verlag, S. 65–81.

Schmalenbach, Bernhard (2022). Instrumente der Bedarfsermittlung. Grundlagen, Voraussetzungen und offene Fragen. In: heilpaedagogik.de 1/2022, 37. Jg., S. 12–16.

Schmid, Bernd; Veith, Thorsten; Weidner, Ingeborg (2019). Einführung in die kollegiale Beratung. 3. Aufl. Heidelberg: Carl-Auer-Verlag.

Schmidt, Hans Ulrich; Stegemann, Thomas; Spitzer, Carsten (Hrsg.) (2019). Musiktherapie bei psychischen und psychosomatischen Störungen. München: Urban & Fischer/Elsevier.

Schmidt-Hackenberg, Ute (2013). 10-Minuten-Aktivierung als Methode. Hannover: Vincentz-Network.

Schmidt-Potzy, Silvia (2018). Mein Blaues Haus. Online unter: https://mein-blaues-haus.de/ganzheitliches-therapiespektrum/heilpaedagogische-therapieformen/

Schmidt-Traub, Sigrun (2011). Angststörungen im Alter. Göttingen: Hogrefe.

Schmitz, Hermann (2007). Der Leib, der Raum und die Gefühle. Bielefeld und Locarno: Edition Sirius.

Schmude, Corinna; Wedekind Hartmut (Hrsg.) (2016). Lernwerkstätten an Hochschulen. Orte einer inklusiven Pädagogik. Bad Heilbrunn: Klinkhardt.

Schneberger, Margarete; Jahn, Sonja; Marino, Elfriede (2008). »Mutti lässt grüßen«. Biografiearbeit und Schlüsselwörter in der Pflege von Menschen mit Demenz. Hannover: Schlütersche Verlagsgesellschaft.

Schneewind, Klaus A.; Berkic, Julia (2007). Stärkung von Elternkompetenzen durch primäre Prävention: Eine Unze Prävention wiegt mehr als ein Pfund Therapie. In: Praxis der Kinderpsychologie und Kinderpsychiatrie 56/8, S. 643–659.

Schnur, Olaf (2014). Quartiersforschung im Überblick: Konzepte, Definitionen und aktuelle Perspektiven. In: Schnur, Olaf (Hrsg.), Quartiersforschung. Zwischen Theorie und Praxis. 2. Aufl. Wiesbaden: Springer/VS, S. 21–56.

Schöne, Andrea (2022). Behinderung und Ableismus. Münster: Unrast-Verlag.

Schönwiese, Volker (2011). Pädagogische Machtverhältnisse, Gewalt und Behinderung. In: Spannring, Reingard; Arens, Susanne; Mecheril, Paul (Hrsg.), bildung – macht – unterschiede. 3. Innsbrucker Bildungstage, Innsbruck: Innsbruck University Press (IUP), S. 191–212. Online unter: http://bidok.uibk.ac.at/library/schoenwiese-gewalt.html

Schoppmann, Susanne; Herrmann, Matthias; Tilly, Christiane (2015). Borderline begegnen – Miteinander umgehen lernen. Köln: Psychiatrie Verlag.

Schottenloher, Gertraud (2018). Kunsttherapie und Lehre: Annäherung an einen Lebensstil. In: von Spreti, Flora; Martius, Philipp; Steger, Florian (Hrsg.), Kunsttherapie. Wirkung – Handwerk – Praxis. Stuttgart: Schattauer, S. 37–41.

Schreiner, Mario (2018). Peer Counseling als Methode der unabhängigen Teilhabeberatung? – Ergebnisse des Modellprojektes »Peer Counseling im Rheinland«. Online unter: https://www.reha-recht.de/fachbeitraege/beitrag/artikel/beitrag-d19-2018/

Schreiner, Mario (2019). Inklusiver Arbeitsmarkt? Eine Bilanz 10 Jahre nach Inkrafttreten der Behindertenrechtskonvention. In: Gemeinsam Leben. Zeitschrift für Inklusion 3/2019, S. 161–168.

Schroer, Barbara; Biene-Deißler, Elke; Greving, Heinrich (2016). Das Spiel in der heilpädagogischen Arbeit. Stuttgart: Kohlhammer.

Schröttle, Monika; Hornberg, Claudia (Hrsg.) (2013). Lebenssituation und Belastungen von Frauen mit Beeinträchtigungen und Behinderungen in Deutschland. Eine repräsentative Untersuchung im Auftrag des BMFSJF. Online unter: https://pub.uni-bielefeld.de/download/2528934/2645954/Lebenssituation-und-Belastungen-von-Frauen-mit-Behinderungen-Kurzfassung.pdf

Schröttle, Monika; Hornberg, Claudia; (Hrsg.) (2014). Gewalterfahrungen von in Einrichtungen lebenden Frauen mit Behinderungen – Ausmaß, Risikofaktoren, Prävention. Online unter: https://www.bmfsfj.de/resource/blob/93972/9408bbd715ff80a08af55adf886aac16/gewalterfahrungen-von-in-einrichtungen-lebenden-frauen-mit-behinderungen-data.pdf

Schubarth, Wilfried; Speck, Karsten (2014). Employability und Praxisbezüge im wissenschaftlichen Studium. Bonn: Hochschulrektorenkonferenz (HRK-Fachgutachten).

Schuck, Karl D. (2016). Entwicklung. In: Dederich, Markus; Beck, Iris; Bleidick, Ulrich; Antor, Georg (Hrsg.), Handlexikon der Behindertenpädagogik. Schlüsselbegriffe aus Theorie und Praxis. 3., erw. u. überarb. Aufl. Stuttgart: Kohlhammer, S. 351–354.

Schulz von Thun, Friedemann (1981). Miteinander reden. Bd. 1: Störungen und Klärungen. Allgemeine Psychologie der Kommunikation. Reinbek bei Hamburg: Rowohlt.

Schuhmacher, Karin (2017). Musiktherapie bei Kindern mit Autismus. Wiesbaden: Reichert-Verlag.

Schumann, Monika (2015). Inklusive Schule im Sozialraum – eine Perspektive für die heilpädagogische Profession? In: Deutscher Verein für öffentliche und private Fürsorge e.V.; Berufs- und Fachverband Heilpädagogik (BHP) e.V. (Hrsg.), Inklusion und Heilpädagogik. Kompetenz für ein teilhabeorientiertes Gemeinwesen. Berlin: Verlag des Deutschen Vereins für öffentliche und private Fürsorge, S. 59–87.

Schumann, Monika (2019). Heilpädagog*innen als Mitglieder multiprofessioneller Teams in der inklusiven Schule – Ausgangslage und Perspektiven. In: heilpaedagogik.de 4/2019, S. 6–12.

Schuntermann, Michael (2020). Einführung in die ICF. Grundkurs – Übungen – offene Fragen. 5. Aufl. Heidelberg: Ecomed-Verlag.

Schuppener, Saskia (2011). Zur Rolle von Kreativität und Spiel im Leben von Menschen mit intensiven Behinderungserfahrungen. In: Fröhlich, Andreas; Heinen, Norbert; Klauß, Theo; Lamers, Wolfgang (Hrsg.), Schwere und mehrfache Behinderung – interdisziplinär. Oberhausen: Athena Verlag, S. 299–316.

Schuppener, Saskia (2022). Selbstbestimmung. In: Hedderich, Ingeborg; Biewer, Gottfried; Hollenweger, Judith; Markowetz, Reinhard (Hrsg.), Handbuch Inklusion und Sonderpädagogik. 2., akt. u. erw. Aufl. Bad Heilbrunn: Klinkhardt/UTB, S. 110–115.

Schuppener, Saskia; Schlichting, Helga; Goldbach, Anne; Hauser, Mandy (2021). Pädagogik bei zugeschriebener geistiger Behinderung. Stuttgart: Kohlhammer.

Schuster, Nicole; Schuster, Ute (2021). Vielfalt leben. Inklusion von Menschen mit Autismus-Spektrum-Störung. Mit praktischen Ratschlägen zur Umsetzung in Kita, Schule, Ausbildung, Beruf und Freizeit. 2. Aufl. Stuttgart: Kohlhammer.

Schuster, Steffan; Sappok, Tanja (2017). Wenn ein Verhalten für die Umwelt zur Herausforderung wird – Das Umgangskonzept 2.0. In: Teilhabe 2/2017, S. 70–75.

Schwabe, Mathias (2019). Methoden der Hilfeplanung: Zielentwicklung, Moderation und Aushandlung. München: Reinhardt.
Schwabe, Matthias; Stallmann, Martina; Vust, Davis (2021). Freiraum mit Risiko: Niedrigschwellige Erziehungshilfen für sogenannte Systemsprenger. 2. Aufl. Weinheim u. Basel: Beltz/Juventa.
Schwalb, Helmut; Theunissen, Georg (Hrsg.) (2018). Inklusion, Partizipation und Empowerment in der Behindertenarbeit. Best-Practice-Beispiele: Wohnen – Leben – Arbeit – Freizeit. 3. Aufl. Stuttgart: Kohlhammer.
Schwalgin, Susanne (2023). Flucht mit Behinderung: »Die Menschen sind häufig unterversorgt«. Aktion Mensch: https://www.aktion-mensch.de/inklusion/recht/zugang-zum-recht/flucht-und-behinderung
Schweppenhäuser, Gerhard (2010). Kritische Theorie. In: Horster, Detlev; Jantzen, Wolfgang (Hrsg.), Wissenschaftstheorie. Stuttgart: Kohlhammer, S. 218–223.
Sedmak, Clemens; Babic, Bernhard; Bauer, Reinhold; Posch, Christian (Hrsg.) (2011). Der Capability-Approach in sozialwissenschaftlichen Kontexten. Überlegungen zur Anschlussfähigkeit eines entwicklungspolitischen Konzepts. Wiesbaden: VS – Verlag der Sozialwissenschaften.
Seidel, Andreas; Schneider, Sonja (2021). Praxishandbuch ICF-orientierte Bedarfsermittlung: Beratung, Diagnostik und Hilfeplanung in sozialen Berufen. 2., überarb. u. akt. Aufl. Weinheim und Basel: Beltz/Juventa.
Seidel, Andreas; Schneider, Sonja; Steinborn, Petra (2021). Praxishandbuch Autismus. ICF-orientiertes Arbeiten: Beratung, Diagnostik und Unterstützungsplanung für Menschen mit Autismus-Spektrum-Störung. Weinheim & Basel: Beltz/Juventa.
Seifert, Monika (2006). Lebensqualität von Menschen mit schweren Behinderungen. Forschungsmethodischer Zugang und Forschungsergebnisse. Zeitschrift für Inklusion 2/2006. http://bidok.uibk.ac.at/library/inkl-02-06-seifert-lebensqualitaet.html.
Seifert, Monika (2009). Selbstbestimmung und Fürsorge im Hinblick auf Menschen mit besonderen Bedarfen. In: Teilhabe 3/2009, Jg. 48, S. 122–128.
Seifert, Monika (2010a). Kundenstudie. Bedarf an Dienstleistungen zur Unterstützung des Wohnens von Menschen mit Behinderungen. Berlin: Rhombos-Verlag.
Seifert, Monika (2010b). Das Gemeinwesen mitdenken – Herausforderungen für die Behindertenhilfe. In: Stein, Anne-Dore; Krach, Stefanie; Niedeck, Imke (Hrsg.), Integration und Inklusion auf dem Weg ins Gemeinwesen. Bad Heilbrunn: Klinkhardt, S. 32–50.
Seifert, Monika (2016). »Leben im Quartier« – Menschen mit Lernschwierigkeiten als AkteurInnen im Kontext eines teilhabeorientierten Forschungsprojekts. In: Buchner, Tobias; Koenig, Oliver; Schuppener, Saskia (Hrsg.), Inklusive Forschung. Gemeinsam mit Menschen mit Lernschwierigkeiten forschen. Bad Heilbrunn: Klinkhardt, S. 125–136.
Seifert, Monika (2017). Leben im Quartier für Alle! Utopie oder realistische Alternative? In: Deutsche Heilpädagogische Gesellschaft (Hrsg.), Quartiersentwicklung. Chance für Menschen mit geistiger Behinderung und komplexem Unterstützungsbedarf? Hamburg u. Jülich: DHG, S. 9–20.
Seifert, Monika (2022). Wohnen. In: Hedderich, Ingeborg; Biewer, Gottfried; Hollenweger, Judith; Markowetz, Reinhard (Hrsg.), Handbuch Inklusion und Sonderpädagogik. 2., akt. u. erw. Aufl. Bad Heilbrunn: Klinkhardt/UTB, S. 468–472.
Seiffge-Krenke, Inge (2009). Psychotherapie und Entwicklungspsychologie. Beziehungen: Herausforderungen, Ressourcen, Risiken. Heidelberg: Springer.
Seiffge-Krenke, Inge (2021). Die Jugendlichen und ihre Suche nach dem neuen Ich. Identitätsentwicklung in der Adoleszenz. 2., akt. Aufl. Stuttgart: Kohlhammer.
Seitz, Simone (2010) Erziehung und Bildung. In: Kaiser, Astrid; Schmetz, Ditmar; Wachtel, Peter; Werner, Birgit (Hrsg.) Bildung und Erziehung. Stuttgart: Kohlhammer, S. 43–58.
Seitz, Simone; Haas, Benjamin (2015). Inklusion kann gelernt werden. Weiterbildung von Lehrkräften für die Inklusive Schule. In: Vierteljahresschrift für die Heilpädagogik und ihre Nachbargebiete (VHN), 83. Jg., S. 9–20.
Seitz, Simone; Meier, Heiko; Adolph-Börs, Cindy (2016). Entscheidend ist wer mitbestimmt – Potenziale für Inklusion im Sportverein. Zeitschrift für Inklusion-online.de 3/2016. Online

verfügbar unter: https://www.inklusion-online.net/index.php/inklusion-online/article/view/385
Sellin, Birger (1995). ich will kein inmich mehr sein – botschaften aus einem autistischen kerker. Köln: Kiepenheuer u. Witsch.
Sen, Amartya (2020). Elemente einer Theorie der Menschenrechte. Ditzingen: Reclam.
Senckel, Barbara (2017). Du bist ein weiter Baum: Entwicklungschancen für geistig behinderte Menschen durch Beziehung. 5. Aufl. München: C.H.Beck.
Senckel, Barbara (2019). Durch den Tunnel – die entwicklungsfreundliche Spieltherapie eines Jungen mit geistiger Behinderung. In: heilpaedagogik.de 1/2019, S. 18–23.
Senckel, Barbara; Luxen, Ulrike (2021). Der entwicklungsfreundliche Blick: Entwicklungsdiagnostik bei normal begabten Kindern und Menschen mit Intelligenzminderung. 2., überarb. Aufl. Weinheim u. Basel: Beltz
Seng, Hajo (2021). Autistisches Erleben. Eine Annäherung aus lebensweltlicher Perspektive. Gießen: Psychosozial-Verlag.
Shazer, Steve de; Dolan, Yvonne (2018). Mehr als ein Wunder: Die Kunst der lösungsorientierten Kurzzeittherapie. 6. Aufl. Heidelberg: Carl-Auer-Verlag.
Short, Dan; Weinspach, Claudia (2017) Hoffnung und Resilienz: Therapeutische Strategien von Milton H. Erickson. 3. Aufl., Heidelberg: Carl Auer Verlag.
Siebert, Annerose; Arnold, Laura; Kramer, Michael (2016). Heimkinderzeit. Eine Studie zur Situation von Kindern und Jugendlichen in Einrichtungen der katholischen Behindertenhilfe in Westdeutschland (1949–1975). Freiburg i.Br.: Lambertus.
Siebert, Horst (2019). Didaktisches Handeln in der Erwachsenenbildung. Didaktik aus konstruktivistischer Sicht. 8. Aufl. Augsburg: ZIEL – Zentrum für interdisziplinäres und erfahrungsorientiertes Lernen.
Sielert, Uwe (2015). Einführung in die Sexualpädagogik. 2. Aufl. Weinheim: Beltz.
Sierck, Udo (2017). Widerspenstig, eigensinnig, unbequem. Die unbekannte Geschichte behinderter Menschen. Weinheim u. Basel: Beltz/Juventa.
Sierck, Udo (2019). Macht und Gewalt – Tabuisierte Realitäten in der Behindertenhilfe. Weinheim u. Basel: Beltz/Juventa.
Simon, Jaqueline; Simon, Toni (2014). Inklusive Diagnostik – Wesenszüge und Abgrenzung von traditionellen Grundkonzepten diagnostischer Praxis: In: Zeitschrift für Inklusion-online.net 4/2014. Online unter: https://www.inklusion-online.net/index.php/inklusion-online/article/view/194.
Simon, Toni (2020). Inklusive Pädagogik. In: https://www.socialnet.de/lexikon/Inklusive-Paedagogik
Simon, Traudel (2018). Heilpädagogische Diagnostik als Voraussetzung. In: Simon, Traudel; Weiss, Gabriele (Hrsg.), Heilpädagogische Spieltherapie. Konzepte – Methoden – Anwendungen: Stuttgart: Klett-Cotta, S. 40–53.
Simon, Traudel (2019). Das Spiel im (psycho-)therapeutischen Kontext. In: Menschen 6/2019, 42. Jg., S.
Simon, Traudel; Weiss, Gabriele (Hrsg.) (2018). Heilpädagogische Spieltherapie. Konzepte – Methoden – Anwendungen. 4. Aufl. Stuttgart: Klett-Cotta.
Sinapius, Peter (2018). Das Atelier als Lernort. Eine Didaktik des unverfügbaren Wissen. In: von Spreti, Flora; Martius, Philipp; Steger, Florian (Hrsg.), Kunsttherapie. Wirkung – Handwerk – Praxis. Stuttgart: Schattauer, S. 331–338.
Sohns, Armin; Weiß, Hans (2019). Interdisziplinäre Frühförderung und Frühe Hilfen. In: Gebhard, Britta; Möller-Dreischer, Sebastian; Seidel, Andreas; Sohns, Armin (Hrsg.), Frühförderung wirkt – von Anfang an. Stuttgart: Kohlhammer, S. 81–94.
Sonnenberg, Kristin (2007). Wohnen und geistige Behinderung: Eine vergleichende Untersuchung zur Zufriedenheit und Selbstbestimmung in Wohneinrichtungen. Hamburg: Diplomica Verlag.
Sonnenberg, Kristin (2017). Soziale Inklusion – Teilhabe durch Bildung. Weinheim und Basel: Beltz/Juventa.
Spangler, Gottfried (2001). Die Psychobiologie der Bindung: Ebenen der Bindungsorganisation. In: Suess, Gerhard; Scheuerer-Englisch, Hermann; Pfeifer, Walter (Hrsg.), Bindungs-

theorie und Familiendynamik. Anwendung der Bindungstheorie in Beratung und Praxis. Gießen: Psychosozial-Verlag, S. 157–177.
Spatscheck, Christian; Wolf-Ostermann, Karin (2016). Sozialraumanalysen. Ein Arbeitsbuch für soziale, gesundheits- und bildungsbezogene Dienste. Opladen: Verlag B. Budrich.
Speck, Otto (2001). Autonomie und Gemeinsinn. Zur Fehldeutung und Bedrohung von Selbstbestimmung in der Arbeit mit geistig behinderten Menschen. In: Theunissen, Georg (Hrsg.), Verhaltensauffälligkeiten – Ausdruck von Selbstbestimmung? Bad Heilbrunn: Klinkhardt, S. 15–38.
Speck, Otto (2008). System Heilpädagogik. Eine ökologisch reflexive Grundlegung. 6. überarb. Aufl. München und Basel: E. Reinhardt Verlag.
Speck, Otto (2010). Auswirkungen neurobiologischer Erkenntnisse auf die professionelle Erziehung. In: Jugendhilfe 48 (2), S. 61–64.
Spetsmann-Kunkel, Martin (Hrsg.) (2019). Kultur interdisziplinär – eine Kategorie in der Diskussion. Opladen: Verlag B. Budrich.
Spies, Anke; Stecklina, Gerd (2015). Pädagogik. Studienbuch für pädagogische und soziale Berufe. München: Ernst Reinhardt Verlag/UTB.
Spitz, René (2005). Vom Säugling zum Kleinkind. 12. Aufl. Stuttgart: Klett-Cotta.
Spitzer, Manfred; Herschkowitz, Norbert (2019). Wie Kinder denken lernen: Die kognitive Entwicklung vom 1. bis zum 12. Lebensjahr. München: mvg-Verlag
Springhart, Heike (2018). Inklusion und Vulnerabilität – systematisch-theologische Überlegungen. In: Geiger, Michaela; Stracke-Bartholmai, Matthias (Hrsg.), Inklusion denken. Stuttgart: Kohlhammer, S. 33–42.
Stadel, Wolfgang (2015). Inklusion als Enthinderung: Sozialräumliche Deutungsmuster von Erwachsenen mit geistiger Behinderung als Normalitätsrahmen. In: Alisch, Monika; May, Michael (Hrsg.), »Das ist doch nicht normal…!« Sozialraumentwicklung, Inklusion und Konstruktionen von Normalität. Opladen: Verlag B. Budrich, S. 153–174.
Ständige Konferenz von Ausbildungsstätten für Heilpädagogik in Deutschland (Hrsg.) (2015). Heilpädagogische Kompetenzen. Berlin: BHP-Verlag.
Stahl, Sabine (2012). So oder so. Beratung für Erwachsene mit so genannter geistiger Behinderung. Marburg: Lebenshilfe-Verlag.
Stahlmann, Martin (2001). »Ganzheitlichkeit« als Illusion. In: Zeitschrift für Heilpädagogik, Heft 6/2001, S. 239–244.
Stahlmann, Martin (2007). Kompetenz. In: Greving, Heinrich (Hrsg.), Kompendium Heilpädagogik, Bd. 2, Troisdorf: Bildungsverlag EINS, S. 35–46.
Statisches Bundesamt (Destatis) (2022). 35,5 % der unter Dreijährigen im März 2022 in Kindertagesbetreuung. https://www.destatis.de/DE/Presse/Pressemitteilungen/2022/10/PD22_451_225.html
Steger, Florian (2018). Kunst, Bilder und Therapie: Überlegungen zum Gegenstand der Kunsttherapie. In: von Spreti, Flora; Martius, Philipp; Steger, Florian (Hrsg.), Kunsttherapie. Wirkung – Handwerk – Praxis. Stuttgart: Schattauer, S. 171–178.
Stein, Anne-Dore (2010). Die Bedeutung des Inklusionsgedankens – Dimensionen und Handlungsperspektiven. In: Hinz, Andreas; Körner, Ingrid; Nienhoff, Ulrich (Hrsg.), Von der Integration zur Inklusion. Grundlagen, Perspektiven, Praxis. Marburg: Lebenshilfe-Verlag, S. 74–90.
Stein, Anne-Dore; Lanwer, Willehad (2006). Von der Möglichkeit zur Wirklichkeit. Anmerkungen zum Studium »Inclusive Education«. In: Dederich, Markus; Greving, Heinrich; Mürner, Christian; Rödler, Peter (Hrsg.), Inklusion statt Integration? Heilpädagogik als Kulturtechnik. Gießen: Psychosozial-Verlag, S. 86–97.
Stein, Anne-Dore; Krach, Stefanie; Niedeck, Imke (Hrsg.) (2010). Integration und Inklusion auf dem Weg ins Gemeinwesen. Bad Heilbrunn: Klinkhardt.
Stein, Anne-Dore, Greving, Heinrich, Schäper, Sabine; Schumann, Monika (2015). Fachqualifikationsrahmen Heilpädagogik. Münster, Berlin/Trebnitz (Fachbereichstag Heilpädagogik). Online unter: https://fbt-hp.de/themen/fachqualifikationsrahmen/
Stein, Margit (2017). Allgemeine Pädagogik. 3., überarb. Aufl. München und Basel: E. Reinhardt Verlag.

Stein, Roland; Müller, Thomas (2016). Wissenschaftstheorie für Sonderpädagogen. Ein Arbeitsbuch zu Theorien und Methoden. Bad Heilbrunn: Klinkhardt/UTB.
Stein, Sandra; Jähnert, Detlev; Wontorra, Petra (2018). Das Budget für Arbeit und Inklusion in den allgemeinen Arbeitsmarkt. In: Gemeinsam leben 3/2018, S. 153–165.
Steinebach, Christoph; Süss, Daniel; Kienbaum, Jutta; Kiegelmann, Mechthild (2016). Basiswissen Pädagogische Psychologie. Die psychologischen Grundlagen von Lehren und Lernen. Weinheim u. Basel: Beltz.
Steiner, Gusti (1999). Selbstbestimmung und Assistenz. In: Gemeinsam leben – Zeitschrift für integrative Erziehung 3/99, S. 104–110. online: bidok.uibk.ac.at/library/gl3-99-selbstbestimmung.html
Steinhausen, Hans-Christoph (Hrsg.) (2001). Entwicklungsstörungen im Kindes- und Jugendalter. Ein interdisziplinäres Handbuch. Stuttgart: Kohlhammer.
Stern, Daniel (2000). Mutter und Kind. Die erste Beziehung. 5. Aufl. Stuttgart: Klett-Cotta.
Stern, Daniel (2020). Die Lebenserfahrung des Säuglings. 12. Aufl. Stuttgart: Klett-Cotta.
Stichweh, Rudolf (2005). Inklusion und Exklusion. Studien zur Gesellschaftstheorie. Bielefeld: transcript.
Stichweh, Rudolf (2009). Leitgesichtspunkte einer Soziologie der Inklusion und Exklusion. In: Stichweh, Rudolf; Windolf, Paul Windolf (Hrsg.), Inklusion und Exklusion. Analysen zur Sozialstruktur und sozialen Ungleichheit. Wiesbaden: Verlag der Sozialwissenschaften, S. 29–42.
Stinkes, Ursula (2015). Perspektiven auf die Beziehung zum Anderen. In: Vierteljahresschrift für Heilpädagogik und ihre Nachbargebiete 84, S. 285–298.
Stöhler, Claudia (2016). Projektmanagement im Studium. Vom Projektauftrag bis zur Abschlusspräsentation. 2. Aufl. Wiesbaden: Springer/VS.
Störmer, Norbert (2009). Bildung. In: Greving, Heinrich; Ondracek, Petr (Hrsg.), Spezielle Heilpädagogik. Eine Einführung in die handlungsfeldorientierte Heilpädagogik. Stuttgart: Kohlhammer, S. 182–198.
Störmer, Norbert (2013). Du störst! Herausfordernde Handlungsweisen und ihre Interpretation als »Verhaltensstörung«. Berlin: Frank & Timme.
Storck, Joachim (2015). Inklusion ist machbar! In: Storck, Joachim; Plößl, Irmgard (Hrsg.), Handbuch Arbeit. Wie psychisch erkrankte Menschen in Arbeit kommen und bleiben. 3., vollst. überarb. Aufl. Köln: Psychiatrie Verlag, S. 26–40.
Sträter, Oliver (2021). Universal Design – Gestaltung der Zugänglichkeit von Arbeitssystemen für Menschen mit Behinderung. In: Schäfers; Markus; Welti, Felix (Hrsg.), Barrierefreiheit – Zugänglichkeit – Universelles Design. Zur Gestaltung teilhabeförderlicher Umwelten. Bad Heilbrunn: Klinkhardt, S. 36–52.
Straub, Theresa (2020). Hochschule inklusiv – Biografische Erfahrungen behinderter Studierender. In: Brehme, David; Fuchs, Petra; Köbsell, Swantje; Wesselmann, Carla (Hrsg.), Disability Studies im deutschsprachigen Raum. Weinheim und Basel: Beltz/Juventa, S. 253–259.
Streeck-Fischer, Annette (2009). Spiel ist Kommunikation. Zum Verständnis von Spiel aus entwicklungspsychologischer Sicht. In: Kögler, Michael (Hrsg.), Möglichkeitsräume in der analytischen Psychotherapie. Gießen: Psychosozial-Verlag, S. 15–30.
Stumm, Gerhard; Wiltschko, Johannes; Keil, Wolfgang W. (Hrsg.) (2003). Grundbegriff der Personzentrierten und Focusing-orientierten Psychotherapie und Beratung. Stuttgart: Pfeiffer bei Klett-Cotta
Stumm, Gerhard; Keil, Wolfgang W. (Hrsg.) (2018). Praxis der Personzentrierten Psychotherapie. 2. Aufl. Berlin: Springer.
Sturm, Tanja (2017). Inklusion im Kontext der Schule. In: Amirpur, Donja; Platte, Andrea (Hrsg.), Handbuch inklusive Kindheiten. Opladen: Verlag B. Budrich/UTB, S. 518–531.
Sturm, Tanja (2022). Phasen der Entwicklung inklusiver Bildung. In: Hedderich, Ingeborg; Biewer, Gottfried; Hollenweger, Judith; Markowetz, Reinhard (Hrsg.), Handbuch Inklusion und Sonderpädagogik. 2., akt. u. erw. Aufl. Bad Heilbrunn: Klinkhardt / UTB, S. 184–188.
Suess, Gerhard; Scheuerer-Englisch, Hermann; Pfeifer, Walter (Hrsg.) (2001). Bindungstheorie und Familiendynamik. Anwendung der Bindungstheorie in Beratung und Praxis. Gießen: Psychosozial-Verlag.

Suess, Gerhard J.; Hammer, Wolfgang (Hrsg.) (2010). Kinderschutz: Risiken erkennen, Spannungsverhältnisse gestalten. Stuttgart: Klett-Cotta.
Tammerle-Krancher, Mathilde (2018). Traumatisierte Kinder und Jugendliche – verstehen, erkennen, handeln. 3. Aufl. Berlin: BHP-Verlag.
Tanner Merlo, Sabine; Vogel, Detlev (2021). Über die Bedeutung des freien Spiels. In: Schweizerische Zeitschrift für Heilpädagogik 10/2021, 27. Jg., S. 9–14.
Taubner, Svenja (2015).l Konzept Mentalisieren: Eine Einführung in Forschung und Praxis. Gießen: Psychosozial-Verlag.
Taubner, Svenja; Fonagy, Peter; Bateman, Anthony W. (2019). Mentalisierungsbasierte Therapie. Göttingen: Hogrefe.
Taylor, Charles (2009). Multikulturalismus und die Politik der Anerkennung. 3. Aufl. Frankfurt a. M.: Suhrkamp (orig. 1992).
Tebartz van Elst, Ludger (2017). Vom Anfang und Ende der Schizophrenie. Eine neuropsychiatrische Perspektive auf das Schizophrenie-Konzept. Stuttgart: Kohlhammer.
Teckenbrock, Hanna (2021). Die Bedeutung des sozialen Raumes im Kontext der Lebenssituation von Menschen mit einer kognitiven Beeinträchtigung. In: Behindertenpädagogik 2/2021, 60.Jg., S. 165–197.
Teilhabeberatung (2023) https://www.teilhabeberatung.de/artikel/eutbr-unabhangig-beraten-selbstbestimmt-teilhaben-das-leitbild-der-eutbr
Tempus fugit (2022) .Über uns. Online verfügbar unter: https://www.fugit.de/#ueberuns
Tenorth, Heinz-Elmar (2010). Geschichte der Erziehung. Einführung in die Grundzüge ihrer neuzeitlichen Entwicklung. 5. Aufl. Weinheim: Juventa.
Terfloth, Karin (2014). Teilhabe am Arbeitsleben von Menschen mit hohem Unterstützungsbedarf. In: Bundesvereinigung Lebenshilfe (Hrsg.): WfbM-Handbuch 1. Marburg: Lebenshilfeverlag, A12, S. 1–7.
Terfloth, Karin (2016). Meint Inklusion wirklich alle? In: Fischer, Erhard; Markowetz, Reinhard (Hrsg.), Inklusion im Förderschwerpunkt geistige Entwicklung. Stuttgart: Kohlhammer, S. 317–340.
Terfloth, Karin (2017). Exklusion. In: Ziemen, Kerstin (Hrsg.), Lexikon Inklusion. Göttingen: Vandenhoeck & Ruprecht, S. 73–75
Terfloth, Karin (2022). Schwere und mehrfache oder Komplexe Behinderung. In: Hedderich, Ingeborg; Biewer, Gottfried; Hollenweger, Judith; Markowetz, Reinhard (Hrsg.), Handbuch Inklusion und Sonderpädagogik. 2., akt. u. erw. Aufl. Bad Heilbrunn: Klinkhardt/ UTB, S. 266–270.
Terfloth, Karin; Niehoff, Ulrich; Klauß, Theo; Buckenmaier, Sabrina (2016a) Inklusion – Wohnen – Sozialraum. Grundlagen des Index für Inklusion zum Wohnen in der Gemeinde. Marburg: Lebenshilfe-Verlag.
Terfloth, Karin; Niehoff, Ulrich; Klauß, Theo; Buckenmaier, Sabrina; Gernert, Julia (2016b). Unter Dach und Fach. Index für Inklusion zum Wohnen in der Gemeinde. Marburg: Lebenshilfe-Verlag.
Tetzchner, Stephen v.; Martinsen, Harald (2013). Einführung in die Unterstützte Kommunikation. Heidelberg: Universitätsverlag C. Winter.
Textor, Annette (2018). Einführung in die Inklusionspädagogik. 2. Aufl. Bad Heilbrunn: Klinkhardt / UTB.
Theater Thikwa (2023). Profil: Ausweitung der Kunstzone. Online unter: https://www.thikwa.de/ueber-thikwa/ueber-thikwa-profil/
Theis-Scholz, Margit (2007). Das Konzept der Resilienz und der Salutogenese und seine Implikationen für den Unterricht. In: Zeitschrift für Heilpädagogik 7/2007, S. 265–273.
Theunissen, Georg (2012). Lebensweltbezogene Behindertenarbeit und Sozialraumorientierung: Eine Einführung in die Praxis. Freiburg: Lambertus.
Theunissen, Georg (2013). Empowerment und Inklusion behinderter Menschen. Eine Einführung in Heilpädagogik und Sozialer Arbeit. 3. Aufl. Freiburg i.Br.: Lambertus.
Theunissen, Georg (2014). Positive Verhaltensunterstützung. Eine Arbeitshilfe für den pädagogischen Umgang mit herausforderndem Verhalten bei Kindern, Jugendlichen und Erwachsenen mit Lernschwierigkeiten, geistiger Behinderung und autistischen Störungen. Marburg: Lebenshilfe.

Theunissen, Georg; Kulig, Wolfram; Schirbort, Kerstin (Hrsg.) (2013). Handlexikon Geistige Behinderung. 2. überarb. u. erw. Aufl. Stuttgart: Kohlhammer.
Theunissen, Georg; Kulig, Wolfram; Leuchte, Vico; Paetz, Henriette (Hrsg.) (2015). Handlexikon Autismus-Spektrum: Schlüsselbegriffe aus Forschung, Theorie, Praxis und Betroffenen-Sicht. Stuttgart: Kohlhammer.
Theunissen, Georg; Kulig, Wolfram (Hrsg.) (2016). Inklusives Wohnen. Bestandsaufnahme, Best Practice von Wohnprojekten für Erwachsene mit Behinderung in Deutschland. Stuttgart: Fraunhofer IRB-Verlag.
Theunissen, Georg; Sagrauske, Mieke (2019). Pädagogik bei Autismus. Eine Einführung. Stuttgart: Kohlhammer.
Theunissen, Georg; Wüllenweber, Ernst (Hrsg.) (2020). Zwischen Tradition und Innovation. Methoden und Handlungskonzepte in der Heilpädagogik und Behindertenhilfe. 4. Aufl. Marburg: Lebenshilfe-Verlag.
Thielen, Marc; Katzenbach, Dieter; Schnell, Irmtraud (2013). Prekäre Übergänge? Erwachsenwerden unter den Bedingungen von Behinderung und Benachteiligung. Bad Heilbrunn: Klinkhardt.
Thimm, Walter (1994). Das Normalisierungsprinzip – Eine Einführung. 5. Aufl. Marburg: Lebenshilfe-Verlag.
Thimm, Walter (2005). Tendenzen gemeinwesenorientierter Hilfen. Gesellschaftliche Ausrichtung und fachliche Konsequenzen. In: Thimm, Walter (Hrsg.), Das Normalisierungskonzept. Ein Lesebuch zu Geschichte und Gegenwart eines Reformkonzepts. Marburg: Lebenshilfe Verlag, S. 219–236.
Thimm, Walter (2007). Das Normalisierungsprinzip. In: Greving, Heinrich (Hrsg.), Kompendium der Heilpädagogik, Bd.1, Troisdorf: Bildungsverlag EINS, S. 132–139.
Thurmair, Martin; Naggl, Monika (2010). Praxis der Frühförderung. 4., überarb. Aufl. München: E. Reinhardt/UTB.
Tibussek, Oliver (2017). Die Zusammenarbeit von Kindertagesstätten und Interdisziplinärer Frühförderung im Sinne inklusiver Kindheiten. In: Amirpur, Donja; Platte, Andrea (Hrsg.), Handbuch inklusive Kindheiten. Opladen: Verlag B. Budrich/UTB, S. 475–491.
Tiedeken, Peter (2018). Musik und Inklusion. Zu den Widersprüchen inklusiver Musikproduktion in der Sozialen Arbeit. Am Beispiel der Musikgruppe Station 17. Weinheim u. Basel: Beltz/Juventa.
Tierbach, Julia (2021). Der Umgang mit (Neuro-)Diversität im Kontext einer teilhabeorientierten Pädagogik. In: Menschen Heft 6/2021, 44. Jg., S. 49–55.
Tietze, Kim-Oliver (2010). Kollegiale Beratung: Problemlösungen gemeinsam entwickeln. 4. Aufl. Reinbek bei Hamburg: Rowohlt.
Tillmann, Klaus-Jürgen (2016). Sozialisation. In: Dederich, Markus; Beck, Iris; Bleidick, Ulrich; Antor, Georg (Hrsg.), Handlexikon der Behindertenpädagogik. Schlüsselbegriffe aus Theorie und Praxis. 3., erw. u. überarb. Aufl. Stuttgart: Kohlhammer, S. 89–94.
Timmermann, Tonius; Oberegelsbacher, Dorothea (2020). Praxisfelder und Indikation. In: Decker-Voigt, Hans-Helmut; Oberegelsbacher, Dorothea; Timmermann, Tonius (Hrsg.) Lehrbuch Musiktherapie, 3. Aufl., München: E.Reinhardt/UTB, S. 21-26.
Timmermanns, Stefan; Böhm, Maika (2020). Sexuelle und geschlechtliche Vielfalt: Interdisziplinäre Perspektiven aus Wissenschaft und Praxis. Weinheim und Basel: Beltz/ Juventa.
Timpe, Kai-Raphael (2015). Einleitung: Inklusion und Heilpädagogik – Kompetenz für ein teilhabeorientiertes Gemeinwesen. In: Deutscher Verein für öffentliche und private Fürsorge e.V.; Berufs- und Fachverband Heilpädagogik (BHP) e.V. (Hrsg.), Inklusion und Heilpädagogik. Kompetenz für ein teilhabeorientiertes Gemeinwesen. Berlin: Verlag des Deutschen Vereins für öffentliche und private Fürsorge, S. 7–10.
Tobinski, David A. (2017). Psychologie: Problemlösen, Komplexität und Gedächtnis. Wiesbaden: Springer.
Tölle, Rainer (2008). Wahn. Krankheit, Geschichte, Literatur. Stuttgart: Schattauer.
Tolle, Patricia; Stoy, Thorsten (2020). Unterstützte Entscheidungsfindung im Spiegel von Inklusion und Exklusion. In: Behindertenpädagogik 3/2020, Jg. 59, S. 230–240.
Touchdown21 (2021). Forschungsinstitut von und für Menschen mit und ohne Down-Syndrom. Online unter: https://touchdown21.info/de/seite/7-ueber-uns.html

Traxl, Bernd (2014). Heilpädagogik im Spannungsfeld von Inklusion und Exklusion. In: BHP (Hrsg.), Heilpädagogik – Die Kunst der kleinen Schritte. Tagungsbericht BHP Bundesfachtagung 2014. Berlin: BHP-Verlag, S. 61–79.

Traxl, Bernd (Hrsg.) (2018a). Psychodynamik im Spiel. Psychoanalytische Überlegungen und klinische Erfahrungen zur Bedeutung des Spiels. Frankfurt a. M.: Brandes & Apsel.

Traxl, Bernd (2018b). Spielräume der Entwicklung – Einführende Bemerkungen zur Rolle des Spiels im Kontext von Kindheit, Pädagogik und psychodynamischer Psychotherapie. In: Traxl, Bernd (Hrsg.), Psychodynamik im Spiel. Psychoanalytische Überlegungen und klinische Erfahrungen zur Bedeutung des Spiels. Frankfurt a. M.: Brandes & Apsel, S. 7–28.

Treml, Alfred K. (2004). Lernen. In: Krüger, Heinz-Hermann; Grunert, Cathleen (Hrsg.), Wörterbuch Erziehungswissenschaft. Wiesbaden: VS – Verlag für Sozialwissenschaften, S. 292–295.

Trescher, Hans-Georg (1993). Handlungstheoretische Aspekte der psychoanalytischen Pädagogik. In: Muck, Marion; Trescher, Hans-Georg (Hrsg.), Grundlagen der psychoanalytischen Pädagogik. Mainz: Grünewald, S. 167–201.

Trescher, Hendrik (2018). Ambivalenzen pädagogischen Handelns. Reflexion der Betreuung von Menschen mit ›geistiger Behinderung‹. Bielefeld: transcript.

Trescher, Hendrik; Börner, Michael (2019). Empowerment und Inklusion. In: Behindertenpädagogik 2/2019, 58. Jg., S. 137–156.

Tröster, Heinrich; Lange, Sarah (2019). Eltern von Kindern mit Autismus-Spektrum-Störungen. Anforderungen, Belastungen und Ressourcen. Wiesbaden: Springer Fachmedien.

Tschöpe, Bernd (2011). Studienletter Aggression und Autoaggression. Grundlagen und Orientierungshilfen für die Begleitung von Menschen mit geistiger Behinderung, die sich und andere verletzen. Freiburg: Lambertus.

Tüpker, Rosemarie; Gruber, Harald (2017). Spezifisches und Unspezifisches in den Künstlerischen Therapien. Berlin: HBP-University Press.

Tüscher, Oliver; Kalisch, Raphael; Wackerhagen, Carolin; Walter, Henrik (2021). Resilienz. Konzepte, Theorien und Relevanz in der COVID-19-Pandemie. In: Nervenheilkunde 2021, 40. Jg., S. 222–228.

Ulbricht, Juliane; Schubarth, Wilfried (2017). Praktika aufwerten – aber wie? In: Schubarth, Wilfried; Mauermeister, Sylvi; Seidel, Andreas (Hrsg.), Studium nach Bologna. Befunde und Positionen. Potsdam: Universitätsverlag, S. 87–100.

Ulrich, Johannes; Stroebe, Wolfgang; Hewstone, Miles (2023). Sozialpsychologie. 7., vollst. überarb. Aufl. Berlin: Springer.

UN-BRK (2006). General Assembly. Convention on the Rights of Persons with Disabilities (CRPD). Resolution 61/106, New York. (Deutsche Übersetzung: Übereinkommen über die Rechte von Menschen mit Behinderungen, Bundesgesetzblatt Jahrgang 2008, Teil II Nr. 35).

UNESCO (2005). Übereinkommen über den Schutz und die Vielfalt kultureller Ausdrucksformen. Online unter: https://www.unesco.de/sites/default/files/2018-03/2005_Schutz_und_die_F%C3%B6rderung_der_Vielfalt_kultureller_Ausdrucksformen_0.pdf

Utschakowski, Jörg; Sielaff, Gyöngyvér; Bock, Thomas; Winter, Andrea (2015). Experten aus Erfahrung: Peerarbeit in der Psychiatrie. Köln: Psychiatrie-Verlag.

Utz, Richard (2011). »Total Institutions«, »Greedy Institutions«. Verhaltensstruktur und Situation des sexuellen Missbrauchs. In: Baldus, Marion; Utz, Richard (Hrsg.), Sexueller Missbrauch in pädagogischen Kontexten. Faktoren. Interventionen. Perspektiven. Wiesbaden: VS Verlag, S. 51–76.

Van Keuk, Eva; Ghaderi, Cinur; Joksimovic, Ljiljana; David, Dagmar (2011). Diversity. Transkulturelle Kompetenz in klinischen und sozialen Arbeitsfeldern. Stuttgart: Kohlhammer.

Van Nek, Sabine (2020). Beratung von Eltern behinderter Kinder. In: Theunissen, Georg; Wüllenweber, Ernst (Hrsg.), Zwischen Tradition und Innovation. Methoden und Handlungskonzepte in der Heilpädagogik und Behindertenhilfe. 4. Aufl. Marburg: Lebenshilfe-Verlag, S. 341–345.

Van Ussel, Jos (1970). Sexualunterdrückung. Geschichte der Sexualfeindschaft. Reinbek bei Hamburg: Rowohlt.

Vermeulen, Peter (2016). Autismus als Kontextblindheit. Göttingen: Vandenhoeck & Ruprecht.
VIFF – Vereinigung für interdisziplinäre Frühförderung e.V. (2019). Fachinformation zur Frühförderung. Hrsg. von der VIFF und dem Berufs- und Fachverband für Heilpädagogik (BHP) e.V. Online unter: https://bhponline.de/download/BHP%20Informationen/BHP%20Stellungnahmen,%20BHP%20Position/20190204-Fachinformation-Fruehfoerderung-BHP-VIFF-final.pdf
VIFF – Vereinigung für interdisziplinäre Frühförderung e.V. (2021). Interdisziplinarität. Berlin. Online unter: https://www.viff-fruehfoerderung.de/fuer-fachkraefte/interdisziplinaritaet/
Vogel, Dita; Karakasoglu, Yasemin (2017). Neu zugewanderte Kinder und das Recht auf schulische Bildung im Grundschulalter. In: Amirpur, Donja; Platte, Andrea (Hrsg.), Handbuch inklusive Kindheiten. Opladen: Verlag B. Budrich, S. 336–352
Vogeley, Kai (2020). Autismus – Störung oder Stärke? In: autismus Nr. 89/2020, S. 6–15.
Vogt, Friederike (2020). Auf dem Weg zu mehr Akzeptanz: LSBTIQ* mit Behinderung. In: Orientierung 02/2020, S. 10–13.
Volkmann, Ute; Munde, Vera (2021). Personenzentrierung – Drei Verstehensmodelle von Fachkräften im Bereich des Wohnens. In: Teilhabe 3/2012, S. 122–127.
Vollmann, Jochen (Hrsg.) (2017). Ethik in der Psychiatrie. Ein Praxisbuch. Köln: Psychiatrie-Verlag.
Von Bracken, Rudolf (2020). Kinderrechte. Handbuch für die Praxis der Sozialen Arbeit. Stuttgart: Kohlhammer.
Von Drygalski, Clarissa (2020). Die Werkstatt für behinderte Menschen in der zweiten Staatenprüfung Deutschlands zur Umsetzung der UN-Behindertenrechtskonvention. Online unter: https://www.reha-recht.de/fachbeitraege/beitrag/artikel/beitrag-d11-2020/
Von Gontard, Alexander (2018). Enuresis. 3., vollst. überarb. Aufl. Göttingen: Hogrefe.
Von Olberg, Hans-Joachim (2016). Die Vorgeschichte und Erfindung der Didaktik. In: Porsch, Raphaela (Hrsg.), Einführung in die Allgemeine Didaktik. Münster: UTB/Waxmann, S. 51-72.
Von Schlippe, Arist; Schweitzer, Jochen (2019). Systemische Interventionen. 4. Aufl. Göttingen: Vandenhoeck & Ruprecht.
Von Spiegel, Hiltrud (2018). Methodisches Handeln in der Sozialen Arbeit. 6. Aufl. München: E. Reinhardt Verlag.
Von Spreti, Flora; Martius, Philipp; Steger, Florian (Hrsg.) (2018). Kunsttherapie. Wirkung – Handwerk – Praxis. Stuttgart: Schattauer.
Von Stechow, Elisabeth (Hrsg.) (2019). Inklusion im Spannungsfeld von Normalität und Diversität: Band I: Grundfragen der Bildung und Erziehung. Bad Heilbrunn: Klinkhardt.
Von Unger, Hella (2016). Gemeinsam forschen – wie soll das gehen? Methodische und forschungspraktische Hinweise. In: Buchner, Tobias; Koenig, Oliver; Schuppener, Saskia (Hrsg.), Inklusive Forschung. Gemeinsam mit Menschen mit Lernschwierigkeiten forschen. Bad Heilbrunn: Klinkhardt, S. 54–68.
Vygotskij, Lew S. (2002). Denken und Sprechen. Weinheim: Beltz.
Wabnitz, Reinhard J. (2021). Grundkurs Kinder- und Jugendhilferecht für die Soziale Arbeit. 6. Aufl. München: E. Reinhardt.
Wachtel, Grit (2013). Familienentlastender/familienunterstützender Dienst. In: Theunissen, Georg; Kulig, Wolfram; Schirbort, Kerstin (Hrsg.), Handlexikon Geistige Behinderung. 2. überarb. u. erw. Aufl. Stuttgart: Kohlhammer, S. 125–126.
Wacker, Elisabeth (2014). Inklusion bei Behinderung im Sport? Der neue Teilhabebericht der Bundesregierung als Richtschnur? In: Hebbel-Seeger, Andreas; Horky, Thomas; Schulte, Hans-Jürgen (Hrsg.), Sport und Inklusion – ziemlich beste Freunde? Aachen: Meyer & Meyer Verlag, S. 39–61.
Wacker, Elisabeth (2016). Wohnen. In: Dederich, Markus; Beck, Iris; Bleidick, Ulrich; Antor, Georg (Hrsg.), Handlexikon der Behindertenpädagogik. Schlüsselbegriffe aus Theorie und Praxis. 3., erw. u. überarb. Aufl. Stuttgart: Kohlhammer, S. 305–310.
Wacker, Elisabeth (2019) Leben in Zusammenhängen. Behinderung erfassen und Teilhabe messen. Online unter: http://www.bpb.de/apuz/284890/behinderung-erfassen-undteilhabe-messen. (Letzter Zugriff: 17.05.2021)

Wacker, Elisabeth; Wansing, Gudrun; Schäfers, Markus (2009). Personenbezogene Unterstützung und Lebensqualität. 2. Aufl. Wiesbaden: VS – Verlag der Sozialwissenschaften.
Wagner, Petra (Hrsg.) (2008). Handbuch Kinderwelten. Vielfalt als Chance – Grundlagen einer vorurteilsbewussten Bildung und Erziehung. Freiburg i. Br.: Herder.
Wagner, Petra (2017). Der Ansatz vorurteilsbewusster Bildung und Erziehung als inklusives Praxiskonzept. In: Wagner, Petra (Hrsg.), Handbuch Inklusion. Grundlagen vorurteilsbewusster Bildung und Erziehung. Freiburg i. Br.: Herder, S. 22–38.
Waldschmidt, Anne (2010). Warum und wozu brauchen wir die Disability Studies? In: Bösl, Elsbeth; Klein, Anne; Waldschmidt, Anne (Hrsg.), Disability History. Konstruktionen von Behinderung in der Geschichte. Eine Einführung. Bielefeld: transcript, S. 13–27.
Waldschmidt, Anne (2020). Disability Studies zur Einführung. Hamburg: Junius.
Waldschmidt, Anne (Hrsg.) (2022). Handbuch Disability Studies. Wiesbaden: Springer.
Walgenbach, Katharina (2017). Heterogenität – Intersektionalität – Diversity in der Erziehungswissenschaft. 2. Aufl. Opladen: Verlag B. Budrich/UTB.
Walgenbach, Katharina (2022). Intersektionalität. In: Hedderich, Ingeborg; Biewer, Gottfried; Hollenweger, Judith; Markowetz, Reinhard (Hrsg.), Handbuch Inklusion und Sonderpädagogik. Bad Heilbrunn: Klinkhardt/UTB, S. 670–675.
Walgenbach, Katharina; Pfahl, Lisa (2017). Intersektionalität. In: Bohl, Thorsten; Budde, Jürgen; Rieger-Ladich, Markus (Hrsg.), Umgang mit Heterogenität in Schule und Unterricht: Grundlagentheoretische Beiträge, empirische Befunde und didaktische Reflexionen. Bad Heilbrunn: Klinkhardt UTB, S. 141–158.
Walgenbach, Katharina; Winnerling, Susanne (2017). Vielfalt. In: Ziemen, Kerstin (Hrsg.), Lexikon Inklusion. Göttingen: Vandenhoeck & Ruprecht, S. 242–244.
Walther, Christoph (2021). Ambulant betreutes Wohnen. In: socialnet-Lexikon. Bonn. Verfügbar unter: https://www.socialnet.de/lexikon/Ambulant-betreutes-Wohnen
Walter, Joachim (2006). Sexualität und geistige Behinderung. 6. Aufl. Heidelberg: Universitätsverlag.
Walter, Carola; Nienaber, Rüdiger (2019). Heilpädagogik an Regelschulen. Ein neues Tätigkeitsfeld etabliert sich erfolgreich. In: heilpaedagogik.de 4/2019, S. 30–34.
Wansing, Gudrun (2005). Teilhabe an der Gesellschaft. Menschen mit Behinderung zwischen Inklusion und Exklusion. Wiesbaden: VS Verlag für Sozialwissenschaften.
Wansing, Gudrun (2015). Was bedeutet Inklusion? Annäherungen an einen vielschichtigen Begriff. In: Degener, Theresia; Diehl, Elke (Hrsg.), Handbuch Behindertenrechtskonvention. Teilhabe als Menschenrecht – Inklusion als gesellschaftliche Aufgabe. Bonn: bpb-Verlag (Bundeszentrale für politische Bildung), S. 43–54.
Wansing, Gudrun (2016). Soziale Räume als Orte der Lebensführung. Optionen, Beschränkungen und Befähigungen. In: Beck, Iris (Hrsg.), Inklusion im Gemeinwesen. Stuttgart: Kohlhammer, S. 239–267.
Wansing, Gudrun (2017). Selbstbestimmte Lebensführung und Einbeziehung in das Gemeinwesen – Normative Grundsätze und konzeptionelle Perspektiven. In: Wansing, Gudrun; Windisch, Matthias (Hrsg.), Selbstbestimmte Lebensführung und Teilhabe. Behinderung und Unterstützung im Gemeinwesen. Stuttgart: Kohlhammer, S. 19–32.
Wansing, Gudrun (2018). Beratung auf Augenhöhe – Welche Bedingungen braucht Peer Counseling? In: Dobslaw, Gudrun (Hrsg.), Partizipation – Teilhabe – Mitgestaltung: Interdisziplinäre Zugänge. Opladen: Budrich, S. 143–162.
Wansing, Gudrun; Westphal, Manuela (Hrsg.) (2014). Behinderung und Migration: Inklusion, Diversität, Intersektionalität. Wiesbaden: Springer VS.
Wansing, Gudrun; Windisch, Matthias (Hrsg.) (2017). Selbstbestimmte Lebensführung und Teilhabe. Behinderung und Unterstützung im Gemeinwesen. Stuttgart: Kohlhammer.
Wansing, Gudrun; Welti, Felix; Schäfers, Markus (Hrsg.) (2018). Das Recht auf Arbeit für Menschen mit Behinderungen. Internationale Perspektiven. Baden-Baden: Nomos Verlagsgesellschaft.
Wansing, Gudrun; Schäfers, Markus; Koebsell, Swantje (2022). Teilhabeforschung – Konturen eines neuen Forschungsfeldes. Wiesbaden: VS-Verlag.
Watzlawick, Paul (2005). Wie wirklich ist die Wirklichkeit? Wahn, Täuschung, Verstehen. 19. Aufl. München: Piper.

Watzlawick, Paul; Beavin, Janet; Jackson, Don (2011). Menschliche Kommunikation – Formen, Störungen, Paradoxien. Bern: Verlag Hans Huber.
Weber; Erik (2008). De-Institutionalisieren. Konzeptionen, Umsetzungsmöglichkeiten und Perspektiven zwischen fachwissenschaftlichem Anspruch und institutioneller Wirklichkeit. Saarbrücken: VDM-Verlag
Weber, Eric (2020). Die Bedeutung des sozialen Raumes – auch für die Heilpädagogik. In: heipaedagogik.de, 3/2020, S. 6–10.
Weber, Eric (2022). Assistenz. In: Hedderich, Ingeborg; Biewer, Gottfried; Hollenweger, Judith; Markowetz, Reinhard (Hrsg.), Handbuch Inklusion und Sonderpädagogik. Bad Heilbrunn: Klinkhardt/UTB, S. 526–537.
Weber, Eric; Steiner, Laura (2021). Inklusive Gemeinwesen planen. Gestaltungsmöglichkeiten auf kommunaler Ebene am Beispiel der Umsetzung der UN-Behindertenrechtskonvention. In: Behindertenpädagogik 4/2021, 60. Jg., S. 381–397.
Weber, Max (1985) .Wirtschaft und Gesellschaft – Grundriss der verstehenden Soziologie. 5. Aufl. Tübingen: Mohr Verlag.
Wegscheider, Angela (2015). Neue Sichtweisen auf Menschen mit Behinderungen. Sozialpolitik zwischen alten Mustern und neuen Wegen. Online unter: http://bidok.uibk.ac.at/library/wegscheider-sichtweisen.html
Weinbach, Hanna (2016). Soziale Arbeit mit Menschen mit Behinderungen: Das Konzept der Lebensweltorientierung in der Behindertenhilfe. Weinheim und Basel: Beltz/Juventa.
Weinberger, Sabine (2013). Klientenzentrierte Gesprächsführung. Lern- und Praxisanleitung für psychosoziale Berufe. 14. Aufl. Weinheim und Basel: Beltz/Juventa.
Weinberger, Sabine (2016). Kindern spielend helfen. Einführung in die Personzentrierte Spielpsychotherapie. 6., überarb. Aufl. Weinheim und Basel: Beltz/Juventa.
Weinberger, Sabine; Lindner, Helga (2011). Personzentrierte Beratung. Stuttgart: Kohlhammer.
Weingärtner, Christian (2013). Schwer geistig behindert und selbstbestimmt. Eine Orientierung für die Praxis. 3. Aufl. Freiburg i.Br.: Lambertus.
Weinmann, Stefan (2021). Krisenkonzepte überwinden starre Diagnosekonzepte. In: Nervenheilkunde, Heft 40, S. 684–690.
Weiss, Gabriele (2010). Kinderpsychodrama in der Heil- und Sozialpolitik. Grundlagen – Therapie – Förderung. Stuttgart: Klett-Cotta.
Weiss, Gabriele (2019). Geparden sind die Schnellsten, die holst du nie ein! Die halten zusammen! Kinderpsychodrama-Gruppentherapie zur Förderung sozial-emotionaler Kompetenzen im Vorschul- und Grundschulalter. In: heilpaedagogik.de, 1/2019, S. 6–11.
Weiss, Gabriele; Erat, Jörg; Kleiner, Thorsten (2008). Kinderpsychodrama. In: Simon, Traudel; Weiss, Gabriele (Hrsg.), Heilpädagogische Spieltherapie. Konzepte, Methoden, Anwendungen. Stuttgart: Klett-Cotta, S. 109–125.
Weiß, Hans (2008). Frühförderung als protektive Maßnahme – Resilienz im Kleinkindalter. In: Opp, Günther; Fingerle, Michael (Hrsg.), Was Kinder stärkt. Erziehung zwischen Risiko und Resilienz. München u. Basel: Ernst Reinhardt Verlag, S. 158–174.
Weiß, Hans (2013). Interdisziplinäre Frühförderung und Frühe Hilfen – Wege zu einer intensiveren Kooperation und Vernetzung. Köln: Nationales Zentrum Frühe Hilfen (NZFH). Online unter https://www.fruehehilfen.de/fileadmin/user_upload/fruehehilfen.de/downloads/Interdisziplinaere_Fruehfoerderung.pdf
Weiss, Stephanie (2019b). Quartiere für alle. Städtebauliche Strategien sozialer Inklusion in der Planung von Wohnquartieren. Wiesbaden: Springer/VS.
Weisser, Jan (2005). Behinderung, Ungleichheit und Bildung. Eine Theorie der Behinderung. Bielefeld: transcript Verlag.
Weizsäcker, von, Richard (1993). Ansprache bei der Eröffnungsveranstaltung der Tagung der Bundesarbeitsgemeinschaft ›Hilfe für Behinderte‹, 01.07.1993. Online unter: https://www.bundespraesident.de/SharedDocs/Reden/DE/Richard-von-Weizsaecker/Reden/1993/07/19930701_Rede.html (abgerufen am 15.05.2021)
Welke, Antje (Hrsg.) (2012). UN-Behindertenrechtskonvention mit rechtlichen Erläuterungen. Freiburg: Lambertus.

Welsch, Wolfgang (2017). Transkulturalität: Realität – Geschichte – Aufgabe. Wien: New Academic Press

Welsche, Mone (2016). Nicht nur mit den wilden Kerlen. »Ringen und Raufen« zur Entwicklungsförderung im Kontext heilpädagogischen Handelns. In: Heilpädagogik.de, 2/2016, S. 6–13.

Welsche, Mone (2018). Beziehungsorientierte Bewegungspädagogik. München: E. Reinhardt Verlag.

Welsche, Mone; Theil, Franziska (2021). Ich-Du-Wir: Förderung des Selbstkonzeptes und der Beziehungskompetenz in einer inklusiven Kindergruppe. In: BHP-Verlag (Hrsg.), Heilpädagogik in der Kita. Inklusive Konzepte zu Diagnostik, Methoden und Beratung im Elementarbereich. Berlin: BHP-Verlag, S. 127–144.

Welsche, Mone; Theil, Franziska (2022). Chancen und Herausforderungen einer interdisziplinären Zusammenarbeit. Ein inklusiv ausgerichtetes Bewegungsprojekt in der Frühen Bildung. In: Schweizerische Zeitschrift für Heilpädagogik 10/2022, Jg. 28, S. 36–42.

Welter-Enderlin, Rosemarie; Hildenbrand, Bruno (2012). Resilienz – Gedeihen trotz widriger Umstände. 5. Aufl. Heidelberg: Carl-Auer-Verlag.

Welti, Felix (2012). Artikel 25 und 26 der UN-BRK: Gesundheit, Habilitation und Rehabilitation. In: Welke, Antje (Hrsg.), UN-Behindertenrechtskonvention mit rechtlichen Erläuterungen. Freiburg: Lambertus, S. 176–189.

Welti, Felix (2014). Rehabilitations- und Teilhaberecht. Die aktuelle Reformdiskussion. In: Archiv für Wissenschaft und Praxis der Sozialen Arbeit. Heft 3, S. 4–17.

Welti, Felix (2016). Teilhaberecht. In: Dederich, Markus; Beck, Iris; Bleidick, Ulrich; Antor, Georg (Hrsg.), Handlexikon der Behindertenpädagogik. Schlüsselbegriffe aus Theorie und Praxis. 3., erw. u. überarb. Aufl. Stuttgart: Kohlhammer, S. 470–472.

Wember, Franz B. (2016). Didaktik. In: Dederich, Markus; Beck, Iris; Bleidick, Ulrich; Antor, Georg (Hrsg.), Handlexikon der Behindertenpädagogik. Schlüsselbegriffe aus Theorie und Praxis. 3., erw. u. überarb. Aufl. Stuttgart: Kohlhammer, S. 34–36.

Wendler, Michael; Reichenbach, Christina (2020). Paradigmenwandel in der heilpädagogischen Diagnostik – Möglichkeiten und Grenzen im Kontext Inklusion. In: Greving, H.; Reichenbach, C.; Wendler, M. (Hrsg.) Inklusion in der Heilpädagogik. Diskurse, Leitideen, Handlungskonzepte. Stuttgart: Kohlhammer, S. 97–108.

Wenk, René (2022). Argumentarium für eine heilpädagogische Ausbildung. In: heilpaedagogik.de 3/2022, 37. Jg., S. 29–30.

Wenk, René; Groth-Simonides, Antje (2017). Rechtliche Grundlagen in der Heilpädagogik. Eine Einführung mit Fallbeispielen. Stuttgart: Kohlhammer.

Wenning, Norbert (2013). Die Rede von der Heterogenität – Mode oder Symptom? In: Budde, Jürgen (Hrsg.), Unscharfe Einsätze: (Re-)Produktion von Heterogenität im schulischen Feld. Wiesbaden: Verlag der Sozialwissenschaften, S. 127–150.

Wensierski, Peter (2006). Schläge im Namen des Herrn. Die verdrängte Geschichte der Heimkinder in der Bundesrepublik. München: Deutsche Verlags-Anstalt.

Wernet, Andreas (2010). Objektive Hermeneutik. In. Horster, Detlef; Jantzen, Wolfgang (Hrsg.), Wissenschaftstheorie. Stuttgart: Kohlhammer, S. 279–284.

Werth, Lioba; Denzler, Markus; Mayer, Jennifer (2020). Sozialpsychologie – Das Individuum im sozialen Kontext: Wahrnehmen – Denken – Fühlen. 2., vollst. überarb. Aufl. Berlin: Springer.

Wessel, Karl-Friedrich; Diesner, Thomas (2010). Wissenschaftstheorie und Wissenschaftsgeschichte. In: Horster, Detlef; Jantzen, Wolfgang (Hrsg.) Wissenschaftstheorie. Stuttgart: Kohlhammer, S. 47–64.

Wesselmann, Carla (2016). Inklusion aus dem Blickwinkel der Disability Studies. In: Spatscheck, Christian; Thiessen, Barbara (Hrsg.), Inklusion und Soziale Arbeit. Teilhabe und Vielfalt als gesellschaftliche Gestaltungsfelder. Opladen: Verlag B. Budrich, S. 55–66.

Westecker, Mathias (2019). Teilhabe – geht doch! Unterstützung für Menschen mit komplexer Behinderung bei ›Leben mit Behinderung Hamburg‹. In: Teilhabe 4/2019, Jg. 58, S. 171–175.

Westphal, Manuela; Wansing, Gudrun (Hrsg.) (2019). Migration, Flucht und Behinderung. Wiesbaden: Springer/VS.

WHO – World Health Organization (2001). International Classification of Functioning, Disability and Health (ICF), Geneva: World Health Organization.
WHO – World Health Organization (Hrsg.) (2017). ICF-CY. Internationale Klassifikation der Funktionsfähigkeit, Behinderung und Gesundheit bei Kindern und Jugendlichen. Übersetzt und herausgegeben von Judith Hollenweger und Olaf Kraus de Camargo. 2. Aufl. Göttingen: Hogrefe.
Wicki, Monika; Adler, Judith; Hättich, Achim (2016). »Die Zukunft ist jetzt!« – Ein wirkungsvolles Kursangebot zur Unterstützung der Zukunftsplanung von Erwachsenen mit einer intellektuellen Behinderung, die bei ihren Eltern wohnen. In: Zeitschrift für Heilpädagogik 5/2016, S. 215–226.
Widdascheck, Christian (2019). KUNSTtherapie mit Menschen in Migration. Die therapeutische Relevanz künstlerischer Arbeit. Göttingen: Vandenhoeck & Ruprecht.
Wieczorek, Marion (2018). Mit jedem Schritt wächst meine Welt. Bildung und schwere Behinderung. Düsseldorf: verlag selbstbestimmtes leben.
Wiedebusch, Silvia (2017). Inklusion: soziales Lernfeld Kindergarten. In: Petermann, Franz; Wiedebusch, Silvis (Hrsg.), Praxishandbuch Kindergarten. Entwicklung von Kindern verstehen und fördern. Göttingen: Hogrefe, S. 382–399.
Wiegand-Grefe, Silke; Klein, Michael; Kölch, Michael; Lenz, Albert; Seckinger, Mike; Thomasius, Rainer; Ziegenhain, Ute (2019), Kinder psychisch kranker Eltern. Ist-Analyse zur Situation von Kindern psychisch kranker Eltern. Online unter: https://www.ag-kpke.de/wp-content/uploads/2019/02/Stand-der-Forschung-1.pdf
Wiemer, Matthias (2012). Begleitung anspruchsvoller Bildungswege: Coaching für Studierende. In: Organisationsberatung, Supervision, Coaching, Nr. 19, S. 49–57.
Wigger, Monika (2021). »Die Kindern bauen Häuser auf Stelzen«. Über ein heilpädagogisches Kunstprojekt nach der Flut in Bad Münstereifel. Badische Zeitung, 2. 12.2021. Online unter: https://www.badische-zeitung.de/freiburger-kunstprojekt-hilft-flutgeschaedigten-kindern--206707920.html
Wiggerhaus, Frank (2010). Die Frankfurter Schule. Reinbek bei Hamburg: Rowohlt.
Wild, Günter (2007). Der Begriff der Ganzheitlichkeit in der Heilpädagogik Eine kritische Untersuchung der Verwendungsweisen und Begründungen eines zentralen Begriffs der Profession und Disziplin der Heilpädagogik. Online unter: https://d-nb.info/99346503X/34
Wild, Elke; Möller, Jens (Hrsg.) (2020). Pädagogische Psychologie. 3., vollst. überarb. u. akt. Aufl. Berlin: Springer.
Wilfert, Kathrin; Eckerlein, Tatjana (Hrsg.) (2021). Inklusion und Qualifikation. Festschrift zur Emeritierung von Ulrich Heimlich. Stuttgart: Kohlhammer.
Wilken, Etta (Hrsg.) (2018). Unterstützte Kommunikation. Eine Einführung in Theorie und Praxis. 5., erw. u. überarb. Aufl. Stuttgart: Kohlhammer.
Wilken, Udo; Jeltsch-Schudel, Barbara (Hrsg.) (2014). Elternarbeit und Behinderung. Empowerment – Inklusion – Wohlbefinden. Stuttgart: Kohlhammer.
Willenbring, Monika (2017). (Sonder- und heil-) pädagogische Diagnostik im schulischen Kontext. In: Heilpädagogik.de 1/2017, 19–22.
Willenbring, Monika (2018). Sprache als Schlüssel zur Bildung und Chancengleichheit. Die Unterstützung der kindlichen Sprachentwicklung im Kontext von Inklusion. In heilpaedagogik.de 3/2018, 33. Jg., S. 6–12.
Willke, Elke (2020). Tanztherapie. Theoretische Kontexte und Grundlagen der Intervention. Wiesbaden: Reichert Verlag.
Windisch, Matthias (2017). Leitorientierung und Grenzprobleme der Selbstbestimmung in der ambulanten Unterstützung von Menschen mit Behinderungen und Pflegebedarf. In: Wansing, Gudrun; Windisch, Matthias (Hrsg.), Selbstbestimmte Lebensführung und Teilhabe. Behinderung und Unterstützung im Gemeinwesen. Stuttgart: Kohlhammer, S. 61–79.
Winker, Gabriele; Degele, Nina (2009). Intersektionalität. Zur Analyse sozialer Ungleichheiten. Bielefeld: transcript.
Winkler, Michael (1999). Reflexive Pädagogik. In: Sünker, Heinz; Krüger, Heinz-Hermann (Hrsg.), Kritische Erziehungswissenschaft am Neubeginn?! Frankfurt a.M.: Suhrkamp, S. 270–300.

Winkler, Michael (2018). Kritik der Inklusion. Am Ende eine(r) Illusion. Stuttgart: Kohlhammer.
Winnicott, Donald W. (2012). Vom Spiel zur Kreativität. 13. Aufl. Stuttgart: Klett-Cotta (orig. 1971: »Playing and Reality«).
Wissel, Carsten (2012). Wissenschaftliche Kreativität. In: Arbeitspapier Nr. 251 der Hans-Böckler-Stiftung. Düsseldorf.
Wittenberger, Annegret (2018). »Der Mensch ist nur da ganz Mensch, wo er spielt« – Das Spiel in der analytischen Situation. In: Traxl, Bernd (Hrsg.), Psychodynamik im Spiel. Psychoanalytische Überlegungen und klinische Erfahrungen zur Bedeutung des Spiels. Frankfurt a. M.: Brandes & Apsel, S. 61–74.
Witzke, Katharina (2022). Mehrsprachige Sprachentwicklung und (heil-)pädagogische Begleitung. In: heilpaedagogik.de Nr. 1/2022, S. 25–27.
Wocken, Hans (2016). Inklusive Didaktik: Versuch einer Standortbestimmung. In: Wocken, Hans (Hrsg.), Am Haus der inklusiven Schulen: Anbauten – Anlagen – Haltestellen. Hamburg: Feldhaus-Verlag, S. 81–248.
Wohlgensinger, Corinne (2014). Behinderung und Menschenrechte: Ein Verhältnis auf dem Prüfstand. Opladen: Verlag B. Budrich.
Wolf, Markus (2021). Mobilitätsbildung für Menschen mit geistiger Behinderung: Theoriebasierte Entwicklung und praktische Exploration eines kompetenzorientierten Mobilitätscurriculums. Dissertation, LMU München: Fakultät für Psychologie und Pädagogik.
Wolfensberger, Wolf (1986). Die Entwicklung des Normalisierungsgedankens in den USA und Kanada. In: Thimm, Walter (Hrsg.), Das Normalisierungsprinzip. Marburg: Lebenshilfe-Verlag, S. 168–186.
Wolkenstein, Larissa; Hautzinger, Martin (2014). Umgang mit bipolaren Patienten. Köln: Psychiatrie-Verlag.
Wolter, Dirk K. (2010). Sucht im Alter – Altern und Sucht. Grundlagen, Klinik, Verlauf und Therapie. Stuttgart: Kohlhammer.
Wright, Michael T. (2013). Was ist Partizipative Gesundheitsforschung? In: Prävention und Gesundheitsförderung 8 (3), S. 122–131.
Wüllenweber, Ernst (2004). Verhaltensauffälligkeit als soziale Problematik. In: Wüllenweber, Ernst (Hrsg.), Soziale Probleme von Menschen mit geistiger Behinderung. Stuttgart: Kohlhammer, S. 244–252.
Wüllenweber, Ernst (2009a). Krisen und Behinderung. Entwicklung einer praxisbezogenen Theorie zum Verstehen von Krisen und eines Handlungskonzeptes für die Krisenintervention bei Menschen mit geistiger Behinderung und bei Autismus. 3. Aufl. Hamburg: Elbe-Werkstätten.
Wüllenweber, Ernst (2009b). Handlungskonzepte und Methoden in Heilpädagogik und Behindertenhilfe und ihre Bedeutung für die Professionalität. In: Teilhabe 48(2), S. 75–81.
Wüllenweber, Ernst (2013). Krisen. In: Theunissen, Georg; Kulig, Wolfram; Schirbort, Kerstin (Hrsg.) (2013), Handlexikon Geistige Behinderung. 2. überarb. u. erw. Aufl. Stuttgart: Kohlhammer, S. 198–201.
Wüllenweber, Erich; Theunissen, Georg (Hrsg.) (2004). Handbuch Krisenintervention. Stuttgart: Kohlhammer.
Wüllenweber, Ernst; Theunissen, Georg (Hrsg.) (2020). Zwischen Tradition und Innovation. Methoden und Handlungskonzepte in der Heilpädagogik und Behindertenhilfe. 4., überarb. u. aktual. Aufl. Marburg: Lebenshilfe-Verlag.
Wustmann, Corina (2009). Die Erkenntnisse der Resilienzforschung – Beziehungserfahrungen und Ressourcenaufbau. In: Psychotherapie-Wissenschaft Heft 2/2009, S. 71–78.
Zander, Margeritha (2018). Resilienz. In: Socialnet-Lexikon. https://www.socialnet.de/lexikon/Resilienz#toc_1
Zarbock, Gerhard (2017). Praxisbuch Verhaltenstherapie: Grundlagen und Anwendungen biografisch-systemischer Verhaltenstherapie. 4. Aufl Lengerich: Pabst.
Zemp, Aiha (2002). Sexualisierte Gewalt gegen Menschen mit Behinderung in Institutionen. In: Praxis der Kinderpsychologie und Kinderpsychiatrie 51/2002, S. 610–625.
Zentel, Peter (Hrsg.) (2022). Lebensqualität und Geistige Behinderung. Theorien, Diagnostik, Konzepte. Stuttgart: Kohlhammer.

Zerfass, Rainer; Romero, Barbara (2021). Unterstützung für Menschen mit Demenz: Perspektiven der Selbsterhaltungstherapie. In: heilpaedagogik.de 1/2021, S. 12–16.
Zervakis, Peter A. (2019). Die Begleitung des Wandels in der kompetenzorientierten Studienganggestaltung nach Bologna an den Hochschulen: Erfahrungen aus den Projekten *nexus* der Hochschulrektorenkonferenz. In: Universitätskolleg Hamburg (Hrsg.), Lehre und Studium gemeinsam gestalten. Reflexionen zur Jahrestagung 2019 des Universitätskollegs. Hamburg: Universitätskolleg-Schriften, Bd. 27, S. 31–39.
Zick, Andreas; Küpper, Beate; Hövermann, Andreas (2011). Die Abwertung der Anderen. Eine europäische Zustandsbeschreibung zu Intoleranz, Vorurteilen und Diskriminierung. Berlin: Friedrich-Ebert-Stiftung (FES). Online verfügbar unter: http://library.fes.de/pdf-files/do/07905-20110311.pdf
Ziegler, Holger; Clark, Zoe (2022). Philosophie/Ökonomie: Capability Approach. In: In: Hedderich, Ingeborg; Biewer, Gottfried; Hollenweger, Judith; Markowetz, Reinhard (Hrsg.), Handbuch Inklusion und Sonderpädagogik. Eine Einführung. 2. akt. u. erw. Aufl. Bad Heilbrunn: Klinkhardt/UTB, S. 596–601.
Ziemen, Kerstin (2016). Inklusion und diagnostisches Handeln. In: Amrhein, Bettina (Hrsg.), Diagnostik im Kontext inklusiver Bildung. Theorien, Ambivalenzen, Akteure, Konzepte. Bad Heilbrunn: Klinkhardt, S. 39–48.
Ziemen, Kerstin (Hrsg.) (2017). Lexikon Inklusion. Göttingen: Vandenhoeck & Ruprecht.
Ziemen, Kerstin; Langner, Anke (2010). Inklusion – Integration. In: Musenberg, Oliver; Riegert, Judith (Hrsg.), Bildung und geistige Behinderung. Bildungstheoretische Reflexionen und aktuelle Fragestellungen. Oberhausen: Athena-Verlag, S. 247–259.
Zimbel, André Frank (2017). Entwicklung. In: Ziemen, Kerstin (Hrsg.), Lexikon Inklusion. Göttingen: Vandenhoeck & Ruprecht, S. 68–69.
Zimbel, André Frank (2019). Spiel und Spielförderung. In: Behinderte Menschen 6/2019, 42.Jg., S. 31–36.
Zimmer, Renate (2019). Handbuch Psychomotorik. Theorie und Praxis der psychomotorischen Förderung. 14. Aufl. Freiburg: Herder.
Zimmer, Renate (2020). Handbuch der Bewegungserziehung: Grundlagen für Ausbildung und pädagogische Praxis. Überarb. Neuausgabe, Freiburg i.Br.: Herder.
Zinsmeister, Julia (Hrsg.) (2003). Sexuelle Gewalt gegen behinderte Menschen und das Recht. Gewaltprävention und Opferschutz zwischen Behindertenhilfe und Strafjustiz. Wiesbaden: VS Verlag für Sozialwissenschaften.
Zinsmeister, Julia (2013). Rechtsfragen der Sexualität, Partnerschaft und Familienplanung. In: Clausen, Jens Jürgen; Herrath, Frank (Hrsg.), Sexualität leben ohne Behinderung. Das Menschenrecht auf sexuelle Selbstbestimmung. Stuttgart: Kohlhammer, S. 47–71.
Zirfas, Jörg (2012). Eine Pädagogische Anthropologie der Behinderung. Über Selbstbestimmung, Erziehungsbedürftigkeit und Bildungsfähigkeit. In: Moser, Vera; Horster, Detlef (Hrsg.), Ethik der Behindertenpädagogik. Menschenrechte, Menschenwürde, Behinderung. Eine Grundlegung. Stuttgart: Kohlhammer, S. 75–89.
Zirfas, Jörg (2018). Einführung in die Erziehungswissenschaft. Paderborn: Schöningh/UTB.
Zito, Dima; Martin, Ernest (2016). Umgang mit traumatisierten Flüchtlingen. Ein Leitfaden für Fachkräfte und Ehrenamtliche. Weinheim u. Basel: Beltz/Juventa. Online verfügbar unter: http://sub-hh.ciando.com/book/?bok_id=2121942
Zito, Dima; Martin, Ernest (2021). Selbstfürsorge und Schutz vor eigenen Belastungen für Soziale Berufe. Weinheim u. Basel: Beltz/Juventa.
Zobel, Martin (2017). Kinder aus alkoholbelasteten Familien. Entwicklungsrisiken und Chancen. 3. Aufl. Göttingen: Hogrefe.
Zöller, Dietmar (2001). Autismus und Körpersprache. Störungen der Signalverarbeitung zwischen Kopf und Körper. Berlin: Weidler.
Zollinger, Barbara (2017). Entwicklungspsychologische Grundlagen der Sprachtherapie. In: Grohnfeldt, Manfred (Hrsg.) (2017), Kompendium der akademischen Sprachtherapie und Logopädie. Stuttgart, Kohlhammer, S. 235–251.
Zubin, Joseph; Spring, Bonnie (1977). Vulnerability – A new view of schizophrenia. In: Journal of Abnormal Psychology, 86, S. 103–126.